ESCRAVIDÃO E LIBERDADE
Temas, problemas e perspectivas de análise

REGINA CÉLIA LIMA XAVIER (ORG.)

ESCRAVIDÃO E LIBERDADE
Temas, problemas e perspectivas de análise

Copyright © 2012 Regina Célia Lima Xavier

Grafia atualizada segundo o Acordo Ortográfico da Língua Portuguesa de 1990, que entrou em vigor no Brasil em 2009.

PUBLISHERS: Joana Monteleone/Haroldo Ceravolo Sereza/Roberto Cosso
EDIÇÃO: Joana Monteleone
EDITOR ASSISTENTE: Vitor Rodrigo Donofrio Arruda
PROJETO GRÁFICO E DIAGRAMAÇÃO: Allan Rodrigo/ João Paulo Putini
REVISÃO: João Paulo Putini
ASSISTENTE DE PRODUÇÃO: Allan Rodrigo
CAPA: Patrícia Jatobá/Allan Rodrigo

IMAGENS DA CAPA
Acervo do Museu Joaquim Felizardo/Fototeca Sioma Breitman.
Imagem maior (abaixo): Virgilio Calegari, *Bernadim Betobeto*, s.d.;
Acima, da direita para a esquerda: 1ª) Virgilio Calegari, s.d.; 2ª) Virgilio Calegari, estimada do final do século XIX e início do XX; 3ª) Lunara, *Deixa disso, Nho Joao*. Série negros libertos, 1900.

CIP-BRASIL. CATALOGAÇÃO-NA-FONTE
SINDICATO NACIONAL DOS EDITORES DE LIVROS, RJ

E46

Encontro Escravidão e Liberdade no Brasil Meridional (5.: 2011: Porto Alegre, RS)
ESCRAVIDÃO E LIBERDADE: TEMAS, PROBLEMAS E PERSPECTIVAS DE ANÁLISE
Regina Célia Lima Xavier (org.).
São Paulo: Alameda, 2012.
486p.

O V Encontro de Escravidão e Liberdade no Brasil Meridional, realizado na Universidade Federal do Rio Grande do Sul em maio de 2011, contou com o auxílio da CAPES e do CNPq.

ISBN 978-85-7939-138-5

1. Escravidão - Brasil, Sul - História - Congressos. 2. Escravos - Brasil, Sul - Condições sociais - Congressos. 3. Brasil, Sul - História - Congressos. I. Xavier, Regina Célia Lima. II. Universidade Federal do Rio Grande do Sul. III. CNPq. IV. Brasil. Coordenação de Aperfeiçoamento de Pessoal de Nível Superior.

12-3446.   CDD: 981.6
           CDU: 94(816)

035797

ALAMEDA CASA EDITORIAL
Rua Conselheiro Ramalho, 694, Bela Vista
CEP 01325-000 – São Paulo, SP
Tel. (11) 3012-2400
www.alamedaeditorial.com.br

SUMÁRIO

APRESENTAÇÃO 7

PARTE I. A ESCRAVIDÃO EM UM CONTEXTO GLOBAL 17

1. A abolição como um discurso de apreensão cívica: escravidão como abominação pública — JOSEPH C. MILLER 19

2. No jogo das cores: liberdade e racialização das relações sociais na América portuguesa setecentista — SÍLVIA HUNOLD LARA 69

PARTE II. REDES SOCIAIS, MOBILIDADE SOCIAL: ANÁLISE DO COMPADRIO 95

3. O uso dos registros batismais para o estudo de hierarquias sociais no período de vigência da escravidão — MARTHA DAISSON HAMEISTER 97

4. A geografia do compadrio cativo: Viamão, Continente do Rio Grande de São Pedro, 1770-1795 — BRUNA SIRTORI & TIAGO LUÍS GIL 123

5. Os escravos do Marechal e seus compadres: hierarquia social, família e compadrio no sul do Brasil (c. 1820 – c. 1855) — LUÍS AUGUSTO EBLING FARINATTI 143

PARTE III. COMÉRCIO DE ESCRAVOS 177

6. Clandestino e ilegal: o contrabando de escravos na Colônia do Sacramento (1740-1777) — FÁBIO KÜHN 179

7. Rio Grande de São Pedro do Sul, c. 1790 – c. 1830: tráfico negreiro e conjunturas atlânticas — GABRIEL SANTOS BERUTE 207

8. A persistência da escravidão: população, economia e o tráfico interprovincial (Província de São Pedro, segunda metade do século XIX) — THIAGO LEITÃO DE ARAÚJO 229

9. Comércio de escravos no Rio Grande do Sul (1850-1888): transferências intra e interprovinciais e perfis de cativos negociados em cinco municípios gaúchos — RAFAEL DA CUNHA SCHEFFER 255

10. Das charqueadas para os cafezais? O tráfico interprovincial de escravos envolvendo as charqueadas de Pelotas (RS) entre as décadas de 1850 e 1880 — JONAS MOREIRA VARGAS   275

PARTE IV. EXPERIÊNCIAS DE TRABALHO DURANTE A ESCRAVIDÃO — CATIVOS, LIBERTOS E LIVRES   303

11. Distância na carne: mundo agrário, escravidão e fronteira nos Campos de Curitiba (séculos XVIII e XIX) — CARLOS A. M. LIMA   305

12. Livres e obrigados: experiências de trabalho no centro-sul do Brasil — JOSELI MARIA NUNES MENDONÇA   339

13. "Em benefício do povo": o comércio de gêneros em Desterro no século XIX — FABIANE POPINIGIS   357

14. A família de Maria do Espírito Santo e Luis de Miranda Ribeiro: "agências e artes" de libertos e seus descendentes no Desterro do século XIX — HENRIQUE ESPADA LIMA   383

PARTE V. EXPERIÊNCIAS SOCIAIS NO PÓS-EMANCIPAÇÃO   415

15. Trajetórias de "setores médios" no pós-emancipação: Justo, Serafim e Juvenal — BEATRIZ ANA LONER   417

16. Diásporas de afrodescendentes — LÚCIA HELENA OLIVEIRA SILVA   443

17. Raça, escravidão e literatura nacional na *Revista do Partenon Literário* (Porto Alegre, 1869-79) — ALEXANDRE LAZZARI   463

Apresentação

EM MAIO DE 2011 REALIZOU-SE NA Universidade Federal do Rio Grande do Sul, em Porto Alegre, o V *Encontro de Escravidão e Liberdade no Brasil Meridional*.[1] Ele deu continuidade às atividades do Grupo de Pesquisa do CNPq intitulado A *experiência dos africanos e seus descendentes no Brasil*, formado em 2002. Tratou-se, portanto, de uma iniciativa coletiva que envolveu colegas de universidades federais e estaduais do Rio Grande do Sul, Santa Catarina, Paraná e São Paulo.[2] Estes referidos *Encontros* têm aberto um canal importante de diálogo entre pesquisadores e auxiliado na consolidação dos estudos sobre escravidão e pós-emancipação no Brasil, principalmente em sua porção meridional. Vale destacar a participação neste ano em Porto Alegre de colegas de São Paulo, Rio de Janeiro, Espírito Santo, Minas Gerais, Mato Grosso do Sul, Brasília, Bahia, além de pesquisadores do México, Chile, Argentina e Estados Unidos que debateram intensamente com os pesquisadores do Brasil Meridional.

De um período em que se discutia a invisibilidade da experiência escravista no sul do país, hoje podemos vislumbrar investigações criativas que, baseadas em sólida pesquisa empírica, revelam dados demográficos, explicitam características do tráfico

---

1 Os Encontros são bianuais e as edições anteriores ocorreram em Castro (PR) em 2003, em Porto Alegre (RS) em 2005, em Florianópolis (SC) em 2007, em Curitiba (PR) em 2009, tendo retornado para o Rio Grande do Sul em 2011. Neste ano foram apresentados mais de 80 comunicações, duas conferências, mesa redonda, oficina de pesquisa, dois minicursos, apresentação de posters e lançamento de livros. Para maiores informações sobre estes *Encontros* consulte-se a nossa página na internet: http://www.escravidaoeliberdade.com.br.

2 O referido grupo de pesquisa é formado por Beatriz Loner, Beatriz Mamigonian, Carlos Alberto Medeiros Lima, Helen Osório, Henrique Espada Lima, Jaime Rodrigues, Joseli Maria Nunes Mendonça, Martha Hameister, Lucia Oliveira Silva e Regina Célia Lima Xavier. Maiores informações sobre o grupo, consulte-se: http://www.escravidaoeliberdade.com.br.

de escravos, discutem os significados das alforrias, as experiências do trabalho no ambiente rural e urbano, rediscutem crimes e insurreições, pontuam a participação política de escravos e libertos, interrogam sobre a saúde dos escravos, entre tantos outros temas.[3] Esta diversidade mostra a vitalidade das pesquisas. Ao colocarmos a experiência sulina em perspectiva, ao relacioná-la com aquela observada no restante do país, estamos certos de renovar o conhecimento que temos de nosso passado.

Este livro é resultado dos debates ocorridos neste referido V *Encontro* e contou com auxílio da CAPES e do CNPq. Abrimos este volume com a publicação, na primeira parte, de dois artigos escritos, respectivamente, por Joseph C. Miller e Silvia Hunold Lara.[4]

Joseph C. Miller é professor da Universidade da Virgínia, nos Estados Unidos. Tem concentrado suas pesquisas sobre a História da África, destacando-se seus estudos sobre Angola. De seu profícuo diálogo com Jan Vansina e Philip Curtin, ressalta-se seu interesse pelas fontes orais, o contraponto destas com as fontes escritas, seu interesse pela história quantitativa. É autor de dois livros essenciais: *Kings and Kinsmen: early Mbundu states in Angola* (1976), traduzido para o português com o título *Poder Político e Parentesco. Os antigos Estados Mbundu em Angola*;[5] *Way of Death: Merchant capitalism and the Angolan slave trade*, publicado, por sua vez, em 1988. Além dessas obras citadas, escreveu inúmeros outros artigos científicos.

Joseph Miller, no artigo que apresentamos neste livro, busca compreender o significado da abolição nos séculos XVIII e XIX, tentando percebê-la como elemento central na economia cultural do capitalismo moderno. Interroga-se sobre o processo que tornou a escravidão uma categoria cívica e uma abominação pública. Ao propor uma história global, analisa, de forma comparativa, Brasil, Índias Espanholas, Caribe Inglês, América do Norte, Inglaterra, França e suas colônias, demonstrando que em processos históricos diversos complexas respostas foram buscadas para responder a questão da abolição. O autor busca compreender a escravidão propondo uma via de análise alternativa que não enfatiza as conjunturas nem se reduz às especificidades locais, nem tampouco enquadra a escravidão enquanto instituição, mas busca

---

3   Na página do V Encontro, citada acima, encontram-se disponíveis, na íntegra, todas as comunicações apresentadas em 2011 e em anos anteriores.

4   Estes autores foram também os conferencistas convidados no evento citado acima. Para um maior contato com a trajetória acadêmica deles, assista as entrevistas fílmicas disponíveis no site http://www.escravidaoeliberdade.com.br.

5   Foi publicado em Luanda pelo Arquivo Histórico Nacional em dezembro de 1995.

percebê-la a partir do escravizado, em um amplo processo de formação de identidades, inclusive nacionais, em um contexto Atlântico. O artigo, de grande erudição e sofisticada análise, convida o leitor a refletir sobre o tema. Em um momento em que no Brasil se faz cada vez mais necessário estudos sobre a História da África, da escravidão e da abolição, este convite é, sem dúvida alguma, oportuno. Espero que o leitor possa nele se inspirar.

Silvia Hunold Lara, por sua vez, é professora da Universidade Estadual de Campinas e tem se dedicado a história colonial brasileira e à história social do trabalho, preocupando-se, especialmente, com a experiência da escravidão. Muito atuante nestas áreas, publicou livros já clássicos sobre o tema: *Campos da Violência* (1988); *Fragmentos setecentistas* (2007); *Memória do Jongo*, escrito em colaboração com Gustavo Pacheco (2007); *Direitos e Justiça no Brasil*, co-autoria com Joseli Mendonça (2006), entre outros livros e artigos importantes.

Nesta coletânea apresenta um texto instigante. Ao analisar o expressivo número de alforrias no Brasil Colonial, busca perceber como a presença de negros, pardos libertos e livres era sentida em um momento em que sua existência tendia a tensionar as hierarquias sociais. Investigando fontes diversas, tais como documentação administrativa, censos, relatos de cronistas e viajantes, dicionaristas, entre outras, interroga-se sobre a forma como os letrados e as autoridades coloniais avaliaram e significaram esta presença. O exame detalhado de termos classificatórios – relativos à cor e condição social dos indivíduos – explica-se na medida em que a autora compreende que a escolha destes termos só pode ser compreendida a partir do jogo de forças socialmente definidas, dentro de uma perspectiva histórica e política. Em seu texto estabelece um diálogo crítico com aquelas interpretações que tenderam a naturalizar a questão das alforrias ou a vinculá-la ao processo de mestiçagem e branqueamento. Neste ponto, o artigo estimula o debate na medida em que percebe uma crescente racialização no período.

A segunda parte desta coletânea é dedicada ao debate em torno da análise do compadrio. Ela reúne artigos de Martha Hameister, Tiago Gil e Bruna Sirtori e Luis Augusto Farinatti. São pesquisadores que atuam na Universidade Federal do Paraná, Universidade de Brasília e Universidade Federal de Santa Maria, respectivamente. Eles compartilham o interesse pela história da família, das elites, das redes de comércio e, naturalmente, o estudo sobre as relações de compadrio. São autores que tem publicado seus trabalhos em livros, coletâneas e em revistas acadêmicas. Destacam-se os livros: *Os Infiéis transgressores: elites e contrabandistas nas fronteiras do Rio Grande e do Rio*

Pardo (1760-1810), de Tiago Gil[6] e, *Confins Meridionais. Famílias de elite e sociedade agrária na fronteira sul do Brasil (1825-1865)*,[7] de Luis A. Farinatti. Hameister, por sua vez, publica artigo na coletânea organizada por Boschilia e Andreazza, *Portugueses na Diáspora: histórias e sensibilidades*.[8] Alguns dos autores têm, ainda, tido a experiência de realizar trabalhos conjuntos como é o caso do artigo publicado em coautoria por Hameister e Gil na coletânea organizada por FRAGOSO, Almeida e Sampaio, intitulada *Conquistadores e Negociantes: histórias de elites no Antigo Regime nos Trópicos. América lusa, séculos XVI a XVIII*,[9] sendo também o caso de artigos publicados em coautoria por Gil e Sirtori em revistas acadêmicas.

No que se refere a esta coletânea, baseada em sua experiência de pesquisa, Hameister vai propor reflexões sobre o uso de registros batismais em trabalhos que buscam perceber hierarquias e formação de redes sociais, formas de mobilidade social e o peso da agência entre os subalternos. Chama a atenção para a necessidade de se fazer críticas, cada vez mais elaboradas, sobre as metodologias utilizadas na análise documental. Sob o seu ponto de vista, deve-se ter sempre em mente recortes temporais e espaciais, características demográficas, questões conjunturais, normas e costumes específicos a certas comunidades, mercados matrimonial e de compadrio, entre outros aspectos, no momento de se considerar as possibilidades de escolhas dos agentes sociais. No mesmo sentido, Gil e Sirtori irão tentar perceber quais os elementos que interferiam na escolha de padrinhos, rediscutindo, por exemplo, o impacto da agência escrava e das redes sociais. Partindo destes questionamentos, os autores procurarão compreender, por exemplo, as limitações que a mobilidade espacial poderia significar no tocante a estas escolhas, repensando o entendimento do compadrio como estratégia de longo prazo. Farinatti, por fim, também estará atento à necessidade de que se faça uma leitura crítica da fonte primária, de metodologias específicas ao se investigar as relações de compadrio. Sem deixar de analisar dados agregados, mas ciente de suas limitações, vai propor em seu artigo um refinamento da abordagem ao realizar também estudos de casos específicos, na tentativa de compreender o contexto no qual se davam as escolhas de padrinhos, a estruturação de vínculos familiares e formas de mobilidade social.

---

6   Rio de Janeiro: Arquivo Nacional, 2007.
7   Santa Maria: Editora UFSM, 2010. Vol. 1. 520 p.
8   Curitiba: Editora UFPR, 2011, p. 233-261.
9   Rio de Janeiro: Civilização Brasileira, 2007, p. 265-310.

Sem perder de vista a importância dos estudos sobre as relações de compadrio e suas contribuições para o entendimento da experiência dos escravos, os autores aqui citados e, cada um a seu modo, terminam por propor uma problematização original do tema.

A terceira parte da coletânea tem como objeto o comércio dos escravos e compreende artigos de Fábio Kuhn, Gabriel Berute, Thiago Araújo, Rafael da Cunha Scheffer e Jonas Moreira Vargas. Kuhn é professor da Universidade Federal do Rio Grande do Sul, Berute e Scheffer doutoraram-se, recentemente, na Universidade Federal do Rio Grande do Sul e Universidade Estadual de Campinas, respectivamente, enquanto os demais autores são doutorandos na Universidade Estadual de Campinas e na Universidade Federal do Rio de Janeiro. Destaca-se a coletânea organizada por Kuhn (*et al*) *Capítulos de História do Rio Grande do Sul*,[10] o livro de Vargas *Entre a paróquia e a Corte: os mediadores e as estratégias familiares da elite política do Rio Grande do Sul (1850-1889)*;[11] entre outras publicações dos autores em coletâneas e revistas acadêmicas.[12]

Nesta parte temos um intenso debate sobre o comércio dos escravos. No caso do Rio Grande do Sul, as pesquisas sobre o tema são relativamente recentes. Neste sentido, é relevante que se rediscuta o tráfico de escravos no Prata, propondo um diálogo historiográfico, na medida em que se busca no contexto dos conflitos ibéricos, desvelar redes, a atuação de comerciantes, as rotas deste comércio, o peso do contrabando e sua relação com o tráfico no Brasil. O artigo de Kuhn auxilia-nos a problematizar algumas destas questões. Da mesma forma, o artigo de Berute expõe dados interessantes sobre a participação do Rio Grande do Sul no comércio Atlântico, a partir da

---

10 Porto Alegre: Editora da UFRGS, 2004. Vol. 1. 398 p.

11 Santa Maria: Editora da Universidade Federal de Santa Maria, 2010. Vol. 1. 291 p.

12 BERUTE, G. S.; WEIMER, Rodrigo de Azevedo. "O fundo particular de um comerciante de escravos no litoral norte do Rio Grande do Sul em fins do século XVIII e inícios do século XIX". In: Centro Histórico-Cultural Santa Casa (org.). *Santa Casa de Misericórdia de Porto Alegre: histórias reveladas*. 1ª ed. Porto Alegre: Editora da ISCMPA, 2009, vol. 1, p. 74-84. ARAÚJO, Thiago Leitão de. "Economia, população e escravidão: tráfico interprovincial no contexto de uma vila rio-grandense na segunda metade do século XIX". IV *Encontro Escravidão e Liberdade no Brasil Meridional*, 2009, Curitiba, PR. Disponível em nossa página na internet: http://www.escravidaoeliberdade.com.br. SCHEFFER, Rafael da Cunha. "A conturbada venda de Cândido: libelo cível de devolução de escravo e ação de um comerciante no Oeste Paulista (1877)". In: PAIVA, Eduardo França; IVO, Isnara Pereira; MARTINS, Ilton César (orgs.). *Escravidão, Mestiçagens, Populações e Identidades Culturais*. São Paulo: Annablume, 2010, p. 245-262

entrada de negreiros do porto do Rio de Janeiro. Dialogando de perto com FRAGOSO, o autor propõe uma análise comparativa na qual, em diferentes conjunturas, destaca a atuação de agentes mercantis. Os artigos seguintes, dedicam-se, por sua vez, a discutir a importância do tráfico interno – o deslocamento dos escravos do Rio Grande do Sul para a região sudeste nas últimas décadas do século XIX e a importância deste comércio para a decadência da escravidão nesta Província. Revendo análises que postulavam uma crise econômica na origem desta migração interna, principalmente nas charqueadas, os autores, em uma intensa pesquisa documental, cada um à sua maneira, propõem análises que buscam detalhar o funcionamento deste tráfico e, de tal forma, que terminam apontando para realidades até então desconhecias na historiografia.

A quarta parte da coletânea discute a experiência dos trabalhadores, livres e escravos, no período da escravidão. Reúne os autores como Carlos Alberto Medeiros Lima, Joseli Maria Nunes Mendonça, Fabiane Popinigis e Henrique Espada Lima. Os dois primeiros são professores da Universidade Federal do Paraná e os demais, respectivamente, da Universidade Federal Rural do Rio de Janeiro e da Universidade Federal de Santa Catarina. Destacam-se os livros escritos por Lima e Popiginis, respectivamente: *Artífices do Rio de Janeiro (1790-1808)*[13] e *Proletários de casaca: trabalhadores no comércio (Rio de Janeiro, 1850-1920)*.[14] De Mendonça, *Evaristo de Moraes, Tribuno da República*[15] e, por fim, de Henrique Lima, o livro *A micro-história italiana: Escalas, Indícios e Singularidades*.[16]

O artigo de Carlos Lima propõe uma reflexão sobre as experiências de pessoas livres no Paraná dos séculos XVIII e XIX, região não exportadora e com uma fronteira agrária em contínuo movimento. Preocupado em explicar a concentração de recursos, considerando a estrutura de posse escrava e a desigualdade entre a classe senhorial, constrói um quadro complexo desta Província e permite que se debata sobre as opções abertas aos trabalhadores em uma sociedade marcada por tão profundas desigualdades sociais. Já Mendonça, nos transporta para São Paulo no século XIX ao abordar as leis de locação de serviços de 1830, 1837 e 1879. Em um momento em que a presença da escravidão é proeminente, a autora analisa as expectativas de

---

13 Rio de Janeiro: Ateliê 2007, 2008. Vol. 1. 332 p.
14 Campinas: Editora da Unicamp, 2007. 261 p.
15 Campinas: Editora da Unicamp, 2007.
16 Rio de Janeiro: Civilização Brasileira, 2006. Vol. 1. 528 p.

trabalhadores livres e estrangeiros e de seus empregadores na formação do mercado de trabalho. Popinigis investiga, a seu turno, Desterro (atual Florianópolis) na primeira metade do século XIX. Com uma análise focada na rede de distribuição de alimentos, permite-nos pensar sobre a ação que ali tinham escravos, libertos e pobres livres. Em que medida o comércio abria a eles espaços de autonomia, importantes inclusive para a obtenção de alforrias? Qual a relação que manteriam com comerciantes livres, políticos e autoridades públicas? Seu artigo permite, pois, que se compreenda as disputas entre estes diversos atores na definição dos espaços urbanos. Por fim, Espada Lima apresenta-nos uma rica trajetória da família de Maria do Espírito Santo e Luis de Miranda Ribeiro transcorrida, também, na cidade de Desterro no século XIX. Através de sua narrativa, o autor interroga-se sobre as expectativas em torno das alforrias, os significados intrínsecos à relação entre senhores e escravos, as relações de dependência, o significado de pertencimento à irmandade religiosa, entre outras questões, como forma de compreender os arranjos de sobrevivência construídos no tempo por estas pessoas. Os autores, partindo da particularidade de suas abordagens, integram, no entanto, uma preocupação maior: pensar a experiência dos trabalhadores problematizando a fronteira entre trabalho compulsório e trabalho livre.

A quinta e última parte dedica-se a discutir as experiências e percepções sociais no pós-emancipação. Nela comparecem Beatriz Loner, Lucia Helena Oliveira Silva e Alexandre Lazzari. Loner é professora na Universidade Federal de Santa Maria enquanto os outros atuam na Universidade Estadual de São Paulo/ Campus-Assis, e na Universidade Federal Rural do Rio de Janeiro; Loner e Lazzari têm, entre outras obras, os seguintes livros publicados: *Construção de classe: operários de Pelotas e Rio Grande (1888-1930)*[17] e *Coisas para o povo não fazer: carnaval em Porto Alegre – 1870-1915.*[18] Destaco o artigo publicado por Oliveira, na *Revista Diálogo*, "Vivências negras depois da abolição: trabalhando com as ausências depois da Abolição".[19]

Loner, em seu texto, propõe um estudo no qual acompanha as trajetórias de três afrodescendentes, do período Imperial até o final da Primeira República, na cidade de Pelotas, no Rio Grande do Sul. Com uma vasta pesquisa documental, perscruta as formas de inserção social experimentada pelos afrodescendentes, principalmente aqueles dedicados a trabalhos especializados. Interroga-se sobre as

---

17 Pelotas: Editora Universitária, 2001. Vol. 1. 467 p.
18 Campinas: Editora da Unicamp, 2001
19 Revista *Diálogos*, vol. 14, 2010 p. 557-577.

estratégias possíveis de mobilidade social e o peso do preconceito e da discriminação naquela sociedade. Oliveira, também analisa alguns aspectos da experiência dos afrodescendentes, só que desta vez em São Paulo após a abolição. Ela se interessa em conhecer as expectativas deles em relação à vida no campo e na cidade, para interrogar em que medida a migração era uma opção viável neste período. Em seguida, ao abordar a leitura de um jornal escrito por afrodescendentes, analisa a importância deste como espaço de atuação para esta comunidade. Por fim, Lazzari fecha esta parte e este livro, questionando como alguns autores do Rio Grande do Sul, através da literatura, participaram do debate político a respeito da escravidão e como, em seus livros ficcionais, utilizaram critérios raciais e de cor para retratar classificações sociais. Seu trabalho, ao nos reportar ao universo literário, nos auxilia a pensar, de forma mais ampla, a construção de identidades.

Esta coletânea, ao reunir em um mesmo volume questões tão diversas sobre as experiências sociais, tem o objetivo de abrir um importante espaço para o debate. Afinal, os artigos aqui apresentados auxiliam-nos a problematizar tanto perspectivas teóricas, e abordagens metodológicas quanto temas específicos de pesquisa. Vale ressaltar o convite que os autores fazem para se investigar para além dos recortes nacionais. A análise comparada demonstra o quão importante é pensar a história da escravização e sua superação como um processo, integrado, da formação do mundo moderno. Em segundo lugar, também quero enfatizar o impacto positivo da abordagem dos estudos atlânticos e transnacionais nas pesquisas atuais. Repensar intercâmbios entre Brasil, Portugal, África e o restante das Américas tem renovado as perguntas que fazemos sobre as experiências sociais e a formação de identidades. Torna-se relevante, dentro deste quadro, nunca esquecer que estamos tratando de trocas desiguais, de sociedades que se formaram com hierarquias bem marcadas. Neste caso, a necessidade de se perceber como e com qual sentido estas diferenças se constituíram abre-nos os olhos para a pertinência de se interrogar sobre a linguagem política com a qual elas se expressavam, sejam elas palavras, roupas ou cores. Esteja ela perceptível nos discursos políticos, nas proposições jornalísticas, na literatura e/ou na vida cotidiana. A percepção da história da discriminação e do racismo, para citar apenas um exemplo, tem, certamente, muito a ganhar com esta perspectiva de análise.

Outro aspecto que quero enfatizar é a proposta dos autores de irem além de recortes temporais estritos. O trabalho livre não se encontra para além da fronteira da escravidão. Nos artigos aqui apresentados, que estudam os séculos XVIII e XIX, escravidão e liberdade são partes integradas de um mesmo mundo. Quais as possibilidades de trabalho abertas para libertos e livres no período em que a escravidão vigeu? Problematizar esta fronteira impacta, ainda, na forma como pensamos o pós-abolição. Quais as continuidades e rupturas inauguradas com o 13 de maio, por exemplo?

Ao dialogar com questões teóricas como estas, os autores não se furtaram de reavaliar metodologias. O quão indicativo são as fontes demográficas? O que as análises estatísticas ou quantitativas podem explicar? E, por outro lado, o que os estudos de trajetórias elucidam? Nesta coletânea, o leitor verá que as diferentes metodologias compareçem nos artigos, por vezes, de forma complementar. E nunca será demasiado debatermos sobre a pertinência e a contribuição destas abordagens.

A todos estes questionamentos conceituais e metodológicos, dos quais cito apenas alguns exemplos, somam-se a vitalidade dos autores na pesquisa, cada vez mais intensa, das fontes empíricas. Ao leitor, cabe agora avaliar o resultado destas reflexões. Boa leitura!

Regina Célia Lima Xavier
Porto Alegre, 1 de setembro de 2011

PARTE I
A escravidão em um contexto global

A abolição como um discurso de apreensão cívica: escravidão como abominação pública[1]

JOSEPH C. MILLER[2]

A ECONOMIA POLÍTICA DO CAPITALISMO MODERNO está no fundo das questões sobre as quais venho pensando em uma escala um pouco mais ampla em torno da "escravidão" – ou antes, da escravização – na história mundial.[3] Uma extensão dessas reflexões liga-se ao fenômeno atlântico quintessencial (do Atlântico norte), que é a "abolição" nos séculos XVIII e XIX.[4] Sem pretender de modo algum desconsiderar o caráter momentoso da abolição ao dar fim ao que (finalmente) foi reconhecido como uma "instituição" abominável, quero considerar os processos históricos, e algumas premissas de caráter econômico e político, que esse legado da obviedade intelectual moderna deixou relativamente sem exame. Ao fazer isso, espero sugerir um papel crucial para a abolição – ela continua a desempenhá-lo até agora – na gestação de aspectos ainda mais fundamentais no enfrentamento específico com o mundo das nações modernas no qual todos hoje vivemos. Quanto às maneiras segundo as quais os apoiadores e adversários da escravidão falavam sobre o que estava acontecendo durante o século XVIII no Atlântico norte – e por todo o mundo no século seguinte –, irei especular sobre o quanto elas expressavam os processos políticos da modernidade que então mal começava, processos amplos (de escala mundial), inquietantes e então desconhecidos. A retórica condenatória da religião

---

1   Tradução de Henrique Espada Lima, Carlos A. M. Lima e Beatriz G. Mamigonian. A tradução foi revista pelo autor.
2   Professor Doutor da Universidade de Virgínia, nos Estados Unidos.
3   *The Problem of Slavery as History* (First David Brion Davis Lectures, Gilder-Lehrman Center for the Study of Slavery and Abolition) (New Haven: Yale University Press, a ser publicado em 2011).
4   "Introduction: Atlantic Ambiguities of British and American Abolition". Special issue of the *William and Mary Quarterly*, 66, 4 (2009), p. 675-703.

evangélica, a do humanitarismo secular, a dos direitos civis e da virtude cívica e a do "progresso" econômico emergiram e também se tornaram veículos impulsionadores de um processo subjacente de definição dos estados-nação modernos e participativos que se tornaram, desde então, as premissas naturalizadas e quase universais da identidade cívica. Espero explicar, em suma, a abolição como elemento central na economia cultural do capitalismo moderno.

Como afirma a etimologia óbvia mas nem sempre apreciada da palavra, "Nação" se tornou agora uma questão de origem pelo nascimento e, portanto, um componente vital da identidade pessoal de qualquer um. A identificação humana de si, antes disso universalmente ligada ao nascimento em um sentido mais imediato (mas não biologizado), articulado à ancestralidade, ao parentesco ou à "família", foi convertida por aquela identidade natal em algo radicalmente individualizado e territorializado. A abolição era também confortavelmente compatível com a emergência, simultânea, de uma lógica de identificação abstrata (i.e. impessoal) e igualmente politizada de uma lógica biologizada de identificação natal em termos de "raça". No interior desse conceito em desenvolvimento, de uma identidade "nacional" fundamentalmente individual e civicamente igualitária, de uma "cidadania" ligada ao lugar do nascimento, a escravização se tornou muito mais que o infortúnio pessoal lamentado pelos filósofos ocidentais desde Aristóteles. Ao invés de acomodar-se em outras tradições legais e éticas não cívicas do mundo, como uma questão de ética privada e de responsabilidade pessoal, a escravidão se tornou uma categoria cívica e uma abominação pública.[5]

Desse modo, a responsabilidade por essa abominação cívica recaiu sobre os governos do século XVIII, intrusivos, também como uma novidade, em ainda outros âmbitos das vidas pessoais. Políticos populistas de então exploraram instintivamente – quando não o reconheciam explicitamente – a intensidade emocional, que pode ser designada como apreensões cívicas, dos cidadãos que estavam deixando família e amigos para trás para serem lançados no anonimato pleno de ansiedade de tentar estabelecer lugares para si entre estranhos, constituindo uma nova sorte de comunidade política abstrata

---

5   Ninguém (e certamente não eu) será capaz de fornecer tão cedo mais do que um acréscimo superficial à obra ainda fundamental de DAVIS, David Brion. *The Problem of Slavery in Western Culture* Ithaca: Cornell University Press, 1966; reimpressa em Nova York: Oxford University Press, 1989; edição brasileira: *O problema da escravidão na cultura ocidental*. Rio de Janeiro: Civilização Brasileira, 2001; *The Problem of Slavery in the Age of Revolution, 1770-1823.* Ithaca: Cornell University Press, 1975; *Slavery and Human Progress.* Nova York: Oxford University Press, 1984; *Inhuman Bondage: The Rise and Fall of Slavery in the New World.* Nova York: Oxford University Press, 2006.

que não existia ainda nem em um sentido "imaginado".⁶ Antes mesmo que o "nacionalismo" tivesse um nome até mesmo no norte do Atlântico – e também depois, quando se tornou apenas um discurso sem significado intuitivo para outros povos por todo o mundo – era menos enervante para prováveis futuros cidadãos de (ainda não) nações realçar os horrores paralelos da remoção de outras pessoas de suas comunidades natais através da escravização mercantil⁷ do que reconhecer e experimentar diretamente os riscos do "mercado". As prerrogativas pessoais e privadas que a escravidão permitia aos senhores contrastava assustadoramente com a segurança prometida, mesmo que não necessariamente confirmada pela experiência pessoal, pelas comunidades cívicas nacionais (imaginadas) que então proclamavam responsabilidade primária – se não exclusiva – pelo bem estar do conjunto dos seus cidadãos.

Os aspectos específicos desses discursos protonacionalistas da abolição variaram de acordo com os diferentes caminhos que cada país seguiu para consolidar as amplas identidades territoriais que se estabeleceram em torno do norte do Atlântico e que se tornaram as "nações" dos séculos XIX e XX. A abolição carregou uma parte maior do fardo político nas regiões escravistas majoritariamente protestantes e anglófonas do que entre os católicos falantes de línguas românicas, onde o sentimento paralelo de corrupção, sentimento este interno à emergência do corpo político, tomou a forma do anticlericalismo. Em ambos os casos, as nações definiram a si mesmas através da purgação da sua corrupção interna – as proteções pessoais oferecidas pela patronagem e pelos padres.

A escravidão tornou-se, portanto, incompatível com as identidades nacionais, crescentemente recobertas por cognatos raciais similarmente excludentes, tendo sido ambas quase que mútua e oposicionalmente constitutivas, porque cada princípio reivindicava absoluta soberania para si: a nação no domínio público e a escravidão no domínio privado; uma participativa, a outra possessiva. Ambas tornaram-se símbolos fortemente contrapostos das modernas identidades (ou anti-identidades) cívicas e das expectativas de dignidade pessoal que tais ideais cívicos inclusivos poderiam inspirar,

---

6   A referência, evidentemente, é ANDERSON, Benedict. *Imagined Communities: Reflections on the Origin and Spread of Nationalism* (rev. ed.: Nova York: Verso, 1991; ed. brasileira: *Comunidades Imaginadas. Reflexões sobre a origem e a difusão do nacionalismo*. São Paulo: Companhia das Letras, 2008).

7   Ignoro se Orlando Patterson pretendia esta ênfase ao incluir a "alienação natal" em sua celebrada definição multifatorial da escravidão no seu trabalho ainda reinante de sociologia da escravidão. *Slavery and Social Death*. Cambridge: Harvard University Press, 1982; edição brasileira: *Escravidão e morte social*, São Paulo: Edusp, 2009.

entre os anteriormente humildes súditos tanto de monarcas distantes e poderosos quanto, mais perto de casa, de patrões arbitrários e dominadores, imaginados monstruosamente como "senhores". Devotos visionários da perspectiva da integridade nacional, assim, levaram os discursos da abolição ao sucesso político, como fundadores retrospectivamente emblemáticos das nações – e Impérios – do século XX. Mas foram necessárias várias gerações de ambivalência nos séculos XVIII e XIX antes que a consolidação política atingisse os patamares dos anos 1830 e 1840, que sacrificaram definitivamente a escravidão à nação, dando à nacionalidade um nome e, ao redor do final do século XIX, eventualmente também energizando as conquistas coloniais e imperiais das novas nações.

Uma definição preliminar (e assumidamente parcial) da escravidão

A escravidão tem sido muitas coisas para muita gente, adquirindo por isso uma rica diversidade de definições como possível resultado da intensidade do sentimento de quase todos sobre o tema.[8] Assim, deve-se lançar esse argumento invocando os intensos sentimentos sobre a escravidão familiar a todos nós, porque, como cidadãos de nações modernas, nós os herdamos dos processos históricos que este texto esboça. Todos somos neoabolicionistas. Pode-se então estender essa invocação de profunda e corrente convicção moral ao reconhecer que as pessoas no passado sentiram isso ainda mais intensamente – em primeiro lugar, é claro, e de modo mais intenso, os escravizados, mas também os senhores preocupados com pessoas obviamente incontroláveis, já que o caráter privado da escravidão tornava-os responsáveis por tentar dominar os primeiros nas colônias e nas novas nações do Novo Mundo, em particular nos Estados Unidos. No entanto, as pessoas a cujos sentimentos meu argumento diz respeito eram antes de tudo aqueles outros, incluídos mais voluntariamente nos regimes políticos que tomavam consciência de si nos séculos XVIII e XIX. Não eram, portanto, nem escravizados, nem gente que por si excluía outros seres humanos-como-propriedade-privada das novas arenas políticas; mas eles se viram desconfortavelmente associados com a escravização por escravizadores tornados compatriotas pelas

---

8 Recentemente, os historiadores da escravidão têm conseguido avançar para além do tom neoabolicionista. Um exemplo disso é a ênfase de Eric Foner na ambivalência do Grande Emancipador norte-americano em *The Fiery Trial Abraham Lincoln and American Slavery*. Nova York: Norton, 2010.

novas identidades *cívicas* que emergiram gradualmente, e inicialmente de modo imperceptível, pelo Atlântico norte no século XVIII.[9]

Eu devo começar pela contextualização desses fortes sentimentos coletivos sobre a "escravidão como uma instituição", marcando o caráter de novidade que eles tinham, e esclarecendo suas implicações para o entendimento dos arranjos políticos *ad hoc* que se tornaram "instituições" formais apenas lentamente, e de um modo traumático, ao curso dos processos de nacionalização que desejo delinear. Uma definição geral e histórica da escravidão não pode fundar-se nessas ressonâncias de institucionalização, nem na premissa da exclusão permanente da "sociedade" em que o escravo vivia. "Sociedades" do gênero, na literatura histórica, pressupõem a existência de comunidades cívicas nacionais. As definições societárias mais populares e produtivas derivam da de Moses Finley, que se apropriou da noção de "forasteiro" social (*social "outsider"*) e a partir daí distinguiu as "sociedades escravistas", que dependiam (de modo institucional) dos escravos, das "sociedades com escravos", onde os escravos estavam presentes apenas de um modo incidental, ou seja, menos institucionalizado.[10] A lógica dessa definição é societária (*societal*) e institucional. Atualmente, a complexa caracterização feita por Orlando Patterson da escravidão como "...a dominação permanente [i.e. institucionalizada], violenta [pessoal] de pessoas alienadas pelo nascimento e geralmente [ou seja, socialmente] desonradas" é a definição padrão, e o é justamente em virtude da irônica elegância com a qual ele desenvolve o isolamento e a contestação do escravo nesses termos.[11] As premissas desta definição não são menos societárias e institucionais do que as de Finley.

Minha definição geral alternativa promove um deslocamento frente a uma abordagem coletiva (e implicitamente senhorial) contida nas duas definições citadas, na direção de uma perspectiva que parta da pessoa escravizada, para quem a qualidade

---

9 Um argumento paralelo, que eu não vou considerar aqui, pode estender-se de modo a abarcar aqueles associados de modo próximo aos proprietários desses escravos, que são especialmente os pequenos proprietários rurais ("yeoman farmers") do Sul dos EUA, cuja união com os interesses dos proprietários escravistas ao seu redor, dentro da política intensamente centrada no Estado encaminhada pelo governo federal, encorajava-os a apoiar um sistema que os excluía, ao mesmo tempo em que celebravam sua consequente retirada dos setores econômicos altamente comerciais do Sul escravista como uma crua, mas efetiva, "independência" pessoal.

10 FINLEY, Moses I. "Slavery". *International Encyclopedia of the Social Sciences* (ed. David L. Sills). Nova York: Macmillan and the Free Press, 1968, vol. 14, p. 307-13.

11 PATTERSON, *Slavery and Social Death, op. cit.* [Os itálicos são de Patterson, mas os acréscimos entre colchetes são meus, enfatizando as passagens relevantes para o argumento deste artigo].

definidora da experiência do *isolamento* é esmagadoramente pessoal, e não social. O isolamento da escravização é também transitório, mais que permanente e, portanto, uma vez mais, não é institucional, mas antes um processo histórico. A orientação do escravizado, como Patterson a explora extensivamente em *Escravidão e Morte Social*, é, significativamente, em direção ao senhor, que está no controle do acesso do escravo aos outros, uma vez que a "sociedade" concedeu inteiramente a ele ou ela toda a responsabilidade pelas perspectivas do escravizado. A definição societária (*societal*) é, portanto, logicamente negativa: o afastamento do escravo frente a uma coletividade essencializada. Seu equivalente positivo é a dinâmica interpessoal intrincada e contraditória de dominação e sobrevivência que envolve as duas partes dessa díade senhor-escravo; segundo ela, o primeiro tentava minimizar, à custa do último, os contextos societários nos quais, de fato, ambos viviam. O contraponto operativo da "morte social" é a "vitalidade pessoal", e é nessa última zona de intensa privacidade, e mesmo frequentemente de intimidade, que a escravidão existiu por todo o mundo desde tempos antigos, assim como também em certas regiões (umas mais que outras) pelo Atlântico antes do fim do século XVII. Como questão privada, o escravizado era sujeito à responsabilidade pessoal e honorável da parte dos senhores em sociedades muito mais conscientes de sua coletividade que no mundo novo e contraditório do anonimato comercial combinado com a afirmação apaixonada do individualismo que o acompanhava e que surgiu no Atlântico setentrional.

Antes do final do século XVII, portanto, a escravidão nunca foi um "problema" *em um sentido público*. Os escravos sempre apresentaram, universalmente, toda a sorte de desafios exasperadores aos seus senhores, mas esses eram assuntos privados e pessoais, debatidos no interior dos amplos complexos urbanos protegidos por mudas paredes externas, ou dentro dos complexos de templos inteiramente separados do universo mundano circundante, em ocultos haréns ou em isolados e humildes casebres rurais ocupados pelos relativamente poucos escravos empregados em tarefas agrícolas. Tais escravos raramente tornavam-se objeto de preocupação pública e, portanto, raramente foram súditos contemplados pelas leis governamentais. Quando os escravos apresentavam-se à atenção daqueles não diretamente envolvidos, eles apareciam antes de mais nada cumprindo papéis exemplares de imolação – criminosos ou prisioneiros de guerra condenados à humilhação conspícua ou a sofrer uma morte vagarosa nas minas, puxando remos em galeras ou barcaças em portos movimentados, ou ainda a ser exibidos nos locais mais públicos como vítimas de insensível brutalidade –, pendurados em cruzes, lutando contra feras perigosas em amplas arenas, estripados nos cumes de pirâmides maciças, abatidos como animais ou enterrados vivos em celebrações da arbitrariedade do poder do monarca. Genuinamente mortos, eles não apresentavam nenhum embaraço público. Ao contrário, eles confirmavam o sentido de pertencimento e segurança entre aqueles que não estavam similarmente vulneráveis ou simplesmente não sujeitos nas mesmas ocasiões a tais brutalidades comunais.

No início do Atlântico moderno, a novidade completa da emergência das prioridades comerciais e capitalistas trouxe os escravos, de um modo desconcertante, para fora da obscuridade da esfera doméstica privada, na direção da visibilidade pública imediatamente perturbadora. Os escravos do Velho Mundo haviam sido em sua imensa maioria mulheres, dispersas em pequenos números entre muitos espaços domésticos introspectivos, *familiae* como os Romanos os chamavam.[12] Mas os africanos trazidos para o Novo Mundo eram predominantemente do sexo masculino, e as considerações econômicas que estavam por trás da escolha de trazer esses homens para as Américas agregavam-nos com alarde e em números perigosamente amplos em barracões, plantações, minas e cidades. Eles estavam facilmente em contato uns com os outros – eram mesmo forçados a isso – e eram obviamente muito capazes de defender a si mesmos de maneiras que provocavam um medo profundo entre aqueles que tentavam dominá-los – e que sabiam falhar.[13] A ameaça não era apenas palpável, mas pública.[14]

A dinâmica envolvida na tarefa de integrar comunidades funcionais de confiança com um material humano tão cru e dotado de uma diversidade tão pouco promissora tornava-se ainda mais complicada pelos conflitos bem conhecidos entre as várias

---

12 MILLER, Joseph C. "Domiciled and Dominated: Slaving as a History of Women". In: CAMPBELL, Gwyn; MIERS, Suzanne; MILLER, Joseph C. (eds.). *Women and Slavery*. Atenas: Ohio University Press, 2007, vol. 2, p. 284-312.

13 Uma referência historiográfica adicional: se os historiadores modernos podem desenvolver sentimentos dessa natureza, eles presumem uma arrogância improdutiva em relação aos seus sujeitos do passado se eles não partem do princípio de que aqueles que eles estudam não tiveram experiência similar, mesmo se eles pudessem não ter as palavras para entender as circunstâncias do mesmo modo que temos agora. Isso significa dizer que as motivações inarticuladas, não reconhecidas, podem ser tão fortes, ou mesmo mais fortes, na consideração do que leva as pessoas a agir, do que as racionalizações que os atores históricos são capazes de articular. Um modo pelo qual essa consciência metodológica deslizou para dentro da historiografia contemporânea é a ênfase corrente na leitura dos "silêncios" dos textos. Também é possível "ler" comportamentos, tanto individuais quanto coletivos, e considerar a aparente "coincidência" como algo conectado de modo promissor, até prova em contrário.

14 Um estudo recente, com foco nessas ansiedades: SHARPLES, Jason. *"Dangerous Spirit of Liberty": The Spread of Slave Resistance in the British Atlantic, 1729-1742*". Ph.D Dissertation, Princeton, 2010.

monarquias europeias em competição pela riqueza e o poder "além da linha", onde raramente havia ordem suficiente, ou mesmo segurança militar mínima que permitisse a quem quer que fosse construir relações pessoais sobre bases que não se apoiassem de um modo ou de outro pelo menos na ameaça de violência. E a rapidez sem precedente da expansão política e do crescimento econômico por todo o Atlântico foi um aspecto profundamente condicionante da novidade desconcertante e da imprevisibilidade da vida ali. Isso se intensificou pelo fato de os europeus almejarem "estabelecer-se" em situações que eles necessariamente imaginavam real ou potencialmente estáveis, raramente permitindo a si mesmos aceitar completamente o caos incipiente no qual viviam; exceto – é claro – pelas fortunas pessoais que indivíduos ambiciosos tentavam retirar precisamente da falta ali prevalecente de responsabilidade comunitária e sobretudo de autoridade hierárquica.[15]

Esse processo dinâmico, e por isso fundamentalmente histórico, de busca de comunidade entre estas incipientemente caóticas circunstâncias de "fronteira" enquadra o leque de reações com relação, em primeiro lugar, aos próprios africanos escravizados, e depois, e apenas gradualmente, à "escravidão" como uma entidade reificada o suficiente para poder ser, enquanto tal, alvejada na direção de sua eliminação. Essas reações diversificaram-se de acordo com as culturas políticas nacionais subsequentes, com as posições dos diversos partidos dentro delas, e com os destinos econômicos que se seguiram, juntamente com outras dimensões reveladoras, é claro, embora a tendência diretamente relevante para a abolição e os seus discursos tenha sido a política. A "abolição" é então definida historicamente (e não ética ou intelectualmente) não como dúvida ou ceticismo pessoais e generalizados sobre o tratamento dado aos indivíduos escravizados, nem a partir das habilidades dos indivíduos escravizados em particular, nem ainda como uma reflexão filosófica sobre o seu lugar em uma abstrata Ordem das Coisas. Antes, define-se como um esforço bastante específico para mobilizar a autoridade governamental a fim de erradicar um "problema" percebido, de modo novo, como uma questão pública a ser tratada por autoridades consideradas suscetíveis à influência

---

15 Eu explorei esses aspectos históricos incertos e dinâmicos da vida no Novo Mundo a partir do ponto de vista daqueles "escravizados" em "Retention, Re-Invention, and Remembering: Restoring Identities Through Enslavement in Africa and Under Slavery in Brazil". In: CURTO, José C. & LOVEJOY, Paul E. (eds.). *Enslaving Connections: Changing Cultures of Africa and Brazil during the Era of Slavery*. Amherst NY: Prometheus/ Humanity Books, 2003, p. 81-121.

da inquietação pública.¹⁶ É dentro desse enquadramento crescentemente moderno de uma política participativa e incipientemente nacional – que variava de colônia para colônia, de incipientemente nova nação independente para incipiente mas pouco subsistente nação independente – que os escravizados encontravam a eficácia para uma ação pública que ampliava poderosamente suas próprias contribuições à sua eventual emancipação – sempre pelo decreto governamental.¹⁷ Volto-me agora para uma série de breves esboços sobre os contextos históricos variáveis das escravidões e, consequentemente, das abolições americanas.

---

16 A clareza conceitual da literatura sobre a "abolição" não ganhou muito com a tendência caracteristicamente neoabolicionista de apropriar-se de toda e qualquer consciência das inevitáveis ambiguidades e contradições da escravização, tanto na teoria quanto na prática, e entendê-la como "abolição" – ou como "antiescravidão", como a ela se referem os britânicos. Para mim, é importante distinguir a hesitação – ou mesmo a oposição – moral pessoal à escravidão, das campanhas públicas, organizadas, orientadas para o governo, que se tornaram os processos operativos da "Abolição" nos séculos XVIII e XIX no Atlântico Norte. Dez anos atrás, eu sintetizei a literatura existente até ali em torno desses temas em "The Abolition of the Slave Trade and Slavery: Historical Foundations" (Ouidah, Bénin, Conferência da Unesco sobre o tema "The Slave Route", 6-8 set. 1994), traduzido como "L'abolition de la traite des esclaves et de l'esclavage: fondements historiques". In: *La chaîne et le lien: une vision de la traite négrière* (Actes du Colloque de Ouidah. Paris: Unesco, 1998, p. 225-66), e republicada em Diène, Doudou (ed.). *From Chains to Bonds: The Slave Trade Revisited*. Nova York: Berghahn/Paris: Unesco, 2001, p. 159-93. Eu fui criticado naquela ocasião por negligenciar os papéis vitais desempenhados pelos escravizados, mas eu continuo a achar útil distinguir entre a "abolição" em seu sentido restrito, tal como eu empreguei aqui, e a "resistência" e outras estratégias igualmente vitais disponíveis aos escravos. Mesmo no Haiti, o sucesso abolicionista da "revolução" que lá aconteceu, ao fim e ao cabo levou ao seu reconhecimento diplomático como uma nação entre nações.
Mais recentemente, eu venho focalizando a relevância para os escravizados do pertencimento como resposta ao isolamento essencial das suas experiências de escravização: "Retention, Re-Invention, and Remembering", mais tarde "A Historical Appreciation of the Biographical Turn" (Simpósio "The Black Atlantic and the Biographical Turn" – National Humanities Center, 24-26 fev. 2011). Apenas nos Estados Unidos (e mesmo lá somente depois da Guerra Civil) o estado-nação cívico, anônimo e abstrato adquiriu substância suficiente para sustentar as expectativas de pertencimento, como um patrão aparentemente confiável e protetor. Evidentemente, estas esperanças foram tristemente perdidas, na medida em que uma resposta substantiva só começou de fato um século mais tarde.

17 Para uma ênfase nos esforços dos escravizados, ver: Blackburn, Robin. *The Overthrow of Colonial Slavery, 1776-1848*. Londres: Verso, 1988, e uma ênfase que apenas começa a aparecer na historiografia da emancipação nos Estados Unidos, especialmente Freehling, William. "Fugitive Slaves and North American Slavery's Peculiarity" (manuscrito inédito, 2004).

Senhores e Coronéis: Patrões no Brasil

As muitas raízes das múltiplas identidades cívicas eventuais por todo o Atlântico cresceram nos solos americanos fertilizadas pela colonização e pelo padrão de assentamento, os quais variaram não apenas em função dos desenvolvimentos políticos na Europa, mas também em virtude da diversidade de destinos econômicos no Novo Mundo, segundo, também criticamente, tempos variáveis durante mais de dois séculos. Adicionando alguma ênfase analítica a essas dimensões fundacionais do ritmo (em si mesmas parte de qualquer contexto histórico) e da sequência dos acontecimentos (ou seja, contextos de precedência e competição), começamos com o Brasil, isto é, a primeira região americana a recorrer extensivamente aos escravos e também a última a abolir seu uso.[18] As eras "fundacionais" não devem ser entendidas historicamente através da busca nelas das "origens" de desenvolvimentos posteriores, nem ainda, certamente, como "precedentes" (implicitamente determinantes de algum modo). Antes, e precisamente no sentido contrário, de estabelecer enquadramentos de interesses que se tenham tornado estabelecidos e que, então, se tenham transformado em veículos locais através dos quais os sucessores canalizariam as pressões de contextos históricos mais amplos, externos, às vezes inibindo, mas mais frequentemente induzindo mudanças subsequentes através da sua apropriação. Elas são, portanto, "inaugurais" com relação aos processos contemporaneamente subsequentes e dialeticamente reativos; elas dão o enquadramento para as mudanças posteriores, sem determiná-las.

Para simplificar (de modo inevitável, a partir do reino bastante abstrato onde estou esboçando os processos extraordinariamente amplos da abolição como discurso político), os *capitães* (os militares senhoriais) brasileiros do século XVI estabeleceram verdadeiros feudos nas florestas da América portuguesa, e a coroa portuguesa, pequena e distraída por suas mais imediatas preocupações europeias, nunca os manteve sob seu efetivo controle, nem aos seus sucessores. Interesses mercantis em Lisboa, e os monarcas portugueses dependiam deles, concentravam-se, ao invés disso, no ouro africano e nas especiarias asiáticas (século XVI), mais tarde na prata da América espanhola (século XVII), e no Brasil apenas eventualmente, quando o açúcar – e depois o ouro das Minas Gerais no século XVIII – substituíram o *asiento* espanhol, perdido, e o acesso já declinante que tinham aos tesouros perfumados do Oceano Índico.

---

18 Com a exceção, é claro, da escravização intensa, ainda que de vida curta, dos nativos americanos nas Índias espanholas antes de 1550.

Essas estratégias metropolitanas centradas na "espécie" (a moeda, e não as especiarias) mercantilizaram os interesses atlânticos portugueses no nível dos transportes e da intermediação comercial sem incorporar ou tornar públicos – de modo significativo – seus setores produtivos.[19] O "iluminismo" pessoal de um núcleo pequeno de intelectuais públicos e homens de estado em Portugal sob o famoso Marquês de Pombal, nos anos 1750-60, nunca portanto, traduziu a escravidão em uma obrigação política no Brasil.[20]

A negligência metropolitana com relação ao Brasil – realmente uma incapacidade de impor-se que derivava de uma disponibilidade crescentemente inadequada de recursos financeiros – deixou a produção brasileira de açúcar do século XVII nas mãos dos semimercantilizados sucessores daqueles *capitães* iniciais – os famosos e adequadamente designados *senhores de engenho*. Em suas propriedades, esses barões do açúcar eram verdadeiramente os "donos" da tecnologia necessária para reduzir o caldo da cana de açúcar ao *mascavado*, o componente chave (ao invés de, por exemplo, a terra, ou mesmo, originalmente, os escravos) da primeira indústria dominante de produção de açúcar no mundo. Esse quadro de um patriciado mercantilizado incorporava não apenas escravos da África, mas também populações nativas e imigrantes de Portugal, em "famílias" estendidas de tipo "mafioso" que protegiam seus respectivos interesses no comércio do açúcar sem muita consideração pela autoridade monárquica em Portugal. E os monarcas portugueses – mais orientados em direção ao capital inglês e ao controle do transporte e da taxação dos açúcares, tabacos e, eventualmente, ouro e algodão brasileiros para revenda aos seus aliados mercantis na Europa – deixavam de lado os negócios mais sujos e arriscados da aquisição e administração dos escravos a esses "capitães" rústicos.[21]

---

19 O caráter transitório da primeira produção açucareira no Atlântico foi enfatizado por mim em "O Atlântico escravista: açúcar, escravos, e engenhos". *Afro-Ásia*, Centro de Estudos afro-orientais, FFCH-UFBA – Bahia, Brasil, 19-20 (1997), p. 9-36; uma versão anterior do texto apareceu em: "A dimensão histórica da África no Atlântico: açúcar, escravos, e plantações". In: *A dimensão atlântica da África* (II Reunião Internacional de História de África, Rio de Janeiro, 30 out.-1 nov. 1996). São Paulo: CEA-USP/ SDG-Marinha/ Capes, 1997, p. 21-40. O tema já está agora documentado com muito mais detalhe em Schwartz, Stuart B. (ed.). *Tropical Babylons: Sugar and the Making of the Atlantic World, 1450-1680*. Chapel Hill: University of North Carolina Press, 2004.

20 Marques, João Pedro. *Os sons do silêncio: o Portugal de oitocentos e a abolição do tráfico de escravos*. Lisboa: Imprensa de Ciências Sociais, 1999.

21 Como caso quase único no Atlântico, os interesses brasileiros possuíam e operavam suas fontes de trabalho escravizado. Miller, Joseph C. *Way of Death: Merchant Capitalism and the Angolan Slave*

Na escravidão do Brasil português, com sobretons de militarismo dos barões locais, a responsabilidade pública ultrapassava apenas com uma leve cor a punição pública da desobediência entre os escravizados, característica das escravidões essencialmente privadas do Velho Mundo – o *pelourinho* na praça central de toda vila ou cidade. Nenhuma codificação legal monárquica da escravidão obrigava as autoridades públicas a imiscuir-se de modo significativo no tratamento dos escravos; a justiça era privada e, frequentemente de modo notório, *ad hoc*. A legislação comercial existente reconhecia as transferências da posse de pessoas como transações envolvendo propriedades, mas tinha pouca conexão com as dimensões humanas das relações assim transferidas. *Senhores* preferiam vender escravos "fora do mercado" para eles mesmos, em manumissões nominais, ao invés de vendê-los para outros senhores, talvez rivais, construindo assim séquitos de libertos, usualmente mulheres (outra característica do Velho Mundo) e seus filhos, muitas vezes descendentes dos seus (antigos) senhores.

A Igreja Católica, a principal corporação da qual os *senhores* brasileiros e seus imitadores comerciais não participavam – mas ela, longe de ser pública e participativa, era intensamente autoritária e privada – usava seus sacramentos para sancionar (mas não para impor) as responsabilidades pessoais dos senhores com relação aos escravos, assim como para confirmar famílias e comunidades entre os mesmos escravos contidos nos séquitos e domínios dos senhores.[22] Os escravos faziam uso efetivo dos sacramentos e instituições da Igreja para encobrir sua presença pública na piedade católica, para além dos ocasionais festivais ao estilo de Saturnálias que – como feriados de inversão da ordem existente – confirmavam o caráter essencialmente privado da escravidão no Brasil. Sob seus confessionalmente reservados auspícios, tanto senhores quanto escravos adaptavam o "compadrio" católico de modo a reforçar essas conexões privadas. Novos escravos da África morriam segundo taxas tão altas que a presença de sobreviventes e escravos já nativos (crioulos) permanecia administrável no interior desse quadro essencialmente privado de "senhores e [seus] escravos".[23]

Trade, 1730-1830. Madison: University of Wisconsin Press, 1988. Para uma ênfase recente sobre os "barões" locais, ver: HAWTHORNE, Walter. *From Africa to Brazil: Culture, Identity, and an Atlantic Slave Trade, 1600-1830*. Nova York: Cambridge University Press, 2010.

22 Para a Igreja como um "estado" substituto no Brasil, ver SOARES, Mariza de Carvalho. *Devotos da cor: identidade étnica, religiosidade e escravidão no Rio de Janeiro, século XVIII*. Rio de Janeiro: Civilização Brasileira, 2000.

23 Uma referência, é claro, ao título em inglês do trabalho no qual um herdeiro dessas tradições senhoriais, Gilberto Freyre, capturou (e generalizou de modo excessivo) esses parâmetros políticos do caráter publicamente não problemático da escravidão no Brasil colonial: *The Masters and the Slaves:*

E de fato a escravidão no Brasil prosperou como uma vasta extensão comercial das casas senhoriais ibéricas tardomedievais. Este contexto cultural hierárquico criou decididamente pouco potencial para o desenvolvimento de discursos públicos de responsabilização pelos abusos ou de responsabilidade pública por remediá-los, mesmo com a independência imperial do Brasil no século XIX.[24]

A escravidão urbana nas Índias espanholas

Os domínios espanhóis nas Américas voltaram-se para a escravização de africanos contemporaneamente ao crescimento da escravidão no Brasil, mas primariamente em contextos urbanos dotados de continuidades ainda mais fortes com relação às casas senhoriais ibéricas tardomedievais, para onde mulheres escravas de origem eslava haviam fluído nos século XIV e XV.[25] Os contatos portugueses com a África tinham adicionado um número crescente de homens à população escravizada da Ibéria no final do século XV e, como consequência, esses homens atraíram certo grau de notoriedade pública, na medida em que se reuniam nas ruas de Valência, Sevilha e outras cidades. Mas ali a responsabilidade pública pela escravidão datava do precocemente notório – mas quase sempre anacronisticamente mal compreendido – código de leis do século XIII conhecido como as *Siete Partidas*. As pequenas porções das *Siete Partidas* que se referiam à escravidão destacavam-se de um contexto – distintamente medieval e recentemente islâmico – de poderosos senhores militares que se estabeleceram na Ibéria pós-*reconquista*. Estes eram acompanhados de séquitos compostos de refugiados e seguidores de diversas origens, e eram, consequentemente, capazes de mobilizar esses dependentes de modo a resistir a quaisquer ambições monárquicas dos seus rivais. O primeiro movimento dos aspirantes a monarca por toda a Europa nessas circunstâncias foi intrometer-se nos séquitos privados dos seus

---

A *Study in the Development of Brazilian Civilization* (trans. Samuel Putnam). Nova York: Knopf, 1946. Tradução de *Casa-grande e senzala*. Rio de Janeiro: Olympio, 1933.

24 A produção acadêmica corrente vem mostrando a procura, entre a crescente população de libertos após a autonomia conseguida pela manumissão, de versões africanizadas dos espaços sagrados do catolicismo. Cf. PARÉS, Luis Nicolau. *A formação do Candomblé: história e ritual da nação jeje na Bahia*. Campinas: Editora da Unicamp, 2006, entre outros.

25 Recentemente, BLUMENTHAL, Deborah. *Enemies and Familiars: Slavery and Mastery in Fifteenth-Century Valencia*. Ithaca NY: Cornell University Press, 2009.

rivais sob quaisquer pretextos.[26] No contexto católico da Europa tais pretextos eram antes de tudo de caráter moral, tendo sido desenvolvidos séculos antes nos termos potencialmente unificadores da Igreja Universal, que se estabeleceu no contexto paralelo da autoridade central enfraquecida do Império Romano e na medida em que os juristas latinos tentavam restaurar um "Império" a partir dos generais e famílias senatoriais da Roma antiga, que competiam entre si.

Um grau modesto de autoridade real, em associação próxima com a Igreja Católica, afirmava então uma responsabilidade pública limitada – essencial e contraditoriamente calcada nos termos da obrigação pessoal – pelos escravos dentro dos domínios incipientemente espanhóis, na medida em que se estenderam às Américas no início do século XVI. Isso não garantiu nenhum precedente para a intrusão direta nos domínios domésticos e privados das casas dentro das quais os senhores operavam a escravidão como uma questão de autoridade paternalista irrestrita. A adição de um pequeno número de africanos no século XV a este contexto Ibérico não alterou a dinâmica essencialmente assimilativa, vital a uma sociedade composta por mouros, mouriscos, eslavos e outros, originalmente estrangeiros à comunidade vitoriosa dos católicos, mas operando dentro da privacidade destas grandes casas senhoriais. A maioria dos africanos escravizados levados para o Novo Mundo nas primeiras três ou quadro décadas da conquista castelhana vieram não da África, mas das coortes de africanos iberizados. Eles eram, com frequência, artesãos qualificados, domésticos e outros serviçais pessoais. Os nativos das Índias, a grande maioria dos escravizados naquela época inaugural, forneciam o básico da mão de obra não qualificada para a fase inicial da mineração de ouro e do plantio de cana de açúcar, atividades que permaneciam confinadas em escalas pequenas demais para financiarem os significativos desafios políticos que se impunham à emergente monarquia espanhola daqueles tempos.

No entanto, a conquista de certo modo inadvertida do México e depois do Peru nos anos 1520 e 1530, que antecipou a riqueza potencial da captura de suas montanhas carregadas de ouro e prata, e dos vastos e inicialmente populosos territórios que os vitoriosos *conquistadores* clamaram, levantou o espectro das lutas recentes

---

26 Um tema desenvolvido com mais profundidade em MILLER, Joseph C. "The Historical Contexts of Slavery in Europe". In: HERNAES, Per O. & IVERSEN, Tore (eds.). *Slavery Across Time and Space: Studies in Slavery in Medieval Europe and Africa*. Trondheim: Department of History, Norwegian University of Science and Technology, 2002, p. 1-57; e "The African Historical Dynamics of the Atlantic 'Age of Revolutions'". In: ARMITAGE, David & SUBRAHMANYAM, Sanjay (eds.). *The Age of Revolutions in Global Context, c. 1760-1840*. Basingstoke/ Nova York: Palgrave Macmillan, 2010, p. 101-24 (nn 246-50).

na Ibéria entre poderosos e independentes senhores da guerra apoiados por séquitos privados de escravos. Esse dilema político clássico de subjugar rivais aristocratas para criar monarquias adquiriu então grande urgência, para os remotos e supostos soberanos de Castela e Aragão, nas Américas espanholas. Os herdeiros ainda mais ambiciosos de Fernando e Isabel no início do século XVI tiveram um impulso de consolidação política por trás deles; isso iria levar os Carlos e Felipes à criação da monarquia mais poderosa da Europa no início da era moderna, firmemente baseada na prata americana extraída em quantidades jamais sonhadas e capaz de cobrir os custos sem precedentes das forças militares necessárias para implementar o poder assim afirmado.[27] Mas fazer isso significava manter o controle das populações nativas dos domínios americanos da primeira geração dos *conquistadores*, que estavam adiantados no seu propósito de escravizar os povos nativos que haviam conquistado e, assim, removê-los do alcance expansivo da monarquia e da sua burocracia secular baseada na lei pública.

Os monarcas espanhóis de meados do século XVI repetiram as estratégias de seus predecessores, formuladas nas *Siete Partidas*, tecendo uma rede de leis públicas decretadas por competência própria para reprimir os conquistadores desses domínios ameaçadoramente privados nas Américas. Carlos I, com o apoio crucial da Igreja Católica (com interesses próprios em adquirir acesso direto às almas, se não também aos serviços, dos conquistados), alcançou com as famosas Novas Leis, de 1542, sucesso definitivo em estabelecer a autoridade pública sobre os nativos americanos – eram estes que tinham importância como escravos naquela época. Este código colonial isentava todos os nativos americanos do jugo direto dos conquistadores, limitando assim a escravidão na América Espanhola aos africanos, muitos deles dotados de habilidades qualificadas, trazidos da escravidão doméstica da Península Ibérica para

---

[27] O colonialismo militar em seus primeiros momentos não era uma "acumulação primitiva" no sentido marxista de privação das populações locais do acesso aos meios de sustentar a si mesmas sem a dependência frente aos interesses dos ricos que se manifestam através de um estado por eles controlado; ao invés disso, era mais próximo ao modelo do "Estado predatório" que supera os fortes rivais locais do seu tempo pilhando as áreas exteriores ao domínio da competição interna, comprando a lealdade antes que ela possa ser impelida pela distribuição do botim. A nascente monarquia inglesa, sem uma riqueza significativa que fosse acessível à pilhagem nos séculos XII e XIII, voltou-se assim para estratégias confederativas (como a Magna Carta) de modo a ganhar impulso para se lançar ao oceano em aventuras em terras estrangeiras que acabaram, ao fim e ao cabo, falhando. Os reis ingleses tiveram então que se submeter ao germe da colaboração interna que, mais tarde, deu a luz ao sentido participativo de responsabilidade cidadã que está por trás do abolicionismo.

as extensões no Novo Mundo. As *Siete Partidas* precisavam apenas de aplicação, e não de modificação, para administrar a resultante escravidão urbana da Cidade do México, de Lima, Cartagena, Havana e outras cidades do domínio que os monarcas espanhóis estavam então criando nas Américas. Mesmo com a introdução subsequente de centenas de milhares de africanos pelos comerciantes (sempre estrangeiros e, estrategicamente, assim mantidos) que operavam sob contratos cuidadosamente delimitados (os *asientos*), estes escravos fundiram-se às casas da elite eclesiástica e legal com cuja lealdade se podia contar, casaram com nativos e europeus de posição humilde que a eles também se associavam, e encontraram empregos como artesãos e nos serviços domésticos e municipais. Seus filhos se acomodaram em posições localmente controláveis nas *castas* da sociedade urbana resultante, sob a autoridade pessoal de abastados senhores de casas senhoriais – burocratas, comerciantes, industrialistas e a Igreja. A patronagem era mais importante que as heranças pessoais na sociedade racialmente indistinta que se formou; a pureza da herança católica, determinada pela Igreja, alienava todos os outros – fossem judeus, indígenas, africanos ou estrangeiros – da respeitabilidade ou do poder. O emblema da identidade "espanhola" era o Catolicismo, cujas recompensas eram de outro mundo, embora aquela identidade fosse duramente perseguida como bruxaria e heresia quando de suas violações mundanas do Catolicismo.

A escravidão nesses domínios hispânicos era, portanto, mais um assunto de relacionamentos pessoais que um mecanismo de exclusão do âmbito público, já que o domínio público – fora das cortes reais – era relativamente limitado. Isso não se tornaria um "problema" de significado público nem mesmo durante a primeira metade do século XVII, momento no qual os africanos começaram a chegar em números significativos.[28] Ainda era raro que eles tivessem um peso maior que o de

---

28 Essa contextualização da primeira "escravidão" espanhola enfatiza ter sido anômalo o acesso às instituições legais da monarquia, aspecto em que tem tido muito impacto a literatura recente sobre a escravidão na América Ibérica. Por improvável, impensável mesmo, que esse acesso possa parecer de acordo com parâmetros norte-americanos posteriores, tal exclusão é um aspecto constitutivo dos tipos modernos, cívicos e públicos de escravização. Nas colônias da Espanha, a ameaça (ainda mais que a prática) representada por um escravo que fosse ouvido por uma corte de jurisdição real era um componente essencial do controle sobre proprietários de números significativos de africanos, que de outra forma poderiam ser mais independentes da Coroa. Suponho (embora não tenha confirmado isso na literatura) que o recurso de escravos aos tribunais monárquicos ficou restrito às poucas áreas (Cartagena, Havana e cidade do México, por exemplo) onde a vitalidade comercial ofereceu aos súditos coloniais a oportunidade para que concentrassem números significativos e potencialmente desafiadores de africanos escravizados.

parcelas diminutas e prontamente assimiláveis no interior de populações coloniais que tinham contingentes indígenas bem maiores (embora drasticamente reduzidos). Essas amplas populações nativas forneciam esposas e, portanto, conexões familiares que inclinavam os africanos, majoritariamente homens, a buscar alívio para o isolamento inscrito em seu cativeiro no interior das *castas*, mais que através da criação de comunidades que lhes fossem próprias e que se mostrassem autoconscientes e publicamente visíveis. Esposas e famílias, como foi mostrado por eventos posteriores em todas as Américas, efetivamente limitavam a raiva que alimentaria a revolta entre homens confinados em barracões exclusivamente masculinos. Assim, era insignificante a necessidade sentida pelo patriciado urbano de voltar-se para a monarquia em busca de controle policial dos escravos das ruas das cidades. Sem que importasse muito o quanto uns poucos clérigos, filósofos ou mesmo juristas se preocupavam com a ética pessoal de senhores escandalosamente abusivos, ou a frequência com que escravos brutalizados ou enganados podiam buscar alívio para abusos específicos em tribunais monárquicos, a maior parte dos escravizados permanecia escondida atrás das impactantes muralhas dos domicílios de seus senhores ou dentro das oficinas de seus compradores, ou ainda isolados no que equivalia a campos de extermínio situados em remotas regiões mineradoras.

As petições de escravos que abundam nos arquivos judiciais das colônias espanholas estavam quase sempre baseadas em premissas sobre a responsabilidade moral, às vezes também legal, que escravizados sentiam terem sido violadas especificamente por seus senhores individuais – uma clara expressão da prevalência do domicílio senhorial como o terreno primário da escravidão privada exercida sob a ordem hispânica.[29] O domínio público era constituído primordialmente por tribunais reais que manifestavam quanto a essas petições sensibilidade suficiente para que os observadores mais humanos de sua ética e de sua legalidade os considerassem inteiramente compatíveis com a presença (e a proteção) dos escravos, embora essa sensibilidade fosse modesta de acordo com padrões modernos. As lealdades políticas eram mais devocionais e pessoais que "nacionais" em um sentido moderno. A inclusão dos es-

---

29 Para uma instigante especulação segundo esses delineamentos, ver McKnight, Kathryn Joy. "The Diabolical Pacts of Slavery: The Stories of Two Mulatto Slaves before the Inquisition in New Spain". *Revista de estudios hispánicos*, 37, 4 (2003), p. 509-36, e especialmente "Confronted Rituals: Spanish Colonial and Angolan 'Maroon' Executions in Cartagena de Indias (1634)". In: McKnight, Kathryn Joy (ed.). "Enslavement and Colonialism in the Atlantic World". Special issue of *Journal of Colonialism and Colonial History*, 5, 3 (2004). Disponível em: <http://muse.jhu.edu/login?uri=/journals/journal_of_colonialism_and_colonial_history/v005/5.3mcknight.html>.

cravos no corpo católico, conforme o ocorrido no Brasil, reforçava a compatibilidade da escravidão hispano-americana até mesmo com a forte autoridade religiosa dos protetores monárquicos da Cristandade mais diligentes do mundo (assim eles se viam), até as últimas décadas do século XVIII.

Os aspectos econômicos da escravidão nos domínios hispânicos também limitavam sua dimensão pública. Em outros lugares das Américas, o crédito comercial financiou a distribuição de escravos, e estes se tornaram em grau significativo uma das formas de garantia que embasavam os empréstimos necessários ao desenvolvimento dos novos e custosos setores açucareiros das economias americanas. Ali, a regulação legal do comércio ganhou grande importância, e os aspectos da prática da escravização associados à "propriedade", antes o suporte da escravização doméstica, tornaram-se objeto de elaboração legal (e portanto pública). Essas considerações comerciais tornaram-se decisivas nas ilhas portuguesas e espanholas do Atlântico oriental e foram transferidas para o Brasil, embora usualmente envolvessem mercadores estrangeiros (italianos, posteriormente holandeses e eventualmente ingleses) que operavam sob o guarda-chuva de uma relativamente benigna negligência monárquica. Elas foram um dos fatores subjacentes à semiautonomia baronial dos senhores de engenho locais.

No Caribe hispânico inicial, embora banqueiros germânicos tenham imposto o dado essencial da vinculação legal da produção do açúcar, assim como ela se dava no operacional (e assim remunerador) nível da *plantation* – e isso ocorreu nas ilhas caribenhas no início do século XVI –, a proliferação subsequente da prata e do ouro do continente permitiu que os domínios da Espanha passassem a pagar pelos africanos escravizados que comprassem, e a fazê-lo em espécie. A prata, portanto, libertou os espanhóis que adquiriam africanos como escravos do fardo das dívidas que caracterizava a escravização em outros pontos das Américas; desse modo, portugueses, alemães, holandeses, franceses e ingleses fizeram fila para obter os *asientos* para distribuir africanos nas possessões espanholas do Novo Mundo, já que eles significavam a única chave que abria a de outra forma fortemente aferrolhada porta que dava acesso aos preciosos pagamentos em *reales de a ocho*. O trato dos contrabandistas, claro, só usava dinheiro à vista e, também aqui, privadamente. A compra desses escravos a estrangeiros não impunha, portanto, nenhuma obrigação específica aos compradores – pois estes pagavam em moeda sonante – de submeterem as pessoas adquiridas a um ritmo de trabalho intenso o suficiente para liquidar débitos. Os aspectos comerciais da escravização nos territórios espanhóis, embora tão proeminentes quanto em outros lugares do Atlântico, estavam efetivamente confinados às negociações da alta finança em Madri e em outras capitais europeias. Assim, as montanhas de prata no México e no Peru limitavam-se a financiar o tipo de escravidão doméstica ou patriarcal, de Velho Mundo, e que de modo bem diferente era marginal nas partes menos ricas das Américas, as quais, para prosperarem, viam-se forçadas a voltar-se para a produção, baseada esta última nos africanos escravizados.

Açúcar e escravos no Caribe Inglês

Desse modo, o processo de desenvolvimento da escravidão no Caribe não hispânico do século XVII, agudamente mais mercantilizado, operou sob a sombra financeira do resplandecente Eldorado Americano da Espanha. Montanhas de prata impuseram a competidores continentais e ingleses uma retaguarda econômica severa, e ela forçou a maior parte deles a entrar na economia atlântica por intermédio da violência, a qual transitou da atividade dos bucaneiros para a pirataria, desta para o corso e deste para a guerra destinada a apresar as frotas espanholas que carregavam o metal precioso de volta para a Europa. Assim, os ingleses, sob Elizabeth, viram-se na necessidade de dar os primeiros passos bem atrasados em relação ao ritmo intenso imposto pela Espanha. Somente após a Restauração, nos anos 1670, os agentes encarregados pelos sucessores dela no século XVII conseguiram imiscuir-se nos fluxos de metais que financiavam as primeiras fases do desenvolvimento por toda a parte no Atlântico com métodos comerciais.

Os ingleses (da mesma forma que a Companhia das Índias Ocidentais holandesa nos anos 1630 e 1640) obtiveram uma primeira cabeça de ponte assaltando o flanco africano das fontes atlânticas de metais; fizeram-no através da incorporação da Royal African Company (RAC), em 1672, para competir com os holandeses pelo ouro que vinha da Mina, na Costa do Ouro (atualmente Gana). Os valores do ouro eram maiores que os dos escravos adquiridos na África até o final do século XVII.[30] Sob o assento da RAC, a Coroa e seus aliados retinham o ouro, claro, e a própria Companhia arcava com os custos da distribuição de escravos nas ilhas do Caribe – Barbados e a Jamaica, arrancadas fazia pouco tempo da Espanha, e assim muito necessitadas de investimento. Apenas o cultivo da cana de açúcar usando escravos parecia prometer retornos suficientes para dar conta dos custos crescentes da ocupação militar e da

---

30 BOOGAART, Ernst Van Den. "The Trade between Western Africa and the Atlantic World, 1600-90: Estimates of Trends in Composition and Value". *Journal of African History*, 33, 3, 1992, p. 369-85; ELTIS, David. "The Relative Importance of Slaves and Commodities in the Atlantic Trade of Seventeenth-Century Africa". *Journal of African History*, 35, 2, 1994, p. 237-49.

defesa de territórios nas Américas. Os ingleses, portanto, travaram contato com as inovações da escravidão no Novo Mundo mais de um século depois dos ibéricos, e o fizeram sob as circunstâncias significativamente transformadas do comercialismo incipientemente moderno, incluindo o crédito como mecanismo que substituiu os metais na construção da prosperidade nas colônias.[31]

A fim de resumir uma longa história dos metais como algo central para o crescimento da economia atlântica, limito-a ao seguinte argumento: a RAC, como muitos empreendedores inovadores, aprendeu a lição das fontes de financiamento da maneira mais custosa.[32] As limitadas disponibilidades de ouro obtido na África não foram suficientes para cobrir os investimentos em empréstimos a fundo perdido que ela fez aos plantadores a fim de permitir-lhes dar a arrancada na produção de açúcar em Barbados e na Jamaica. A iliquidez resultante forçou a Companhia, falida já pela altura dos anos 1690, a suspender operações. No entanto, os débitos para com a RAC em Barbados e na Jamaica fizeram da escravidão que ali existia uma preocupação em alto grau pública na Inglaterra, pelo menos no terreno das finanças, além de terem firmado o precedente para a difusão para a França da mercantilização da escravidão, o que foi feito através de uma sucessora da RAC, a Companhia Inglesa dos Mares do Sul (British South Seas Company), criada (novamente) para ganhar acesso à prata espanhola, e mais uma vez por intermédio da distribuição de escravos, mobilizando a subscrição pública direta de capital.[33]

---

31 MILLER, Joseph C. "Slavery and the Financing of the Atlantic World" (Plenary address, simpósio sobre "Debt and Slavery: The History of a Process of Enslavement", Indian Ocean World Center – McGill University, Montréal, 7-9 maio 2009); "Investing in Poverty – Financial Aspects of the Global Historical Dynamics of Commercialization" (Aprsentação, simpósio sobre "Understanding African Poverty over the Longue Durée", International Institute for the Advanced Study of Cultures, Institutions and Economic Enterprise, Accra, Gana, 15 a 17 jul. 2010).

32 MENARD, Russell R. "Law, Credit, the Supply of Labor, and the Organization of Sugar Production in the Colonial Greater Caribbean: A Comparison of Brazil and Barbados in the Seventeenth Century". In: McCUSKER, John J. & MORGAN, Kenneth (eds.). *The Early Modern Atlantic Economy*. Nova York: Cambridge University Press, 2000, p. 154-62; McCUSKER, John J.; RUSSELL, R. Menard. "The Sugar Industry in the Seventeenth Century: A New Perspective on the Barbadian 'sugar revolution' ". In: SCHWARTZ, *Tropical Babylons, op. cit.*, p. 289-330.

33 PALMER, Colin A. *Human Cargoes: The British Slave Trade to Spanish America, 1700-1739*. Urbana IL: University of Illinois Press, 1981. PETTIGREW, William A. "Parliament and the Escalation of the Slave Trade, 1690-1714". In: FARREL, Stephen; UNWIN, Melanie; WALVIN, James (eds.). *The British Slave Trade: Abolition, Parliament and People: Including the Illustrated Catalogue of the Parliamentary*

A mercantilização por intermédio do crédito estava se tornando o *modus operandi* da escravização no Atlântico. A alta mortalidade entre os escravos sujeitados aos rigores do cultivo da cana de açúcar, especialmente durante os estágios formativos, ineficientes e descapitalizados, combinou-se com a inevitabilidade de contrair mais débitos para adquirir substitutos diretamente das embarcações vindas da África, aliada ao fato de ser atrativo do ponto de vista fiscal usar escravos como garantia para a capitalização, significativa, da produção de *plantation*. A dimensão de propriedade implícita na escravização mercantilizada tornou-se ainda mais proeminente no Atlântico Inglês que entre portugueses e espanhóis, já que os pequenos números de ingleses nas ilhas e as grandes dimensões das *plantations* que eles mantinham limitavam severamente as oportunidades para ligações socialmente reconhecidas entre os senhores e sua propriedade humana; o tipo de escravidão do Novo Mundo estabelecido no Caribe era significativamente menos personalizado que as tonalidades de Velho Mundo presentes na escravidão praticada na Bahia ou em Lima. Acrescente-se que a instável Igreja da Inglaterra não era nem um aliado político do Parlamento ou da Coroa, nem um agente efetivamente intrusivo quanto à escravidão que se desenvolveu nas ilhas, com seu caráter privado expresso nos termos comerciais da "propriedade". No caminho das Índias Ocidentais Inglesas para a independência operacional, só no início isso foi restringido por seus débitos frente a Londres, mas com o fim da RAC até essas limitações foram pouco eficazes. A capitalizada escravidão inglesa adquiriria, portanto, uma dimensão pública inexistente nos territórios espanhóis ou portugueses do Novo Mundo; mas o "público" de que se tratava era composto primordialmente – de fato unicamente, em termos virtuais – pelos senhores de escravos, sem uma monarquia intrusiva e sem a rivalidade potencial de não proprietários locais de escravos.

Apesar dos fracassos fiscais da RAC – ou, mais precisamente, como contribuição para que eles acontecessem –, a Companhia havia distribuído quantidades maciças (para o período) de africanos, especialmente homens, para Barbados e para a Jamaica. Esses homens africanos, então, fizeram as preocupações públicas com a escravidão crescerem por criarem problemas de policiamento sem precedentes, para não mencionar as ocasionais misturas com outros estranhos nas ilhas – irlandeses, escoceses, alemães e outros tipos não confiáveis –, comparáveis às *castas* das colônias continentais espanholas em virtude da diferenciação construída pelos ingleses de pura herança. A restrição ao surgimento de uma classe "de cor" ali nascida tornou-se

---

Exhibition in Westminster Hall, 23 may – 23 set. 2007. Edinburgh: Edinburgh University Press for the Parliamentary History Yearbook Trust, 2007, p. 12-26.

uma urgência local que fazia coro com as ansiedades coevas a respeito das crescentes e desordeiras multidões urbanas de "homens sem senhor" na Inglaterra. Os formuladores de políticas na Inglaterra, durante as primeiras fases da reflexão acerca dos dilemas ligados ao modo de mesclar firmes interesses governamentais com esses remotos, potencialmente ameaçadores e bem sucedidos empreendimentos privados, e simultaneamente preocupados em ganhar controle sobre as classes baixas europeias, foram complacentes com os interesses das ilhas, permitindo autonomia política local no tocante a questões de disciplina privada, domésticas e menores (além de distantes das altas questões de Estado que ocupavam Londres), como a normatização de uns poucos africanos. Não se pode esperar que alguém, no tempo, pudesse prever os desafios fundamentais que os tremendamente numerosos sucessores desses africanos viriam a representar para a identidade nacional.

Assim, o famoso e portentoso código escravo de Barbados, de 1661, fez mais por consolidar a propriedade e a autoridade policial dos senhores – ocasionalmente proclamados como seus "direitos" – que por estender sobre as ilhas o alcance monárquico ou parlamentar – isso, de qualquer modo, caso um deles aceitasse a presença do outro. Esse código tornou-se o modelo para a legislação escravista editada em 1696 na Carolina e em 1702 pela *House of Burgesses* da Virginia. Passou despercebida a agudeza da transição do prévio governo dos escravos no âmbito da privacidade do domicílio senhorial para um domínio público constituído por senhores de escravos, sem que a monarquia os estivesse restringindo de modo decisivo, como no caso da Espanha dos anos 1540. Não foi notada porque as legislaturas que, em outros lugares, subverteram essa estratégia chave de afirmação monárquica, não tinham razão alguma para chamar a atenção para o seu feito, nem mesmo se o caráter imediato de suas preocupações ao menos deixasse tempo para esse tipo de reflexão. A sutileza das mudanças cumulativas em processos históricos é tamanha que esses momentos deram forma à moderna política de transparência e responsabilidade dos governos perante os cidadãos que, eventualmente, viria a dar aos sentimentos abolicionistas a sua dinâmica populista específica nos Estados Unidos e na Inglaterra.

Ao longo do século XVII, os países católicos latinos acomodaram-se a essas tendências atlânticas à mercantilização através de adaptações realizadas nas fortes lealdades coletivas à família, à paróquia, ao patrão ou à localidade, lealdades estas que haviam sido, na maior parte da Europa, características de períodos mais recuados. Transições paralelas a essas na Europa do Norte protestante, no entanto, tiveram a forma de processos opositivos – e muito mais descontrolados – de individuação. A escravidão tornou-se vital para os portugueses (ou brasileiros) e, mais brevemente, para os espanhóis no Novo Mundo, mas principalmente como confirmação de formas paternalistas de autoridade e de responsabilidade estendidas também a parentes jovens, a quase todas as mulheres e a todos os tipos de dependentes, tanto livres quanto alforriados.

Nas colônias continentais inglesas, diversamente, a posse privada de escravos como bens móveis (e não como bens imóveis) tornou-se um componente fundamental da afirmação de uma autonomia individual altamente carregada de honorabilidade.[34] Acrescente-se que, de fato, "o mercado" não era lugar para que qualquer um se aventurasse sozinho, sem conexões, exceto quando tivesse o suporte de uma autonomia demonstrada pela posse de outras pessoas como propriedade: não de outras pessoas como "escravos", pois desse modo não contavam quanto a isso, mas sim quando a humanidade subjacente dos escravizados fosse implicitamente reconhecida. Essa contradição era profunda demais para que fosse claramente percebida.

Nas ilhas, com 80 ou 90% de suas populações mantidas em cativeiro, não surgiu um público suficientemente distanciado da propriedade de escravos para reagir horrorizado. Os escravizados, cuja maioria era sempre de recém-chegados, estavam mais preocupados com desafios elementares à sua sobrevivência. Ínfimas minorias de escravos alforriados e de seus descendentes "de cor" buscavam refúgio em uma ambivalente dependência para com os homens que haviam sido seus senhores ou administradores e/ou pais, obtendo alguma segurança pessoal na aquisição, através da entrada no comércio local, de propriedades definidoras de status nesses bastiões insulares do capitalismo emergente. Apesar de descritos antes do fim do século XVIII como gente "de cor", dificilmente eram mais confinados prescritivamente pelos matizes de sua pele que seus análogos mestiços/*mestizos* do Brasil e das colônias espanholas. Adicionalmente, a competição para restabelecer continuamente a patronagem exercida pelas levas sempre renovadas de mercadores e soldados ingleses chegados às ilhas – apenas para que morressem ou voltassem o mais rapidamente possível para a Inglaterra – significava a

---

34 Essa, como muitas outras ideias neste ensaio, é uma assertiva familiar; ver, por exemplo, CHILDS, Matt D. "Captors to Captives to Christians to Calabar (review essay: Sparks, Two Princes of Calabar)". *Common Place*, 5, 1, 2004. Disponível em: <http://www.common-place.org/vol-05/no-01/>. "Nas sociedades escravistas das costas atlânticas do início da Época Moderna, fossem elas conectadas pelo comércio, como Old Calabar e Bristol, fossem elas *plantations* americanas, a indicação mais clara de liberdade pessoal não era a autonomia individual, nem a independência econômica, mas sim a posse de outro ser humano". A ênfase posta no texto no contraste entre as culturas católica e protestante no que toca à escravidão é minha.

gradual suavização das feições das famílias cujas mulheres permanecessem próximas a essas fontes inglesas de sucesso.[35] Até mesmo o fato de ser inglês (mais tarde, de ser britânico) estava sendo definido pelas origens em outras ilhas da costa noroeste da Europa continental, ou pela intenção de voltar para elas, para além dos efeitos unificadores das hostilidades com as monarquias continentais. A participação ativa em um "público" inglês estava limitada à pequena minoria dos que aportavam na Inglaterra ou na Escócia, incluindo cada vez mais sobreviventes enriquecidos das Índias Ocidentais. Ela não envolvia os nascidos (qualquer que fosse sua ascendência) e residentes nas Índias Ocidentais. Os "homens de cor" nascidos nas ilhas eram mais negligenciados que excluídos, haja vista que a ancestralidade inglesa e particularmente as conexões e a patronagem aristocrática na Inglaterra permaneciam sendo as vias para a participação política. Pouca vinculação emocional com a identidade nacional britânica emergiria entre os escravizados ou entre os livres que vivam no Caribe Britânico, nem mesmo durante o difuso engajamento público ocorrido na Inglaterra a respeito da escravidão tendo em vista a questão política da "abolição".

Enquanto isso, na América do Norte

Os monarcas emergentes da Inglaterra tinham sido forçados, bem antes do século XVII, a tolerar no mínimo um ideal de "liberdades" concedidas a mais e mais de seus súditos nominais – inicialmente, poderosos rivais em potencial – como um componente da beneficência real que justificava a precedência real. Esses privilégios mostravam-se perigosamente suscetíveis a uma interpretação independente por parte dos diversos beneficiários, sobretudo sob as liberdades de autogoverno local facultadas aos devedores da América do Norte continental. Ali, a escravidão tornou-se um assunto público, como o ocorrido nas Índias Ocidentais, e pelas mesmas razões,

---

35 Considere-se o paralelo representado pelo Atlântico afora – da Jamestown dos primeiros tempos ao Brasil e a toda a costa africana – por viúvas locais casando-se com imigrantes europeus ricos ou dotados de conexões. Devem ser cuidadosamente distinguidas, por intermédio da historicização da "raça", as caracterizações moduladas para descrever indivíduos dos estereótipos contrastantes e politizados desenvolvidos a fim de categorizar e submeter as "classes" de pessoas assim criadas. Os últimos só se consolidaram como a moderna ideologia política do "racismo" durante o século XIX. Em lugares como o Brasil, ou como o Caribe Inglês do século XVIII, a intensidade com que o "dinheiro embranquecia" (como dizia o adágio brasileiro) dependia de repetidos casamentos ou reiteradas ligações com recém-chegados europeus de pele mais clara, produzidas, por sua vez, pelas renovadas conexões com círculos comerciais, de um lado. De outro lado, assentava no fato de a cor da moeda comunicar-se à aparência da mão que a segurava.

ligadas ao débito comercial. Mas no continente ela foi politizada também em virtude das disparidades de interesses quanto aos escravos, o que nas ilhas só existia no mais emudecido dos registros. Tais disparidades eram, em parte, regionais, estando a maioria dos escravos concentrados nas colônias meridionais e centrais, muito embora as da Nova Inglaterra tivessem mais escravos e interesses mais exacerbados na escravização que o que seria reconhecido por clamores posteriores de abolicionistas sobre uma pureza política do norte. Primariamente, a diferenciação emergiu entre os relativamente poucos que tinham escravos e os muitos outros que não os possuíam, mas que direcionaram seu temor dos enriquecidos para a inveja, mais que para a oposição às fontes escravistas de seu poder.

A mercantilização difundiu-se mais intensamente nas cidades da costa continental engajadas no comércio direto com a Inglaterra e com as ilhas das Índias Ocidentais, ao passo que a maioria dos chefes de família norte-americanos refugiou-se dessas (i)moralidades desconcertantes em aldeias da Nova Inglaterra, em terras na fronteira ou nos sonhos de autossuficiência que Thomas Jefferson mais tarde idealizou, nostalgicamente, como os do "cavalheiro agricultor". A ameaça do endividamento que acompanhava o cosmopolitismo sob o colonialismo e as origens religiosas e étnicas diversificadas das treze colônias continentais, da mesma forma que as divisões entre os proprietários e os pobres e entre credores e devedores, provocaram, desse modo, o paroquialismo. O sectarismo religioso permitiu refúgio ainda mais resguardado frente às tensões do desbravamento de um Novo Mundo diverso e em constante mutação. Tudo isso criou limites para qualquer senso de coparticipação entre os norte-americanos para com uma remota monarquia inglesa, e isso, após os anos 1750, tornou-se um ressentimento comum pela crescente sujeição àquela monarquia. Traídos dessa forma, e era assim que esses sentimentos de lealdade eram vivenciados, eles geraram intensos, poderosos e, pelo menos para os cavalheiros reunidos em assembleia na Filadelfia de 1775, também inspiradores ressentimentos compartilhados quanto à força crescente e às demandas galopantes de Jorge III na Inglaterra.

Na atmosfera de grande diversidade interna, se não de divisão mesmo, da América do Norte de meados do século XVIII, muitos dos escravizados dali – a essa altura crescentemente nascidos na América, não importando o quão diferentes pudessem parecer de seus conterrâneos de matriz europeia do norte – interagiram com alemães, irlandeses ou escoceses e dificilmente "se sentiram", frente aos outros, mais estrangeiros que eles. A escravidão ainda era nesse momento um assunto relativamente privado daqueles ricos (e endividados) o bastante para comprar africanos. É possível argumentar que a caracterização ideológica da América do Norte dos primeiros tempos como "inglesa" só emergiu retrospectivamente, em não pequena parte através de analogias racializadas acerca da cor "branca", para obscurecer a realidade do século XIX do crescente e glorioso mosaico de diferenças de origem no interior da cidadania dos Estados Unidos. Uma importante e sutilmente motivadora corrente na história daquele século seria a do surgimento de um senso genuinamente popular de lealdade, mas também de dependência em relação a uma comunidade política imaginada no nível do governo federal – particularmente incipiente quanto a sua integridade moral durante as décadas anteriores ao momento em que o "nacionalismo" passou a ter um nome. Os escravos não podiam caber na imagem de homogeneidade inerente às incipientes identidades nacionais fundadas na coprocedência, nem mesmo se o nascimento fosse concebido como vinculação política, e as noções norte-americanas tanto de "liberdade" quanto de raça surgiram em oposição emocional à presença deles.

O abolutismo na França

Se as liberdades políticas estavam sendo filtradas na Inglaterra sob monarcas diminuídos (ou estrangeiros) o suficiente para que tivessem que tolerá-las, e a intensa mercantilização do campo inglês estava empurrando agricultores e criadores para as cidades e para a humilhação de serem empregados de negociantes ou de outros, Luís XIV e seus sucessores, nos domínios continentais que eles crescentemente afirmavam como sendo a França, transformavam bretões, normandos, alsacianos, provençais e outros, mercantilizados em muito menor grau, em "franceses". O método de integração política que eles escolheram, pelo menos no interior das grandes aristocracias regionais, era um absolutismo real de intensidade tamanha que deixava ingleses sem fôlego, alguns de inveja, outros de horror. Um monarca todo poderoso, no grau que isso atingia, era uma solução viável – e inevitável, talvez – no curto prazo; mas, no longo prazo, o poder militar monárquico e a grandeza monumental esbarram em compromissos fiscais que as limitam significativamente. O poder tem seu preço.

As colônias francesas nas Antilhas, tomadas por monarcas de Paris no curso de guerras europeias, não eram de posição menos incerta no interior das ambições da monarquia francesa do final do século XVII. Tampouco eram integradas mais efetivamente à monarquia continental do que havia sido a incontida força dos *conquistadores*, cujas rédeas as monarquias ibéricas haviam tido que puxar no continente americano durante o século anterior. No tocante especificamente à escravidão, a formulação gradual do sentimento "nacional" francês incluiu assertivas salientes e crescentemente comunicadas de que "não há escravos na França".[36] Essa asserção reconhecia explicitamente haver uma contradição inerente entre sentimentos monárquicos, públicos, e a existência de domínios privados construídos ao redor da escravidão no interior de um âmbito político concebido e – mais importante – mobilizado dessa maneira. A monarquia emoldurou o âmago do que mais tarde viria a consistir nos sentimentos "nacionais": uma liga de homogeneidades (portanto inerentes, invioláveis) sobre espaços – ou populações – situados muito além do que qualquer um tivesse por experiências ou associações quotidianas e derivadas do fato de se ocupar um território sujeito a uma única autoridade militar e política. Quanto maior o território, mais intangível e abstrata a comunidade representada por ele. A sensibilidade à escravidão em um contexto mental tão frágil fazia uma referência indireta ao caráter emocional – porque frágil e abstrato – desse tipo de sentimento de "pertença", situado além das familiaridades experienciais dadas no face a face da aldeia, do *seigneur* local, da paróquia ou da guilda, e por extensão ao caráter também emocional do senso de abominação quanto à exclusão de pessoas fisicamente presentes e portanto nominalmente incluídas. A definição territorial de uma unidade política definida como homogênea e pública tornava os escravos um oxímoro.

A escravidão na França monárquica havia se tornado um símbolo de exclusão política, de não pertencimento a um lugar onde uma pessoa efetivamente estava. A proclamação de que lá não havia escravos (ou seja, a de que lá não podia haver escravos) – não importava o quão negligente ela fosse, e na verdade ela era ainda mais reveladora por ser negligente – proclamava efetivamente o crescente simbolismo da escravidão como exclusão frente a um domínio público que tinha peso (embora ainda fosse monárquico). No interior da dinâmica política e emocional decisiva da criação dos espaços monárquicos que mais tarde dariam forma às nações modernas, a escravidão era incompatível com o desenvolvimento de uma comunidade cívica, com indivíduos igualmente sujeitos, um a um, a uma autoridade monárquica unitária ("absoluta") e exclusiva. Mas essas pretensões e proclamações monárquicas não recebiam muita atenção da pequena fração dos "franceses" humildes que elas atingiam, e os emigrantes de áreas rurais que se aglomeravam na pobreza de uma crescente Paris e de outras cidades não mostravam muita satisfação com as remotas grandezas da

---

36 Rendo graças ao sagaz e fortemente historicizado trabalho de PEABODY, Sue. *There Are No Slaves in France: The Political Culture of Race and Slavery in Eighteenth-Century France*. Nova York: Oxford University Press, 1996; ver também CHATMAN, Samuel L. " 'There are No Slaves in France': A Re-examination of Slave Laws in Eighteenth-Century France". *Journal of Negro History*, 85, 3, 2000, p. 144-53.

"França" que estava sendo criada nos palácios de casa, ou das *plantations* senhoriais situadas em lugares distantes.

O Atlântico, ou antes os domínios reais nele situados, era um recurso crítico para a consolidação da situação marítima monárquica da Europa Ocidental no final do século XVII e início do seguinte. Em outras partes, uma pletora de domínios herdados do passado – eclesiásticos, senhoriais, de cidades "livres", de guildas, militares – estavam em posição de resistir à intrusão da autoridade e do englobamento monárquicos, com suas demandas diretas, exercidas sobre indivíduos, de lealdade, impostos e serviço. Enquanto isso, os espaços marítimos vazios do Atlântico e as Américas vitimadas pela depopulação não ofereciam competição semelhante. Os incipientes monarcas do século XVI, de Elizabeth, na Inglaterra, até Carlos, no que estava se tornando a Espanha, ganharam terreno sobre seus competidores domésticos ao reclamarem prioridade nesses espaços externos aos territórios europeus, usando diversos artifícios legais derivados da autoridade monárquica (e frequentemente militar), e ao estabelecerem, em graus variados, alianças com investidores de recursos financeiros e com interesses mercantis.

Os mercadores experimentavam a mesma abertura no Atlântico, e era a mesma falta de competição com aristocracias territoriais, eclesiásticas e militares que lhes permitia reclamar terras para a produção comercialmente orientada. Os monarcas espanhóis haviam preservado sua autoridade real em parte através da limitação do investimento por estrangeiros e reclamando para si os principais benefícios da prata. As autoridades portuguesas, ressentindo-se da falta de metais, tinham fracassado na tentativa de controlar a indústria açucareira no Brasil, localmente estabelecida mas financiada por estrangeiros. Os mercadores modelo da época, os holandeses, se haviam intrometido ali, assim como nas possessões caribenhas da França (embora não, como já se pensou, nas possessões inglesas). Durante os anos 1660 e 1670, eles haviam financiado os plantadores franceses nas ilhas de Martinica e Guadalupe em uma medida tal que se criara a ameaça de sua perda pelos mercadores franceses. Acrescentem-se Luís XIV e suas ambições de criar o espaço monárquico mais integrado da Europa continental, e de fazê-lo em grande medida tomando o controle da riqueza antilhana que havia sido financiada por investidores estrangeiros. Nos termos das estratégias atlânticas de superar desvantagens, esse movimento repetiu os assaltos ingleses e holandeses à prata espanhola a fim de financiar suas próprias partidas, só que agora com uma estratégia legal que serviria de trunfo para seus sucessos comerciais nos domínios monárquicos franceses.

O *Code Noir* francês, proclamado por Luís XIV em 1685 para regular a escravidão – ou os plantadores escravistas – nas ilhas caribenhas reivindicadas pela monarquia francesa, é usualmente visto, teleologicamente (e de modo nacionalista pelos "franceses" modernos), como um documento protoabolicionista significativo. Desculpas convincentes são motivadas pelo muito limitado reconhecimento de humanidade que ele de fato concedia aos escravizados na Martinica e em Guadalupe, assim como pelos outros objetivos nele misturados, muito mais orientados para a contemporaneamente assertiva monarquia então sob a liderança de Jean-Baptiste Colbert, então ministro de Luís XIV. Tal interpretação baseia-se em uma comparação seletiva com os parâmetros de uma posterior hostilidade abolicionista – agônica, racializada e caricaturada – à escravidão, mais que em avaliação razoável acerca do significado político do *Code* no momento em que ele foi editado. De fato, o *Code Noir* era igualmente parte da estratégia política de Luís XIV e de seus conselheiros para criar uma "nação" francesa sob uma autoridade monárquica absoluta em aliança com a Igreja Católica, através da extirpação do protestantismo do corpo politico doméstico[37] e da confirmação da autoridade religiosa da Igreja nas colônias.

O *Code*, assim, estendeu significativamente, em escala transatlântica, o alcance da Coroa, atingindo um grau que, nos domínios americanos do período, só tinha precedentes na Espanha, onde a Igreja tinha, de modo semelhante, auxiliado reis anteriores a imiscuir-se em feudos privados que estavam sendo construídos a partir da escravização efetivada pela geração dos *conquistadores*. Os plantadores franceses na Martinica e em Guadalupe presentearam a monarquia em processo de consolidação na França com um desafio mercantilizado paralelo ao representado pelas terras, minérios e trabalhadores tomados militarmente nas *conquistas* iniciais do Peru e da Nova Espanha, assim como, de modo bem mais imediato, ao dado pela independência demonstrada pelos análogos senhores de engenho escravistas ingleses de Barbados. Para piorar, os plantadores da Martinica e de Guadalupe, para escaparem com eficácia da aliança realizada por eclesiásticos e aristocratas com a monarquia a fim de controlar os mercadores na França, estavam se associando a fornecedores ingleses e holandeses de africanos escravizados. Os investimentos em escravos e na produção de açúcar baseada neles eram economicamente vitais, mas politicamente voláteis.

---

37 O Édito de Nantes expulsou os huguenotes em 1684. Os paralelos quanto ao ritmo e à coincidência com o 1492 espanhol – a jornada de Colombo para o ocidente e a expulsão das comunidades judaicas – indica o padrão da consolidação monárquica.

O futuro dessas Antilhas como "francesas" tornava-se duvidoso, tanto mais, pelo menos, quanto maior fosse o sucesso econômico dos seus plantadores, e tanto Colbert quanto Luís XIV previram tal sucesso nas Antilhas como fonte potencial de rendimentos importantes para suas ambições políticas domésticas. O mercantilismo, comprando barato nos nascentes domínios "coloniais" e vendendo caro fora dali, era o equivalente comercial das anteriores monarquias militares predatórias. A administração sistemática de *plantations* remotas, tendo sido distinta da tomada e da defesa militar de remotas e estratégicas guardas avançadas, era, na década de 1670, um projeto em elaboração, nunca perfeitamente acabado. Mas os plantadores também necessitavam da monarquia, e o faziam por conta, precisamente, de suas vulnerabilidades militares, tanto contra vis corsários protestantes da Europa do Norte, quanto – e em termos mais imediatos – contra as hordas de raivosos africanos que eles aglomeravam para plantar e cortar a cana destinada a produzir o mascavado que eles desejavam vender.

O *Código* reduzia o risco (óbvio) de que alguma lealdade a estrangeiros fosse alimentada por plantadores residentes em uma parte distante do mundo e ainda menos "francesa" que Marselha, e que eram sustentados pelas capacidades militares de africanos, as quais só mais tarde seriam rejeitadas como incapazes de apoiar as ambições dos senhores. Essa visão implícita foi articulada com clareza por outros plantadores por aquela altura ainda franceses e sustentados por africanos em São Domingos um século depois. Em um momento crítico de transição da política dominada pela Igreja que predominara em um período anterior para o da monarquia secular que predominaria em seguida, o *Code* reconhecia a autoridade moral da Igreja sobre as almas dos pagãos reunidos nas Antilhas em números cada vez maiores. Mas, ao assumir responsabilidade por contê-los, senão também por civilizá-los através da aliança moral da Coroa com a Igreja, o *Code* também se imiscuía nos crescentes clamores por "possessão" exclusivamente comercial e integridade da "propriedade privada" que os plantadores-autocratas das Antilhas tentavam definir através do uso da metáfora comercial de escravos como "propriedade".

O *código* monárquico que essa conjuntura produziu foi um trabalho da mais alta política, comparável ao modelo de *politesse* moderna definido por Colbert e Luís XIV. Pelos padrões da escravidão do Velho Mundo, a única experiência então disponível para imaginar como precedente para estas novidades do Novo Mundo, escravos tornados equivalentes a criados e clientes, daria apoio aos senhores contra as autoridades centralizadoras como a que o monarca Luís XIV buscava tornar-se. Eles não tinham para onde se voltar, na ausência de uma comunidade cívica abrangente que fosse viável e capaz de garantir aos indivíduos proteção ou favor (no sentido ibérico) ou liberdades (no equivalente britânico), ou "direitos" (quando reformulado a partir da perspectiva daqueles que mais tarde os reclamariam). Proclamar um *Code Noir* público e intrusivo (como era visto da perspectiva de plantadores cercados de escravos) era um passo significativo no processo de criação do absolutismo monárquico, assim como do potencial para sua extensão para o conceito de "Império" de un tipo moderno e centralizado, bem como, ainda, dos rudimentos de sentimentos que, no fim do século XVIII, se tornariam "nacionais". Como na América do Norte, a sujeição compartilhada era o estopim para rebelião de massa.

A questão histórica da conceitualização de um mundo anônimo de comércio em termos de noções mais antigas e moralistas de obrigação econômica e limitações dos direitos individuais era igualmente frágil nas colônias francesas, como nas colônias inglesas do Caribe e na América do Norte continental. Podem-se ver as alianças pancatólicas da Igreja com monarquias europeias emergentes dos séculos XVI e XVII como heranças do passado sem tomá-las como obstáculos ao futuro; na verdade elas foram as lentes disponíveis através das quais mesmo os mercantilistas mais fervorosos entenderam as tendências de mercantilização que se desenvolviam, apesar de qualquer desconforto que elas pudessem causar a alguns. Regularidade e coerência não são qualidades proeminentes da experiência humana, particularmente em tempos de mudança tão rápida e profunda como a mercantilização no Atlântico. No contexto dessas ansiedades caribenhas de viver não só entre estrangeiros de origem europeia, mas também entre maiorias ameaçadoras, óbvia e continuamente estrangeiras, as provisões do *Code Noir*, que poderiam ser tomadas como uma defesa do bem-estar espiritual e físico das pessoas escravizadas, podem tê-lo sido, mas apenas para uns poucos. Essas provisões representaram principalmente, para os propósitos do presente argumento, os compromissos políticos da monarquia com os aliados internos ao clero na França e uma tentativa de estender o controle monárquico a territórios que só assim foram encaminhados para tornarem-se "colônias" no sentido moderno.[38] O discurso jurídico e político da década de 1680 era sobre os escravos, não sobre a escravidão, e seu sentido – além de tornar os senhores responsáveis pelo bem-estar

---

38 Eu (ainda) não fiz pesquisa para avaliar quando e com quais conotações o termo "colônia" – no sentido de território sob responsabilidade direta das autoridades do governo – substituiu representações anteriores de empreendimentos ultramarinos como essencialmente "doações" privadas ou *conquistas* militares (nos Impérios espanhol e português) ou *plantations* e concessões de autoridade real a companhias de interesses privados.

das pessoas que eles possuíam – era resolver a política ambígua daquela época em favor do poder secular e centralizado e da mercantilização – que em última instância prevaleceram (o poder secular se justificava por encobrir as inseguranças suscitadas pela mercantilização).

Rumo às Comunidades Nacionais — Os Estados Unidos

Pode-se sentir nessa ambiguidade a complexa dinâmica conceitual daqueles tempos: expansão e integração econômicas desestabilizadoras movendo pessoas isoladas a buscar a proteção similarmente remota que as monarquias aspirantes pareciam prometer. Mas o cumprimento monárquico daquela promessa ficou aquém das expectativas correntes. A proteção exigiu sacrifícios não antecipados em riqueza e serviços. A decepção fez com que os descontentes reclamassem como direito inato, "nacional", a segurança que esperavam das liberdades reais beneficentes; fez também com que afirmassem responsabilidade por seu próprio bem-estar ao reclamar participação direta na autoridade governamental bem maior que foi assim conseguida – ou na mais avançada substituição dos velhos modelos patrão-cliente por espaços cada vez mais cívicos e públicos. Com tantas questões imediatas, vitais e contraditórias em jogo, e sem ideologias de solidariedade nacional claramente formuladas para resolver as incertezas, as vulnerabilidades ainda maiores dos escravos excluídos categoricamente de tal consolo cívico forneceram imagens úteis de medos que não podiam ser tolerados, ou mesmo reconhecidos. A escravidão, na expressão de Lévi-Strauss aplicada a outro contexto (o de animais), era volatilmente "boa para pensar", precisamente porque incorporava medos de uma exposição definitiva às forças invisíveis do mercado e à obscuridade isolada no Estado moderno emergente, algo assustador demais para que alguém pensasse a respeito de si próprio.

A comunidade cívica era parte do processo que levou a imaginar o mundo comercial, anônimo e disforme que integrava os vastos e diversos espaços ao redor do Atlântico. A integração econômica favoreceu primeiramente a consolidação em torno das estratégias competitivas e complementares da monarquia, e essas moldaram os espaços territoriais que viriam a estar nas bases de suas sucessoras nacionais. As inseguranças pessoais de um mundo comercial se intensificaram nos lugares onde o influxo de africanos colocou-os em grande número em contato com senhores deixados à sua sorte, sem proteção monárquica palpável ou a ilusão do consolo eclesiástico, o que incluiu as partes ao sul da América do Norte continental. Lá, no século XIX, uma "nação de imigrantes" (essa paradoxal situação ainda não estava dada) teria que ajustar contas com as realidades inquietantes de levas de estrangeiros chegando ao território de diversas partes da Europa continental. Naqueles Estados Unidos novos e inexperientes, os líderes contemplavam como manter a unidade limitada, momentânea e forçada da crise da "Revolução"; simultaneamente multiplicaram os problemas de construir uma cultura nacional ao incorporar vastos territórios a oeste, incluindo áreas de herança francesa e espanhola, sem falar da indígena.

A partir desta carregada emergência dos nacionalismos modernos, o genocídio tem sido uma reação comum às contradições da iminente diversidade entre povos lutando para descobrir-se mutuamente, tanto coletivamente como uma "nação" quanto para assegurar-se individualmente como membros (por nascimento) de tal entidade. Outra reação foi a negação da, de resto, muito óbvia diversidade, ou um foco resolutamente seletivo em características partilhadas, não importa o quão limitadas – e quanto menos relevantes para a vida cotidiana, melhor. A retórica política dos estados que contiveram tal diversidade ressoava com admissões paradoxais de multiplicidade dentro da unidade: nos Estados Unidos, "de muitos, um" é o lema familiar (familiar porque ressoa continuamente?) do governo federal, e Lincoln formulou a reação agressiva à ameaça de fracasso desse ideal na imagem doméstica de sua proclamação de que "uma casa dividida não se sustenta". Claramente, os Estados só fracamente *Unidos* não suportariam admitir a dissensão do domínio "federal" (isso, quando visto em termos "nacionalistas", é em si um acordo paradoxal). Os privilégios cívicos eram limitados aos homens e centrados nos proprietários, incluindo aqueles cujos bens, significativamente, incluíam escravos; a consolidação de um nacionalismo que incluísse todos os residentes no território enfrentou o desafio subsequente de lidar com as mulheres e os recém-chegados não proprietários.

A escravidão tornou-se, durante o período formativo da primeira metade do século XIX, a questão que dividiu a então incipiente nação de todos os modos possíveis. Os escravizados eram o grupo em torno do qual os defensores da escravidão e os abolicionistas poderiam se *unir*, ao declarar seus tipos diferentes de dedicação a defendê-los. Os primeiros declararam seu compromisso de proteger pessoas incapazes de assumir as responsabilidades da participação política que se tornaram normativas, naturalizadas, definindo a identidade dos Estados Unidos; os últimos se dedicaram a libertar seres humanos que foram redefinidos em termos familiares como crianças, mães e pais, incluindo o paradigmático pai Tomás. A escravidão era uma questão com a qual todos podiam concordar em se ocupar, mesmo que de formas diferentes. Muitas vezes a única forma disponível de comprometimento e a mais intensa era concordar a respeito da discordância. E, característico da maneira como a questão da escravidão sempre funcionou nos discursos políticos de deslocamento, os custos dos objetivos buscados através dessa intensamente envolvente divisão sempre operavam às expensas de outros: para os abolicionistas seriam os senhores dos escravos que pagariam e, para os senhores, seriam os escravos. A vitória não teria custos para nenhum lado, não importando quanto se dedicasse à batalha.

As representações discursivas abolicionistas nas décadas de 1830 e 1840 dos escravos como vítimas da cobiça ilimitada dos traficantes, produtos da mercantilização como Simon Legree,[39] apelaram aos imigrantes voluntários dos Estados Unidos, que se submetiam às infindáveis horas de trabalho em fábricas perigosas e amedrontadoras no norte e viviam amontoados em moradias urbanas, a fazendeiros do oeste que tentavam sobreviver às vicissitudes da vida autossuficiente nas fronteiras e às flutuações dos preços das mercadorias, aos colapsos imprevisíveis do crédito, aos fretes ferroviários previsivelmente caros e a outras realidades do "mercado". Os desafios não antecipados e mal observados das mudanças rápidas, os dedos fortes da "mão invisível" do capitalismo comercial, o análogo liberal (ou sucessor) do Deus cristão que misteriosamente se escondia em algum lugar em Seu Paraíso, criavam inseguranças que imploravam por alguma solução.

Os "despertares" religiosos, movimentos de temperança e outras "reformas" locais do período tentaram canalizar recursos conhecidos da comunidade. Mas a escravidão se tornou o veículo para imaginar uma solução protetoramente nacional para os males que eram percebidos no período. A integridade da solução nacional protetora dependeu da inclusão ao menos nominal de todas as pessoas residentes nos territórios dos Estados Unidos, de um forte sentimento de segurança que permitisse a pessoas vulneráveis expressar seus medos de perder certezas herdadas (mesmo que ilusórias) sobre família e lugares familiares, ao mesmo tempo que afirmavam (contraditoriamente) o poder de uma comunidade nacional incipiente e inclusiva, representada pelo governo federal, de protegê-los. O exercício dos direitos políticos e os movimentos de "reforma" moral (indiretamente políticos, mas muito emocionais) demonstraram o caráter inclusivo da comunidade cívica maior ao estabelecerem direta e pessoalmente seu poder de agir de um

---

39 O tratante cruel da *Cabana do Pai Tomás* (nota dos tradutores).

modo protetor. Para aspirantes a cidadãos buscando experimentar os direitos e oportunidades de se identificar com os Estados Unidos, os escravos nos estados do sul se tornaram símbolos poderosos da falta absoluta de direitos civis, uma perspectiva aterrorizante; o prospecto de sua eliminação deu às pessoas que viviam em outros lugares confiança em aspectos menos inspiradores de ser "americano". Tratava-se de um acessível discurso de inclusão, originalmente fora do raio de questões tratadas pelo governo, e através do qual os eleitores e os não eleitores podiam se unir em uma cruzada pessoal que não estivesse relacionada a questões delicadas como votações e eleições. Esse discurso deixou os "direitos civis" como discurso das divisões raciais subsequentes no seio da "nação" ainda não construída.

Na Grã-Bretanha o discurso contra a escravidão não foi divisivo no plano interno como foi nos Estados Unidos, mas também inspirou uma afirmação popular indireta e crescente através da qual os marginalizados e despossuídos de lá se inseriram como uma presença política na nação britânica em formação ao longo do século XVIII sob o guarda-chuva da política exclusivamente aristocrática, das antigas lealdades pessoais e liberdades políticas concebidas como concessões monárquicas. Mas lá, ao contrário dos Estados Unidos, a política e a economia não eram tramas do mesmo tecido constitucional, como Seymour Drescher demonstrou na sua mais recente contribuição para o entendimento desses processos, ao mostrar como o discurso contra a escravidão abandonou a caracterização da escravidão como ineficiente, originariamente formulada por Adam Smith e pelo utilitarismo, em favor da elaboração do conceito de desumanidade da propriedade privada em geral, epitomizado, no entanto, em imagens marcantes da propriedade sobre outros seres humanos, evocadas novamente em termos de imagens esmaecidas da segurança da família.[40] O escravo era, afinal de contas, "um homem e um irmão". Os custos emocionais da fervorosa adoção popular do pertencimento em uma "nação" britânica ainda incipiente e portanto pouco tranquilizadora, particularmente antes da década de 1830, quando que não se contava nem mesmo com o direito ao voto, foram assim mais uma vez deslocados para as vítimas da mercantilização, ainda mais vulneráveis e nesse caso também convenientemente distantes. Os custos fiscais seriam arcados pelos ex-proprietários, e as colônias foram efetivamente abandonadas aos ex-escravos e aos residentes, a população "livre de cor". O discurso abolicionista, ou contra a escravidão na Grã-Bretanha se tornou

---

40 DRESCHER, Seymour. *The Mighty Experiment: Free Labor vs. Slavery in British Emancipation*. Nova York: Oxford University Press, 2002.

o veículo que o novo governo nacional, com seu eleitorado popular ampliado[41], invocou em defesa das aventuras subsequentes contra traficantes no Brasil, e depois em Cuba, e mais tarde na própria África e no mundo do Oceano Índico. Essas aventuras consistentemente "salvaram" escravos às custas dos interesses particulares de outros, na tarefa de consolidar a autoridade "nacional".

Implicações — Os Desconfortos da História

A História não é nada senão inovação, e as inovações que importam são desconfortantes. David Brion Davis há algum tempo enfatizou a antiguidade do "problema da escravidão na cultura ocidental" e a novidade sem precedentes dos movimentos abolicionistas que varreram o mundo nos séculos XVIII e XIX. O que mudou no século XVIII – sua preocupação com a inovação intelectual levou-o a perguntar – que permitiu o reconhecimento da abominação moral que a escravidão sempre tinha sido? O professor Davis levou boa parte de sua carreira longa e eloquentemente produtiva desde então apurando a originalidade do pensamento – em discursos religiosos, filosóficos, econômicos e de teoria política – que alimentaram a crescente onda abolicionista ou, eu enfatizaria, foram expressos nela. Os mecanismos subjacentes de mudança na formulação do problema pelo professor Davis são, como o próprio homem, feitos da imaginação cheia de princípios e profundamente dedicada ao bem-estar humano, universal e eterno. Da perspectiva das premissas emergentes da historiografia contemporânea, porém, uma certa qualidade teleológica está subjacente a essa lógica de mudança em particular, uma vez que ela implica uma verdade que transcende o tempo e que só precisava ser reconhecida – a de que a escravidão era abominável –, um princípio não menos "autoevidente" que aqueles inteiramente inovadores proclamados nesse mesmo tom de eternidade incontestável na "Declaração de Independência" americana, e depois implementado através de compromisso do governo e em última instância sob a força das armas.

Estou propondo algumas maneiras de virar o jogo no esquema de causalidade implicado. Para os cristãos europeus do século XVII, o fato de que a escravidão era abominável não era autoevidente, e poucos deles paravam para pensar mundos radicalmente alternativos àquele que eles tentavam entender de modo mais imediato. Aqueles que paravam – e também os que ainda param – são em geral desconsiderados como sonhadores ou loucos, ou levados a medidas extremas (e em última

---

41 Pelas reformas eleitorais (nota dos tradutores).

instância autodestrutivas) se tentam implementar suas visões radicais. A mudança entre os seres humanos é profunda e inevitavelmente feita em incrementos, sempre se apoiando naquilo que é presumido como "conhecido". A mudança é também oblíqua, no sentido em que os eventos que se passam em uma das muitas esferas de nossas vidas multifacetadas forçam equilíbrios, extensões e intensificações em outras esferas que então adquirem impulsos próprios. Essas são as consequências que os historiadores ironicamente admitem como "inesperadas", e elas estão em toda parte. Na verdade, poucas – ou nenhuma – das maiores transformações na história do mundo foram ou podiam ter sido planejadas com um resultado previsível. Quase sempre começamos tentando continuar a fazer o que sempre fizemos, ou a recuperar hábitos comuns que parecem enfraquecidos, para depois descobrirmos que tomamos aquilo que começou como meio secundário para atingir outros fins como a finalidade propriamente dita – a isso depois fazemos ajustes que podem, sob pressão, tornar-se a seu turno dominantes.

Assim aconteceu, como estou argumentando, com a "abolição". Tomando um pouco de distância, sem tentar englobar toda a história europeia que Davis cobre de forma tão elegante no primeiro volume d'*O Problema da Escravidão*, podemos traçar a intensificação da integração comercial na Europa medieval, possivelmente ela mesma uma apropriação da maciçamente dinâmica economia do ecúmeno muçulmano (possivelmente devida ao camelo), como a iniciativa que levou a processos de consolidação do controle da produção rural e que apoiou as ambições de governantes militares cristãos. Dessa forma, no século XVI as monarquias que Robin Blackburn chama de "barrocas"[42] enfrentaram grandes desafios em dar apoio às responsabilidades militares e administrativas que tinham se forçado mutuamente a assumir. Essas pressões fiscais, por sua vez, demandaram concessões ao menos nominais para as populações que sofriam taxação e recrutamento em níveis sem precedentes; a ideia da justiça do rei, assim como as "liberdades" correspondentes concedidas nos domínios ingleses, tornaram o rei responsável perante os mesmos sujeitos por seus atos, e em grau mais elevado ainda do que o esperado por alguns governantes. O sentimento popular partilhado de lealdade à monarquia que resultou, assim como seu potencial para a justiça pessoal, criou, embora talvez não no caso de monarcas específicos, pois estes nem sempre corresponderam ao ideal, o potencial para um sentido de nacionalidade, de pertencimento a uma coletividade valiosa e participativa muito além das

---

42 BLACKBURN, Robin. *The Making of New World Slavery: From the Baroque to the Modern*. Londres/Nova York: Verso, 1997.

comunidades familiares de proximidade como família, parentela, paróquia, propriedade senhorial e cidade. Sentimentos verdadeiros de pertencimento são intensos, vitais, porque envolvem dependência e, portanto, sobrevivência. E eles se intensificaram nas escalas mais amplas do Atlântico, nos cantos aparentemente remotos do mundo onde as "descobertas" dos séculos XVI e XVII despejaram pessoas de variadas origens europeias, mas que nas Américas e em outras partes descobriram que também partilhavam identidades enquanto "ingleses", "franceses" ou "espanhóis".

Assim, por razões mundanas e práticas, coniventes até, emergiu a necessidade um pouco surpreendente e mesmo incompreensível de imaginar comunidade nas escalas amplas que os monarcas militares barrocos tinham conquistado, de modo a apoiar os hábitos caros dos modos incipientemente modernos (e não previstos) de governar. A subsequente aceleração das mudanças no mundo atlântico e a mistura de populações trazidas para trabalhar, defender e administrar suas diversas partes aumentou ainda mais as ansiedades de imaginar comunidades intensas o suficiente para conter e coordenar as forças centrífugas de autopreservação vigentes sob pressão.[43] As populações do continente europeu vivenciaram o desconforto vago de crises de identidade similares à medida que se incomodavam com coletores de impostos reais e escapavam do recrutamento militar ou se refugiavam do monitoramento crescente em cidades que cresciam e se tornavam caóticas – e não só na França. O resultado em toda parte foi um sentimento de comunidade baseado em território (porque gerado interativamente) que amadureceu virulentamente no século XIX como "nacionalismo" e no século XX como xenofobias, em última instância implodindo como "limpeza étnica" genocida.

O potencial racista e revolucionário de dar poder político aos oprimidos, ou inversamente de expor-lhes o descumprimento dessa promessa, desencadeou enorme intensidade emocional nesse contexto de mudança rápida, meio assustadora. Uma das grandes falhas (entre muitas) da lógica progressista da historiografia convencional (e marxista) é que ela assume sem problematização que a mudança é uma coisa boa, uma vez que é eventualmente "progressiva". A economia enquanto disciplina demonstra a mesma complacência em sua afirmação do princípio evolucionário da sobrevivência do mais apto, ou mais inteligente, ou melhor informado, mais empreendedor. Assume-se que as pessoas gostam de mudanças, e a resistência à sua inevitabilidade é problematizada como "miopia" ou coisa pior. Na verdade, a mudança é assustadora enquanto

---

43 Um aparte: a lógica desses processos se aplicou igualmente, ainda que em circunstâncias radicalmente contrastantes, às pessoas livres e escravizadas que deles participavam.

as pessoas a vivenciam como indivíduos vulneráveis, e não como os agregados em que Marx achou a salvação, e portanto também enquanto ela os motiva como atores históricos. As pessoas, particularmente aquelas sem reservas para encobrir os riscos óbvios de confrontar o desconhecido, fazem todo o possível para se concentrarem, de forma míope, nos sub-microaspectos do caos que se desenrola diante delas. Elas criam aproximações ilusórias, tanto hostis quanto salvadoras, e cedem a demagogos que sentem e articulam esses medos, prometendo exatamente o impossível e depois explorando sua ausência axiomática para satisfazer suas próprias ambições ou para submeter os demônios pessoais que frequentemente movem também a eles.

As premissas do nacionalismo *incipiente*, antes que qualquer um tivesse nomeado esse fogo fátuo da modernidade, ganharam foco em torno da incompatibilidade da presença de estrangeiros de qualquer tipo no meio das pessoas em luta para se tornar *um povo* contra as pressões de identidades pessoais enraizadas em particularidades muito mais íntimas, em meio ao anonimato do consumismo crescente, à exposição à inimputabilidade da mão invisível dos altos e baixos da economia, e às intrusões incontroláveis de governos distantes. Em tais (ainda não) nações emergentes, a busca desconhecida e desarticulada por uma identidade cívica (em si uma novidade) adquiriu intensidade emocional que histórias subsequentes não puderam apreciar plenamente, pois essas histórias subsequentes, que servem primordialmente de enquadramento de identidades significativas, ou mesmo da "história" propriamente dita, foram complacentemente familiares com as nações que emergiram dessas lutas – fosse defendendo-as como benignamente inclusivas, fosse protestando contra sua exclusão *de facto*. Todos precisavam desesperadamente de um lugar ao qual pertencer à medida que as populações escravizadas do Novo Mundo afirmavam com força sua presença no domínio público e se tornavam objetos de atenção monárquica na Espanha e na França. Precisavam de lugar também à medida que a comercialização do fornecimento de escravos e as formas de sua utilização tornaram-nos centrais ao novo pensamento econômico público nos domínios ingleses, depois britânicos, como fontes vitais da mão de obra que gerou "a riqueza das nações".[44] Ao mesmo

---

44 Olhando para trás a partir das premissas modernas, vemos que no tratado fundador de Adam Smith o acento implícito frequentemente recai sobre a "riqueza"; se um peso equivalente é dado ao seu componente posterior chama atenção ao foco dessa ciência nova e triste (na medida em que, desse modo, ignora a pessoa) nos negócios públicos (em oposição aos privados); naquele tempo a ciência era, no fim das contas, "economia *política*". Marx teve mais tarde que ressuscitar a conexão, uma vez que a privatização do empreendedorismo tornou invisíveis as identidades e preocupações nacionais.

tempo, considerações econômicas expuseram os habitantes das (ainda não) nações à melancolia dos "mercados" e a competição deixou todos, à exceção dos mais seguros financeiramente, sob a ameaça de destinos bem piores que o de estarem sozinhos.

No entanto, nesse contexto de identidades cívicas que brotavam mas ainda não estavam consolidadas, o isolamento da modernidade tinha paralelos (que podem ou não ter sido reconhecidos) com o profundo isolamento da escravização. Os níveis acessíveis de tais ressonâncias sutis eram as vulnerabilidades daqueles expostos à plena força, mais intensa nas colônias dos britânicos, da empresa capitalizada.[45] A primeira resposta (século XVII), como muitos já demonstraram, foi a de encontrar um novo sentido de pertencimento no refúgio em neocomunidades pequenas, intensas e frequentemente "religiosas". À medida que o poder monárquico cresceu e a atenção se expandiu para domínios mais amplos, uma reação inicial daqueles politicamente articulados foi protestar que toda violação da obrigação do monarca à moderação respeitosa era "escravidão"; assim, a palavra "escravidão" entrou o discurso político inglês em tensão com a autoridade governamental em fase de consolidação, como uma violação das "liberdades" concedidas aos súditos plenos do rei.[46] Entre aqueles menos envolvidos na política, uma segunda resposta foi canalizar a intensidade "religiosa" desses impulsos para os contextos mais amplos, incipientemente cívicos que emergiam para além da segurança do paroquialismo.

Na América do Norte, o primeiro experimento de massa em "construção da nação" do mundo dramatizou como um pesadelo dos pensadores que formulavam a Nova República a presença ambígua das pessoas excluídas como "escravos" da participação na nova comunidade cívica.[47] Os primeiros discursos de preocupação na década de 1820 invocavam uma identidade racial, não nacional, para focar no repatriamento "de volta à África" de uma população escrava residente composta de pessoas que falavam inglês, praticavam o cristianismo e tinham nascido nos Estados Unidos, sendo que alguns não eram mais de primeira geração. Em um momento

---

45 GOULD, Philip. *Barbarous Traffic: Commerce and Anti-Slavery in the Eighteenth-Century Atlantic World*. Cambridge MA: Harvard University Press, 2003, captura de modo eloquente as moralidades do liberalismo precoce que reconhecia essas preocupações.

46 NYQUIST, Mary. "Arbitrary Rule, Revolution and Abolition" (apresentação inédita na conferência sobre os "Discourses and Practices of Abolition", Institute for the Study of Slavery – University of Nottingham, 13-15 set. 2004). Esse discurso, é claro, aparece precisamente nesse sentido político caracteristicamente inglês na linguagem da Declaração da Independência norte-americana.

47 HELO, Ari & ONUF, Peter. "Jefferson, Morality, and the Problem of Slavery". *William and Mary Quarterly*, 60, 3, 2003, p. 583-614.

em que mesmo o sentido emergente de participação cívica era limitado aos homens (proprietários), as maiorias masculinas – ou ao menos a imagem masculinizada dos escravos "jovens, viris" das Américas – tornavam-nos ainda mais ameaçadores, estivessem eles excluídos ou incluídos. Os libertos reformularam o caso desses americanos escravizados em termos cívicos de pertencimento aos Estados Unidos ao invés de darem as boas-vindas à deportação para uma alegada "pátria" que poucos conheciam.[48] Eles assim estabeleceram o cenário político para o discurso abolicionista que se seguiu, opondo as exclusões da "escravidão" ou da deportação à sua necessidade de ter fé na inclusão cívica.

Para os trabalhadores fabris ingleses do século XVIII saídos de seus vilarejos e famílias para as cidades que cresciam, o "tráfico de humanos" amplificava a essência da obscuridade desumanizadora e das vulnerabilidades incontroláveis do novo mundo atlântico mercantil. Ele calava a suposta garantia da imagem de benevolência paternalista dos senhores de escravos nos Estados Unidos. No Reino Unido, o reconhecimento do fracasso econômico da Jamaica após a emancipação e os sucessos econômicos contemporâneos no Brasil e no sul dos Estados Unidos tiraram do abolicionismo as pretensões econômicas que tinha antes e deixaram-no como uma cruzada puramente moral, a tempo de fornecer cobertura para as depredações econômicas do imperialismo do século XIX. Na França, seguramente isolados dos horrores reportados sobre Santo Domingo por garantias reais de que "não há escravos na França", eclodiram na Paris de 1789, em registros locais violentos, impulsos paralelos de reclamar as identidades cívicas simultaneamente impostas e negadas às pessoas comuns.[49] As paixões da política na França emolduraram uma virada paralela e subsequente para os eventos sangrentos entre as *gens de couleur* ambiciosas em Santo Domingo. Os discursos raciais de exclusão na ilha fizeram esses habitantes se voltarem para os escravos como seus compatriotas, já que, aos olhos metropolitanos, eram grupos associados pela "cor". Preocupações francesas subsequentes com "A República" e identidades conflituosas e universalistas no plano doméstico tornaram a abolição não mais que a elaboração discursiva de um bando

---

48   HINKS, Peter. *To Awaken My Afflicted Brethren: David Walker and the Problem of Antebellum Slave Resistance*. University Park: Pennsylvania State University Press, 1997.

49   É difícil resistir à tentação de notar a violência associada à aurora da modernidade – do regicídio relativamente ritualizado na Inglaterra, à guerra de rebelião nos Estados Unidos, aos motins urbanos e revolução na França; outros países que não experimentaram esse trauma não fizeram a transição para a nacionalidade (ou desenvolveram o abolicionismo) tão plenamente quanto aqueles que experimentaram.

de universalistas dedicados. A pressão britânica e a Revolução de 1848, e não o entusiasmo popular ou o discurso abolicionista, finalmente acabaram com a escravidão nas Antilhas francesas. A causa adquiriu força popular na França somente na década de 1870, emergindo da derrota militar imposta pela Alemanha nascente, das profundas contradições dos assentamentos coloniais franceses na Argélia, da fascinação orientalista e consequentemente do medo em relação aos muçulmanos, assim como da rotulagem dos opositores islâmicos tanto na África Ocidental e no Oceano Índico como "traficantes".[50] A abolição tornou-se o discurso do nacionalismo na França, integrado ao resultante imperialismo militar agressivo.

Ideologias (discursos!) oitocentistas de "raça" também adquiriram a intensidade política do racismo moderno a partir das contradições da abolição nas novas e virulentes nações europeias. O protonacionalismo, invocando a solidariedade e a segurança da comunidade, mas destituído de imagens nas quais se basear além daquelas das comunidades por nascimento, incorporou como sua metáfora as origens coletivas. Em outra das fascinantes e trágicas ironias da história, esforços como esse de construir o novo em cima do que é familiar funcionam apenas em contextos emergentes vagamente compreendidos que os imbuem de consequências inesperadas e incontroláveis (porque são, por essa razão, assustadoramente emocionais). "Nações" foram assim representadas como identidades herdadas, junto com as terras que tais "povos" habitavam por direito de nascimento.[51] Como o discernimento científico sobre o organismo humano avançou simultaneamente, a herança se tornou biologizada e tipologizada (enrijecida por abstração, além do limite da observação empírica) em termos de características físicas, ou de qualquer outra coisa que o observador escolhesse imaginar sobre elas. Antes, todo mundo havia sabido, comentado e, ocasionalmente, agido com base na aparência das pessoas; mas o caráter inerente, a confiança e as conexões interpessoais tinham muitas outras origens, incluindo a escravização. Uma pessoa não tinha que confrontar estranhos (de origens desconhecidas) e se associar a eles como companheiros da mesma "nação". Laços de família, comunidades de fé, redes clientelares e outras "conexões" haviam sido suficientes para caracterizar as pessoas conhecidas.

---

50 RENAULT, François. *Lavigerie, l'esclavage africaine et l'Europe* (2 vols.) Paris: De Boccard, 1971.

51 O africanista não pode resistir à tentação de chamar atenção para os paralelos desses conceitos nos discursos africanos de descendência, direitos de primeira ocupação, e outros elementos comuns das ideologias que os crentes fervorosos no nacionalismo europeu descartavam como "mitos".

Mas com as identidades cívicas nacionais emergentes, cada um tinha que interagir de maneiras fundamentalmente significativas com pessoas conhecidas apenas por suas aparências. Podemos admitir que não se conhece um livro pela sua capa, mas, nas urgências da vida cotidiana, poucos tinham tempo de se aprofundar nos personagens individuais. Descrições somáticas familiares adquiriram significado cívico categórico; governos protonacionalistas tiveram que classificar os residentes considerados "reconhecidos" dos territórios que reclamavam, e o nascimento e a aparência estavam disponíveis como considerações determinantes. Nas Américas a escravização operou essa distinção facilmente para os africanos, mas para seus descendentes, em particular os nascidos no local, ter as origens na escravidão se tornou politicamente delicado na proporção direta do grau de consciência cívica dos locais em que viviam. A inclusão politizava todo mundo. A concessão de direitos de participar formalmente nos negócios cívicos, em particular através do voto, tornou-se extremamente delicada.

A liberação da escravidão para a "liberdade" (supostamente cívica) impunha, assim, uma anomalia profunda: em uma comunidade definida por origens partilhadas, e portanto pelo nascimento, como contar alguém que havia chegado através da compra, ou cujos ancestrais estavam nessa condição? Fazê-lo seria admitir muito da realidade da modernidade mercantilizada para manter o conforto. Os ingleses e franceses no Caribe setecentista criaram as categorias dos "coloured"/"gens de couleur", "mestiços" que não sofriam exclusão localmente. Mas seus sucessores oitocentistas, e os norte-americanos que confrontaram o prospecto de grandes números de pessoas – fossem elas ou não nascidas no país, falantes doi inglês e praticantes do cristianismo –, adotaram exclusões cívicas racializadas com base na herança biológica inerradicável. A emancipação tornou-se tão abominável quanto a escravidão; a condição jurídica deixou de contar numa ideologia emergente de identidade nacional cívica por nascimento. O racismo moderno, mais perigoso pela inabilitação cívica que impõe de que pelo o desrespeito pessoal que ele sustenta, cresceu dos mesmos desconfortos das identidades nacionais modernas que tornaram a escravidão uma abominação. As ricas e fundamentais ironias da história, ou, colocado de forma mais histórica – já que as pessoas fazem as próprias histórias –, as tragédias inevitáveis da condição humana, não poderiam ficar mais claras: os intensos mas (ou talvez intensos justamente porque) desarticulados e contraditórios medos dos anonimatos modernos buscaram claridade e conforto ao acabar com a escravização no seu meio, mas substituiram-na ao declarar aquelas pessoas tornadas civicamente iguais no seu seio como ameaças de proporções semelhantes, e assim tornaram-nas também civicamente invisíveis atrás dos muros altos do racismo.

Novas nações virulentas depois estenderam esses discursos flexíveis da abolição do continente europeu para os sujeitos das colônias e para os oponentes da construção dos Impérios europeus pelo mundo afora. As colônias amadureciam, transitando do estado de veículos para aqueles que antes eram excluídos integrarem comunidades "nacionais" novas e inclusivas, para tornarem-se canais através dos quais os recém-incluídos se afirmavam através do poder militar das comunidades que elas formaram. Ao fazê-lo, essas colônias consistentemente traduziram sua arrogância beligerante em cruzadas morais populares contra a abominação em que as identidades cívicas transformaram a escravização no mundo. Os otomanos, africanos, indianos, filipinos e outros abordados nesses termos não tinham identidades cívicas comparáveis para tornar a escravidão embaraçosa.[52] A dura câmara dos horrores da escravização em outros lugares distraiu as massas de cruzados das disparidades crescentes de riqueza comercial e poder que traíam a igualdade retórica de suas próprias vidas no interior de suas nações. A diferenciação em termos raciais entre os libertos pela lei e os libertos pelo nascimento, a primeira condição concedida benevolentemente, enquanto a segunda era inerente, passou de explicação para o fracasso econômico no campo doméstico para certificação de incapacidades no exterior que justificavam a *mission civilisatrice* do poder militar europeu.

A abolição, portanto, elaborou três discursos sucessivamente dominantes: primeiro, uma descoberta, no início do século XVIII, das fraquezas econômicas da escravidão que trairiam a riqueza crescente derivada da oportunidade individual sobre a qual os interesses mercantis esperavam construir "nações". Um discurso humanitário se seguiu, no fim do século XVIII, formulado em termos religiosos numa fase inicial em que a igreja ainda estava se separando do Estado (ou vice-versa) e se tornou um veículo disponível para expressão coletiva, popular. Finalmente, com a consolidação subsequente das identidades políticas monárquicas no final do século, esse discurso humanitário se tornou secularizado e expresso através de campanhas de petições quase políticas e movimentos de reforma social entre aqueles que ainda não tinham direito ao voto nos corpos políticos que desse modo se tornavam as incipientes nações modernas. Em última instância, discursos nacionalistas de abolição encontraram o tom retórico estridente necessário para racionalizar aventuras imperiais

---

52 Ver SALMAN, Michael. *The Embarrassment of Slavery: Controversies over Bondage and Nationalism in the American Colonial Philippines*. Berkeley: University of California Press, 2001.

caras, altamente incertas e de benefícios desiguais pelo mundo afora, aventuras essas voltadas contra povos convenientemente manchados pelas incapacidades "raciais" provocadas pelo fato de terem enviado pessoas para viverem entre europeus como escravos, enquanto o fim da escravidão provocou discursos políticos biologizados de exclusão interna. Esses discursos sobre a abolição de natureza econômica, humanitária/cívica e racial/cívica/biológica articularam o desarticulado das sucessivas novidades do nacionalismo formativo, enquanto a consciência cívica disseminou-se, da clareza iluminista dos intelectuais às ambiguidades lentas, graduais e intensamente emocionais de incorporar funcionalmente o povo destinado à nação em seus processos políticos, até os sentimentos ainda mais fortes de poder pessoal associados por identificação pessoal às *nações* viris de impacto esmagador sobre o mundo no fim do século XIX.

As abominações têm seus usos, como todo político de sucesso sabe. O inimigo no plano doméstico – abominações cívicas presentes no corpo político, particularmente aquelas seguramente subordinadas pela escravidão ou pela raça – sempre dá mais medo, mas é menos perigoso quando joga como um adversário imaginado do que quando arrisca uma luta de iguais com oponentes armados de fora de casa.[53] Todas essas dinâmicas históricas familiares se intensificaram até originarem a violência recorrente e consistente que parece ser necessária para criar novidades históricas tão profundas quanto a modernidade e seus descontentamentos.

---

53 A contrapartida africana a essa dinâmica cívica emergiu através do discurso a que os antropólogos deram o nome de "feitiçaria". Os africanos veem a "feitiçaria" em termos de certo modo próximos ao sentido da "traição" em inglês (e em outras línguas), mas eles exorcizam de um modo equivalente tanto os membros integrais das suas comunidades equivalentes como aqueles que trazem escondido os infortúnios que afligem a coletividade. Eu esbocei explorações preliminares dessa proposição em vários lugares, e mais recentemente em um Fórum sobre a história mundial que irá aparecer em *Historically Speaking* (Bulletin of The Historical Society), nov./dez. 2004.
Leitores atentos ter-se-ão dado conta de que essa equivalência estabelece paralelos fundamentais e funcionais entre as comunidades (ambas imaginadas) e o seu nascimento nos dois contextos históricos contrastantes: "linhagens"/ "grupos de parentesco" na África e "nações" no Atlântico Norte. Todas as comunidades em formação (ou na medida em que estão sendo levadas em direção à criação) devem passar por uma fase intensivamente emocional – os antropólogos com certas tendências dariam a isso o termo "liminar" – de vulnerabilidades pessoais percebidas ou de potencial deslealdade. Assim a "caça às bruxas" no início da Era Moderna (e na Nova Inglaterra) e a demonização dos "comunistas" do século XX, e agora dos "terroristas" (com tons caracteristicamente racializados). Na África, os partidos popularmente tidos como respeitáveis são aqueles dos líderes auto engrandecidos nos governos nacionais fracassados.

Bibliografia

ANDERSON, Benedict. *Comunidades Imaginadas. Reflexões sobre a origem e a difusão do nacionalismo*. São Paulo: Companhia das Letras, 2008.

BLACKBURN, Robin. *The Making of New World Slavery: From the Baroque to the Moderno*. Londres/ Nova York: Verso, 1997.

_____. *The Overthrow of Colonial Slavery, 1776-1848*. Londres: Verso, 1988.

BLUMENTHAL, Deborah. *Enemies and Familiars: Slavery and Mastery in Fifteenth-Century Valencia*. Ithaca NY: Cornell University Press, 2009.

CHATMAN, Samuel L. "'There are No Slaves in France': A Re-examination of Slave Laws in Eighteenth-Century France". *Journal of Negro History*, 85, 3, 2000, p. 144-53.

CHILDS, Matt D. "Captors to Captives to Christians to Calabar, review essay: Sparks, Two Princes of Calabar". *Common Place*, 5, 1, 2004. Disponível em: <http://www.common-place.org/vol-05/no-01/>.

DAVIS, David Brion. *The Problem of Slavery in the Age of Revolution, 1770-1823*. Ithaca: Cornell University Press, 1975.

_____. *Slavery and Human Progress*. Nova York: Oxford University Press, 1984.

_____. *O problema da escravidão na cultura ocidental*. Rio de Janeiro: Civilização Brasileira, 2001.

_____. *Inhuman Bondage: The Rise and Fall of Slavery in the New World*. Nova York: Oxford University Press, 2006.

_____. *The Problem of Slavery as History*. Lectures, Gilder-Lehrman Center for the Study of Slavery and Abolition. New Haven: Yale University Press, no prelo.

DIÈNE, Doudou (ed.). *From Chains to Bonds: The Slave Trade Revisited*. Nova York: Berghahn/ Paris: Unesco, 2001, p. 159-93.

DRESCHER, Seymour. *The Mighty Experiment: Free Labor vs. Slavery in British Emancipation*. Nova York: Oxford University Press, 2002.

ELTIS, David. "The Relative Importance of Slaves and Commodities in the Atlantic Trade of Seventeenth-Century Africa". *Journal of African History*, 35, 2, 1994, p. 237-49.

FINLEY, Moses I. "Slavery". In: SILLS, David L. (ed.). *International Encyclopedia of the Social Sciences*. Vol. 14. Nova York: Macmillan and the Free Press, 1968, p. 307-13.

FONER, Eric. *The Fiery Trial Abraham Lincoln and American Slavery*. Nova York: Norton, 2010.

FREEHLING, William. "Fugitive Slaves and North American Slavery's Peculiarity". Manuscrito inédito, 2004.

FREYRE, Gilberto. *Casa-grande e senzala*. Rio de Janeiro: Olympio, 1933.

GOULD, Philip. *Barbarous Traffic: Commerce and Anti-Slavery in the Eighteenth-Century Atlantic World*. Cambridge MA: Harvard University Press, 2003.

HAWTHORNE, Walter. *From Africa to Brazil: Culture, Identity, and an Atlantic Slave Trade, 1600-1830*. Nova York: Cambridge University Press, 2010.

HELO, Ari & ONUF, Peter. "Jefferson, Morality, and the Problem of Slavery". *William and Mary Quarterly*, 60, 3, 2003, p. 583-614.

HINKS, Peter. *To Awaken My Afflicted Brethren: David Walker and the Problem of Antebellum Slave Resistance*. University Park: Pennsylvania State University Press, 1997.

MARQUES, João Pedro. *Os sons do silêncio: o Portugal de oitocentos e a abolição do tráfico de escravos*. Lisboa: Imprensa de Ciências Sociais, 1999.

McCUSKER, John J. & MENARD, Russell R. "The Sugar Industry in the Seventeenth Century: A New Perspective on the Barbadian 'sugar revolution' ". In: SCHWARTZ, S. (ed.). *Tropical Babylons: Sugar and the Making of the Atlantic World, 1450-1680*. Chapel Hill: University of North Carolina Press, 2004, p. 289-330.

McKNIGHT, Kathryn Joy. "The Diabolical Pacts of Slavery: The Stories of Two Mulatto Slaves before the Inquisition in New Spain". *Revista de estudios hispánicos*, 37, 4, 2003, p. 509-36.

_____. "Confronted Rituals: Spanish Colonial and Angolan 'Maroon' Executions in Cartagena de Indias (1634)". In: MCKNIGHT, Kathryn Joy (ed.). "Enslavement and Colonialism in the Atlantic World". *Journal of Colonialism and Colonial History*, 5, 3, 2004. Disponível em: <http://muse.jhu.edu/login?uri=/journals/journal_of_colonialism_and_colonial_history/v005/5.3mcknight.html>.

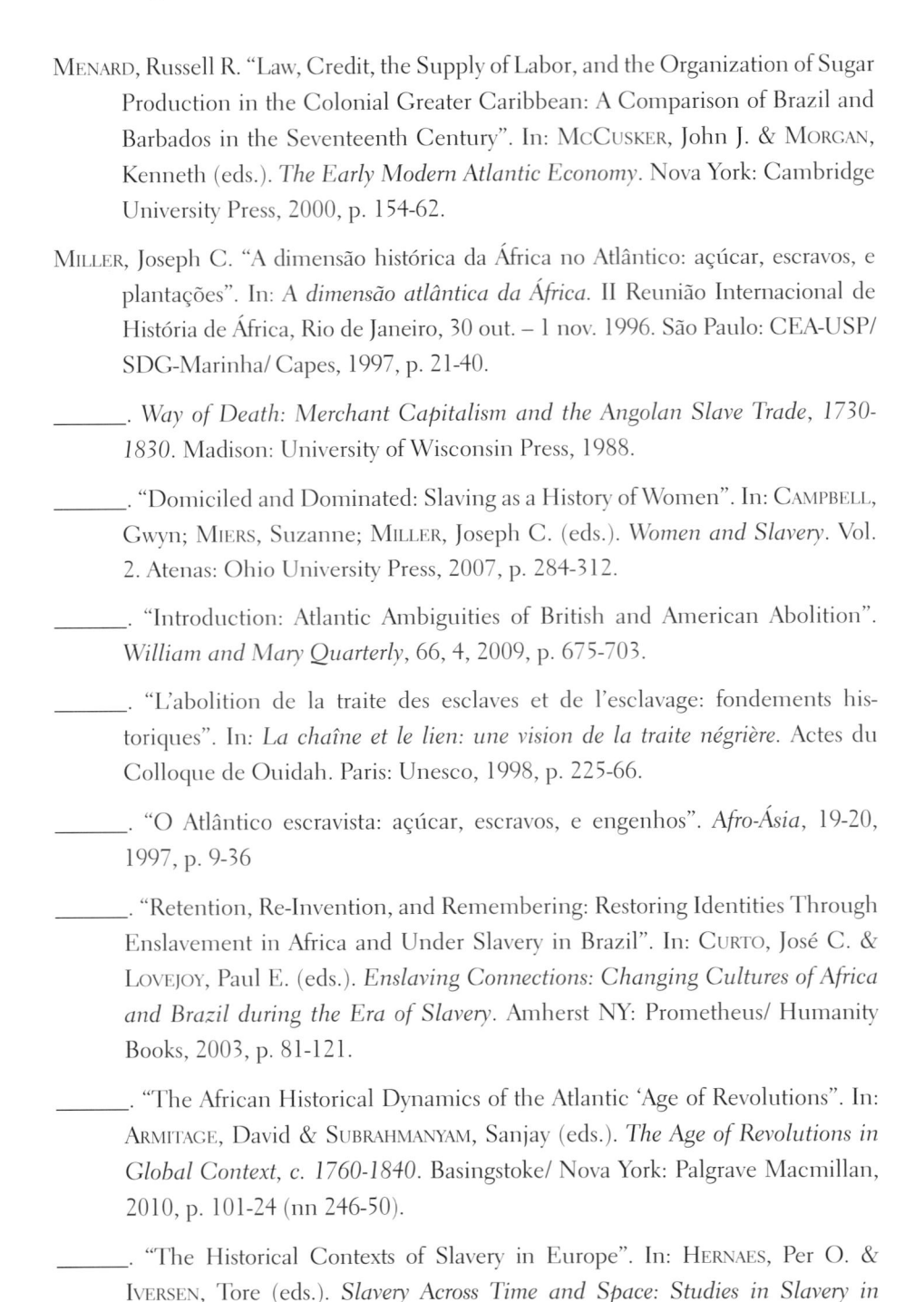

MENARD, Russell R. "Law, Credit, the Supply of Labor, and the Organization of Sugar Production in the Colonial Greater Caribbean: A Comparison of Brazil and Barbados in the Seventeenth Century". In: MCCUSKER, John J. & MORGAN, Kenneth (eds.). *The Early Modern Atlantic Economy*. Nova York: Cambridge University Press, 2000, p. 154-62.

MILLER, Joseph C. "A dimensão histórica da África no Atlântico: açúcar, escravos, e plantações". In: *A dimensão atlântica da África*. II Reunião Internacional de História de África, Rio de Janeiro, 30 out. – 1 nov. 1996. São Paulo: CEA-USP/ SDG-Marinha/ Capes, 1997, p. 21-40.

_____. *Way of Death: Merchant Capitalism and the Angolan Slave Trade, 1730-1830*. Madison: University of Wisconsin Press, 1988.

_____. "Domiciled and Dominated: Slaving as a History of Women". In: CAMPBELL, Gwyn; MIERS, Suzanne; MILLER, Joseph C. (eds.). *Women and Slavery*. Vol. 2. Atenas: Ohio University Press, 2007, p. 284-312.

_____. "Introduction: Atlantic Ambiguities of British and American Abolition". *William and Mary Quarterly*, 66, 4, 2009, p. 675-703.

_____. "L'abolition de la traite des esclaves et de l'esclavage: fondements historiques". In: *La chaîne et le lien: une vision de la traite négrière*. Actes du Colloque de Ouidah. Paris: Unesco, 1998, p. 225-66.

_____. "O Atlântico escravista: açúcar, escravos, e engenhos". *Afro-Ásia*, 19-20, 1997, p. 9-36

_____. "Retention, Re-Invention, and Remembering: Restoring Identities Through Enslavement in Africa and Under Slavery in Brazil". In: CURTO, José C. & LOVEJOY, Paul E. (eds.). *Enslaving Connections: Changing Cultures of Africa and Brazil during the Era of Slavery*. Amherst NY: Prometheus/ Humanity Books, 2003, p. 81-121.

_____. "The African Historical Dynamics of the Atlantic 'Age of Revolutions'". In: ARMITAGE, David & SUBRAHMANYAM, Sanjay (eds.). *The Age of Revolutions in Global Context, c. 1760-1840*. Basingstoke/ Nova York: Palgrave Macmillan, 2010, p. 101-24 (nn 246-50).

_____. "The Historical Contexts of Slavery in Europe". In: HERNAES, Per O. & IVERSEN, Tore (eds.). *Slavery Across Time and Space: Studies in Slavery in*

Medieval Europe and Africa. Trondheim: Department of History, Norwegian University of Science and Technology, 2002, p. 1-57.

PALMER, Colin A. *Human Cargoes: The British Slave Trade to Spanish America, 1700-1739*. Urbana IL: University of Illinois Press, 1981.

PARÉS, Luis Nicolau. *A formação do Candomblé: história e ritual da nação jeje na Bahia*. Campinas: Editora da Unicamp, 2006.

PATTERSON, Orlando. *Escravidão e morte social*. São Paulo: Edusp, 2009.

PEABODY, Sue. *There Are No Slaves in France: The Political Culture of Race and Slavery in Eighteenth-Century France*. Nova York: Oxford University Press, 1996.

PETTIGREW, William A. "Parliament and the Escalation of the Slave Trade, 1690-1714". In: FARRELL, Stephen; UNWIN, Melanie; WALVIN, James (eds.). *The British Slave Trade: Abolition, Parliament and People: Including the Illustrated Catalogue of the Parliamentary Exhibition in Westminster Hall, 23 May – 23 September 2007*. Edinburgh: Edinburgh University Press for the Parliamentary History Yearbook Trust, 2007, p. 12-26.

RENAULT, François. *Lavigerie, l'esclavage africaine et l'Europe* (2 vols.). Paris: De Boccard, 1971.

SALMAN, Michael. *The Embarrassment of Slavery: Controversies over Bondage and Nationalism in the American Colonial Philippines*. Berkeley: University of California Press, 2001.

SCHWARTZ, Stuart B. (ed.). *Tropical Babylons: Sugar and the Making of the Atlantic World, 1450-1680*. Chapel Hill: University of North Carolina Press, 2004.

SHARPLES, Jason *"Dangerous Spirit of Liberty": The Spread of Slave Resistance in the British Atlantic, 1729-1742"*. Ph.D Dissertation, Princeton, 2010.

SOARES, Mariza de Carvalho. *Devotos da cor: identidade étnica, religiosidade e escravidão no Rio de Janeiro, século XVIII*. Rio de Janeiro: Civilização Brasileira, 2000.

VAN DEN BOOGAART, Ernst. "The Trade between Western Africa and the Atlantic World, 1600-90: Estimates of Trends in Composition and Value". *Journal of African History*, 33, 3, 1992, p. 369-85.

No jogo das cores: liberdade e racialização das relações sociais na América portuguesa setecentista[1]

SÍLVIA HUNOLD LARA[2]

NA SEGUNDA METADE DO SÉCULO XVIII, viajantes estrangeiros, administradores coloniais e cronistas expressaram surpresa diante da "inumerável multidão de negros" e mulatos que povoava as cidades do Estado do Brasil.[3] De fato, ao longo do século XVIII, o aumento do número de negros e pardos libertos e livres foi especialmente significativo nas cidades da América portuguesa. Censos populacionais do final do século XVIII indicam que, na cidade do Rio de Janeiro, quase 55% dos habitantes não eram brancos: 35% eram escravos e 20% eram pardos e pretos livres ou libertos. Em Salvador, os censos indicam cifras ainda maiores: segundo um censo de 1775, 64% dos habitantes não eram brancos – porcentagem que chegou a 72% em 1807. Neste

---

1   Este texto é uma versão revista e aumentada do artigo "A cor da maior parte da gente: negros e mulatos na América portuguesa setecentista". In: FURTADO, Junia Ferreira (org.). *Sons, formas, cores e movimentos na modernidade atlântica: Europa, Américas e África*. São Paulo: Annablume/ Fapemig/ PPGH-UFMG, 2008, p. 361-374. A pesquisa foi financiada pelo CNPq (Conselho Nacional para o Desenvolvimento Científico e Tecnológico) e seus resultados mais amplos apresentados no livro *Fragmentos setecentistas. Escravidão, cultura e poder na América Portuguesa*. São Paulo: Companhia das Letras, 2007.

2   Professora Doutora do Departamento e da Pós-Graduação em História da Unicamp.

3   A expressão é do Marquês do Lavradio: "Carta de amizade a meu tio o arcebispo regedor em 21 de julho de 1768...". *Marquês do Lavradio, Cartas da Bahia, 1768-1769*. Rio de Janeiro: Arquivo Nacional, 1972, p. 33-34. Para afirmações semelhantes vide, por exemplo, "Relâche du vaisseau L'Arc-en-ciel à Rio de Janeiro, 1748". Apud FRANÇA, Jean Marcel Carvalho. *Visões do Rio de Janeiro colonial. Antologia de textos, 1531-1800*. Rio de Janeiro: José Olympio, 1999, p. 83; VILHENA, Luís dos Santos. *Recopilação de notícias soteropolitanas e brasílicas contidas em XX cartas*. [1802] Bahia: Imprensa Oficial do Estado, 1921, p. 49.

ano, os negros e mulatos livres somaram cerca de 22% dos habitantes e os escravos variaram entre 41% e 50%.[4]

A historiografia tende a explicar esta desproporção entre negros e brancos como decorrência do próprio incremento da escravidão ao longo do século XVIII. O desenvolvimento da mineração em Minas Gerais e de novas áreas de cultivo de açúcar (como no norte do Rio de Janeiro e no interior da capitania de São Paulo) gerou uma demanda de novos escravos, rapidamente atendida pela intensificação do tráfico atlântico. Além do número aumentado de escravos, os estudiosos chamam a atenção para o crescimento do contingente de libertos e, neste grupo, para uma proporção maior de pardos do que de pretos forros. Com algumas diferenças regionais e oscilações ao longo do tempo, as explicações para este fenômeno enfatizam as altas taxas de manumissão que caracterizaram o escravismo brasileiro, associando-as à larga presença da miscigenação.[5]

O tema é clássico e ganhou avaliações políticas diversas. Gilberto Freyre, por exemplo, baseava sua interpretação do fenômeno na "predisposição do português para a miscigenação" e para a "colonização híbrida e escravocrata nos trópicos" – concepção que combinava com a valorização do mestiço na formação da identidade nacional vigente nos anos 1930 e desdobrava-se na famosa ideia da democracia racial brasileira.[6] Seus críticos deslocaram a avaliação do fenômeno para as relações de poder inerentes à escravidão[7] e, em seguida, comparando diversas partes do Império Português, mostraram que a "naturalidade" da explicação proposta por Freyre era apenas aparente:[8] na África, por causa do tráfico e das condições epidemiológicas, a mestiçagem ficou restrita às regiões litorâneas; na Ásia e no Oriente, o comércio

---

4   Para dados populacionais sobre o Brasil colonial, vide ALDEN, Dauril. "The population of Brazil in the late eighteenth century: a preliminary study". *Hispanic American Historical Review*, 43, n. 2 (1963): 173-205; e MARCÍLIO, Maria Luiza. "Evolução da população brasileira através dos censos até 1872". *Anais de História*, VI (1974), p. 115-137.

5   Vide, entre outros, KLEIN, Herbert S. "Os homens livres de cor na sociedade escravista brasileira". *Dados*, 17 (1978): 4-9; e RUSSELL-WOOD, A. J. R. *The black man in slavery and freedom in colonial Brazil*. Nova York: St. Martin's Press, 1982, p. 31-32 e 46-49.

6   FREYRE, Gilberto. *Casa Grande & Senzala. Formação da Família Braliseira sob o Regime da Economia Patriarcal*. [1933] 19ª ed. Rio de Janeiro: José Olympio, 1978.

7   Vide, por exemplo, HARRIS, Marvin. *Padrões raciais nas Américas* (trad.). Rio de Janeiro: Civilização Brasileira, 1967.

8   Cf. BOXER, Charles. *Relações raciais no Império colonial português* (trad.). Rio de Janeiro: Tempo Brasileiro, 1967. Ver também DEGLER, Carl. *Nem preto nem branco: escravidão e relações raciais no Brasil e nos Estados Unidos* (trad.). Rio de Janeiro: Labor, 1976, especialmente cap. 5.

marítimo e a pequena fixação local impediram a miscigenação...[9] Ainda que a tendência seja deixar de privilegiar a abordagem estritamente nacionalista, o fato é que essas avaliações e revisões estiveram quase sempre associadas à denúncia do racismo *no Brasil*.

Apesar das críticas, ecos da formulação freyriana voltaram a se fazer ouvir em alguns estudos mais recentes, agora para justificar formas da integração social dos ex-escravos: a alforria é considerada uma "válvula de escape" para as tensões da escravidão e o branqueamento algo desejado pelos ex-escravos, para negar o cativeiro.[10] O debate sobre o tema reacendeu, abrangendo tanto o trabalho acadêmico como as discussões políticas.[11] De modos diversos e por razões diferentes, as altas taxas de alforria e a miscigenação, tidas como fenômenos tipicamente brasileiros, passaram a aparecer como aspectos indissociados – muitas vezes tomados de modo essencialista, capazes de servir para avaliar momentos históricos diversos.

Seguindo um caminho algo diferente, talvez por dever de ofício, parto da constatação de que tanto o fenômeno como sua interpretação têm história: o crescimento do número de libertos aparece na documentação como uma *questão* a partir da segunda metade do século XVIII e foi apreendido de modos diversos e com sentidos variados ao longo do tempo. Por isso mesmo, minha análise nesse texto visa compreender como letrados e autoridades coloniais daquele período perceberam, explicaram e avaliaram a presença cada vez mais significativa dos libertos nas cidades coloniais. Acredito que, ao prestar atenção em quem fala sobre o que, em que contexto, e com que interesse, a apreensão do tema pode se desnaturalizar e permitir uma reflexão mais cuidadosa do que tem sido frequentemente chamado de "legado da escravidão".

O primeiro passo que se impõe é o exame dos significados dos termos. Os registros setecentistas mencionam em geral uma multidão de "negros" e "mulatos". Na documentação administrativa, nos censos populacionais, nos relatos de viajantes e nos textos dos cronistas, essas palavras aparecem muitas vezes misturadas a outras, como "preto",

---

9   Alencastro, Luís Felipe de. "Geopolítica da mestiçagem". *Novos Estudos Cebrap*, 11 (1985), p. 49-63.

10 Cf. Soares, Márcio de Sousa. *A remissão do cativeiro. A dádiva da alforria e o governo dos escravos nos Campos dos Goitacases, c. 1750-c. 1830*. Rio de Janeiro: Apicuri, 2009. Vide também Marquese, Rafael de Bivar. "A dinâmica da escravidão no Brasil: resistência escrava, tráfico negreiro e alforrias, séculos XVII a XIX. *Novos Estudos Cebrap*, 74 (2006), p. 107-123.

11 Um bom exemplo pode ser colhido nos ensaios da coletânea organizada por Fry, Peter *et al. Divisões Perigosas: Políticas Raciais no Brasil Contemporâneo*. Rio de Janeiro: Civilização Brasileira, 2007.

"pardo", "cabra" – todas usadas para designar ora a condição social, ora a cor da pele das pessoas, muitas vezes de modo intercambiável. É interessante, contudo, que a multidão seja em geral de "negros" e "mulatos" – não de "pretos" e "pardos".

O *Vocabulário portuguez e latino* de Raphael Bluteau, que serviu de base para todos os dicionários portugueses setecentistas,[12] permite uma primeira aproximação para verificar os significados dessas palavras. Começo pelo polo oposto. O adjetivo "branco", ao se referir a uma pessoa, indica alguém "bem nascido, que até na cor se diferencia dos escravos que de ordinário são pretos ou mulatos". A cor branca está, pois, associada à condição da liberdade e indica bom nascimento (categoria importante para a diferenciação social numa sociedade de Antigo Regime).

A definição evidencia o movimento genérico de associar os não brancos à escravidão: na sociedade portuguesa e sobretudo na área colonial, a cor da pele foi incorporada à linguagem que traduzia visualmente as hierarquias sociais.[13] Assim, a cor branca podia funcionar como sinal de distinção e liberdade, enquanto a tez mais escura indicava uma associação direta ou indireta à escravidão. Ainda que não se pudesse afirmar que todos os negros e mulatos fossem ou tivessem sido necessariamente escravos, a cor era um importante elemento de identificação e classificação social.

Mas atenção: segundo o dicionarista, a cor diferente da branca é indicativa (não equivalente) da condição cativa, já que os escravos, "*de ordinário* são pretos e mulatos". A escolha dos termos, aqui, não me parece desprovida de significados.

A palavra "preto" aparece no *Vocabulário* claramente associada à condição escrava: Bluteau afirma de modo explícito que "pretinho vale o mesmo que pequeno escravo" e que "preto também se chama o escravo preto".[14] "Negro", por sua vez, é o "homem da terra dos negros ou filho de pais negros", enquanto um "negrinho" é simplesmente "um rapaz negro".[15] Não há, portanto, sinonímia perfeita entre "preto" e "negro". O verbete referente a "negro" não faz nenhum referência direta à escravidão, mas a uma origem geográfica: descreve a terra dos negros ou "Nigritas" como

---

12 Bluteau, Pe. d. Raphael. *Vocabulário portuguez e latino*. Coimbra: Collegio das Artes da Companhia de Jesus, 1712. (Edição fac-símile, CD-R, Rio de Janeiro, UERJ, s.d.)

13 Para uma análise mais ampliada do tema vide Lara, Silvia Hunold. "The signs of color: women's dress and racial relations in Salvador and Rio de Janeiro, ca. 1750 – 1815". *Colonial Latin American Review*, 6, n. 2 (1997), p. 205-224.

14 Bluteau, R. *Vocabulário*, verbete "preto". É interessante observar que, neste caso, não há um verbete para "preta".

15 Bluteau, R. *Vocabulário*, verbetes "negra" e "negro".

sendo "uma vastíssima região da África entre o Saara e o (sic) Guiné", indicando que os que viviam no litoral comerciavam com os portugueses e, por isso, "perderam a sua natural braveza e muitos deles se fizeram cristãos".

Ainda que Bluteau registre a equivalência entre "preto" e "negro", é significativo que ela apareça apenas no verbete "preto"; para o dicionarista, "negro" é um termo ligado a características relativas à cor, à origem e ao nascimento – não a uma condição social. Por isso, não é extraordinário que os escravos sejam "de ordinário" *pretos*, e não negros. A existência de dois termos não implica superposição de sentidos – ao contrário: enquanto "preto" remete à condição escrava, "negro" indica uma posição hierárquica inferior (nos termos do Antigo Regime) –, mas não necessariamente escrava.

Os termos "pardo" e "mulato" mereceram menos cuidados por parte de Bluteau e aparecem claramente associados, no seu *Vocabulário*, à mistura de cores. Mesmo assim, pode-se observar nuances importantes entre as duas palavras. "Pardo" é, antes de mais nada, uma cor: a "cor entre branco e preto", que é "própria do pardal, donde parece lhe veio o nome". É equivalente a "mulato", cuja definição remete claramente a pessoas: "Mulata e mulato. Filha e filho de branca e negra (sic), ou de negro e de mulher branca. Esse nome de mulato vem de mu ou mulo, animal gerado de dois outros de diferente espécie".[16] A ideia que preside estas definições é a da mistura de cores ou da geração de seres por pessoas e animais de "diferente espécie"; também aqui não há qualquer ligação direta com a condição escrava (nem com a da liberdade). Contudo, a distância entre uma definição que remete apenas à cor de uma pessoa e aquela que enfatiza seu nascimento híbrido indica uma diferença semântica entre os dois termos e, também, uma hierarquização.

Esta gradação entre cor intermediária e nascimento misto torna-se mais evidente no verbete "mestiço", termo definido por Bluteau como sendo aquele "nascido de pais de diferentes nações, por exemplo, filho de português e de índia ou de pai índio e mãe portuguesa".[17] O exemplo remete ao que Stuart B. Schwartz chamou de primeira etapa da mestiçagem no Brasil: aquela predominantemente realizada entre os colonizadores portugueses e a população indígena e que possuía características bem mais integradoras que a ocorrida ao longo do século XVIII.[18]

---

16 BLUTEAU, R. *Vocabulário*, verbetes respectivos.

17 BLUTEAU, R. *Vocabulário*, verbetes "mestiço".

18 Vide SCHWARTZ, Stuart B. "Brazilian ethnogenesis: mestiços, mamelucos, and pardos". In: GRUZINSKI, Serge & WACHTEL, Nathan (orgs.). *Le nouveaux monde, mondes nouveaux*. Paris: Éditions Recherche sur les Civilisations/ Éditions de l'École des Hautes Études en Sciences Sociales, 1996, p. 9-27.

Ainda assim, a geração híbrida possuía claramente uma nota diminutiva, indicando um nascimento menos qualificado, já que envolvia gente diversa, que não ocupava os mesmos lugares sociais.

O exame de outras fontes mostra que esta desvalorização dos mestiços e a diferença entre pardos e mulatos acentuou-se ao longo do tempo. Mulato foi, aos poucos, ganhando conotações pejorativas, sendo muitas vezes considerada uma característica infamante. É com este sentido que o termo aparece em uma ordem de d. João V, de 1726, que veda o acesso aos cargos da administração pública e da justiça a qualquer negro ou "mulato, dentro dos quatro graus em que o mulatismo é impedimento".[19] A infâmia, aqui, advém de um "baixo nascimento" ou um "defeito de sangue" que revelasse uma origem ligada a pessoas de "ínfima condição".[20] Não, necessariamente, que tivesse alguma ligação com a escravidão ou um eventual passado escravo.

Os processos de injúria da segunda metade do século XVIII deixam claro que mulato também podia ser uma forma de xingamento. Na documentação que consultei, as ofensas restringiam-se geralmente a "ladrão", "corno", "cachorro" e "filho da puta".[21] Em situações mais raras, "mulato" podia ser incluído na lista de injúrias. É o

---

19 RUSSELL-WOOD, A. J. R. *The black man in slavery and freedom*, p. 69-79; e também BICALHO, Maria Fernanda Baptista. "Mediação, pureza de sangue e oficiais mecânicos. As câmaras, as festas e a representação do Império português". In: PAIVA, Eduardo França & ANASTASIA, Carla Maria Junho (orgs.). *O trabalho mestiço. Maneiras de pensar e formas de viver. Séculos XVI a XIX*. São Paulo: Annablume/PPGH/UFMG, 2002, p. 307-313.

20 Mesmo assim, em regiões de ocupação recente ou mais afastadas dos grandes centros, indivíduos que não eram brancos ocuparam funções públicas, exercendo cargos nas câmaras ou sendo providos por elas. RUSSELL-WOOD, A. J. R. "Ambivalent authorities: the African and Afro-Brazilian contribution to local governance in colonial Brazil". *The Americas*, 57, n. 1 (2000), p. 13-36.

21 Na Seção Judiciária do Arquivo Público da Bahia (APEB), há oito processos referentes às vilas de Cachoeira e Moritiba, no período entre 1750 e 1800, dos quais um está sem condição de leitura. Dentre os sete restantes, o epíteto de ladrão é a principal injúria proferida em cinco deles, sendo que em um as palavras foram consideradas "tão injuriosas" que se fizeram "indignas" de serem escritas e colocadas diante do juiz. Em apenas dois destes sete processos "mulato" aparece como parte das injúrias proferidas. No Arquivo Geral da Cidade do Rio de Janeiro (AGCRJ) há 11 processos de injúria referentes a sete conflitos ocorridos na cidade do Rio de Janeiro entre 1768 e 1774. Destes, dois são motivados por acusações de feitiçaria, consideradas injuriosas, e todos os outros incluem, entre outros xingamentos, epítetos de "ladrão" ou de um "roubo" cometido. Exemplar, neste sentido, é o conflito entre dois ex-sócios. Um deles seguiu o outro da Praia do Peixe até a rua da Cadeia, descompondo-o "com altas vozes... chamando-lhe torto, filho da puta, cachorro, ladrão e cornudo e por fim desafiando-o para que saísse para a rua a contender com ele". Cf. "Autos de um processo de injúrias intentado por Antônio Duarte contra Antônio de Faria Figueira, 1773". AGCRJ, cod. 40-1-3.

caso, por exemplo, de uma briga ocorrida em 1793, entre dois moradores da vila de Cachoeira. No entrevero, sobraram bofetadas até para a mulher de um deles, que estava próxima, e muitos xingamentos, entre eles o de "mulato". No libelo de defesa, o ofendido dispôs-se a provar que "não [era] mulato, mas sim branco bem nascido e de boa família e não fo[ra] jamais infamado de mulatismo, senão pelo réu".[22] Também aqui, os autos e o contexto indicam que a "infâmia" dizia respeito a um nascimento de "baixa qualidade" ou espúrio – o que não era pouca coisa, em se tratando de uma sociedade de Antigo Regime.[23]

"Pardo", ao contrário, era um termo utilizado por aqueles que reivindicavam privilégios e tratamentos específicos. Foi como pardo, por exemplo, que um mestre de capela dos Campos dos Goitacases se definiu, ao solicitar o privilégio de usar uma espada para fazer valer sua condição de "filho de homem branco e senhor de engenho" e continuar a ser "tratado com (...) estimação" naquela vila".[24] Intitulavam-se pardas, também, a maior parte das irmandades que, majoritariamente compostas por não brancos, desejavam se diferenciar de suas congêneres que aceitavam escravos e negros livres.[25] Eram pardos também os vários terços militares que se formavam e cresciam em número ao longo do século XVIII, distinguindo-se do antigo terço dos Henriques.[26]

---

22 Libelo cível e crime de injúrias verbais: autor Francisco Gomes da Costa; réu Vicente Ferreira de Moraes. Cachoeira, 1793. APEB, Seção Judiciária, est. 37, cx. 1325, doc. 4.

23 Por isso mesmo, quando algum mulato ou pardo pretendia buscar algum cargo ou distinção, tratava de buscar maneiras para que sua ascendência africana e até mesmo a escravidão materna fossem esquecidas ou ocultadas, como se pode ver nos processos de genere e de habilitação à Ordem de Cristo do filho mais velho de Chica da Silva. Cf. Furtado, Junia Ferreira. *Chica da Silva e o contratador dos diamantes. O outro lado do mito*. São Paulo: Companhia das Letras, 2003, p. 58-72.

24 "Petição de Manoel de Carvalho e Melo ao Vice-Rei, despachada em 19 de setembro de 1752" apud Feydit, Julio *Subsídios para a história dos Campos dos Goitacases*. 2ª ed. Rio de Janeiro: Esquilo, 1979, p. 255. Cf. também "Petição de Manoel de Carvalho e Melo ao vice-rei, despachada em 19 de setembro de 1752". Idem, ibidem, p. 255.

25 Cf. para o caso de Minas Gerais, Scarano, Julita. *Devoção e escravidão*. São Paulo: Companhia Editora Nacional, 1976, p. 115-129; para o caso do Rio de Janeiro, vide Viana, Larissa. *O idioma da mestiçagem: as irmandades de pardos na América portuguesa*. Campinas: Editora da Unicamp, 2007.

26 Há poucos estudos sobre a história militar que atentem para este dado. Sobre o terço dos Henriques ver, por exemplo, os artigos de Silva, Luiz Geraldo. "Negros patriotas. Raça e identidade social na formação do Estado nação (Pernambuco, 1770-1830)" e Kraay, Hendrik. "Identidade racial na política, Bahia, 170-1840: o caso dos Henriques". In: Jancsó, István (org.). *Brasil: formação do Estado e da nação*. São Paulo: Hucitec/Unijuí/Fapesp, 2003, respectivamente p. 497-520 e 521-546. Para uma análise mais geral das milícias de negros e pardos, vide Russell-Wood, A. J. R. *The black man in slavery and freedom*, cap. 5.

Assim, ao longo do século XVIII, pardo começou a aparecer como uma *identidade reivindicada*. O termo se revestia de uma positividade, ao contrário de "mulato", geralmente usado para desqualificar ou inferiorizar.[27] Não por acaso, Bluteau afirmou que os escravos "de ordinário são pretos ou *mulatos*", e não pardos.

Evidentemente, não se trata de cobrar definições fixas, nem se pretende discutir aqui a distância e as sintonias entre os significados dicionarizados e o uso cotidiano da língua. A escolha dos termos utilizados para designar uma pessoa dependia do jogo de forças entre os envolvidos, da situação e do contexto: revestia-se de um caráter político. Isso fica ainda mais claro quando se observa que, muitas vezes, a cor de um indivíduo nem sempre era designada do mesmo modo. Não é raro, nas fontes, alguém não branco ser chamado de formas diversas – tanto ao longo do tempo quanto numa mesma situação ou contexto.

A oscilação entre "preto" e "negro", para os escravos, era muito comum, mesmo em casos em que a precisão era de se esperar, como em autos de apreensão de fugitivos ou em processos criminais. Apolinário, por exemplo, acusado de ter matado Maria Angola a facadas em Cachoeira em 1785, aparece designado no processo ora como "o escravo Apolinário", como "um preto chamado Apolinário", "um crioulo"[28] ou ainda um "preto escravo".[29] Mas há casos em a variação é grande, como no de uma "escrava parda por nome Francisca", presa como fugida na cadeia de Cachoeira em 1788, que aparece designada também como "uma negra por nome Francisca de nação Angola".[30]

Embora as variações permaneçam restritas geralmente a um mesmo universo, podemos também encontrar situações em que uma pessoa tenha sido identificada ora como "mulata" ora como "branca". Exemplar neste sentido também é o caso do padre Jesuíno do Monte Carmelo, de grande importância na vila de Itu, na capitania

---

27 O tema é desenvolvido no estudo de VIANA, L. O *idioma da mestiçagem*, passim.

28 "Crioulo", segundo Raphael Bluteau, é o "escravo que nasceu em casa do senhor". Cf. *Vocabulário*, verbete respectivo.

29 Processo crime sobre a morte de Maria Angola, escrava de Miguel Pereira de Brito, por causa de facadas dadas pelo escravo Apolinário do mestre de campo Jerônimo da Costa. Cachoeira, 1785. APEB, Seção Judiciária, Tribunal de Justiça, est. 27, cx. 1001, doc. 03.

30 Autos de justificação de embargo, Cachoeira, 1788. APEB, Tribunal da Relação, est. 37, cx. 1317, doc. 19.

de São Paulo, que foi tido como mulato e como branco, conforme as circunstâncias.[31] Márcio de Souza Soares, estudando Campos dos Goitacases na segunda metade do século XVIII, analisou diversos casos de pessoas pardas que foram aos poucos, conforme conseguiam ascender economicamente, sendo identificadas como brancas.[32]

Não se trata, no entanto, de uma simples questão de nomenclatura difusa. Como já se afirmou muitas vezes, o silêncio sobre a cor, ou sua transformação em gradações mais próximas do branco costuma operar um afastamento da condição escrava.[33] Mas há também um movimento na direção oposta, como no caso de numerosos casos de gente parda e negra, forros e livres que foram presos sob suspeita de serem escravos. A precariedade da liberdade, para aqueles de tez mais escura, era um fato – sobretudo para os que se distanciavam dos laços de dependência pressupostos nas relações de alforria. Manuel da Silva, por exemplo, era filho legítimo de um casal de forros. Considerava-se um "ingênuo, nascido de pais livres e por tal sempre foi tido, havido e reconhecido nesta vila [de Cachoeira] de donde é natural, sem fama nem rumor em contrário, gozando de sua liberdade desde o seu nascimento". Em 1791, quando foi à vila de Cairu tratar de seus negócios, acabou sendo preso sob "pretexto de ser escravo e andar fugido". Teve que juntar várias testemunhas para provar sua liberdade, antes de conseguir ser solto.[34] O fato de ter-se afastado do local onde era conhecido como homem livre fez com que fosse confundido com um escravo fugitivo: sua cor o colocava sob suspeição.

Extraordinária, mas condizente com este e outros exemplos, é a história do "cabra forro" Lino de Souza, soldado de capitão-do-mato nos Campos dos Goitacases. Certa feita, ele foi preso sob suspeita de ser um cativo em fuga e permaneceu na cadeia por quase um mês, até provar o contrário. Dezenove dias depois de ser solto, voltou à prisão, só que desta vez conduzindo – ele mesmo – dois escravos fugitivos. Cerca de quatro anos depois, Lino foi preso novamente, agora por uma ronda noturna, por trazer uma faca de ponta aguda na cintura. Demorou cerca de seis meses para

---

31 Vide RICCI, Magda M. de Oliveira, *Nas fronteiras da independência: estudo sobre os significados da liberdade na região de Itu, 1750-1821*. Dissertarção de Mestrado, Campinas, Unicamp, 1993.

32 SOARES, M. S. *A remissão do cativeiro*, p. 262-270.

33 A expressão é de MATTOS, Hebe. *Das cores do silêncio: os significados da liberdade no Sudeste escravista. Brasil século XIX*. Rio de Janeiro: Nova Fronteira, 1998. Note-se, entretanto, que a análise dessa autora refere-se à segunda metade do século XIX e diz respeito a outro contexto histórico, tendo portanto significado interpretativo um pouco diverso do que procuramos apontar aqui.

34 Justificação de escravo (*sic*), Cachoeira, 1791, APEB, Tribunal de Justiça, est. 37, cx. 1317, doc. 25.

convencer o juiz de que não era escravo e que, como soldado de capitão-do-mato, era-lhe permitido andar à noite e portar armas.[35]

Assim, pode-se concluir que não havia, no Brasil setecentista, uma correlação exata entre a cor e a condição social das pessoas, ainda que a primeira pudesse ser um elemento indicativo da segunda. Na sociedade colonial, os brancos eram certamente livres e os pretos eram majoritariamente escravos, sobretudo quando traziam as marcas corporais que evidenciavam sua proveniência africana. Pessoas não brancas que eram livres, no entanto, constituíam uma categoria problemática: uma pele escura podia indicar um passado escravo recente ou um nascimento espúrio. Suas liberdades tinham que ser afirmadas com mais ênfase e estavam sempre sob suspeição. Em alguns casos, esses homens e mulheres podiam ser facilmente confundidos com escravos. Não se trata simplesmente de ambiguidade – mas de tensão social.

Por isso mesmo, muitos recorriam a outros elementos da linguagem visual dos trajes, das armas ou dos comportamentos para terem seu status social de livres socialmente reconhecido. Também eram ciosos de suas qualificações, defendendo posições e privilégios arduamente conquistados. Por isso contestavam com empenho qualquer afirmação sobre sua condição social que lhes parecesse um xingamento ou que pudesse aproximá-los do cativeiro. Ao reivindicar prestígio equivalente aos brancos, porém, eram considerados "ousados", "presunçosos" e "soberbos". Era assim, por exemplo, que Luís dos Santos Vilhena, no final do século XVIII, se referia aos "mulatos" (não aos "pardos"), ao criticar o excessivo número de alforrias dadas aos filhos bastardos havidos entre senhores e suas escravas na Bahia.[36]

A miríade de termos que, misturando cor e condição social, oferecia a possibilidade de gradações diversas para o grande contingente de homens e mulheres que não eram brancos talvez tenha nascido exatamente desse jogo de forças. Ser "pardo" ou "mulato", "cafuzo" ou "cabra", "preto" ou "negro" podia significar muito para quem queria mostrar distinção, afastar-se do cativeiro ou afirmar privilégios. Ou, ao contrário, podia ser uma arma poderosa para quem queria diminuir, desqualificar e criticar.

---

35 Cf. Arquivo do Cartório do Segundo Ofício de Campos (RJ) – "Traslado de uns autos crimes de Lino de Sousa cabra que vão remetidos deste Ofício Ordinário para o Tribunal da Relação da cidade do Rio de Janeiro" [1800]. Extraordinária é também a história da parda livre Caetana Franca, nascida na Madeira, que foi vendida como escrava nas Minas Gerais. Cf. RUSSELL-WOOD, A. J. R. "Colonial Brazil". In: COHEN, David W. & GREENE, Jack P. *Neither slave nor free*. Baltimore: The Johns Hopkins University Press, 1972, p. 92.

36 VILHENA, L. S. *Recopilação*, p. 138-139

Por se tratar de um jogo de forças, não se pode, como fazem alguns autores recentes, escolher uma das alternativas e estabelecê-la como lógica explicativa, com peso de interpretação sistêmica, associando mecanicamente mestiçagem e alforria, ou branqueamento e integração social. As nuances no significado de termos que se aproximam mas não são sinônimos (no dicionário ou no uso corrente) impõem uma abordagem que precisa levar em conta, necessariamente, a política: elas dependem das tensões presentes nas relações sociais e do contexto em que ocorrem.

Na segunda metade do século XVIII, o aumento do número de negros e mulatos *libertos* e *livres* nas áreas urbanas tornou este jogo de significados cada vez mais delicado, evidenciando uma tensão crescente. O que aparecia como problemático para letrados e autoridades coloniais não era a escravidão, mas o aumento do contingente de alforriados. Para os autores da segunda metade do século XVIII, o problema derivava de um mau funcionamento da escravidão: algo que decorria do modo como os senhores se comportavam em relação a seus escravos. Tratava-se de um desgoverno senhorial: das relações espúrias dos senhores com suas escravas nasciam bastardos mulatos que levavam uma vida ociosa e frequentemente eram libertados pelos pais; das relações dos homens livres brancos com as escravas e as forras (muitas delas prostitutas) nasciam negros e mulatos livres ou que eram logo libertados. Era esta a origem desta gente de nascimento misto, que não encontrava um lugar definido nas hierarquias sociais e vivia "sem assento certo".

Vilhena, por exemplo, criticava a escravidão por ter produzido poucos escravos realmente convertidos à fé católica, por ser responsável por introduzir várias moléstias e epidemias, pelo perigo de os senhores serem envenenados pelos cativos, pela corrupção que o convívio com cativos podia trazer às famílias e aos eclesiásticos. Dentre todos os problemas, o que parece ter preocupado mais o professor de grego era a facilidade de acesso dos senhores às mulheres cativas, fato que criava "uma tropa de mulatinhos e crias que depois vêm a ser perniciosíssimos nas famílias". Segundo ele, estes bastardos e "mulatos presunçosos, soberbos e vadios" acabavam herdando "muitas das mais preciosas propriedades do Brasil".[37] Além do desperdício econô-

---

37 VILHENA, L. S. *Recopilação*, p. 138-139. Este era, segundo o autor, um problema grave, que pedia a real atenção, "porque a não se obviar o virem os engenhos e grandes fazendas a cair nas mãos destes pardos naturais, homens comumente estragados e que estimam aquelas incomparáveis propriedades em tanto quanto lhes custam elas, pelo decurso dos tempos lhes hão de vir a cair todas nas mãos e por consequência a perder-se." O assunto já havia sido discutido pelo Conselho Ultramarino em agosto de 1723, a partir de um pedido do governador das Minas, para que os mulatos não pudessem herdar seu pai, mesmo que não tivessem outro irmão branco. Cf. AHU, cod. 233, fls. 284-286.

mico, esta "paixão de ter mulatos" oferecia riscos de outra natureza, já que "todas as crias, sejam mulatas ou negras, são criadas com mimo extremoso, motivo por que são todos vadios, insolentes, atrevidos e ingratos, por culpa dos senhores e falta de governo político".[38]

O olhar de cima para baixo era evidentemente incapaz de reconhecer qualquer iniciativa dos escravos na obtenção da alforria – entendida apenas como uma concessão senhorial motivada por paixões e desregramentos. Nesse contexto, a palavra "pardo" não aparece: o objeto de todas as críticas é sempre o "mulato", que carrega consigo toda sorte de qualidades deletérias.

Em 1796, o conde de Resende, vice-rei do Estado do Brasil batia na mesma tecla: criticava os hábitos dos senhores opulentos de terem muitos escravos que acabam vadios pelas ruas do Rio de Janeiro e se juntavam à "multidão inumerável de mulatos, crioulos e pretos forros". A alforria, para ele, era fruto da liberalidade dos senhores para com os escravos nascidos e criados em suas casas, das concessões feitas aos que lhes entregavam o seu valor ("adquirido quase sempre por meios criminosos"), ou das doações testamentárias que favoreciam a liberdade. E, sem dúvida, era um problema: dava origem a uma multidão de libertos que se entregavam "a todo o gênero de vícios, tornando-se facinorosos, lascivos, ébrios e irreligiosos", vivendo uma "vida escandalosa e libertina" (sobretudo no caso das mulheres). Além de inquietarem o sossego dos moradores, consumirem os mantimentos, fazendo aumentar a carestia, e tirarem as esmolas de quem merecia, eles cometiam crimes e tendiam a ser mais numerosos que o contingente militar que devia reprimi-los. Sem contar que a "fácil e frequente comunicação que têm os soldados com mulheres da mesma qualidade entregues à prostituição" enfraquecia as tropas, que se consumiam em doenças...[39]

Também aqui o problema era claramente o "mulato": cada vez mais esta palavra carregava significados pejorativos e catalisava os temores das autoridades coloniais, sobretudo daquelas preocupadas com as questões da ordem pública. Além do nascimento "misto", a condição solteira da maior parte dos mulatos era assinalada com frequência para indicar gente sem lugar fixo – qualificação que operava no mesmo sentido da vadiagem.

No caso da carta do conde de Resende, os mulatos eram gente que não estava submetida ao poder dos senhores, tinha uma origem bastarda, não queria trabalhar,

---

38 VILHENA, L. S. *Recopilação*, p. 139.
39 Carta do conde de Resende a Luís Pinto de Souza Coutinho de 11 de abril de 1796. Arquivo Nacional, Correspondência do Vice-Reinado para a Corte, cod. 69, vol. 13, fls. 39-42v.

era majoritariamente solteira, sem lugar fixo, e vivia a vadiar. Para solucionar os problemas advindos dessa multidão de escravos e de negros e mulatos libertos e livres que havia na cidade do Rio de Janeiro, fez uma proposta minuciosa, que encaminhou à Corte, aos cuidados do então ministro da Marinha e Ultramar.

Ponderava, sabiamente, não poder interferir no hábito senhorial de ter muitos cativos nem cercear o trabalho dos escravos de ganho. O respeito ao poder dos senhores era uma das bases do governo político no Antigo Regime. Por isso, sugeria que os libertos fossem todos registrados, mandados para casas de correção para aprenderem ofícios e, depois, serem obrigados a casar. Esperava assim transformar homens insubmissos em seres socialmente aceitáveis, que pudessem ser úteis ao bem comum. Sua fórmula, ao mesmo tempo em que pretendia evitar a dissolução dos costumes, tentava contribuir para a produção de alimentos, para a fixação e o aumento da população e para o reequilíbrio entre os poderes no principal palco político do Estado do Brasil.[40]

Tal preocupação pode ser encontrada também entre os letrados do período. Para Manoel Ribeiro Rocha, por exemplo, eram necessários alguns ajustes no modo como os senhores deviam possuir e tratar os seus escravos.[41] Para ele, a escravidão dos africanos, tal como vinha sendo praticada pelos comerciantes portugueses e pelos colonos do Brasil, havia se tornado ilícita, pois não era possível ter certeza sobre o processo de escravização realizado na África. Para legitimá-la, era preciso entender que a liberdade dos africanos encontrava-se apenas penhorada com aqueles que se tornavam seus senhores; por isso o cativeiro era transitório. O "resgate" da liberdade dos que fossem "legitimamente" escravizados na África devia ser feito mediante o pagamento do valor da compra inicial ou por meio da prestação de serviços durante 20 anos (e 25 anos de trabalho para os ingênuos nascidos durante o cativeiro dos pais). Toda a sua argumentação destinava-se a legitimar a escravidão, corrigir seus excessos e manter o comércio negreiro, que tantos benefícios trazia ao Reino e a Deus... Mas, ao mesmo tempo, tratava também de propor o cativeiro como um período de educação para a liberdade: ao darem aos escravos o sustento, o vestuário, a doutrina, o cuidado nas enfermidades, o castigo medido, os senhores produziam bons cativos que, depois de

---

40 Carta do conde de Resende a Luís Pinto de Souza Coutinho de 11 de abril de 1796.

41 ROCHA, Manoel Ribeiro. *Etíope resgatado, empenhado, sustentado, corrigido, instruído e libertado* [1758] (Apresentação e transcrição do texto original por S. H. Lara). *Cadernos do Instituto de Filosofia e Ciências Humanas*, 21 (1991).

libertos, seriam gratos a eles, mantendo-se sob seu domínio.[42] Uma lógica que operava inteiramente no interior da concepção das obrigações recíprocas que regia a ideia da alforria como uma doação.[43]

Proposta semelhante chegou a ser feita por Luiz Antônio de Oliveira Mendes em memória apresentada à Real Academia das Ciências de Lisboa, em 1793.[44] Seu objetivo era discutir o tráfico de escravos entre a costa africana e o Brasil, focalizando especialmente as doenças e outros males que atacavam os cativados nos sertões africanos. Propunha medidas para eliminar os abusos do tráfico e da escravidão mas, levado pelo "amor à pátria" e pelo "desejo de querer ser útil (...) à porção mais infeliz da humanidade", acrescentou um projeto de lei municipal destinado a combater as "tiranias" dos que lidavam com os escravos. Sua proposta era bastante simples: como regra geral, todos os cativos deveriam ficar livres depois de dez anos de escravidão, desde que pagassem o preço de sua liberdade. Uma vez livres (às suas custas ou mesmo quando alforriados pelo senhor), teriam um ano para se assalariar. Aqueles que não conseguissem provar esta condição em presença de um magistrado voltariam a ser escravos. Seriam colocados em hasta pública e o valor de suas vendas revertido para libertar outros cativos. Os escravos casados que tivessem quatro filhos também seriam alforriados (embora os filhos permanecessem cativos por mais 18 anos), assim como a escrava que provasse "estar na mancebia com o senhor". Finalmente, "todo o preto forro, manumitido e livre, que sendo casado mostrasse e provasse ter dez filhos entre varões e fêmeas, lhe seria dado por prêmio para o servir um escravo daqueles que dentro de [um] ano e dia se não achassem assalariados".

Como se pode observar, mesmo na proposta radical de Oliveira Mendes, não havia qualquer questionamento ao tráfico e à própria escravidão. Certamente, ele o reconhecia, assalariar os "pretos livres" tiraria Portugal da "dependência do transporte dos escravos, com benefício e "triunfo eterno" da humanidade. Para os escravos que conseguissem acumular um pecúlio capaz de pagar suas liberdades e evitar o risco

---

42 ROCHA, M. R. "Etíope resgatado", especialmente p. 137-149.

43 Tal concepção é expressa também em temos legais, como se pode verificar pelo Título 63 do Livro IV das Ordenações Filipinas. Cf. ALMEIDA, Cândido Mendes de (ed.). *Código philippino ou Ordenações e leis do Reino de Portugal recopiladas por mandado d'elrey d. Philippe I*. 14ª ed. Rio de Janeiro: Typographia do Instituto Philomathico, 1870, p. 863-867.

44 MENDES, Luiz Antônio de Oliveira, "Discurso acadêmico ao programa.". In: CARREIRA, Antônio. *As companhias pombalinas de Grão-Pará e Maranhão e Pernambuco e Paraíba*. 2ª ed. Lisboa: Editorial Presença, 1983, p. 364-420.

do retorno à escravidão por falta de "salários", a sujeição tornar-se-ia temporária. Na versão final, que foi publicada pela Academia, o projeto foi omitido e sua memória se tornou apenas um elenco de recomendações destinadas a forçar traficantes e senhores a bem tratar e cuidar de seus cativos.[45] Ainda assim, a proposta evidencia a preocupação em regrar tanto as relações entre senhores e escravos quanto normatizar o processo de alforria, estipulando prazos e procedimentos para sua revogação.

A alforria parece ter sido de fato um objeto de reflexões e cuidados, extrapolando o recinto fechado das academias, como mostra um panfleto anônimo, publicado em Lisboa em 1764. Estruturado na forma de um diálogo entre um "letrado" e um "mineiro do Brasil", o texto discute os dilemas das relações entre senhores e escravos e, sobretudo, da concessão da liberdade.[46] O mineiro possuía um escravo há dez anos e havia lhe prometido alforria ao cabo de outros dez anos, "se continuasse em servi--[lo] bem". O "preto" tornou-se tão bom escravo, que o senhor não queria cumprir a promessa – e consultava o letrado para saber se estava "obrigado a guardar a palavra que [deu] a um negro seu". A dúvida serve de pretexto para que opiniões "a favor dos negros" ou dos senhores sejam discutidas. Não há vencedor ou vencido, já que o diálogo tem o claro objetivo de trazer a disputa de argumentos a público, ao invés de terminar com a redenção de um dos personagens.[47]

---

45 Cf. MENDES, Luiz Antônio de Oliveira. *Memória a respeito dos escravos e tráfico da escravatura entre a Costa d'África e o Brasil* [1793]. Porto: Publicações Escorpião, 1977, p. 88-89. Esta obra reproduz a edição feita em Lisboa, pela Tipografia da Academia em 1812, como tomo IV da coleção de "Memórias econômicas da Academia Real das Ciências de Lisboa". Os motivos que levaram às alterações do texto de Oliveira Mendes vêm sendo estudados por Robert W. Slenes, que chamou minha atenção para as duas edições e a quem agradeço muitíssimo por me manter informada sobre suas descobertas. A hipótese de que o texto publicado por Carreira corresponde à memória tal como foi apresentada na Academia em 1793 é dele, com base na análise de vários exemplares originais desta obra. SLENES, Robert W. "African Abrahams, Lucretias and men of sorrows: allegory and allusion in the Brazilian anti-slavery lithographs (1827-1835) of Johann Moritz Rugendas". *Slavery and Abolition*, 23, n. 2 (2002), p. 157-158 e notas 22 a 27. Maria do Rosário Pimentel é um dos poucos autores a citar e analisar a proposta de lei elabora por Oliveira Mendes. PIMENTEL, Maria do Rosário. *Viagem ao fundo das consciências*. Lisboa: Colibri, 1995, p. 259-262.

46 "Nova e Curiosa Relação de hum abuzo emendado, ou evidencias da razão; expostas a favor dos Homens Pretos em hum dialogo Entre hum letrado, e hum Mineiro". In: BOXER, Charles R. "Um Panfleto Raro acerca dos Abusos da Escravidão Negra no Brasil" [1764]. *Anais do congresso comemorativo do bicentenário da transferência da sede do governo do Brasil da cidade de Salvador para o Rio de Janeiro*. Rio de Janeiro: Departamento de Imprensa Nacional, 1967, vol. III, p. 177-178.

47 Uma análise interessante desse texto é oferecida por PARRON, Tâmis. "A Nova e Curiosa Relação (1764): escravidão e ilustração em Portugal durante as reformas pombalinas". *Almanack Braziliense*,

Como se pode observar pelos exemplos mencionados, mais que um questionamento da escravidão, a polêmica versava sobre o comportamento senhorial para com os escravos e sobre as condições da alforria. Escritos por letrados com fortes relações com o Brasil, esses textos revelam que o crescimento da população liberta na América portuguesa havia se tornado uma questão delicada: os autores estão preocupados com os efeitos sociais das alforrias e em formular alternativas para uma relação entre escravidão e liberdade que pudesse conferir legitimidade à escravidão e ao mesmo tempo garantir sua continuidade. Ao contrário do que pensavam os abolicionistas do século XIX, a liberdade aqui não constituía o término da escravidão ou seu oposto, mas uma promessa que podia tanto se transformar em incentivo ao bom cativeiro, quanto ser um instrumento legitimador da própria dominação senhorial. A condição escrava, mesmo quando chegou a ser pensada como transitória, foi considerada por estes autores como um período preparatório para a liberdade, já que o liberto deveria continuar sob o domínio dos senhores. Por isso formulavam regras para controlar a concessão das alforrias e, sobretudo, domesticar os alforriados.

Tais debates ocorrem paralelamente a um movimento metropolitano de incorporação de várias categorias de pessoas não brancas das áreas coloniais ao corpo político do Reino. Este movimento pode ser percebido por meio de alguns documentos legais da segunda metade do século XVIII, como a lei de 1755, que reconheceu a liberdade para os índios do Maranhão e do Brasil, passando a considerá-los vassalos e súditos da Coroa; o decreto de 1761, que ordenou que os súditos asiáticos e africanos orientais cristãos fossem tratados do mesmo modo que os brancos nascidos em Portugal; e o alvará de 1773, que concedeu liberdade aos filhos e netos das escravas em Portugal, reconhecendo-os como inteiramente livres, "sem a nota distintiva de libertos". Ainda que este processo envolvesse um alargamento das hierarquias sociais portuguesas, ele não abrangia os negros e mulatos do Brasil.

Para o caso da Índia, o rei podia até declarar "não distingu[ir] os seus vassalos pela cor mas pelos méritos de cada um".[48] A determinação foi reiterada várias vezes por Pombal, que chegou a instruir o governador José Pedro da Câmara em 1774 ordenando que todos os nascidos na Índia portuguesa e nos domínios da Ásia deviam ser considerados "igualmente nobres e qualificados para todos os postos e cargos, sejam militares, sejam políticos, sejam civis (...) sendo todos os brancos e pardos igual-

---

8 (2008), p. 92-107.

48 Decreto de 2 de abril de 1761. *Apud* BOXER, C. R. *O Império colonial português (1415-1825)* (trad.) Lisboa: Edições 70, 1969, p. 286.

mente vassalos de sua majestade".⁴⁹ Em 1779, Martinho de Melo e Castro retomou o tema, determinando que se devia confiar o exercício das funções públicas "aos nativos, ou aos seus filhos e netos, independentemente do fato de a cor da sua pele ser mais clara ou mais escura" pois todos eram igualmente vassalos do rei e iguais perante Deus.⁵⁰ Enfrentando algumas oposições, tais medidas visavam assegurar a fidelidade da população nativa à Coroa.⁵¹

Na América portuguesa, a situação era bem diferente. Podia haver movimento algo equivalente em relação aos índios,⁵² mas não em relação aos negros e mulatos. Aqui, onde a escravidão presidia a ordem social e era massivamente africana, o crescimento do contingente de negros e mulatos libertos tensionava as relações sociais. Era gente "sem assento", que se recusava a ter senhor e não queria trabalhar: um contingente que, ao crescer numericamente, friccionava cada vez mais as hierarquias da sociedade colonial. O incômodo social causado pela liberdade desses homens e mulheres se manifestava por meio da discriminação contra os *mulatos* (forros e livres), e se desenvolvia paralelamente à tendência de associar todos os pretos, pardos, mulatos e mestiços à escravidão, chamando-os simplesmente de *negros*. Nesse contexto, os significados atribuídos às cores tendiam a substituir a designação da condição social e as tensões se exprimiam de forma cada vez mais racializada.⁵³

Exemplar, neste sentido, é a pragmática de 1749, que proibia a todos os *negros e mulatos das Conquistas* o uso de certos tecidos e ornamentos, sob pena de pagamento

---

49 Instruções ao governador José Pedro da Câmara de 1774 *apud* Maxwell, Kenneth. *Marquês de Pombal. Paradoxo do iluminismo* (trad.). Rio de Janeiro: Paz e Terra, 1996, p. 138.

50 Carta de Martinho de Melo e Castro ao bispo de Cochim de março de 1779. *Apud:* Boxer, C. R. *O Império colonial português*, p. 288.

51 Maxwell, K. *Marquês de Pombal*, p. 138-139; e Domingues, Ângela. *Quando os índios eram vassalos. Colonização e relações de poder no norte do Brasil na segunda metade do século XVIII*. Lisboa: CNCDP, 2000, p. 39-41.

52 Ângela Domingues observa ainda que, não por acaso, a difusão deste corpo jurídico no Império português se deu quando o antigo governador do Pará, Francisco Xavier de Mendonça Furtado, irmão de Pombal, foi o secretário de Estado do Ultramar (1760-1769). Domingues, A. *Quando os índios eram vassalos*, p. 41.

53 O termo é empregado, aqui, em sentido francamente anacrônico, já que o *Vocabulário* de R. Bluteau indica que "raça" refere-se àqueles que têm ascendência moura ou judia: é questão de sangue, portanto, não de origem ou cor da pele. Adoto-o de forma descritiva, para enfatizar o procedimento social de atribuição de significados à nomenclatura das cores e para apontar certa analogia com o processo de racialização ocorrido no final do século XIX e início do XX, tal como analisado por Albuquerque, Wlamyra R. de. *O jogo da dissimulação*. São Paulo: Companhia das Letras, 2009.

de multa em dinheiro ou açoites, na primeira vez, e degredo para São Tomé na reincidência.[54] Não se tratava apenas de proibir as escravas de usar sedas e tecidos finos ou joias de ouro, como em determinações anteriores, mas de generalizar a proibição para todos e quaisquer "negros e mulatos, filhos de negro ou mulato, ou de mãe negra", que não poderiam se trajar "da mesma sorte que as pessoas brancas".[55] Negros, mulatos e brancos: a condição social não tem importância, ou está subsumida pela nomenclatura das cores. Usando as definições oferecidas por Bluteau, pode-se ter certeza de que os brancos referidos nesta determinação legal eram livres. Mas o que dizer dos outros?

Escrevendo sob o impacto da revolução do Haiti e da Revolta dos Alfaiates (1798), Vilhena também realiza o mesmo movimento, ao preferir muitas vezes falar das cores no lugar da condição social dos habitantes do Brasil. Recriminava tanto os "mulatos ricos", que queriam "ser fidalgos, muito fofos e soberbos, e pouco amigos dos brancos e dos negros", quanto os "pobres [que] não se têm em menos conta que os brancos, sendo bastantemente atrevidos".[56] E, ao bradar contra os batuques e alaridos das "multidões de negros de um e outro sexo", desejava que "se pusessem num estado de subordinação tal que julgassem quanto ao respeito que qualquer branco era seu senhor".[57]

Mais uma vez, negros, brancos e mulatos e não escravos, livres e libertos. Ainda que a documentação indique grande variação de termos para designar os mestiços e apresente nuances de significado entre negros e pretos, a nomenclatura das cores passou a ser cada vez mais usada para exprimir condições sociais. Os sentidos, no entanto, não são unívocos, revestindo-se de valorações positivas ou negativas, conforme a situação e o contexto. Dentre todos esses termos, porém, as tensões revelavam-se mais cruciais na disputa de significados entre "pardo" e "mulato". Ela evidencia o quanto a liberdade dos homens e mulheres de tez escura incomodava senhores e autoridades

---

54 Pragmática de 24 de maio de 1749, em que se regula a moderação dos adornos, e se proíbe o luxo, e excesso dos trajes, carruagens, móveis, e lutos, o uso das espadas a pessoas de baixa condição, e outros diversos abusos... *Appendix das leys extravagantes, decretos e avisos, que se tem publicado do anno de 1747 até o anno de 1760...* Lisboa: Mosteiro de São Vicente de Fora, 1760, p. 22.

55 As proibições sobre o uso de sedas e joias pelas escravas anteriores à Pragmática de 1749 são analisadas em Lara, S. H. "The signs of color". Note-se entretanto que o alvará com força de lei de 19 de setembro de 1749 suspendeu a aplicação das determinações da pragmática de 24 de maio daquele ano, mencionadas nesse parágrafo, sem dar razões para tal. *Appendix das leys extravagantes*, p. 24.

56 Vilhena, L. S. *Recopilação*, p. 46.

57 Vilhena, L. S. *Recopilação*, p. 136.

coloniais: gente que não reconhecia nos brancos seus senhores, para usar a expressão de Vilhena. "Mulato" destinava-se, assim, a desqualificar e subjugar um grupo social, composto de pessoas que insistiam cada vez mais em chamar-se "pardas".

Ainda que a palavra "racialização" possa oferecer alguns problemas analíticos e introduza certo anacronismo, ela permite descrever o movimento de construção social de significados em curso na segunda metade do século XVIII. Mais que isso, permite mostrar como os termos usados para descrever a cor das pessoas foram ganhando, nesse período, significados específicos, derivados da dominação escravista *e* da situação colonial – e das tensões advindas da liberdade daqueles que não eram brancos.

No final do século XVIII, essas tensões se agravaram e eclodiram em diversas situações, em que reivindicações sociais se mesclaram ao jogo das cores. Em 1798, por exemplo, um capitão do regimento dos pardos liderou um movimento ao espalhar a "cizânia" de que o governador da capitania das Minas Gerais tinha ordem régia "para que os pardos cativos fossem forros" e também para que os negros fossem libertados depois de servir 10 anos. Além disso, ele apregoava que os pardos iriam servir nas câmaras e ter acesso às irmandades do Sacramento e nas ordens terceiras. Fez sucesso: segundo ele a ordem seria publicada e muitos escravos foram a Mariana para assistir ao ato de sua divulgação, para espanto e temor das autoridades locais.[58] Como se vê, as reivindicações também se repartiam de modos diversos entre as cores.

Essa não foi a única vez em que os "pardos" reivindicaram liberdade e defesa de privilégios inerentes à condição de livres. Um bom exemplo é a chamada Revolta dos Alfaiates (1798), durante a qual a nobreza da terra juntou-se a soldados das tropas de linha e das milícias, além de alguns clérigos e oficiais mecânicos para reivindicar igualdade social e política para todo o povo, sem distinção de raça ou cor, além de melhor remuneração para os soldados e outros direitos. As alianças em direção à plebe de pardos e negros libertos fizeram dessa revolta uma das mais radicais do final do período colonial, mesmo que seus líderes falassem em nome do "povo baiense" e contra a sujeição ao trono, não contra o domínio "português".[59]

---

58 Souza, Laura de Mello e. "Coartação. Problemática e episódios referentes a Minas Gerais no século XVIII". In: Silva, Maria Beatriz Nizza da (org.). *Brasil. Colonização e escravidão*. Rio de Janeiro: Nova Fronteira, 2000, p. 275-295.

59 Cf. Tavares, Luiz Henrique Dias. *História da sedição intentada na Bahia em 1798: a conspiração dos alfaiates*. São Paulo: Pioneira, 1975; e Jancsó, István. *Na Bahia contra o Império. História do ensaio de sedição de 1798*. São Paulo: Hucitec/Edufba, 1996.

Certamente foram episódios radicais. Nem sempre, entretanto, as alianças foram tão generosas em termos sociais. No início do século XIX, no contexto dos movimentos da independência, o jogo das cores parece ter se alterado, deixando o campo dos conflitos sociais para ganhar contornos mais estritamente políticos. Lembremos, por exemplo, dos panfletos e jornais do início do XIX que expressavam críticas diversas aos "portugueses" e reivindicavam direitos constitucionais para os "brasileiros de cor". Muitos tinham nomes sugestivos como *O Homem de Cor*, *O Cabrito*, *O Brasileiro Pardo*, mas poucos foram os que questionaram a manutenção da escravidão.[60]

No final do século XVIII, a presença crescente de negros e mulatos livres e libertos negros no mundo colonial colocava em risco diferenças e distâncias sociais importantes para senhores e autoridades coloniais. Neste contexto de tensões, a designação da cor das pessoas tornou-se uma arma política – sobretudo quando se tratava de lidar com a maior parte das gentes que habitavam estas Conquistas. No polo oposto, podia servir também para agregar pessoas e canalizar reivindicações sociais, de caráter individual ou coletivo. A análise do modo como essas tensões advindas do crescimento do contingente de libertos (pardos, mulatos, pretos e negros) foram percebidas naquele momento mostra que a equação entre escravidão e liberdade, tal como era então formulada, não pode ser apreendida de modo unívoco, nem indica uma progressão linear.

Por isso mesmo, estamos aqui em terreno oposto ao de Gilberto Freyre: a mestiçagem não é fator de equilíbrio dos antagonismos sociais, não está associada à benevolência da escravidão, nem resulta da ou na harmonia racial. Não se trata, entretanto, de simplesmente negar ou inverter a fórmula clássica desse autor. Ao ser associada à conquista da liberdade das pessoas que não eram brancas, no período analisado, a mestiçagem não era um fato "natural", mas um acontecimento político, cujo significado só pode ser apreendido no contexto da crescente racialização das relações sociais. Dito de outro modo, na segunda metade do século XVIII, as cores foram ganhando significados cada vez mais "classistas": eram escolhidas conforme a posição social ocupada por quem chamava ou era chamado disso ou daquilo, eram usadas para restringir a liberdade de alguns ou para diferenciar outros dos escravos.

---

60 Cf. LIMA, Ivana Stolze. *Cores, marcas e falas. Sentidos da mestiçagem no Império do Brasil.* Rio de Janeiro: Arquivo Nacional, 2003, especialmente capítulo 1.

Também estamos distantes, aqui, do modo habitual da denúncia do racismo, que tende muitas vezes a explicá-lo como um renitente "legado da escravidão".[61] O processo de racialização das relações sociais ocorrido no final do século XVIII aparece muito mais como resultado dos efeitos disruptivos da liberdade de homens e mulheres de tez escura que pretendiam viver "sobre si" – sem ter senhores –, do que como decorrência das relações escravistas. Tudo parece indicar que as dimensões sociais e políticas dessa liberdade na sociedade colonial, desenvolvidas ao longo do século XVIII, potencializaram-se diante do crescimento desse grupo e ganharam impacto no contexto do movimento mais amplo de incorporação de grupos específicos de não brancos das áreas coloniais ao corpo político do Império Português. Na conjuntura seguinte, depois que o movimento da independência avançou, o jogo das cores ganhou novos contornos, ao mesmo tempo em que se alteraram os sentidos da liberdade.

Por isso, tal processo não pode ser apreendido pelos tradicionais binômios que associam alforria e miscigenação, branqueamento e integração social, escravidão e racismo. Mais complexo e cheio de nuances, ele é indissociável das tensões sociais e só pode ser compreendido na perspectiva das diversas conjunturas históricas. Além disso, a análise dos significados sociais e políticos da liberdade da "inumerável multidão" de negros e pardos na segunda metade do século XVIII evidencia que o processo de racialização das relações sociais que se observa nesse período não apenas faz parte da história do racismo no Brasil: a partir desse período, ele faz parte de nossa própria história.

Bibliografia

ALBUQUERQUE, Wlamyra R. de. *O jogo da dissimulação*. São Paulo: Companhia das Letras, 2009.

ALDEN, Dauril. "The population of Brazil in the late eighteenth century: a preliminary study". *Hispanic American Historical Review*, 43 n. 2 (1963): 173-205.

ALENCASTRO, Luís Felipe de. "Geopolítica da mestiçagem". *Novos Estudos Cebrap*, 11 (1985): 49-63.

---

61 A referência clássica, aqui, é a obra de FERNANDES, Florestan. *A integração do negro na sociedade de classes* [1964]. 2ªed. São Paulo: Ática, 1978.

ALMEIDA, Cândido Mendes de (ed.). *Código philippino ou Ordenações e leis do Reino de Portugal recopiladas por mandado d'elrey d. Philippe I.* 14ª ed. Rio de Janeiro: Typographia do Instituto Philomathico, 1870.

BICALHO, Maria Fernanda Baptista. "Mediação, pureza de sangue e oficiais mecânicos. As câmaras, as festas e a representação do Império português". In: PAIVA, Eduardo França & ANASTASIA, Carla Maria Junho (orgs.). *O Trabalho mestiço. Maneiras de pensar e formas de viver. Séculos XVI a XIX*. São Paulo: Annablume/ PPGH/UFMG, 2002, p. 307-313.

BLUTEAU, Raphael. *Vocabulário portuguez e latino*. Coimbra: Collegio das Artes da Companhia de Jesus, 1712 (edição fac-símile, CD-ROM, Rio de Janeiro, UERJ, s.d.)

BOXER, Charles R. "Um Panfleto Raro acerca dos Abusos da Escravidão Negra no Brasil" [1764]. *Anais do congresso comemorativo do bicentenário da transferência da sede do governo do Brasil da cidade de Salvador para o Rio de Janeiro*. Rio de Janeiro: Departamento de Imprensa Nacional, 1967, vol. III, p. 176-186.

_____. *O Império colonial português (1415-1825)* (trad.) Lisboa: Edições 70, 1969.

_____. *Relações raciais no Império colonial português* (trad.) Rio de Janeiro: Tempo Brasileiro, 1967.

DEGLER, Carl. *Nem preto nem branco: escravidão e relações raciais no Brasil e nos Estados Unidos* (trad.). Rio de Janeiro: Labor, 1976.

DOMINGUES, Ângela. *Quando os índios eram vassalos. Colonização e relações de poder no norte do Brasil na segunda metade do século XVIII*. Lisboa: CNCDP, 2000.

FERNANDES, Florestan. *A integração do negro na sociedade de classes* [1964]. 2ªed. São Paulo: Ática, 1978.

FEYDIT, Julio. *Subsídios para a história dos Campos dos Goitacases*. 2ª ed. Rio de Janeiro: Esquilo, 1979.

FRANÇA, Jean Marcel Carvalho. *Visões do Rio de Janeiro colonial. Antologia de textos, 1531-1800*. Rio de Janeiro: José Olympio, 1999.

FREYRE, Gilberto. *Casa Grande & Senzala. Formação da Família Brasileira sob o Regime da Economia Patriarcal* [1933]. 19ª ed. Rio de Janeiro: José Olympio, 1978.

FRY, Peter et al. *Divisões Perigosas: Políticas Raciais no Brasil Contemporâneo*. Rio de Janeiro: Civilização Brasileira, 2007.

FURTADO, Junia Ferreira. *Chica da Silva e o contratador dos diamantes. O outro lado do mito*. São Paulo: Companhia das Letras, 2003.

HARRIS, Marvin. *Padrões raciais nas Américas* (trad.). Rio de Janeiro: Civilização Brasileira, 1967.

JANCSÓ, István. *Na Bahia contra o Império. História do ensaio de sedição de 1798*. São Paulo: Hucitec/Edufba, 1996.

KLEIN, Herbert S. "Os homens livres de cor na sociedade escravista brasileira". *Dados*, 17 (1978): 3-27.

KRAAY, Hendrik. "Identidade racial na política, Bahia, 170-1840: o caso dos Henriques". In: JANCSÓ, István (org.). *Brasil: formação do Estado e da nação*. São Paulo: Hucitec/Unijuí/Fapesp, 2003, p. 521-546.

LARA, Silvia H. "A cor da maior parte da gente: negros e mulatos na América portuguesa setecentista". In: FURTADO, Junia Ferreira (org.). *Sons, formas, cores e movimentos na modernidade atlântica: Europa, Américas e África*. São Paulo: Annablume/ Fapemig/ PPGH-UFMG, 2008, p. 361-374.

_____. "The signs of color: women's dress and racial relations in Salvador and Rio de Janeiro, ca. 1750-1815". *Colonial Latin American Review*, 6, n. 2 (1997): 205-224.

_____. *Fragmentos setecentistas. Escravidão, cultura e poder na América Portuguesa*. São Paulo: Companhia das Letras, 2007.

LIMA, Ivana Stolze. *Cores, marcas e falas. Sentidos da mestiçagem no Império do Brasil*. Rio de Janeiro: Arquivo Nacional, 2003.

MARCÍLIO, Maria Luiza. "Evolução da população brasileira através dos censos até 1872". *Anais de História*, VI (1974): 115-137.

MARQUÊS DO LAVRADIO. *Cartas da Bahia, 1768-1769*. Rio de Janeiro: Arquivo Nacional, 1972.

MARQUESE, Rafael de Bivar. "A dinâmica da escravidão no Brasil: resistência escrava, tráfico negreiro e alforrias, séculos XVII a XIX". *Novos Estudos Cebrap*, 74 (2006): 107-123.

MATTOS, Hebe. *Das cores do silêncio: os significados da liberdade no Sudeste escravista. Brasil século XIX.* Rio de Janeiro: Nova Fronteira, 1998.

MAXWELL, Kenneth. *Marquês de Pombal. Paradoxo do iluminismo.* Rio de Janeiro: Paz e Terra, 1996.

MENDES, Luiz Antônio de Oliveira. "Discurso acadêmico ao programa.". In: CARREIRA, Antônio. *As companhias pombalinas de Grão-Pará e Maranhão e Pernambuco e Paraíba.* 2ª ed. Lisboa: Editorial Presença, 1983, p. 364-420.

_____. *Memória a respeito dos escravos e tráfico da escravatura entre a Costa d'Africa e o Brasil* [1793]. Porto: Publicações Escorpião, 1977.

PARRON, Tamis. "A Nova e Curiosa Relação (1764): escravidão e ilustração em Portugal durante as reformas pombalinas". *Almanack Braziliense,* 8 (2008): 92-107.

PIMENTEL, Maria do Rosário. *Viagem ao fundo das consciências.* Lisboa: Colibri, 1995.

RICCI, Magda M. de Oliveira. *Nas fronteiras da independência: estudo sobre os significados da liberdade na região de Itu, 1750-1821.* Dissertação de mestrado. Unicamp, Campinas, 1993.

ROCHA, Manoel Ribeiro. *Etíope resgatado, empenhado, sustentado, corrigido, instruído e libertado* [1758] (Apresentação e transcrição do texto original por S. H. Lara). *Cadernos do Instituto de Filosofia e Ciências Humanas,* 21 (1991).

RUSSELL-WOOD, A. J. R. *The black man in slavery and freedom in colonial Brazil.* Nova York: St. Martin's Press, 1982.

_____. "Ambivalent authorities: the African and Afro-Brazilian contribution to local governance in colonial Brazil". *The Americas,* 57, n. 1 (2000): 13-36.

_____. "Colonial Brazil". In: COHEN, David W. & GREENE, Jack P. *Neither slave nor free.* Baltimore: The Johns Hopkins University Press, 1972.

SCARANO, Julita. *Devoção e escravidão.* São Paulo: Companhia Editora Nacional, 1976.

SCHWARTZ, Stuart B. "Brazilian ethnogenesis: mestiços, mamelucos, and pardos". In: GRUZINSKI, Serge e WACHTEL, Nathan (orgs.). *Le nouveaux monde, mondes nouveaux.* Paris: Éditions Recherche sur les Civilisations/ Éditions de l'École des Hautes Études en Sciences Sociales, 1996, p. 9-27.

SILVA, Luiz Geraldo. "Negros patriotas. Raça e identidade social na formação do Estado nação (Pernambuco, 1770-1830)". In: JANCSÓ, István (org.). *Brasil: formação do Estado e da nação*. São Paulo: Hucitec/Unijuí/Fapesp, 2003, p. 497-520.

SLENES, Robert. "African Abrahams, Lucretias and men of sorrows: allegory and allusion in the Brazilian anti-slavery lithographs (1827-1835) of Johann Moritz Rugendas". *Slavery and Abolition*, 23, n. 2 (2002): 147-168.

SOARES, Márcio de Sousa. *A remissão do cativeiro. A dádiva da alforria e o governo dos escravos nos Campos dos Goitacases, c. 1750 – c. 1830*. Rio de Janeiro: Apicuri, 2009.

SOUZA, Laura de Mello e. "Coartação. Problemática e episódios referentes a Minas Gerais no século XVIII". In: SILVA, Maria Beatriz Nizza da (org.). *Brasil. Colonização e escravidão*. Rio de Janeiro: Nova Fronteira, 2000, p. 275-295.

TAVARES, Luiz Henrique Dias. *História da sedição intentada na Bahia em 1798: a conspiração dos alfaiates*. São Paulo: Pioneira, 1975.

VIANA, Larissa Moreira. *O idioma da mestiçagem: As irmandades de pardos na América portuguesa*. Campinas: Editora da Unicamp, 2007.

VILHENA, Luís dos Santos. *Recopilação de notícias soteropolitanas e brasílicas contidas em XX cartas*. [1802] Bahia: Imprensa Oficial do Estado, 1921.

PARTE II

Redes sociais, mobilidade social:
análise do compadrio

O uso dos registros batismais para o estudo de hierarquias sociais no período de vigência da escravidão

MARTHA DAISSON HAMEISTER[1]

O PRESENTE ESCRITO TEM POR OBJETIVO iniciar uma discussão e apresentar algumas reflexões acerca do uso de registros batismais em trabalhos que buscam investigar a formação e manutenção de hierarquias sociais enquanto vigiu a escravidão no Brasil. Ainda que o recorte cronológico seja amplo e que transformações na legislação sobre a escravidão tenham ocorrido, praticamente nada mudou nas normas batismais reguladas pela Igreja Católica durante esse período. A normatização básica para a realização do rito do batismo, dizendo desde o que é o batismo, quem pode ser batizado, como se realizam várias formas e situações de batismo, quem pode ministrar o batismo, quem pode servir de padrinho, como se efetuar os registros de batismo etc., permaneceram inalteradas ou quase. Para além da normatização das práticas batismais pela Igreja, as interpretações populares do sacramento e do rito do batismo são um outro importante constituinte dessas práticas. O antropólogo Stephen Gudeman, em seu trabalho de campo em uma comunidade panamenha,[2] acabou por dedicar espaço importante em sua investigação para as relações subjacentes ao ato do batismo, escrevendo dois importantes artigos sobre o tema. Em um deles, Gudeman afirma:

> Eu acredito que todos os sistemas de *compadrazgo*, incluindo a versão da Igreja, podem ser vistos como um conjunto de variações que ocorrem

---

1 Doutora em História Social pelo PPGHIS/UFRJ; profª Departamento de História/UFPR.

2 GUDEMAN, Stephen. *Relationships, Residence and the Individual: a rural Panamanian community*. Londres: Routledge & Kegan Paul, 1976; GUDEMAN, Stephen. "The Compadrazgo as a Reflection of the Natural and Spiritual Person". *Proceedings of the Royal Anthropological Institute of Great Britain and Ireland* (0). Royal Anthropological Institute of Great Britain, 1971. GUDEMAN, Stephen. "Spiritual Relationship and Selecting Godparent". *Man, New Series*, vol. 10(2), jun. 1975. Royal Anthropological Institute of Great Britain and Ireland, 1975.

através do tempo e do espaço. As formas correntes do complexo derivam do dogma da Igreja, o qual foi enunciado ao tempo da Conquista (século XVI). Desde então, o contato entre muitas áreas rurais e a Igreja são esporádicos. As regras eclesiásticas atuais foram codificadas ao longo do tempo por especialistas da Igreja; os dogmas folclóricos foram codificados através de gerações de leigos. Todas as formas têm um fundamento similar mas se desenvolvem em diferentes direções. Todavia, as versões contemporâneas, são derivadas da mesma "grande tradição" e são vinculadas por suas conexões históricas à difusão do Cristianismo, do qual são variantes.[3]

Parece desnecessário dizer que para falar de hierarquias sociais e seu estudo através dos registros batismais, enfatizando uma das relações subjacentes ao batismo, nomeadamente o compadrio, há que se desvendar alguns meandros do funcionamento do batismo como sacramento e como prática popular que existe somente à sombra do sacramento que foi gerado pela Igreja católica.

O que aqui se apresenta não se trata de discussão acabada e sim de algumas reflexões, dada a constatação de uma crescente valorização de registros paroquiais, em especial os registros batismais, em trabalhos de pesquisa em história que buscam reconstituir e analisar as relações interpessoais e interfamiliares dos agentes sociais que viveram o passado. No primeiro momento faz-se uma breve recuperação das distintas formas de utilização desses registros em investigações em história, sem mais preocupações. Passa-se a seguir para as peculiaridades dessa documentação, concernentes à sua produção e às intenções primeiras da instituição que as produziu. Visto isso, o passo seguinte é a discussão de possibilidades e mais que essas, as limitações e condicionantes que essa documentação apresenta para os investigadores. Por último, após apresentar informações sobre populações distintas, demonstram-se que a não observância das limitações e condicionantes apresentados por esse documento pode induzir a conclusões precipitadas ou equivocadas que podem bem ser evitadas se uma crítica à documentação for procedida antes da análise dos dados dela extraída. Não sendo, portanto, apresentação de resultados de pesquisa, também não deixa de o ser, já que é resultado de muitas experimentações com essa documentação ao longo de cerca de dez anos de investigação com registros batismais como fonte principal.

---

3   GUDEMAN, Stephen. "The *Compadrazgo* as a Reflection…", p. 50.

I. Algumas palavras sobre o uso dos registros paroquiais em investigações sobre o passado

Possivelmente o primeiro uso dos registros paroquiais em investigações, para além das intenções dos párocos em registrar alguns dos atos e ritos da vida em comunidades cristãs no Brasil, tenha sido o de remontar genealogias. Boa parte dessas, buscando ascendentes nobres ou heroicos de famílias cujas origens se perdem no tempo. Tais ascendentes talvez não tenham sido nem tão nobres nem tão heroicas ou que sequer tenham existido. Todavia, seus descendentes ou aqueles que se apropriam do passado os utilizam muitas vezes seletivamente como forma de legitimar o presente que vivenciam. Algumas dessas genealogias acabam por tornarem-se documentos estudados por historiadores como apoio às suas investigações ou como fonte dos mesmos. Citam-se aqui, a título de exemplo, algumas delas muito utilizadas por historiadores, quais sejam a *Nobiliarchia paulistana historica e genealogica*, de Pedro Taques de Almeida Paes Leme, escrita ainda no século XVIII; a *Genealogia Paulistana*, produzida no século XIX por Luiz Gonzaga da Silva Leme com muitas edições, inclusive na internet e em em CD-ROM, algumas com "adições e correções" feitas por outros genealogistas ainda em princípios desse século XXI.[4] Carlos Rheingantz, no século XX contemplou o Rio de Janeiro em *As Primeiras Famílias do Rio de Janeiro* e uma parcela significativa dos "fundadores" do Rio Grande do Sul em *Povoamento do Rio Grande de São Pedro; A contribuição da Colônia do Sacramento*, publicado em anais de evento em comemoração ao bicentenário da retomada da Vila do Rio Grande que esteve sob posse castelhana entre 1763 e 1776. Outras tantas poderiam ser citadas, com qualidades variadas, algumas de duvidosas linhas escritas ou omitidas. Tais deslizes que tanto podem ser por limitado acesso à documentação ou intencionais, ocultando parcelas com atos e comportamentos pouco recomendáveis das boas famílias, não passaram desapercebidos dos historiadores. Evaldo Cabral

---

4   Como exemplo, ver LEME, Pedro Taques de Almeida Paes. *Nobiliarquia Paulistana, Histórica e Genealógica*. Belo Horizonte/São Paulo: Itatiaia/Edusp: 1980; LEME, Luiz Gonzaga da Silva. "Genealogia Paulistana". In: *Instituto Genealógico Brasileiro*. Disponível em: <http://buratto.org/paulistana/index.htm:. Acesso em 2 nov. 2009; LEME, Luiz Gonzaga da Silva (2002). *Genealogia Paulistana*. Reedição em CD-ROM contendo ampliações e correções de diversos autores (org. por Marta Amato. RHEINGANTZ, Carlos G. *As Primeiras Famílias do Rio de Janeiro*. Rio de Janeiro: Livraria Brasiliana, 1965. RHEINGANTZ, Carlos G. "Povoamento do Rio Grande de São Pedro. A contribuição da Colônia do Sacramento". In: Instituto Histórico e Geográfico Brasileiro Instituto de Geografia e História Militar do Brasil. *Anais do Simpósio Comemorativo do Bicentenário da Restauração do Rio Grande (1776-1976)*. Vol. II. Rio de Janeiro: IHGB/IGHMB, 1979.

de Melo, em *O Nome e o Sangue*,[5] discorre sobre as peripécias de um pleiteador ao Hábito da Ordem de Cristo para ocultar as gotas de sangue judeu que na concepção do século XVIII maculavam sua família. Antepassados inventados, homônimos inexistentes e outros recursos foram utilizados para enuviar as vistas dos Familiares do Santo Ofício que procediam as provanças de sua ascendência. Relatos orais, testemunhos e registros paroquiais foram parte dos documentos consultados tanto pelos membros da Ordem quanto pelo historiador que investigou essa peculiar e reveladora história que se iniciou em Pernambuco do período colonial.

Desde há muito, os registros paroquiais foram percebidos como documentação privilegiada para dar suporte a investigações sobre populações. A França, com séries imensas desses registros, deu o ponta pé inicial e foi prolixa em produzir estudos históricos e a chamar a atenção para o estudo da onomástica sob a ótica da história social, chegando a chamar eventos para essa temática específica com posterior publicação dos textos apresentados[6] e mesmo dando azo a uma edição temática da prestigiosa revista *L'Homme*.[7] Essa sorte de estudos também no Brasil encontra quem os pratique,[8] seja como principal problema de investigação ou como questão a ser discutida em trabalhos que têm por principal metodologia de pesquisa o cruzamento de registros nominais.

---

5 MELLO, Evaldo Cabral de. *O Nome e o Sangue: uma parábola familiar no Pernambuco Colonial*. Rio de Janeiro: Topbooks, 2000.

6 Cf. DUPÂQUIER, Jacques,; BIDEAU, Alain & DUCREUX, Marie-Elizabeth. *Le Prénom, Mode et Histoire: entretiens de Malher 2 – 1980*. Paris: Ecole des Hautes Études en Sciences Sociales, 1984; PÉROUAS, Louis, BARRIÈRE, Bernardette, BOUTIER, Jean, et al. *Léonard, Marie, Jean et les Autres: les prénoms en Limousin depuis un millénaire*. Paris: Éditions du Centre National de La Recherche Scientifique, 1984, entre outros.

7 Cf. *L'Homme*. "Formes de nomination en Europe", vol. 20, n. 4, 1980. Disponível em: http://www.persee.fr/web/revues/home/prescript/issue/hom_0439-4216_1980_num_20_4

8 P. ex. NADALIN, Sérgio Odilon. "Um viés determinado pela etnicidade:os nomes de batismo (registros paroquiais de uma paróquia luterana, séculos XIX e XX)". In: BASSANEZI, Maria Silvia C. Beozzo & BOTELHO, Tarcísio R. *Linhas e Entrelinhas: as diferentes leituras das atas paroquiais dos setecentos e oitocentos*. Belo Horizonte: Veredas & Cenários, 2009, p. 111-136; HAMEISTER, Martha Daisson. "Uma contribuição ao estudo da onomástica no período colonial: os nomes e o povoamento do Extremo Sul da Colônia (Continente do Rio Grande de São Pedro, c. 1735-1777)". In: DORÉ, Andréa & SANTOS, Antônio Cesar de Almeida. *Temas Setecentistas: governos e populações no Império Português*. Vol. Curitiba, 2009, p. 459-478; FERREIRA, Sérgio Luiz. "Transmissão de sobrenomes entre luso-brasileiros: uma questão de classe". In: *Boletim de História Demográfica*, vol. XII, (36). Nuede, 2005. Disponível em: http://historia_demografica.tripod.com/nec/bhd36.pdf.

A documentação e as metodologias aplicadas nas investigações permitiram que também nesse ramo a história dialogasse em pé de igualdade com a demografia, historicizando os crescimentos ou declínios populacionais, os deslocamentos de massas humanas, os impactos das conjunturas e a relação entre os eventos e as variações observáveis nos comportamentos dessas populações. Suas análises ainda são base para estudos que não compartilhando dessa abordagem, necessitam dela para construir seus trabalhos e suas perguntas como se necessita do chão firme para caminhar com segurança e desenvoltura. Os registros paroquiais foram e são documentos excelentes para esse tipo de estudo. Para outros, com a metodologia do cruzamento de registros nominais, são ponto de apoio de investigações que se utilizam de registros de compra e venda de terras, inventários, testamentos. Não raras vezes, são os únicos documentos disponíveis que permitem "nominar" uma grande parcela da população, especialmente a de baixa posição social, principalmente quando o período não é coberto pelos registros civis de nascimento, casamento e óbito.

Tais documentos usados para produzir conhecimento em história têm, então, também uma história de sua utilização na investigação histórica. As produções com análise predominantemente calcada em dados quantitativos com o tempo perderam o fôlego.

Se essa documentação forneceu base para investigações que já haviam sido próximas de um certo tipo de historiografia que buscava o rigor do número, aqueles "números que não mentem", para produzir o conhecimento em história demográfica, essa historiografia, por motivos diversos que aqui não cabem ser discutidos, acabou por perder espaço, deixou de despertar tanto interesse entre os profissionais da área de história, mesmo sendo necessária e dando suporte a estudos que constroem o conhecimento em história com outros enfoques.[9] Boa parte do descenso reside na constatação do simples fato de que tais números, tendo sido percebidos como socialmente construídos, como de fato o são, não apenas podiam mentir mas também amiúde o fazem. Estão impregnados pelos interesses de quem os construiu, sejam esses agentes individuais ou coletivos. A dúvida quanto ao grau de confiabilidade dos números também se fez acompanhar pelo surgimento ou renovação de metodologias que apontaram tantas outras possíveis direções para as investigações da história, tais como os discursos contidos nos textos e nas séries documentais[10] – incluindo nessas

---

9 Uma boa parte da produção nessa interface entre história e demografia e do estudo de populações pode ser visualizada no site da Associação Brasileira de Estudos Populacionais (ABEP). Disponível em: http://www.abep.org.br

10 Um exemplo dessas discussões encontra-se em: SIMÕES, José da Silva. "As atas paroquiais de batismo, casamento e óbito como um gênero discursivo". In: BASSANEZI, Maria Silvia C. Beozzo & BOTELHO,

os dos registros paroquiais – os estudos sobre o imaginário, as representações – inclusive numéricas – que os grupos humanos fazem de si e de seu entorno entre outras tantas. Se as investigações com ênfase naquilo que é quantificável experimentou certo declínio no montante de trabalhos produzidos, o interesse pelo uso dos registros paroquiais como fonte para a pesquisa, com ou sem métodos que quantificam, não acompanhou esse declínio.

Muitos pesquisadores buscaram outras tantas formas para obter respostas às questões que lançaram à documentação. Dentre esses novos usos dos registros paroquiais e em registros batismais em específico, alguns encontram-se numa outra área de diálogo da história com outras ciências, muito notadamente a antropologia, a ciência política e a economia. Estudos sobre a hierarquização da sociedade, análises de redes sociais e circulação de bens, influência e prestígio ressurgem utilizando registros paroquiais como importante fonte para a investigação.[11] Uma busca por trabalhos inscritos em eventos ou monografias, dissertações e teses na rede de computadores revelam o uso frequente dessa documentação nas pesquisas, bem como os enfoques dados ao objeto nos últimos anos, dispensando aqui maiores comentários e longas citações. Ainda assim, não se pode esquecer que, como a maior parte da documentação que suporta pesquisas em história, os registros paroquiais não foram produzidos com essa intenção. Sobre isso se discorrerá a seguir

II. Os registros batismais: como e porque se produziram

O batismo é um dos sagrados sacramentos da Igreja Católica. Como tal, também tem sua história que, como mito, remonta à passagem bíblica em que Jesus Cristo se faz batizar por João Batista nas águas do rio Jordão. O significado que adquire é de um rito de purificação pela água, no qual o pecado original que todos herdaram de Adão e Eva é purgado quando as águas, durante o rito, atingindo o corpo, limpam a alma. Não sem bons motivos, o artigo de Stuart Schwartz e Stephen Gudeman

---

Tarcísio R. *Linhas e Entrelinhas: as diferentes leituras das atas paroquiais dos setecentos e oitocentos*. Belo Horizonte: Veredas & Cenários, 2009, p. 35-58.

11 Dentre algumas publicações recentes, citam-se aqui Fragoso, João Luís Ribeiro. "Efigênia angola, Francisca Muniz forra parda, seus parceiros e senhores: freguesias rurais do Rio de Janeiro, século XVIII. Uma contribuição metodológica para a história colonial". *Topoi, Revista de História do Programa de Pós-graduação em História Social da UFRJ* 11. (21). 2010; Bassanezi, Maria Silvia C. Beozzo & Botelho, Tarcísio R., (eds). *Linhas e Entrelinhas: as diferentes leituras das atas paroquiais dos setecentos e oitocentos*. Belo Horizonte: Veredas & Cenários, 2009.

sobre batismos de escravos no Brasil tem como título principal as palavras *Purgando o pecado original*.[12] Desde sua origem até os dias de hoje, a prática do ritual desse sacramento católico modificou-se tanto na liturgia quanto na composição do conjunto de partícipes. Para a recuperação dessa história recomendam-se duas obras. São elas *The Compadrazgo as a Reflection of the Natural and Spiritual Person* e *Fathers and Godfathers: spiritual kinship in Early-Modern Italy*.[13]

Nas Constituições Primeiras do Arcebispado da Bahia são apresentados e ressaltados os efeitos miraculosos do batismo:

> Causa o batismo efeitos maravilhosos, porque por ele se perdoam todos os pecados, assim o original como atuais, ainda que sejam muitos e mui graves. (...) É o batizando adotado em filho de Deus, e feito herdeiro da Glória, e do Reino do Céu. (...) E por este Sacramento de tal maneira se abre o Céu aos batizados, que se depois do Batismo recebido morrerem, certamente se salvam, não tendo antes da morte cometido algum pecado mortal.[14]

Também dizem como deve-se proceder com o registro nos livros próprios para isso:

> Aos tantos de tal mês e de tal ano batizei, ou batizou de minha licença o Padre N. ou em tal Igreja, a N. filho de N, e de sua mulher N. e lhe pus os Santos Óleos: foram padrinhos N. e N. casados, viúvos, ou solteiros, fregueses de tal Igreja e moradores em tal parte[15] (...)devendo ser seguido da assinatura do pároco ou sacerdote, e a recomendação de que tal registro seja feito antes do pároco deixar o espaço da Igreja. Entre outros motivos, esses registros procedidos sob estas normas, não apenas buscam uma padronização para os livros, mas também para "evitar o dano de serem

---

12 GUDEMAN, Stephen & SCHWARTZ, Stuart. "Purgando o Pecado Original: compadrio e batismo de escravos na Bahia no século XVIII". In: REIS, João José. *Escravidão e Invenção da Liberdade. Estudos Sobre o Negro no Brasil*. São Paulo: Brasiliense, 1988.

13 GUDEMAN, Stephen. "The Compadrazgo as a Reflection of the Natural and Spiritual Person". *Proceedings of the Royal Anthropological Institute of Great Britain and Ireland* Royal Anthropological Institute of Great Britain, 1971, p. 45-71; ALFANI, Guido. *Fathers and Godfathers: spiritual kinship in Early-Modern Italy*. Farnham: Ashgate, 2009.

14 DA VIDE, Sebastião Monteiro. *Constituições Primeiras do Arcebispado da Bahia*. Coimbra: Colégio das Artes da Companhia de Jesus, 1707 (1719), Título X, § 34.

15 *Idem*, Título XX, § 32.

falsificados"¹⁶. Entende-se que as crianças nascidas na colônia de ventres escravos ou para as crianças desembarcadas, o batismo deveria seguir as mesmas normas dos batismos de crianças livres. Para os adultos que se batizavam, o Título XIV estabelece as normas. Para o caso dos africanos, dedica uma atenção especial:

> E para a maior segurança dos Batismos dos *escravos brutos, e boçais, e de língua não sabida, como são os que vêm da Mina, e muitos também de Angola, se fará o seguinte. Depois de terem alguma luz da nossa língua, ou havendo intérpretes*, servirá a instrução dos mistérios que já advertimos vai lançada no terceiro livro n. 579. E só se farão de mais aos sobreditos boçais as perguntas que se seguem.
>
> Queres lavar a tua alma com a água santa?
> Queres comer o sal de Deus?
> Botas fora da tua alma todos os teus pecados?
> Não hás de fazer mais pecados?
> Queres ser filho de Deus?
> Botas fora de tua alma o demônio?¹⁷

Não apenas sobre quem e de que modo pode ser batizado ou como proceder os registros dizem os dispostos das *Constituições Primeiras*. Também dizem quem pode ou não ser padrinho e madrinha:

> (...) sendo pessoas já batizadas, e o padrinho não será menor de quatorze anos, e a madrinha de doze, salvo especial licença. E não poderá ser padrinhos o pai ou mãe do batizado, nem também infiéis, hereges ou públicos excomungados, os interditos, os surdos, os mudos, e os que ignoram os princípios de nossa Santa Fé, nem Frade, Freyra, Cônego Regrante, ou outro qualquer Religioso professo da Religião aprovada (exceto das Ordens Militares) per si, nem por procurados.¹⁸

O Título XVIII, que refere-se a "quantos e quais devem ser os padrinhos do Batismo e do parentesco que entre si contraem" deixa indicado em que tipos de relação os partícipes estarão inseridos daí para a frente. Fica dito que entre padrinho e madrinha não

---

16 *Idem*, Título XX, ementa do Título.
17 *Idem*, Título XIV, § 50. (grifo meu).
18 *Idem*, Título XIV, § 50

há estabelecimento de parentesco espiritual. Somente há desses com os pais e com o batizando. Tornando-se pais espirituais do batizando, tornam-se também irmãos espirituais dos pais desse, com todo o ônus e todas as benesses que podem advir dessa relação voluntária[19] que foi contraída.

Não foram produzidos, portanto, para fazer estimativas dos fiéis de algum lugar – para isso havia a contagem anual dos paroquianos durante a Desobriga Pascal – nem para dizer das hierarquias sociais existentes ou de outras questões que não somente o historiador, mas também o demógrafo, o antropólogo, o economista colocam a essa documentação. Foram produzidos para anotar o momento do ingresso da pessoa na cristandade. Pode ser um momento interpretado como rito de iniciação, como formação de redes de relacionamento, como evento vital, como aceitação da bastardia ou de verificação de índices de legitimidade das crianças nascidas, como ingresso de mais uma boca para alimentar ou para trabalhar em uma unidade doméstica por quem se utiliza dessa documentação para suas investigações. Entretanto, todo o uso para além do registro do momento de purificação da alma e do ingresso de mais um cristão entre os paroquianos, até mesmo o uso que os padres faziam para buscar impedimentos matrimoniais nas uniões que se dariam entre uns e outros anos após o batismo, extrapola a intenção primeira do registro batismal. É imperativo que o historiador esteja consciente: o uso que ele faz da documentação normalmente extrapola as intenções de quem – agente coletivo ou individual – procedeu tais registros documentais. Não somente os registros paroquiais requerem esse cuidado, mas também qualquer sorte de documentação.

III. Algumas palavras, possibilidades e limites na exploração dos registros batismais

Partindo das últimas citações das *Constituições Primeiras* feitas aqui, se chega ao ponto fulcral desse escrito e dos usos que vêm sendo feitos na investigação do passado que se servem dos registros batismais como fonte. Não se entrará aqui em questões mais profundas sobre as guinadas historiográficas do passado nem com relação à historiografia brasileira sobre a escravidão, objeto de estudo de tantos historiadores bem mais capacitados para isso. Tomam-se apenas algumas linhas básicas, os sintomas

---

19 Ainda que se seja possível discutir o quão voluntárias são essas escolhas ou a possibilidade dos convidados ao compadrio eludir o convite. A propósito das obrigações em dádivas entre desiguais cf. GODELIER, Maurice. *O Enigma do Dom*. Rio de Janeiro: Civilização Brasileira, 2001.

dessa discussão e o já dito por outros como constatação para dar base ao que se apresentará adiante.

É possível observar que os estudos que reificavam o escravo subtraindo a sua capacidade de agência, tornando-o muito mais um ser reagente às pressões, agressões e violências da escravidão do que um agente propriamante dito, consubstanciado no já inúmeras vezes citado trecho de Jacob Gorender: "o primeiro ato humano do escravo é o crime, desde o atentado contra seu senhor à fuga do cativeiro",[20] sofreram muitos questionamentos. O final da década de 1980 é marcado pelo início de um debate sobre a família escrava na sociedade escravista do Brasil, desencadeado pelo artigo de João Fragoso e Manolo Florentino e respostas várias, dentre as quais a do próprio Gorender.[21] Na década de 1990, uma sucessão de novos trabalhos surgiram, contrapondo-se à visão do escravo reificado e lançando um novo debate sobre a formação da família escrava, tendo as obras de Manolo Florentino & José Roberto Góes e Robert Slenes como principais marcos das diferentes interpretações.[22] O mesmo procedeu-se com outros tantos setores da sociedade, vistos antes como subjugados em praticamente todos os aspectos de suas vidas aos que detinham poder de mando, aos ricos, aos que exerciam a violência física ou não, impelindo todos a agirem de acordo com suas vontades e seus interesses; paulatinamente foram surgindo trabalhos de pesquisa que perceberam leques limitados de possibilidades de ação para esses, nem sempre à mercê da vontade de ricos e poderosos, mas também com seus planos e ações para a obtenção de melhores condições, de trato, de bens, em suma, dentro das possibilidades, a obtenção das melhores condições de vida que podiam atingir. Se atingiram ou não, isso é outro problema.

A matriz dessa historiografia que reduz a um mínimo a agência dos habitantes da colônia, principalmente os situados na base da estrutura social, pode bem ser situada no já tão discutido livro de Caio Prado Jr.,[23] A *Formação do Brasil Contemporâneo*,

---

20   GORENDER, Jacob. *O escravismo Colonial*. São Paulo: Ática, 1978, p. 65.

21   FRAGOSO, João & FLORENTINO, Manolo. "Marcelino, filho de Inocência Crioula, neto de Joana Cabinda: um estudo sobre famílias escravas em Parnaíba do Sul (1835-1872)". *Estudos Econômicos* 17(2), maio/ago. 1987.

22   FLORENTINO, Manolo & GÓES, José Roberto. *A Paz nas Senzalas: famílias escravas e tráfico Atlântico (Rio de Janeiro, 1790-1850)*. Rio de Janeiro: Civilização Brasileira, 1997. SLENES, Robert. *Na Senzala Uma Flor: esperanças e recordações da Família Escrava – Brasil Sudeste, século XIX*. Rio de Janeiro: Nova Fronteira, 1999.

23   PRADO JUNIOR, Caio. *Formação do Brasil Contemporâneo. Colônia*. São Paulo: Brasiliense, 1973.

em especial no seu pequeno, mas importante capítulo *O Sentido da Colonização*. Ali estão colocadas as linhas gerais de uma visão que marcou a historiografia na relação metrópole-colônia, na qual a poderosa metrópole tudo podia e tudo decidia e o papel da colônia restringia-se a sustentar a dita metrópole com as riquezas que extraía da terra, fossem elas em minerais ou em produtos ou subprodutos de sua agricultura. Nada ou muito pouca coisa podia fugir desse sentido dado à colonização lusa, cujo centro único de decisões ficava em Portugal. Essa mesma relação sendo transposta para os diferentes grupamentos humanos existentes no interior da colônia deixava muito poucas opções de ação. Os senhores poderosos localmente nada eram frente ao poder central; os escravos e os pobres nada eram frente ao poderio dos senhores.

Entretanto, as investigações que conduzi com o uso de registros batismais me fazem discordar daqueles que não divisam a agência desses subalternos, sejam eles índios, escravos, pardos, forros, "brancos" livres e pobres, e dos setores intermediários entre esses e os poderosos senhores de escravos e terras. Deram-me a perceber a existência de espaços de ação no mundo no qual a escravidão era um dos definidores de relações sociais, econômicas e políticas, levando-me a concordar com a matriz de pensamento às vezes caracterizada como sendo "a escola do Rio", em contraposição à "escola paulista" que teria como referência inicial Caio Prado Jr.

Com o uso mais intenso dos registros paroquiais nos últimos anos, em alguns trabalhos, a agência quase inexistente dos subalternos quase pode ser vista em seu oposto, quais sejam as muitas possibilidades de ação percebidas no tecer de alianças nos casamentos, uniões estáveis não sacramentadas e nos batismos, compadrios e apadrinhamentos. Todavia, também me fazem dar alertas para que não sejam percebidas escolhas ilimitadas onde muitas vezes elas são parcas ou sequer existem. É nesse sentido que busco dar contribuição aqui. Pretendo que esse breve texto ajude a discernir os casos em que há a opção e em casos em que a decisão foi tomada por falta de opção ou em um leque muito restrito de opções. Abordo especificamente a visão de que a alta concentração de compadrios em um número reduzido de pessoas se faça necessariamente por escolha daqueles que emitem o convite a esses compadres e padrinhos recorrentes nos registros batismais, gerando assim, mais ou menos voluntariamente, uma "elite" de padrinhos que se confundiria com a formação da elite da localidade propriamente dita.

Vistas algumas normas restritivas ao convite de padrinhos, pode ser perguntado se essas eram seguidas à risca, já que também é de uso corrente admitir o pároco como parte do jogo social que se dava nas localidades. Em texto escrito pela pesquisadora Maria Luiza Andreazza,[24] a autora debate o aludido desleixo do clero secular no cuidado das almas no período colonial. Diz que, se por um lado podiam ter seus atos de pecadores em suas vidas pessoais, por outro, procediam com certo rigor na aplicação das normas, verificado a partir dos registros dos matrimônios de Santo Antônio da Lapa. A autora percebe esse rigor em anotações sobre "especiais licenças" para o matrimônio conforme estabelecido pelo Concílio de Trento, sobre a obediência ao "tempo proibido", a quaresma, no qual festejos não poderiam ser executados. Também vê a bênção não ser dada aos noivos que eram viúvos e somente aos nubentes solteiros, em conformidade com as normas. Há, então, indicativos de que o clero regular colonial, mesmo que com formação parca, geralmente cumpria o disposto pelas normas da Igreja no trato com seus fiéis.

Nos registros de batismos que analisei para a Vila do Rio Grande,[25] ainda que algumas normas não fossem seguidas à risca, tais como o respeito à idade mínima para os padrinhos e mais comumente às madrinhas, assim como foram constantes os padres ordenados servindo como padrinhos, não encontrei registro algum de indígena recém-converso ou recém-batizado nem de pessoa não cristã como padrinho. O conjunto de registros contém muitas anotações acerca de crianças e em menor monta de adultos que foram batizados em situação de emergência e que, salvo anotação posterior colocada à margem do fólio,[26] não tinham padrinhos nomeados, conforme o que está disposto nas *Constituições Primeiras*. Algumas situações inusitadas nesses registros chamaram-me a atenção: a ata batismal da menina Felícia, da qual já discuti algumas possibilidades de exploração em comunicações apresentadas em eventos.[27]

---

24 ANDREAZZA, Maria Luiza. "O Clero, as viúvas e as solteiras: matrimônio num vilarejo luso-americano". In: BOSCHILIA, Roseli & ANDREAZZA, Maria Luiza (ed.). *Portuguesas na Diáspora: histórias e sensibiliades*. Curitiba: Editora da UFPR, 2011, p. 215-229.

25 Arquivo da Diocese Pastoral Do Rio Grande. Livros 1º, 2º, 3º e 4º de Batismos da Vila do Rio Grande, 1738-1763.

26 P.ex. Registro de Batismo de Manuel, filho de Antônio Simões e Maria Quitéria, 1º Livro de Batismos da Vila de Rio Grande, fl. 40.

27 HAMEISTER, Martha Daisson (2007). "Felícia, o Padre, o Etíope Resgatado e o Arcebispado da Bahia: uma parábola sobre liberdade e cativeiro no extremo-sul da América lusa (Rio Grande, 1745)". *III Encontro Escravidão e Liberdade no Brasil Meridional*. Florianópolis, UFSC. Disponível em: <http:/// www.escravidaoeliberdade.com.br>; HAMEISTER, Martha Daisson. "La Libertad de Felícia: un caso de justicia distributiva". *Xº Jornadas Interescuelas Departamentos de Historia – Actas de las X Jornadas Interescuelas Departamentos de Historia*. Universidad Nacional de Rosario: Universidade Nacional del Litoral / Universidad Nacional de Rosario, 2005; e DOMINGUES, Moacyr. *Cópia Resumida do Livro Primeiro de Batismos do Rio Grande de São Pedro 1738-1753*. Porto Alegre: dactiloescrito, 1981.

Há também o registro de Ventura, "natural do Gentio da Guiné", no qual o pároco em atenção à possibilidade de haver irregularidade no estatuto alegado, diz "sendo o dito Ventura assistente em casa do mestre-de Campo André Ribeiro Coutinho mas dizem ser fugido das Minas";[28] mas que ainda assim foi batizado como livre. Essas anotações preciosas para quem estuda as relações que subjazem ao ato do batismo indicam, como já observado por Andreazza, um esforço em cumprir as normas e atender aos costumes cristãos da colônia.

Tal rigor para com as normas e para com a paz de consciência dos párocos estendeu-se século XIX adentro. De São Francisco de Paula, atual cidade de Pelotas, no Rio Grande do Sul, em dois tempos – e dois registros – a honestidade do vigário encomendado coloca fora de questão a fantasia de uma boa família em ocultar o mau passo dado por uma de suas filhas,[29] pois procedeu em um registro de correção um dos registros de óbitos da localidade feito por outro padre. São esses dois registros:[30]

> Aos 13 de junho de 1831, nesta Matriz de São Francisco de Paula, foi solenemente encomendada na forma do ritual romano *Joaquina Maria Alves*, solteira, filha legítima de Baltazar Gomes Viana, e de sua mulher Dona Joana Margarida da Silveira, ambos já falecidos, *a qual faleceu de asma aos 12 do [?] mês, sua idade 18 anos*: não recebeu os sacramentos por não chamarem-me, e segundo disseram não [dar] lugar o ataque, não fez testamento, e foi sepultada nas catacumbas da irmandade do santíssimo sacramento, e para constar fiz este assento que assinei.
>
> *O Padre João [Themudo] Cabral Dinis e*

> Aos 12 de março de 1832, *em [dispenho] de meu dever para o qual, e por me ser requerido*, lancei o assento de teor seguinte: Aos 12 de junho de 1831 *faleceu de parto, deixando uma menina viva, Joaquina Maria Alves*, branca, solteira, de idade de 18 anos, natural desta Freguesia, filha legítima do Tenente Baltazar Gomes Viana e dona Joana Margarida da Silveira, falecidos: não fez testamento, nem recebeu os sacramentos, por não dar tempo, e foi encomendada com enterro solene pelo Padre João [Themudo] Cabral Dinis, então pároco Encomendado, e sepultada em catacumba no cemitério desta Matriz de São Francisco de Paula. E por ser verdade o referido, *e*

---

28 Arquivo da Diocese Pastoral de Rio Grande, 1º Livro de Batismos.
29 Agradeço à Rachel dos Santos Marques a cessão da transcrição do Registro, material de sua pesquisa.
30 Arquivo Histórico da Diocese de Pelotas, 1º Livro de Óbitos de São Francisco de Paula, fls. 137v e 146v.

> *ter hoje batizado com o nome de Maria a criança filha da mesma falecida, fiz o presente assento, que assinei, declarando sem efeito por [cota] à margem o que se acha lançado às folhas cento e trinta e sete verso, por ser inexato à falta de informação.*
>
> O Vigário Encomendado Francisco Florêncio da Rocha

Assim, unem-se aqui duas situações concretas: os registros batismais, assim como o próprio rito do batismo, que seguem uma normatização da Igreja Católica e os párocos que com maior ou menor empenho, dependendo da situação, do tipo de relação que mantêm com seus fiéis e da localidade onde atuavam, tentavam agir de acordo com as normas sem ferir muito os costumes e as conveniências e o alívio de suas consciências. Observam-se que algumas normas eram cumpridas com bastante rigor e outras tantas ignoradas ou relevadas, de acordo com a conveniência, a convivência e com o juízo do clérigo.

Em meu entendimento, algumas percepções que se têm a partir desses registros é que padrinhos e madrinhas das crianças, ou seja, seus pais espirituais ou tutores na sociedade cristã eram também cristãos, talvez pessoas bastante presentes na vida religiosa das localidades. Mais do que ser ou não importante no grupo de origem ou na comunidade onde viviam, considerava-se o fato de serem bons cristãos. Em certos casos, como será discutido adiante, o fato de serem cristãos somente já bastava para pesar na escolha.

De Gudeman e Schwartz[31] vêm a observação da recorrência de padrinhos de escravos africanos novos serem escravos casados ladinos e mais frequentemente crioulos, os quais compareciam à pia batismal com seu cônjuge fazendo-lhe par. Em outras paróquias podem ser verificadas situações semelhantes, qual seja, a presença de casais de escravos, mesmo que os escravos novos sejam dados a batizar também a libertos ou livres situados em diferentes patamares da escala social.

Da exploração e interpretação da documentação, há indicação de uma possibilidade bastante forte para que isso ocorresse. O motivo parece claro quando se conhece a recomendação de que o pedido de batismo seja feito por aquele que deseja o próprio batismo. Os africanos boçais, além de não falarem a língua tanto quanto o batizando e, portanto, não podendo renunciar ao demônio em nome do batizando, provavelmente não eram cristãos ou o eram apenas pelo batismo, faltando-lhes os ensinamentos da Santa Fé. Possivelmente não seriam bons preceptores para o novo

---

31 GUDEMAN & SCHWARTZ, op. cit.

escravo. O zelo dos párocos era o de oferecer-lhes preceptores também cristãos, capazes de lhes instruir na língua, nos costumes e na fé católica. Se os padrinhos são casados, certamente são batizados, pois o matrimônio é sacramento que não pode prescindir do anterior batismo. Se casados na Santa Madre Igreja, viviam de acordo com um mínimo de normas e de aceitação da fé católica, possivelmente participando de missas oficiadas, fazendo confissões ao menos uma vez por ano, durante a desobriga pascal. Por serem escravos, compartilhavam de algumas normas de conduta relativas aos escravos ao moverem-se nessa sociedade. Não parece, portanto, surpreendente essa escolha de casais de escravos ladinos ou crioulos para padrinhos dos novos, em respeito às normas prescritas nas *Constituições Primeiras* ou nas normas dos costumes praticados.

Entretanto, para nomearem-se padrinhos para esses escravos, escolhidos por eles ou por seus senhores – nesse momento da análise ainda não faz diferença quem escolhia os padrinhos – havia certamente outras opções entre os casais de escravos já formados ou entre as parcelas de cristãos livres ou alforriados nas localidades. Trazidos a contragosto na travessia do oceano, os escravos novos, muçulmanos ou praticantes das diversas religiões africanas animistas ou não, deveriam renunciar aos seus falsos deuses, ao paganismo ou às práticas demoníacas, como se dizia dos não católicos. Se fosse de seu desejo – e muitas vezes sem sê-lo, deviam ser inseridos em um mundo regulado pelas normas do catolicismo. Encontrariam tutores, pais espirituais, já inseridos nesse mundo, servindo-lhes de referência e como educadores no trato do dia a dia, vinculados por laços espirituais que no catolicismo têm mais peso do que o parentesco físico. A escolha de um casal de escravos entre os casais escravos ou livres dentre a população cristã diversa pode representar sim uma escolha dos agentes que viviam a situação, pode indicar superioridade ou hieraquia entre os escravos.

Para avaliar a posição dos escravos casados e seus senhores em relação ao restante da população, há que se ter um mínimo de conhecimento dos outros padrinhos disponíveis no que agora chamo de "mercado de compadrios", tal como usualmente os estudiosos se referem à disponibilidade de homens e mulheres para o matrimônio como "mercado matrimonial".

Esse mercado de compadrios, como o percebo, longe de ter uma oferta e possibilidades ilimitadas para os que emitem convites, era restrito. Sua avaliação serve para também avaliar o quanto a opção de escolha de padrinhos ou compadres é livre ou restrita.

Em princípio, não deveriam ser escolhidos para tutor de um filho ou de um escravo os inimigos ou os escravos dos inimigos. Não se houver outra opção. Pode-se convidar um inimigo, mas bom cristão para padrinho com o intuito de proteger o filho de suas ações e de protelar por ao menos uma geração alguns conflitos tidos como inevitáveis. Isso sim, faz parte do jogo e das estratégias montadas para o viver e sobreviver. Mas não era o usual. Havendo as contendas entre os grupos, a parcela que saía fragilizada dos embates – físicos ou políticos – poderia ver-se também em maus lençóis com relação à sua permanência entre os favoritos ao compadrio, por mais bem situada que fosse a sua família na pirâmide social. João Fragoso observou que duas famílias favoritas ao compadrio, as quais juntas detinham 15% dos compadrios da localidade caíram em desgraça na busca de seus membros para batizar pessoas, fossem elas livres ou escravas, após serem derrotadas em disputas intestinas da elite fluminense.[32] Os afetos e desafetos, as contendas e as disputas são influências notadas no mercado de compadrios. Inimigos não eram, então, amiúde convidados. Mais usual era que havendo pessoas cristãs disponíveis nesse mercado, com as quais não se possua inimizade, dentre eles, por afinidade, parentesco já existente ou por alianças desejáveis no futuro, seja escolhida a madrinha e o padrinho. Isso também seria opção.

Entretanto, a opção pode limitar outras jogadas no tabuleiro do xadrez da vida. Convidar para padrinho de uma menina um rapaz que no futuro poderia ser seu marido significa eliminá-lo da lista – muitas vezes exígua – de matrimônios possíveis no mercado matrimonial local. Convidar para padrinho ou madrinha de um filho também pode limitar as possibilidades de segundo casamento para um dos pais que fique viúvo, pois compadres são irmãos em espírito. Convidar alguém de muita idade para batizar uma criança poderia deixar em aberto tantas opções para o matrimônio, mas também poderia limitar o auxílio e a proteção prestados por padrinhos aos seus afilhados e entre compadres. Isso são escolhas. Todavia, não são colocadas sem prós e contras, não são colocadas sem condicionantes. Dessas, as mais básicas – primeira: devem ser cristãos. Segunda: não devem estar dentre as possibilidades de matrimônio futuro. Terceira: deve-se evitar pessoas de muita idade. Quarta: que preferencialmente não figurem entre os desafetos e rivais.

---

32 Fragoso, João. "Um mercado dominado por 'bandos': ensaio sobre a lógica econômica da nobreza da terra do Rio de Janeiro seiscentista". In: Silva, Francisco Carlos Teixeira da; Mattos, Hebe Maria & Fragoso, João. *Escritos Sobre História e Educação: homenagem à Maria Yedda Leite Linhares*. Rio de Janeiro: Mauad/Faperj, 2001, p. 247-288.

Dito isso, se retornarmos à configuração da população local, às idades, ao sexo, ao grau de parentesco – que por si só já pode eliminar alguns da lista de possíveis matrimônios sem as licenças que devem ser requeridas e atendidas –, o grupo de padrinhos e madrinhas possíveis dentro dos desejáveis já se torna muito mais restrito. Mais restrito se levarmos em consideração o costume de ser o padrinho e a madrinha escolhidos entre aqueles que compartilham de mesma posição social da família do batizando ou de posição social superior.

Ainda que se percebam diferenciações entre escravos através dessa e de outras documentações (crioulos, ladinos, boçais, estatuto social de seus proprietários, posses em lavouras e outros bens, exercício de certas profissões), para esses, assim como para a parcela mais pobre da população, essas diferenças não são tão gritantes como entre um pobre e um nobre, um camponês e um militar.

Uma outra situação que pode remeter a essas limitações é a de padrinhos de indígenas recém-aproximados. Em situação de aldeamentos novos instalados nos sertões, a observação com toda a certeza conduzirá à percepção de que algumas poucas pessoas ou poucas famílias concentram a imensa maioria das posições de padrinhos desses indígenas, fossem esses escolhidos pelo pároco, pelos indígenas ou por chefias civis ou militares dos aldeamentos. Se o impacto dessa observação levar o pesquisador a deter sua análise nesse ponto, delineia-se um contorno de relações sociais voluntárias e sem restrições que evidenciam a formação ou consolidação de um pequeno grupo com ascendência espiritual, moral e econômica nas novas localidades que margeiam esses aldeamentos. Esse contorno pode ser um equívoco que somente poderá ser desfeito se cotejado com os registros dos livros de escravos e dos livres ou outra sorte de documentos que permitam dimensionar o conjunto da população cristã disponível no mercado de compadrios. Pode-se citar uma estimativa populacional da área do entorno do aldeamento indígena oitocentista de São Pedro de Alcântara, no Paraná. Nessa área, em uma margem do Rio Tibagi, além da população indígena do aldeamento, dos oficiais civis e militares e dos habitantes ditos pelo padre que fazia os registros como "nosso povo", ou seja, os "brancos" livres, foram alocados também um grupo de africanos livres,[33] provavelmente apreensão de carga humana conduzida no período em que o

---

33 Marcante, Maicon Fernando "Os Guarani e seus Compadres: relações de compadrio e redes de sociabilidade no aldeamento misto São Pedro de Alcântara (Paraná, 1856-1894)". Congresso BRASA, Brasília, 2010.

tráfico já entrara na ilegalidade. Segundo Marcante,[34] esses africanos livres eram padrinhos de indígenas com uma certa frequência, ao passo que indígena nenhum batizou outro indígena. Ao examinar os registros batismais dos livros de indígenas, poder-se-ia concluir por uma certa preferência por esses africanos livres que, ao aceitar os convites, também estariam estabelecendo uma aliança com esses indígenas antes de buscá-la nos libertos ou nos livres de alguma posse ou livres e pobres.

Entretanto, essa conclusão pode ser questionada se as informações contidas nos registros batismais forem cotejadas com outra sorte de documentação. Posto a seguir um quadro extraído de um relatório apresentado pelo padre que atuava no aldeamento:

"Existentes em São Pedro de Alcântara em 1875"[35]

	Homens adultos	273
	Mulheres idem	277
Coroados	Menores sexo masculino	167
	Menores sexo feminino	185
	Número total	902
	Adultos sexo masculino	124
	Adultos sexo feminino	116
Coroados	Menores sexo masculino	167
	Menores sexo feminino	122
	Número total Caiguas	416
	Número total das duas tribos	1363
Brancos, mulatos e pretos de todas as nações		
	Homens adultos	37
	Mulheres adultas	30
	Menores sexo masculino	36
	Menores sexo feminino	21
		124
	Soma tudo	1489

Se os índios aproximados há pouco não poderiam ser padrinhos por não terem sido cristianizados ainda, e ao que parece o Frei Timotheo de Castelnuovo foi bastante rigoroso em não permitir que recém-batizados fossem padrinhos, restava nesse mercado

---

34 MARCANTE, Maicon Fernando. "A prática do compadrio entre africanos livres e índios Guarani no aldeamento São Pedro de Alcântara (Paraná, 1855-1895)". *V Encontro Escravidão e Liberdade no Brasil Meridional*. Porto Alegre, 2011. Disponível em: <http:///www.escravidaoeliberdade.com.br>.

35 CASTELNUOVO, Timotheo de. "Princípio e Progresso do Aldeamento Indígena São Pedro Alcântara". In: *Boletim do Instituto Histórico, Geográfico e Etnográfico Paranaense*. Vol. XXXVII, ano 1980, Curitiba, 1980, p. 237-284. Agradeço a Maicon Fernando Marcante a indicação desse documento.

de compadrios muito pouca gente católica. Percebe-se, a partir desse quadro, que ainda que possa haver preferência por uma ou outra família de africanos livres, não havia muitas outras opções entre os cristãos na localidade para figurarem no mercado de compadrios. Havia, para além dos índios, um total de 67 pessoas adultas para figurarem como compadres e comadres nesse mercado. Dessas, boa parte composta por africanos livres que ao longo do período em que existiu tal aldeamento deslocou-se para outras regiões para a prestação de serviços, por vezes retornando ao aldeamento.[36]

Ainda que não se tenha com precisão o número de africanos livres que permaneciam junto ao aldeamento ao longo de cada um desses anos, pouco provável que fossem suplantados pelos livres e brancos. Esses provavelmente seriam uma minoria, vivendo com ou sem suas famílias no entorno do aldeamento que agrupava mais de uma etnia indígena e onde estavam também tantos africanos livres que não lhes eram legalmente pertencentes. Brancos e pobres estariam disputando trabalho e uso de terras com esses africanos, os quais muitas vezes não eram somente agricultores e possuíam alguma qualificação profissional. Segundo Marcante, havia ferreiros, carpinteiros, tropeiros, entre outras ocupações. Estariam também disputando espaço no mercado de compadrios da localidade. As possibilidades de prosperarem e se firmarem em um ou outro espaço parecem bastante diminutas. Também segundo Marcante, havia uma forte tendência à endogamia nesse grupo de africanos livres. Sendo assim, não lhes seria inconveniente aceitar apadrinhar indígenas, pois não bloquearia possibilidades matrimoniais e tampouco seriam concorrentes no nicho social onde agiam.

Situação outra se nota nos registros batismais da Vila do Rio Grande. Nessa localidade foram registrados indígenas designados como minuano, tape e "das aldeias dos padres". Não se tratava de aldeamento e sim de um povoado de fronteira tanto entre as nações ibéricas na região do Prata quanto dessas com os territórios ocupados por nações indígenas e os povoados indígenas fundados pelos padres jesuítas vinculados à Espanha. Nesse povoado, além dos oficiais da Coroa civis e militares, se juntaram povoadores da Colônia do Sacramento evadidos quando do cerco que se iniciou em 1735 e açorianos convocados pelo edital de 1747. Diferente da situação do aldeamento dos sertões do Paraná fundado no século XIX, um bom número de cristãos oriundos da península ou das ilhas, bem como a segunda ou terceira geração de índios cristianizados pelos jesuítas estavam disponíveis no mercado de compadrios. Também havia índios minuano que mais ou menos livremente se aproximaram das estâncias e dos estancieiros e que, com

---

36 MARCANTE, "A prática do compadrio"... *op. cit.*

maior ou menor intensidade de adesão à fé católica e, ao menos durante esse convívio, parecem ter participado de parte da vida cristã da Vila do Rio Grande.[37] Nessa localidade, apesar de haver uma concentração de afilhados indígenas em algumas famílias específicas que estavam colocadas nesse mercado de compadrios, o mesmo era bem mais variado, constando inclusive índios. Esses também figuram nos registros batismais de outros indígenas com alguma frequência, ainda que não mais do que os peninsulares ou ilhéus. Ao contrário do visto para São Pedro de Alcântara do século XIX, na Vila do Rio Grande pouco se perceberam "negros", "pretos" ou "escravos" figurando como compadres de indígenas. Ao que parece, a inserção dos indígenas nessa sociedade era feita com tutoria de gente de melhor estatuto social ou de estatuto semelhante ao das famílias dos batizandos em sua hierarquia específica. Chefes militares ou civis lusos e suas esposas batizavam os filhos dos chefes indígenas e mesmo aos próprios chefes. Atualmente, agregando à investigação os registros paroquiais do Rio Pardo que recebeu muitos indígenas vindos dos aldeamentos jesuítas, percebe-se que índios cristãos batizavam outros indígenas, crianças ou adultos. Portanto, categoria social *índio* não é impedimento para o compadrio, sendo o fato de ser ou não um bom cristão o que pesava na avaliação do pároco.

A família que tem como cabeça o casal Antônio Simões e Maria Quitéria Marques de Souza compareceu à pia batismal entre os anos de 1738 e 1749 para apadrinhar mais de dez crianças indígenas, sozinhos ou aos pares.[38] Mas não só eles. Registrado no primeiro livro da Vila do Rio Grande, estão outras famílias estabelecidas na localidade que o fizeram. O governador do Continente do Rio Grande de São Pedro, Diogo Osório Cardoso, formou par à pia com Ana Marques, filha do casal mencionado, para batizar Bernarda, filha natural de Estevão Rodrigues (castelhano de Buenos Aires) e Josefa, dita índia minuano ainda sem batismo. Como ele, o fez também Antônio Rodrigues Sardinha, capitão da Companhia de Ordenanças, juntamente com sua mulher. O capitão da Companhia de Dragões Tomás Luís Osório foi padrinho de indígenas. As mulheres de boas famílias figuravam amiúde como madrinhas de índios, como Joana Maria do Espírito Santo, casada com Lucas Fernandes, sesmeiro, fiador de tropas, criador e comerciante de gados. Simão Liscano e sua mulher, usualmente registrada como Rosa ou Maria Rosa, índios nascidos nas Missões Jesuíticas que foram viver na Vila do Rio Grande, foram padrinhos de "filhos de

---

37 Arquivo Histórico Da Cúria Metropolitana De Porto Alegre (AHCMPA). 1º Livro de Batismos de Rio Pardo.

38 Arquivo da Diocese Pastoral de Rio Grande (ADPG). 1º Livro de Batismos da Vila de Rio Grande.

índios Tapes que andam pelo campo sem domicílio"[39] em um batismo coletivo do ano de 1751, mas também figuraram como padrinhos de indígenas em anos posteriores a esse. Sua filha Maria, nascida nesse ano de 1751 teve como padrinhos Luís Álvares e Ana Francisca da Silva, em cuja ascendência não parece haver indígenas. Já outra Maria, filha legítima de Joaquim do Prado e sua mulher Páscoa Ribeiro, que não são ditos índios no registro batismal da criança, mas são ditos naturais da Aldeia de Nossa Senhora da Escada, em São Paulo: teve como padrinhos Pascoal de Amorim e Rosa, ditos índios sem haver, todavia, indicação de procedência dos padrinhos. Um dos raros casos em que uma mulher dita escrava serviu de madrinha a um indígena aparece no registro batismal de João, filho de pai incógnito e de Micaela, índia tape "das Missões de Buenos Aires". Seu padrinho foi Antônio Rodrigues do Rego, livre, e Luísa, escrava de João Antunes da Porciúncula. Entretanto, pesam suspeitas acerca de uma ascendência africana para essa "escrava", já que junto às terras do Guarda-mor João Antunes da Porciúncula há muitos índios que eventualmente aparecem no registro como escravos desse senhor.

IV. Considerações Finais

Havendo sido trazidas a esse espaço algumas notas sobre o aprendizado que tive ao trabalhar com registros batismais, espera-se que esses alertas acerca das possibilidades e limitações que essa documentação apresenta como fonte primária a investigação das hierarquias sociais perceptíveis por esse conjunto documental. Afirma-se portanto, que a concentração de compadrios em torno de algumas pessoas ou de algumas famílias por vezes se dá não como escolha, mas como observância das normas prescritas pela Igreja que dizem de quem pode e de quem não pode servir de padrinho o que reduz a possibilidade de convites. No caso do aldeamento de São Pedro de Alcântara, ao que parece, há uma preferência que não escapa do costume encontrado para as colônias ibéricas: a tendência de que os padrinhos sejam de estatuto igual ou superior à das famílias dos batizandos. Sendo uma sociedade católica, os católicos sempre estariam em posição superior aos gentios que se batizam. Assim, havendo uns tantos "negros", "africanos", "escravos" e outras desinências pelas quais o Frei Castelnuovo chama os africanos livres ou escravos na localidade, esses eram todavia católicos. Nesse sentido, fica também o alerta para que se percebam outras hierarquias nessa sociedade, para além da riqueza material

---

39 Arquivo da Diocese Pastoral de Rio Grande. Primeiro Livro de Batismos, fl. 115v.

ou títulos e patentes. A ascendência moral e religiosa pode pesar mais que um título ou que a condição de escravo ou livre, pois livres os indígenas do aldeamento paranaense o eram. Parece lógico que esses bons cristãos servissem de padrinhos aos gentios aproximados que, por serem gentios ou recém-batizados, na escala de proximidade com as coisas da fé estariam em patamar inferior aos seus padrinhos, mesmo sendo esses indígenas livres e seus padrinhos podendo estar em estado de escravidão ou muito próximos disso.

Por outro lado, havendo uma oferta mais alargada de compadres no mercado de compadrios, as escolhas também podem ser limitadas por outras condicionantes, tais como os impedimentos matrimoniais gerados entre padrinhos e afilhados, compadre e comadre. Em suma, se forem olhadas com atenção a relação entre o número de habitantes, a composição dos estratos sociais existentes e, por mais breve que seja, lançado o olhar sobre o mercado de compadrios e o mercado matrimonial da localidade, também pode-se evitar equívocos sobre a amplitude do leque de possibilidades dadas.

Em outro ponto que se pretende contribuir com essas observações é na busca de um equilíbrio entre os subalternos vistos como desprovidos de agência e uma agência irrestrita atribuída a esses agentes a partir dos registros batismais, que dão a perceber o laço firmado com gente de alta posição ou de distintos grupos étnicos ou sociais. Concorda-se que havia sempre alguma liberdade de escolha, mas nem sempre havia o que escolher, o que equivale a dizer que essa liberdade de escolha era restringida por uma série de fatores que variavam de família a família, de localidade para localidade. Nunca se pode esquecer que os agentes sociais moviam-se em um ambiente repleto de normas e costumes e que para pertencerem a ele um mínimo dessas normas e costumes deveriam ser observados. Ou como colocado por Giovani Levi:

> (...) na situação que narraremos aqui as categorias interpretativas são outras: a ambiguidade das regras, a necessidade de tomar decisões em situações de incerteza, a quantidade limitada de informações que, todavia, não impede a ação, a tendência psicológica a simplificar os mecanismos causais considerados relevantes para a determinação de comportamentos e, enfim, a utilização consciente das incoerências entre os sistemas de normas e sanções. Uma racionalidade seletiva e limitada explica comportamentos individuais como fruto do compromisso entre um comportamento subjetivamente desejado e aquele socialmente exigido, entre a liberdade e constrição. Na verdade, a incoerência entre as normas, a ambiguidade das

linguagens, a incompreensão entre grupos sociais ou simples indivíduos, a ampla inércia ditada pela preferência por um estado habitual ou pelos custos que derivam de escolhas feitas em condições de extrema incerteza não são obstáculos que nos impeçam de considerar essa sociedade como sendo ativa e consciente em cada uma de suas partes, nem de vermos seu sistema social como resultado da interação entre comportamentos e decisões assumidos no âmbito de uma racionalidade plena embora limitada.[40]

Com isso, reforça-se aqui a peremptória necessidade de fazer a crítica à documentação usada em pesquisa e conhecer mais sobre o tempo e o lugar que se investiga. Há que se observar o entorno social em que os agentes estabelecem os seus objetivos dentro das possibilidades, ainda que sejam pequenas brechas onde podem agir através das estratégias que estabelecem e que, por mais que possam estar bem traçadas, ainda assim não podem prever as mudanças conjunturais, as decisões alheias, as obras do acaso em suas vidas. Há que se conhecer as normas escritas e as práticas quotidianas. Há que se descer ao nível das decisões pessoais e de grupo, transitar por entre os agentes sociais, assim como há que se tomar distância desse nível, olhando mais de longe, de cima, e tentar saber quantos eram, de onde vinham, para onde partiam. Há que se testar hipóteses e metodologias para que se atinjam resultados compatíveis com o que se espera de uma investigação em história.

Bibliografia

ALFANI, Guido. *Fathers and Godfathers: spiritual kinship in Early-Modern Italy*. Farnham: Ashgate, 2009.

AMATO, Marta (org.). *Genealogia Paulistana*. Reedição em CD-ROM contendo ampliações e correções de diversos autores. S.l: edição da autora, 2002.

ANDREAZZA, Maria Luiza. "O Clero, as viúvas e as solteiras: matrimônio num vilarejo luso-americano". In: BOSCHILLIA, Roseli & ANDREAZZA, Maria Luiza. *Portuguesas na Diáspora: história e sensibilidades*. Curitiba: Editora UFPR, 2011.

BARTH, Fredrik. *Nomads of South Persia: the Basseri Tribe of Khamseh Confederacy*. Boston: Litle, Brown & Company, 1961.

---

40 LEVI, Giovanni. *A herança imaterial: trajetória de um exorcista no Piemonte do século XVII*. Rio de Janeiro: Civilização Brasileira, 2000, p. 46.

BASSANEZI, Maria Silvia C. Beozzo & BOTELHO, Tarcísio R. *Linhas e Entrelinhas: as diferentes leituras das atas paroquiais dos setecentos e oitocentos*. Belo Horizonte: Veredas & Cenários, 2009.

CASTELNUOVO, Timotheo de. "Princípio e Progresso do Aldeamento Indígena São Pedro Alcântara". In: *Boletim do Instituto Histórico, Geográfico e Etnográfico Paranaense*. Vol. XXXVII, ano 1980, Curitiba, p. 237-284.

DAVIDE, Sebastião Monteiro. *Constituições Primeiras do Arcebispado da Bahia*. Coimbra: Colégio das Artes da Companhia de Jesus, 1707 (1719).

FLORENTINO, Manolo & GÓES, José Roberto. *A Paz nas Senzalas: famílias escravas e tráfico Atlântico (Rio de Janeiro, 1790-1850)*. Rio de Janeiro: Civilização Brasileira, 1997.

FRAGOSO, João. "Um mercado dominado por 'bandos': ensaio sobre a lógica econômica da nobreza da terra do Rio de Janeiro seiscentista". In: SILVA, Francisco Carlos Teixeira da, MATTOS, Hebe Maria & FRAGOSO, João. *Escritos Sobre História e Educação: homenagem à Maria Yedda Leite Linhares*. Rio de Janeiro: Mauad/Faperj, 2001, p. 247-288.

FRAGOSO, João & FLORENTINO, Manolo. "Marcelino, filho de Inocência Crioula, neto de Joana Cabinda: um estudo sobre famílias escravas em Parnaíba do Sul (1835-1872)". *Estudos Econômicos* 17(2), maio/ago. 1987.

_____. *Arcaísmo como Projeto. Mercado atlântico, sociedade agrária em uma economia colonial tardia – Rio de Janeiro c. 1790 – c. 1840*. Rio de Janeiro: Civilização Brasileira, 2001.

GORENDER, Jacob. *O Escravismo Colonial*. São Paulo: Ática, 1978.

GUDEMAN, Stephen. "The Compadrazgo as a Reflection of the Natural and Spiritual Person". *Proceedings of the Royal Anthropological Institute of Great Britain and Ireland*. Royal Anthropological Institute of Great Britain, 1971, p. 45-71.

GUDEMAN, Stephen & SCHWARTZ, Stuart. "Purgando o Pecado Original: compadrio e batismo de escravos na Bahia no século XVIII". In: REIS, João José. *Escravidão e Invenção da Liberdade. Estudos Sobre o Negro no Brasil*. São Paulo: Brasiliense, 1988.

HAMEISTER, Martha Daisson. "Uma contribuição ao estudo da onomástica no período colonial: os nomes e o povoamento do Extremo Sul da Colônia (Continente do Rio Grande de São Pedro, c. 1735-1777)". In: Doré, Andréa & Santos, Antônio Cesar de Almeida. *Temas Setecentistas: governos e populações no Império Português*. Curitiba, 2009.

_____. "Felícia, o Padre, o Etíope Resgatado e o Arcebispado da Bahia: uma parábola sobre liberdade e cativeiro no extremo-sul da América lusa (Rio Grande, 1745)". *III Encontro Escravidão e Liberdade no Brasil Meridional*. Florianópolis, UFSC. Disponível em <http:///www.escravidaoeliberdade.com.br>.

Leme, Luiz Gonzaga da Silva. *Genealogia Paulistana*. In: Instituto Genealógico Brasileiro. Disponível em <http://buratto.org/paulistana/index.htm>. Acesso em 2 nov. 2009.

Leme, Pedro Taques de Almeida Paes. *Nobliarquia Paulistana, Histórica e Genealógica*. Belo Horizonte/São Paulo: Itatiaia/Edusp: 1980 (obra em 3 volumes).

Levi, Giovanni. *A herança imaterial: trajetória de um exorcista no Piemonte do século XVII*. Rio de Janeiro: Civilização Brasileira, 2000.

Marcante, Maicon Fernando. "Os Guarani e seus Compadres: relações de compadrio e redes de sociabilidade no aldeamento misto São Pedro de Alcântara (Paraná, 1856-1894)". Brasília, *X Congresso Brasa*, 2010.

_____. "A prática do compadrio entre africanos livres e índios Guarani no aldeamento São Pedro de Alcântara (Paraná, 1855-1895)". *V Encontro Escravidão e Liberdade no Brasil Meridional*. Disponível em: <http:///www.escravidaoeliberdade.com.br>.

Mello, Evaldo Cabral de. *O Nome e o Sangue: uma parábola familiar no Pernambuco Colonial*. Rio de Janeiro: Topbooks, 2000.

Prado Junior, Caio. *Formação do Brasil Contemporâneo. Colônia*. São Paulo: Brasiliense, 1973.

Rheingantz, Carlos G. *As Primeiras Famílias do Rio de Janeiro*. Rio de Janeiro: Livraria Brasiliana, 1965.

_____. "Povoamento do Rio Grande de São Pedro. A contribuição da Colônia do Sacramento". *Anais do Simpósio Comemorativo do Bicentenário da Restauração do Rio Grande (1776-1976)*. Vol. II. Rio de Janeiro: IHGB/IGHMB, 1979.

Slenes, Robert. *Na Senzala Uma Flor: esperanças e recordações da Família Escrava – Brasil Sudeste, século XIX*. Rio de Janeiro: Nova Fronteira, 1999.

A geografia do compadrio cativo: Viamão, Continente do Rio Grande de São Pedro, 1770-1795

BRUNA SIRTORI[1]
TIAGO LUÍS GIL[2]

O OBJETIVO DESTE TRABALHO É COMPREENDER a dinâmica espacial das relações de compadrio estabelecidas pelos cativos na pia batismal, no período entre 1770 e 1795, no chamado Viamão, Capitania do Rio Grande de São Pedro, sul da América Portuguesa. Para tanto, iniciaremos apresentando o cenário onde estas relações ocorreram, mostrando as ligações históricas das comunidades analisadas e o padrão de posse de escravos próprio do contexto, na tentativa de dar ao leitor elementos para compreender a difusão do escravismo nesta área. Para responder ao problema, seguiremos um grupo de senhores e seus cativos, verificando como lidaram com seus compadrios em meio a migrações e mudanças de endereço. Por fim, daremos atenção a uma parcela deste espaço, uma pequena região, "entre o Passo dos Ferreiros e o Miraguaia", na tentativa de verificar neste pequeno recorte os limites espaciais do compadrio.

Em um trabalho anterior sobre a região de Vacaria, apontamos que a limitação espacial dos agentes contribuía para a intensificação dos relacionamentos cotidianos, do reforço dos contatos pré-existentes, e que esta situação se manifestava na escolha dos padrinhos, em um contexto marcado por um relativo isolamento geográfico, por senhores absenteístas e por uma dispersão populacional expressiva.[3] Neste trabalho, pretendemos realizar um novo experimento com aquelas nossas hipóteses, desta vez,

---

1   Mestre em História Social pela UFRJ.

2   Doutor em História Social pela UFRJ, professor do Departamento de História da Universidade de Brasília.

3   SIRTORI, Bruna & GIL, Tiago. "Bom dia padrinho: espaço e parentesco na formação de redes entre cativos nos campos de Vacaria, 1778-1810." *Revista Eletrônica de História do Brasil*, vol. 10, n. 1 e 2, jan.-dez., p. 142-160, 2008.

analisando uma realidade distinta, a região de Viamão, marcada por um *continuum* geográfico mais denso que Vacaria. O "Viamão" incluía Porto Alegre, Aldeia dos Anjos e a própria localidade de Viamão. Procuramos, neste trabalho, entender os elementos que interferiam na escolha dos compadres, tais como as relações pretéritas entre os cativos, as expectativas futuras, a relação senhor-escravo e a geografia. Os dados utilizados para isso, coletados em Registros Paroquiais destas freguesias, foram organizados em uma base de dados desenvolvida para projetos anteriores.[4] Nosso propósito é trazer para o debate atual – agência escrava, compadrio cativo, redes sociais – uma questão colocada de lado pela historiografia há décadas: a geografia, ou seja, o espaço como um elemento possibilitador ou impedidor de relações sociais e, em consequência, das escolhas dos agentes do passado.

O Contexto: a grande Viamão

Neste trabalho, temos Viamão como uma região que se estendia para além da freguesia de mesmo nome, incorporando Porto Alegre, Anjos e a própria Viamão. A primeira povoação neste território se iniciou a partir do estabelecimento de propriedades agrárias na década de 1730, compostos por migrações vindas da Laguna, especialmente por parte da elite daquela localidade. Tendo sido ocupada a Laguna por volta de 1680, ela já começava a dispersar gente mais para o sul, processo que continuaria ao longo do XVIII. A freguesia de Viamão foi criada em 1747.[5] Porto Alegre, em 1772 e, na mesma década, a dos Anjos.

Durante a ocupação espanhola em Rio Grande, a Câmara daquela localidade deslocou-se para Viamão, ali permanecendo até sua transposição para Porto Alegre, em 1773. Mas não só a Câmara. Viamão acabou recebendo uma grande leva de "refugiados" da ocupação espanhola, inclusive o governo luso e a provedoria da Fazenda, além de outras instituições oficiais. A partir do início da década de 1770, há investimento do governo luso no estabelecimento de Porto Alegre como sede da Câmara e do governo.[6] Igualmente são criados tabelionatos já na nova localidade e Viamão começa a perder espaço político-institucional. Contra a imagem de

---

[4] A estrutura da base pode ser conhecida em SIRTORI, Bruna. *Entre a cruz, a espada, a senzala e a aldeia. Hierarquias sociais em uma área periférica do Antigo Regime (1765-1784)*. Dissertação de mestrado. PPGH/UFRJ, Rio de Janeiro, 2008.

[5] KÜHN, Fabio. *Gente da fronteira: família, sociedade e poder no sul da América Portuguesa – século XVIII*. Tese de doutorado. PPGH/UFF, Niterói, 2006.

[6] *Ibidem*.

decadência, difundida à época e reproduzida pela historiografia, Viamão seguiu crescendo em termos demográficos e continuava a ser uma referência importante em Curitiba, por exemplo, muito mais que Porto Alegre.[7]

Chegamos aos anos 1780 e a região está em franco crescimento, em um processo de reacomodação demográfica. Porto Alegre contava 1300 almas em 1779 e, um ano depois, 1512. Anjos registrava um número anual de batismos crescente. Viamão passa de 1300 habitantes, em 1778, para 1891, dois anos depois. Todas crescem em boa proporção até o final do século, à exceção da Freguesia dos Anjos, em paralelo à decadência do aldeamento, além do fato de que Porto Alegre poderia estar atraindo aquela população. Vejamos:

TABELA 1 – População de localidades do Viamão (Final do XVIII)

Local	1780	1798	Crescimento	Crescimento %
Nossa Senhora dos Anjos	2355	1996	-359	-15,24
Porto Alegre	1512	3268	+1756	116,14
Viamão	1891	2119	+228	12,06

Fonte: BN. Mss. 9, 4, 9, n. 134; AHU. RS. Cx. 9. Doc. 44

Os núcleos populacionais de Porto Alegre, Viamão e Anjos distavam entre si entre quinze e vinte e cinco quilômetros, sem grandes acidentes geográficos. Considerando os recursos disponíveis para aqueles homens, sua tecnologia de movimentação e transporte, esta distância se manifesta em um dia de viagem, talvez um dia inteiro, no caso da distância entre Porto Alegre e a Freguesia dos Anjos, ou uma tarde a cavalo com uma boa velocidade. Tal foi a velocidade que o Sargento-mor de São Paulo Joaquim José de Macedo Leite pôde desenvolver em sua passagem pelo Viamão, em 1790. Saindo da Fazenda Sapucaia ele chegou ao Rio dos Sinos, percorrendo aproximadamente 8 km neste dia. No seguinte, percorreu cerca de 12 km para chegar à Fazenda de Luis Leite. Nos seguintes, aumentou sua marca, até chegar ao Rio Pardo, com média de 23 km por dia de jornada.[8]

É muito provável que Macedo Leite não conhecesse o território e pisasse no chão devagar, além do fato de que ia longe, ao Rio Pardo, e não podia abusar dos animais. Mas era uma velocidade possível, dentro das limitações tecnológicas do momento,

---

[7] GIL, Tiago. *Coisas do Caminho. Tropas e tropeiros do Viamão à Sorocaba*. Tese de doutorado. PPGH/UFRJ, Rio de Janeiro, 2009.

[8] *Ibidem*.

dadas pelo uso do cavalo como instrumento mais veloz de transporte terrestre. Manuel José de Alencastre, fugindo da prisão, como contava em 1786 ao Vice-rei em uma carta, parece ter feito o percurso de sua estância, no Caí, até a casa do Provedor Inácio Osório em Porto Alegre, que distavam 50 km, em um mesmo dia (o documento não deixa isso claro). Era preciso considerar a distância final, o tempo disponível em dias, as eventuais cargas, as condições da estrada (se estava alagada ou embarcada, ou cheia de irregularidades) e o preparo e qualidade dos cavalos. Quando havia cavalos. Uma viagem de mais de 40 km poderia demandar, sob certas circunstâncias, dois dias ou mais.

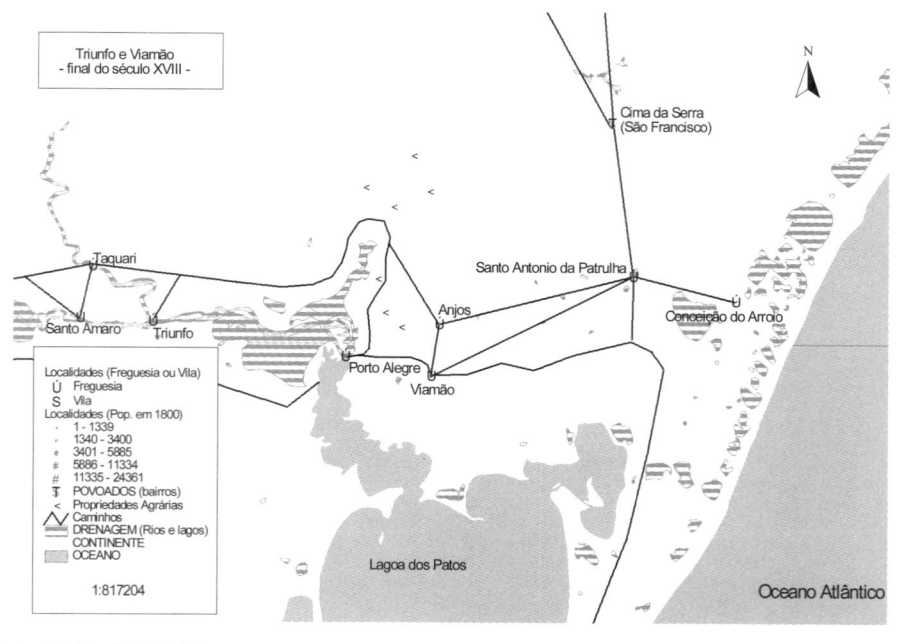

FIGURA 1 – Mapa de Triunfo e do Viamão (final do XVIII)

Fonte: BN. Mss. 005, 04, 035.

O Viamão se compunha de três núcleos urbanos, ou quase isso, e uma vasta área de produção de alimentos e animais. Uma produção tritícola bastante desenvolvida abastecia este espaço, garantida por pequenos lavradores que havia no Caí, no entorno de Porto Alegre e na Freguesia de Viamão, ainda que fosse igualmente expressiva nas grandes estâncias. A criação de animais estava largamente difundida, sendo encontrada em praticamente todas as propriedades.⁹ Os núcleos populacionais eram abastecidos de instrumentos domésticos com os trabalhos de barro feitos pelos indígenas da Aldeia, na Freguesia dos Anjos.¹⁰ Camponeses vindos dos Açores, indígenas missioneiros emigrados, minhotos enriquecidos (ou não), africanos de vários locais, paulistas e seus descendentes, crioulos e aqueles que se reivindicavam descendentes dos conquistadores atuavam neste cenário, compondo diferentes hierarquias e produzindo animais para o caminho das tropas.

A produção pecuária estava disseminada em todo este espaço, ainda que algumas regiões, ou mais especificamente alguns produtores tivessem certa primazia. O destaque maior estava para os criadores do Caí. Somente Custódio Ferreira de Oliveira Guimarães tinha, em 1784, mais de cinco mil animais, dos quais setecentas éguas e cinquenta burros. Seu vizinho contíguo, Manuel José de Alencastre, possuía mais de dois mil e quinhentas peças, das quais cento e cinquenta éguas e quatorze burros. Anjos também mantinha uma pecuária em crescimento, com destaque para a Estância da Taquara, de João Pereira Chaves, onde eram criados dois mil e duzentos animais. A Fazenda Itacolomi, de Dona Bernardina de Jesus Pinto, possuía um expressivo rebanho asinino, com cinquenta animais, além de três centenas de éguas.¹¹

A freguesia de Viamão continuava a ser uma importante produtora de animais no início dos anos 1780. Somente o padre João Diniz Alves de Lima possuía mais de dez mil animais, em suas duas propriedades. Na Fazenda de Itapuã, Domingos Gomes Ribeiro mantinha mais de cinco mil animais.¹² Kühn percebe uma transformação na estrutura agrária desta freguesia que, segundo ele, estaria adquirindo um "aspecto camponês", com a contínua diminuição do tamanho dos plantéis e do aumento gradativo do número de pequenas propriedades.¹³ Este fator, somado à fuga das antigas famílias tradicionais do povoado, seriam argumentos para se considerar

---

9   AHRS. Relação dos moradores de 1784. Códices 1198 A e B; Osório, Helen. *Estancieiros, Lavradores e Comerciantes na Constituição da Estremadura Portuguesa na América (Rio Grande de São Pedro, 1737-1822)*. Tese de doutorado. PPGH/UFF, Niterói, 1999.

10 Moniz Barreto, Domingos Alves. *Observações relativas à Agricultura, comércio e Navegação do Continente do Rio Grande de São Pedro*. Apud: Cesar, Guilhermino. *Primeiros Cronistas do Rio Grande do Sul. 1605-1801*. Porto Alegre: Edições da Faculdade de Filosofia/UFRGS, 1969.

11 AHRS 1198 A e B.

12 Kühn. *Gente da fronteira: família, sociedade e poder no sul da América Portuguesa – século XVIII*. Tese de doutorado. PPGH/UFF, Niterói, 2006.

13 *Ibidem*.

a decadência daquela pequena urbe. Não pretendemos discutir aqui o argumento da decadência, mas nos parece que, antes disso, houve um reordenamento espacial que deslocou as grandes unidades produtivas para a fronteira agrária, no caso da região do Viamão, o norte da Freguesia dos Anjos e o distrito do Caí, dentro de um processo que já havia começado nos anos 1760. O mesmo fenômeno explicaria a expansão no Rio Pardo, nas direções oeste e sul, assim como o contínuo crescimento da Freguesia do Triunfo, especialmente no tamanho de suas fazendas. O avanço português fundava postos avançados na fronteira imperial, mas também garantia o avanço na fronteira agrária.

O padrão de posse de escravos na região

Toda a região estava marcada pelo forte escravismo. Seguindo um mapa da população de 1780,[14] Viamão possuía 1891 habitantes, dos quais 749, 39,61%, eram escravos. Porto Alegre contava 1512 almas, das quais 545 eram cativas, representando 36,04% do total. Nossa Senhora dos Anjos possuía o maior ajuntamento humano, com 2355 pessoas, boa parte das quais de indígenas Guaranis ali instalados. O percentual de cativos era de 10,83%, somando 255 escravos. Duas décadas depois, em 1798, o cenário tende ao aumento dos plantéis.[15] Em Porto Alegre, os cativos agora representam 41,56% da população. Em Viamão, uma pequena queda para 37,52%, enquanto na Freguesia dos Anjos o percentual sobe para 29,06%. Além destes dados, é importante ressaltar que a população livre com memória do cativeiro, pardos e pretos livres, era igualmente expressiva em todo este espaço, segundo as mesmas fontes e trabalhos recentes.[16]

Para calcular o padrão de posse de escravos, utilizamos dois tipos de documentação: os registros de batismos de Porto Alegre, Viamão[17] e Gravataí, e os Róis de Confessados, censos eclesiásticos realizados para a preparação dos fiéis para o período da quaresma. Para esta pesquisa, dispomos de Róis para Viamão (1776) e Freguesia dos Anjos (1780, 82, 84, 89, 90 e 91). Apesar de todos os problemas que

---

14 Mapa populacional de 1780. BN. Mss. 9, 4, 9, n. 134.

15 Mapa populacional de 1798. AHU.RS. Cx. 9. Doc. 44.

16 SCHANTZ, Ana Paula Dornelles. *Libertos no Rio Grande de São Pedro: Porto Alegre e Viamão no final do século XVIII e início do XIX*. Salvador: UFBA, 2009.

17 NEUMANN, Eduardo; KÜHN, Fábio (coord.). *Projeto resgate de fontes paroquiais: Porto Alegre- Viamão (século XVIII).*

há na utilização destas fontes para estimar a propriedade escrava, vamos utilizar estes documentos por falta de opção e por acreditar que eventuais falhas e lacunas não afetam as conclusões principais que vamos apresentar.

Os dados demográficos brutos retirados dos mapas populacionais sugerem uma maior presença escrava em Viamão e Porto Alegre, se analisados superficialmente. Contudo, é possível perceber uma concentração de cativos muito maior na Freguesia dos Anjos. Tomemos o ano de 1789, do qual o Rol de Confessados que dispomos foi feito com cuidado pelo padre. De um total de 181 fogos, apenas 66 possuíam escravos, ou seja, 36,5%. A concentração é ainda maior entre os grandes proprietários de escravos, que neste trabalho consideramos como aqueles com mais de 10 cativos. Sozinhos, aqueles 10 senhores detinham quase 40% do total de escravos da Freguesia.

TABELA 2 – Estrutura de Posse de escravos na Freguesia dos Anjos, 1789

Faixas	Senhores	%	Escravos	%
1 a 4 escravos	36	54,50	95	24,61
5 a 9 escravos	21	31,8	140	36,27
10 ou mais escravos	9	13,60	151	39,12

Fonte: Rol de Confessados da Freguesia dos Anjos de 1789[18]

Tomando o Ról de Confessados de Viamão para o ano de 1776, temos um total de 241 fogos, unidades domésticas, das quais 126 possuíam escravos, resultando 52,28%. O total de cativos era de 409 pessoas, dando uma média de 3,25 por senhor. Vejamos a divisão por faixas:

TABELA 3 – Estrutura de Posse de escravos em Viamão, 1776

Faixas	Senhores	%	Escravos	%
1 a 4 escravos	97	76,98	197	48,16
5 a 9 escravos	25	19,84	159	38,87
10 ou mais escravos	4	3,17	53	12,95

Fonte: Rol de Confessados de Viamão de 1776

---

18 Para evitar distorções, foram retirados os dados da Feitoria do Linho Cânhamo, presentes neste Rol, mas que não eram exatamente parte da localidade. A Feitoria possuía uma grande quantidade de cativos e alteraria substancialmente o resultado final.

É possível perceber, apesar da diferença de tempo entre os dois cenários ser de 13 anos, que a concentração na Freguesia dos Anjos era bastante superior; ainda que a moda da posse de escravos em Viamão no Rol de 1776 e nos Anjos em 1789 fosse a mesma: 1 escravo por senhor. Entretanto, a média de escravos por senhor em Viamão, em 1776, era de 3,25, enquanto nos Anjos chegava a 5,08. Para Porto Alegre, acabamos não utilizando Róis de Confessados nesta pesquisa, apesar de sua existência no Arquivo da Cúria Metropolitana de Porto Alegre. Para fins de comparação, seguimos o modelo proposto por Fragoso,[19] utilizando os próprios registros de batismo das localidades de Viamão, Anjos e Porto Alegre para verificar a hierarquia senhorial e o tamanho mínimo dos plantéis. Tal metodologia já foi por nós testada em outros trabalhos, com relativo sucesso.[20] O procedimento metodológico consiste na identificação dos senhores dos escravos que compareciam à pia batismal e da consequente identificação dos próprios escravos. Por exemplo, ao observar que o casal de escravos Manuel e Catarina, de Manuel Machado Pacheco, tiveram nove filhos entre 1783 e 1797, sabemos que aquele senhor possuía cerca de onze escravos em 1798, salvo eventuais falecimentos de recém-nascidos. Ao identificarmos outros escravos do mesmo senhor, vamos reconstruindo sua senzala, escravo por escravo. É preciso dizer, antes, que este procedimento possui um vício, dando destaque a senhores com maior número de mulheres em idade fértil no plantel (dado pelo grande número de pais não informados), o que distorce substancialmente a hierarquia entre os senhores.

Tomamos o período entre 1771 e 1791 para Viamão, 1771 e 1784 para a Freguesia dos Anjos e 1772 e 1792 para Porto Alegre.

---

19 FRAGOSO, João. Principais da terra, escravos e a República: o desenho da paisagem agrária do Rio Seiscentista. *Ciência e ambiente*, n. 33. 2006.

20 SIRTORI, Bruna e GIL, Tiago. Bom dia padrinho... *op. cit.*; SIRTORI, Bruna. *Entre a cruz, a espada, a senzala e a aldeia... op. cit.*

TABELA 4 – Estrutura de Posse de escravos na grande Viamão, décadas de 1770, 1780 e 1790

	Anjos			Viamão			Porto Alegre		
	número de senhores	total de escravos	% de escravos do total	número de senhores	total de escravos	% de escravos do total	número de senhores	total de escravos	% de escravos do total
1 a 4 escravos	54	79	79	240	389	95,62	308	452	74,09
5 a 9 escravos	1	5	5	11	66	4,38	18	112	18,36
10 ou mais escravos	1	16	16	0	0	0	4	46	7,54

Fonte: Registros de Batismos de Viamão (livros 3 e 4), Porto Alegre (Livro 1) e Gravataí (Livro 1).

Também aqui é possível verificar a maior concentração de cativos entre os senhores dos Anjos. É certo que somente um dos proprietários de cativos daquela localidade aparece com escravos sendo batizados no período, mas Viamão sequer aparece e Porto Alegre, mesmo tendo centenas de senhores, só registra quatro senhores nesta faixa. E como vimos no Rol dos Anjos de 1789, aquela localidade possuía ainda outros oito senhores com grandes plantéis. Além de permitir este tipo de comparação, a análise dos registros de batismo permite ter uma ideia válida, ainda que imprecisa, da hierarquia dos plantéis em uma localidade. Com isso, podemos verificar que João Pereira Chaves era o maior senhor de escravos dos Anjos, com 16 cativos atuando junto à pia batismal, algo verificado em todos os Róis de Confessados aqui utilizados. Manuel Carvalho de Oliveira aparece em segundo lugar com 5 cativos, e Antônio Pinto Carneiro, João Garcia Dutra e Manuel Machado Pacheco surgem em terceiro, com 4 cativos cada. Ainda que a reconstrução da senzala esteja incompleta, a imagem que se forma da hierarquia de senhores da localidade é consistente com informações obtidas por outros meios, ou seja, ainda que não tenhamos informações exatas, as quais provavelmente nunca teremos, temos ideia da grandeza dos plantéis.

Para Porto Alegre, com os mesmos registros de batismo, observamos que os maiores senhores são Manuel Bento da Rocha, com 15 atuando em batismos, Antônio Ferreira Leitão, com 11, Antônio José Martins Bastos e Alexandre da Costa Luis, com 10 cada um. Em Viamão, os Registros de Batismo apontam Domingos Gomes Ribeiro e Manuel Duarte Santarém como os maiores senhores, com oito cativos cada. Em segundo lugar, Jerônimo Muniz, João Luís Barcelos, José Machado da Silva e Luís Ferreira Velho, com seis escravos cada qual. Estas informações, mesmo que imprecisas, são fundamentais para responder a questão principal que estamos avaliando, sobre as preferências dos escravos para a eleição dos padrinhos. Um plantel grande permite escolha farta e fácil para o compadrio cativo. Já aquele casal isolado na casa de um senhor "ermitão" teria menor facilidade de realizar compadrios espacialmente endógenos. A medição dos plantéis pelos registros de batismo permite esta noção, mesmo na falta de outros tipos de documentos.

É possível ainda, com o uso dos registros de batismo, ter uma noção da dinâmica demográfica local, ao verificar a natalidade de livres e cativos. Tomando a condição dos pais, podemos dividir os nascidos entre cativos e livres e verificar a variação no tempo do número de nascimentos. Para Porto Alegre, o resultado gráfico é bastante consistente com as proporções encontradas em outros documentos: uma freguesia nova que cresce pela migração local, especialmente pelo fato de se tornar a sede da Capitania, recebendo a Câmara de Vereadores e o Governador. O crescimento parece ser contínuo e a presença de escravos é sempre bastante alta.

FIGURA 2 – Batismos de livres e escravos ao longo do tempo (1772-1791), em Porto Alegre

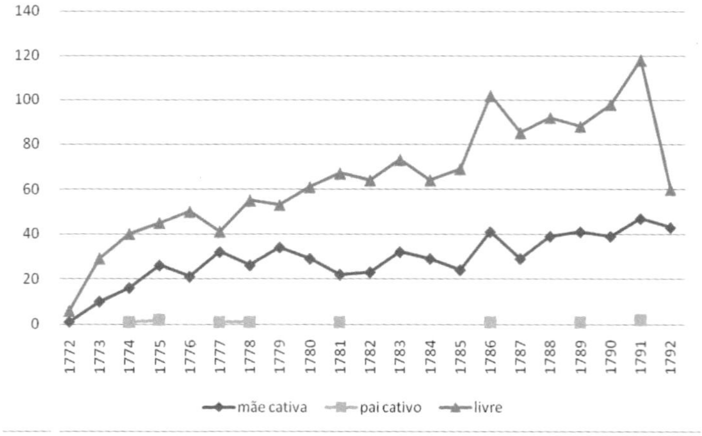

Fonte: Registros de Batismos de Porto Alegre (Livro 1)

Para a Freguesia dos Anjos, no período 1771-1783, o gráfico apresenta uma dinâmica local marcada pela expressiva população indígena livre. A população cativa cresce anualmente, resultado do crescimento vegetativo e da chegada de novos escravos.

FIGURA 3 – Batismos de livres e escravos ao longo do tempo (1771-1783), nos Anjos

Fonte: Registros de Batismos da Freguesia dos Anjos (Livro 1)

Em Viamão, aparentemente, há um problema no registro de escravos, pois o gráfico só apresenta dados consistentes após 1784, indicando um grave sub-registro de cativos no período anterior, o que pode ser verificado em outros documentos, como os Róis e inventários, circunstância que nos obriga a tomar maior cuidado na análise do material daquela localidade.

FIGURA 4 – Batismos de livres e escravos ao longo do tempo (1771-1792), em Viamão

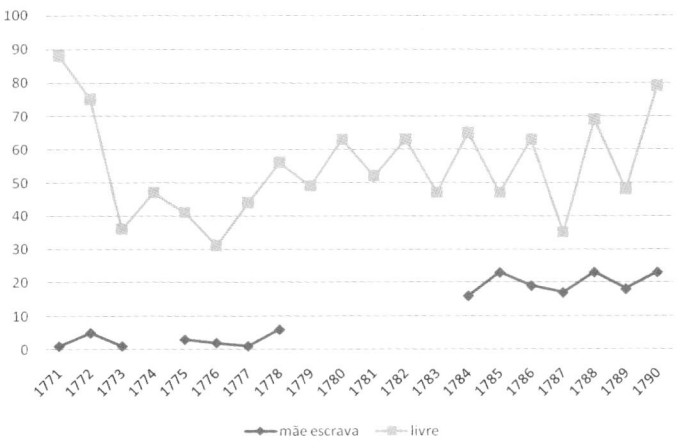

Fonte: Livros de Batismos de Viamão, n. 3 e 4. NEUMANN, Eduardo; KÜHN, Fábio (coord.). *Projeto resgate de fontes paroquiais: Porto Alegre- Viamão (século XVIII)* [ACMPOA. Livros de Batismos de Porto Alegre (n. 1), Viamão (n. 3 e 4) e Anjos (n. 1); Róis de Confessados dos Anjos, 1780, 82, 84, 89, 90, 91. Viamão, 1776].

O compadrio escravo e seus limites espaciais

As freguesias dos Anjos e de Porto Alegre saíram, ambas, de Viamão, e possuíam uma continuidade territorial que merece ser destacada. Para além disso, Porto Alegre foi povoada a partir de famílias de Viamão[21], recebendo instituições que provinham desta localidade. Com o tempo, moradores de uma se mudaram para a outra, o mesmo ocorrendo com a Freguesia dos Anjos, que ficava em terras onde outrora habitava uma parte expressiva das melhores famílias de Viamão, destacaríamos aqui, a fazenda da Figueira, de Domingos Gomes Ribeiro.[22] Porto Alegre distava de Viamão uns 20km, mesma distância que a separava dos Anjos, que ficavam um pouco mais próxima da matriz da Conceição do Viamão, totalizando 16km. Considerando o fato que as três localidades eram bem povoadas para os padrões da época, todas na casa dos milhares, e em franco crescimento, seria razoável apresentar a hipótese de que o mercado de compadres fosse unificado, ou seja, que um morador de Viamão teria em seu leque de opções pessoas de qualquer uma das duas localidades, além da sua própria, na hora de escolher um padrinho. O mesmo poderia ser visto para os escravos, já que todas as três povoações contavam com uma expressiva quantidade de cativos, número que crescia anualmente.

Para investigar isso, optamos por seguir o rastro dos senhores. Entre tantos Josés Pretos e Josés Crioulos, que muitas vezes eram os mesmos, mas nem sempre, a busca pelos senhores permitiria algumas certezas. Nosso procedimento foi o seguinte: verificar a quantidade de senhores cujos escravos apareciam atuando em mais de uma localidade. Para tanto, foi montada uma base de dados que agrupou cerca de 6863 registros de batismo das três freguesias, muitos dos quais ultrapassavam o período abarcado por este artigo. Desta base, selecionamos todos os nomes de senhores daqueles escravos que atuavam como mãe, pai, madrinha ou padrinho. Com isso, encontramos 1107 nomes de senhores, sem repetições, mas com prováveis homônimos. Após a elaboração desta lista, diversos senhores foram identificados a partir do nome dos escravos e de outros elementos que permitiram reconhecê-los, como o nome do cônjuge ou algum outro parentesco (quando o registro de batismo oferecia esta informação).

Para cada nome estava associada uma informação geográfica ampla, a localidade onde seus escravos atuaram em batismos. Do total de 1107, apenas 62 senhores

---

21 KÜHN, Fábio. *Gente da fronteira: família, sociedade e poder no sul da América Portuguesa – século XVIII*. Tese de Doutorado. PPGH/ UFF, Niterói, 2006.

22 *Ibidem*.

apareciam em livros de batismos de locais diferentes através da ação de seus escravos, ou mesmo deles atuando como padrinhos em outro "domicílio". Se gostamos de percentuais, isso significa 5,6% do total. Porém, a tarefa não estava acabada, pois era preciso checar individualmente os casos na tentativa de verificar se eram homônimos, se haviam mudado, se eram senhores absenteístas ou algo mais. Muitos habitantes de Viamão poderiam ter ido para Porto Alegre por volta de 1772, aparecendo nos dois livros. Do total daqueles 62 senhores, pelo menos 29 possuíam nomes que, em nossa opinião, não permitiam saber se eram homônimos ou não, nem mesmo cruzando com os nomes dos escravos.[23] Outros quatro eram homônimos morando em freguesias diferentes, e tinham nomes comuns, próximos daqueles excluídos. Um, Rafael Pinto Bandeira, possuía casas e escravos nas duas localidades onde aparece. Nove deles eram homens livres que atuaram como padrinhos em outras localidades.[24] Um escravo de Manuel de Souza Gomes, de Viamão, teve um filho junto com uma liberta de Porto Alegre, onde a criança nasceu, mas não há indicação que o escravo tivesse maiores relações nesta última localidade. O restante, 18 senhores, era composto por sujeitos que aparentemente se mudaram, levando consigo a escravaria. Assim, exceto aqueles nove casos de padrinhos de outras localidades, não encontramos maiores indícios de compadrio para além das localidades, isso, evidentemente, tomando dados com informação geográfica imprecisa, já que pessoas poderiam ser vizinhas territorialmente e estar vinculadas a freguesias diferentes.

Vejamos de perto estes sujeitos que mudaram seu domicílio, levando consigo as escravarias. Antônio Pereira Maciel parece ter mudado de Viamão para Porto Alegre por volta de 1786. Seus escravos participavam de batismos em Viamão naquele ano, posteriormente indo batizar em Porto Alegre. Antônio da Cunha de Almeida parece

---

23 Os nomes são Antônio, Antônio Rodrigues da Silva, Antônio José, Antônio Silveira, Bárbara da Conceição, Francisco, Francisco Antônio, Francisco da Costa, Francisco José, Francisco Martins, João, João José, João Martins, João Pereira, João preto, José Bernardes, José da Silva, José Fernandes, José Garcia, José Inácio, José Machado, José Rodrigues, José Silveira, José Vieira, Luzia da Conceição, Manuel Vieira, Maria de Jesus e Pedro.

24 Não pretendemos explorar estes casos neste momento, ainda que pareça um campo fértil para discussão. Os sujeitos identificados nesta condição foram: Francisco José Flores, Francisco José Lopes, o preto forro Garcia de Souza, João Antônio de Oliveira Ferreira, João Antônio Navarro, João de Azevedo Moreira, Joaquim José da Conceição, José Alves Chaves, José Pedro de Oliveira. Não conseguimos encontrar maiores informações sobre quem eram. Acreditamos que João Antônio de Oliveira Ferreira e João de Azevedo Moreira eram negociantes, já que encontramos registros de atividades mercantis e de crédito onde eram partícipes, quase sempre com valores expressivos (1º Tabelionato de Notas de Porto Alegre, livros 6, 8 e 10). Sobre os demais, sabemos muito pouco para esboçar uma explicação.

ter ido de Porto Alegre para Viamão por volta de 1790. Seus escravos escolhiam para padrinhos somente pessoas da localidade onde estavam, batizando quatro pessoas em Viamão até 1789 e mais duas em Porto Alegre após aquele ano. Antônio Dias parece ter se mudado de Viamão para Porto Alegre em 1772. Seus escravos participaram de pelo menos três batismos antes da mudança, somente em Viamão. Antônio Carvalho da Silva saiu de Viamão para Porto Alegre por volta de 1788. Seus escravos batizam em 1784 em Viamão, batizando novamente em 1788, já em Porto Alegre, não atuando mais em outros locais.

Antônio Francisco de Abreu, Antônio José Machado Pereira, Domingos Martins Pereira, Domingos Velho da Silva, Inácio Osório Vieira, José Martins Baião, José Rodrigues de Figueiredo, Manuel da Silva Ferreira e Manuel Rodrigues Fontes são casos semelhantes. Em todos estes casos, parece ter ocorrido a mudança de Viamão para Porto Alegre com escravaria, sendo que seus escravos somente participam de batizados envolvendo escravos de senhores das localidades onde estão no momento, nunca de localidade vizinha. Inácio Osório Vieira,[25] caso perfeito deste comportamento, é igualmente exemplar por outra razão. Ele atuou como padrinho em ao menos 36 ocasiões, entre livres e cativos, das quais apenas 5 foram fora da localidade onde estava, algumas por procuração, mesmo se tratando de um sujeito com um importante cargo e com recursos e tempo para locomoção.

Os demais são casos mais interessantes. Francisco Marques Lisboa parece alternar entre Porto Alegre e Viamão, batizando nesta última em 1789 e 1790, enquanto sua escrava Margarida batiza em 1789. Em 1793, ele batiza sua filha em Viamão, pouco antes de Gertrudes, sua escrava, batizar também naquela localidade. João Rodrigues Palhares, por seu turno, batizou e teve seus escravos batizando em Porto Alegre entre 1781 e 1785. Em 1785, ele se torna "Comandante da Freguesia de Viamão", quando passa a atuar como padrinho em Viamão. Seus escravos não batizam mais em Porto Alegre e somente voltam à pia em 1788, agora em Viamão e nunca mais em Porto Alegre. As relações parecem ter minguado no caminho. Miguel Brás teve seus escravos batizando sempre em Viamão, onde residia. Quando falece, sua viúva, Isabel dos Santos Robalo, parece mudar-se para Porto Alegre, onde seus escravos passam a batizar. Ela batiza em Porto Alegre entre 1786 e 1796, e seus escravos entre 1789 e 1795, sendo que não os observamos após estas datas. Contudo, quando Miguel Brás ainda era vivo, temos um raro caso de apadrinhamento entre escravos de localidade

---

25 Inácio era Provedor da Real Fazenda da Capitania do Rio Grande de São Pedro.

diferente. Francisca Preta, escrava de Miguel, parece ir para Porto Alegre em 1780 para ser madrinha de um escravo de Domingos de Lima Veiga, importante personalidade da Capitania. Manuel Machado Pacheco tem seus escravos batizando entre 1783 e 1786 nos Anjos, e entre 1787 e 1810 em Viamão.

Parece que em muitos casos de mudança de domicílio, as relações construídas entre os cativos se mantém com dificuldade ou se extinguem. Não creditamos isso a simples condição escrava, pois parece afetar igualmente a relação dos livres, inclusive da elite. Ao que tudo indica, o mercado "local", comunitário, de relacionamentos, era suficiente para o fornecimento de padrinhos. Esta avaliação, porém, pode significar que nem todos ou nem sempre o compadrio era algo tão valorizado ou tão preparado. Muitas vezes, ou na maioria das vezes, não era considerada a possibilidade de "importar" um padrinho. Alguém da comunidade local cotidiana, um vizinho, um companheiro de senzala ou de conversas podia ser suficiente.

Do Passos dos Ferreiros ao Miraguaia

Nossa análise até aqui se guiou pelos Registros de Batismos, quase exclusivamente. Eles se mostraram interessantes para a análise que pretendemos, a mobilidade geográfica do compadrio escravo, mas apresentam uma imagem imprecisa, ampla, apenas entre comunidades. Uma precisão maior seria desejável. Para isso tomamos uma região descrita nos Róis de Confessados dos Anjos, particularmente no de 1789, o caminho "do Passo dos Ferreiros ao Miraguaia". Foi o percurso feito pelo padre ao anotar os habitantes de sua freguesia naquele ano e em outros também. O mapa abaixo indica a localização deste trecho e de outros indicados naquele Rol, como o caminho para o "Faxinal da Courita e Rio dos Sinos", o caminho para o "Itacolomi" e aquele para a "Fazenda do Coronel".

FIGURA 5 – Mapa da Região

Fonte: Rol de Confessados de Nossa Senhora dos Anjos, 1780, 1782, 1784, 1789, 1790 e 1791[26]

Esta região estava marcada pela forte presença escrava. Dos 10 maiores senhores indicados no Rol dos Anjos de 1789, 6 habitavam aquela área. Além disso, ali estavam outros 26 senhores, que ao todo somavam 190 escravos. A moda da posse de escravos nesta região era 3, e a média era de 5,94 escravos por senhor, muito maior que qualquer outra região próxima. Entretanto, somente aqueles seis maiores somavam 108 escravos. A maior posse era de João Pereira Chaves, com 34 cativos. Em seguida vinha Manuel Carvalho de Oliveira, com 19, ao lado de Manuel de Souza Gomes, com o mesmo número. Em quarto vinha Paulo Rodrigues Xavier Prates, com 15, e José Inácio da Costa, com 11. Por último, João Garcia Dutra possuía 10 cativos. Todos os padrinhos de seus escravos ou quem seus escravos apadrinhavam eram do próprio passo ou, no máximo, da povoação dos Anjos. Uma área com grande concentração de cativos e, consequentemente, muita oferta de compadrio entre escravos. Vejamos se estas circunstâncias modificavam a escolha dos cativos.

Comecemos com o plantel de João Pereira Chaves. Voltando aos registros paroquiais, é possível encontrar 10 cativos seus em pias batismais no período entre

---

26 NEUMANN, *op. cit.*

1771 e 1783. Para estes 10 momentos, temos o seguinte cenário: 2 foram com padrinhos escravos, sendo um casal da mesma senzala e outro misto, com uma madrinha de João Pereira Chaves e um padrinho escravo de Manuel de Souza Gomes, senhor habitante da mesma região; 6 batismos com pessoas livres como padrinhos, sendo que em 3 oportunidades, o casal formado por Narcisa Maria e José Gonçalves Guimarães fez as vezes, sendo também eles moradores do caminho do Miraguaia; em outras 2 oportunidades, os padrinhos foram pessoas da povoação dos Anjos; em 2 batismos não há padrinhos e em outro, não sabemos de onde era o padrinho. Percebe-se uma forte endogenia geográfica na escolha dos padrinhos, quase todos da região do caminho do Miraguaia, tendo a povoação dos Anjos, "sede" da região, como segundo "fornecedor" de padrinhos. Isso era igualmente razoável, uma vez que o batismo ocorria naquela mesma "sede", onde ficava a matriz, e padrinhos podiam ser escolhidos neste momento.[27]

Este tipo de compadrio dos escravos de João Pereira Chaves se reiteravam no tempo, para além da nossa amostra. Observando registros posteriores, encontramos 3 oportunidades em que escravos de Chaves apadrinhavam cativos de José Gonçalves Guimarães. Em duas oportunidades, casais de Chaves apadrinharam filhos de casais de Manuel Machado Pacheco, igualmente morador do Passo do Miraguaia, mas até meados da década de 1780, quando sua fazenda era vizinha. No Rol de 1782, Pacheco é o número 96 e Chaves, 94. No Rol de 1784, Chaves é o 90, enquanto Pacheco é o 87, na ordem da lista dos habitantes. Em 1787, os escravos de Pacheco estavam batizando em Viamão e ali seguem nestes ofícios até pelo menos 1810, sem nunca voltar a renovar compadrios com os cativos de João Pereira Chaves. Mais uma vez, a distância diluiu as relações e esmaeceu o compadrio.

O mesmo comportamento pode ser observado nos plantéis de João Garcia Dutra, Manuel de Souza Gomes e Manuel Carvalho de Oliveira. Em todos estes casos, há uma preferência notória por, primeiramente, escravos do mesmo plantel (quando suficientemente grande), escravos de proprietários vizinhos e por membros da família senhorial, além de vizinhos livres. Em último caso, o compadre

---

27 Analisando comportamento semelhante em seu estudo sobre Alegrete no século XIX, Luis Augusto Farinatti pôde verificar que se tratavam de escravos domésticos da matriz da Freguesia. Não temos qualquer indício que nos permita adotar esta explicação para o nosso caso. FARINATTI, Luis Augusto. "Relações parentais de escravos, libertos e indígenas na fronteira meridional (1817-1844): Primeiras notas de pesquisa". *V Encontro Escravidão e Liberdade no Brasil Meridional*. Diposnível em: <http://www.escravidaoeliberdade.com.br>. Acesso em 26 ago. 2011.

era buscado na sede da freguesia, uma saída comum, mas não a mais recorrente. Como já salientamos anteriormente, tal comportamento não pode ser compreendido como uma simples deficiência escrava ou falta de estratégia. Em outros trabalhos,[28] observamos que estes mesmos limites atingiam a população como um todo, inclusive a elite. Em trabalho anterior,[29] observamos que na localidade de Vacaria, nos chamados "Campos de Cima da Serra" da Capitania do Rio Grande de São Pedro, em fins do XVIII, o mesmo se dava entre senzalas de diferentes senhores. Pudemos identificar duas áreas relativamente isoladas que de algum modo "fecharam" o mercado de compadrio entre um pequeno número de cativos que serviam uns aos outros nos ofícios batismais, sem que isso fosse parte de estratégia senhorial, como afirma Hameister.[30]

Para encerrar, acreditamos que o exercício aqui realizado serviu para questionar algumas ideias recorrentes na historiografia sobre a escravidão. Em primeiro lugar, não parece certo pensar numa mobilidade espacial gigantesca, como quer Sheila de Castro Faria.[31] Longe de querer afirmar que os escravos estavam presos em ferros o tempo todo, sua ação tinha limites, inclusive geográficos, e nos resta determinar quais eram. O mesmo vale, em geral, para seus senhores, ainda que este não tenha sido o foco aqui. Em segundo lugar, o fato de o mercado do compadrio ser restrito à localidade, quando não a uma região dentro da localidade ou dentro da própria senzala, sugere que talvez haja grande exagero no peso dado ao compadrio como relação pessoal. Muitas vezes, o compadre poderia ser alguém próximo, do cotidiano imediato dos pais, e não um investimento de longo prazo ou a consagração de longa amizade. De qualquer modo, isso requer maior aprofundamento, mas em trabalhos futuros.

---

28 GIL, Tiago. *Coisas do Caminho...* op. cit.

29 SIRTORI & GIL. "Bom dia padrinho"... op. cit.

30 HAMEISTER, Martha Daisson. *Para dar calor à nova povoação: Estudo sobre estratégias sociais e familiares a partir dos registros batismais da Vila do Rio Grande (1738-1763)*. Tese de doutorado. PPGH/UFRJ, Rio de Janeiro, 2006.

31 FARIA, Sheila de Castro. *A Colônia em Movimento: fortuna e família no cotidiano colonial*. Rio de Janeiro: Nova Fronteira, 1998.

Bibliografia

FARIA, Sheila de Castro. *A Colônia em Movimento: fortuna e família no cotidiano colonial.* Rio de Janeiro: Nova Fronteira, 1998.

FARINATTI, Luis Augusto. "Relações parentais de escravos, libertos e indígenas na fronteira meridional (1817-1844): Primeiras notas de pesquisa". *V Encontro Escravidão e Liberdade no Brasil Meridional.* Diposnível em: <http://www.escravidaoeliberdade.com.br>. Acesso em 26 ago. 2011.

FRAGOSO, João. "Principais da terra, escravos e a República: o desenho da paisagem agrária do Rio Seiscentista." *Ciência e ambiente*, n. 33, 2006.

GIL, Tiago. *Coisas do Caminho. Tropas e tropeiros do Viamão à Sorocaba.* Rio de Janeiro, UFRJ, 2009.

HAMEISTER, Martha Daisson. *Para dar calor à nova povoação: Estudo sobre estratégias sociais e familiares a partir dos registros batismais da Vila do Rio Grande (1738-1763).* Tese de doutorado. PPGH/UFRJ, Rio de Janeiro, 2006.

KÜHN, Fabio. *Gente da fronteira: família, sociedade e poder no sul da América Portuguesa – século XVIII.* Tese de doutorado. PPGH/UFF, Niterói, 2006.

MONIZ BARRETO, Domingos Alves. Observações relativas à Agricultura, comércio e Navegação do Continente do Rio Grande de São Pedro. In: CESAR, Guilhermino. *Primeiros Cronistas do Rio Grande do Sul. 1605-1801.* Porto Alegre: Edições da Faculdade de Filosofia/UFRGS, 1969.

NEUMANN, Eduardo; KÜHN, Fábio (coord.). *Projeto resgate de fontes paroquiais: Porto Alegre- Viamão (século XVIII)* [ACMPOA. Livros de Batismos de Porto Alegre (n. 1), Viamão (n. 3 e 4) e Anjos (n. 1); Róis de Confessados dos Anjos, 1780, 82, 84, 89, 90, 91. Viamão, 1776.]

OSÓRIO, Helen. *Estancieiros, Lavradores e Comerciantes na Constituição da Estremadura Portuguesa na América (Rio Grande de São Pedro, 1737-1822).* Tese de doutorado. PPGH/UFF, Niterói, 1999.

SCHANTZ, Ana Paula Dornelles. *Libertos no Rio Grande de São Pedro: Porto Alegre e Viamão no final do século XVIII e início do XIX.* Salvador: UFBA, 2009.

SIRTORI, Bruna. *Entre a cruz, a espada, a senzala e a aldeia. Hierarquias sociais em uma área periférica do Antigo Regime (1765-1784)*. Dissertação de mestrado. PPGH/UFRJ, Rio de Janeiro, 2008.

SIRTORI, Bruna & GIL, Tiago. "Bom dia padrinho: espaço e parentesco na formação de redes entre cativos nos campos de Vacaria, 1778-1810." *Revista Eletrônica de História do Brasil*, vol. 10, n. 1 e 2, jan.-dez., p. 142-160, 2008.

Os escravos do Marechal e seus compadres: hierarquia social, família e compadrio no sul do Brasil (c. 1820 — c. 1855)[1]

LUÍS AUGUSTO EBLING FARINATTI[2]

NOS ÚLTIMOS ANOS, cada vez mais historiadores têm empregado os registros de batismo, não apenas para estudos demográficos, mas também para investigar a formação de redes de relações entre sujeitos posicionados em diversos setores da sociedade.[3] Para o historiador interessado nas práticas e estratégias dos grupos menos favorecidos, a situação parece mesmo potencializar-se, uma vez que o problema da sub-representação dos subalternos é menor nestes documentos do que nas fontes patrimoniais. Considerando especificamente as relações de compadrio envolvendo escravos, contemplamos uma produção que tem se multiplicado por paróquias urbanas e por sertões espalhados pelo território da América Portuguesa e do Império do Brasil.[4] Resenhá-la, aqui, com a seriedade que merece, seria um exercício que tomaria mais

---

1   Parte deste artigo foi apresentado, em forma preliminar, no XVII Simpósio Nacional de História, em julho de 2011, em São Paulo.

2   Professor do Programa de Pós-graduação e do Departamento em História da Universidade Federal de Santa Maria. Doutor em História Social pela Universidade Federal do Rio de Janeiro.

3   Por exemplo: BRÜGGER, Sílvia. *Minas Patriarcal: Família e sociedade (São Jão del Rei – Séculos XVIII e XIX)*. São Paulo: Anablume, 2007. HAMEISTER, Martha. *Para Dar Calor à Nova Povoação: estudo sobre estratégias sociais e familiares a partir dos registros batismais da Vila do Rio Grande (1738-1863)*. Tese de Doutorado. PPGH/UFRJ. Rio de Janeiro, 2006.

4   Entre outros: GUDEMAN, Stephen & SCHWARTZ, Stuart. "Purgando o pecado original: compadrio e batismo de escravos na Bahia no século XVIII". In: REIS, João José (org.). *Escravidão e Invenção da Liberdade. Estudos sobre o negro no Brasil*. São Paulo: Brasiliense, 1988. MACHADO, Cacilda. "Compadrio de escravos e paternalismo, o caso da freguesia de São José dos Pinhais (PR), na passagem do século XVIII para o XIX". *III Encontro Escravidão e Liberdade no Brasil Meridional*. Florianópolis, 2007. Disponível em: <http://www.escravidaoeliberdade.com.br>. BACELLAR, Carlos de Almeida Prado. Criando porcos e arando a terra: família e compadrio entre os escravos de uma economia de abastecimento (São Luis do Paraitinga, capitania de São Paulo, 1773-1840). *III*

espaço do que o possível. Assim, as obras com as quais foi preciso fazer um diálogo direto serão mencionadas ao longo da análise.

De um modo geral, pode-se dizer que os estudos sobre o compadrio escravo chegaram a alguns denominadores comuns, mas também resultaram em alguns questionamentos persistentes. Os temas que atingiram um relativo consenso são o reconhecimento da importância dos vínculos familiares, não apenas de sangue, mas também rituais, para os cativos; e também a noção da efetiva importância do compadrio no contexto da formação e reiteração de grupos de convívio formados por laços sociais significativos, envolvendo cativos de diferentes escravarias, bem como libertos e pessoas livres. O que se segue a partir daí é uma grande variedade de padrões e interpretações. Essa diversidade não se dava apenas entre áreas com diferentes características socioeconômicas, o que tornaria tudo muito mais simples, mas ocorria, inclusive, entre áreas semelhantes dentro de uma mesma região.[5]

Este artigo visa debater, a partir do estudo das relações de compadrio, algumas das questões referentes aos vínculos entre relações escravistas, liberdade, hierarquia e mobilidade social, famílias escravas e senhoriais no extremo-sul do Brasil.[6] A proposta é partir

---

Encontro Escravidão e Liberdade no Brasil Meridional. Florianópolis, 2007. Disponível em: <http://www.escravidaoeliberdade.com.br>.

5 Para uma resenha dessas questões, ver BACELLAR, Carlos de Almeida Prado. "Criando porcos e arando a terra: família e compadrio entre os escravos de uma economia de abastecimento (São Luis do Paraitinga, capitania de São Paulo, 1773-1840)". *III Encontro Escravidão e Liberdade no Brasil Meridional*. Florianópolis, 2007. Disponível em: <http://www.escravidaoeliberdade.com.br>.

6 Passado o período em que se precisava provar em todo artigo a posição estrutural da escravidão no mundo da pecuária sulina, acompanhamos o surgimento de trabalhos novos, tematizando família, compadrio de escravos, bem como o processo de obtenção da liberdade no mundo rural do Rio Grande do Sul. Entre outros: ALADRÉN, Gabriel. *Liberdades negras nas paragens do sul. Alforria e inserção social de libertos em Porto Alegre. 1800-1835*. Rio de Janeiro: Editora FGV, 2009. ARAÚJO, Thiago Leitão de. *Escravidão, fronteira e liberdade: políticas de domínio, trabalho e luta em um contexto produtivo agropecuário (vila da Cruz Alta, província do Rio Grande de São Pedro, 1834-1884)*. Dissertação de mestrado. PPGH/UFRGS, Porto Alegre, 2008. MATHEUS, Marcelo S. "A lista de classificação dos escravos de Alegrete. Notas de Pesquisa". *V Encontro Escravidão e Liberdade no Brasil Meridional*. Porto Alegre, 2011. Disponível em: <http://www.escravidaoeliberdade.com.br>. Justiçando o Cativeiro: a cultura de resistência escrava. PICCOLO, Helga. PADOIN, Maria Medianeira (orgs.). *História Geral do Rio Grande do Sul* – Volume 2, Império. Passo Fundo: Méritos, 2006. ZETTEL, Roberta F. V. "De mútuo consentimento. O significado da relação familiar cativa para senhores e escravos na freguesia de Nossa Senhora do Rosário de Rio Pardo (1845-1865)". *V Encontro Escravidão e Liberdade no Brasil Meridional*. Porto Alegre, 2011. Disponível em: <http://www.escravidaoeliberdade.com.br>. CARATTI, Jonatas. "Os solos da liberdade. As trajetórias da preta Faustina e do pardo Anacleto pela fronteira rio-grandense em tempos de processo abolicionista uruguaio

de um contexto de dados agregados, que informa o padrão majoritário de compadrio exógeno entre os batismos de escravos na capela de Alegrete, e ir aproximando a observação com centro em uma única escravaria, pertencente ao Marechal Bento Manoel Ribeiro e sua mulher Dona Maria Mância Ribeiro, na capela de Alegrete, entre 1822 (data do primeiro batismo) e 1854, data da avaliação e partilha do inventário de Dona Maria Mância. Essa aproximação da análise se fará com a incorporação de outras fontes, tais como registros de casamento, registros de alforrias e inventários *post mortem*.

Na capela de Alegrete

A capela de Alegrete foi fundada como capela em 1817.[7] Esteve fechada entre janeiro de 1827 e dezembro de 1828, em virtude da guerra devastar a fronteira, resultando na derrota brasileira e na independência do Estado Oriental do Uruguai. Localizava-se em uma extensa área nos territórios ao sul do rio Ibicuí, recém-conquistados pelos luso-brasileiros, inserida no que hoje é o quadrante sudoeste do estado do Rio Grande do Sul. Ao longo da primeira metade do século XIX, ondas de migrantes luso-brasileiros vieram principalmente do Rio Grande de São Pedro, de Santa Catarina e de São Paulo. Parte desses conquistadores trouxeram escravos para tocar seus estabelecimentos na fronteira. Através da reprodução endógena e da aquisição de novos cativos, a população escravizada se consolidou na região, na primeira metade do Oitocentos.[8]

(1842-1862)". *V Encontro Escravidão e Liberdade no Brasil Meridional*. Porto Alegre, 2011. Disponível em: <http://www.escravidaoeliberdade.com.br>. PETIZ, Silmei S. *Caminhos cruzados. Famílias e estratégias escravas na fronteira oeste do Rio Grande de São Pedro (1750-1835)*. Tese de doutorado. PPGH/Unisinos, São Leopoldo, 2009. PERUSSATO, Melina K. "Como se de ventre livre nascesse: experiências de escravidão, parentesco, emancipação e liberdade. Rio Pardo/RS (1860-1888)". *V Encontro Escravidão e Liberdade no Brasil Meridional*. Porto Alegre, 2011. Disponível em: <http://www.escravidaoeliberdade.com.br>. OLIVEIRA, Vinícius. *De Manoel Congo a Manoel de Paula. Um africano ladino em terras meridionais*. Porto Alegre: EST, 2006. CARVALHO, Daniela Vallandro de. "Forjados na Lida e na Guerra: Estratégias sociais de escravos entre o trabalho rural a liberdade armada (Província de São Pedro, 1830-1860)". *Anais do II Encontro do GT de História Agrária – ANPUH – RS*. Porto Alegre, 2009.

7   Em 1814 foi erguida a primeira capela nas margens do rio Inhanduí, tendo sido queimada por ataques dos orientais. Em 1817, a capela foi reerguida nas margens do rio Ibirapuitã, sob a invocação de Nossa Senhora da Conceição Aparecida, acrescida do nome de Alegrete, em homenagem ao então governador da capitania, o Marquês de Alegrete. Depois, foi erguida a Capela Curada, tendo sido elevada à paróquia já fora do período trabalhado aqui, em 1846.

8   FARINATTI, Luís Augusto. *Confins Meridionais: famílias de elite e sociedade agrária na fronteira sul do Brasil (1825-1865)*. Santa Maria: Editora da UFSM, 2010a.

Porém, essa conquista não se deu sobre uma terra vazia. Havia mais de século que os guaranis missioneiros vinham constituindo, na região, seus postos e estâncias, realizando atividades que iam muito além da simples preia do gado bravio, envolvendo amansamento e práticas criatórias. Essa economia entrou em crise em fins do século XVIII, mas o território seguiu como um referente importante quando da desagregação dos Trinta Povos das Missões. Para ali, convergiram as populações missioneiras em busca de abrigo e de possibilidade de instalar-se e tocar suas vidas durante a conjuntura de endemia bélica vivida pela região, na primeira metade do Oitocentos.[9] Além deles, migrantes platinos de fala espanhola, remanescentes charruas e minuanos e também europeus esparsos se faziam presentes.

Naquele território, formou-se uma pequena e poderosa elite de famílias que praticavam a grande pecuária visando o mercado das charqueadas do leste da Província, o comércio de tropas e, por vezes, também negociavam gêneros diversos. Um grupo ainda mais restrito dentre eles partilhava o poder e estendia relações e influências muito além da região, com destaque para os que ocuparam altos cargos militares e de comando da fronteira. Junto a esses notáveis, havia uma larga base de médios e pequenos produtores agrários, artífices, trabalhadores assalariados e escravos.

Dentre os 4.524 registros de batismo estudados, 3.643 (cerca de 80%) se referiam a batizandos livres, 848 escravos (18,5%), 23 (1%) de libertos, 10 (0,5%) não apresentaram referência à condição jurídica.[10]

Compadrio escravo — números gerais

Foram batizadas 688 crianças filhas de mães escravas e 160 africanos na capela de Alegrete, durante o período estudado. Como se pode perceber no gráfico 1, para os filhos de mães cativas, há um notável predomínio dos padrinhos e madrinhas livres. Ressalte-se a pequena proporção de libertos, o que poderia estar refletindo uma pequena expressão demográfica na paróquia ou o fato dos padres não assinalarem expressamente essa condição social. Já os batismos de africanos, em número muito

---

9   FARINATTI, Luís Augusto; RIBEIRO, Max Roberto P. "Guaranis nas capelas da fronteira: migrações e presença missioneira no Rio Grande de São Pedro (Alegrete e Santa Maria, 1812-1827)". *XII Simpósio Internacional IHU. A experiência missioneira: território, cultura e identidade*, CD-ROM, 2010.

10 FARINATTI, Luís Augusto. "Relações parentais de escravos, libertos e indígenas na fronteira meridional (1817-1844)". *V Encontro Escravidão e Liberdade no Brasil Meridional*. Porto Alegre, 2011. Disponível em: <escravidaoeliberdade.com.br>.

menor, apresentam um padrão praticamente invertido, com predominância dos padrinhos escravos.

GRÁFICO 1 – Batizados de cativos africanos e de filhos de mães escravas (discriminados) segundo a condição jurídica do padrinho/madrinha (Alegrete – 1821-1844)

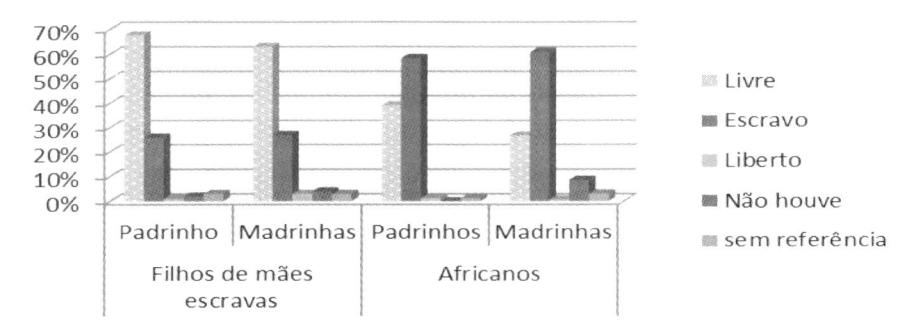

Fonte: Arquivo Diocesano de Uruguaiana. Livros de Batismos 1 a 4 (1816-1844). Transcrição realizada pelo Centro de Pesquisas de Alegrete. Filhos de mães escravas: 688 registros. Africanos: 160 registros.

Aqui, será feita somente a análise do caso dos filhos de mães escravas, pois, a análise dos africanos demanda um trabalho específico. Nesse âmbito, mesmo quando se investiga apenas os padrinhos/madrinhas escravos, é impressionante a pouca incidência de escravos da mesma escravaria da mãe do batizando: apenas 12%, tanto dos padrinhos como das madrinhas. Cruzei as informações do batismo com banco de dados nominal construído desde pesquisa anterior e consegui identificar, ainda, 10% dos padrinhos e 11% das madrinhas como parentes diretos dos senhores.[11] Assim, restam cerca de 78% dos padrinhos e 77% das madrinhas cativas pertencendo a escravarias fora da família senhorial.

Em síntese, para os filhos de mães escravas é nítido um padrão majoritariamente exógeno. Os escravos de Alegrete estavam buscando, preferencialmente, compadres livres e, quando se tratava de convidar cativos, escolhia-se com mais frequência os escravos de outros senhores. A predominância de padrinhos livres tem sido tradicionalmente relacionada com o baixo percentual de população escrava e com sociedades caracterizadas por pequenas escravarias, enquanto que a maior presença de

---

11 Considerei parentes diretos os pais, filhos, irmãos, cunhados, avós, netos, tios e sobrinhos. O banco de dados referido foi construído a partir de inventários *post mortem*, registros de casamento, registros paroquiais de terras, ações cíveis diversas, processos criminais e escrituras públicas.

padrinhos escravos seria característica das áreas de grandes contingentes populacionais de escravos e grandes posses de escravos, como as regiões da grande lavoura.[12]

Segundo a análise dos inventários *post mortem* de Alegrete, na década de 1830, o universo senhorial era formado, majoritariamente, entre por senhores de pequenas e médias escravarias: 42% deles tinham entre 5 e 20 cativos e 46% tinham até 4 escravos.[13] Contudo, se mudarmos o foco do universo senhorial para o dos escravos, percebemos que o padrão anterior é matizado pelo fato de que as posses realmente pequenas, com 4 ou menos indivíduos, abarcam apenas 11% da população cativa presente nos inventários *post mortem*. Mesmo se tomarmos todos os inventários que tem de 1 a 10 cativos encontraremos apenas 26% dos escravos. Na faixa seguinte, de 11 a 20 indivíduos, temos 29% dos escravos registrados naqueles documentos. E, muito significativo, se tomarmos as duas faixas superiores, temos 44% dos cativos vivendo em escravarias que tinham entre 20 e 50 indivíduos. Naturalmente, devemos ter em conta que os inventários sobrerrepresentam as camadas mais ricas da população e não devem nunca ser comparados diretamente com as listas nominativas, por exemplo. Ainda assim, seria mais prudente considerar a região como uma área onde a maioria dos escravos vivia em escravarias de dimensões médias, se colocadas em contraste com algumas áreas de agricultura de abastecimento, de um lado, e de *plantation*, de outro.

Não se deve descartar a possibilidade de sub-registro de batizados escravos. Porém, não há como estimar sua monta nem quais as informações novas que esses hipotéticos batismos nos trariam. Assim, trabalhando com as informações de que disponho, creio ser possível afirmar que, na maioria dos casos, em Alegrete, o batizado era visto como um momento para estabelecer ou ritualizar relações preferentemente *para fora* da escravaria, fosse com pessoas livres das mais variadas qualidades, fosse com escravos pertencentes a outros senhores.

Esta constatação, porém, precisa ser refinada e especificada. Ceio que um estudo microanalítico, centrando a atenção em uma escravaria e incorporando outras fontes, pode ajudar a perceber o modo como essas preferências endógenas e exógenas

---

12 SCHWARTZ, Stuart. *Segredos internos: engenhos e escravos na sociedade colonial (1550-1835)*. São Paulo: Cia. das Letras, 1999. RIOS, Ana Maria Lugão. "The politics of kinship. Compadrio among slaves in Nineteenth-Century Brazil" en *The History of Family. An International Quartely*, vol. 5, nº 3, 2000.

13 FARINATTI, Luís Augusto. "Relações parentais de escravos, libertos e indígenas na fronteira meridional (1817-1844)". *V Encontro Escravidão e Liberdade no Brasil Meridional*. Porto Alegre, 2011. Disponível em: <http://escravidaoeliberdade.com.br>.

operavam em um caso concreto e quais as conexões que elas possuíam entre si. Isso permitirá refletir sobre o contexto em que tais escolhas eram realizadas e sobre os efeitos que o estabelecimento desses laços podiam ter na construção cotidiana das relações escravistas, da estruturação de vínculos familiares, da hierarquia e da mobilidade social naquele mundo.

Os escravos dos Ribeiro de Almeida

A "Exma. Dona Maria Mância da Conceição", esposa do Marechal Bento Manoel Ribeiro, ditou seu testamento em 1850, falecendo logo a seguir, e teve seu inventário aberto em 1853. Na avaliação dos bens de seu casal, realizada no ano seguinte, foram listados 62 escravos, sendo que um recém-nascido teve seu falecimento informado ainda durante o correr do processo.[14] A escravaria era, então, formada por 61 cativos, um número um pouco maior do que as maiores escravarias registradas nos inventários abertos nas duas décadas anteriores, em Alegrete. Tratavam-se de 28 homes adultos, 15 mulheres e 18 crianças (até 10 anos de idade). Entre as mulheres adultas, eram 10 crioulas, 4 africanas e 1 sem referência de origem. Entre os homens eram 13 crioulos, 11 africanos e 1 sem referência. Todas as crianças eram crioulas. Ou seja, entre os cativos adultos, havia cerca de 42% de africanidade, praticamente o mesmo índice encontrado para a média das escravarias pertencentes a criadores de gado em Alegrete na primeira metade do século XIX.[15] No caso aqui estudado, os 30% de crianças também alertam que a reprodução endógena tinha importância nesse cenário, estando, possivelmente, em crescimento na década de 1850.

Esta é uma representação de um momento dessa escravaria. É possível ter informações sobre sua evolução anterior a partir de outras fontes, como os registros paroquiais e os registros de alforria. Para esses períodos, devemos trabalhar com a consciência de uma grande incompletude, uma vez que não possuíamos fontes mais exaustivas, como as listas nominativas ou róis de confessados. Ainda assim, retraçando as ligações entre as peças esparsas encontradas, é possível fazer emergir uma teia de relacionamentos composta por sujeitos diversos, bastante rica para o propósito deste trabalho.

---

14 Alegrete. Inventários *post mortem*. Cartório de Órfãos e Ausentes, ano 1853, n. 152. APERS.

15 FARINATTI, Luís Augusto. "Escravos do Pastoreio". Pecuária e escravidão na fronteira meridional do Brasil (Alegrete, 1831-1850). *Revista Ciência e Ambiente*, n. 33, jul./dez. 2006. Santa Maria: UFSM, 2006.

Os registros de batismo envolvendo escravos do Coronel Bento Manoel Ribeiro formam um total de 43 assentos.[16] Tratam-se de 38 filhos de mães escravas, registrados entre 1822 e 1854, e 5 africanos, batizados todos no mesmo ano de 1823.[17] Aqui, vamos nos concentrar nos batismos dos filhos de mães escravas. A possibilidade de sub-registro existe e parece ser forte em outras escravarias. Nesta, porém, talvez o problema não seja tão grande, já que encontrei os batismos de todas as 18 crianças que foram listadas no inventário de Dona Maria Mância. Dentre as 38 crianças registradas, encontramos 10 filhos legítimos nascidos de 3 casais e 28 filhos de 8 mães solteiras com pais incógnitos. Até 1844, temos 5 filhos legítimos em um total de 16 assentos, o que equivale a 31%, muito superior aos cerca de 7% de legitimidade encontrado para o total dos filhos de mães escravas naquele período, em Alegrete.[18] Isso era esperado, uma vez que se trata de uma grande escravaria, onde, como se sabe, a formação de casais seria facilitada, uma vez que não se costumava permitir o casamento entre escravos de diferentes senhores. Ainda assim, é significativo que 2/3 das crianças nascidas nessa escravaria fossem filhas de mães solteiras e pais incógnitos. Se aquele baixo índice geral de legitimidade mostra que o casamento era para poucos cativos, em Alegrete, os números dos escravos do Coronel Bento Manoel também indicam que o casamento não era acessível para a maioria da população daquela escravaria.

De fato, foram registrados, nos livros da capela, apenas três matrimônios envolvendo cativos do casal estudado. Dois deles se tratavam de casamento de escravos com mulheres livres, apontadas como índias, e o outro se refere ao casamento de um africano e uma crioula, ambos pertencentes a esta mesma

---

16 Incluí o batismo de Joana, filha da escrava Juliana, realizado em 1837. "Registros de Batismos, Alegrete, Livro 2, 06.09.1837." Juliana está assinalada como escrava de Dona Ana Dorotea, filha do casal Ribeiro de Almeida mas, cruzando com os dados do inventário de Dona Maria Mância, percebemos que pertencia a seus pais. A confusão por parte do pároco confirma o uso compartilhado de recursos (terra, serviços de escravos, crédito) que faziam os membros das grandes famílias de Alegrete, conforme já detalhei em trabalho anterior. FARINATTI, Luís Augusto. *Confins Meridionais: famílias de elite e sociedade agrária na fronteira sul do Brasil (1825-1865)*. Santa Maria: Editora da UFSM, 2010a.

17 Arquivo Diocesano de Uruguaiana (ADU). Livros de Batismos, fls. 34v, 35, 35v, data 27.04.1823. Transcrição realizada pelo Centro de Pesquisas de Alegrete.

18 FARINATTI, Luís Augusto. "Relações parentais de escravos, libertos e indígenas na fronteira meridional (1817-1844)". *V Encontro Escravidão e Liberdade no Brasil Meridional*. Porto Alegre, 2011. Disponível em: <http://escravidaoeliberdade.com.br>.

posse.[19] Pelos batismos e alforrias, porém, sabemos de pelo menos mais dois casais que existiram nessa escravaria, na primeira metade do século XIX. Quando da avaliação no inventário, em 1854, apenas 3 dos 25 homens e 2 das 15 mulheres adultas estavam casados.[20] Estamos tratando de uma escravaria formada na década de 1820 ou pouco antes, em área de fronteira, de ocupação recente. Isso é consistente com o fato de que, na década de 1820, tivemos 5 batismos de africanos e apenas 3 de filhos de escravas do casal Ribeiro de Almeida. Infelizmente, não conhecemos a demografia dessa posse nas décadas anteriores a 1850 para podermos levantar hipóteses com mais clareza a respeito das razões daquele percentual de batizados legítimos. O que parece correto afirmar é que, de qualquer modo, o casal senhorial não incentivou o casamento maciço de seus escravos com o fim de integrar os africanos recém-adquiridos ou de criar supostos mecanismos para a manutenção da escravidão em uma fronteira de grande instabilidade política. Essa lógica, aliás, parece ter sido a mesma da maioria dos senhores de Alegrete naquelas décadas, ainda que as discrepâncias entre eles devam ser estudadas no futuro.

De fato, os registros de casamento nos quais ao menos um dos cônjuges era escravo somaram apenas 43 casos, entre 1821 e 1850. Casaram 38 homens e 28 mulheres escravas.[21] Ou seja, entre os 66 cônjuges escravos, 58% eram de homens e 42% de mulheres, percentual bastante próximo da divisão por sexo dos cativos de criadores listados nos inventários *post mortem* das décadas de 1830 e 1840 (63% homens, 37% de mulheres), com as mulheres estando um pouco mais representadas nos casamentos.[22] Se estimarmos que a maioria dos escravos casados pertenciam a grandes escravarias, e que ali o percentual de masculinidade era maior, essa sobre representação das mulheres tende a aumentar.

---

19 Arquivo Diocesano de Uruguaiana. Livros de Casamentos: n. 1 fls. 66v, 69v; n. 2, fl. 32v. Transcrição realizada pelo Centro de Pesquisas de Alegrete.

20 Alegrete. Inventários *post mortem*. Cartório de Órfãos e Ausentes, ano 1853, n. 152. Inventariada Maria Mância Ribeiro. APERS.

21 Arquivo Diocesano de Uruguaiana. Livros de Casamentos: n. 1, 2 e 3. Transcrição realizada pelo Centro de Pesquisas de Alegrete.

22 FARINATTI, Luís Augusto. " 'Escravos do Pastoreio'. Pecuária e escravidão na fronteira meridional do Brasil (Alegrete, 1831-1850)". *Revista Ciência e Ambiente*, n. 33, jul./dez. 2006. Santa Maria: UFSM, 2006.

Porém, como se sabe, dizer que poucos eram os casados pelo ritual católico não significa afirmar uma exiguidade de laços de parentesco entre os escravos. Considerando, além dos casais, também mães, filhos e irmãos, 36 dos 61 cativos avaliados no inventário de Dona Maria Mância (1854) estavam aparentados.[23] Ali estavam todas as 18 crianças. Porém, o padrão de poucos casamentos e muitas mães solteiras fazia com que uma proporção muito maior de mulheres adultas tomasse parte nessa conta. Entre as 15 cativas adultas, nada menos do que 14 estavam aparentadas dentro da escravaria, porém esse era o caso de apenas 3 dos 25 homens avaliados no processo. Ainda havia o pedreiro Estulano que, como já foi dito, era casado com uma mulher livre. Porém, nem mesmo esses números podem dar certeza de que todos os outros 22 homens adultos da escravaria realmente não estavam aparentados. Alguns daqueles cativos podiam manter relações estáveis, socialmente reconhecidas, mas que não chegaram a formar casamentos ou a gerar a possibilidade da expressão do nome do pai no batismo.

Além disso, outros laços certamente eram construídos por aqueles sujeitos, agregando-os a companheiros de escravaria, a cativos de outros senhores, a pessoas livres de diferentes qualidades sociais. O compadrio pode nos dar uma informação sobre parte desses vínculos. Em grande parte das vezes, ele implicava na reinstituição de uma relação preexistente, dotando-a de um significado novo e ainda mais forte.

A distribuição entre padrinhos e madrinhas livres e escravas, dos 38 batizados em análise, encontra-se na tabela 1:

TABELA 1 – Padrinhos e Madrinhas de batizandos escravos de Bento Manoel Ribeiro e Maria Mância da Conceição (Alegrete 1822-1854)

	Padrinhos	Batismos	Madrinhas	Batismos
Livres	23	29	21	25
Escravos	6	9	9	12
Não houve	0	0	1	1
TOTAL	29	38	30	38

Fonte: Arquivo Diocesano de Uruguaiana. Livros de Batismos 1 a 3 (1816-1844) e Livro dos Escravos (1845-1854).

Os dados da tabela 1 expressam um predomínio dos padrinhos/madrinhas livres, acompanhando o padrão geral dos batismos de escravos da capela de Alegrete. Porém, ao contrário daquele padrão, no caso desta escravaria, havia uma presença

---

23 Alegrete. Inventários *post mortem*. Cartório de Órfãos e Ausentes, ano 1853, n. 152. Inventariada Maria Mância Ribeiro. APERS.

de escravos do senhor ou familiares que, no caso dos padrinhos, era igual (3x3) à de escravos de outros senhores ou mesmo superior (3x6), no caso das madrinhas. Isso é compatível com o tamanho relativamente grande da posse do Coronel Bento Manoel, em comparação com a média das posses de outros senhores em Alegrete. De qualquer modo, se somarmos as oportunidades em que houve padrinhos/madrinhas livres com as que tiveram cativos pertencentes a pessoas de fora da família senhorial, temos 33 crianças apadrinhadas por esse conjunto de padrinhos e 28 por tais madrinhas (de um total de 38 cada), confirmando a preferência de se estabelecer relações de compadrio *fora* da escravaria. Esses números confirmam um padrão *exógeno*, se tomarmos a escravaria como unidade de análise. Porém, é preciso refletir um pouco mais sobre como esse padrão estava constituído e sobre as vantagens e os riscos de tomar a escravaria como critério de análise.

Compadres dos escravos, compadres dos senhores

Quem eram esses padrinhos e madrinhas livres que formavam a maioria dos compadres dos escravos dos Ribeiro de Almeida? Qual o nível de concomitância que um estudo das malhas de compadrio senhorial e escravo pode mostrar?

Encontramos apenas dois membros da família senhorial batizando filhos de seus escravos. Uma delas era a senhora Dona Maria Mância, proprietária dos escravos, pertencente à família senhorial. Como se sabe, era raro que um senhor batizasse o filho de um escravo, ainda que fosse mais comum que membros da família senhorial o fizessem.[24] A outra era a irmã do senhor, Auristela de Almeida.

No caso estudado, há um padrinho e três madrinhas que foram grafados com expressão de notabilidade. Trata-se de um homem oficial da Guarda Nacional e 3 *donas*, que batizam 3 vezes cada. Interessante notar que os batismos em que estão presentes esses *notáveis* concentram-se em apenas dois anos (1845 e 1846), somando 4 batizados, sendo que 3 deles foram realizados no mesmo dia. Ali, o Tenente

---

24 Em trabalho clássico, Stuart Schwartz havia concluído pela pouca força do paternalismo no compadrio escravo, já que raramente os senhores apadrinhavam seus escravos. Porém, Cacilda Machado, cruzando registros de batismo com listas nominativas para a região de São José dos Pinhais, demonstrou que, em muitos casos, o que parecia ser um padrinho externo era, na verdade, membro da família senhorial. *Escravos, roceiros e rebeldes*. Bauru (SP): Edusc, 2001. MACHADO, Cacilda. "Compadrio de escravos e paternalismo, o caso da freguesia de São José dos Pinhais (PR), na passagem do século XVIII para o XIX". *III Encontro Escravidão e Liberdade no Brasil Meridional*. Florianópolis, 2007. Disponível em <http://www.escravidaoeliberdade.com.br>.

Domingos Matias de Azevedo e seu filho homônimo alternaram-se para batizar filhos de três cativas do já Brigadeiro Bento Manoel Ribeiro, acompanhados de duas *donas* que não eram suas esposas nem pertencentes à família senhorial.[25] Essa cerimônia, talvez acompanhada de uma festa, fazia parte de um movimento de mais longo prazo, de aproximação entre aquelas famílias de elite. De sua parte, os escravos (duas mães solteiras e um casal) estavam estabelecendo relações *para cima* na escala social, e talvez nutrissem a esperança que essa aliança pudesse trazer recursos e proteção para si e para seus filhos enfrentarem a dura vida dentro da escravidão.

Essa aproximação se dava dentro do mesmo estrato social, mas isso não elidia seu caráter hierárquico. O Coronel Bento Manoel Ribeiro fazia parte da notabilidade local, pelo menos, desde o início da década de 1820, após participar das campanhas de conquista da Cisplatina. Naqueles anos, ocupou o cargo de Comandante da Fronteira de Alegrete.[26] Na década de 1830, seu prestígio e capacidade de influência haviam se tornado ainda maiores, chegando a níveis provinciais, pois foi Comandante de Armas da Província e ocupou posição de liderança, em momentos sucessivos, dos dois lados da Revolução Farroupilha (1835-1845). As relações de compadrio estabelecidas pela sua família deixam claro que, se sua esfera de atuação era provincial, com presença mesmo na Corte e no Estado Oriental do Uruguai, o enraizamento de suas relações em Alegrete, capela de sua residência, o colocava em posição ainda de maior evidência dentre a notabilidade local. Como foi possível perceber em estudo anterior, entre os cinco casais que mais vezes compareceram como padrinhos e madrinhas na pia batismal da igreja de Alegrete, entre 1816 e 1844, três eram formados pela família do Coronel Bento Manoel (ele e sua esposa, sua filha Dona Ana Dorotea e o genro, seu filho Capitão Severino Ribeiro de Almeida e sua esposa).[27]

Por sua vez, o Tenente Azevedo era um homem de boa qualidade social, como testemunha o reconhecimento dos párocos, sempre assinalando seu posto quando registravam seu nome nos registros de batismo, mas sua atuação não passava da esfera

---

25 ADU. Livros de Batismos de Escravos, fls. 3v, 4, data 02.03.1845. Livro 3, fl. 19v, data 02.03.1845. Transcrição realizada pelo Centro de Pesquisas de Alegrete.

26 FARINATTI, Luís Augusto. *Confins Meridionais: famílias de elite e sociedade agrária na fronteira sul do Brasil (1825-1865)*. Santa Maria: Editora da UFSM, 2010.

27 FARINATTI, Luís Augusto. "Famílias, relações de reciprocidade e hierarquia social na fronteira meridional do Brasil (1816-1845)". *X Encontro Estadual de História*. ANPUH-RS, Santa Maria, 2010. Anais eletrônicos. Disponível em: <http://www.eeh2010.anpuh-rs.org.br/site/anaiscomplementares#L>.

local e ele jamais ocupara altos postos de comando. Sua relação com os Ribeiro de Almeida estava ritualizada por compadrio desde a década de 1830. O Tenente convidara a filha e o genro do Coronel Bento Manoel para apadrinharem dois de seus filhos, em 1831 e 1833. Além disso, seu neto também fora batizado por Dona Ana Dorotea, em 1836.[28] Em contrapartida, em 1845, quando estavam arrefecendo as turbulências criadas pelo conflito farroupilha, o tenente e seu filho foram convidados a apadrinhar aqueles filhos de escravos dos Ribeiro de Almeida.

Nessa mesma oportunidade, em dois batismos, Dona Ana Mendes de Almeida acompanhou o Tenente Azevedo, em um caso, e o filho deste, em outro, como madrinha de filhos das escravas Francisca e Inácia. Dona Ana Mendes era casada com Manoel Joaquim de Almeida, comerciante, e era afilhada de Dona Maria Mância. Ao batizar filhos das cativas desta, mostra uma nova ligação ritual aos Ribeiro de Almeida, ainda que em caráter desigual. Quatro anos depois, em 1849, Diolinda e Leonida, escravas de Dona Ana Mendes de Almeida e de seu marido, batizaram filhos de outras duas cativas dos Ribeiro de Almeida, Rita e Isabel, aproximando as escravarias e, no mesmo ato, colocando mais uma ligação entre aquelas casas senhoriais.[29] Ao longo de sua vida, Dona Maria Mância batizou mais de 20 crianças em Alegrete, de várias categorias sociais. A única afilhada mencionada em seu testamento, merecedora de um legado de 400 patacões de prata, foi exatamente Dona Ana Mendes.[30]

Encontramos, também, um escravo de Albino Pereira de Lima batizando o filho de um casal de escravos de Bento Manoel Ribeiro.[31] Um filho de Albino já havia sido batizado por Bento Manoel e Maria Mância, em 1824, e outro por Ana Dorotea em 1837. Além disso, ambas as famílias estavam ligadas do irmão de Bento Manoel com uma filha de Albino. As famílias senhoriais tinham casas na vila de Alegrete e estâncias no mesmo distrito rural, embora não seja possível determinar se eram vizinhos.

O fato notável, porém, é que as concomitâncias param aí. Nenhum outro dentre os mais de 50 compadres dos casais de Bento Manoel/ Maria Mância ou Ana

---

28 Arquivo Diocesano de Uruguaiana. Livro de Batismos n. 2, fl 64, d. 27.04.1831; fl. 143, d. 02.08.1833; fl. 262v., d. 09.11.1836. Transcrição realizada pelo Centro de Pesquisas de Alegrete.

29 Arquivo Diocesano de Uruguaiana. Livros de Batismos de Escravos, fls. 54v e 55v, datas 02.01.1849 e 04.03.1844.

30 Alegrete. Inventários *post mortem*. Cartório de Órfãos e Ausentes, ano 1853, n. 152. Inventariada Maria Mância Ribeiro. APERS.

31 Arquivo Diocesano de Uruguaiana. Livros de Batismos n. 2, fl. 357, data 04.05.1830. Transcrição realizada pelo Centro de Pesquisas de Alegrete.

Dorotea/ Belchior Monteiro Mâncio batizou ou teve seus cativos batizando escravos de Bento Manoel Ribeiro. Por certo, isso não quer dizer que essas pessoas não mantivessem relações com os senhores daqueles cativos. Muitos vínculos podem ter sido bastante importantes e não terem deixado registro documental. Podem se tratar de agregados das terras senhoriais ou seus peões. Podem também tratar-se de famílias do mesmo círculo social daqueles senhores, que inclusive frequentavam sua casa. Enfim, naturalmente, se sabe que não ser compadre não quer dizer não ser próximo ou relacionado a alguém. Para elas, apadrinhar o filho de uma escrava dos Ribeiro de Almeida era um passo no sentido da aproximação ou reiteração de relações com aquela poderosa e prestigiosa família.

Sem prejuízo destas suposições, não há como negar que os números são impressionantes. Eles nos informam que esses escravos possuíam 21 compadres livres (de um total de 23) e 19 comadres livres (de um total de 21) que não tinham relação de parentesco, nem mesmo por compadrio, com a família senhorial. E notemos que vários dentre os compadres da família senhorial não eram pessoas da elite. Algo semelhante ocorria entre os compadres escravos que pertenciam a senhores que não tinham parentesco direto com os Ribeiro de Almeida. Apenas dois de seis destes senhores tinha relação de compadrio com aquela família. Assim, reconstruímos esferas de compadrio distintas, ainda que conectadas entre si.

Em trabalho anterior envolvendo o conjunto de batismos da capela entre 1821 e 1844, apontei que, assim como ocorria em outras regiões escravistas, também em Alegrete os compadrios externos à escravaria, ainda que diversificados, costumavam respeitar os limites das facções políticas a que pertenciam os senhores.[32] Porém, o caso dos escravos dos Ribeiro de Almeida sugere que, ainda que não houvesse antagonismo entre as relações estabelecidas pelos cativos e as alianças dos senhores, os compadrios escravos guardavam diferentes distâncias e experimentavam maiores ou, no mais das vezes, menores graus de intervenção senhorial, conforme fosse a conjuntura e a oportunidade.

Não parece acertado propor um antagonismo radical entre uma possível funcionalidade dos compadrios de escravos perante a lógica social dos senhores, de um lado, e um também possível espaço de autonomia e interesses próprios que levavam os cativos a tecer suas relações sociais, de outro. Ambos os pontos estavam conectados. Como se registra em todos documentos da época, o fato de que aquelas pessoas eram escravas *do*

---

32 FARINATTI, Luís Augusto. "Famílias, relações de reciprocidade e hierarquia social"... *op. cit.*

Coronel Bento Manoel Ribeiro é sua assinatura social. Assim, genericamente, era sabido que relacionar-se com eles era relacionar-se, indiretamente, com a família senhorial. Do mesmo modo, para esses cativos, ter uma pessoa livre ou, tanto mais, um Tenente ou uma Dona como compadre/comadre devia ser interpretado como símbolo de prestígio e, além disso, como possibilidade de acesso a recursos sociais, como uma esperança de proteção e favores para si e para sua família. Porém, também parece certo que as ligações, sobretudo aquelas com outros cativos e com libertos e livres das camadas mais baixas da estratificação social, parecem ter possuído um componente de busca de pessoas mais próximas socialmente, talvez mais próximas no convívio, que proporcionavam também uma rede de amizade e auxílio mútuo, verdadeira riqueza em condições de vida precarizada. Como lembrou Hebe Maria Mattos, mesmo que as antigas ideias de família patriarcal de Gilberto Freyre ou, em um registro menos brilhante, de clã patriarcal de Oliveira Vianna, tenham, ainda, aspectos que podem encontrar validade para o mundo rural do Brasil escravista, seus aspectos menos defensáveis encontram-se na total subsunção, que procedem da lógica das famílias de escravos e dependentes livres na lógica da família senhorial.[33] O que parece estar mais adequado ao contexto estudado aqui é uma lógica familiar e de aliança diferente, porém inter-ligada e interinfluente desses grupos sociais.

Um grupo bem tramado de compadres e comadres

Uma análise mais detida deste círculo de compadres dos escravos dos Ribeiro de Almeida permite perceber entre eles um conjunto recorrente de pessoas, que estava entrelaçado por relações recíprocas, o que sugere um grupo de convívio bastante efetivo. Considerando os que, dentre esse grupo, possuíam ao menos mais de uma relação de compadrio com os outros integrantes, temos, como pais e mães, três casais e quatro mães solteiras escravas dos Ribeiro de Almeida, conectados entre si e com compadres recorrentes (ver Figura 1).[34]

---

33 Mattos, Hebe Maria. *Das Cores do Silêncio: os significados da liberdade no sudeste escravista (Brasil, século XIX)*. Rio de Janeiro: Nova Fronteira, 1998.

34 Referências dos batismos explicitados na Figura 1: Arquivo Diocesano de Uruguaiana. Livros de Batismos 1, 2, 3 e Livro de Batismos de Escravos (1822-1854). Transcrição realizada pelo Centro de Pesquisas de Alegrete.

Os casais eram Estêvão e Benedita, Rita de Quadros e Manoel Forneiro, Manoel e Maria.35 Além dos cativos dos Ribeiro de Almeida, temos duas escravas, Úrsula e Soteria, pertencentes a Dona Ana Dorotea, filha do casal senhorial. Ainda, entre os escravos, aparece o único integrante dessa cerrada trama que pertencia a um senhor fora da família: Antônio, escravo de José Pinto.

Entre as pessoas livres, aparecem três homens e uma mulher grafados apenas com o nome ou com dois nomes: Micaela, Antônio Joaquim e Francisco Antônio. Os padres de Alegrete só muito raramente indicaram a condição de liberto para os padrinhos e madrinhas. Porém, em dois destes casos, há sugestão de proximidade com um passado escravo. Nas duas vezes em que aparece, Francisco Antônio foi apontado expressamente como "pardo". Por sua vez, temos um Antônio Joaquim Ribeiro batizando com a mesma madrinha que batiza com o Antônio Joaquim descrito aqui. Não consegui rastrear nenhum membro da família dos senhores que tivesse este nome. Então, não seria absurdo pensar que poderia se tratar de um ex-escravo da família, que adotara o sobrenome senhorial. Por sua vez, Micaela podia ser uma mulher parda ou, mais provavelmente, índia. Em 28 vezes o nome Micaela apareceu entre as mães que levaram seus filhos a batizar. Em 20 vezes a mãe ou a criança foi designada como índia, em 3 vezes como branca e em 3 vezes como parda.

Assim, temos um grupo de compadrios recíprocos formado por 12 escravos dos Ribeiro de Almeida, duas escravas da filha do senhor, mais duas mulheres livres, uma delas índia (Joana Maria, esposa de Estulano), outra possivelmente também, e dois homens que não eram escravos, um deles pardo, outro talvez liberto. Creio não ser exagerado ver aí os registros de um heterogêneo grupo de convívio e alianças, cujas relações foram ritualizadas por compadrio em um longo período entre 1829 e 1854, quando deixamos de acompanhá-los, o que não quer dizer que tenham deixado de se relacionar entre si após a partilha dos bens de sua senhora.

Essa trama de compadrio provavelmente confirmou e deu novo caráter a relações de proximidade, de auxílio mútuo, de cuidado, proteção e amizade que serviram

---

35 Este último casal é o único em que tive problemas de identificação, pois os nomes são comuns e não encontrei seu registro de casamento, apenas o batizado de um filho legítimo. Ainda que não haja como ter ser certeza, é possível crer que se tratavam de Maria africana e Manoel Batalha, escravos de idades semelhantes e descritos lado a lado no inventário de Dona Maria Mância. Os escravos da família estavam distribuídos em quatro propriedades. Estes dois foram avaliados juntos na Estância do Jarau e foram herdados em conjunto pelo herdeiro Capitão Severino Ribeiro. Quando se fez o inventário da esposa do Capitão Severino, poucos anos mais tarde, novamente os dois escravos foram descritos um em seguida do outro.

para aqueles sujeitos simbolizarem seu lugar no mundo e encontrar amparo contra suas difíceis condições de vida. O que não quer dizer que aquelas relações não produzissem também formas de hierarquização. Como tem mostrado diversos trabalhos, haviam hierarquias dentro do mundo dos escravos, e tanto mais dentro de grupos de convívio que envolviam pessoas de diferentes condições.[36]

No caso estudado, havia escravos de diferentes senhores, pessoas livres e, provavelmente, libertas. Havia africanos (Maria, Francisca e Manoel Forneiro), crioulos sem designação de cor (Benedita, Estulano, Rita de Quadros, Manoel Batalha, Rita), havia pardos e mulatos (Inácia, Juliana, Estêvão, Francisco Antônio) e havia índias (Joana Maria e Micaela). Havia casais e mães solteiras. Se somarmos a esse grupo de compadres os afilhados/filhos, teremos pelo menos mais 18 cativos entre 8 meses e 23 anos de idade listados no inventário de Dona Maria Mância, além de uma liberta na pia batismal.[37]

Não por acaso, os únicos padrinhos e a única madrinha que batizaram crianças deste grupo de relações mais de uma vez, e que não foram incluídos aqui, se tratam exatamente do Tenente Domingos Mathias de Azevedo, de seu filho homônimo e de Dona Ana Mendes de Almeida, que batizou com aqueles dois sujeitos. Como vimos, esses batismos se deram em um curto espaço de tempo, a maioria deles no mesmo dia, e estavam ligados claramente à rede de alianças da família senhorial. Assim, também por isso e não apenas pela distância social que os qualificativos Tenente e Dona apontam, podemos imaginar que eles formam um vértice hierárquico com esse grupo, mas não é possível presumir uma proximidade semelhante à dos outros atores entre si.

Por outro lado, de todas as 12 escravas do casal Ribeiro de Almeida que levaram seus filhos a batizar, apenas duas não estiveram presentes neste grupo, sendo que, em relação a uma delas, há dúvida, em virtude de não sabermos se é a Maria pertencente ao grupo ou uma homônima que não estava no inventário feito na década de 1850. Ou seja, para a maioria, parece que, pelo menos, o batismo de *um dos filhos* de cada

---

36 FLORENTINO, Manolo; GÓES, José Roberto. *A paz nas senzalas: famílias escravas e tráfico atlântico. Rio de Janeiro, c. 1790 – c. 1850*. Rio de Janeiro: Civilização Brasileira, 1997. MATTOS, Hebe Maria. *Das Cores do Silêncio: os significados da liberdade no sudeste escravista (Brasil, século XIX)*. Rio de Janeiro: Nova Fronteira, 1998. ENGEMANN, Carlos. *De laços e de Nós*. Rio de Janeiro: Apicuri, 2008. FERREIRA, Roberto Guedes. *Egressos do cativeiro. Trabalho, família, aliança e mobilidade social (Porto Feliz, São Paulo, c. 1789 – c. 1850)*. Rio de Janeiro: Mauad-Faperj, 2008.

37 Alegrete. Inventários *post mortem*. Cartório de Órfãos e Ausentes, ano 1853, n. 152. Inventariada Maria Mância Ribeiro. APERS.

cativa ou casal desta escravaria era destinado e firmar laços com esse grupo específico de parentesco ritual em que estavam parte de seus companheiros de cativeiro, além de pessoas livres e libertas.

A este sólido grupo de alianças se juntavam outras pessoas que foram convidadas a apadrinhar apenas uma vez, ou que então chamaram um dos integrantes do grupo para batizar os seus filhos. É verdade que as motivações do convite para apadrinhar eram variadas e obedeciam a critérios diversos, tanto práticos quanto simbólicos. Porém, é impossível não salientar o fato de que essa rede de compadrio e os compadres de seus integrantes devia aparecer às mães escravas do casal Ribeiro de Almeida como um grupo de ajuda, proteção e prestígio com o qual era desejável estabelecer relações para si e seus filhos. Ou seja, o próprio grupo, por sua configuração, tinha possibilidade de exercer uma "força gravitacional" atraindo as mães escravas. Estas, por sua vez, estabeleciam relações dentro do grupo, mas também fora dele, tendo um padrão diversificado de escolha de padrinhos e madrinhas.

O caso desta escravaria apresenta, assim, uma interessante combinação, em que as mães e casais escravos buscam garantir, com um dos batizados dos filhos, o enlace ao grupo majoritário de compadrio e, no batizado dos outros, estabelecem laços *para fora*, com cativos de outras escravarias e pessoas livres não inseridas no grupo de compadrio. O resultado desses processos foi a formação deste bem tramado grupo de compadres que possuíam ligações entre si, e onde cada um deles tinha, também, relações de compadrio com escravos de familiares de seus senhores, cativos de outros senhores, libertos e livres de diferentes qualidades sociais. Isso fazia com que cada integrante desse grupo, ao ter relações com pessoas diversas, mediasse aos outros integrantes o acesso a essas pessoas, multiplicando as relações possíveis e potencializando os fluxos de favores e recursos que poderiam transitar a partir delas.

Uma possível explicação poderia estar na repartição espacial dos cativos, uma vez que eles foram avaliados em diferentes propriedades do casal senhorial: na vila de Alegrete, na chácara do Ibirapuitã (próxima à vila), na Fazenda do Jarau e em Porto Alegre. Esta separação pode ter influído para que os cativos da vila, por exemplo, tivessem mais proximidade com outros cativos ali residentes do que com os escravos do casal Ribeiro de Almeida que vivessem na fazenda. Estes, por sua vez, poderiam ter mais relações com agregados e moradores das vizinhanças do que com aqueles outros cativos. Esse fator espacial pode ter tido influência, porém, ele não foi decisivo, uma vez que membros do grupo de compadrio estudado aqui foram avaliados nas três diferentes propriedades de Alegrete. A questão espacial parece ter sido efetiva apenas no caso dos oito cativos residentes em Porto Alegre. É possível que eles tenham sido adquiridos especialmente para os novos negócios que seu senhor visava estabelecer na capital da Província. Não admira que não apareçam em qualquer registro em Alegrete. Porém, é preciso notar que, ainda que retiremos esses escravos, restam 13 homens e uma mulher que não aparecem nos registros de batismo. Ressalvando o risco de sub-registro, parece que a concentração do compadrio em um grupo de fato agia como fator hierarquizador entre os cativos.

Assim, é possível avançar um pouco para além das definições de padrões gerais *exógenos* ou *endógenos* de compadrio, definidos a partir de dados quantificados e tendo por base a escravaria. O que se alcança é a percepção de que esses padrões gerais são construídos por combinações específicas de compadrios com escravos, libertos e livres.

Ademais, a escravaria se apresenta como um sistema aberto e heterogêneo, não apenas no sentido de que seus integrantes possuíam origens, atribuição de cor, ofícios, estados civis diversos. Mas também no sentido de que parte dos seus integrantes tinham efetivas e variadas relações fora da escravaria, com sujeitos de diferentes condições sociais. Isso introduzia complexidade às relações dentro da escravaria e nos obriga a jamais tomá-la de modo naturalizado.[38] É o caso, por exemplo, do pedreiro Estulano, casado com uma mulher livre, índia, padrinho do filho de um casal de índios e também de uma filha de cativa de outra escravaria. Já possuía todo esse conjunto de relações, com forte inserção parental entre guaranis missioneiros, quando começou a apadrinhar dentro do grupo estudado aqui.[39]

Assim, devemos concordar que a compreensão dos processos essenciais de agregação, hierarquização, solidariedade e conflito em que estavam envolvidos esses

---

38 Para um interessante aporte metodológico no sentido de analisar essas relações extra-escravaria, ver: FRAGOSO, João L. R. "Principais da Terra, Escravos e a República. O desenho da paisagem agrária no Rio de Janeiro Seiscentista". *Revista Ciência e Ambiente*. Santa Maria, UFSM, n. 33, jul./dez. 2006. E também: "O Capitão João Pereira de Lemos e a parda Maria Sampaio: notas sobre as hierarquias rurais costumeiras no Rio de Janeiro do século XVIII". In: OLIVEIRA, Mônica Ribeiro de; ALMEIDA, Carla. *Exercícios de micro-história*. Rio de Janeiro: Editora FGV, 2009.

39 Um interessante estudo sobre as relações de compadrio entre escravos e indígenas está em: SIRTORI, Bruna. *Entre a cruz, a espada, a senzala e a aldeia. Hierarquias sociais em uma área periférica do Antigo Regime (1765-1784)*. Dissertação de mestrado. PPGHIS-UFRJ, Rio de Janeiro, 2008. Ver também: FARINATTI, Luís Augusto. "Relações parentais de escravos, libertos e indígenas na fronteira meridional (1817-1844)". *V Encontro Escravidão e Liberdade no Brasil Meridional*. Porto Alegre, 2011. Disponível em: <http://www.escravidaoeliberdade.com.br>.

sujeitos tinha na relação senhor *vs.* escravo um eixo importante, mas que estava longe de ser o único.

Família, mobilidade social e liberdade

Uma série de estudos tem destacado que a escravidão abrigava formas de estratificação interna, com os cativos escalonando-se em posições que comportavam mobilidade social. Esses mesmos trabalhos ressaltam o papel da alforria como caminho de ascensão social em uma sociedade hierarquizada e escravista, ainda que divirjam quanto a diversas outras questões referentes a essa forma de acesso à liberdade.[40] No espaço deste artigo, não há como contemplar todas essas controvérsias a fundo.

Procurando em diversas fontes, encontramos 14 alforrias de escravos do casal Ribeiro de Almeida, no período estudado. Tivemos seis alforrias registradas em cartório, outras seis alforrias efetuadas no testamento de Dona Maria Mância, ratificadas no processo de inventário, e mais duas alforrias realizadas neste último processo.[41] Entre as alforrias registradas perante o tabelião, temos, em 1840 a alforria conjunta de Manoel e Inácia, com cláusula de prestação de serviço por mais 7 anos. Em 1849, na mesma ocasião, foram alforriados, sem ônus, o casal Estêvão e Benedita, e outro casal, "Pai" Manoel e Mísia. Assim, quatro destes escravos (Inácia, Manoel, Estêvão e Benedita) faziam parte do grupo de compadrio apontado acima. Quanto ao outro casal, a mulher, Mísia, havia sido madrinha de um cativo de outra escravaria. Seu

---

40 Xavier, Regina C. L. *A conquista da liberadade. Libertos em Campinas na segunda metade do século XIX*. Campinas: Centro de Memória/ Unicamp, 1996. Moreira, Paulo R. S. *Os Cativos e os Homens de Bem*. Experiências negras no espaço urbano. Porto Alegre: EST Edições, 2003. Florentino, Manolo; Góes, José Roberto. *A paz nas senzalas: famílias escravas e tráfico atlântico*. Rio de Janeiro, c. 1790 – c. 1850. Rio de Janeiro: Civilização Brasileira, 1997. *Na Senzala uma flor – esperanças e recordações na formação da família escrava, Brasil, sudeste, século XIX*. Rio de Janeiro: Nova Fronteira, 1999. Mattos, Hebe Maria. *Das Cores do Silêncio: os significados da liberdade no sudeste escravista (Brasil, século XIX)*. Rio de Janeiro: Nova Fronteira, 1998. Faria, Sheila de Castro. Mulheres Forras – riqueza e estigma social. *Revista Tempo*, Rio de Janeiro, vol. 5, n. 9, p. 65-92, 2000. Engemann, Carlos. De laços e de Nós. Rio de Janeiro: Apicuri, 2008. Ferreira, Roberto Guedes. *Egressos do cativeiro. Trabalho, família, aliança e mobilidade social (Porto Feliz, São Paulo, c. 1789 – c. 1850)*. Rio de Janeiro: Mauad-Faperj, 2008. Aladrén, Gabriel. *Liberdades negras nas paragens do sul. Alforria e inserção social de libertos em Porto Alegre. 1800-1835*. Rio de Janeiro: Editora FGV, 2009.

41 "Alegrete. Livro de Transmissões e Notas, 1º. Tabelionato, n. 1, fls. 119r e 119v. APERS." "Alegrete. Livros de Registros Diversos. 1º. Tabelionato, n. 2, fl. 40r. APERS." Alegrete. Inventários *post mortem*. Cartório de Órfãos e Ausentes, ano 1853, n. 152. Inventariada Maria Mância Ribeiro. APERS.

esposo, "Pai" Manoel, pode ser um dos três cativos de nome "Manoel" que pertencem àquele grupo de compadres.

Em seu testamento, Dona Maria Mância libertou outros seis cativos: a mulata Juliana, o pedreiro Estulano, a africana Francisca, a "mulatinha" Paula, Joaquim, o africano Mathias.[42] Os três primeiros pertencem àquele grupo de compadres. Já Paula era filha de Inácia, pertencente ao grupo, além de aparecer também como madrinha da filha de uma escrava da mãe de sua senhora. Por fim, os outros dois escravos alforriados no inventário de Dona Maria Mância. Muito se poderia refletir sobre esses casos. Aqui, levanto apenas alguns pontos que são diretamente relevantes para a análise proposta.

Em primeiro lugar, nota-se uma política senhorial de não libertar crianças. Não houve alforria de crianças nas décadas de 1820, 1830 e 1840, quando o tráfico parece ter formado parte muito importante da reprodução da escravaria. E tanto menos houve no testamento e inventário (1850 e 1853-55), quando as 18 crianças ali presentes dão mostras da importância que a reprodução endógena assumia para a reiteração daquele plantel. O que aconteceu, isso, sim, foi que Manoel e Inácia foram libertados em 1840, com cláusula de serviço por mais sete anos, ressalvando que, no caso de Inácia, os filhos que gerasse nesse tempo nasceriam livres.

O segundo ponto é que nenhum cativo pagou por sua liberdade, o que também pode representar um aspecto da política senhorial em não admitir e não abrir precedentes para que seus cativos usassem pecúlio para propor a compra de sua alforria.

No mesmo sentido, notemos que as alforrias tiveram início quando já se passava da metade do ciclo de vida do casal senhorial. As duas primeiras cartas de liberdade foram registradas em 1840, quando a filha mais jovem do casal senhorial, Benvenuta, já contava com quinze anos e dois dos filhos mais velhos já estavam casados. Ainda assim, foram alforrias com cláusula de prestação de serviço, vinculando o trabalho e o bem servir dos dois cativos por mais sete anos. As primeiras alforrias gratuitas apareceram apenas em 1849, quando os casais Estêvão e Benedita, e Pai Manoel e Mísia foram alforriados todos no mesmo dia. A senhora fez seu testamento no ano seguinte e aí libertou mais seis cativos. Ou seja, a política que o casal senhorial empregava na negociação com seus escravos não cedeu às possíveis reivindicações de liberdade senão quando a vida dos senhores já alcançava a velhice e parte da gerência do patrimônio familiar era dividido com alguns de seus filhos.

---

42 Alegrete. Inventários *post mortem*. Cartório de Órfãos e Ausentes, ano 1853, n. 152. Inventariada Maria Mância Ribeiro. APERS.

Com a notável exceção de Paula, filha de Inácia, que contava 20 anos de idade, os outros 5 escravos alforriados no testamento de Dona Maria Mância tinham entre 40 e 58 anos.[43] Nada sabemos sobre a idade de "Pai" Manoel e Mísia, mas sabemos muito bem que Benedita, e possivelmente Estêvão, deviam estar chegando aos 40 anos quando foram alforriados, em 1849, pois seu primeiro filho foi batizado em 1829 e o sexto e último em 1847. Assim, a política senhorial parece ter sido a de alforriar cativos em idade elevada. Isso, porém, não deve ser visto apenas como um cálculo econômico senhorial (o que parece, sim, ter sido importante na decisão de não alforriar crianças), mas também se deu em razão desses serem cativos antigos na escravaria, que tiveram tempo de construir boas estratégias, cultivar a proximidade e o favor de seus senhores, construir relações horizontais e verticais fortes e efetivas.[44]

Neste sentido, notemos que, dos 14 alforriados, 10 estavam aparentados. Como em outras partes do Brasil escravista, a congruência entre família e o alcance da alforria se mostra marcante.[45] Esses dez cativos estavam casados ou tinham compadres e comadres. Deles, nada menos do que nove já havia sido padrinho/madrinha. A única exceção é a africana Francisca, que tinha vários compadres, mas todos eram padrinhos/madrinhas de seus filhos. Aparece aí uma possível relação entre mobilidade social via alforria e os laços de reciprocidade que geravam as relações de compadrio e que eram por elas influenciados. Por óbvio, essa relação não era determinística nem automática. Os fatores que influenciavam o processo que gerava as alforrias eram variados e podiam apresentar diferentes combinações. Para ficar com um exemplo, a escrava que mais apadrinhou no período, em Alegrete, nunca foi alforriada. Tratava-se da parda Angélica, escrava do Capitão Felisberto Nunes Coelho, que, entre 1831 e 1844 batizou nada menos do que 13 crianças. Porém, parece claro que uma forte relação de laços familiares e de aliança construíam recursos que tornavam o cativo mais forte candidato a uma alforria, mais capaz de construir boas estratégias no relacionamento com os senhores para consegui-la.

---

43 Idem.

44 SLENES, Robert W. "Senhores e subalternos no Oeste Paulista". In: ALENCASTRO, Luiz Felipe (org.). *História da Vida Privada no Brasil, vol. 2. Império: a corte e a modernidade nacional*. São Paulo: Companhia. das Letras, 1997, p. 223-290. FERREIRA, Roberto Guedes. *Egressos do cativeiro. Trabalho, família, aliança e mobilidade social (Porto Feliz, São Paulo, c. 1789 – c. 1850)*. Rio de Janeiro: Mauad-Faperj, 2008. ROCHA, Cristiany M. Histórias de famílias escravas, 2004.

45 Idem.

A próxima questão a se tomar em conta aprofunda e radicaliza a percepção anterior. Desses 14 alforriados, pelo menos sete faziam parte daquele grupo de compadrio referido anteriormente e outra era filha de uma daquelas cativas. Visto por outro lado, dos também 14 escravos que faziam parte daquela rede de compadrio, nada menos do que a metade alcançou a liberdade. Isso, por certo, reforça a importância desse grupo e dos recursos que conseguiam acumular. Recursos individuais: os muitos filhos das escravas, casamentos, compadrios com outros escravos do mesmo senhor e de outros, com libertos e livres, com notáveis. Mas também recursos coletivos, formados pela partilha destes recursos todos através dos circuitos da reciprocidade da qual a relação de compadrio era, ao mesmo tempo, uma pista e um promotor.

Um olhar ainda mais aproximado permite fazer mais observações sobre a relação entre família escrava, família senhorial, compadrio, relações escravistas, liberdade e hierarquia social. Vamos ao testamento de Dona Maria Mância.

"Pelo bem que me tem servido..."

Quando ditou seu testamento, em 1850, Dona Maria Mância da Conceição concedeu liberdade a seis de seus escravos.[46] Três deles sem ônus ou condição: Juliana, parda, 41 anos; Mathias, campeiro africano, 40 anos; Joaquim, roceiro, africano, 46 anos. Outros três, sob condição: Francisca, africana, 40 anos, "com condição de acompanhar minha filha Benvenuta por seis anos, para ajudar a criar os filhinhos que ela tiver nesse tempo"; Paula, parda, 20 anos, costureira, com condição de acompanhar "a minha filha Raquel, para a proteger"; Estulano, 58 anos, crioulo, pedreiro, sob condição de "acompanhar o seu senhor, enquanto ele viver."

Lembremos que Paula fora a única escrava jovem a ser libertada, mas a explicação aparece aqui. Ela tinha a missão de acompanhar sua senhora-moça por toda a vida desta que, se supunha, seria maior que a de seu pai, a quem coube Estulano. Paula foi a única escrava mulher com ofício descrito e a única a ser avaliada na mais alta faixa de preço naquele inventário, junto com os escravos carpinteiros e pedreiros. Em sua descrição no inventário, o avaliador apontou "branquinha, costureira, muito prestimosa".[47] Talvez o fato da senhora retirar de seus herdeiros a possibilidade de adquirir esta escrava tão valorizada tenha a ver com uma percepção sobre a saúde

---

46 Alegrete. Inventários *post mortem*. Cartório de Órfãos e Ausentes, ano 1853, n. 152. Inventariada Maria Mância Ribeiro. APERS.

47 *Idem.*

frágil de sua filha Raquel, a quem a cativa deveria "proteger". De fato, mesmo tendo menos de 30 anos, Raquel faleceu pouco tempo depois, ainda antes da realização do inventário de sua mãe.

Quando se referiu à Paula, a senhora o fez dizendo "a minha mulatinha Paula, filha da Inácia." Inácia era aquela escrava que fora alforriada em 1840, junto com Manoel, com cláusula de serviço até 1847, mas já ficando livres os filhos que tivesse nesse tempo. Em ao menos um caso, isso parece ter mesmo acontecido. Anselma, filha de Inácia, foi batizada em 1845. Em seu registro, o padre anotou: "e nesta ocazião appareceo a Excelentissima Senhora Dona Maria Mâncía da Conceição Ribeiro mulher do mesmo Excelentissimo Brigadeiro, e disse que dava plena liberdade a dita innocente Anselma como se livre nassesse do ventre de sua Mai".[48] Anote-se essa disposição da senhora em garantir, pessoal e publicamente, o cumprimento de sua promessa. Assim, a confiança da senhora não era apenas na pessoa da cativa, mas na família de Inácia. Além disso, pela expressão usada no testamento para designar Paula como a "filha da Inácia", se percebe que, mesmo livre havia já três anos, a escrava seguia perto.

Dona Maria Mâncía também distribuiu legados. A única doação material que fez a escravos foi significativa:

> declaro que deixo aos pardos Manoelzinho, Inácia e Juliana meio quarto de légôa de campo para se arrancharem aonde meu marido achar que será milhor para nele subsistirem enquanto forem vivos e não podendo venderem nem allienarem digo allienar por qualquer forma e esta consessão passará aos filhos dos mesmos com as mesmas cláusulas.[49]

Meio quarto de légua (cerca de 545 ha.) era pouco no montante do patrimônio familiar, que contava com 1 légua na chácara do Ibirapuitã e 14 léguas nas estâncias do Jarau. Também não permitiria a ninguém se tornar um expressivo criador de gado, naquela economia de pecuária extensiva. Porém, para criar alguns animais e sobreviver da agricultura, de forma autônoma, era mais do que suficiente. Não fica clara

---

48 Arquivo Diocesano de Uruguaiana. Livros de Batismos: n. 3 fls. 19v, 02.03.1845. Transcrição realizada pelo Centro de Pesquisas de Alegrete.

49 Alegrete. Inventários *post mortem*. Cartório de Órfãos e Ausentes, ano 1853, n. 152. Inventariada Maria Mâncía Ribeiro. APERS.

a figura jurídica aí empregada, se era doação de propriedade com cláusula restritiva ou apenas cessão de usufruto.

Porém, aqui, o que importa é notar que dois dos três contemplados foram Manoel e Inácia, que foram os primeiros alforriados pelo casal Ribeiro de Almeida, provavelmente resultado de negociação com seus senhores. Não se sabe que relação teriam entre si. Poderiam ser amásios, sendo Manoel o pai dos filhos de Inácia. Mas, se fosse o caso, fica difícil entender porque não se casaram, já que havia outros escravos casados naquela escravaria. Talvez fossem irmãos, o que poderia incluir a Juliana, a terceira beneficiária e que, naquele momento, também recebia sua liberdade. Não há nenhum modo de prová-lo, mas talvez se soubesse serem filhos de algum homem da família senhorial, ou da família da senhora.[50] Lembremos que esta os nomeia como "pardos" e assim eles são sempre nomeados em qualquer documento em que aparecem. Também é possível que não houvesse nenhuma relação desse tipo e o que diferenciava esses cativos era a habilidade para cultivar a proximidade, confiança e favores da senhora. De qualquer modo, o fato de se ter legado a terra (ou seu uso), conjuntamente, para eles, indica que deviam ter alguma relação entre si. Aqui está o fator que me faz acreditar que, ao menos, dois dos três escravos de nome "Manoel" que aparecem batizando no grupo de compadrio estudado sejam referências a esse mesmo "Manoelzinho" pardo: o dito escravo aparece batizando, em um caso, a filha de Inácia (justamente Paula, referida acima) e, em outro, a filha de Juliana. Tratavam-se, assim, de parentes rituais e, talvez, consanguíneos que, além da liberdade, receberam terras em comum, galgando mais um degrau em seu caminho de ascensão social.

O caso deixa claro, também, que a família escrava tinha reconhecimento social. Na declaração testamentária de Dona Maria Mância, transcrita acima, ela dispõe que essa concessão passaria aos filhos dos mesmos escravos, sob as mesmas condições de não alienarem a terra. Essa declaração mostra que a senhora reconhecia a família dos cativos e estendia à sua prole o direito sobre a terra que fora de seus pais, possivelmente por demanda desses mesmos escravos.

A questão da família volta a aparecer ao percebermos que, além do legado material, a senhora também buscou deixar algo que poderia ser visto como um legado imaterial para alguns dos que haviam sido seus escravos. Logo após alforriar essa mesma escrava Juliana "pelo bem que me tem servido", a senhora ditou ao testamenteiro

---

50 Foi assim no caso estudado por Cristiany Rocha, em Campinas. ROCHA, Cristiany M. Histórias de famílias escravas. Campinas: Editora da Unicamp, 2004.

"Disponho dos seis filhos dessa escrava pela forma seguinte..." e distribuiu os filhos de Juliana entre os herdeiros.[51] A uma primeira vista, esse ato repugna ao historiador que, nos dias de hoje, tem nas mãos as folhas amareladas do testamento. Havia herdeiros residentes na vila de Alegrete, outros na estância do Jarau, em Porto Alegre e no município de Uruguaiana. Ou seja, a realidade da separação dos filhos de Juliana era evidente. Não há dúvida de que ele mostra toda a dureza e violência de um regime em que pessoas são propriedades de outras. Sem prejuízo dessa percepção, porém, é preciso ir mais fundo e evitar que nossa indignação se transforme em anacronismo. Além de um ato de disposição sobre a propriedade, esse ato era também uma forma da senhora tentar interferir nos destinos dos filhos de Juliana quando ela, senhora, já estivesse morta e seus herdeiros começassem a debater a distribuição dos cativos. A senhora, em uma postura ativa, usava do direito de dispor de sua terça para tentar lançar um último ato de governo das famílias de seus escravos mais próximos, mesmo quando elas estivessem à mercê da possibilidade de serem vendidas para pagar dívidas ou de serem divididos entre os herdeiros por critérios que eram estranhos à vontade da senhora ou de suas promessas e pactos desiguais com suas escravas. A senhora se movia entre essa vontade e a necessidade de não indispor seus filhos contra sua memória nem acirrar a discórdia entre eles.

Dona Maria Mância iria mais fundo em outro caso. Logo após dispor dos filhos de Juliana, a senhora declarou que "os filhos da minha escrava Benedita", então nomeia cinco cativos, "dei-os a minha filha Benvenuta desde que nasceram, isso de combinação com meu marido, e se algum descontentamento houver, sejam descontados da minha Terça."[52] A única exceção era o escravo Amâncio, que deveria ficar com o herdeiro Feliciano Ribeiro de Almeida. De um lado, naturalmente, há a disposição de favorecer uma herdeira em detrimento de outros. Porém, aí também pode estar o resultado de uma negociação com os pais dos escravos, os libertos Estêvão e Benedita. Note-se que a senhora se refere à Benedita, liberta havia pouco menos de um ano, como "a minha escrava Benedita", mostrando ainda estreita vinculação senhorial com a ex-cativa.

Juliana recebeu um legado em terras comuns com outros escravos, seus filhos não seriam vendidos para pagar dívidas, mas teve de vê-los todos separados entre os herdeiros. Porém Benedita e Estêvão, que não receberam legados materiais, viram cinco

---

51 Alegrete. Inventários *post mortem*. Cartório de Órfãos e Ausentes, ano 1853, n. 152. Inventariada Maria Mância Ribeiro. APERS.

52 *Idem*.

de seus seis filhos permanecerem juntos. Isso poderia propiciar uma proximidade do casal de libertos com a sua família. O que realmente parece ter acontecido. Em 1851, Estêvão batizou Ângelo, seu neto, filho de sua filha Fausta. Em 1853, ele e Benedita, apontados como livres por um padre que jamais designou alguém como liberto, batizaram seu neto João Estêvão, filho de sua filha Laurinda.[53] Essas suas duas filhas/comadres foram apontadas nos registros como escravas de Dona Benventua Ribeiro Monteiro, mesmo que ainda não tivessem formalmente passado à propriedade dessa, e tendo sido, inclusive, avaliadas no inventário de Dona Maria Mância, em 1854.[54] No ano seguinte, voltamos a encontrar "Estêvão Ribeiro" e "Benedita Ribeiro", livres, batizando a filha de Firmina, escrava de Severino Ribeiro de Almeida. A ascensão social de Estêvão e Benedita teve vários lances. Há o seu casamento, depois a construção de um variado leque de compadres que os conectava, por um lado, com o grupo de compadrio estudado (estão no centro do diagrama composto para representar o grupo porque são os que mais têm relações dentro dessa rede), com cativos de outros senhores, com pessoas livres, com o Tenente Domingos Mathias de Azevedo. Depois, conseguiram suas liberdades, conjuntamente, em 1849.

É verdade que somente receberam sua alforria depois de uma vida de trabalho devotada aos Ribeiro de Almeida. Mas as receberam em conjunto e provavelmente conseguiram gestionar junto à sua senhora para que mantivesse a maior parte de seus filhos unidos, para que pudessem andar próximos deles. Ganhar a liberdade era apenas mais um passo nesse movimento de mobilidade social. Era, com certeza importante, mas não resolvia tudo. Ficar próximo à família e à nova geração que nascia, ainda, no cativeiro, do ventre das filhas, parece ter sido um objetivo igualmente valorizado por Benedita e Estêvão, que construíram juntos uma vida de trabalho, relações sociais e projetos familiares dentro e fora do cativeiro.

Conclusões

A análise das relações parentais e hierarquia social a partir da escravaria do casal Ribeiro de Almeida permitiu visualizar algumas circunstâncias concretas da congruência entre família escrava, compadrio e mobilidade social. Entre 1822 e 1854, os

---

53 Arquivo Diocesano de Uruguaiana. Livros de Batismos de Escravos: fls. 80v e 94. Transcrição realizada pelo Centro de Pesquisas de Alegrete.
54 Alegrete. Inventários *post mortem*. Cartório de Órfãos e Ausentes, ano 1853, n. 152. Inventariada Maria Mância Ribeiro. APERS.

escravos desses senhores teceram laços que construíram redes de relações diversas. Parte delas gerou um agregado que pode ser identificado como um grupo de compadrio recíproco entre alguns dos cativos daquela escravaria, escravos de outros senhores e pessoas livres.

A base desse grupo eram mães escravas ou casais escravos que buscavam, com o batizado de ao menos um de seus filhos, ligar-se a essa rede de compadres e, através dos outros, estabeleciam relações para fora *do grupo*, ligadas a escravos de outros senhores ou escravos de diferentes qualidades, inserindo-se em outras teias de relacionamentos e trazendo, através de seus compadres *de fora*, outros recursos para aquele grupo. Tal fator sugere um questionamento à naturalização da descrição das relações de compadrio com base apenas em dados agregados tendo como critério a escravaria, e se pode perceber arranjos mais complexos e realmente efetivos, que ajudavam a compor aquilo que aparece, genericamente, como compadrios *endógenos* e *exógenos*.

Esses escravos concentravam as relações parentais e estiveram próximos aos senhores, especialmente à senhora, formando uma rede com recursos potentes que os colocava em um patamar mais alto na hierarquia da escravidão. O fato de que os integrantes desse grupo estavam sobrerrepresentados nas alforrias confirma essa hipótese.

Como se tem percebido em estudos para outras regiões escravistas, o processo de ascensão social e as estratégias dos cativos passava pela construção desses vínculos parentais e, por vezes, chegavam na alforria, mas não se esgotavam aí. Um grupo ainda mais favorecido dentre esses escravos manejou recursos e estratégias conseguindo, além da liberdade, também acesso autônomo à terra, no caso de Inácia, Manoel e Juliana, e união e proximidade da família, no caso de Estêvão e Benedita. A passagem da escravidão para a liberdade, em si, nesse caso, parece ter sido apenas um elo dessa cadeia de busca de ascensão social e de uma vida, dentro do possível, menos precarizada.

O fato dos escravos estarem em posições diferenciadas e hierarquizados, por sua vez, aponta que essa mobilidade não era acessível a todos. Aqui apontamos apenas alguns dos caminhos pelas quais ela podia passar. Os vínculos, demandas e projetos que os outros cativos conseguiram criar, e sua relação com a política senhorial que se lhes aplicava e das relações que construíam com outros atores sociais, fora do cativeiro e da família senhorial, deve ser objeto de novos estudos, para que se possa ir dando conta dos variados aspectos que ajudavam a produzir a escravidão no Brasil.

Bibliografia

ARAÚJO, Thiago Leitão de. *Escravidão, fronteira e liberdade: políticas de domínio, trabalho e luta em um contexto produtivo agropecuário (vila da Cruz Alta, província do Rio Grande de São Pedro, 1834-1884)*. Dissertação de mestrado. PPGH/UFRGS, Porto Alegre, 2008.

ALADRÉN, Gabriel. *Liberdades negras nas paragens do sul. Alforria e inserção social de libertos em Porto Alegre. 1800-1835*. Rio de Janeiro: Editora FGV, 2009.

BACELLAR, Carlos de Almeida Prado. "Criando porcos e arando a terra: família e compadrio entre os escravos de uma economia de abastecimento (São Luis do Paraitinga, capitania de São Paulo, 1773-1840)". *III Encontro Escravidão e Liberdade no Brasil Meridional*. Florianópolis, 2007. Disponível em: <http://www.escravidaoeliberdade.com.br>.

BRÜGGER, Sílvia. *Minas Patriarcal: Família e sociedade (São Jão del Rei – Séculos XVIII e XIX)*. São Paulo: Anablume, 2007.

CARATTI, Jonatas. "Os solos da liberdade. As trajetórias da preta Faustina e do pardo Anacleto pela fronteira rio-grandense em tempos de processo abolicionista uruguaio (1842-1862)". *V Encontro Escravidão e Liberdade no Brasil Meridional*. Porto Alegre, 2011. Disponível em: <http://www.escravidaoeliberdade.com.br>.

CARVALHO, Daniela Vallandro de. "Forjados na Lida e na Guerra: Estratégias sociais de escravos entre o trabalho rural a liberdade armada (Província de São Pedro, 1830-1860)". *Anais do II Encontro do GT de História Agrária – ANPUH – RS*. Porto Alegre, 2009.

ENGEMANN, Carlos. *De laços e de Nós*. Rio de Janeiro: Apicuri, 2008.

FARIA, Sheila de Castro. "Mulheres Forras – riqueza e estigma social". *Revista Tempo*, Rio de Janeiro, vol. 5, n. 9, p. 65-92, 2000.

FARINATTI, Luís Augusto. "Relações parentais de escravos, libertos e indígenas na fronteira meridional (1817-1844)". *V Encontro Escravidão e Liberdade no Brasil Meridional*. Porto Alegre, 2011. Disponível em: <http://www.escravidaoeliberdade.com.br>.

_____. *Confins Meridionais: famílias de elite e sociedade agrária na fronteira sul do Brasil (1825-1865)*. Santa Maria: Editora da UFSM, 2010a.

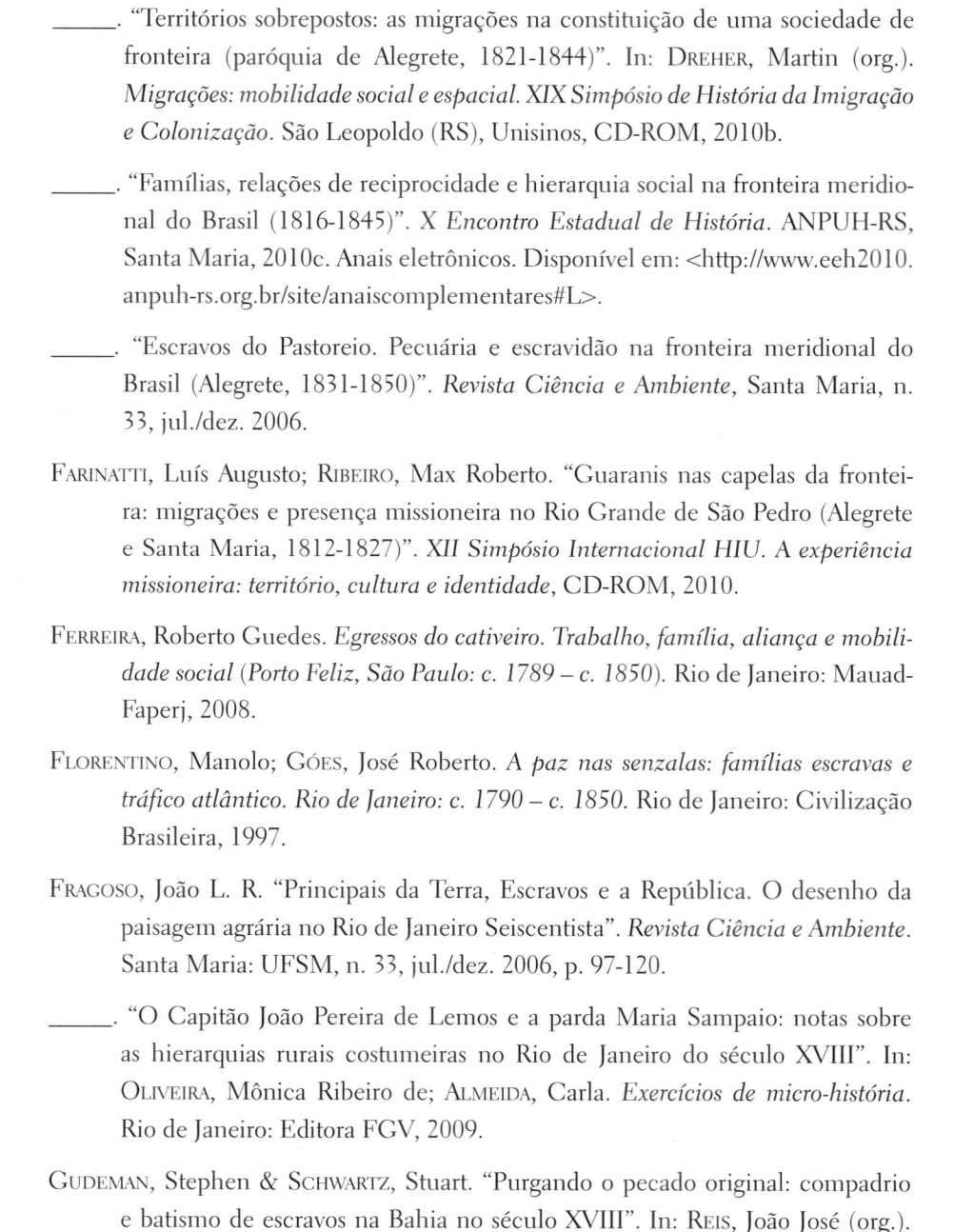

_____. "Territórios sobrepostos: as migrações na constituição de uma sociedade de fronteira (paróquia de Alegrete, 1821-1844)". In: DREHER, Martin (org.). *Migrações: mobilidade social e espacial*. XIX Simpósio de História da Imigração e Colonização. São Leopoldo (RS), Unisinos, CD-ROM, 2010b.

_____. "Famílias, relações de reciprocidade e hierarquia social na fronteira meridional do Brasil (1816-1845)". *X Encontro Estadual de História*. ANPUH-RS, Santa Maria, 2010c. Anais eletrônicos. Disponível em: <http://www.eeh2010.anpuh-rs.org.br/site/anaiscomplementares#L>.

_____. "Escravos do Pastoreio. Pecuária e escravidão na fronteira meridional do Brasil (Alegrete, 1831-1850)". *Revista Ciência e Ambiente*, Santa Maria, n. 33, jul./dez. 2006.

FARINATTI, Luís Augusto; RIBEIRO, Max Roberto. "Guaranis nas capelas da fronteira: migrações e presença missioneira no Rio Grande de São Pedro (Alegrete e Santa Maria, 1812-1827)". *XII Simpósio Internacional HIU. A experiência missioneira: território, cultura e identidade*, CD-ROM, 2010.

FERREIRA, Roberto Guedes. *Egressos do cativeiro. Trabalho, família, aliança e mobilidade social (Porto Feliz, São Paulo: c. 1789 – c. 1850)*. Rio de Janeiro: Mauad-Faperj, 2008.

FLORENTINO, Manolo; GÓES, José Roberto. *A paz nas senzalas: famílias escravas e tráfico atlântico. Rio de Janeiro: c. 1790 – c. 1850*. Rio de Janeiro: Civilização Brasileira, 1997.

FRAGOSO, João L. R. "Principais da Terra, Escravos e a República. O desenho da paisagem agrária no Rio de Janeiro Seiscentista". *Revista Ciência e Ambiente*. Santa Maria: UFSM, n. 33, jul./dez. 2006, p. 97-120.

_____. "O Capitão João Pereira de Lemos e a parda Maria Sampaio: notas sobre as hierarquias rurais costumeiras no Rio de Janeiro do século XVIII". In: OLIVEIRA, Mônica Ribeiro de; ALMEIDA, Carla. *Exercícios de micro-história*. Rio de Janeiro: Editora FGV, 2009.

GUDEMAN, Stephen & SCHWARTZ, Stuart. "Purgando o pecado original: compadrio e batismo de escravos na Bahia no século XVIII". In: REIS, João José (org.). *Escravidão e Invenção da Liberdade. Estudos sobre o negro no Brasil*. São Paulo: Brasiliense, 1988.

HAMEISTER, Martha. *Para Dar Calor à Nova Povoação: estudo sobre estratégias sociais e familiares a partir dos registros batismais da Vila do Rio Grande (1738-1863)*. Tese de Doutorado. PPGH/UFRJ. Rio de Janeiro, 2006.

MACHADO, Cacilda. "Compadrio de escravos e paternalismo, o caso da freguesia de São José dos Pinhais (PR), na passagem do século XVIII para o XIX". *III Encontro Escravidão e Liberdade no Brasil Meridional*. Florianópolis, 2007. Disponível em: <http://www.escravidaoeliberdade.com.br>.

MATHEUS, Marcelo S. "A lista de classificação dos escravos de Alegrete. Notas de Pesquisa". *V Encontro Escravidão e Liberdade no Brasil Meridional*. Porto Alegre, 2011. Disponível em: <http://www.escravidaoeliberdade.com.br>.

MATTOS, Hebe Maria. *Das Cores do Silêncio: os significados da liberdade no sudeste escravista (Brasil, século XIX)*. Rio de Janeiro: Nova Fronteira, 1998.

MOREIRA, Paulo R. S. *Os Cativos e os Homens de Bem. Experiências negras no espaço urbano*. Porto Alegre: EST Edições, 2003.

_____. Justiçando o Cativeiro: a cultura de resistência escrava. PICCOLO, Helga; PADOIN, Maria Medianeira (org.). *História Geral do Rio Grande do Sul* – Volume 2, Império. Passo Fundo: Méritos, 2006.

OLIVEIRA, Vinícius. *De Manoel Congo a Manoel de Paula. Um africano ladino em terras meridionais*. Porto Alegre: EST, 2006.

PERUSSATO, Melina K. "Como se de ventre livre nascesse: experiências de escravidão, parentesco, emancipação e liberdade. Rio Pardo/RS (1860-1888)". *V Encontro Escravidão e Liberdade no Brasil Meridional*. Porto Alegre, 2011. Disponível em: <http://www.escravidaoeliberdade.com.br>.

PETIZ, Silmei S. *Caminhos cruzados. Famílias e estratégias escravas na fronteira oeste do Rio Grande de São Pedro (1750-1835)*. Tese de doutorado. PPGH/Unisinos, São Leopoldo, 2009.

RIOS, Ana Maria Lugão. "The politics of kinship. Compadrio among slaves in Nineteenth-Century Brazil" en *The History of Family. An International Quartely*, vol. 5, n. 3, 2000.

ROCHA, Cristiany M. Histórias de famílias escravas. Campinas: Editora da Unicamp, 2004.

SCHWARTZ, Stuart. *Segredos internos: engenhos e escravos na sociedade colonial (1550-1835)*. São Paulo: Companhia das Letras, 1999.

_____. Escravos, roceiros e rebeldes. Bauru (SP): Edusc, 2001.

SIRTORI, Bruna. *Entre a cruz, a espada, a senzala e a aldeia. Hierarquias sociais em uma área periférica do Antigo Regime (1765-1784)*. Dissertação de mestrado. PPGHIS-UFRJ, Rio de Janeiro, 2008.

SLENES, Robert W. "Senhores e subalternos no Oeste Paulista". In: ALENCASTRO, Luiz Felipe (org.). *História da Vida Privada no Brasil, vol. 2. Império: a corte e a modernidade nacional*. São Paulo: Companhia das Letras, 1997, p. 223-290.

_____. *Na Senzala uma flor – esperanças e recordações na formação da família escrava, Brasil, sudeste, século XIX*. Rio de Janeiro: Nova Fronteira, 1999.

XAVIER, Regina C. E. *A conquista da liberadade. Libertos em Campinas na segunda metade do século XIX*. Campinas: Centro de Memória/ Unicamp, 1996.

ZETTEL, Roberta F. V. "De mútuo consentimento. O significado da relação familiar cativa para senhores e escravos na freguesia de Nossa Senhora do Rosário de Rio Pardo (1845-1865)". *V Encontro Escravidão e Liberdade no Brasil Meridional*. Porto Alegre, 2011. Disponível em: <http://www.escravidaoeliberdade.com.br>.

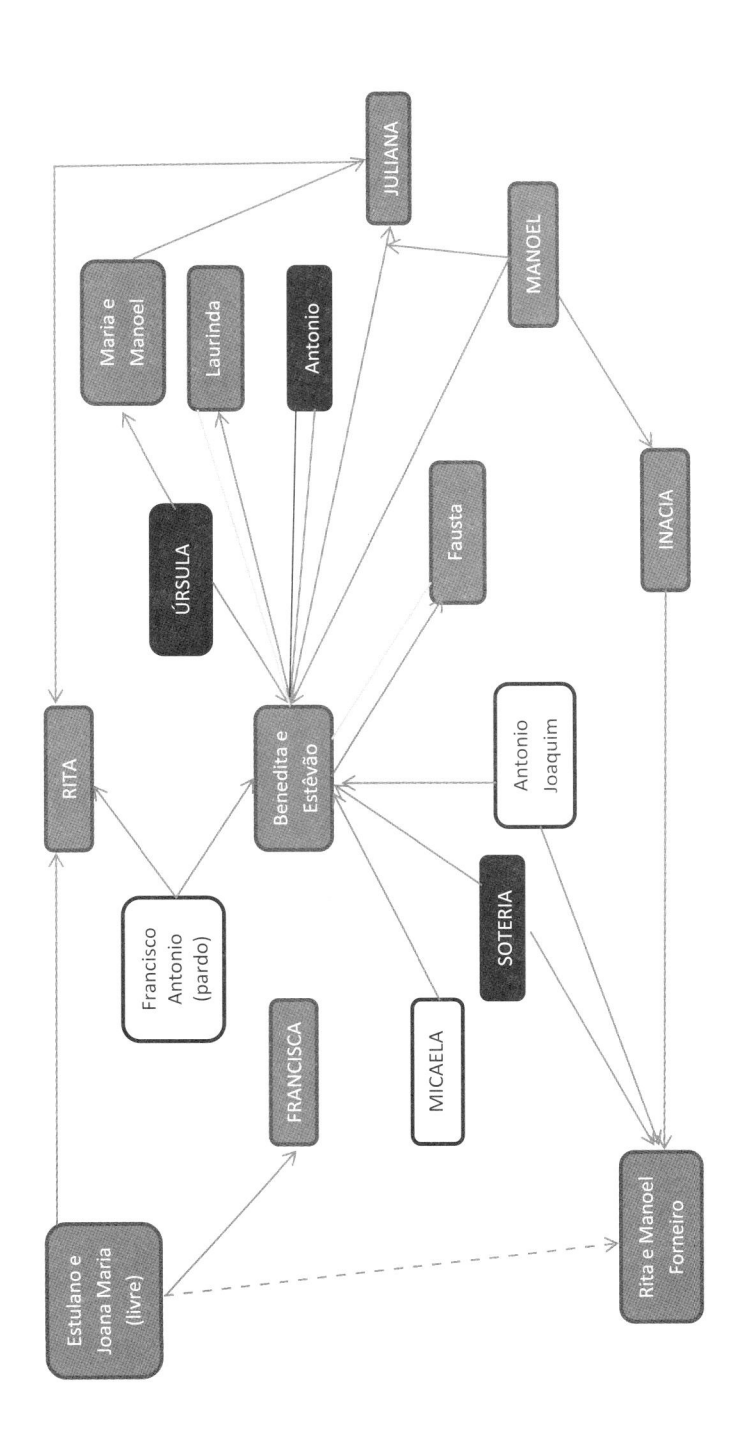

Escravidão e Liberdade   175

PARTE III
Comércio de escravos

Clandestino e ilegal: o contrabando de escravos na Colônia do Sacramento (1740-1777)

FÁBIO KÜHN[1]

Os portugueses e a "trata de negros"

DESDE MUITO CEDO OS PORTUGUESES estiveram envolvidos com o fornecimento de escravos para as Índias de Castela, em uma complementaridade de interesses que, durante o período do descobrimento e conquista, permitiu que eles se lançassem nas rotas americanas, movidos por um comércio lucrativo, que somente era possível graças ao progressivo domínio dos lusitanos como fornecedores e contratadores.[2] A conjuntura da União Ibérica (1580-1640) assistiu à instalação de importantes grupos de portugueses em Buenos Aires, introduzindo escravos e produtos europeus na região, minando o exclusivo comercial espanhol e captando para si uma parte da prata potosina que circulava nos circuitos mercantis.[3] Durante esse período, consolidaram-se os interesses lusitanos na região platina, pois os domínios atlânticos passavam a ganhar cada vez mais importância para o Império português.

A partir de 1595 iniciou-se a introdução de escravos africanos nos domínios americanos dos Habsburgos pelo sistema de *asiento*, em regime de monopólio, "a partir do qual o tráfico se estabilizou dentro de um padrão que com pequenas variações orientou o abastecimento de negros para a América Espanhola durante todo o período colonial".[4]

---

1   Professor adjunto do Departamento e Programa de Pós-Graduação em História da UFRGS.

2   VENTURA, Maria da Graça Mateus. *Negreiros portugueses na rota das Índias de Castela (1541-1556)*. Lisboa: Colibri/ICIA, 1999.

3   PERUSSET, Macarena. *Contrabando y Sociedad em el Rio de la Plata colonial*. Buenos Aires: Dunken, 2006, p. 36. Ver também SALVADOR, José Gonçalves. *Os Magnatas do Tráfico Negreiro*. São Paulo: Pioneira/Edusp, 1981, p. 141-150.

4   SANTOS, Corcino Medeiros dos. *O Tráfico de escravos do Brasil para o Rio da Plata*. Brasília: Edições do Senado Federal, 2010, p. 69.

O trato negreiro, estabelecido o sistema de *asiento*, ficou quase que exclusivamente nas mãos de judeus portugueses. Entre 1595 e 1640, os traficantes portugueses de origem cristã-nova foram os senhores absolutos do trato negreiro para o Novo Mundo, inseridos em ativas redes mercantis, que conectavam a África com a América portuguesa e espanhola. Embora a Coroa hispânica sempre tenha tentado manter os estrangeiros afastados do comércio com suas colônias, ela se viu incapaz de manter os portugueses longe do tráfico de escravos com as Índias de Castela. Isso se deu por dois motivos: pela necessidade de conseguir recursos via concessão dos *asientos* e porque os portugueses, por possuírem entrepostos de escravos e capacidade de navegação, eram os únicos habilitados a abastecer as Índias com escravos.[5] Conforme as estimativas existentes, nesses quarenta e cinco anos foram introduzidos pelos portugueses 268.664 escravos na América Espanhola, dos quais pouco mais da metade (135.000) foram enviados a Cartagena, setenta mil para Veracruz, quarenta e quatro mil para Buenos Aires e quase vinte mil para outros portos caribenhos.[6]

Com o fim da União Ibérica, aconteceria a expulsão da maioria dos portugueses estabelecidos em Buenos Aires. Na ata de desarmamento dos lusitanos de 1643 encontravam-se mais de uma centena de famílias de origem portuguesa na cidade, algo em torno de 15% de toda a população branca. Uma minoria significativa, que possuía um forte enraizamento social e alcance comercial.[7] Tanto é que foi extremamente difícil concretizar a expulsão desta população, na medida em que muitos deles eram "vecinos" amplamente integrados na elite da cidade.[8] Após a ascensão dos Braganças ao trono de Lisboa, os portugueses que foram impedidos de permanecer nos portos hispano-americanos reorientaram seus circuitos comerciais, notadamente

---

5   Quevedo, Ricardo Escobar. *Inquisición y judaizantes en América Española (siglos XVI-XVII)*. Bogotá: Editorial Universidad del Rosario, 2008, p. 221; Hutz, Ana. *Os cristãos-novos portugueses no tráfico de escravos para a América Espanhola (1580-1640)*. Dissertação de mestrado. PPG Economia/Unicamp, Campinas, 2008, p. 93-94.

6   Conforme uma especialista no tema, "la navegación negrera por el Río de la Plata estuvo siempre prohibida", o que tornava Buenos Aires um dos principais portos do contrabando de africanos para a América hispânica. Vila Vilar, Enriqueta. *Hispano-América y el comércio de esclavos – Los asientos portugueses*. Sevilha: EEHA, 1977, p. 179 e 209.

7   Canabrava, Alice. *O Comércio Português no Rio da Prata (1580-1640)*. Belo Horizonte: Itatiaia; São Paulo: Edusp, 1984, p. 163; González Lebrero, Rodolfo E. *La pequeña aldea – Sociedad y economia en Buenos Aires (1580-1640)*. Buenos Aires: Biblos, 2002, p. 89.

8   Ceballos, Rodrigo. *Arribadas portuguesas: a participação luso-brasileira na constituição social de Buenos Aires (1580-1650)*. Tese de doutorado. PPGH/UFF, Niterói, 2007, p. 226ss.

aqueles ligados ao *asiento* de escravos africanos, procurando voltar-se para o Brasil, o único mercado aberto às suas atividades.[9]

Porém, como observou Moutoukias, não se interromperam as ligações entre o Brasil e o rio da Prata, nem entre este último e Angola, ainda que tenham sofrido uma diminuição sensível. Assim, apesar das restrições da nova conjuntura pós-Restauração, os navios portugueses representavam 25% das arribadas clandestinas detectadas no porto de Buenos Aires entre 1648 e 1702. Ou seja, a importância dos portugueses se manteve expressiva, apesar do predomínio holandês no período.[10] O certo é que os enfrentamentos havidos entre as nações ibéricas restringiram a presença portuguesa na região, que somente voltaria a adquirir importância durante o governo de D. Pedro II (1668-1706), quando foi determinada a fundação de uma colônia no rio da Prata. Foi a partir de então que a atenção da política lusitana se voltaria de forma prioritária para o Atlântico Sul e para o Brasil.[11] Assim, em 1680, o governador do Rio de Janeiro, Dom Manuel Lobo, dirigiu-se para o rio da Prata, onde defronte ao arquipélago de São Gabriel, em uma pequena península, fundaria a Colônia do Sacramento, praça militar e comercial portuguesa, um posto avançado lusitano nos domínios platinos.[12]

Colônia do Sacramento: a Gibraltar do rio da Prata

Não obstante o seu caráter de fortaleza militar, a Colônia do Sacramento era também – e fundamentalmente – uma praça mercantil, onde desde o princípio estavam presentes os interesses da elite fluminense. Conforme já foi observado, "Sacramento era a corporificação de uma demanda repetida da Câmara carioca pela fundação de uma colônia que incrementasse as tradicionais relações entre o Rio de

---

9   ALENCASTRO, Luís Felipe. "Le versant brésilien de l'Atlantique-Sud: 1550-1850". *Annales*, ano 61, n. 2, mar.-abr. de 2006, p. 341.

10 MOUTOUKIAS, Zacarias. *Contrabando y control colonial en el siglo XVII*. Buenos Aires: Centro Editor de América Latina, 1988, p. 152.

11 MONTEIRO, Nuno. "D. Pedro II regente e rei (1668-1706). A consolidação da dinastia de Bragança". In: HESPANHA, António M. (coord.) *História de Portugal*, vol. 4. Lisboa: Estampa, 1998, p. 412.

12 MONTEIRO, Jonathas da Costa Rego. *A Colônia do Sacramento (1680-1777)*. Porto Alegre: Oficinas Gráficas da Livraria do Globo, 1937, p. 46-48; AZAROLA GIL, Luis Enrique. *La Epopeya de Manuel Lobo, seguida de una crónica de los sucesos desde 1680 hasta 1828*. Madri: Compañía Ibero-Americana de Publicaciones, 1931, p. 27-44. A primeira fundação da Colônia do Sacramento durou poucos meses, já que os portugueses foram expulsos em agosto de 1680. O Tratado Provisional de 1681 devolveria a Colônia aos lusitanos, que a reocuparam a partir de 1683.

Janeiro e a região do Rio da Prata". Assim, tanto a fundação de Sacramento, quanto o recuo baiano na África Central Atlântica representaram o fortalecimento do eixo Rio de Janeiro-Buenos Aires-Angola.[13] Durante a primeira fase da existência da Colônia do Sacramento (1680-1705), os indícios acerca do comércio de escravos são, quando muito, rarefeitos. No início da década de 1690 o governador Francisco Naper de Lencastre comentava o relativo declínio populacional da povoação, observando que em relação ao decênio anterior, "há muito menos escravos do que então havia, porque só a venda deles em Buenos Aires passou de vinte mil pesos".[14] Também os registros de arribadas forçadas caíram dramaticamente em Buenos Aires entre 1683 e 1702, quando somente doze embarcações procuraram o seu porto; isto poderia ser explicado talvez pela existência do novo porto da Colônia, para onde esta movimentação parece ter se deslocado, ao menos parcialmente. De fato, ao final do século XVII entravam pelo arquipélago de São Gabriel – fronteiro à Colônia – entre 14 e 16 embarcações anualmente.[15] Assim, apesar da existência de contingentes de escravos na Colônia, durante esse período inicial o negócio principal dos portugueses foram mesmo os couros, extraídos do gado existente na Banda Oriental.[16]

Esta situação perduraria até 1705, quando a praça foi novamente tomada pelos castelhanos, por conta dos desdobramentos da Guerra de Sucessão Espanhola (1702-1714). Porém, o Tratado de Utrecht previu a devolução da Colônia aos portugueses, que a retomaram a partir de finais de 1716 e procuraram repovoá-la. As atividades comerciais da praça são bem conhecidas para a primeira metade do século XVIII, especialmente durante o período do governador Antônio Pedro de Vasconcelos (1722-1749), que encabeçou uma rede envolvida em negócios ilícitos, onde o prestígio da autoridade régia associava-se à influência dos burocratas e homens de negócio.[17] Também foram investigadas as atividades da rede mercantil liderada pelo poderoso

---

13 SAMPAIO, Antônio Carlos Jucá de. *Na encruzilhada do Império: hierarquias sociais e conjunturas econômicas no Rio de Janeiro (c. 1650 – c. 1750)*. Rio de Janeiro: Arquivo Nacional, 2003, p. 146-147.

14 AHU-RJ, n. 1826: Carta do governador Francisco Naper de Lencastre ao Rei Dom Pedro II. Colônia do Sacramento, 06 de dezembro de 1691.

15 MOUTOUKIAS, *op. cit.*, p. 128 e 159.

16 ALMEIDA, Luís Ferrand de. *A Colônia do Sacramento na época da sucessão de Espanha*. Coimbra: Faculdade de Letras, 1973, p. 117-146.

17 PRADO, Fabrício. *Colônia do Sacramento – O extremo sul da América portuguesa*. Porto Alegre: Fumproarte, 2002, p. 168-185.

homem de negócios chamado Francisco Pinheiro, que tinha um agente na Colônia, o comerciante José Meira da Rocha.[18] Todavia, neste período, os ingleses obtiveram como concessão o *asiento* de escravos na América espanhola (1713-1739), tornando-se os principais concorrentes dos portugueses na região platina, já que além dos negros escravizados eram introduzidas mercadorias britânicas.[19]

No que se refere ao período pós-Tratado de Madri, ele geralmente é considerado como de decadência inexorável da praça, considerada por contemporâneos como a "Gibraltar do rio da Prata".[20] Porém, após o período crítico do cerco espanhol de 1735-1737,[21] quando a praça foi sitiada durante vinte e dois meses e os negócios foram duramente afetados, o comércio sacramentino voltou a florescer, atingindo seu auge na conjuntura compreendida entre 1739 e 1762. Nesses anos, não houve maiores hostilidades entre as Coroas ibéricas, o que permitiu uma maior aproximação oficial entre ambos os governos. Essa situação acabou facilitando o intercâmbio comercial, incrementando as possibilidades de contrabando.[22] Durante a década de 1740, terminado o *asiento* inglês, as relações comerciais entre Colônia e Buenos Aires foram fortemente retomadas, especialmente no que dizia respeito ao trato negreiro.

O jesuíta Florian Paucke, que esteve na Colônia no final de 1748, observou que a cidade era pequena e tinha uma preponderância mercantil, sendo "na sua maior parte habitada por comerciantes portugueses". Conforme o missionário, as casas eram baixas e edificadas em boa ordem, embora todas fossem "de muralha". Na sua apreciação, os portugueses viviam confinados e eram mantidos pelos espanhóis "tão entre barreiras como atualmente os judeus em nossos países". A impressão que lhe ficou era de que a cidade estava continuamente bloqueada, especialmente

---

18 LISANTI FILHO, Luis. *Negócios Coloniais – Uma correspondência comercial do século XVIII*. 5 volumes, Brasília: Ministério da Fazenda, 1973.

19 POSSAMAI, Paulo. *A vida quotidiana na Colônia do Sacramento*. Lisboa: Livros do Brasil, 2006, p. 352-362 e p. 385-408.

20 O paralelo foi originalmente traçado por Bougainville, na sua *Voyage autour du monde*, onde aparece a concepção de uma "Gibraltar do rio da Prata": "Em suma, este posto [Colônia] é aqui, para a Espanha, com respeito aos portugueses, o que é na Europa o Estreito de Gibraltar, com respeito aos ingleses".

21 ABREU, Capistrano de. "Sobre a Colonia do Sacramento". In: SÁ, Simão Pereira de. *Historia Topographica e Bellica da Nova Colonia do Sacramento do Rio da Prata*. Rio de Janeiro: Typographia Leuzinger, 1900, p. XXVIII e XXIX. Para um relato coevo, ver SILVA, Silvestre Ferreira da. *Relação do Sítio da Nova Colônia do Sacramento* (1748). Porto Alegre: Arcano 17, 1993.

22 PAREDES, Isabel. "Comercio y contrabando entre Colonia del Sacramento y Buenos Aires en el período 1739-1762". *Colóquio Internacional Território e Povoamento*, Instituto Camões, 2004, p. 3.

pelos acessos terrestres, que eram vigiados pelas sentinelas espanholas.[23] Se por um lado, o cerco ao contrabando por terra parecia ser evidente, nessa mesma altura as relações diretas entre os territórios hispanos e a Colônia do Sacramento se ampliariam a partir de 1749, com a assinatura de um convênio que abriria brechas para o comércio ilícito. O governador português Antônio Pedro de Vasconcelos alegava não ter possibilidades de abastecimento de víveres e lenha para a subsistência da praça. Diante da situação de harmonia que vigorava entre as Coroas ibéricas, os espanhóis autorizaram a obtenção de víveres, porém os únicos portos autorizados seriam os do Riachuelo (Buenos Aires) e o de Montevidéu. Para a busca de lenha, o limite seriam as ilhas de Martin Garcia. As embarcações particulares seriam revistadas pelos oficiais espanhóis, mas não seriam inspecionadas as faluas reais. Para tentar coibir o contrabando, a tripulação das embarcações portuguesas não poderia desembarcar no território espanhol.[24]

Entre 1744 e 1745, quando governou interinamente a praça, o brigadeiro José da Silva Pais procurou aumentar a arrecadação da Fazenda Real e instituiu uma "contribuição" de sete mil e quinhentos réis por cada escravo adquirido na praça pelos espanhóis. Segundo uma certidão passada no final de 1745 pelo escrivão da Fazenda Real da Colônia do Sacramento, tal taxação havia arrecadado em cerca de um ano o montante de 3:262$500 réis, o que equivalia à transação de 435 cativos para os domínios espanhóis.[25] No entanto, em 1746, o governador Antônio Pedro de Vasconcelos, após reassumir o governo, solicitou ao Conselho Ultramarino o fim da taxação, argumentando que ela havia sido criada sem licença régia, sendo assim ilegal. Ele também referiu as desvantagens que os comerciantes sacramentinos sofriam quando vendiam os escravos e tinham que negociar os preços com seus pares de Buenos Aires. O pedido do governador não foi em vão, tendo ele obtido sucesso na sua reivindicação, pois a taxação foi revogada.[26]

Ao que parece, tal medida teria intensificado os negócios negreiros, pois nos anos de 1748 e 1749 quatro navios desembarcaram diretamente da África 1654 escravos

---

23 BARROS-LÉMEZ, Alvaro. *V Centenario en el Río de La Plata – Pioneros, Adelantados, Caminantes, Fundadores*. Montevidéu: Monte Sexto Editorial, 1992, p. 75-76.

24 PAREDES, *op. cit.*, p. 11-12.

25 PIAZZA, Walter F. *O Brigadeiro José da Silva Paes – Estruturador do Brasil Meridional*. Florianópolis: Editora da UFSC; Rio Grande: Editora da Furg/Edições FCC, 1988, p. 106.

26 AHU-CS. Caixa 4, doc. 409. Carta do governador António Pedro de Vasconcelos ao rei D. João vol. Colônia do Sacramento, 18.06.1746.

na Colônia do Sacramento, dos quais 205 (12,4%) eram crianças.[27] Estes números podem eventualmente ser ainda maiores, pois conforme Miller, que se baseou nos registros angolanos, treze embarcações saíram carregadas de escravos entre 1748 e 1757, com destino à Colônia do Sacramento ou Santos, um destino ao sul do Rio, mas que seria direcionado para a Colônia. Entretanto, cabe ponderar que nem todas essas embarcações enviadas ao porto paulista podem ter seguido efetivamente para o rio da Prata. Seja como for, o autor norte-americano notou ainda que esse profícuo comércio procurou ser restringido no âmbito das negociações decorrentes do Tratado de Madri. Esse foi o objetivo do alvará de 14 de outubro de 1751, que determinou a exclusão dos luso-brasileiros das colônias espanholas, mas na prática resultou somente na transição entre o contrabando feito diretamente de Angola para um comércio indireto nominalmente legal feito pelo Rio de Janeiro para a Colônia do Sacramento nos anos 1750.[28]

Sacramento era uma povoação de pequenas dimensões, sem dúvida, porém tinha um porto muito movimentado em função das suas conexões atlânticas. Em 1752, os negociantes espanhóis afirmavam que "é constante que este lugar por sua natureza inútil o mantém os portugueses sem outro objetivo que o comércio", visto que "anualmente em toda a classe de embarcações passam de cem e por inspeção ocular consta a alguns dos indivíduos que aqui afirmam que em poucos dias de residência em Montevidéu passaram para a Colônia quinze embarcações de carga".[29] Realmente, a década de 1750 parece ter sido o auge da atividade mercantil na Colônia, muito em função das transformações decorrentes da execução do Tratado de Limites entre Portugal e Espanha. Enquanto os demarcadores permaneceram no território meridional e foram levadas a cabo as operações nas Missões, aumentaram bastante as possibilidades de contrabando, facilitadas ademais pela maior quantidade de navios oficiais, o que aumentava o movimento portuário.[30] Esta movimentação de embarcações envolvidas no comércio ilícito de escravos chegou a gerar preocupação

---

27 PRADO, Fabrício p. *In the Shadows of Empires: Trans-Imperial Networks and Colonial Identity in Bourbon Rio de La Plata (c. 1750 – c. 1813)*. Tese de doutorado. Emory University, Atlanta, 2009, p. 73 e 75. O autor se valeu dos dados disponibilizados pelo *Slave Trade Database*: www.slavevoyages.org.

28 MILLER, Joseph. *Way of Death – Merchant Capitalism and the Angolan Slave Trade, 1730-1830*. Madison: The University of Wisconsin Press, 1988, p. 485.

29 VILALOBOS, Sergio. *Comercio y contrabando em el Rio de la Plata y Chile*. Buenos Aires: Eudeba, 1965, p. 19.

30 PAREDES, *op. cit.*, p. 12.

das autoridades régias com a difusão de epidemias, como se depreende da resolução tomada em 1755 pelo governador da praça, Luiz Garcia de Bivar, onde ele ordenava que para "evitar os danos, que resultam à saúde deste povo, ocasionados com os males contagiosos" que "introduziram-se com a chegada das embarcações, vindas de portos de barra fora, com gente [e] escravatura de comércio", os oficiais da Alfândega fossem inspecionar as embarcações que entravam no porto e levassem consigo o cirurgião José Moreira, que deveria passar uma certidão atestando a inexistência de enfermidades nos tripulantes e demais passageiros dos navios.[31]

Porém, os infortúnios da demarcação dos limites (especialmente a resistência indígena), associados à eclosão da Guerra dos Sete Anos (1756-1763), acabariam revertendo esse quadro favorável ao contrabando generalizado. O Tratado de El Pardo, assinado em 12 de fevereiro de 1761, consistiu em uma admissão tácita pelas Coroas ibéricas do fracasso em obter uma solução pacífica para as disputas territoriais na América meridional. Mas também foi o prelúdio para uma nova guerra, pois na medida em que fez retornar à situação anterior a 1750, o tratado não garantia os direitos lusos sobre as terras ocupadas em Santa Catarina e no Rio Grande. A própria situação da Colônia do Sacramento passou a ficar cada vez mais perigosa: em 1761, Pedro de Cevallos informava a Madri que o governador da Colônia tinha se recusado a retirar o gado dos moradores portugueses dos campos vizinhos ao povoado. O primeiro passo do general espanhol foi atacar o florescente comércio de contrabando que prosperava na Colônia. Alertava ainda que ele estava apertando o bloqueio sobre a Colônia e tinha estabelecido um acampamento em São Carlos, distante uma légua da praça, para melhor poder vigiar os movimentos portugueses.[32] De fato, desde a criação do Real de San Carlos em 1761, tropas da guarnição de Buenos Aires vigiavam com rigor os portugueses, que literalmente ficaram confinados à fortaleza, em tese sem muitas possibilidades de realizar qualquer comércio via terrestre. A atitude do governo de Buenos Aires modificou-se a partir da anulação do Tratado de Madri. Pedro de Cevallos, seguindo ordens reais, deu por finalizado o convênio que havia facilitado as relações luso-espanholas e as relações oficiais entre os governadores locais praticamente se deram por terminadas, com os preparativos de guerra. Apesar disso,

---

31 ANRJ. Cód. 94, vol. 5. Ordem do governador Luiz Garcia de Bivar. Colônia do Sacramento, setembro de 1755.

32 *Campaña del Brasil*, tomo II, p. 445-447 e 450-453.

o contrabando particular continuou, apesar do restritivo bloqueio e posterior ataque, que terminou com a fugaz conquista da Colônia.[33]

Para se ter uma ideia do volume deste comércio, sabe-se que a frota do Rio de Janeiro de 1761 teria levado a Portugal cerca de quatro milhões de cruzados em prata, obtido através dos diversos negócios efetuados na praça platina. Como reconhecia o próprio Conde de Oeiras em 1759, ao referir-se aos carregamentos de prata, "é notório a todos que saíram da América espanhola, porque este metal se não lavra nas minas do Brasil".[34] Sufocado o comércio, em agosto de 1762 Pedro de Cevallos iniciava os preparativos militares, cercando a cidadela com uma grande força vinda de Buenos Aires. Dois meses depois, após saber da declaração de guerra entre Espanha e Portugal, ele apresentou ao governador da Colônia, Vicente da Silva da Fonseca, um ultimato determinando a rendição da praça. Diante da rejeição do ultimato pelos portugueses, ele determinou o bombardeio da cidadela, que durou vinte e cinco dias, até a capitulação lusitana em 29 de outubro de 1762.[35]

Los fondos vivos de la contravención

Com o Tratado de Paris, novamente a Colônia do Sacramento foi devolvida aos portugueses, sendo retomada em dezembro de 1763, quando tomou posse da praça o governador Pedro José de Figueiredo Sarmento. A partir de então, ao que parece, além dos gêneros tradicionais (produtos do Brasil e fazendas europeias) que faziam parte do comércio da Colônia com Buenos Aires, na segunda metade do século XVIII a praça portuguesa especializou-se no fornecimento de escravos africanos para a região platina. Conforme um autor anônimo, que em 1766 escreveu um *Discurso sobre el comércio legítimo de Buenos Aires com la España y el clandestino de la Colonia del Sacramento*, a média de escravos introduzidos a partir da praça lusitana nunca era inferior a seiscentos por ano:

> Todos son animados, y viven del comércio clandestino que hacen con la ciudad de Buenos Aires y su jurisdicción comprendida en la Província del

---

33 PAREDES, *op. cit.*, p. 18.

34 ALDEN, Dauril. *Royal Government in Colonial Brazil*. Berkeley e Los Angeles: University of California Press, 1968, p. 96.

35 Para maiores detalhes, ver a *Breve notícia da Colônia do Santíssimo Sacramento e Diário do seu último ataque pelos Castelhanos – Ano de 1762*. In: SÁ, Simão Pereira de. *História Topográfica e Bélica da Nova Colônia do Sacramento do Rio da Prata*. Porto Alegre: Arcano 17, 1993, p. 165-192.

> Río de la Plata de donde se interna a las Provincias del Tucumán, Chile y jurisdiccción de la Audiencia de Charcas a expensas de nuestros contravandeos en ellas que, por la vía de sobornación contraen de la Colonia toda especie de mercaderías europeas y Caldos de Portugal, con otros frutos corrientes en Comercio Europeo y de los que produce Brasil, azúcar de tabaco torado, y aguardiente de caña que cumulo crecido y gran cantidad de negros que por vía de Geneiro conducen de Guynea, en que hacen un considerable comércio pues un año con otro de presente de esta especie, que son fondos vivos de la contravención no disminuye el número de contracción de aquella Plaza de 600 que se distribuyen en la Capital de Buenos Aires, y se internan en las referidas Províncias.

No período entre 1740 a 1760, o comércio clandestino se realizou sem quase nenhuma repressão, sendo que nesse período o número de escravos introduzidos havia sido no mínimo o dobro, ou seja, cerca de mil e duzentos escravos por ano. Esse comércio movimentava anualmente de dez a dezoito navios de 100 a 300 toneladas, além de muitas embarcações menores, sendo que o grosso das cargas era de manufaturados europeus, produtos brasileiros (como açúcar e tabaco) e negros da Guiné. Em troca, os espanhóis levavam à Colônia a desejada prata, além de víveres, carnes, trigo, farinha e couros.[36]

O autor do *Discurso* procurou identificar as causas do contrabando de escravos, apontando para a ineficácia do ainda vigente sistema de *asientos*. Este alto custo dos escravos trazidos legalmente devia-se a dois motivos principais: em primeiro lugar, os elevados gastos com armamentos e habilitações dos navios em Cádiz, ao que acresciam os soldos dos oficiais e a tripulação abundante das embarcações, necessária "pois os europeus demorando-se algum tempo [na África] se corrompem". O segundo motivo residia na constatação de que os espanhóis não dispunham na costa da África de nenhum estabelecimento próprio, "que servisse de caixa ou acumulação dos mesmos negros", o que os obrigava a comprar cativos de segunda ou terceira mão, através dos préstimos dos traficantes ingleses, portugueses, franceses e holandeses.

---

36 O texto do *Discurso* foi divulgado em um artigo publicado em 1980 pelo historiador argentino Enrique Barba intitulado *Sobre el contrabando de la Colonia del Sacramento* (*siglo XVIII*). Buenos Aires: Academia Nacional de la Historia – Separata Investigaciones y Ensayos, n. 28, p. 57-76. O documento original pertence a Colección Ayala da Biblioteca do Palácio Nacional de Madri e foi transcrito pelo referido pesquisador, que depositou uma cópia datilografada na biblioteca da Academia Nacional de la Historia. Consultamos somente a transcrição existente em Buenos Aires.

Este processo era demorado, elevava os gastos e nem sempre era garantido, pois muitos navios dos contratadores voltavam para Buenos Aires sem a sua carga humana.

Tirando-se os custos da operação, que incluiriam 10% de mortalidade durante a travessia e considerando-se um "navio regular que leve 500 negros", o valor de um escravo posto em Buenos Aires chegava a no mínimo 250 pesos, dependendo do tempo que demorassem as embarcações na África. Assim, para obter algum lucro, os comerciantes de escravos locais teriam que vendê-los por no mínimo 300 pesos. Enquanto isso, no comércio clandestino, se comprava os mesmos escravos por 100 a 120 pesos na Colônia do Sacramento, sendo revendidos por 180 a 200 pesos na praça buenairense, daí que "se compreenderá que se preferiam estes aos adquiridos legitimamente". Este comércio ilegal era alimentado pela demanda da América hispânica, pois os escravos comprados a preços atraentes na Colônia do Sacramento eram introduzidos com "ganhos exorbitantes" no Chile, Tucumán e no Peru, atingindo o valor de 400 a 500 pesos. Exibindo um pragmatismo notável, o autor anônimo do *Discurso* ponderava que o contrato legítimo de escravos para Buenos Aires seria, dadas as condições, sempre desfavorável aos tratantes espanhóis, pela oposição que lhes faziam os traficantes da Colônia do Sacramento. Propunha que "para não perder o todo do lucro que isto faz", se estabelecesse uma companhia que contratasse a aquisição de escravos na própria Colônia do Sacramento. Assim, se evitaria os danos para a Coroa de tantos escravos entrando ilegalmente nos domínios espanhóis, pois somente em Buenos Aires, Tucumán e Paraguai eram consumidos anualmente 400 cativos e outros 200 que eram internados no Chile e Potosí, todos de forma ilícita. Caso o trato fosse lícito e se permitisse sua livre introdução pelos domínios sul-americanos, poderiam ser vendidos anualmente pelo menos 1000 escravos. Argumentava, por fim, que do jeito que as coisas estavam, o negócio somente beneficiava os tratantes portugueses da Colônia, além dos contrabandistas espanhóis e daqueles que acobertavam os tratos ilícitos.

Nessa altura, quando essas sugestões eram formuladas, a Coroa espanhola buscava alternativas para o problema do contrabando de escravos. Uma das opções foi estimular que comerciantes metropolitanos assumissem os contratos, como no caso daquele que seria administrado por D. Miguel de Uriarte, que obteve por Real Cédula de 14 de junho de 1765 o direito de introduzir escravos nas possessões americanas pelo prazo de dez anos.[37] Durante a vigência do contrato, chegou a ser proposto a

---

37 O contrato previa a introdução anual de 1500 escravos para Cartagena e Portobelo, 400 para os portos de Honduras e Campche, 1000 para a ilha de Cuba e de 500 a 600 para os demais portos caribenhos.

Uriarte um *"asiento de negros para Buenos Ayres"*, provavelmente por homens de negócio buenairenses. Ele propunha que os escravos deveriam preferencialmente ser conduzidos em embarcações portuguesas desde a Costa da África ou desde o Rio de Janeiro até os portos de Montevidéu e Maldonado, de onde seriam introduzidos em Buenos Aires. O contratador poderia despachar um ou dois feitores via Colônia do Sacramento ou Rio Grande de São Pedro para o Rio de Janeiro, "para ali fazer as compras dos Negros e demais diligências correspondentes da negociação". Mais ainda, os escravos introduzidos em Buenos Aires poderiam ser internados até o Chile, Lima, Potosí e todo o Peru, o que tornava o negócio ainda mais atrativo. No final da década de 1760, os proponentes desse *asiento* escreveriam ao contratador Uriarte, chamando-lhe a atenção para a conveniência que havia para o Real Erário em estabelecer o "Asiento dos Negros tratado com os Portugueses". Diziam que seria possível introduzir de quatrocentas a quinhentas peças por ano, mas advertiam que deviam lhe expor como funcionava o "clandestino negócio", praticado pelos portugueses estabelecidos na Colônia do Sacramento, pois por mais rigor e zelo que se pusesse no combate ao contrabando, nunca havia sido possível evitar a introdução dos escravos africanos em Buenos Aires, "por ser o mais fácil de disfarçar de todos os gêneros que se traficam da Colônia". Em seguida, descreviam como funcionava o comércio clandestino de escravos para Buenos Aires:

> Saltando en tierra caminam con sus Negros hasta encontrar qualquier estância de las immediatas; alli piden por favor al Dueño que le reciva algunos Negros, y este lo hace com facilidad y aun con gusto por que mesclandolos con los suios tiene buen disfraz, y disfruta de su travajo por algunos dias, y al cavo de ello los van introduciendo en esta ciudad en las carretas que trahen sus frutos con la figura de ser sus criados, y tambien las Mugeres conducen las Negras como si fuesen sus criadas quando vajan a la ciudad; en la que despues se buelben a distribuir por las casas, y los admiten con el fin de servir algun tiempo de ellos mesclados con sus

Ademais, obrigava ao contratador que abastecesse os demais portos americanos que fossem do "Real agrado". STUDER, Elena. *La trata de negros en el Rio de la Plata durante el siglo XVIII.* Buenos Aires: Universidad de Buenos Aires – Departamento Editorial, 1958, p. 258. Miguel de Uriarte era um comerciante espanhol, sediado em Cádiz, que juntamente com outros sócios esteve à frente da *Compañia Gaditana*, responsável pela tentativa de introdução de escravos na América. As atividades da companhia não foram bem sucedidas, pois em 1772 ela abriu falência perante a *Casa de Contratación*.

esclavos; (…) por fin el contravandista los vende, y si es a algun forastero, para internalos tierra a dentro.[38]

Dada a extensão do contrabando, não surpreende que os dados demográficos disponíveis mostrem que 58% dos habitantes da Colônia eram escravos em 1760, sem que houvesse uma ocupação econômica viável para tantos trabalhadores cativos. Em 14 de abril do referido ano, o governador Vicente da Silva Fonseca enviava ao Conselho Ultramarino um *Mapa do Povo que em si contem a Praça da Colônia de idade de sette anos para cima*, onde constava uma população total de 2693 pessoas (1588 homens e 1105 mulheres), estando incluídos nesse número os brancos livres, pardos e negros forros, além dos escravos. Estes últimos somavam a espantosa quantidade de 1575 indivíduos (941 homens e 634 mulheres). A população havia praticamente duplicado em relação a 1722, quando existiam 1388 habitantes no núcleo urbano, dos quais somente 294 (21%) eram escravos.[39] Diante desses números e levando em conta a existência de uma comunidade mercantil fortemente vinculada ao Rio de Janeiro, os dados sugerem – segundo Prado – que este elevado número de cativos eram habitantes temporários, à espera de serem comercializados com os mercadores buenairenses. Mais ainda, a quantidade de escravos que chegava na Colônia via tráfico negreiro não pode ser explicada somente devido à demanda local, se considerarmos a inexistência de um *hinterland* agrário. Não estamos descartando evidentemente a possibilidade de que uma parcela significativa desses cativos – pelo menos a metade deles – estivesse à serviço dos moradores da praça, ocupados em atividades domésticas, na produção agrícola em pequena escala e nas atividades marítimo-portuárias. Mas uma parte deles parece realmente ter sido destinada ao contrabando com o rio da Prata. Dessa forma, percebe-se um duradouro e ativo papel dos comerciantes sacramentinos nos negócios negreiros, com um papel de destaque no complexo portuário platino.[40]

---

38 "Contrato de negros para Buenos Aires e considerações sobre as vantagens desse contrato dirigida por um anônimo a D. Miguel de Uriarte". In: CORTESÃO, Jaime. *Do Tratado de Madri à Conquista dos Sete Povos (1750-1802)*. Manuscitos da Coleção De Angelis, VII. Rio de Janeiro: Biblioteca Nacional/ Divisão de Publicações e Divulgação, 1969, p. 371.

39 PRADO, Fabrício. *Colônia do Sacramento*, p. 97. Em 1730, a população escrava já havia subido para 687 indivíduos. Cf. POSSAMAI, Paulo. "O tráfico de escravos na Colônia do Sacramento". *V Encontro Escravidão e Liberdade no Brasil Meridional*. Porto Alegre, 2011, p. 5. Disponível em: <http://www.escravidaoeliberdade.com.br>.

40 PRADO, Fabrício. *In the Shadows of Empires*, p. 72 e 77.

Deve ser lembrado ainda que o declínio do mercado das Minas Gerais renovou o interesse dos traficantes fluminenses no comércio ilegal no Prata durante a década de 1760.[41] O francês Bouganville, que esteve no Rio de Janeiro em 1767, observou que "quase todas as mercadorias mais caras eram enviadas para as Províncias do sul e daí eram contrabandeadas, através de Buenos Aires, para o Chile e para o Peru". O comércio ilegal rendia, anualmente, cerca de um milhão e meio de piastras, sendo que "os maiores lucros dos portugueses provêm dessa atividade ilegal e do tráfico negreiro". O militar francês acrescentou que "é difícil avaliar qual o montante da perda ocasionada pelo encerramento do canal de contrabando mencionado. Sabe-se que ele ocupava, mensalmente, trinta embarcações para a cabotagem da costa do Brasil ao rio da Prata".[42] Referindo-se ao bloqueio castelhano, Bougainville observou ainda que "essa praça está no momento de tal modo fechada, devido às novas obras com que os espanhóis a cercaram, que o contrabando com ela se torna impossível, *se não há conivências*".[43]

Homens de negócio e contrabandistas

O grupo mercantil da Colônia do Sacramento modificou-se bastante ao longo dos quase cem anos de dominação lusitana na região. Na fase inicial de povoamento, no período compreendido entre a fundação da praça em 1680 e a sua tomada pelos castelhanos em 1705, parece que inexistia ainda uma comunidade de comerciantes com relativa autonomia, pois os negócios eram controlados quase que exclusivamente pelos governadores.[44] Durante a segunda fase (1716-1762), após a devolução da praça prevista no Tratado de Utrecht, os portugueses tiveram que inicialmente enfrentar a concorrência direta dos ingleses, estabelecidos com o *Asiento* na região platina, o que não impediu que os homens de negócio e mercadores lusos

---

41 MILLER, *op. cit.*, p. 485.

42 BOUGAINVILLE, Louis Antoine de. *Voyage autuor du monde, par la frégate du roi La Bondeuse et la flûte L'Étoile; en 1766, 1767, 1768 et 1769.* In: FRANÇA, Jean Marcel Carvalho. *Visões do Rio de Janeiro colonial – Antologia de textos (1531-1800).* Rio de Janeiro: José Olympio, 2008, p. 165.

43 CESAR, Guilhermino. *O contrabando no sul do Brasil.* Caxias do Sul: UCS; Porto Alegre: EST, 1978, p. 29.

44 JUMAR, Fernando A. *Le commerce atlantique au Rio de la Plata (1680-1778).* Vol. 1, Villeneuve d'Ascq, Presses Universitaires du Septentrion, 2000, p. 222. O autor definiu esse período inicial como sendo o do "tráfico dos governadores", tendo em vista o controle e a exclusividade que estes assumiram nas relações comerciais e na extração dos recursos da campanha.

aumentassem significativamente no período pós-1739; mesmo na última fase da cidadela (1763-1777), quando a Colônia já parecia condenada ao fim, em função do estado de beligerância quase constante, o grupo mercantil, embora reduzido, era ainda bastante ativo, mantendo suas atividades de contrabando com as possessões espanholas. No final da década de 1760, caracterizando os comerciantes sacramentinos, o governador Pedro José de Figueiredo Sarmento explicava que "por serem os paisanos desta Praça a maior parte deles sem domicílio certo nela", eles "são homens que concorrem ao seu negócio e imediatamente tornam a fazer regresso para outras partes".[45]

Se compararmos esta comunidade de comerciantes com aquelas existentes nas principais praças mercantis da América Meridional, percebemos que em relação à população total da Colônia do Sacramento, o número de negociantes era bastante avultado, atingindo um total de 101 agentes mercantis no período 1749-1777, dos quais cerca de dois terços constam nas fontes consultadas como "homens de negócio".[46] Na capital do Vice-Reino do Peru, por volta de meados do século XVIII, a comunidade mercantil chegava a 135 indivíduos.[47] Em Buenos Aires, o grupo de comerciantes poderosos e prestigiosos alcançava 178 pessoas no período 1775-1785.[48] Na América portuguesa, a cidade de Salvador contava com 120 comerciantes em 1757, dos quais praticamente a metade estava envolvida com o comércio transatlântico de escravos.[49] Por fim, a praça do Rio de Janeiro contava com pelo menos 199

---

45   AHU-CS, cx. 7, doc. 591. Ofício do governador da Colônia do Sacramento, Pedro José Soares de Figueiredo Sarmento ao Vice-rei Conde de Azambuja, 28.10.1769.

46   A reconstituição do grupo mercantil foi feita a partir de registros de batismos, relações e representações de mercadores e homens de negócio, além de habilitações de familiares do Santo Ofício. Para maiores detalhes, ver Kühn, Fábio. *Os interesses do governador: Luiz Garcia de Bivar e os negociantes da praça da Colônia do Sacramento (1749-17 60)*. XXVI Simpósio Nacional de História, São Paulo: 2011.

47   Turiso Sebastián, Jesús. *Comerciantes españoles en la Lima borbónica: anatomía de una elite de poder (1701-1761)*. Valladolid: Universidad de Valladolid/Secretariado de Publicaciones e Intercambio Editorial, 2002, p. 57-58.

48   Socolow, Susan. *Los mercaderes del Buenos Aires virreinal: família y comercio*. Buenos Aires: Ediciones de la Flor, 1991, p. 26.

49   Ribeiro, Alexandre. "O comércio das almas e a obtenção de prestígio social: traficantes de escravos na Bahia ao longo do século XVIII". *Locus – Revista de História*, Juiz de Fora, vol. 12, n. 2, 2006, p. 16.

homens de negócio atuantes no período 1753-1766.⁵⁰ Outro indicador da dimensão do grupo mercantil sacramentino surgiu quando a praça foi tomada pelas forças espanholas em 1762. O governador de Buenos Aires, Don Pedro de Cevallos, apresentou duas opções para o grupo mercantil estabelecido na Colônia: podiam retirar-se levando consigo "todos sus efectos de Comercio" ou então permanecer nos domínios de Sua Majestade Católica, desde que apresentassem um inventário exato dos seus gêneros, para que fossem taxados pela Real Fazenda. Não obstante a elevada alíquota de 45% cobrada dos negociantes que quisessem permanecer, um número significativo, que chegou a 91 comerciantes, decidiu permanecer em Buenos Aires, mesmo que como súditos espanhóis. Além dessa pesada taxação, os negociantes sacramentinos pagaram ainda 6370 pesos em direitos de entrada no território espanhol, pelos 167 escravos que possuíam.⁵¹

Existem evidências de que o comércio ilegal de escravos era realmente muito lucrativo, dando origem a redes mercantis e de poder que perpassavam o rio da Prata. Em 1764, com a prisão em Buenos Aires de Domingo Lagos, um marinheiro e comerciante galego, foi desvendada uma complexa articulação que dava sentido a uma poderosa rede atuante no comércio ilícito, que era formada por altos oficiais da Fazenda Real espanhola (Martin de Altolaguirre, Pedro Medrano e Juan de Bustinaga) e homens de negócio de Buenos Aires (Martin de Sarratea), além de comerciantes atuantes na Colônia do Sacramento (Antônio Ribeiro dos Santos e Manuel da Cunha Neves).⁵² Lagos era o *broker* que havia sido destacado para ir até a Colônia nos anos de 1761 e 1762, servindo de mediador e estabelecendo os contatos com os comerciantes da praça portuguesa, verificando o carregamento das

---

50 CAVALCANTI, Nireu. "O comércio de escravos novos no Rio setecentista". In: FLORENTINO, Manolo (org.). *Tráfico, cativeiro e liberdade – Rio de Janeiro, séculos XVII-XIX*. Rio de Janeiro: Civilização Brasileira, 2005, p. 67-72.

51 JUMAR, *op. cit.*, p. 315-316.

52 Antônio Ribeiro dos Santos aparece inicialmente designado simplesmente como mercador, mas em 1762 era considerado um dos *homens bons* da praça, tendo participado do conselho reunido pelo governador Vicente da Silva Fonseca para decidir acerca da capitulação da Colônia. O tenente Manuel da Cunha Neves, por seu turno, era personagem de destaque na sociedade local, estabelecido na Colônia desde pelo menos 1753. Foi um dos apoiadores do governador Luiz Garcia de Bivar, quando este foi acusado de envolvimento em negócios ilícitos. Sua trajetória de mais de duas décadas na Colônia do Sacramento lhe conferiu certo prestígio na praça sacramentina, como comprovam as suas frequentes presenças como padrinho na pia batismal. No período compreendido entre 1761 e 1775, Neves apadrinhou dez crianças. ACMRJ, Livros 3º e 5º de Batismos da Colônia de Sacramento (1760-1777).

mercadorias (principalmente tecidos e escravos) e sua descarga em Buenos Aires. Por seu turno, Martin de Altolaguirre era o responsável pelos barcos corsários que supostamente reprimiam o contrabando. Do outro lado do rio da Prata, na praça portuguesa, os comerciantes envolvidos atuavam como "intermediários obrigatórios", pois obtinham as autorizações do governador da Colônia, indispensáveis para os embarques simulados.[53]

Essas práticas nos mostram que os conceitos de contrabando e corrupção precisam ser repensados para as sociedades de Antigo Regime, onde a separação da esfera pública e da esfera privada era praticamente inexistente.[54] A própria distinção entre práticas legais e clandestinas parece ser anacrônica, se nós considerarmos o universo do contrabando não como um mundo delituoso, mas como uma espécie de fronteira social em relação às representações jurídicas, com suas regras bem estabelecidas e aceitas. Assim, as práticas que descrevemos podem revelar uma lógica social global partilhada pelos dois meios que somente nosso olhar contemporâneo dissocia. No mundo português setecentista, os contrabandistas seriam empreendedores que pertenciam ao sistema, com boas conexões com as elites governantes. O comércio ilegal tolerado era um comércio controlado, permitido pelas mesmas pessoas cujas funções oficiais pressupunham exatamente combatê-lo. Mais ainda, "a ideia de que o comércio ilegal era imoral e errado era vista com perplexidade. Se o comércio ilegal era por vezes estimulado pela Coroa portuguesa, como no caso do comércio com o rio da Prata, como poderia ser considerado imoral?".[55]

Os anos finais do contrabando sacramentino

A Colônia do Sacramento, depois de 1763, constituía-se em um exemplo de anacronismo político, foco de agudas tensões que tornavam sua manutenção quase impossível e que somente subsistiu por mais alguns anos por ser uma rentável realidade

---

53 MOUTOUKIAS, Zacharias. "Réseaux personnels et autorité coloniale: les négociants de Buenos Aires au XVIII siècle". *Annales ESC*, n. 4-5, 1992, p. 896-897 e 903-904.

54 FERREIRA, Roquinaldo. " 'A arte de furtar': redes de comércio ilegal no mercado imperial ultramarino português (c. 1690 – c. 1750)". In: FRAGOSO, João & GOUVÊA, Maria de Fátima (orgs.). *Na Trama das Redes – Política e negócios no Império Português, séculos XVI-XVIII*. Rio de Janeiro: Civilização Brasileira, 2010, p. 221.

55 PIJNING, Ernst. "Contrabando, ilegalidade e medidas políticas no Rio de Janeiro do século XVIII". *Revista Brasileira de História*, São Paulo, vol. 21, n. 42, 2001, p. 398-399 e 407.

comercial.⁵⁶ As "conivências" que permitiram o contrabando de escravos na Colônia do Sacramento parece que se mantiveram bastante ativas ao longo da década de 1760. Mas essa situação se alteraria em seguida, graças a algumas medidas restritivas. Do lado português, em 10 de outubro de 1770, o vice-rei Marquês do Lavradio proibiu o despacho de escravos para o Sul, que constituía um dos fundamentos do contrabando entre a Colônia e Buenos Aires. Da parte dos espanhóis, esse continuado estado de coisas levou a que, no final de 1770, o novo governador buenairense, Vértiz y Salcedo (1770-1776), publicasse um bando condenando a persistência do comércio espanhol com a praça portuguesa. O bloqueio espanhol foi apertado, pois o governador determinou que embarcações guarda-costas patrulhassem o acesso ao porto e às ilhas próximas ao entreposto, inspecionando todas as embarcações portuguesas e apreendendo as que tivessem mercadorias espanholas. O bloqueio certamente restringiu a quantidade de embarcações que adentravam na praça lusitana. Não existem dados exatos para o período, mas o governador da Colônia, Pedro José de Figueiredo Sarmento (1763-1775), frequentemente reclamava sobre a escassez de provisões e de lenha, devido à ausência de embarcações que traziam tais produtos de Santa Catarina ou Rio de Janeiro.⁵⁷

Todavia, mesmo com o aperto espanhol e proibições, os negócios ilícitos continuavam. Em 1º de maio de 1772, o governador de Buenos Aires, Vértiz y Salcedo escrevia para o governador da Colônia, Pedro José de Figueiredo Sarmento, afirmando que "é notório que nas vastas carregações de efeitos e negros que conduzem a essa Praça, o principal objetivo é introduzi-las nesta Cidade, e demais partes do Reino". Além de confirmar a persistência do contrabando de escravos, o governador ainda apontava as conivências que envolviam o seu colega português, que era acusado de "facilitar a todos os transgressores os precisos auxílios para resistir a seu apresamento, procedendo-se com tal liberdade, que se lhes permite, que assim armados, entrem e saiam francamente desse Porto". Diante da manutenção desse quadro, Vértiz estreitaria ainda mais o cerco, não somente por terra, mas também mediante embarcações corsárias encarregadas de interceptar as naves portuguesas, tentando sufocar o movimento portuário sacramentino. Para evitar as apreensões, as embarcações que chegavam do Rio de Janeiro carregadas de mercadorias destinadas ao comércio ilícito sacavam na Colônia do Sacramento supostos "despachos" com destino às costas do

---

56 Riveros Tula, Anibal. "Historia de la Colonia Del Sacramento (1680-1830)". *Revista del Instituto Histórico y Geográfico del Uruguay*, Montevidéu, XXII, 1959, p. 205.

57 Alden, *op. cit.*, p. 117-119.

Brasil, para no caso de serem abordadas pelas embarcações corsárias, terem como persuadi-los de que não se dirigiam ao contrabando.[58]

O militar e geógrafo espanhol Francisco Millau, que esteve na praça em 1772, não fez observações específicas a respeito do contrabando de escravos, mas reparou que "o trato que fazem os vizinhos da Colônia com os de Buenos Aires é agora muito distinto do que era praticado em tempos passados, quando [os portugueses] o executavam com suas embarcações bem armadas, encobrindo suas frequentes vindas a essa Cidade com vários pretextos". Ele registrou que essa prática havia deixado de existir, pois agora eram os habitantes de Buenos Aires que vendiam e permutavam os gêneros que levam eles mesmos à Colônia, o que lhes garantia grandes lucros, vendendo pelo dobro ou triplo do preço os produtos que traziam aos portugueses. Mas isso não significava que os contrabandistas sacramentinos tivessem deixado de atuar, apenas que tinham modificado seus procedimentos, visando maior segurança. Saindo da Colônia para evitar a ação das embarcações corsárias, dirigiam-se ao delta do Paraná, onde faziam os desembarques em qualquer parte da costa. Em seguida, a introdução se fazia passando as mercadorias pouco a pouco, durante a noite, de umas fazendas para outras, utilizando carretas ou cavalos, até chegar em Buenos Aires. Millau ainda observou que, muitas vezes, quando a carga era grande e de consideração, os contrabandistas valiam-se "dos mesmos sujeitos que o deviam impedir".[59]

O contrabando de escravos na década de 1770 aparentemente manteve em parte a sua vitalidade, muito embora perturbado pelas crescentes hostilidades luso-espanholas.[60] Seja como for, as medidas restritivas parecem ter surtido pelo menos algum efeito durante os anos finais da Colônia do Sacramento. Tornaram-se comuns as apreensões feitas pelas corsárias espanholas de pequenas embarcações, especialmente canoas com escravos "pescadores". Além disso, havia o problema das deserções (ou

---

58 STUDER, op. cit., p. 260-261. De fato, os números dos *comisos* (confiscos) indicavam que o contrabando de escravos não havia arrefecido. Entre 1760 e 1769, foram apreendidos pelo menos 478 cativos; no período 1770-1776, as apreensões foram um pouco menores: 215 escravos. A autora observou que em muitos documentos somente é mencionada "uma partida de negros", o que faz com que seja impossível saber com precisão o número de escravos apreendidos.

59 MILLAU, Francisco. *Descripción de la Província del Río de la Plata* (1772). Buenos Aires: Companhia Editora Espasa-Calpe, 1947, p. 114-115 e 117.

60 MILLER, op. cit., p. 486. Este autor minimiza a importância das restrições colocadas ao comércio clandestino na década de 1770, argumentando que prevaleceu a política *bulionista* por parte dos portugueses nesse momento, marcado pelo declínio da produção aurífera no Brasil. Assim, era vantajoso manter o contrabando de escravos através da Colônia, pois assim continuava-se captando a prata espanhola.

fugas) de escravos para o lado espanhol. Assim, em 20 de dezembro de 1775 foi enviada ao governador Francisco José da Rocha uma "Representação dos moradores da Praça", onde se queixavam do grave problema do roubo dos escravos, "que daqui se passam para o Campo de Bloqueio, aonde lhes dá o comandante do mesmo Campo liberdade, de sorte que aliciados e atraídos com este injusto indulto, são quotidianas e frequentes as deserções dos escravos", o que estaria reduzindo os moradores à extrema pobreza...Teriam sido roubados mais de mil escravos desde 1760.[61] De todo modo, a presença portuguesa estava com os dias contados na Colônia do Sacramento, que seria tomada definitivamente pelos espanhóis em 1777.[62]

Mas a perda da "Gibraltar do Prata" pouco afetaria o contrabando de escravos para a região, apenas o deslocaria da Colônia para Montevidéu, que passou a ter uma importância muito significativa, ao lado de Buenos Aires. A recuperação definitiva da Colônia do Sacramento por parte dos espanhóis significou, por um lado, a legitimação da maior parte dos avanços territoriais lusitanos reconhecidos no Tratado de Santo Ildefonso, em particular no Continente do Rio Grande. Mas, por outro lado, a nova conjuntura abriu um novo período de clandestinidade, deslocado agora para o porto de Montevidéu, que se consolidava como o terminal exclusivo do grande centro econômico da região, que era Buenos Aires. No que se refere ao trato negreiro, a situação se tornaria ainda mais favorável aos luso-brasileiros em 1791, quando uma Real Cédula autorizou o livre ingresso de escravos no rio da Prata, fossem em embarcações espanholas ou estrangeiras, acabando, na prática, com o comércio ilegal. Consolidou-se, assim, uma "via brasileira", que era muito vantajosa para o comércio negreiro montevideano, que nela encontrava uma boa alternativa. Tratava-se de uma viagem simples, que não exigia o uso de embarcações de grande calado, onde era possível comprar números menores de escravos. Também não era necessário dispor dos artigos de troca normalmente exigidos na África, pois os "frutos do país" serviam para pagar as aquisições, o que era bastante vantajoso para os negociantes platinos. Os

---

61 Biblioteca Nacional – Lisboa. Cód 10855: Cartas do governador Francisco José da Rocha, 1776. Agradeço a Fabrício Pereira Prado, da Roosevelt University, pela disponibilização desta fonte.

62 ALDEN, *op. cit.*, p. 238-246. Para um relato contemporâneo da perda definitiva da praça, ver MESQUITA, Pe. Pedro Pereira Fernandes de. "Da relação da conquista de Colônia (1778)". *RIHGB*, Tomo XXXI, 1ª parte, 1868, p. 350-363.

portos brasileiros ofereciam, ademais, a possibilidade de diversificar as compras com produtos coloniais (aguardente, açúcar) sempre bem-vindos.[63]

Em uma carta enviada para o Conselho Ultramarino, o vice-rei Luis de Vasconcelos e Sousa reconhecia em 1780 que da Colônia do Sacramento os escravos sempre foram exportados para os domínios espanhóis sem que nenhuma ação contrária a estas atividades tenha sido empreendida pelas autoridades. Esse seria o motivo pelo qual o alvará de 14 de outubro de 1751 teria sido publicado: para satisfazer os estrangeiros que criticavam o contrabando de escravos. Mais ainda, longe de ser prejudicial ao Estado, a existência de muitos mercadores de escravos – em um momento de expansão econômica – produziria o crescimento desse ramo de comércio, que não era de pouca importância, na opinião do vice-rei.[64]

Segundo os números levantados por Corsino dos Santos, no período 1779-1810 foram introduzidos 49.176 cativos no Rio da Prata, sendo que a esmagadora maioria veio através do Rio de Janeiro. Já Alex Borucki contabilizou 60.393 escravos remetidos para a região entre 1777 e 1812.[65] Portanto, nas décadas finais do século XVIII, a "trata de negros" introduzia algo em torno de 1600 a 1700 escravos por ano na região, suplantando os ingressos das décadas de 1740 e 1750, quando cerca de 1200 cativos eram contrabandeados anualmente. O que isso representava no conjunto do comércio de escravos para o Brasil? Sabemos que uma pequena parte dos escravos introduzidos na Colônia vinha da Bahia, mas numericamente ela era muito pouco expressiva. A grande maioria dos escravos que vinha para o Sul entrava pelo Rio de Janeiro, sendo pouquíssimos os desembarques de escravos vindos diretamente da África para Sacramento.[66] Dessa forma, se levamos em conta que a média anual de

---

63 BENTANCUR, Arturo A. "El proceso de legitimación de las relaciones mercantiles entre la ciudad puerto colonial de Montevideo y el território brasileño (1777-1814)". In: HEINZ, Flávio & HERRLEIN JR., Ronaldo (orgs.). *Histórias Regionais do Cone Sul*. Santa Cruz do Sul: Edunisc, 2003, p. 104-107.

64 PRADO, Fabrício. *In the Shadows of Empires*..., p. 146, nota 204. Para a posição do vice-rei diante do contrabando no Rio Grande de São Pedro, que era lesivo à Coroa, diferentemente daquele praticado no Prata, ver GIL, Tiago. *Infiéis Transgressores – Elites e contrabandistas nas fronteiras do Rio Grande e do Rio Pardo (1760-1810)*. Rio de Janeiro: Arquivo Nacional, 2007, p. 73-80.

65 SANTOS, *op. cit.*, p. 86-96; BORUCKI, Alex. "Las rutas brasileñas del tráfico de esclavos hacia el Río de la Plata, 1777-1812". *4º Encontro Escravidão e Liberdade no Brasil Meridional*. Curitiba, 2009, p. 5. Disponível em: <http://www.escravidaoeliberdade.com.br>.

66 Foram enviados somente 211 cativos para a Colônia do Sacramento entre 1760 e 1770, vindos da Bahia. RIBEIRO, Alexandre vol. "O comércio de escravos e a elite baiana no período colonial". In: FRAGOSO, João Luís R.; ALMEIDA, Carla Maria C. de; SAMPAIO, Antônio Carlos J. de (orgs.). *Conquistadores e*

entrada de escravos novos no porto do Rio foi de pouco mais de 8000 cativos no período entre 1759-1792, o peso relativo do contrabando para o rio da Prata pode ser minimamente dimensionado. Nos melhores anos do contrabando, correspondentes ao período final do governo de Antônio Pedro de Vasconcelos (1722-1749) e a todo o período de Luiz Garcia de Bivar (1749-1760), a Colônia do Sacramento absorvia algo em torno de 15% dos escravos introduzidos através do Rio de Janeiro.[67] Se compararmos com os números disponíveis para o Rio Grande de São Pedro, mais ou menos na mesma época, podemos avaliar melhor o tamanho relativo do contrabando de escravos em Sacramento. Os dados das guias de transporte de escravos para o Rio Grande do Sul para o período 1788-1794 mostram ingressos de somente cerca de trezentos escravos por ano.[68]

Enquanto existiu, a Colônia do Sacramento foi uma localidade singular. Praça forte, marcada pela vida castrense e também "ninho de contrabandistas", a cidadela platina jamais foi elevada à condição de vila, com a instalação de uma Câmara, símbolo do poder local no Império português. Tampouco se constituiu em uma capitania, visto que seu território foi quase sempre muito circunscrito territorialmente. Situada muito ao sul dos domínios lusos, surgida no final do século XVII como fortaleza militar que marcava a disposição portuguesa em estender seus territórios até o Rio da Prata, ela tornou-se ao longo do século XVIII um importante entreposto comercial. Após o cerco de 1735-1737, com a imposição do Campo de Bloqueio pelos espanhóis, os habitantes de Sacramento ficaram confinados a um espaço vigiado e restrito, com um território muito reduzido, situação que se agravaria a partir da década de 1760, quando o bloqueio terrestre e marítimo foi aumentado e intensificado, especialmente a partir da criação do Real de San Carlos.[69] Mas, paradoxalmente, tal cerceamento, ao invés de desestimular o comércio ilícito, foi

---

Negociantes – *História de elites no Antigo Regime nos trópicos*. Rio de Janeiro: Civilização Brasileira, 2007, p. 320.

67 CAVALCANTI, Nireu, *op. cit.*, p. 56. No total, foram introduzidos 281.323 escravos no porto do Rio de Janeiro entre 1759 e 1792.

68 BERUTE, Gabriel. *Dos escravos que partem para os portos do Sul – Características do tráfico negreiro do Rio Grande de São Pedro do Sul, c. 1790 – c. 1825*. Dissertação de mestrado. PPGH/UFRGS, Porto Alegre, 2006, p. 40, Tabela 1.

69 O casco urbano da Colônia apresentava um tamanho extremamente reduzido na fase final, sendo suas dimensões bastante restritas. O comprimento da muralha era de somente 550 metros, sendo que da muralha até as margens do rio da Prata a extensão alcançava meros 410 metros. Cf. MOREIRA, Cecília Porto Gaspar. *Colônia do Sacramento – Permanência urbana na demarcação de novas fronteiras latino-americanas*. Dissertação de mestrado. PPG Urbanismo/UFRJ, Rio de Janeiro, 2009, p.

talvez o catalisador da decidida opção pelo contrabando, fazendo a praça destacar-se no terceiro quartel do século XVIII pela introdução de escravos africanos no Rio da Prata e nos domínios espanhóis na América Meridional.

Bibliografia

ABREU, Capistrano de. "Sobre a Colonia do Sacramento". In: SÁ, Simão Pereira de. *Historia Topographica e Bellica da Nova Colonia do Sacramento do Rio da Prata*. Rio de Janeiro: Typographia Leuzinger, 1900.

ALDEN, Dauril. *Royal Government in Colonial Brazil*. Berkeley e Los Angeles: University of California Press, 1968.

ALENCASTRO, Luís Felipe. "Le versant brésilien de l'Atlantique-Sud: 1550-1850". *Annales*, ano 61, n. 2, mar.-abr. 2006.

ALMEIDA, Luís Ferrand de. *A Colónia do Sacramento na época da Sucessão de Espanha*. Coimbra: Faculdade de Letras da Universidade de Coimbra, 1973.

AZAROLA GIL, Luis Enrique. *La Epopeya de Manuel Lobo, seguida de una crónica de los sucesos desde 1680 hasta 1828*. Madri: Compañia Ibero-Americana de Publicaciones, 1931.

BARBA, Enrique. *Sobre el contrabando de la Colonia del Sacramento (siglo XVIII)*. Buenos Aires: Academia Nacional de la Historia – Separata Investigaciones y ensayos, 1980.

BARROS-LÉMEZ, Alvaro. *V Centenario en el Río de La Plata – Pioneros, Adelantados, Caminantes, Fundadores*. Montevidéu: Monte Sexto Editorial, 1992.

BENTANCUR, Arturo A. "El proceso de legitimación de las relaciones mercantiles entre la ciudad puerto colonial de Montevideo y el território brasileño (1777-1814)". In: HEINZ, Flávio & HERRLEIN JR., Ronaldo (orgs.). *Histórias Regionais do Cone Sul*. Santa Cruz do Sul: Edunisc, 2003, p. 103-119.

BERUTE, Gabriel. *Dos escravos que partem para os portos do Sul – Características do tráfico negreiro do Rio Grande de São Pedro do Sul, c. 1790 – c. 1825*. Dissertação de mestrado. PPG História/UFRGS, Porto Alegre, 2006.

---

70. Para um estudo sobre a cartografia da Colônia, ver a obra de CAPURRO, Fernando. *La Colonia del Sacramento. Revista de La Sociedad "Amigos de La Arqueologia"*, Montevidéu, 1928, p. 43-97.

BORUCKI, Alex. "Las rutas brasileñas del tráfico de esclavos hacia el Río de la Plata, 1777-1812". *4º Encontro Escravidão e Liberdade no Brasil Meridional*. Curitiba, 2009. Disponível em: <http://www.escravidaoeliberdade.com.br>.

BOUGAINVILLE, Louis-Antoine. "Voyage autuor du monde, par la frégate du roi La Bondeuse ET la flûte L'Étoile; en 1766, 1767, 1768 et 1769". In: FRANÇA, Jean Marcel Carvalho. *Visões do Rio de Janeiro colonial – Antologia de textos (1531-1800)*. Rio de Janeiro: José Olympio, 2008, p. 156-167.

CANABRAVA, Alice. *O Comércio Português no Rio da Prata (1580-1640)*. Belo Horizonte: Itatiaia; São Paulo: Edusp, 1984.

CAPURRO, Fernando. "La Colonia del Sacramento". *Revista de La Sociedad "Amigos de La Arqueologia"*. Montevidéu, 1928.

CAVALCANTI, Nireu. "O comércio de escravos novos no Rio setecentista". In: FLORENTINO, Manolo (org.). *Tráfico, cativeiro e liberdade – Rio de Janeiro, séculos XVII-XIX*. Rio de Janeiro: Civilização Brasileira, 2005.

CEBALLOS, Rodrigo. *Arribadas portuguesas: a participação luso-brasileira na constituição social de Buenos Aires (1580-1650)*. Tese de doutorado. PPGH/UFF, Niterói, 2007.

CESAR, Guilhermino. *O contrabando no sul do Brasil*. Caxias do Sul: UCS; Porto Alegre: EST, 1978.

FERREIRA, Roquinaldo. "'A arte de furtar': redes de comércio ilegal no mercado imperial ultramarino português (c. 1690 – c. 1750)". In: FRAGOSO, João & GOUVÊA, Maria de Fátima (orgs.). *Na Trama das Redes – Política e negócios no Império Português, séculos XVI-XVIII*. Rio de Janeiro: Civilização Brasileira, 2010, p. 203-241.

GIL, Tiago. *Infiéis Transgressores – Elites e contrabandistas nas fronteiras do Rio Grande e do Rio Pardo (1760-1810)*. Rio de Janeiro: Arquivo Nacional, 2007.

GONZÁLEZ LEBRERO, Rodolfo E. *La pequena aldea – Sociedad y economia en Buenos Aires (1580-1640)*. Buenos Aires: Biblos, 2002.

HUTZ, Ana. *Os cristãos-novos portugueses no tráfico de escravos para a América Espanhola (1580-1640)*. Dissertação de mestrado. PPG Economia/Unicamp. Campinas, 2008.

JUMAR, Fernando A. *Le commerce atlantique au Rio de la Plata (1680-1778)*. Vol. 1. Villeneuve d'Ascq: Presses Universitaires du Septentrion, 2000.

KÜHN, Fábio. "Os interesses do governador: Luiz Garcia de Bivar e os negociantes da praça da Colônia do Sacramento (1749-1760)". *XXVI Simpósio Nacional de História*. São Paulo, 2011.

LISANTI FILHO, Luis. *Negócios Coloniais – Uma correspondência comercial do século XVIII*. 5 volumes. Brasília: Ministério da Fazenda, 1973.

MESQUITA, Pe. Pedro Pereira Fernandes de. "Da relação da conquista de Colônia (1778)". *RIHGB*, Tomo XXXI, 1ª parte, 1868, p. 350-363.

MILLAU, Francisco. *Descripción de la Província del Río de la Plata (1772)*. Buenos Aires: Companhia Editora Espasa-Calpe, 1947.

MILLER, Joseph. *Way of Death – Merchant Capitalism and the Angolan Slave Trade, 1730-1830*. Madison: The University of Wisconsin Press, 1988.

MONTEIRO, Jonathas da Costa Rego. *A Colônia do Sacramento (1680-1777)*. Porto Alegre: Oficinas Gráficas da Livraria do Globo, 1937.

MONTEIRO, Nuno. "D. Pedro II regente e rei (1668-1706). A consolidação da dinastia de Bragança". In: HESPANHA, António M. (coord.) *História de Portugal*, vol. 4. Lisboa: Estampa, 1998.

MOREIRA, Cecília. *Colônia do Sacramento – Permanência urbana na demarcação de novas fronteiras latino-americanas*. Dissertação de mestrado. PPG Urbanismo/UFRJ, Rio de Janeiro, 2009.

MOUTOUKIAS, Zacharias. *Contrabando y control colonial en el siglo XVII*. Buenos Aires: Centro Editor de América Latina, 1988.

_____. "Réseaux personnels et autorité coloniale: les négociants de Buenos Aires au XVIII siècle". *Annales ESC*, n. 4-5, 1992, p. 889-915.

PAREDES, Isabel. "Comercio y contrabando entre Colonia del Sacramento y Buenos Aires en el período 1739-1762". *Colóquio Internacional Território e Povoamento*. Lisboa: Instituto Camões, 2004.

PERUSSET, Macarena. *Contrabando y Sociedad en el Rio de la Plata colonial*. Buenos Aires: Dunken, 2006.

PIAZZA, Walter F. *O Brigadeiro José da Silva Paes – Estruturador do Brasil Meridional*. Florianópolis: Editora da UFSC; Rio Grande: Editora da Furg/Edições FCC, 1988.

PIJNING, Ernst. "Contrabando, ilegalidade e medidas políticas no Rio de Janeiro do século XVIII". *Revista Brasileira de História*. São Paulo: vol. 21, n. 42, 2001, p. 397-414.

POSSAMAI, Paulo. *A vida quotidiana na Colônia do Sacramento*. Lisboa: Livros do Brasil, 2006.

_____. "O tráfico de escravos na Colônia do Sacramento". *V Encontro Escravidão e Liberdade no Brasil Meridional*. Porto Alegre, 2011. Disponível no site: <http://www.escravidaoeliberdade.com.br>.

PRADO, Fabrício p. *Colônia do Sacramento: o extremo sul da América Portuguesa*. Porto Alegre: Fumproarte, 2002.

_____. *In the Shadows of Empires: Trans-Imperial Networks and Colonial Identity in Bourbon Rio de La Plata (c. 1750 – c. 1813)*. Tese de doutorado. Emory University, Atlanta, 2009.

QUEVEDO, Ricardo Escobar. *Inquisición y judaizantes en América Española (siglos XVI-XVII)*. Bogotá: Editorial Universidad del Rosario, 2008.

RIBEIRO, Alexandre vol. "O comércio das almas e a obtenção de prestígio social: traficantes de escravos na Bahia ao longo do século XVIII". *Locus – Revista de História*, Juiz de Fora, vol. 12, n. 2, 2006, p. 9-27.

_____. "O comércio de escravos e a elite baiana no período colonial". In: FRAGOSO, João Luís R.; ALMEIDA, Carla Maria C. de; SAMPAIO, Antônio Carlos J. de (orgs.). *Conquistadores e Negociantes – História de elites no Antigo Regime nos trópicos*. Rio de Janeiro: Civilização Brasileira, 2007.

RIVEROS TULA, Anibal. "Historia de la Colonia Del Sacramento (1680-1830)". *Revista del Instituto Histórico y Geográfico del Uruguay*, Montevidéu, XXII, 1959.

SÁ, Simão Pereira de. *História Topográfica e Bélica da Nova Colônia do Sacramento do Rio da Prata (1737)*. Porto Alegre: Arcano 17, 1993.

SALVADOR, José Gonçalves. *Os Magnatas do Tráfico Negreiro*. São Paulo: Pioneira/Edusp, 1981.

SAMPAIO, Antônio Carlos Jucá de. *Na encruzilhada do Império: hierarquias sociais e conjunturas econômicas no Rio de Janeiro (c. 1650 – c. 1750)*. Rio de Janeiro: Arquivo Nacional, 2003.

SANTOS, Corcino Medeiros dos. *O Tráfico de escravos do Brasil para o Rio da Prata*. Brasília: Edições do Senado Federal, 2010.

SILVA, Silvestre Ferreira da. *Relação do Sítio da Nova Colônia do Sacramento (1748)*. Porto Alegre: Arcano 17, 1993.

SOCOLOW, Susan. *Los mercaderes del Buenos Aires virreinal: família y comercio*. Buenos Aires: Ediciones de la Flor, 1991.

STUDER, Elena. *La trata de negros en el Rio de la Plata durante el siglo XVIII*. Buenos Aires: Universidad de Buenos Aires-Departamento Editorial, 1958.

TURISO SEBASTIÁN, Jesús. *Comerciantes españoles en la Lima borbónica: anatomía de una elite de poder (1701-1761)*. Valladolid: Universidad de Valladolid/Secretariado de Publicaciones e Intercambio Editorial, 2002.

VENTURA, Maria da Graça Mateus. *Negreiros portugueses na rota das Índias de Castela (1541-1556)*. Lisboa: Colibri/ICIA, 1999.

VILLALOBOS, Sergio. *Comercio y contrabando em el Rio de la Plata y Chile*. Buenos Aires: Eudeba, 1965.

VILA VILAR, Enriqueta. *Hispanoamérica y el comércio de esclavos*. Sevilla: EEHA, 1977.

Rio Grande de São Pedro do Sul, c. 1790 — c. 1830: tráfico negreiro e conjunturas atlânticas

GABRIEL SANTOS BERUTE[1]

O TRÁFICO ATLÂNTICO DE ESCRAVOS ERA O PRINCIPAL ramo do mercado colonial e propiciava um dos mais importantes circuitos de acumulação endógena. O mesmo era responsável pela manutenção da estrutura de produção e a reprodução da mão de obra escrava. Entre os anos de 1790 e 1830, o Rio de Janeiro foi o maior porto importador de cativos africanos nas Américas. Do mesmo modo, era o principal distribuidor de cativos da colônia. Importantes mercados do centro-sul (Rio de Janeiro, Minas Gerais, São Paulo: Paraná, Santa Catarina e Rio Grande do Sul) eram abastecidos por via terrestre (tropas) ou marítima, com os escravos despachados a partir do porto carioca.[2]

A partir da contabilização da movimentação de entrada de navios negreiros no mesmo porto, Manolo Florentino propôs que o mercado atlântico de escravos apresentou três conjunturas distintas entre o final do século XVIII e as primeiras décadas do século XIX: uma fase de *estabilidade*, entre 1796-1808; uma de *aceleração* nos anos de 1809 a 1825, vinculada à transferência da Corte portuguesa para o Brasil e a abertura dos portos coloniais ao comércio internacional; e a da *"crise de oferta africana"*, entre 1826-1830, quando a expectativa pelo fim do tráfico – em decorrência da pressão inglesa e dos diversos acordos e tratados assinados

---

1   Mestre em História pelo PPG-História/UFRGS. Doutorando na mesma instituição, com financiamento da Capes. E-mail para contato: gabrielberute@gmail.com.

2   FRAGOSO, João Luís Ribeiro. *Homens de grossa aventura: acumulação e hierarquia na Praça mercantil do Rio de Janeiro (1790-1830)*. 2º ed. revisada. Rio de Janeiro: Civilização Brasileira, 1998, p. 181-187; FLORENTINO, Manolo. *Em costas negras: uma história do tráfico atlântico de escravos entre a África e o Rio de Janeiro (séculos XVIII e XIX)*. 1ª ed. São Paulo: Companhia das Letras, 1997, p. 11; 38-44; 210-211.

entre Portugal (posteriormente o Império do Brasil) e a Inglaterra – e o aumento da demanda por cativos no sudeste brasileiro contribuíram para um substancial crescimento no volume de importação de africanos.[3]

O período das últimas décadas do século XVIII e as primeiras do seguinte corresponde ao período de prosperidade econômica para o Rio Grande de São Pedro do Sul, no qual a capitania consolidou sua integração territorial e econômica ao restante do Brasil, com destaque para as trocas realizadas com a capital da colônia. Destaca-se, neste sentido, a organização das charqueadas como atividade mercantil e a intensificação do comércio realizado através de seu porto marítimo, localizado na vila de Rio Grande. De tal modo, a capitania transformou-se em fornecedora de charque, couros e animais para transporte para as capitanias do sudeste e do nordeste da América portuguesa.[4]

Considerando esta periodização e as fontes disponíveis para a região, neste texto proponho uma análise comparativa das características mercantis do tráfico negreiro no extremo-sul da América portuguesa, destacadamente a atuação dos agentes responsáveis pelo fornecimento de mão de obra cativa para a região e as redes mercantis das quais faziam parte.

As fontes utilizadas foram as *guias de transporte de escravos* entregues na Provedoria da Fazenda da capitania sul-rio-grandense e os *despachos e passaportes de escravos* emitidos pela Polícia da Corte do Rio de Janeiro.[5] As primeiras

---

3   FLORENTINO, Manolo. *Em costas negras: uma história do tráfico atlântico de escravos entre a África e o Rio de Janeiro (séculos XVIII e XIX)*. 1ª ed. São Paulo: Companhia das Letras, 1997, p. 44-50; FLORENTINO, Manolo; GOES, José Roberto. *A paz nas senzalas: famílias escravas e o tráfico atlântico, Rio de Janeiro, c. 1790- c. 1850*. 1ª ed. Rio de Janeiro: Civilização Brasileira, 1997, p. 46-9.

4   SANTOS, Corsino Medeiros dos. *Economia e sociedade do Rio Grande do Sul: século XVIII*. São Paulo: Editora Nacional. 1ª ed., Brasília: INL, 1984, p. 85-7; 105-6. OSÓRIO, Helen. "As elites econômicas e a arrematação dos contratos reais: o exemplo do Rio Grande do Sul (século XVIII)". In: FRAGOSO, João; BICALHO, Maria Fernanda; GOUVÊA, Maria de Fátima (orgs.) *O Antigo Regime nos trópicos: a dinâmica imperial portuguesa (séculos XVI-XVIII)*. Rio de Janeiro: Civilização Brasileira, 2001, p. 126-27. Sobre o crescimento das exportações rio-grandenses, ver também OSÓRIO, Helen. *O Império português no sul da América: estancieiros, lavradores e comerciantes*. Porto Alegre: Editora da UFRGS, 2007, p. 183-91.

5   Arquivo Histórico do Rio Grande do Sul (AHRS). *Documentação Avulsa da Fazenda*, Guias de Escravos, 1788-1794; 1800; 1802; Arquivo Nacional, Rio De Janeiro (ANRJ). *Códice da Polícia da Corte*, Códice 390: volumes 1 a 5, 1816-1817; 1822-1824; Códice 421: volumes 1, 2, 9 e 18, 1809; 1811; 1817; 1822-1824; Códice 424: volumes 1 a 7, 1826-1831. A documentação da Polícia da Corte foi consultada a partir do banco de dados FRAGOSO, João Luís Ribeiro; FERREIRA, Roberto Guedes.

registravam a entrada por via marítima de escravos africanos e crioulos em Rio Grande e Porto Alegre provenientes de diferentes portos do Brasil (principalmente Rio de Janeiro, Bahia, Pernambuco e Santa Catarina), enquanto os despachos e passaportes informavam a respeito da importação realizada somente através do porto do Rio de Janeiro. Testamentos, inventários *post-mortem* e escrituras públicas registradas nos tabelionatos de Porto Alegre e Rio Grande forneceram as informações necessárias para analisar a atuação dos principais agentes mercantis envolvidos no abastecimento de escravos para a economia rio-grandense.

A atividade negreira em terras sul-rio-grandenses

O abastecimento de mão de obra escrava capitania/Província dava-se principalmente através dos portos do Brasil que negociavam diretamente com a África: Rio de Janeiro, Salvador e Recife. O porto carioca, na condição de maior receptor e redistribuidor de escravos africanos, além de principal parceiro comercial da capitania rio-grandense, era a origem da grande maioria dos escravos desembarcados nos portos de Rio Grande e Porto Alegre. Considerando apenas os registros das *guias de transporte* (1788-1802), a capital da colônia forneceu 88% dos escravos. Assim, mesmo que os *despachos e passaportes de escravos* (1808-31) digam respeito apenas à importação feita através do Rio de Janeiro, a predominância deste garante a confiabilidade das conclusões apresentadas.

Considerando os dados tabulados a partir das fontes por mim consultadas, reuni um total de 3.355 envios com 15.864[6] escravos despachados por 2.202 agentes diferentes, entre 1788 e 1831. Os registros referentes aos anos de 1795-99; 1801; 1803-8; 1810; 1812-15; 1818-21 e 1825 não foram considerados, pois se demonstraram estatisticamente inexpressivos.[7] Destaca-se, neste sentido, o grande número

---

Tráfico interno de escravos e relações comerciais centro-sul (séculos XVIII-XIX). 1ª ed. Rio de Janeiro: Ipea/LIPHIS-UFRJ, 2001 [CD-ROM].

6   Este número não diz respeito ao total de escravos importados pelo Rio Grande de São Pedro no período em questão. Saber exatamente quantos escravos chegaram ao extremo-sul do Brasil não é tarefa fácil, tendo em vista a escassez de fontes e o evidente sub-registro dos registros disponíveis. Gabriel Aladrén, a partir de diversas fontes, contabilizou a entrada de no mínimo 35.335 escravos, entre 1788 e 1833. De tal modo, os dados analisados neste texto correspondem a aproximadamente 45% deste total. ALADRÉN, Gabriel. *Entre guerras e fronteiras: escravos, libertos e soldados negros no sul do Brasil (Rio Grande de São Pedro, c. 1801 – c. 1835)*. Qualificação de doutorado, PPGH/UFF. Niterói, 2011, p. 31.

7   Os dados referentes até o ano de 1824 foram analisados na minha dissertação de mestrado. BERUTE, Gabriel Santos. *Dos escravos que partem para os portos do sul: características do tráfico negreiro do*

de envolvidos na atividade e que a média de escravos por envio era reduzida (4,7 escravos). Conforme o demonstrado mais abaixo, tratava-se de uma das características do tráfico negreiro da região, pois mais da metade dos envios analisados tinham no máximo dois cativos e a maioria dos agentes responsáveis pelas remessas teve atuação esporádica no tráfico negreiro da região.

Observando os dados reunidos na *Tabela 1* é possível perceber que houve uma concentração dos envios e dos escravos em 1802 e entre 1822 e 1824. Em 1826, constata-se uma queda acentuada em relação ao ano anterior e nos seguintes as duas variáveis apresentaram-se em crescimento até 1830. Em 1831, ano da lei que proibia o tráfico negreiro, percebe-se a diminuição do total de cativos importados embora o número de envios permanecesse em crescimento.

GRÁFICO 1 – Importação de escravos pelo Rio Grande de São Pedro do Sul, c. 1790 – c. 1830 (%)

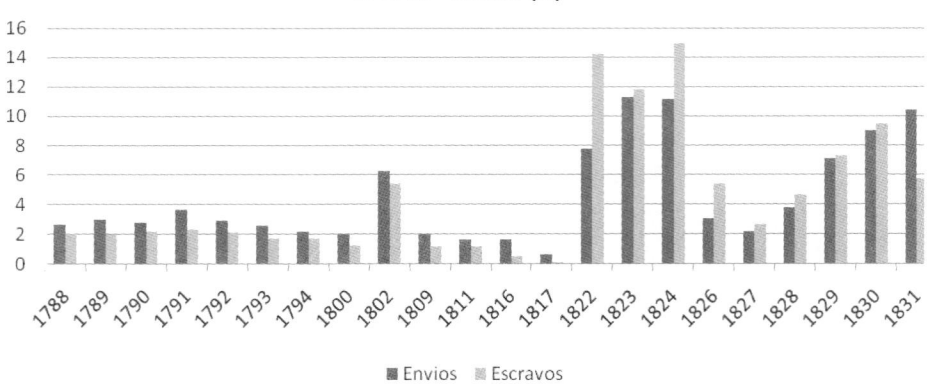

Fonte: AHRS. *Documentação Avulsa da Fazenda*, Guias de Escravos, 1788-1794; 1800; 1802; ANRJ. *Códice da Polícia da Corte*, Códice 390: volumes 1 a 5, 1816-1817; 1822-1824; Códice 421: volumes 1, 2, 9 e 18, 1809; 1811; 1817; 1822-1824; Códice 424: volumes 1 a 7, 1826-1831.

Em parte, a importação de escravos atendia a própria demanda de mão de obra da região. Apesar das dificuldades de comprovação, cabe destacar que provavelmente

---

Rio Grande de São Pedro do Sul, c. 1790 – c. 1825. 2006. Mestrado em História. PPGH-UFRGS, Porto Alegre, 2006. Parte dos registros correspondente aos anos entre 1826-31 foram utilizados na comunicação apresentada no IV Encontro Escravidão e Liberdade no Brasil Meridional. BERUTE, Gabriel Santos. "O tráfico negreiro na Província de São Pedro do Rio Grande do Sul e a perspectiva da proibição do tráfico atlântico de escravos, 1826-1831". *Anais do IV Encontro Escravidão e Liberdade no Brasil Meridional*. Curitiba, maio 2009. Disponível em: <http://www.escravidaoeliberdade.com.br>. Acesso em: 23 jul. 2009.

parte deles teve o Rio Grande apenas como passagem em direção aos vizinhos da região do Rio da Prata. São recorrentes as queixas – como as de Manuel Antônio de Magalhães, dirigindo-se ao então príncipe Regente D. João – a respeito dos prejuízos sofridos com os descaminhos do comércio da região devido ao envio de gêneros diversos e, principalmente, de escravos aos domínios espanhóis.[8] Corsino Medeiros dos Santos chama a atenção não só para a perda de cativos, mas também para o efeito negativo causado pela entrada de produtos recebidos no Rio da Prata em troca dos escravos e que concorriam com os produzidos na capitania rio-grandense (destacadamente, carne e trigo). Todavia, lembra que o contrabando era bastante lucrativo para os agentes que transitavam nas fronteiras de ambos os domínios e que havia quem defendesse a manutenção do tráfico de escravos para os vizinhos platinos como salutar aos negócios da Coroa portuguesa na região.[9]

Considerando a periodização elaborada por Manolo Florentino, reuni os dados disponíveis nos seguintes subperíodos (*Gráfico 2*): 1788-1802 (estabilidade); 1809-1824 (aceleração) e 1826-1831 (*"crise de oferta africana"*). Desta forma, se percebe que o período correspondente à aceleração dos desembarques apresentou os maiores percentuais de envios realizados e do total de escravos despachados: 36 e 44%, respectivamente. Na *"crise de oferta africana"*, o percentual de envios e de escravos foi superior ao observado na primeira fase da periodização.

---

8   MAGALHÃES, Manoel Antônio. "Almanack da Vila de Porto Alegre, com reflexões sobre o estado da Capitania do Rio Grande do Sul, de Manoel Antônio de Magalhães, 1808". In: FREITAS, D. *O Capitalismo pastoril*. Porto Alegre: Escola Superior de Teologia de São Lourenço de Brindes, 1980, p. 77-80. A própria exigência das guias de transporte atendia as exigências do Alvará régio de 14 de outubro de 1751, que buscava controlar e impedir a passagem de escravos para os domínios espanhóis na América. Todavia, o cumprimento da medida foi bastante precário e enfrentou dificuldades expressivas que facilitavam o contrabando. Este aspecto foi desenvolvido mais detalhadamente na minha dissertação. BERUTE, Gabriel Santos. *Dos escravos que partem para os portos do sul... op. cit.*, p. 35-44.

9   SANTOS, Corsino Medeiros dos. *O tráfico de escravos do Brasil para o Rio da Prata*. 1ª ed. Brasília: Senado Federal, 2010, p. 122-36; 162-70.

GRÁFICO 2 – Periodização da importação de escravos pelo Rio Grande de São Pedro do Sul, c. 1790 – c. 1830 (%)

■ Envios ■ Escravos

Fonte: AHRS. Documentação Avulsa da Fazenda, Guias de Escravos, 1788-1794; 1800; 1802; ANRJ. Códice da Polícia da Corte, Códice 390: volumes 1 a 5, 1816-1817; 1822-1824; Códice 421: volumes 1, 2, 9 e 18, 1809; 1811; 1817; 1822-1824; Códice 424: volumes 1 a 7, 1826-1831.

GRÁFICO 3 – Distribuição dos escravos: tráfico interno e rota interna do tráfico transatlântico, 1788-1802; 1809-1824; 1826-1831 (%)

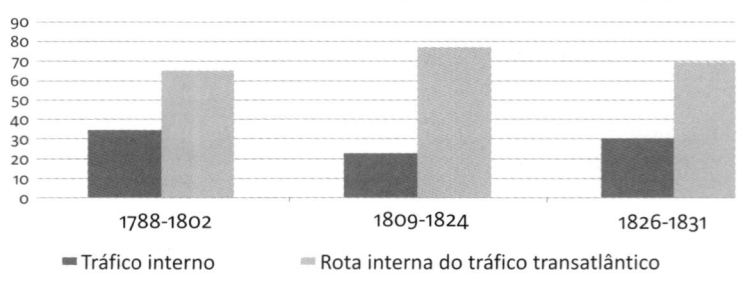

■ Tráfico interno ■ Rota interna do tráfico transatlântico

Fonte: AHRS. Documentação Avulsa da Fazenda, Guias de Escravos, 1788-1794; 1800; 1802; ANRJ. Códice da Polícia da Corte, Códice 390: volumes 1 a 5, 1816-1817; 1822-1824; Códice 421: volumes 1, 2, 9 e 18, 1809; 1811; 1817; 1822-1824; Códice 424: volumes 1 a 7, 1826-1831.

No *Gráfico 3* se observa que a fase de estabilidade foi aquela na qual o tráfico interno contribuiu de forma mais consistente para o abastecimento de mão de obra da região e que na última fase da periodização voltou a ampliar sua participação no comércio de escravos. Em todos os períodos considerados fica evidenciada a importância do tráfico atlântico para o fornecimento de mão de obra cativa inclusive para uma região com a economia voltada principalmente para o abastecimento interno, tal como a capitania/Província sul-rio-grandense.

Apesar da redução da importação de africanos novos na fase de crise de oferta em relação à conjuntura anterior, a importação de africanos recém-desembarcados permaneceu superior ao verificado entre 1788-1802 quando o ritmo dos desembarques de negreiros era estável. Cabe destacar que justamente o momento em que a capitania via sua economia iniciando uma fase de crescimento (décadas de 1780-1790) correspondeu a uma fase de estabilidade do tráfico atlântico, sendo assim, o recurso à aquisição de crioulos e ladinos aparentemente tornou-se uma alternativa para o atendimento da crescente demanda de mão de obra escrava da região naquele momento.

O tráfico negreiro e seus agentes

No que diz respeito às características mercantis, Manolo Florentino constatou que a etapa atlântica do tráfico negreiro caracterizava-se pela presença de um pequeno grupo de comerciantes que dominavam a atividade, mas que também atraía um grande número de traficantes não especializados interessados nos rendimentos proporcionados pelo tráfico atlântico, principalmente nas conjunturas de alta.[10] João Fragoso observou que esta característica marcava todos os setores do comércio colonial (tráfico de escravos, transporte de animais e de alimentos): na base, um elevado número de agentes mercantis não especializados profissionalmente, enquanto no topo da hierarquia mercantil um pequeno grupo de grandes negociantes concentrava a maior parte das transações dos principais ramos do comércio. Estes estavam menos sujeitos às mudanças de conjuntura do mercado em relação aos pequenos que atuavam poucas vezes ao longo de poucos anos, preferencialmente nos momentos mais favoráveis. Na etapa de redistribuição interna da mão de obra cativa, a presença de "traficantes eventuais" atingia patamares bastante elevados e, ao contrário do tráfico atlântico, eles respondiam por uma parcela mais significativa dos escravos negociados. De tal modo, em ambos os casos estes "especuladores" desempenhavam um papel estrutural fundamental para o funcionamento da economia escravista e para a manutenção do fornecimento de mão de obra.[11] Os dados abaixo analisados indicam que estas características também estavam presentes no abastecimento de mão de obra cativa do Rio Grande do Sul.

O tráfico marítimo dos escravos era feito conjuntamente com o restante do comércio. Em uma mesma embarcação poderiam ser transportados os escravos despachados por diferentes traficantes juntamente com gêneros alimentícios, tecidos, manufaturados

---

10 FLORENTINO, Manolo. *Em costas negras: uma história do tráfico atlântico de escravos entre a África e o Rio de Janeiro (séculos XVIII e XIX)*. 1ª ed. São Paulo: Companhia das Letras, 1997, p. 150-54.

11 FRAGOSO, João Luís Ribeiro. *Homens de grossa aventura: acumulação e hierarquia na Praça mercantil do Rio de Janeiro (1790-1830)*. 2º ed. revisada. Rio de Janeiro: Civilização Brasileira, 1998, p. 187-233. A presença de "mercadores eventuais" também foi observada por Cláudia Chaves ao analisar o comércio de Minas Gerais no século XVIII. CHAVES, Claudia Maria das Graças. *Perfeitos negociantes: mercadores das minas setecentistas*. 1ª ed. São Paulo: Annablume, 1999, p. 113-61.

diversos, entre outras mercadorias. Tal característica ajuda a compreender o padrão observado na *Tabela 1*. Nota-se que em todo o período considerado predominavam os *pequenos envios*, com até dois escravos. Nas três fases do tráfico, uma parcela entre 60,7 e 69,2% dos envios estava nesta faixa, mas a maior parte dos cativos foi transportada nos *envios de médio porte* (11 a 50 escravos). Mesmo assim, cabe ressaltar que as pequenas remessas responderam por parcelas significativas dos escravos, alcançando seu máximo na fase de estabilidade (1788-1802), com 25,2%.

TABELA 1 – Concentração do tráfico interno: escravos enviados para o Rio Grande de São Pedro do Sul, c. 1790 – c. 1830

Escravos por envio	Envios	%	Escravos	%
1788-1802				
1	479	50,7	479	14,5
2	175	18,5	350	10,6
3	60	6,3	180	5,5
4	54	5,7	216	6,6
5	23	2,4	115	3,5
6 a 10	87	9,2	658	20,0
11 a 20	43	4,6	594	18,0
21 a 30	15	1,6	365	11,1
31 a 40	6	0,6	199	6,0
41 a 50	3	0,3	138	4,2
Total	945	100	3.294	100
1809-1824				
1	585	48,1	585	8,4
2	153	12,6	306	4,4
3	94	7,7	282	4,0
4	55	4,5	220	3,2
5 a 10	142	11,7	994	14,2
11 a 25	126	10,4	2.090	29,9
26 a 50	54	4,4	1.857	26,6
51 a 75	1	0,1	60	0,9
76 a 100	5	0,4	440	6,3
mais de 100	1	0,1	150	2,1
Total	1.216	100	6.984	100
1826-1831				
1	601	50,3	601	10,8
2	188	15,7	376	6,7
3	97	8,1	291	5,2
4	48	4,0	192	3,4
5 a 10	126	10,6	898	16,1
11 a 25	92	7,7	1.583	28,3
26 a 50	36	3,0	1.228	22,0
51 a 75	4	0,3	255	4,6
76 a 100	2	0,2	162	2,9
Total	1.194	100	5.586	100

Fonte: AHRS. *Documentação Avulsa da Fazenda*, Guias de Escravos, 1788-1794; 1800; 1802; ANRJ. *Códice da Polícia da Corte*, Códice 390: volumes 1 a 5, 1816-1817; 1822-1824; Códice 421: volumes 1, 2, 9 e 18, 1809; 1811; 1817; 1822-1824; Códice 424: volumes 1 a 7, 1826-1831.

Nos envios de porte médio, por sua vez, foram enviados para os portos de Rio Grande e Porto Alegre entre 39,3 e 66,4% dos cativos, ainda que esta faixa de envio correspondesse a no máximo 21,3% das remessas realizadas. Somente nas fases de aceleração e de crise foram registrados *grandes envios*, com mais de 50 escravos. Em 1809-24 foram registradas as maiores cifras, quando em apenas sete envios (0,6%) foram despachados do Rio de Janeiro 9,5% dos escravos aqui desembarcados. Ou seja, nos momentos de intensificação do tráfico, houve uma tendência para a concentração dos escravos nos envios médios.

Em Salvador, um dos principais polos redistribuidores da colônia, a composição dos envios mostrava-se mais concentrada nos despachos de maior porte. Alexandre Ribeiro contabilizou que na década de 1760 os envios com até dois escravos (54,3%) respondiam por aproximadamente 10,7% dos cativos enviados de Salvador, os intermediários (11 a 50), eram 12,5% dos envios e 39,8% dos escravos. Os maiores de cinquenta escravos (1,5%) correspondiam a um quarto dos cativos. Nos anos entre 1811 e 1820 (correspondente à fase de aceleração), semelhante ao verificado na capitania sul-rio-grandense, diminuiu a representatividade dos envios de até dois cativos (51,7% dos envios com 6% dos escravos), enquanto as remessas com mais de 50 cativos alcançaram os 3,8% que acumularam 43,1% dos cativos. Na faixa intermediária, as cifras foram de 16,7 e 36%, respectivamente.[12] Por conseguinte, em comparação com Salvador – porto receptor do tráfico atlântico – observou-se que no tráfico do extremo-sul do Brasil as pequenas remessas eram predominantes e respondiam pela comercialização de uma parcela mais significativa dos escravos.

Conclui-se, portanto, que no Rio Grande de São Pedro as pequenas remessas foram responsáveis pela comercialização de uma parcela consideravelmente maior dos escravos em comparação ao observado em um dos grandes portos receptores de escravos no Brasil, principalmente na primeira fase analisada. Além disso, o predomínio dos pequenos envios também estava relacionado ao fato de que ao menos parte dos agentes responsáveis por estes envios foram traficantes eventuais, não especializados no comércio negreiro, mas que negociavam parcelas significativas dos escravos. Atraídos pela possibilidade de conquistar algum rendimento com a distribuição dos escravos para as regiões litorâneas e para o interior da América portuguesa, muitos deles atuaram somente em uma ocasião no tráfico ao longo do período investigado, como se percebe através dos dados agregados nas tabelas seguintes.

---

12 RIBEIRO, Alexandre Vieira. *O tráfico atlântico de escravos e a Praça mercantil de Salvador* (c. 1680 – c. 1830). Mestrado em História, PPGH/UFRJ. Rio de Janeiro, 2005, p. 118-20.

Conforme se observa na Tabela 2, a maior parte dos traficantes[13] de escravos fez no máximo dois envios. Eles representaram entre 90 e 94% dos agentes e foram responsáveis por parcelas entre 70,4 e 77,3% dos envios nos quais foram despachados, respectivamente, 61,6, 56,8 e 60,5% dos escravos desembarcados nos portos rio-grandenses nos três subperíodos considerados. Nota-se que enquanto o percentual destes agentes e a parcela de envios que foram responsáveis foram crescentes ao longo do período, o total de escravos despachados em cada uma das fases apresentou queda entre os anos de estabilidade e de aceleração. Na passagem para a conjuntura de "crise de oferta africana" houve um aumento de aproximadamente quatro pontos percentuais no volume de cativos enviados. Apesar disso, o maior percentual de escravos alcançado pelos agentes que enviaram até dois cativos foi registrado em 1809-24.

TABELA 2 – Total de envios realizados por cada agente, c. 1790 – c. 1830

Faixa de envio	Agentes	%	Envios	%	Escravos	%
1788-1802						
1	507	77,9	507	53,7	1430	43,4
2	79	12,1	158	16,7	599	18,2
3	34	5,2	102	10,8	408	12,4
4	15	2,3	60	6,3	210	6,4
5 a 10	15	2,3	98	10,4	535	16,2
11 a 25	1	0,2	20	2,1	112	3,4
Total	651	100	945	100	3.294	100
1809-1824						
1	628	76,1	628	51,6	2.365	33,9
2	124	15,0	248	20,4	1.600	22,9
3	35	4,2	105	8,6	647	9,3
4	19	2,3	76	6,3	593	8,5
5 a 10	15	1,8	96	7,9	986	14,1
11 a 25	4	0,5	63	5,2	793	11,4
Total	825	100	1.216	100	6.984	100
1826-1831						
1	745	84,0	745	62,4	2.442	43,7
2	89	10,0	178	14,9	937	16,8
3	19	2,1	57	4,8	436	7,8
4	9	1,0	36	3,0	308	5,5
5 a 10	24	2,7	167	14,0	1.368	24,5
11 a 25	1	0,1	11	0,9	95	1,7
Total	887	100	1.194	100	5586	100

Fonte: AHRS. Documentação Avulsa da Fazenda, Guias de Escravos, 1788-1794; 1800; 1802; ANRJ. Códice da Polícia da Corte, Códice 390: volumes 1 a 5, 1816-1817; 1822-1824; Códice 421: volumes 1, 2, 9 e 18, 1809; 1811; 1817; 1822-1824; Códice 424: volumes 1 a 7, 1826-1831.

---

13   Considero como *traficantes* todos os comerciantes, eventuais ou não, que tiveram seus nomes registrados nas fontes consultadas como sendo o agente responsável pelo despacho dos escravos. Eventualmente os termos foram utilizados como sinônimos neste texto.

Na mesma tabela é possível observar também a atuação dos traficantes que fizerem de 5 a 25 envios. Nota-se que apesar de um leve decréscimo na passagem de 1788-1802 para 1809-1824 no percentual dos agentes, a parcela de escravos e envios pelos quais eles foram responsáveis foi crescente. Considerando os dados tabulados a partir das médias de escravos por agentes, constata-se que houve grande diferença entre os traficantes que fizeram até dois envios e aqueles que fizeram de 11 a 25, indicando a concentração dos negócios. A fase de aceleração (1809 e 1824) foi a que apresentou a maior diferença: 5,3 e 93,6, respectivamente. Destaca-se que apesar da redução na fase de crise, as médias mantiveram o mesmo padrão ainda que a média dos que fizeram de 11 a 25 envios tivesse diminuído significativamente em relação à fase de aceleração: 4,1 e 58,5 escravos por agente.

TABELA 3 – Total de escravos enviados por cada agente, c. 1790 – c. 1830

Total de escravos	Agentes	%	Escravos	%	Envios	%
1788-1802						
1	290	44,5	290	8,8	290	30,7
2	119	18,3	238	7,2	139	14,7
3	53	8,1	159	4,8	83	8,8
4	40	6,1	160	4,9	63	6,7
5 a 10	79	12,1	561	17,0	147	15,6
11 a 25	42	6,5	717	21,8	114	12,1
26 a 50	26	4,0	893	27,1	84	8,9
mais de 100	2	0,3	276	8,4	25	2,6
Total	651	100	3.294	100	945	100
1809-1824						
1	376	45,6	376	5,4	376	30,9
2	121	14,7	242	3,5	157	12,9
3	60	7,3	180	2,6	88	7,2
4	38	4,6	152	2,2	55	4,5
5 a 10	94	11,4	637	9,1	167	13,7
11 a 25	78	9,5	1.338	19,2	147	12,1
26 a 50	27	3,3	933	13,4	55	4,5
51 a 75	14	1,7	856	12,3	55	4,5
76 a 100	9	1,1	821	11,8	41	3,4
mais de 100	8	1,0	1.449	20,7	75	6,2
Total	825	100	6.984	100	1.216	100
1826-1831						
1	434	48,9	434	7,8	434	36,3
2	141	15,9	282	5,0	162	13,6
3	69	7,8	207	3,7	88	7,4
4	39	4,4	156	2,8	50	4,2
5 a 10	94	10,6	658	11,8	150	12,6
11 a 25	61	6,9	986	17,7	119	10,0
26 a 50	27	3,0	993	17,8	77	6,4
51 a 75	11	1,2	686	12,3	40	3,4
76 a 100	8	0,9	712	12,7	49	4,1
mais de 100	3	0,3	472	8,4	25	2,1
Total	887	100	5.586	100	1.194	100

Fonte: AHRS. *Documentação Avulsa da Fazenda*, Guias de Escravos, 1788-1794; 1800; 1802; ANRJ. *Código da Polícia da Corte*, Códice 390: volumes 1 a 5, 1816-1817; 1822-1824; Códice 421: volumes 1, 2, 9 e 18, 1809; 1811; 1817; 1822-1824; Códice 424: volumes 1 a 7, 1826-1831.

Na *Tabela* 3 consta a distribuição dos escravos entre os traficantes que participaram do comércio de escravos da capitania/Província nos três subperíodos considerados. Os que fizeram chegar até dez escravos nos portos rio-grandenses foram predominantes em todo o período. As cifras mais expressivas foram observadas entre os anos de 1788-1802, quando representaram 89,2% dos agentes e enviaram 42,7% dos escravos distribuídos em 76,4% das remessas.

Os traficantes que despacharam apenas um escravo destacavam-se entre este grupo. Entre 44,5 e 48,9% deles foram responsáveis por parcela que variou entre 30,7 e 36,3% dos envios. Quanto ao percentual de cativos por eles transportados, nota-se que as cifras eram reduzidas: no máximo 8,8%. O resultado mais representativo foi verificado na fase de estabilidade (1788-1802) e o menor na fase de aceleração (1809-24). Apesar do crescimento da parcela de escravos por eles transportados no período da *"crise de oferta africana"*, destaca-se que a tendência de concentração do volume de cativos transportados nas mãos dos traficantes que enviaram para o Rio Grande onze ou mais cativos se manteve, independente das conjunturas do tráfico negreiro.

Destaca-se ainda que poucos traficantes despacharam mais de cem escravos. Apesar disso, na fase de aceleração, os oito presentes nesta faixa (1%) chegaram a ser responsáveis por 20,7% dos escravos distribuídos em apenas 6,2% das remessas. Chama a atenção ainda, que em todo o período considerado o percentual de escravos que estes enviaram foi superior ao computado entre aqueles que enviaram apenas um cativo.

A comparação com os resultados obtidos por João Fragoso e Roberto Guedes referentes aos despachos de africanos novos a partir do porto do Rio de Janeiro para as demais regiões do Brasil no período entre 1825 e 1830 indica que no tráfico negreiro sul-rio-grandense os traficantes eventuais tinham grande importância e respondiam por parte significativa dos cativos negociados. Nas saídas da Corte, os responsáveis pela remessa de um cativo (121 indivíduos ou 22%) foram responsáveis pela negociação de apenas 1% dos 19.461 cativos computados pelos autores em cerca de 5% dos 2.310 envios do período. Aqueles que negociaram mais de dez escravos (36%) foram responsáveis por aproximadamente 95% do volume total e por 75% das remessas.[14] Assim, com o início do período de *"crise de oferta africana"*, a participação dos pequenos comerciantes de escravos no volume total dos negócios se tornou mais escassa, demonstrando uma concentração ainda maior na distribuição dos africanos novos na colônia. Como se viu, a

---

14 FRAGOSO, João Luís Ribeiro; FERREIRA, Roberto Guedes. Alegrias e Artimanhas de uma fonte seriada, despachos de escravos e passaportes da Intendência de Polícia da Corte, 1819-1833. In *Seminário de História Quantitativa*. Juiz de Fora: UFOP, 2000, Quadro 10, p. 17.

mesma natureza concentradora podia ser observada no Rio Grande de São Pedro, mas em nenhum momento os traficantes de mais de dez escravos tiveram tamanha representatividade. Destaca-se ainda que a participação deles na última fase da periodização foi inferior em relação ao período de aceleração, enquanto aqueles que enviaram apenas um cativo aumentaram sua representatividade nas três variáveis consideradas.

Indicativo da grande circulação que caracterizava o mercado de escravos e do poder atrativo do mesmo em decorrência das possibilidades de vantagens econômicas por ele proporcionadas é a verificação do número de anos que um mesmo agente permanecia em atividade. Na *Tabela 4* fica evidente que a grande maioria deles atuou em no máximo três anos diferentes no comércio de escravos, destacando-se entre eles os presentes em apenas um ano. Nas três fases do tráfico estes agentes correspondiam a uma parcela de 85,7 a 88,8% dos agentes envolvidos no tráfico de cativos para o território rio-grandense e acumulavam cerca de dois terços dos envios e mais da metade dos escravos transportados. Acrescente-se que este grupo reduziu sua representatividade no total de cativos ao longo do período embora aparecessem cada vez em maior número e com mais envios.

TABELA 4 – Número de anos de participação dos agentes no tráfico negreiro, c. 1790 – c. 1830

Anos	Agentes	%	Envios	%	Escravos	%
1788-1802						
1	558	85,7	622	65,8	1.887	57,3
2	59	9,1	154	16,3	590	17,9
3	25	3,8	92	9,7	323	9,8
4	3	0,5	15	1,6	233	7,1
5	3	0,5	23	2,4	103	3,1
6	1	0,2	9	1,0	26	0,8
7	1	0,2	10	1,1	20	0,6
8	1	0,2	20	2,1	112	3,4
Total	651	100	945	100	3.294	100
1809-1824						
1	733	88,8	861	70,8	3.801	54,4
2	67	8,1	184	15,1	1.525	21,8
3	24	2,9	164	13,5	1.635	23,4
4	1	0,1	7	0,6	23	0,3
Total	825	100	1.216	100	6.984	100
1826-1831						
1	788	88,8	840	70,4	2.985	53,4
2	75	8,5	200	16,8	1.148	20,6
3	15	1,7	85	7,1	604	10,8
4	6	0,7	43	3,6	498	8,9
5	3	0,3	26	2,2	351	6,3
Total	887	100	1.194	100	5.586	100

Fonte: AHRS. Documentação Avulsa da Fazenda, Guias de Escravos, 1788-1794; 1800; 1802; ANRJ. Códice da Polícia da Corte, Códice 390: volumes 1 a 5, 1816-1817; 1822-1824; Códice 421: volumes 1,2, 9 e 18, 1809; 1811; 1817; 1822-1824; Códice 424: volumes 1 a 7, 1826-1831.

Cabe sublinhar que um grupo bastante reduzido dos traficantes que atuaram no comércio de escravos do Rio Grande do Sul o fez em quatro ou mais anos. Apesar disso, na fase de estabilidade e da crise eles chegaram a responder por 15% dos escravos. No período de aceleração, a representatividade deste grupo mostrou-se bastante reduzida.

Na ausência de informações a este respeito no que diz respeito ao tráfico marítimo, tomo como referência os resultados obtidos por João Fragoso ao investigar as saídas de tropas conduzindo escravos a partir do Rio de Janeiro, entre 1824-1833. O autor concluiu que somente aqueles que atuaram *em mais de sete anos* no mercado poderiam ser considerados como "negociantes regulares de cativos". Fragoso identificou apenas 0,3% dos traficantes (19) nesta faixa. Eles conduziram apenas 4.026 escravos (7,2%), enquanto os 4.297 comerciantes que atuaram em apenas um ano no mesmo intervalo (quase 80% do total), foram responsáveis por mais de 36,4% dos escravos negociados (20.332).[15] Ou seja, em relação a estes traficantes, fica sugerido que a frequência de atuação dos agentes mercantis que participavam da redistribuição dos escravos para o Rio Grande de São Pedro era mais instável, pois poucos traficantes permaneceram em atividade por um número de anos equivalente ao indicado por Fragoso para os negociantes regulares. Por outro lado, aqueles que participaram em somente um ano eram a maioria dos agentes mercantis envolvidos e foram responsáveis por mais da metade dos escravos negociados; parcela superior, portanto, à parcela registrada nas saídas do Rio de Janeiro. Ou seja, esta configuração reafirma o caráter especulativo do tráfico negreiro em sua etapa interna.

A grande circulação de agentes e a concentração dos negócios também ficam evidentes quando se organiza os dados disponíveis de acordo com o número de períodos que o mesmo agente atuou no tráfico.

TABELA 5 – Permanência dos agentes no tráfico negreiro, c. 1790 – c. 1830

Fases	Agentes	%	Envios	%	Escravos	%	Média
1	2.048	93,0	2.717	80,7	11.009	69,4	5,4
2	145	6,6	568	16,9	4.303	27,1	29,7
3	9	0,4	70	2,1	552	3,5	61,3
Total	2.202	100	3.355	100	15.864	100	7,2

Fonte: AHRS. Documentação Avulsa da Fazenda, Guias de Escravos, 1788-1794; 1800; 1802; ANRJ. Códice da Polícia da Corte, Códice 390: volumes 1 a 5, 1816-1817; 1822-1824; Códice 421: volumes 1, 2, 9 e 18, 1809; 1811; 1817; 1822-1824; Códice 424: volumes 1 a 7, 1826-1831.

---

15 FRAGOSO, João Luís Ribeiro. *Homens de grossa aventura: acumulação e hierarquia na Praça mercantil do Rio de Janeiro (1790-1830)*. 2º ed. revisada. Rio de Janeiro: Civilização Brasileira, 1998, p. 206-8.

Na *Tabela 5* é possível observar que a maior parte dos agentes atuou somente em uma das fases consideradas. Os que apareceram em duas fases foram responsáveis por 17% dos envios equivalentes a 27% dos cativos. Apenas nove traficantes permaneceram em atividade apesar das mudanças conjunturais do tráfico atlântico de escravos que também se refletia na etapa de redistribuição da mão de obra cativa. A média de escravos que cada um deles despachou era bastante superior em relação à maioria que atuou em apenas um dos períodos.

TABELA 6 – Agentes que despacharam mais de 75 escravos para o Rio Grande de São Pedro do Sul, c. 1790 – c. 1830

	AGENTE	Escravos	Envios	Períodos
1	Manuel José Gomes Moreira	342	21	2
2	Manuel Vieira de Aguiar	282	12	2
3	Manuel Afonso Gomes	256	26	2
4	Miguel Ferreira Gomes	213	22	3
5	José Leal de Azevedo & Companhia (Capitão)	202	5	1
6	Joaquim Antônio Ferreira	198	11	3
7	João José da Cunha	184	19	2
8	Francisco Ferreira de Assis	179	20	2
9	Manuel José Pereira Graça	171	11	2
10	Francisco Gomes Parreira	164	5	1
11	Cândido Ferreira Fernandes de Lima	163	8	1
12	Manuel de Passos Correia	150	1	1
13	Militão Máximo de Souza	122	9	1
14	Inácio José Machado	115	6	2
15	José Alexandre Ferreira Brandão	115	5	1
16	José Maxwell	113	3	2
17	Bernardo Francisco de Brito	112	20	1
18	Diogo Gomes Barroso	111	4	2
19	Caetano José Ribeiro Louzada	107	9	2
20	Luís Caetano Pinto	107	3	2
21	Francisco da Silva Bacelar	106	3	1
22	Antônio Gonçalves Carneiro (Negociante)	99	2	1
23	Serafim José Pereira	95	11	1
24	José Ferreira Porto	88	7	1
25	José Maria da Silveira Viana & Companhia (Alferes; Negociante)	87	4	1
26	Manuel Caetano Pinto (Capitão-Mor; Comendador)	86	6	2
27	Manuel Gonçalves da Costa	86	4	1
28	José Joaquim de Almeida Regadas	83	5	2
29	Sebastião José dos Santos	83	10	2
30	Lourenço Antônio Ferreira	80	2	1
31	João Teixeira de Magalhães	79	11	2
32	João Pereira Monteiro	78	1	1
	Total	4.384	281	-

Fonte: AHRS. *Documentação Avulsa da Fazenda*, Guias de Escravos, 1788-1794; 1800; 1802; ANRJ. *Códice da Polícia da Corte*, Códice 390: volumes 1 a 5, 1816-1817; 1822-1824; Códice 421: volumes 1, 2, 9 e 18, 1809; 1811; 1817; 1822-1824; Códice 424: volumes 1 a 7, 1826-1831.

Todavia, nem todos os agentes que atuaram no tráfico de escravos ao longo das três conjunturas aqui consideradas foram responsáveis pelo despacho de um número elevado de escravos. A *Tabela 6* reúne 1,5% dos agentes identificados em todo o período e estes foram responsáveis por aproximadamente 28% dos escravos e 8% das remessas. Entre os trinta e dois agentes listados, nota-se que apenas dois dos que enviaram mais de setenta e cinco escravos o fizeram nas três conjunturas do tráfico negreiro. As demais fases contaram com quinze traficantes cada.

Entre os que atuaram em apenas um dos períodos, destaco a firma mercantil do *Capitão José Leal de Azevedo* que foi o quinto agente com o maior número de escravos transportados apenas na fase da "crise de oferta africana". Ele era um dos seis traficantes que também participaram de negociações de bens registrados nas escrituras de venda em Porto Alegre e Rio Grande.[16]

Nas escrituras registradas na capital, o Capitão José Leal de Azevedo & Companhia consta em escrituras de venda, crédito e procurações[17]. Como outorgante, destaca-se a escritura de venda da fazenda de campos e matos denominada "o Contrato" com casa de vivenda, galpão e charqueada, olaria, tudo coberto de telhas, além de pomar, cercados e benfeitorias, localizada na margem do Rio Caí, Distrito de Porto Alegre. O comprador, Antônio Martins de Menezes, pagou 16 contos de réis pela propriedade.[18] Este montante é equivalente a 29% do valor das escrituras que fez parte como comprador. Além disso, é praticamente o mesmo arrecadado com a venda de bens urbanos (15:600$000 réis) e embarcações (16:500$000 réis). Naquelas em que ele foi outorgado (comprador e credor), o montante investido alcançou o total de 56:047$171 réis, distribuídos em créditos (1:800$000 réis), bens rurais (33:200$000 réis), bens urbanos (14:247$171 réis) e embarcações (6:800$000

---

16 Os demais agentes foram: Antônio Gonçalves Carneiro, José Maria da Silveira Viana, Manuel Caetano Pinto, Manuel Vieira de Aguiar e Miguel Ferreira Gomes. Arquivo Público do Estado do Rio Grande do Sul (APERS). *Transmissões e Notas*. 1º Tabelionato. Porto Alegre, Livro 32 a 60 (16.11.1807 – 23.01.1851); APERS. *Transmissões e Notas*, 2º Tabelionato. Rio Grande, Livro 2 a 21 (18.02.1811 – 01.02.1852); Doravante APERS. *Transmissões e Notas*. 1 Tab. POA, L. fl. ou 2 Tab. RG, L, fl.

17 APERS. *Transmissões e Notas*. 1 Tab. POA, L. 34, fl. 12; L. 40, fl. 44v, 65v; 79; L. 42, fl. 67, 68; L. 43, fl. 15; L. 44, fl. 120v; L. 45, fl. 10v, 79, 114,151v, 169v, 203, 239, 277v; L. 46, fl. 89v; L. 47, fl. 145; L. 48, fl. 80, 108v, 182v; L. 49, fl. 67v, 120v, 125v. Em outras quatro escrituras ele foi nomeado procurador bastante de habitantes de Porto Alegre e Triunfo. APERS. *Transmissões e Notas*. 1 Tab. POA, L38, fl. 108; L. 39, fl. 6v; L40, fl. 57v, 126v.

18 APERS. *Transmissões e Notas*. 1 Tab. POA, L. 49 fl. 67v.

réis). Este último montante diz respeito à compra do Bergantim Reino Unido feita em 1821. A mesma foi adquirida junto aos seus dois antigos proprietários: Manuel José de Freitas Travassos e Manuel Alves dos Reis Louzada,[19] ambos também envolvidos na comercialização de escravos.[20]

Francisco da Silva Bacelar, por sua vez, foi matriculado como "Negociante de grosso trato da Praça do Rio Grande de São Pedro do Sul" em janeiro de 1815,[21] mas no seu inventário aberto em Rio Pardo (1825) não constavam indícios claros de uma atividade mercantil pregressa. Entre os bens que foram declarados, destacam-se os de raiz (dois terrenos, uma casa e uma sesmaria de campos) no total de 1:104$000 réis e vinte e três escravos (4:760$000 réis).[22]

Miguel Ferreira Gomes e Joaquim Antônio Ferreira eram os dois atuantes nas três fases e eram matriculados como negociantes de grosso trato na Junta do Comércio do Rio de Janeiro.[23] Estabelecido na Corte do Rio de Janeiro, *Miguel Ferreira Gomes*[24] era matriculado desde 1814 e mantinha outros interesses na região, como indicam três escrituras registradas em Porto Alegre. Na registrada em março de 1811, ele deu por encerrada a sociedade mercantil que possuía com

19 APERS. *Transmissões e Notas*. 1 Tab. POA, L. 42 fl. 67, 68.

20 Respectivamente, ANRJ. *Códice da Polícia da Corte*, Códice 424: volume 1 (1826), volume 3 (1829). Manuel José de Freitas Travassos foi nomeado membro da Comissão de Comércio de Porto Alegre em 1824. AHRS. *Assembleia Legislativa* – Conselho Geral (A9.001): Comissão de Comércio. Porto Alegre, 15/09/1824; o mesmo agente também era matriculado na Junta do Comércio como Negociante de Grosso trato de Porto Alegre desde 21/08/1811. ANRJ. Real Junta do Comércio, Agricultura, Fábricas e Navegação. *Matrícula dos Negociantes de grosso trato e seus Guarda Livros e Caixeiros*. Códice 170, vol. 1, fl. 26v.

21 ANRJ, Cód. 170, vol. 1, fl. 66.

22 APERS. Inventário *post-mortem*, *Francisco da Silva Bacelar*, 1º Cartório de Órfãos de Rio Pardo, 1825, maço 14, processo n. 341.

23 ANRJ. Real Junta do Comércio, Agricultura, Fábricas e Navegação. *Matrícula dos Negociantes de grosso trato e seus Guarda Livros e Caixeiros*. Códice 170, vol. 1-3 (1809-1850). Doravante ANRJ, Cód. 170, vol. Quase a metade dos agentes listados na Tabela 6 era matriculada na Junta do Comércio: Diogo Gomes Barroso, Francisco da Silva Bacelar, Francisco Ferreira de Assis, João José da Cunha, João Pereira Monteiro, Joaquim Antônio Ferreira, José Joaquim de Almeida Regadas, Luís Caetano Pinto, Manuel Afonso Gomes, Manuel Caetano Pinto, Manuel José Pereira Graça, Miguel Ferreira Gomes, Sebastião José dos Santos, Serafim José Pereira e Manuel de Passos Correia; respectivamente, ANRJ, cód. 170, vol. 1, fl. 35v, 66, 215v, 48v, 221v, 119, 52, 207, 104, 9, 37v, 63, 188, 65; vol. 2, fl. 54. Juntos eles representavam menos que 1% dos agentes, mas acumulavam 13% dos escravos distribuídos em 5% das remessas.

24 ANRJ, Cód. 170, vol. 1, fl. 63.

Domingos Martins dos Reis, este estabelecido na freguesia de Triunfo, termo da vila de Porto Alegre. Nos ajustes de contas, seu sócio ficou lhe devendo a quantia de 2:7000$025 réis a serem pagos em parcelas semestrais até o saldo da dívida dentro do prazo de cinco anos.[25] No ano de 1829, Miguel Ferreira Gomes vendeu terras que possuía nesta mesma localidade para o Capitão Antônio José Fernandes Lima por 1 conto de réis.[26] Pouco tempo depois (1831), vendeu um armazém em Porto Alegre para Manuel Lopes Guimarães pela quantia de 1:200$000 réis.[27]

José Ferreira Porto, Manuel Vieira de Aguiar e Militão Máximo de Souza constam entre os donos de embarcações e consignatários de cargas que transportavam mercadorias através do porto de Rio Grande.[28] O primeiro era proprietário do Brigue Empreendedor que em 30/04/1842 atracou em Rio Grande vindo do Rio de Janeiro com três escravos para entregar a "diversas pessoas" e vários gêneros não especificados.[29] *Manuel Vieira de Aguiar* era o segundo maior despachante de escravos, conforme indicado na *Tabela 6*. Era proprietário de cinco embarcações que entravam e saiam de Rio Grande carregadas de carne, couros, sebo, farinha e gêneros diversos.[30] Uma das embarcações, o Patacho Bom Amigo de 165 toneladas, foi vendido em 1845 para Porfírio Ferreira Nunes de Rio Grande por 10 contos de réis[31]. No ano anterior, o mesmo agente vendeu metade de um campo que possuía para Miguel Vieira de Aguiar pela quantia de 500$000 réis.[32]

Por fim, *Militão Máximo de Souza*, natural da capitania sul-rio-grandense, embora atuante apenas na última fase do tráfico, era um negociante de grande destaque e interesses diversificados. Possuía cinco embarcações nas quais transportava carne, sebo, couros, açúcar, sal, fazendas e outros gêneros entre Rio Grande, Rio de Janeiro, Santos e Pernambuco.[33] Márcia Kuniochi havia identificado a presença dele como responsável por diversos carregamentos de gado e seus derivados remetidos

---

25 APERS. *Transmissões e Notas*. 1 Tab. POA, L. 35 fl. 31v.

26 APERS. *Transmissões e Notas*. 1 Tab. POA, L. 46 fl. 65.

27 APERS. *Transmissões e Notas*. 1 Tab. POA, L. 47 fl. 149.

28 AHRS. "Autoridades Militares", maços 14, 16, 18, 22, 27, 46, 51. "Marinha" – *Praticagem da Barra*, maços 22, 23, 24; 27 e 28; *Diversos*, maço 72. Doravante, AHRS, *Praticagem da Barra*, reg.

29 AHRS, *Praticagem da Barra*, reg. 521.

30 AHRS, *Praticagem da Barra*, reg. 292, 421, 536, 792, 808, 860, 1014 e 1039.

31 APERS. *Transmissões e Notas*. 2 Tab. RG, L. 18, fl. 50v.

32 APERS. *Transmissões e Notas*. 1 Tab. POA, L. 53, fl. 130.

33 AHRS, *Praticagem da Barra*, reg. 306, 390, 441, 494, 582, 795, 868, 959, 987, 1013 e 1078.

de Porto Alegre e Rio Grande para o porto do Rio de Janeiro, entre 1842 e 1854.[34] De acordo com Carlos Gabriel Guimarães, Militão Máximo de Souza (posteriormente, Visconde de Andaraí) estava envolvido com o comércio de abastecimento da região Sul do Brasil e atuava no comércio de grosso trato de navios e comissões. Foi membro da diretoria do Banco do Brasil de Irineu Evangelista de Souza, o Barão/Visconde de Mauá, entre 1851 e 1853. Neste último ano, era Deputado do Tribunal do Comércio da Corte e no seguinte constituiu-se sócio comanditário da Sociedade Bancária *Mauá McGregor e Cia*. Também constou entre os sócios da *Companhia de Navegação a Vapor e Estrada de Ferro Petrópolis*, iniciada por Mauá e seus sócios, em 1852, assim como da *Cia. Anônima Luz Steárica de Produtos Químicos*, fundada na mesma época.[35]

Nota-se, assim, que mesmo traficantes de escravos com maior peso nos negócios da região não permaneciam por muito tempo em atividade. Além disso, os casos citados acima sugerem que não havia agentes mercantis especializados no tráfico de escravos em atuação na capitania/Província sul-rio-grandense, pois a atuação mercantil deles não se restringia a um ramo específico do comércio.

Considerações finais

No período enfocado neste texto o Rio Grande de São Pedro do Sul passava por um momento de prosperidade econômica e encontrava-se plenamente integrado ao território e às rotas mercantis da América portuguesa. O Rio de Janeiro, seu principal parceiro econômico, também era a origem de grande parte dos escravos traficados para o extremo-sul do Brasil. Compreende-se, assim, as tendências observadas em relação às flutuações do mercado atlântico de escravos. Mesmo participando apenas do tráfico interno da etapa interna do tráfico atlântico, constatou-se a importância deste último para o abastecimento de mão de obra da região e que houve um sensível incremento dos negócios correlato ao ritmo das conjunturas do tráfico atlântico.

Quanto à atuação dos traficantes envolvidos, a intensificação da importação reforçava o caráter especulativo da atividade, uma vez que atraía um grande número de interessados nos rendimentos do tráfico negreiro, mas que individualmente

---

34 KUNIOCHI, Márcia Naomi. *Crédito, negócios e acumulação. Rio de Janeiro: 1844-1857*. Tese de doutorado. PPGH/USP, São Paulo, 2001, p. 182-192.

35 GUIMARÃES, Carlos Gabriel. *Bancos, Economia e Poder no Segundo Reinado: o caso da Sociedade Bancária Mauá, MacGregor & Companhia (1854-1866)*. Tese de doutorado. PPGH/USP, São Paulo, 1997, p. 108; 127; 130-32; 157; 161; 171; 197.

negociavam poucos cativos, enquanto um pequeno grupo de agentes era responsável pela introdução da maior parte dos cativos na região. Trata-se de uma característica observada não só na etapa atlântica do tráfico, mas principalmente na etapa de redistribuição dos cativos para o interior e para as regiões litorâneas do Brasil a partir dos portos receptores de escravos africanos (destacadamente, Rio de Janeiro e Salvador), conforme se constata a partir da bibliografia especializada e que os dados aqui analisados corroboram. Todavia, cabe ressaltar que os traficantes de atuação conjuntural no tráfico rio-grandense responderam pela importação de uma parcela mais significativa de escravos do que verificado em outras localidades, como os portos mencionados acima.

Embora seja difícil identificar exatamente as motivações de todos os agentes mercantis atuantes no tráfico de escravos do Rio Grande de São Pedro do Sul, fica evidente o caráter conjuntural e especulativo da participação de grande parte deles. Acrescenta-se que a observação da atuação apesar de alguns dos principais traficantes identificados sugere que não existiam agentes mercantis especializados neste ramo do comércio atuantes na região. Mesmo comerciantes com trajetória destacada na economia rio-grandense (comercialização de alimentos e outras mercadorias, compra e venda de bens de raiz, embarcações e crédito) participavam de forma esporádica no comércio de escravos. Não obstante, foi possível identificar que alguns deles, mesmo não sendo especializados neste ramo do comércio, participaram de forma mais consistente no tráfico de escravos com um grande número de envios e escravos e em mais de uma das fases da periodização sugerida para o tráfico negreiro.

Bibliografia

ALADRÉN, Gabriel. *Entre guerras e fronteiras: escravos, libertos e soldados negros no sul do Brasil (Rio Grande de São Pedro, c. 1801 – c. 1835)*. Qualificação de doutorado, PPGH/UFF. Niterói, 2011.

BERUTE, Gabriel Santos. *Dos escravos que partem para os portos do sul: características do tráfico negreiro do Rio Grande de São Pedro do Sul, c. 1790 – c. 1825*. Mestrado em História, PPGH-UFRGS. Porto Alegre, 2006.

_____. "O tráfico negreiro na Província de São Pedro do Rio Grande do Sul e a perspectiva da proibição do tráfico atlântico de escravos, 1826-1831". *IV Encontro Escravidão e Liberdade no Brasil Meridional*. Curitiba, maio 2009. Disponível em: <http://www.escravidaoeliberdade.com.br>.

CHAVES, Claudia Maria das Graças. *Perfeitos negociantes: mercadores das minas setecentistas*. 1ª ed. São Paulo: Annablume, 1999.

_____. *O tráfico de escravos do Brasil para o Rio da Prata*. 1ª ed. Brasília: Senado Federal, 2010.

FLORENTINO, Manolo; GOES, José Roberto. *A paz nas senzalas*: famílias escravas e o tráfico atlântico, Rio de Janeiro, c. 1790- c. 1850. 1ª ed. Rio de Janeiro: Civilização Brasileira, 1997.

FRAGOSO, João Luís Ribeiro. *Homens de grossa aventura: acumulação e hierarquia na Praça mercantil do Rio de Janeiro (1790-1830)*. 2º ed. revisada. Rio de Janeiro: Civilização Brasileira, 1998.

FRAGOSO, João Luís Ribeiro; FERREIRA, Roberto Guedes. "Alegrias e Artimanhas de uma fonte seriada, despachos de escravos e passaportes da Intendência de Polícia da Corte, 1819-1833". *Seminário de História Quantitativa*. Juiz de Fora: UFOP, 2000.

GUIMARÃES, Carlos Gabriel. *Bancos, Economia e Poder no Segundo Reinado: o caso da Sociedade Bancária Mauá, MacGregor & Companhia (1854-1866)*. Tese de doutorado. PPGH/USP, São Paulo, 1997.

KUNIOCHI, Márcia Naomi. *Crédito, negócios e acumulação. Rio de Janeiro: 1844-1857*. Tese de doutorado. PPGH/USP, São Paulo, 2001.

MAGALHÃES, Manoel Antônio. "Almanack da Vila de Porto Alegre, com reflexões sobre o estado da Capitania do Rio Grande do Sul, de Manoel Antônio de Magalhães, 1808". In: FREITAS, D. *O Capitalismo pastoril*. Porto Alegre: Escola Superior de Teologia de São Lourenço de Brindes, 1980, p. 76-102.

MAMIGONIAN, Beatriz Gallotti e GRINBERG, Keila (orgs.). "Dossiê – 'Para inglês ver'? Revisitando a Lei de 1831". *Estudos Afro-Asiáticos*. Rio de Janeiro, ano 29, n. 1/2/3, jan.-dez. 2007, p. 85-340.

MARTINS, Roberto Borges. *V Congresso Brasileiro de História Econômica e 6ª Conferência Internacional de História de Empresas – ABPHE*. Caxambu/MG: ABPHE, 7-10 setembro, 2003.

OSÓRIO, Helen. "As elites econômicas e a arrematação dos contratos reais: o exemplo do Rio Grande do Sul (século XVIII)". In: FRAGOSO, João; BICALHO, Maria

Fernanda; GOUVÊA, Maria de Fátima (org.). *O Antigo Regime nos trópicos: a dinâmica imperial portuguesa (séculos XVI-XVIII)*. Rio de Janeiro: Civilização Brasileira, 2001, p. 107-137.

RIBEIRO, Alexandre Vieira. *O tráfico atlântico de escravos e a Praça mercantil de Salvador (c. 1680 – c. 1830)*. Mestrado em História, PPGH/UFRJ. Rio de Janeiro, 2005.

SANTOS, Corsino Medeiros dos. *Economia e sociedade do Rio Grande do Sul*: século XVIII. 1ª ed. São Paulo: Editora Nacional; Brasília: INL, 1984.

SOARES, Mariza de Carvalho. *Devotos da cor*: identidade étnica, religiosidade e escravidão no Rio de Janeiro, século XVIII. 1ª ed. Rio de Janeiro: Civilização Brasileira, 2000.

A persistência da escravidão: população, economia e o tráfico interprovincial (Província de São Pedro, segunda metade do século XIX)

THIAGO LEITÃO DE ARAÚJO[1]

DE TANTO SE REPETIR UMA SENTENÇA ESSA SENTENÇA passa a se tornar, se não verdade, pelo menos algo que durante muito tempo não necessita de questionamentos ou de estudos que verifiquem empiricamente as bases de tal ou qual afirmativa. Esse parece ser o caso quando tratamos da população escrava na Província do Rio Grande de São Pedro na segunda metade do século XIX. Com o fechamento do tráfico transatlântico de escravos em 1850, em que pese os desembarques clandestinos que ocorreram no Brasil durante os primeiros anos dessa década, teria tido início uma "crise de braços" que levaria ao declínio e desagregação da escravidão no extremo sul do Império brasileiro. De início, o grande problema de tal afirmativa é que ela toma um acontecimento de grande importância nos rumos e redefinições que passariam as relações escravistas no Brasil como um ponto de chegada: o fim da escravidão.

Em grande medida isso se deve a uma leitura das fontes que toma de forma literal os relatos dos contemporâneos, sem uma crítica ponderada dos mesmos e sem recorrer a outras fontes que possam ou não confirmar tais pressupostos, como acontece repetidas vezes no trabalho de Fernando Henrique Cardoso.[2] Não é preciso despender muito tempo de leitura dos relatórios de Presidentes de Província para chegar à conclusão de que as autoridades da época queixavam-se incansavelmente da "falta de braços" que assolaria a Província pós-1850. Cardoso endossaria as repetidas reclamações dos presidentes provinciais, concluindo que desde o fechamento do tráfico transatlântico, que coincidiu e se intensificou com o declínio

---

1   Doutorando em História Social da Cultura, Cecult/Unicamp. O desenvolvimento da pesquisa conta com o financiamento da Fapesp. Email: thiagoaraujo01@yahoo.com.br

2   CARDOSO, Fernando Henrique. [1962] *Capitalismo e escravidão no Brasil Meridional*: o negro na sociedade escravocrata do Rio Grande do Sul. Rio de Janeiro: Civilização Brasileira, 2003.

da escravidão no Brasil, "a desagregação do regime escravocrata" no Rio Grande do Sul teria sido contínua e crescente. Ainda mais, pois depois dessa data a evasão de escravos se tornara constante para as Províncias cafeeiras, "compensada apenas nos momentos de expansão do fabrico do charque, quando, apesar do preço, era vantajoso importar mais escravos".[3]

Cardoso, em seu trabalho clássico sobre a escravidão no Brasil Meridional, focalizou sua análise sobretudo nas charqueadas, estendendo as conclusões a que chegou para o resto da Província (que de resto, segundo sua interpretação, não necessitaria do trabalho escravo nas lides pecuárias).[4] Berenice Corsetti, escrevendo duas décadas depois e utilizando dados mais confiáveis, observa que mesmo com oscilações nítidas as exportações do charque rio-grandense se mantiveram em crescimento até 1868, quando se registraram as maiores exportações do produto sulino. A partir de então, "a tendência depressiva apresentada por este setor da economia gaúcha é claramente observável". Desta perspectiva, ao final da década de 1860 os escravos também já não teriam a mesma importância que antes tiveram à economia charqueadora, sendo "drenados" para as Províncias do "Norte".[5]

Em relação às formas de trabalho empregadas na pecuária hoje já está mais que provada a importância dos trabalhadores escravos nas lides do campo (tanto dos campeiros e domadores como dos roceiros, já que estes últimos também faziam parte daquele universo agrário). Contudo, embora partindo de pressupostos diferentes dos autores acima citados, a bibliografia oitocentista continua focalizando a economia pecuária como

---

3   CARDOSO, *Capitalismo e escravidão no Brasil Meridional...*, op. cit., p. 349 e 213 (mas, ver também, p. 85, 199-237, 242-243, 283 (notas 2 e 3). Para uma abordagem segura sobre o tráfico transatlântico de escravos para o Rio Grande do Sul na primeira metade do século XIX, ver, BERUTE, Gabriel Santos. *Dos escravos que partem para os portos do sul: características do tráfico negreiro do Rio Grande de São Pedro do Sul, c. 1790 – c. 1825*. Dissertação de mestrado. PPGH/UFRGS, Porto Alegre, 2006.

4   A seu modo, Mário Maestri também minimiza a importância da escravidão na pecuária sulina. Ver, por exemplo, MAESTRI FILHO, Mário José. *O escravo no Rio Grande do Sul: A charqueada e a gênese do escravismo gaúcho*. Porto Alegre: Escola Superior de Teologia São Lourenço de Brindes, 1984. Para uma crítica a esses autores, ver ARAÚJO, Thiago Leitão de. *Escravidão, fronteira e liberdade: políticas de domínio, trabalho e luta em um contexto produtivo agropecuário (vila da Cruz Alta, Província do Rio Grande de São Pedro, 1834-1884)*. Dissertação de mestrado. PPGH/UFRGS, Porto Alegre, 2008.

5   CORSETTI, Berenice. *Estudo da charqueada escravista gaúcha no século XIX*. Dissertação de mestrado. PPGH/UFF, Niterói, 1983, p. 226-228. Paulo Zarth também endossa a afirmação de Corsetti de que na década de 1860 os escravos já não tinham a mesma importância para a indústria do charque. *Do arcaico ao moderno: as transformações no Rio Grande do Sul do século XIX*. Ijuí: Unijuí, 2002, p. 127. Ver ainda CORSETTI, p. 131 em diante e 190 em diante.

economicamente frágil, tanto para a aquisição de escravos como para a sua manutenção em conjunturas econômicas desfavoráveis. De maneira semelhante à abordagem realizada sobre as charqueadas, o processo de declínio da escravidão na pecuária também tem sido relacionado a um período de crise econômica que teve início na década de 1860. Em decorrência de uma oferta razoavelmente elástica de mão de obra livre nesse período, em grande parte devido a desapropriação dos lavradores nacionais das terras que cultivavam, e da perda da importância econômica dos escravos nas lides pecuárias, os escravos passaram a ser vendidos para as regiões cafeeiras na dinâmica do tráfico interprovincial.

Parte da explicação e sustentáculo desse tipo de argumentação, todavia, tem sido os dados dos recenseamentos da população livre e escrava da Província de São Pedro na segunda metade do século XIX. Como será visto a seguir, os dados populacionais mais utilizados para esse período apontam para uma diminuição significativa da população escrava entre 1863 e 1872. Paulo Zarth, em estudo pioneiro sobre a estrutura agrária do planalto rio-grandense no século XIX (que tinha a vila da Cruz Alta como centro político e econômico), relacionou a diminuição da população escrava entre 1863 e 1872 à sua exportação para outras regiões. Para o autor, os escravos tiveram uma participação econômica importante até a década de 1860, mesmo período do início da decadência do comércio de muares em Cruz Alta, atividade pecuária de grande importância na região. Desta forma, a diminuição da população escrava se explicaria principalmente pela sua exportação para outras Províncias brasileiras, já que para o autor os escravos "já não eram mais imprescindíveis nessa data".[6]

Luís Farinatti, focalizando o município de Alegrete na campanha rio-grandense entre 1825 e 1865, também assentado na produção pecuária, observou que os estancieiros puderam manter sua força de trabalho escrava na década de 1850 pelos altos preços dos novilhos nesse período. Porém, com a crise que derrubou o preço do gado na década de 1860, este quadro teria sofrido alterações. Os efeitos do final do tráfico transatlântico, segundo o autor, dificultaram a reprodução do trabalho escravo em Alegrete que, na década de 1860, estaria perdendo escravos para o tráfico interno. Farinatti ainda observa que a década de 1860 seria caracterizada por uma "crise geral na economia pecuário-charqueadora sulina".[7]

---

6   ZARTH, Paulo Afonso. *História agrária do planalto gaúcho – 1850-1920*. Ijuí: Unijuí, 1997, p. 155-56 e 112.

7   FARINATTI, Luís Augusto Ebling. *Confins Meridionais: famílias de elite e sociedade agrária na Fronteira Sul do Brasil (1825-1865)*. Tese de Doutorado, PPGH-UFRJ. Rio de Janeiro, 2007, p. 322. Aqui talvez seja necessário observar que uma coisa é uma crise nas charqueadas, e outra

Pois bem, o objetivo deste artigo é rever os dados dos recenseamentos realizados na Província de São Pedro na segunda metade do século XIX, a partir dos quais estarei questionando a crise econômica na década de 1860 e a decorrente venda de escravos nas proporções que tem sido apresentada pelos trabalhos acima citados. Ao contrário do que até hoje se tem afirmado, a população escrava provincial se manteve em crescimento pelo menos até 1873/1874, ou seja, a escravidão persistia forte pelo menos até o terceiro quarto do Oitocentos. Em um segundo momento realizo uma breve reconsideração de meu próprio estudo sobre a vila da Cruz Alta nesse período, utilizando os "novos" dados populacionais para matizar a argumentação que havia realizado anteriormente.

Argumento que embora a vila tenha perdido escravos para o tráfico interprovincial, perdeu poucos em relação a outras regiões da Província. E, por outro lado, o provável é que entre entradas e saídas de escravos de Cruz Alta o saldo tenha sido positivo, e não negativo. Por fim, apresento dados gerais sobre a perda de escravos durante as duas últimas décadas da escravidão a nível provincial, concluindo que embora a venda de escravos na dinâmica do tráfico interprovincial tenha sido expressiva, analisar esses dados de forma agregada é um grande equívoco, já que cada região possuía sua própria especificidade. Além do mais, nem todos os produtores foram atingidos pela conjuntura política e econômica da época da mesma maneira, o que implica saber quais eram as regiões que estavam perdendo mais escravos nesse período e quais os produtores que foram mais afetados pela conjuntura dos últimos anos da escravidão.

Revisitando os recenseamentos da segunda metade do século XIX

Em 1870 Joaquim Norberto de Souza e Silva concluíra um importante trabalho intitulado *Investigações sobre os recenseamentos da população geral do Império e de cada Província de per si tentados desde os tempos coloniais até hoje*, que fora apresentado originalmente como "Memória" anexa ao Relatório do Ministério do Império pelo então titular da pasta, o Conselheiro Paulino José Soares de Souza. Segundo o próprio autor, ele recebera ofícios de vários Presidentes de Província com

---

uma crise vivida pelos estancieiros, já que o montante de capital investido pelos charqueadores era muitas vezes maior do que o capital investido em uma estância. No entanto, parece lógico que uma crise nas charqueadas afetaria os estancieiros, já que grande parte deles direcionava sua produção às charqueadas e vice-versa, pois os charqueadores dependiam em grande parte do gado reproduzido nas estâncias.

informações acerca da "população atual das mesmas", passando "a examinar o que se há tentado desde os tempos coloniais até ao presente". A partir dos dados fornecidos pelos presidentes, Joaquim Norberto de Souza e Silva buscou "inquirir os meios de que se tem servido os encarregados dessa missão laboriosa e indagar o que se deixou de fazer nas tentativas malogradas".[8]

As *Investigações* trazem ricas informações sobre as tentativas de recenseamento da população da Província de São Pedro durante o século XIX. Atendendo a uma solicitação do presidente Conde de Caxias em seu relatório de 1º de março de 1846, a Assembleia Provincial, pelo título 8º da Lei n. 59 de 2 de junho de 1846, autorizou a criação do Arquivo Estatístico, "precedendo nessa medida a Província do Rio de Janeiro". Já no ano seguinte, em anexo ao relatório de 5 de outubro de 1847, eram exibidos os *Ensaios Estatísticos*, contendo os quadros da receita e despesa geral e provincial e bem assim o mapa da população, cuja inexatidão era reconhecida pelo Senador Presidente Manoel Antônio Galvão. Além de alguns municípios não terem enviado os dados necessários (Alegrete, Pelotas, Rio Pardo e São Leopoldo), "arrolou-se apenas a população livre, sendo o seu número, em 1846, de 118.171 indivíduos, dos quais 59.277 homens e 58.894 mulheres.[9]

Nova tentativa de recenseamento fora tentada e apresentada em 18 de dezembro de 1847, mas limitava-se igualmente apenas à população livre, sendo reconhecida à época como muito exagerada (179.363 almas). O certo é que em 1851 extinguia-se o Arquivo Estatístico Rio-Grandense, "ficando os seus papéis confinados à guarda e cuidado do Oficial-maior da Secretaria da Assembleia Provincial".[10] Segundo Joaquim Norberto, depois de seis anos de silêncio veio o presidente Francisco Jerônimo Coelho, em seu relatório de 15 de dezembro de 1856, manifestar as faltas que se davam relativamente à demografia da Província. Segundo o presidente Coelho:

> Vendo, pois, que nada havia sobre o censo, intentei aqui o recurso que me aproveitou em iguais circunstâncias na minha administração da Província do Pará, organizando em cada freguesia uma comissão de estatística composta do delegado ou subdelegado, do pároco e do juiz de paz, unicamente

---

8 SILVA, Joaquim Norberto de Souza e. *Investigações Sobre os Recenseamentos da População Geral do Império e de Cada Província Per Si Tentados Desde os Tempos Coloniais Até Hoje*. Memória Anexa Ao Relatório do Ministério do Império, 1870. Edição Fac-Símile. São Paulo: IPE-USP, 1986, p. 8.

9 Idem, Ibidem, p. 126-127.

10 Idem, Ibidem, p. 127.

incumbida do censo; e remeti exemplares impressos de modelo uniforme, e que cada comissão somente tem o trabalho de [pre]encher. No mês de janeiro de cada ano devem as comissões remeter esses mapas à Presidência; e é muito de presumir que os primeiros trabalhos não venham muito exatos, mas eles se irão sucessivamente aperfeiçoando, e no fim de 3 ou 4 anos se poderá ter um mapa sofrível da população total da Província.[11]

De acordo com Joaquim Norberto, a Assembleia Provincial autorizou o Governo pelo art. 32 da Lei n. 367 de 4 de março de 1857 "a fazer as despesas indispensáveis para obter e coligir todos os papéis e documentos que pudessem ser úteis à organização da estatística da Província", recolhendo ainda todos os trabalhos até então realizados. Dois anos depois o Conselheiro Presidente Joaquim Antão Fernandes Leão juntou ao seu Relatório de 5 de novembro de 1859 o resumo estatístico do mapa da população relativo ao ano de 1857 para 1858, deixando de ser incluídos os habitantes do município de Santana do Livramento e do distrito de São João Batista de Camaquã (município das Dores), por não haverem enviado as listas de família.[12] Segundo o Conselheiro Presidente Joaquim Antão Fernandes Leão,

> A repartição encarregada dos trabalhos da estatística conseguiu organizar o censo da Província. Compreendeis as dificuldades com que entre nós se luta para a confecção dos mais insignificantes trabalhos desta espécie; por maiores que sejam os esforços, sempre ficam lacunas por preencher, e o que se faz é cheio de imperfeições. E pois não direi que temos feito o exato reconhecimento de nossa população; *o trabalho que tenho à vista, e vos será presente, peca, em meu entender, por dar uma população livre inferior por certo à que temos, e por exagerar talvez o censo da população escrava.* Contudo, o que está feito é sempre de algum proveito, e servirá de base para os futuros trabalhos.[13]

Segundo o mapa a Província possuía 282.547 habitantes, compreendidos em 10 comarcas, 25 municípios, 1.009 quarteirões, e 34.787 fogos. Haveria 211.667 habitantes entre livres e libertos (206.254 e 5.413, respectivamente) e 70.880 escravos, sem contar os locais que não enviaram as listas de família. Por isso a diferença entre a população que acabou de ser citada e a que consta na tabela I abaixo, na qual se encontram incluídos

---

11 *Idem, Ibidem*, p. 127-128.
12 SILVA, *Investigações Sobre os Recenseamentos...*, op. cit., p. 128.
13 *Idem*, p. 128. Grifos meus.

os municípios faltantes. Isso também ocorre entre os anos de 1860 e 1863, pois Joaquim Norberto primeiramente cita números populacionais um pouco menores para, em seguida, elencar os dados que constam na tabela I e que foram apresentados no relatório de 1864 pelo presidente da Província.[14] Algo que até hoje ninguém havia chamado a atenção é que os dados para os primeiros anos da década de 1860 são uma continuação do primeiro recenseamento populacional de 1857 para 1858, sendo atualizados anualmente nesse período. Segundo Joaquim Norberto, a diferença populacional entre 1858 e 1860 se deve em parte a omissões que então houve, mostrando certo aperfeiçoamento nos arrolamentos seguintes, muito embora o presidente Barros Pimentel se queixasse em seu relatório de 1864 das deficiências e imperfeições dos trabalhos realizados.[15]

TABELA 1 – População escrava provincial, 1858/1872-73

Ano	Livres e libertos	Escravos	População total	% dos escravos
1858 (a)	213.533	71.911	285.444	25,20%
1860 (b)	233.367	76.109	309.476	24,59%
1861 (b)	266.639	77.588	344.227	22,54%
1862 (b)	294.725	75.721	370.446	20,44%
1863 (b)	315.306	77.419	392.725	19,71%
1872 (c)	367.022	67.791	434.813	15,59%
1873 (d)	367.022	83.370	450.392	18,50%

(a) *Quadro Estatístico e geográfico da Província de São Pedro do Rio Grande do Sul pelo bacharel Antônio Eleutério Camargo, engenheiro da Província – presidente Marcondes Homem de Mello – 1868*. Códices, n. E-1 – 1803-1867, anexos ao E-1, Estatística, AHRS.

(b) *Relatório apresentado pelo presidente da Província de São Pedro do Rio Grande do Sul, de Espiridião Eloy de Barros Pimentel, na 1ª sessão da 11 Legislatura da Assembleia Provincial*, Porto Alegre, 1864, p. 46.

(c) *Recenseamento Geral do Brasil*, 1872 (IBGE).

(d) "Província do Rio Grande do Sul: quadro estatístico do número de escravos matriculados nas estações fiscais" em 30 de setembro de 1873. Diretoria Geral de Estatística, *Relatório e trabalhos estatísticos apresentados (...) ao ministro e secretário de Estado dos negócios do Império, pelo diretor geral interino dr. José Maria do Couto, em 30 de abril de 1875*. Para a população livre utilizei os dados referentes ao *Recenseamento Geral do Brasil de 1872*.[16]

---

14 Para a citação da fonte veja a referência "b" da tabela I.

15 SILVA, *Investigações Sobre os Recenseamentos...*, op. cit., p. 127-128.

16 É possível que os dados referentes à população livre da Província para o ano de 1872 também não sejam confiáveis. Utilizo-os apenas para dar uma dimensão da diferença percentual caso a contagem dos livres estivesse correta. O que mais importa, todavia, é a contagem da população escrava em 1873.

Após 1863, contudo, não se concedeu mais verbas para a continuação dos trabalhos estatísticos. Apenas em 1867 o presidente Dr. Francisco Ignácio Marcondes Homem de Mello retomaria os trabalhos, designando o Engenheiro Antônio Eleutério Camargo para examinar e organizar o material então existente para que fosse publicado, o que ocorreu no ano seguinte (o famoso, mas nunca estudado, *Quadro Estatístico e Geográfico da Província*). Interessante para que seja possível entrever as técnicas utilizadas na confecção dos recenseamentos entre 1857 e 1863 é prestar atenção em como se preenchiam as lacunas então existentes e, por outro lado, como a repartição de estatística estava em consonância com a ciência de seu tempo.

O Engenheiro Antônio Eleutério Camargo observa "que quando esses mapas foram confeccionados, as lacunas, que existiam pela falta de listas de família e mais informações de algumas localidades, foram preenchidas pelos resultados obtidos das operações realizadas conforme as indicações e prescrições da ciência, sancionados pela experiência e adotados em todos os países".[17] Em seu relatório de 1864, o presidente Barros Pimentel esclarece as técnicas utilizadas, observando que os cálculos foram baseados nas listas de família enviadas pelas autoridades policiais, e na falta das que deixaram de ser remetidas, pertencentes a diversos quarteirões e distritos, guiou-se a repartição para supri-las:

> 1º pelo aumento progressivo da população observada na estatística de anos anteriores; 2º pela diferença que entre si apresentavam os algarismos relativos ao número dos nascimentos, verificados pelos assentos de batismo e dos óbitos; 3º pela comparação dos quarteirões e distritos, de que não existiam listas de família, com outros que lhes ficaram mais aproximados, tanto em vizinhança de território, como em referência ao algarismo da população respectiva, deduzindo do resultado final dessas três operações o termo médio, como probabilidade menos afastada da verdade. Seguiu-se neste cálculo o método que os estatísticos chamam de *Exposição*.[18]

Dessa forma se torna inteligível o porquê de constar nos mapas de família de 1858 alguns distritos que aparecem com os mesmos números populacionais, já que a técnica utilizada à época usava como referência os distritos mais próximos (o que ocorreu, por exemplo, com Santana do Livramento, São João Batista de Camaquã

---

17   Silva, *Investigações Sobre os Recenseamentos...*, op. cit., p. 130.
18   *Idem*, p. 129.

e vários distritos de Cruz Alta). Como se pode notar, os encarregados dos recenseamentos estavam plenamente cientes das imperfeições e deficiências dos trabalhos estatísticos, utilizando-se de técnicas usuais para tentar sanar tais problemas. A meu ver, entretanto, esses dados permitem considerar que nos primeiros anos da década de 1860 a população escrava provincial girava em torno de 75.000 almas. Mesmo com todos os problemas estatísticos citados, os números populacionais entre 1860 e 1863 guardam, apesar das diferenças, bastante coerência entre si.

Como já havia observado, a diminuição da população escrava entre 1863 e 1872, ano do Recenseamento Geral do Brasil, tem sido relacionada à conjuntura econômica da década de 1860 e explicada a partir da venda de escravos para o sudeste cafeeiro. Como demonstra a tabela I, entre 1863 e 1872 a população escrava provincial teria diminuído em 9.628 escravos (12,5%). Contudo, segundo os dados da matrícula especial dos escravos (especificamente o "quadro estatístico do número de escravos matriculados nas estações fiscais"), muito mais confiáveis do que o Recenseamento em relação à população escrava – como Robert Slenes demonstrou para o Brasil como um todo e eu para a Província de São Pedro em artigo recente –, a população escrava provincial, registrava 83.370 almas em 30 de setembro de 1873.[19]

Isto é, trabalhando com dados muito mais seguros chega-se a conclusão que a população escrava provincial ao invés de diminuir, aumentou nesse período. Torna-se insustentável, portanto, a tese da perda de escravos para o sudeste cafeeiro na década de 1860 nas proporções que se tem afirmado. Não é o caso de dizer que a Província não tenha perdido escravos nessa década na dinâmica do tráfico interprovincial, mas que perdeu poucos, ao ponto da população escrava continuar em crescimento. Ao mesmo tempo, não é o caso de negar que houve certa retração na economia pecuária nos anos 1860, como meus próprios dados demonstram para Cruz Alta e os de Luís Farinatti para Alegrete, mas que isso não significava necessariamente o início da desestruturação e declínio da escravidão.[20] Muito menos, que por tal conjuntura os escravos passassem a ser vendidos em grande número para outras regiões. Por outro

---

19 SLENES, Robert. *The demography and economics of Brazilian slavery: 1850-1888*. Tese de Ph.D., Stanford University, 1976. Ver, do mesmo autor, "O que Rui Barbosa não queimou: novas fontes para o estudo da escravidão no século XIX". *Estudos Econômicos*, vol. 13, n. 1, jan./abr. 1983, p. 117-149. ARAÚJO, Thiago Leitão. "Novos dados sobre a escravidão na Província de São Pedro". *Anais do V Encontro Escravidão e Liberdade no Brasil Meridional*. Porto Alegre, 2011. Disponível em: <http://www.escravidaoeliberdade.com.br>. Na verdade, o presente texto pode ser lido como uma continuação do artigo citado.

20 ARAÚJO, *Escravidão, fronteira e liberdade...*, op. cit.; FARINATTI, *Confins Meridionais...*, op. cit.

lado, e talvez o mais importante, esse não foi um movimento homogêneo, pois se alguns criadores passavam por dificuldades nos anos 1860 é possível aventar que a maioria deles não, como parece ter sido o caso de Cruz Alta, onde os criadores continuavam investindo na compra de escravos tanto nessa década como na seguinte.

Por fim, é preciso ainda matizar os dados populacionais. Em que medida é possível falar em crescimento da população escrava nesse período haja vista as imperfeições e deficiências que os próprios contemporâneos admitiam existir? Interessante nesse sentido é o comentário do presidente Joaquim Antão sobre os mapas de família de 1858, referindo-se que em sua opinião o mapa pecava "por dar uma população livre inferior por certo à que temos, e por exagerar talvez o censo da população escrava". Tendo por base os mapas de família entre 1858 (71.911) e 1863 (77.419), e pressupondo que os números estejam corretos, a população escrava teria aumentado algo em torno de 5.508 almas (7,65%). Se acompanharmos, contudo, o presidente Joaquim Antão e considerarmos que os dados de 1858 superestimam a população escrava, e utilizarmos o número hipotético de 70.000 escravos em 1858, com uma população hipotética e também algo inferior para o ano de 1863 (digamos umas 75.000 almas), ainda assim teríamos um aumento mínimo de 5.000 escravos nesse período (7,14%).

Os dados populacionais para o ano de 1873, por sua vez, registram uma população de 83.370 escravos. Se a população escrava em 1863 fosse de 77.419 almas, ela teria aumentado em 5.951 escravos entre essa data e 1873 (7,68%). Se ela fosse, hipoteticamente, por volta de 75.000 almas, o aumento seria de 8.370 escravos (11,16%). De qualquer forma, entre 1858 e 1873 me parece evidente que a população escrava continuava em crescimento na Província de São Pedro. Além do mais, na década de 1870 ainda há certo aumento antes dos números começarem a despencar. No relatório da Diretoria Geral de Estatística de 1874 a população escrava provincial aparece com 84.437 almas (44.466 homens e 39.971 mulheres), devido provavelmente à atualização dos boletins estatísticos pós-1873.[21]

Esses números são ainda mais surpreendentes se for considerado, como deve ser, que entre o final de 1864 e o início de 1870 o Império do Brasil esteve envolvido na guerra contra o Paraguai. Embora ainda se careça de estudos específicos sobre a

---

21 Diretoria Geral de Estatística. Relatório e Trabalhos Estatísticos apresentados ao Illm. e Exm. Sr. Conselheiro Dr. João Alfredo Corrêa de Oliveira, Ministro e Secretário do Estado dos Negócios do Império, pelo Diretor Geral Conselheiro Manoel Francisco Correia. Rio de Janeiro: Tipografia Franco-Americana, 1874.

participação dos escravos rio-grandenses na guerra, sabe-se que muitos foram alforriados para nela irem lutar. Muitos outros, contudo, provavelmente o foram sem terem recebido suas cartas de liberdade. Quanto ao crescimento da população escrava – que entre 1858 e 1873 aumentou no mínimo em 10.000 almas (13,8%), cifra esta bastante conservadora –, há fortes indícios de que se tratava em grande medida de um crescimento endógeno da população escrava. Na vila da Cruz Alta, por exemplo, o percentual de crianças nas escravarias, entre 1834 e 1879, variou entre 35 e 45% (a partir da pesquisa em inventários post-mortem).[22] Como já havia observado em outro texto, a hipótese de um crescimento endógeno deverá ser testada em outras regiões da Província.

Reconsiderações sobre a perda de escravos na vila da Cruz Alta Oitocentista

Do mesmo modo que outros historiadores utilizaram-se dos dados populacionais do Recenseamento Geral do Brasil de 1872, eu também, em minha pesquisa anterior, vali-me dessa contagem. Na vila da Cruz Alta, segundo os mapas de família de 1858 e o recenseamento de 1872, a população escrava teria passado de 4.019 escravos para 2.701 na última data, ou seja, uma diminuição de 1.318 escravos (ou, 32,8%). Segundo a matrícula especial dos escravos de 30 de setembro de 1873, porém, a vila da Cruz Alta possuía 3.635 escravos (934 almas a mais que o recenseamento). Contudo, Cruz Alta é a localidade em que constam mais repetições nos números populacionais em 1858. De nove distritos, apenas cinco enviaram as listas de família, sendo que os outros quatro foram preenchidos conforme a técnica utilizada à época, que na maior parte das vezes era a de repetir a população do distrito mais próximo.[23]

O mais provável, portanto, é que a população escrava de Cruz Alta esteja bastante superestimada (na verdade, a localidade com a população provincial mais

---

22 Em um estudo de caso que venho realizando sobre as escravarias do barão de Ibicuí, grande potentado local da região, é possível apreender esse crescimento. Nesse caso, a redução da escala de análise permite apreciar melhor os dados agregados compulsados a partir dos inventários post-mortem citados acima. Na década de 1860 nasceram em suas estâncias dezesseis "crias da casa", como se referiam os contemporâneos, e, na década de 1870, doze ingênuos; além de Militão e Jordão que constam no inventário terem sido libertos pelo seu senhor. Temos que em duas décadas nasceram 30 crianças em suas propriedades, e até onde é possível saber houve apenas dois falecimentos. Como o barão comprou apenas uma escrava na década de 1860, e como acredito que sua escravaria já estivesse formada desde pelo menos o final da década anterior, temos que a reposição da mão de obra nas estâncias do barão se dava a partir de um crescimento endógeno dos cativos.

23 Para a citação das fontes veja as referências na tabela I.

inflacionada). Dessa forma, é possível considerar que se não houve um aumento da população escrava entre 1858 e 1873, e possivelmente houve, pelo menos essa população se manteve em níveis estáveis nesse período (já que, a partir desses novos dados, considerar a população em 4.019 almas em 1858 seria um grande equívoco). De qualquer forma, em *Escravidão, fronteira e liberdade*, apesar de trabalhar a partir da perspectiva de uma diminuição da população escrava entre 1858 e 1872, defendi a hipótese que a vila da Cruz Alta teria perdido poucos escravos na dinâmica do tráfico interprovincial, principalmente na década de 1860.[24]

Isso só foi possível graças ao cruzamento de inúmeras fontes documentais: dados sobre a exportação de gado em pé para fora da Província; análise, a partir de inventários, da participação dos criadores de gado como proprietários de escravos entre 1834 e 1879; utilização dos registros de compra e venda de escravos bem como os das cartas de alforria na vila na mesma época, além de outras fontes como os Relatórios da Câmara Municipal e os de Presidente da Província. A partir do cruzamento dessas variadas fontes foi possível apreender uma realidade muito mais complexa do que geralmente se afirmava, utilizando o caso de Cruz Alta para contrapor-me às teses que advogavam a venda de escravos para o sudeste cafeeiro nos anos 1860.

A vila da Cruz Alta, provavelmente, é um caso especial em relação a outras regiões da Província, já que devido à sua localização geográfica no planalto sul-rio-grandense lhe era facultada pelo menos dois importantes caminhos de comércio: um que ligava a vila a rota dos tropeiros que demandava a Sorocaba, e na qual o principal item de comércio eram as mulas; outro, a rota que demandava às charqueadas, e que tinha como principal produto o comércio de gado vacum. Como já havia demonstrado em outro trabalho, a vila da Cruz Alta encontrava-se como um dos mais importantes centros de criação de mulas do Brasil Meridional no século XIX, posição que a diferenciava bastante no conjunto da Província, que no geral tinha sua produção pecuária concentrada no gado vacum.[25]

Apesar de certa retração nos anos 1860, a economia pecuária na vila conheceu um novo crescimento na década seguinte. O percentual de criadores de gado como proprietários de escravos na década de 1870 fora o mais alto de todo o período de estudo (entre 1834 e 1879), chegando a significativos 86%. Também foi possível encontrar muitos escravos sendo comprados nas décadas de 1860 e 1870 por criadores da vila

---

24 ARAÚJO, *Escravidão, fronteira e liberdade...*, op. cit., especialmente p. 86-115.
25 Idem.

(446 escravos transacionados nas duas décadas), e uma população escrava bastante jovem na década de 1870. Argumentei que isso indicaria que a perda de escravos para o tráfico interno deveria ter sido pequena, pois se a região tivesse perdido muitos escravos deveríamos encontrar uma população escrava mais envelhecida e sem tantos escravos em idade produtiva, o que não era o caso. A partir desses dados, ainda argumentei que os mais afetados pela conjuntura econômica e política daqueles anos eram os inventariados de poucas posses e, principalmente, os que não eram criadores.[26]

Embora localizando o problema, não tendo caído na armadilha de considerar o tráfico interno de escravos como o grande vilão para a diminuição da população escrava nos anos 1860, tive que, por eliminação, ponderar os fatores que haviam contribuído de forma mais significativa para o decréscimo da população escrava na vila da Cruz Alta no período. Como o tráfico interno não explicava por si só essa diminuição, nem as manumissões, e como os dados demográficos apresentavam uma grande participação de criadores como proprietários de escravos na década de 1870, e essa população escrava, por sua vez, era bastante jovem e em idade produtiva, só me restava ponderar a participação dos escravos na guerra com o Paraguai.

Apesar de escrever que não era minha intenção substituir a perspectiva que sustenta que a diminuição da população escrava nesse período se explica pela venda de escravos derivada de uma crise econômica por uma conjuntura de guerra, dei um peso muito grande à participação dos escravos no conflito (embora eu tivesse alguns indícios para tanto). Contudo, com os últimos resultados a que cheguei parece evidente que fui levado a exagerar essa participação como explicação da diminuição da população escrava. Embora ainda sustente a participação escrava no conflito, dessa vez argumento que foi muito mais modesta do que antes eu supunha (isso em relação à vila da Cruz Alta, evidentemente). No final das contas, a população escrava da vila também não havia diminuído no período, assim como aconteceu na grande maioria das regiões da Província.

Números do tráfico interprovincial: as regiões que mais vendem, as regiões que mais compram — considerações para um debate

Agora já é possível afirmar com bastante segurança que a força de trabalho escrava cumpriu um papel imprescindível em toda a Província pelo menos até o terceiro quarto do século XIX (fosse nos trabalhos pecuários, nas charqueadas ou em um espaço mais urbano). Do mesmo modo, também já me parece possível datar com

---

26 ARAÚJO, *Escravidão, fronteira e liberdade...*, op. cit., p. 86-115.

muito mais rigor e precisão o auge da exportação de escravos para fora da Província, os locais que estavam vendendo mais escravos e os que estavam investindo na compra desse trabalhador ainda na década de 1870. Como será visto a seguir, os números da população escrava provincial começam a despencar principalmente depois de 1875, muito embora as vendas de escravos para o sudeste cafeeiro sejam apenas um dos fatores desse declínio. Embora as vendas cumprissem um papel importante na diminuição da população escrava, as taxas de alforria na Província eram muito altas, e os óbitos conjugados ao fato de que já não nasciam mais escravos propriamente ditos após 1871 (Lei do Ventre Livre) contribuíram bastante para essa diminuição.

Robert Slenes foi o primeiro historiador a focalizar com mais vagar as transferências de escravos durante a segunda metade do século XIX no Império do Brasil como um todo. O impacto demográfico do comércio inter-regional sobre as populações escravas do Centro-Sul e de outras regiões do Brasil fora bem menos importante nas décadas de 1850 e 1860 do que se tornou na década de 1870. O comércio de escravos da Província de São Pedro para o Centro-Sul nos anos 1870, segundo o autor, teria se realizado sobretudo por via terrestre, quando o mercado no Centro e no Oeste de São Paulo aumentou de tamanho, e o imposto de exportação sobre escravos (que poderia ser muito mais facilmente burlado por via terrestre) subiu para um nível moderado, e depois para um muito alto.[27]

Esse comércio interno de escravos foi desenvolvido em um contexto de crescente mobilização nacional e internacional contra a escravidão. Isto, segundo Slenes, fez o comércio de seres humanos um foco de luta política sobre o futuro do trabalho forçado, envolvendo senhores, escravos e outros grupos sociais interessados. Slenes argumenta que a quebra do mercado de escravos em 1881-83 – devido a um elevado imposto que tornara proibitivo esse comércio –, refletindo uma mudança dramática na percepção que se tinha sobre os "futuros bens móveis", fora um marco histórico decisivo nas mudanças que ocorriam à época.[28]

---

27 SLENES, Robert. *The demography and economics of Brazilian slavery: 1850-1888*. Tese de Ph.D., Stanford University, 1976, p. 139 e 149-150.

28 SLENES, Robert. "The Brazilian internal slave trade, 1850-1888. Regional Economies, slave experience, and the politics of a peculiar market". In: JOHNSON, W. *The chattel Principle. Internal slave trades in the Americas*. Yale University Press, Londres: 2004, p. 327. Sobre a restrição ao comércio de escravos, ver, ainda: COSTA, Emília Viotti da. [1966] *Da senzala à colônia*. São Paulo: Editora Unesp, 1998, p. 256-268.

De acordo com Slenes, a quebra do mercado de escravos se constitui em um divisor de águas na história da escravidão brasileira. No entanto, não deveria ser interpretada como um divisor entre uma época em que o futuro da escravidão não estava colocado e outro em que a sua abolição seria imediata e inevitável. Para o autor o colapso veio depois de um período de otimismo notável sobre o futuro da escravidão. Entre 1872 e 1881 a demanda por escravos no Centro-Sul atingiu seu nível mais alto no período pós-1850. Além disso, apesar dos sinais de apreensão da elite sobre o protesto crescente dos escravos, os investidores ainda viam a morte política da escravidão para além da vida útil do seu capital humano.[29]

Na dinâmica do comércio interno de escravos para o Centro-Sul, a Província de São Pedro ocupa um papel de destaque, tendo exportado milhares de escravos entre 1873 e 1885. Segundo os dados contidos no Relatório do Ministério da Agricultura de 1886, analisados por Robert Slenes, as saídas de escravos de municípios da Província contabilizam 26.486 almas nesse período; as entradas de escravos, por sua vez, somam 10.806, e os primeiros números ajustados pelo autor dão um total de 28.986 saídas. A migração líquida de escravos da Província (entradas menos saídas ajustadas) teria sido de 18.180 cativos.[30] Contudo, a partir de outro tipo de contagem – a migração líquida proporcional de escravos entre 1873 e 1887, considerando a população escrava entre 1 e 39 anos em 1873 – teria sido de 13.543 escravos de um total de 69.533, o que representa 19,5% dessa população.[31]

Apesar dessas diferentes contagens, Robert Slenes elaborou um quadro geral da migração líquida de escravos para o Centro-Sul do Brasil. Dado que os preços dos escravos foram mais baixos no Sul do que nas Províncias do café, e que o Centro-Sul estava, geograficamente, entre as Províncias do Sul e outros mercados regionais, Slenes considera seguro assumir que: 1) não havia praticamente nenhuma migração de escravos do Sul para outras regiões; 2) quase toda migração do Sul foi direcionada para as Províncias do café. Isto significa, portanto, que a migração bruta das Províncias do Sul para o Centro-Sul foi aproximadamente igual à migração líquida da região.[32]

---

29 SLENES, "The Brazilian internal slave trade, 1850-1888. Regional Economies, slave experience, and the politics of a peculiar market"..., *op. cit.*, p. 357. Sobre o papel do protesto escravo nos últimos anos da escravidão em São Paulo: ver, MACHADO, Maria Helena. *O plano e o pânico: os movimentos sociais na década da abolição*. Rio de Janeiro: Editora UFRRJ; São Paulo: Edusp, 1994.

30 SLENES, *The demography and economics*..., p. 610.

31 *Idem*, p. 616-621.

32 *Idem, Ibidem*, p. 654-655. Slenes observa que embora as razões para o aumento da participação do Sul no comércio inter-regional de escravos na década de 1870 precisem ser melhor estudados, uma

A rede de migração do Sul (Províncias do Rio Grande de São Pedro, Santa Catarina e Paraná) foi de cerca de 16.400. Slenes estima um número mínimo, no Brasil como um todo, de 84.000 escravos transferidos para o Centro-Sul, dos quais 12.600 vieram das Províncias do Sul por via terrestre e outros 3.800 desembarcaram nos portos de Santos e do Rio de Janeiro. A Província de São Pedro fora responsável por exportar, portanto, 13.543 escravos para o Centro-Sul do Brasil entre 1873 e 1887 (ou 82,6% de todas as transferências do Sul).[33] Contudo, praticamente todo esse movimento da população ocorreu entre 1873 e 1881. Durante esse período de nove anos a migração bruta e líquida de escravos para o Centro-Sul teria sido de aproximadamente 10.000 escravos por ano, e, com exceção dos escravos do Sul e do Oeste, a maioria entrou nas regiões cafeeiras por via marítima.[34] Quanto aos escravos da Província de São Pedro exportados para Campinas, Slenes observa que as transferências aumentaram de 12 para 29%, principalmente na segunda metade da década de 1870, o que provavelmente refletiria as crescentes dificuldades da indústria do charque nesse período.[35]

Em relação às "entradas de escravos na Província", muito provavelmente se tratam de um comércio local de escravos, com determinadas localidades drenando escravos de outros municípios. Nesse sentido, os dados de 1886 parecem bastante confiáveis. Eles apontam que depois de 1873 teriam sido comercializados localmente na Província 10.806 escravos, número muito próximo dos dados coletados recentemente

---

coisa é certa: que os preços dos escravos caem vertiginosamente nos anos 1870, o que segundo o autor é consistente com a presença muito maior de escravos rio-grandenses no mercado de Campinas na segunda metade dessa década. SLENES, "The Brazilian internal slave trade, 1850-1888. Regional Economies, slave experience, and the politics of a peculiar market"..., op. cit., p. 340. Os recentes trabalhos de Rafael Scheffer e de Jonas Vargas demonstram que depois de 1865 os preços dos escravos começam a cair na Província de São Pedro. SCHEFFER, Rafael da Cunha. "Comércio de escravos no Rio Grande do Sul (1850-1888): transferências intra e interprovinciais, perfis de cativos negociados e comerciantes em cinco municípios gaúchos", e, VARGAS, Jonas. "Das charqueadas para os cafezais? O comércio de escravos envolvendo as charqueadas de Pelotas (RS) entre as décadas de 1850 e 1880". Ambos em Anais do V Encontro Escravidão e Liberdade no Brasil Meridional. Porto Alegre, 2011. Disponíveis em: <http://www.escravidaoeliberdade.com.br>.

33 SLENES, The demography and economics..., p. 655. Robert Conrad, utilizando os dados do Relatório do Ministério da Agricultura de 1884, cita o número de vendas líquidas de 14.302 escravos entre 1874 e 1884. CONRAD, Robert. Os últimos anos da escravatura no Brasil – 1850-1888. Rio de Janeiro: Civilização Brasileira, 2º ed., 1978, p. 351.

34 SLENES, The demography and economics..., p. 655-657.

35 SLENES, "The Brazilian internal slave trade, 1850-1888. Regional Economies, slave experience, and the politics of a peculiar market"..., op. cit., p. 327 e 340.

pelos pesquisadores do Arquivo Público do Estado do Rio Grande do Sul. A partir de um levantamento de todas as transações de compra e venda realizadas na Província chegou-se ao número de 10.521 escravos transacionados em cartórios locais.[36]

Em minha pesquisa sobre Cruz Alta pude notar que as transações de compra e venda não são representativas até 1859.[37] A partir de 1860 o volume das transações registradas aumenta consideravelmente, como demonstra o gráfico I. Esta concentração dos registros, a partir de 1860, corresponde a uma lei nacional deste mesmo ano que exigia o registro público de venda de escravos que excedessem o valor de 200$000 (a taxa de meia sisa de escravos). Em Campinas e em Vassouras o efeito desta lei foi imediato, e é possível afirmar que o mesmo aconteceu na vila da Cruz Alta dado o aumento substancial dos registros a partir desta data.[38]

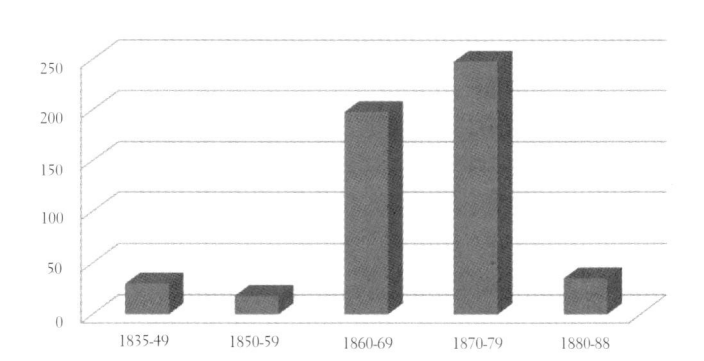

GRÁFICO 1 – Transações de compra e venda de escravos, vila da Cruz Alta, século XIX

Fonte: APERS – Tabelionato Público de Transmissão e Notas, Cruz Alta, 1834-1884

---

36 Rio Grande do Sul. Secretaria da Administração e dos Recursos Humanos. Departamento de Arquivo Público. *Documentos da Escravidão: compra e venda de escravos: Acervo dos Tabelionatos do Rio Grande do Sul*. Coordenação: Jovani de Souza Scherer e Márcia Medeiros da Rocha. Porto Alegre: Companhia Rio-Grandense de Artes Gráficas (CORAG), 2010.

37 Pesquisei 530 registros de compra e venda de escravos. No momento da pesquisa alguns livros não estavam disponíveis, por isso deve ser considerado como uma amostra. APERS, Tabelionato Público de Transmissão e Notas, Cruz Alta, 1834-1884. Esta amostra refere-se a aproximadamente 87% do total de transações de compra e venda de escravos realizadas em Cruz Alta, em número de 608.

38 SLENES, Robert. "Grandeza ou decadência? O mercado de escravos e a economia cafeeira da Província do Rio de Janeiro, 1850-1888". In: COSTA, Iraci del Nero da. (org.) *Brasil: história econômica e demográfica*. São Paulo: IPE, USP, 1986, p. 117.

De acordo com Robert Slenes, normalmente o tráfico interno de escravos era realizado através de intermediários, algumas vezes por um procurador que era representante do vendedor ou do comprador e, na maioria das vezes, por um negociante que comprava o escravo do vendedor original e depois o vendia ao comprador final, quando não a outro mercador. Porém, não era comum ser feita uma escritura para cada transação efetuada, disfarçando-se a transferência de posse para um negociante intermediário com uma "procuração bastante", que tinha como objetivo evitar o pagamento do imposto de compra e venda cada vez que o escravo passasse de um dono para outro. A escritura formal normalmente se fazia somente na ocasião da última transferência. De acordo com Slenes, para o mercado de escravos de Campinas e Vassouras, "a grande maioria dos compradores residia no lugar em que se registrava a transação, sendo que os que não eram domiciliados ali normalmente vinham de municípios vizinhos".[39] Segundo o autor

> O fato de que geralmente se registrava a transferência de posse somente no município do último comprador permite usar esses dados como uma medida da demanda por escravos, ou seja, como um índice do dinamismo do sistema escravista de um determinado lugar. O município, região ou Província em que o número de escravos transacionados é relativamente grande e está em ritmo ascendente pode ser considerado um lugar em que a procura de escravos é bastante significativa e está em expansão. Por outro lado, áreas em que esse número é relativamente pequeno e está diminuindo são lugares em que a procura de escravos é pouco expressiva e está em processo de declínio.[40]

Certamente não é possível considerar que o número de escravos transacionados na vila da Cruz Alta fosse "grande", embora na passagem da década de 1860 para 1870 os registros tenham tido um aumento de 20%. Em todo caso, a pesquisa de Slenes refere-se a regiões de grande lavoura que produziam para o mercado externo e onde a demanda por escravos se manteve até 1881. Nestas localidades ocorria um crescimento da população escrava por meio do tráfico interno, ou seja, as características da demanda por braços escravos eram muito diferentes de um universo agropecuário que produzia para abastecer o mercado interno. De qualquer forma,

---

39 SLENES, "Grandeza ou decadência? O mercado de escravos e a economia cafeeira da Província do Rio de Janeiro, 1850-1888"..., *op. cit.*, p. 117-118.

40 *Idem*, p. 120.

tendo por base que a maioria dos compradores residia no lugar em que se registrava a transação, então, é possível afirmar que a demanda, embora pequena se for comparada com regiões de grande lavoura, existia na vila da Cruz Alta e tendeu a aumentar na década de 1870.

Em trabalho recente Rafael Scheffer examinou as transações de compra e venda de escravos para cinco localidades da Província de São Pedro (Rio Grande, Alegrete, Cruz Alta, Porto Alegre e Pelotas). O autor ainda cruzou esta documentação com as procurações que transmitiam os poderes para a comercialização de cativos. O mais interessante de seus dados é que o número de transações de compra e venda registradas nos cartórios locais de Cruz Alta só perdem em número para Porto Alegre, e tudo indica que se tratava de um comércio de escravos que em sua grande maioria permanecia na própria localidade. Rafael Scheffer encontrou, por sua vez, o menor número de procurações entre as cinco localidades. Isso sugere, portanto, que além de uma das maiores demandas por escravos da Província entre as décadas de 1860 e 1870, que, a se crer no pequeno número de procurações, Cruz Alta realmente estava perdendo poucos escravos na dinâmica do tráfico interprovincial.[41] A dimensão dessa demanda também pode ser medida através da comparação com outras regiões. Das 49 localidades em que foram localizadas transações de compra e venda de escravos, Cruz Alta ocupa o quinto lugar em maior número de transações, perdendo apenas para Porto Alegre, Cachoeira, Rio Pardo e Rio Grande, respectivamente.[42]

Em relação à Província como um todo, ainda é possível ponderar as compras e vendas de escravos a partir dos relatórios da Diretoria Geral de Estatística, que trazem informações sobre cada município em específico para os anos entre 1872 e 1875, e para o ano de 1876. A partir de 1877 os dados são gerais, não especificando individualmente mais cada localidade, além de alguns municípios a partir de 1878 não enviarem as informações solicitadas, o que por certo prejudica em muito a análise.[43]

---

41 SCHEFFER, Rafael da Cunha. "Comércio de escravos no Rio Grande do Sul (1850-1888): transferências intra e interprovinciais, perfis de cativos negociados e comerciantes em cinco municípios gaúchos", *Anais do V Encontro Escravidão e Liberdade no Brasil Meridional*. Porto Alegre, 2011. Disponível em: <http://www.escravidaoeliberdade.com.br>.

42 A referência encontra-se na nota 37 acima.

43 Para os dados de 1872-1875, ver, Diretoria Geral de Estatística – *Relatório e Trabalhos Estatísticos apresentados ao Illm. e Exm. Sr. Conselheiro Dr. José Bento da Cunha e Figueiredo, Ministro e*

Como demonstram os gráficos II e III, poucos municípios foram os responsáveis pela maior perda de escravos para o tráfico interprovincial entre 1872 e 1876.[44] Uma olhada rápida para os gráficos permite ver que os municípios que contribuíram com o maior percentual de escravos exportados eram os que tinham uma "vida urbana" mais intensa, como Rio Grande e Porto Alegre. Embora Pelotas, Jaguarão, Piratini e Santo Antônio da Patrulha apareçam com 3 ou 4% cada um entre 1873-1875, no ano de 1876 já não constam entre os maiores perdedores de escravos, mantendo-se de um período a outro, contudo, o município de São Leopoldo, que se no primeiro período contribuiu com 5% das perdas, no ano de 1876 com impressionantes 27%.

GRÁFICO 2 – Saídas de escravos da Província de São Pedro entre 1872/1875

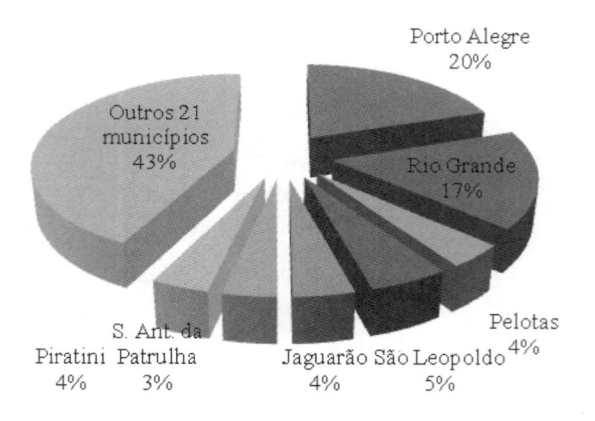

- Porto Alegre 20%
- Outros 21 municípios 43%
- Rio Grande 17%
- Pelotas 4%
- São Leopoldo 5%
- Jaguarão 4%
- S. Ant. da Patrulha 3%
- Piratini 4%

Diretoria Geral de Estatística. *Relatório...* 1877.

Secretário de Estado dos Negócios do Império, pelo Diretor Geral o Conselheiro Manoel Francisco Correia, em 31 de dezembro de 1876. Rio de Janeiro: Typographia de Hyppolito José Pinto, 1877. Para os dados de 1876, ver, Império do Brasil – Diretoria Geral de Estatística. *Relatório e Trabalhos Estatísticos apresentados ao Illm. e Exm. Sr. Conselheiro Dr. Carlos Leoncio de Carvalho, Ministro e Secretário de Estado dos Negócios do Império, pelo Diretor Geral o Conselheiro Manoel Francisco Correia, em 20 de novembro de 1878*. Rio de Janeiro: Typographia Nacional, 1878. Os relatórios da DGE podem ser acessados pelo endereço: http://memoria.nemesis.org.br/

44 Entre os anos de 1872 e 1875 foram contabilizados 29 municípios, e 34 para o ano de 1876 (devido, sobretudo, aos desmembramentos administrativos que ocorreram).

GRÁFICO 3 – Saídas de escravos da Província de São Pedro no ano de 1876

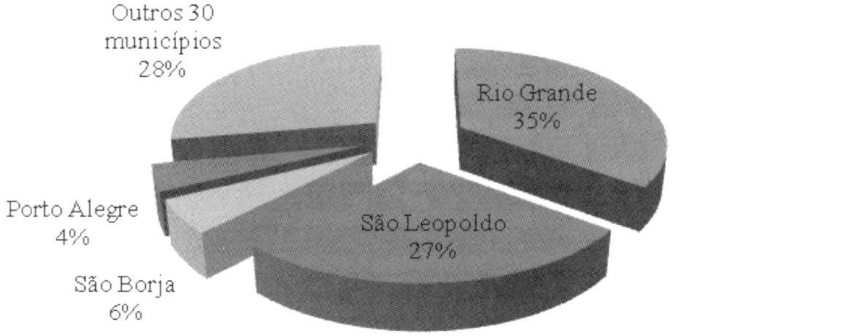

- Outros 30 municípios 28%
- Rio Grande 35%
- Porto Alegre 4%
- São Leopoldo 27%
- São Borja 6%

Diretoria Geral de Estatística. *Relatório...* 1878.

Esses dados, evidentemente, não confirmam que os vendedores de escravos seriam proprietários urbanos, pois embora essas regiões fossem mais "urbanizadas" em relação a outras regiões da Província, nada prova quem estava se desfazendo de seus escravos na dinâmica do tráfico interprovincial (muito embora seja um forte indício a ser testado de que essas regiões mais urbanizadas eram as maiores vendedoras de escravos nesse período). Nesse sentido, apenas estudos que centrem a análise na estrutura produtiva de cada região em específico poderão ponderar quais as faixas de proprietários que estavam vendendo mais escravos. De qualquer forma, esses dados ainda precisam ser matizados.

O mais correto a fazer é ponderar as saídas e as entradas de escravos nesse período. Dado o curto espaço de um artigo, escolho algumas localidades para apreender esse movimento. No relatório da DGE de 1876, que traz informações sobre os anos 1872-75, a população total da Província contabilizava 84.569 escravos. Nesse período os números indicam que 2.335 faleceram (2,8%), 2.379 foram alforriados (2,8%) e 2.222 foram vendidos para outras regiões do Império (2,6%). Contudo, os dados de 1873 registram uma população de 83.370 escravos, o que daria uma diferença de 1.199 almas. Embora não se deva considerar toda essa diferença como entradas de escravos em outros municípios via o comércio local de cativos, me parece que grande parte sim. Ou seja, nesse período a perda líquida de escravos seria de aproximadamente 1.200 almas, o que daria em torno de 400 escravos exportados por ano.

Já para o ano de 1876 os dados são muito mais precisos e esclarecedores. Nesse ano a saída de escravos atingiu a cifra de 2.931 almas, sendo comercializados na Província

995 cativos, o que dá uma perda líquida de 1.936. Ora, comparado com os anos anteriores em que a perda líquida fora de aproximadamente 400 cativos ao ano, em 1876 pode-se afirmar que a venda de escravos para outras regiões cresceu absurdamente. Para o ano de 1877, embora não discrimine cada município em específico, as saídas de escravos diminuíram um pouco embora se mantenham próximas ao ano de 1876, já que a perda líquida de escravos ficou na casa dos 1.689 escravos (3.049 saídas menos 1.360 entradas).[45]

Mas vejamos, por fim, com mais vagar os dados para o ano de 1876. O município e a cidade portuária de Rio Grande exportaram nesse ano 1.031 escravos, tendo entrado na região apenas 62 cativos, o que dá uma perda de 969 almas, ou exatos 50% de toda exportação líquida da Província nesse ano. Já São Leopoldo perdeu 787 escravos e recebeu somente 29, o que dá uma perda de 758 cativos, que representam 39% de toda exportação líquida de escravos em 1876. Isto é, essas duas localidades juntas contribuíram com 89% da venda líquida de escravos para o Centro-Sul nesse ano. Cruz Alta, por sua vez, perdeu 25 escravos e ganhou 29, tendo um saldo positivo de quatro cativos. A partir de minha pesquisa nos registros notariais da região, pude notar um aumento na compra de cativos entre os anos de 1865 e 1874, diminuindo um pouco entre os anos de 1875 e 1879.[46]

Rafael Scheffer gentilmente me informou que nos anos de 1878 e 1879 começam a aparecer escravos de Cruz Alta sendo vendidos em Campinas, o que não indica, a meu ver, necessariamente uma perda significativa de escravos, haja vista que entre 1875 e 1879 foram transacionados aproximadamente 100 cativos nos cartórios locais. É provável, todavia, que nos últimos anos da década de 1870 a venda de escravos tenha tido um aumento na região. Contudo, a partir da pesquisa que desenvolvi anteriormente, continuo sustentando que os principais perdedores de escravos foram os inventariados com poucos recursos e, principalmente, os que não eram criadores de gado.[47] Quanto à venda de escravos da Província do Rio Grande de São Pedro para

---

45   Diretoria Geral de Estatística. *Relatório*. Rio de Janeiro: 1883 (relativo ao ano de 1882). Seção de Estatística. Anexo a 3ª Diretoria da Secretaria de Estado dos Negócios do Império.

46   Entre 1860 e 1864 foram transacionados 45 escravos em Cruz Alta; entre 1865 e 1869: 153; entre 1870 e 1874: 152; e entre 1875 e 1879: 96. Números que estão um pouco subestimados, já que se trata de uma amostra que compreende 87% das transações. APERS, Tabelionato Público de Transmissão e Notas, Cruz Alta, 1834-1888.

47   ARAÚJO, *Escravidão, fronteira e liberdade...*, op. cit.

o Centro-Sul, por muito tempo se sustentou que o declínio da produção de charque a partir do final da década de 1860 teria estimulado a exportação de escravos.

Jonas Vargas, porém, demonstra em artigo recente que esse não foi o caso. Manejando um amplo leque de fontes o autor irá mostrar que a crise nas charqueadas pode ser verificada a partir da falência de alguns charqueadores e no enriquecimento de outros, sendo que as vendas na maior parte das vezes eram realizadas entre eles mesmos. Quanto à venda de escravos na dinâmica do tráfico interprovincial, Jonas Vargas demonstra de forma perspicaz que houve pouca ou quase nenhuma participação de charqueadores, defendendo, por fim, que a crise nas charqueadas entrou em sua fase mais forte apenas na década de 1880.[48] Os dados para o ano de 1876 também sugerem que pelo menos nesse ano os escravocratas de Pelotas estavam investindo ainda na propriedade escrava. Entraram na região 217 escravos e saíram 68, com um saldo positivo de 149 cativos.[49]

Esses dados demonstram que apenas pesquisas específicas sobre a estrutura produtiva e demográfica de determinada região poderá revelar quem eram os proprietários que estavam se desfazendo de seus escravos, quais suportaram a conjuntura política e econômica daqueles anos e, portanto, ainda consideravam rentável investir na compra de cativos. Ao se analisar os dados agregados pode-se cair no erro de perder especificidades importantes, generalizando para toda uma Província uma situação vivida por setores específicos da mesma. Além do mais, não se deve perder de vista que na segunda metade da década de 1870 se comprava escravos a preço de ouro no Centro-Sul, o que não deixava de ser um bom negócio para os senhores de escravos mais empobrecidos, ou, talvez, nem tão empobrecidos assim. Em suma, uma análise detalhada sobre a vila da Cruz Alta, que tinha seu rebanho diversificado entre o gado vacum e o muar, e outra sobre as charqueadas de Pelotas, demonstram a persistência e a força da escravidão em setores econômicos que até então eram percebidos como em franca decadência desde o final dos anos 1860. A escravidão nessas regiões persistia, e a questão está colocada para o debate.

---

48 VARGAS, Jonas. "Das charqueadas para os cafezais? O comércio de escravos envolvendo as charqueadas de Pelotas (RS) entre as décadas de 1850 e 1880". *Anais do V Encontro Escravidão e Liberdade no Brasil Meridional*. Porto Alegre, 2011. Disponível em: <http://www.escravidaoeliberdade.com.br>.

49 A referência encontra-se na nota 44.

Bibliografia

ARAÚJO, Thiago Leitão de. *Escravidão, fronteira e liberdade: políticas de domínio, trabalho e luta em um contexto produtivo agropecuário (vila da Cruz Alta, Província do Rio Grande de São Pedro, 1834-1884)*. Dissertação de mestrado. PPGH/UFRGS, Porto Alegre, 2008.

_____. "Novos dados sobre a escravidão na Província de São Pedro". *Anais do V Encontro Escravidão e Liberdade no Brasil Meridional*. Porto Alegre, 2011. Disponível em: <http://www.escravidaoeliberdade.com.br>.

BERUTE, Gabriel Santos. *Dos escravos que partem para os portos do sul: características do tráfico negreiro do Rio Grande de São Pedro do Sul, c. 1790 – c. 1825*. Dissertação de mestrado. PPGH/UFRGS, Porto Alegre, 2006.

CARDOSO, Fernando Henrique. [1962] *Capitalismo e escravidão no Brasil Meridional: o negro na sociedade escravocrata do Rio Grande do Sul*. Rio de Janeiro: Civilização Brasileira, 2003.

CONRAD, Robert. *Os últimos anos da escravatura no Brasil – 1850-1888*. Rio de Janeiro: Civilização Brasileira, 2º ed., 1978.

CORSETTI, Berenice. *Estudo da charqueada escravista gaúcha no século XIX*. Dissertação de mestrado. PPGH/UFF, Niterói, 1983, p. 226-228.

COSTA, Emília Viotti da. [1966] *Da senzala à colônia*. São Paulo: Fundação Editora Unesp, 1998.

FARINATTI, Luís Augusto Ebling. *Confins Meridionais: famílias de elite e sociedade agrária na Fronteira Sul do Brasil (1825-1865)*. Tese de Doutorado, PPGH-UFRJ. Rio de Janeiro, 2007.

MACHADO, Maria Helena. *O plano e o pânico: os movimentos sociais na década da abolição*. Rio de Janeiro: Editora UFRRJ, Edusp, 1994.

MAESTRI FILHO, Mário José. *O escravo no Rio Grande do Sul: A charqueada e a gênese do escravismo gaúcho*. Porto Alegre: Escola Superior de teologia São Lourenço de Brindes, 1984.

Rio Grande Do Sul. Secretaria da Administração e dos Recursos Humanos. Departamento de Arquivo Público. *Documentos da Escravidão: compra e venda de escravos: Acervo dos Tabelionatos do Rio Grande do Sul*. Coordenação: Jovani de Souza

Scherer e Márcia Medeiros da Rocha. Porto Alegre: Companhia Rio-Grandense de Artes Gráficas (CORAG), 2010.

SCHEFFER, Rafael da Cunha. "Comércio de escravos no Rio Grande do Sul (1850-1888): transferências intra e interprovinciais, perfis de cativos negociados e comerciantes em cinco municípios gaúchos". *Anais do V Encontro Escravidão e Liberdade no Brasil Meridional*. Porto Alegre, 2011. Disponível em: <http://www.escravidaoeliberdade.com.br>.

SILVA, Joaquim Norberto de Souza e. *Investigações Sobre os Recenseamentos da População Geral do Império e de Cada Província Per Si Tentados Desde os Tempos Coloniais Até Hoje*. Memória Anexa Ao Relatório do Ministério do Império, 1870. Edição Fac-Símile. São Paulo: IPE-USP, 1986.

SLENES, Robert W., *The demography and economics of Brazilian slavery: 1850-1888*. Tese de Ph.D., Stanford University, 1976.

_____. "O que Rui Barbosa não queimou: novas fontes para o estudo da escravidão no século XIX". *Estudos Econômicos*, vol. 13, n. 1, jan./abr. 1983, p. 117-149.

_____. "Grandeza ou decadência? O mercado de escravos e a economia cafeeira da Província do Rio de Janeiro, 1850-1888". In: COSTA, Iraci del Nero da (org.) *Brasil: história econômica e demográfica*. São Paulo: IPE-USP, 1986.

_____. "The Brazilian internal slave trade, 1850-1888. Regional Economies, slave experience, and the politics of a peculiar market". In: JOHNSON, W. *The chattel Principle. Internal slave trades in the Americas*. Yale University Press, Londres, 2004.

VARGAS, Jonas. "Das charqueadas para os cafezais? O comércio de escravos envolvendo as charqueadas de Pelotas (RS) entre as décadas de 1850 e 1880". *Anais do V Encontro Escravidão e Liberdade no Brasil Meridional*. Porto Alegre, 2011. Disponível em: <http://www.escravidaoeliberdade.com.br>.

ZARTH, Paulo Afonso. *História agrária do planalto gaúcho – 1850-1920*. Ijuí: Unijuí, 1997.

_____. *Do arcaico ao moderno: as transformações no Rio Grande do Sul do século XIX*. Ijuí: Unijuí, 2002.

Comércio de escravos no Rio Grande do Sul (1850-1888): transferências intra e interprovinciais e perfis de cativos negociados em cinco municípios gaúchos

RAFAEL DA CUNHA SCHEFFER[1]

O COMÉRCIO INTERNO DE ESCRAVOS CONTINUA sendo um marco importante para a explicação do declínio da escravidão no Sul do Brasil, na segunda metade do século XIX. O declínio da economia pecuário-charqueadora e a maior valorização dos cativos no Sudeste, a partir de fins da década de 1860, teria levado senhores em dificuldades econômicas a vender milhares de escravos para os cafeicultores do Sudeste brasileiro.[2] Essa corrente interpretativa atribuiu tal importância a essas transferências ao relacionar o declínio do número de escravos na Província com a suposta venda de milhares de cativos através do comércio entre as Províncias, em um momento que o tráfico de escravos entre elas realmente ganhou importância no cenário nacional.[3] A perda de escravos para o mercado interno passou então a ser uma explicação recorrente para a queda no número desses em diversas localidades, vindo a se tornar quase

---

1   Doutor em História Social da Cultura na Unicamp. rafaelscheffer@yahoo.com.br.

2   Defendida, por exemplo, nas seguintes obras: CARDOSO, Fernando Henrique. *Capitalismo e escravidão no Brasil Meridional: o negro na sociedade escravocrata do Rio Grande do Sul*. 5ª ed. Rio de Janeiro: Civilização Brasileira, 2003; CONRAD, Robert. *Os últimos anos da escravatura no Brasil – 1850-1888*. Rio de Janeiro: Civilização Brasileira; Brasília: Instituto Nacional do Livro, 1875, p. 351.

3   Em artigo recente, Robert Slenes calculou em 222.500 os escravos negociados entre as Províncias no período de 1850 a 1881. SLENES, Robert W. "The Brazilian internal slave trade, 1850-1888: Regional economies, slave experience and the politics of a peculiar market". In: JOHNSON, Walter (ed.). *The Chattel Principle: internal slave trade in the Americas*. New Haven: Yale University Press, 2004, p. 331. Sobre esse declínio do número de escravos observado na Província entre 1860 e 1880, observar os artigos de Thiago Araújo e de Jonas Vargas nesta mesma coletânea.

um modelo para a Província e usado tanto para explicar os declínios nas charqueadas quanto para regiões de pecuária.[4]

Contudo, poucos pesquisadores se dedicaram a analisar a ocorrência desse comércio na antiga Província do Rio Grande do Sul, o volume de escravos transferidos e os grupos mais atingidos pelas transferências. Pesquisando localidades específicas, historiadores como Thiago Araújo e Jonas Vargas questionam quais os senhores e regiões foram as mais atingidas por essas transferências, qual o significado delas para diferentes regiões da Província e grupos de proprietários, apontando que este comércio teve impacto diferente para determinados grupos de senhores.[5]

Buscando esclarecer essa entre outras questões, essa pesquisa foca o mercado de escravos, tanto em termos locais quanto interprovinciais, buscando entender o volume e as direções dessas transferências, quais localidades perderam ou ganharam escravos, e que parcela da população escrava foi a mais atingida. Através da análise de notas de compra e venda de cativos e de procurações que autorizavam a negociação desses, observamos um quadro diferente daquele apontado por parte da historiografia, com diversas transferências de escravos observadas em nível local ou regional mas um número de saídas da Província menor do que aquele tradicionalmente apontado, como discutiremos ao longo deste artigo. Dessa forma, através da análise do comércio de escravos, tentaremos contribuir com um ângulo diferente para a compreensão da questão da manutenção e declínio da escravidão no Rio Grande do Sul na segunda metade do século XIX.

Para esta investigação selecionamos cinco municípios gaúchos, escolhidos por sua diversidade econômica, localização e importância na Província, buscando dar representatividade a diferentes contextos socio-econômicos. Dessa forma, Alegrete, Cruz Alta, Pelotas, Porto Alegre e Rio Grande foram os escolhidos para este estudo.

Buscando apreender as movimentações desse mercado, esta pesquisa baseou-se na análise de notas de compra e venda de escravos, e de procurações que transmitiam o poder de negociá-los, na segunda metade do século XIX. Essas duas fontes,

---

4   FARINATTI, Luís Augusto E. *Confins Meridionais: famílias de elite e sociedade agrária na Fronteira Sul do Brasil (1825-1865)*. Tese de Doutorado, PPGH-UFRJ. Rio de Janeiro, 2007, p. 156; ZARTH, Paulo Afonso. *História Agrária do Planalto Gaúcho – 1850-1920*. Ijuí: Unijuí, 1997, p. 156.

5   ARAÚJO, Thiago Leitão. *Escravidão, fronteira e liberdade: políticas de domínio, trabalho e luta em um contexto produtivo agropecuário (vila da Cruz Alta, Província do Rio Grande de São Pedro, 1834-1884)*. Dissertação de mestrado. PPGH/UFRGS, Porto Alegre, 2008, p. 85-115; e artigo de Jonas Vargas nesta coletânea.

apesar de relacionadas, apresentam dados diferentes e complementares, como se verá adiante. O recorte temporal busca acompanhar essas transferências ao longo do período que vai do fechamento definitivo do tráfico africano de escravos até a Abolição, onde o mercado interno brasileiro passa a ser a única fonte de cativos. Portanto, buscamos acompanhar como a Província gaúcha se relaciona com esse mercado, especialmente quando este se intensifica, na década de 1870. Através dessas fontes, pretendemos ainda apreender os perfis da população negociada entre esses municípios e para fora da Província, objetivando entender as preferências e escolhas desse mercado e dos negociantes envolvidos. A identificação de comerciantes e procuradores responsáveis pela transferência desses cativos, especialmente sua saída da Província, apesar de também possível com essas fontes, ficará para um outro momento, quando também discutiremos mais detidamente as rotas e modos de operação deste negócio.

Para tanto, a pesquisa nos livros de notas e procurações nos mostrou um mundo de constante movimentação de escravos, muitas vezes dividindo suas famílias (entendidas aqui como um núcleo familiar não necessariamente reconhecido oficialmente). Nas cinco cidades aqui analisadas, foram localizadas notas de compra e venda de 3164 trabalhadores escravizados, na segunda metade do século XIX,[6] com a seguinte distribuição entre elas:

TABELA 1 – Escravos comercializados, por cidade

Alegrete	Cruz Alta	Pelotas	Porto Alegre	Rio Grande
139	549	250	1739	487

Fontes: Livros de notas e transferências do Tabelionato de Alegrete, Cruz Alta, Pelotas, Porto Alegre e Rio Grande. Fundo: Tabelionatos. Arquivo Público do Estado do Rio Grande do Sul (APERS).

Apesar da possibilidade de sub-registro ou da lacuna de fontes, observamos uma grande variação no número de transações, indicando que a dinâmica do comércio de escravos foi diferenciada entre essas localidades.

Cabe ainda apontar como as fontes utilizadas trazem visões diferentes e complementares para a pesquisa. A nota de transferência de cativos, o registro cartorial de

---

6   A pesquisa contou com o apoio do material levantado pelo Arquivo Público do Estado do Rio Grande do Sul no projeto "Documentos da Escravidão", que resultou em um catálogo das notas de compra e venda de escravos na Província, disponível no site do APERS: http://www.apers.rs.gov.br/portal/index.php?menu=artigodet&cod=119 (acessado em 10/3/2011). A partir desse levantamento, realizamos pesquisas complementares e expandimos a pesquisa para as procurações.

compra e venda, tornou-se obrigatório a partir do início da década de 1860, sendo necessário para o reconhecimento legal da transmissão da propriedade de escravos (antes disso, as transações de cativos não necessitavam de registro público para sua validade).[7] Esse registro de venda é excelente fonte de investigação do comércio local, mas traz alguns problemas quando as transferências extrapolam a localidade. Nestes casos, dependendo da situação, de onde se encontravam as partes envolvidas, essa venda era registrada apenas na cidade do comprador, ficando somente o registro de uma parte deste comércio. Ou seja, através dessa fonte frequentemente podemos observar a entrada (a compra) de escravos em uma cidade, mas não sua saída, pois o comprador muitas vezes preferia registrar essa aquisição no cartório próximo de sua residência.

Portanto, a investigação da venda/saída de escravos de uma região passa pela análise de uma outra fonte: as procurações que transmitiam os poderes para a comercialização de cativos. Como apontou Robert Slenes, a transferência de escravos no mercado interno, especialmente no interprovincial, deu-se principalmente através do uso de procurações. Ao invés de comprar o escravo de seu senhor e revendê-lo para outros negociantes ou mesmo outros senhores, os comerciantes recebiam uma procuração para negociar o cativo em troca de um "adiantamento" ao senhor (na realidade, esse adiantamento já era um ato de compra, sendo que o senhor passava ao comerciante um recibo da quantia "adiantada").[8] Dessa forma, muitas das vendas realizadas para o mercado interno de escravos não podem ser percebidas pelas notas de transferência de cativos, sendo necessária a consulta às procurações passadas nos cartórios locais.

Atentos a esse fato, buscamos consultar livros dos tabelionatos dessas cidades que nos permitissem observar o emprego das procurações e os caminhos apontados por essa fonte. Destacamos que, ao contrário das notas, o número de procurações encontradas esteve provavelmente longe do universo desses documentos realmente emitidos, devido ao fato deles estarem distribuídos por diversos livros. De toda forma, a amostragem levantada nos permitiu abordar diversas questões, como será visto adiante.

---

7   As notas traziam dados sobre os compradores e vendedores dos cativos, muitas vezes informando seu local de residência, posto ou ocupação, e apontando se o negócio tinha a intermediação de algum procurador. Sobre os cativos, traziam informações tais como: nome, idade, profissão e, muitas vezes, origem dos mesmos, além dos preços pagos.

8   SLENES, Robert W. *The demography and economics of Brazilian slavery: 1850-1888*. Tese (Doutorado em História). Stanford, Stanford University, 1976, p. 155-158.

Escravidão e Liberdade   259

TABELA 2 – Procurações para a venda de escravos, por cidade

Alegrete	Cruz Alta	Pelotas	Porto Alegre	Rio Grande
47	28	406	130	195

Fontes: Livros procurações, de registros gerais e de notas e transferências do Tabelionato de Alegrete, Cruz Alta, Pelotas, Porto Alegre e Rio Grande. Fundo; Tabelionatos. Arquivo Público do Estado do Rio Grande do Sul (APERS).

Partimos então para a análise do comércio de escravos em cada um desses municípios, levantando elementos para uma discussão do mercado de escravos no Rio Grande do Sul.

Alegrete

Alegrete era o principal município da região da Campanha gaúcha, a região pecuarista por excelência da Província, possuindo o maior rebanho bovino da região em 1858, com 772.232 cabeças de gado vacum.[9] A maior parte do rebanho era composta por este tipo de gado, cuja criação estava voltada principalmente para o fornecimento para as charqueadas de Pelotas e Rio Grande. Segundo a matrícula de escravos de 1872-1873, este município contava com uma população cativa de 3138 indivíduos (ou 16% da população total do município).[10] Chama a atenção a justa distribuição entre os sexos nessa população, com homens e mulheres representando igualmente 50% dos cativos.

Na segunda metade do século XIX, foram encontradas nesta localidade notas de compra e venda de 139 escravos, com a maior parte dessas transferências sendo realizadas entre 1864 e 1869, mas com ocorrências até 1885. Através da informação sobre o local de residência de vendedores e compradores de cativos, anotadas nas notas de transmissão, observamos que a maior parte das transações em Alegrete se deu entre senhores deste mesmo município. Em 116 casos observados em que tivemos

---

9   "Mapa numérico das estâncias existentes dos diferentes municípios da Província, de que até agora se tem conhecimento oficial, com declaração dos animais que possuem e criam, por ano, e do número de pessoas empregadas no seu custeio". Estatísticas, m. 02, 1858. Arquivo Histórico do Rio Grande do Sul (AHRS). Apud: FARINATTI, op. cit., p. 21.

10 Diretoria Geral de Estatística, Relatório 1874. Sobre os dados da matrícula foi calculada a porcentagem de homens e mulheres nessa população, que discutimos em algumas passagens. A representatividade em relação à população total do município foi baseada no número de habitantes livres contabilizados no censo de 1872, contagem mais próxima da matrícula no tempo e relativamente confiável para aquela população. Sobre a relação entre os números do censo e da matrícula, ver o artigo de Thiago Araújo nesta coletânea.

essa informação, verificamos que 69% desses cativos foram comercializados dentro do município. Dos restantes, 29,3% foram negociados na Província e apenas 2 escravos foram negociados de ou para fora da mesma. Além disso, todas as entradas e saídas de escravos, observadas através das notas, ocorreram na década de 1860, com as negociações ocorridas antes e depois desse período sendo apenas locais (dentro do próprio município). E o retrato de Alegrete na década de 1860 ainda nos mostra uma localidade que atraía escravos, sendo que contabilizamos 22 entradas de escravos vendidos para o município e 14 que saíram dele.

Além do predomínio das compras locais, observamos a importância das trocas com municípios próximos, da região da Campanha. São Borja, São Gabriel e Uruguaiana receberam metade dos escravos vendidos de Alegrete. A outra metade foi vendida para Pelotas (3) e Porto Alegre (4), mostrando a importância dessas cidades e sua capacidade de atração de cativos na Província. O único escravo exportado diretamente da Província por Alegrete teve como comprador um senhor baiano. No caso dos escravos comprados para Alegrete, a grande maioria dos cativos era proveniente de cidades da Campanha, sendo o comércio intraprovincial responsável pelo fornecimento da quase totalidade dos escravos.

O perfil dos escravos comercializados na região de Alegrete não fugiu muito do perfil da população cativa encontrada na região. Do total de escravos negociados, 54,68% eram do sexo masculino e 80% dos escravos vendidos tinham menos de 30 anos de idade, com a maioria deles tendo entre 15 e 29 anos (42,42%). Ou seja, não observamos a seleção de um perfil de escravos para a compra que se diferenciasse daquele já encontrado na população. E a grande maioria dos escravos comprados e vendidos em Alegrete foram negociados individualmente. As negociações que englobaram mais de um escravo tratavam geralmente de famílias escravas, mães com seus filhos menores.

Até meados da década de 1860 os cativos vinham sendo comercializados pelos mais altos preços observados na série de notas referentes à Alegrete. Nesta década, os maiores preços médios obtidos foram de jovens adultos (15 a 29 anos) de ambos os sexos, 1:047 mil réis. Mas a partir de 1865 observamos uma forte queda, provavelmente fruto dos efeitos imediatos da Guerra do Paraguai na região (com desorganização da produção e possível fuga de cativos, fruto da invasão paraguaia em localidades vizinhas). Para os homens, o preço ainda teve uma certa recuperação até o fim da década de 1860 e o início da seguinte, mostrando ainda a valorização dos escravos na região, fechando a média na década seguinte em 1:000 mil réis. Já o preço das cativas jamais voltou a se aproximar muito do anterior, pois para elas essa recuperação do valor foi abalada pela Lei do Ventre Livre (com as mulheres perdendo valor de mercado ao deixarem de proporcionar o nascimento de novos escravos aos seus senhores).[11]

Nas procurações que autorizavam a venda de escravos de senhores alegretenses em outras regiões, destacam-se as posições de Pelotas e Porto Alegre como locais indicados para a negociação dos cativos, podendo o procurador substabelecer os poderes da procuração para outros negociantes. Das vinte e sete procurações para a venda de vinte e nove escravos passadas em Alegrete, 29,6% delas autorizavam a venda do escravo em Pelotas e 11% delas apontavam Porto Alegre como local onde o cativo seria comercializado.[12] Localidades na Província do Rio Grande do Sul aparecem como pontos para a venda de outros cativos, sendo que em apenas um caso o Rio de Janeiro foi indicado como destino do cativo cuja venda foi autorizada. Uma questão importante a ser destacada, referente ao debate sobre a saída de escravos da Província ligada à crise das charqueadas, é que segundo as procurações esse movimento parece ter se tornado mais intenso apenas entre 1875 e 1878 nesta localidade.

Cabe ressaltar uma mudança de perfil desses escravos com procurações para a venda em outras localidades em relação àqueles comercializados localmente. No grupo das procurações, 75% dos escravos tinham entre 15 e 29 anos, e quase 19% tinham entre 30 e 44 anos. Os homens também foram a maioria daqueles cujas vendas estavam autorizadas, somando 55% deles. Ao mesmo tempo, observamos como a autorização para a venda de 29 escravos para fora do município representa um número bastante pequeno para explicar uma expressiva queda do número de escravos.

Cruz Alta

O município de Cruz Alta, localizado no Oeste do Rio Grande do Sul, apresenta um perfil diferenciado, com uma forte participação da produção pecuária em sua economia, porém, mais diversificada em comparação à de Alegrete (especialmente pela forte presença de muares nos rebanhos), e pequenos produtores também ligados à exploração da erva-mate.

---

11 SLENES, R. *Brazilian Internal Slave Trade*, op. cit., p. 357.

12 Segundo Robert Slenes, era exatamente o poder de substabelecer, passar a outros o poder de negociar o escravo, que interligava diferentes redes de negociantes de cativos. SLENES, R. *The demography and economics of Brazilian slavery*, op. cit., p. 150-158. À indicação de uma cidade para o negócio, geralmente se seguiam as expressões "ou outro ponto do Império", ou "qualquer lugar do Império", permitindo ao comerciante inserir o escravo em redes maiores de transferências, além de seu alcance.

A população escrava de Cruz Alta foi calculada em 3625 indivíduos (ou 11% do total da população total) pela Matrícula de Escravos de 1872-73, sendo 54% desta composta por homens.[13] Na questão específica do comércio de escravos, o município foi o segundo dos cinco selecionados com o maior número de registros. Esse comércio tornou-se mais intenso ao longo da década de 1860, mantendo-se forte na década seguinte e entrando em decadência apenas na segunda metade dos 1870.

As residências de vendedores e compradores, quando indicadas nas notas, apontaram outra vez para um mercado predominantemente local. Das transações em que temos informação da residência de comprador e vendedor, as transferências locais somaram mais de 90% das vendas. Além disso, cidades vizinhas de Cruz Alta e mesmo da região da Campanha foram mencionadas em diversas notas, apontando compras e vendas realizadas entre as localidades dessa região mais ao Oeste da Província e não a saída desses cativos da região.

A venda de cativos na região seguiu de perto o padrão da população escrava, apresentando a negociação de 52% de homens frente a 48% de mulheres, uma participação feminina um pouco acima daquela encontrada na população local, indicando novamente a baixa seleção sexual das compras dentro de um mesmo município. E mais uma vez observamos o predomínio de negócios com cativos jovens, com 42,8% dos escravos vendidos tendo de 15 a 29 anos, e 36,5% de 1 a 14.

Aproximadamente 74,6% dos escravos foram negociados diretamente por seus senhores, sem a intermediação de nenhum procurador, número próximo ao de cativos que foram comercializados individualmente, 76,3%. Entretanto, tivemos quatro transações em que seis escravos foram vendidos ao mesmo tempo, correspondendo a 4,4% dos homens e mulheres vendidos.

No caso de Cruz Alta observamos que os preços mais elevados pagos por cativos foram encontrados até meados da década de 1860, especialmente na primeira metade desta. Acompanhando o preço médio dos escravos entre 15 e 29 anos (os mais valorizados) a tendência observada foi de um pico de preços no fim da década de 1850, onde a média atingiu 1:230 mil réis, e início de 1860, seguido por um longo período de queda, fechando a média desta década em 1:043 mil réis. Os preços continuaram caindo nas décadas seguintes, sendo encontradas as médias de 952 mil réis para os anos 1870 e 638 mil réis para os 1880. Essas mesmas quedas podem ser observadas na média geral de

---

13 Lembramos que esses números foram calculados com base na Matrícula de Escravos realizada entre 1872-1873 e no Recenseamento do Império de 1872, como apontado na nota 9, e como será repetido no restante do artigo.

preço dos cativos e em outras faixas etárias, mas são vistas principalmente no preço das mulheres entre 15 e 29 anos, com o declínio não sendo tão acentuado entre os homens. A única exceção foram os escravos maiores de 45 anos, cujo valor médio foi mais elevado na década de 1860 e manteve o mesmo valor nas décadas seguintes.

Mais uma vez vamos nos apoiar na amostragem de procurações levantadas para uma leitura mais completa das transferências de cativos na região, que mostram um quadro diferente daquele predominantemente regional observado nas notas. Infelizmente localizamos apenas um livro de procurações para Cruz Alta, o que deixa nossa amostragem bastante reduzida. Nesse livro, foram localizadas 22 procurações que autorizaram a comercialização de 28 escravos. Dessas, oito autorizaram vendas (a entrada) de treze cativos para a cidade de Cruz Alta entre 1865 e 1868. Por outro lado, entre 1875 e 1877 observamos 15 procurações que autorizavam a venda de 15 escravos e indicavam a colocação desses no mercado de escravos da Província e nacional. Dessas procurações, 20% indicavam Porto Alegre como praça para a execução da venda. Santa Maria foi citada em 13,3% das procurações, mesma proporção da citação "nesta Província". Chama a atenção a citação da Província de São Paulo como destino para a negociação de 40% dos escravos, apontando a inserção de Cruz Alta no comércio interprovincial de cativos e indicando uma relação direta com um mercado importador de cativos, sem necessidade de intermediação das localidades no litoral. Isso pode nos sugerir, inclusive, a transferência desses cativos por meio terrestre, pelo caminho das tropas, sem a interferência dos entrepostos litorâneos.[14]

Outro ponto de destaque nas procurações lavradas em Cruz Alta foi o perfil diferenciado dos escravos observado nestes documentos, ou seja, novamente uma escolha para vender para fora do município escravos com um perfil diferente daqueles que eram comercializados localmente. Nesta localidade, todas as concessões tiveram como objeto escravos menores de 30 anos, sendo que 73,3% deles tinham entre 15 e 29 anos de idade. Além disso, 66,7% desses escravos eram homens. Levanto em conta a população local e as vendas realizadas dentro do próprio município, percebemos

---

14 Hipótese já levantada por Robert Slenes em *Brazilian Internal Slave Trade*, op. cit., p. 332. Fortalecendo a ideia dessa ligação entre Cruz Alta e a Província de São Paulo: a venda de diversos escravos dessa localidade foi observada nos livros de notas da cidade paulista de Campinas, onde 54 cativos matriculados nessa cidade gaúcha foram negociados em fins da década de 1870 (número superior ao de qualquer outra localidade do Rio Grande do Sul citada). 1º Tabelionato de Campinas, Livros de Notas n. 68, 68A, 71, 72, 73, 74, 75, 76, entre 1876 e 1879.

como preferencialmente os homens mais jovens, os escravos mais valiosos, eram aqueles vendidos para fora da cidade.

Pelotas

O município de Pelotas destacava-se na Província pela importância de sua indústria charqueadora e pela sua grande população escrava. Segundo a Matrícula de escravos de 1872-73, os senhores residentes em Pelotas eram proprietários de 7687 cativos (que representavam 30% da população do município). Diferentemente do que ocorria em boa parte da Província, onde a proporção entre os sexos era bastante equilibrada, a população de Pelotas era composta majoritariamente por homens, 4818 indivíduos ou 63% de todos os trabalhadores escravizados.

Para o período estudado, foram encontradas quarenta e oito notas de transferências de 250 escravos. Tratava-se, ao contrário de outras localidades, mais do predomínio de poucos negócios contabilizando um grande número de escravos comercializados, do que necessariamente um grande número de transferências individuais. E nessas notas, temos poucas informações sobre a residência dos compradores e vendedores dos escravos negociados em Pelotas, o que dificulta nosso entendimento sobre as transferências de cativos. Nas notas de compra e venda, conseguimos identificar a moradia dos negociadores em menos de 20% dos casos. Esses nos mostram uma entrada de escravos bastante significativa, vindos de Rio Grande (25 cativos ou 10% dos negociados), seguida por Canguçu (4 escravos ou 1,6% dos negociados) e também por dois escravos vindos de Santa Catarina. Além disso, observamos a saída de apenas um escravo de Pelotas, que teve como comprador um senhor de Rio Grande.

A concentração de negócios com escravos do sexo masculino, que representaram 88% dos negociados, chamou nossa atenção, representando uma participação no mercado de cativos ainda maior que a presença na população, o que mostra que eles foram alvos preferenciais de compras na localidade. Outro ponto importante a ser notado, também contrário ao de outras localidades vistas, foi que em Pelotas os escravos mais negociados foram adultos mais velhos, que tinham entre 30 e 44 anos de idade. E em seguida, o grupo mais negociado foi aquele de maiores de 45 anos, o que nos faz pensar na questão da idade produtiva dessa população e seu emprego. Uma queda elevada no preço de escravos mais velhos, que talvez pudesse explicar sua compra mais expressiva (por serem mais baratos), não foi verificada. O preço médio desse grupo foi praticamente igual àquele verificado para os cativos negociados entre 15 a 29 anos de idade, o que só podemos explicar pela maior experiência ou especialização profissional dos escravos mais velhos.

Essa aquisição expressiva de cativos mais idosos também pode ser explicada pelo formato adotado por algumas das negociações. Foi frequente em Pelotas a negociação de grandes grupos de escravos, muitos deles vendidos junto com os estabelecimentos nos quais eram trabalhadores. Assim, a venda de uma charqueada completa, inclusive com os seus trabalhadores, diminuiria as chances de uma maior seleção etária dos cativos negociados, e envolveria a aquisição de trabalhadores já especializados em determinadas ocupações. O artigo de Jonas Vargas nesta coletânea reforça alguns desses pontos e demonstra de forma bastante clara a dinâmica de muitas dessas vendas, utilizando suas listas nominativas e conhecimento da região para complementar a discussão das notas e procurações e ter uma melhor compreensão da dinâmica do comércio escravo em Pelotas.

Como também aponta Jonas Vargas, apesar da venda de escravos de Pelotas para outras regiões quase não aparecer nas notas de transferência (e de nenhuma compra local envolver a figura de um procurador), o instrumento da procuração que concedia poderes para vender escravos foi bastante utilizado na região para permitir a saída desses. O que aponta mais uma vez a natureza diversa e complementar dessas fontes. Na amostragem de procurações concedidas em Pelotas, localizamos 406 documentos, concentrados de 1874 a 1877.

A princípio chama nossa atenção o grande número desses documentos, superando com folga as notas de transações locais. O impulso que resultou na concentração da outorga desses poderes entre 1875 e 1877 também pode ser questionado. Um exame da direção dessas procurações, da praça onde os outorgados foram autorizados a negociar os cativos, fornece pistas importantes para entendermos esse movimento.

As localidades em que os procuradores foram autorizados a vender os cativos apontam para uma participação pouco significativa de municípios gaúchos. Pelotas, seguida às vezes pela expressão "e neste Império" foi apontada como lugar para a negociação de 10% dos escravos. Entretanto, a falta de referência a essas procurações nas notas localizadas nos indica que essas negociações talvez não tenham ocorrido nesta cidade. Outras cidades da Província ou a própria Província do Rio Grande do Sul foram apontadas como locais para a comercialização de 14,1% dos cativos, com destaque para as cidades de Rio Grande (4,4%) e Porto Alegre (2%), e citações a Alegrete, Bagé e Santa Maria, mostrando as redes regionais de comercialização.

No que toca à previsão de participação desses escravos no comércio interprovincial, o Rio de Janeiro surgiu como o grande entreposto de negociação citado em 30,3% dos casos. Minas Gerais e São Paulo também foram citados, mas apenas em um ou dois casos. Além desses, mais de 40% dos cativos tiveram autorizadas as suas vendas "neste Império", o que indicava sua introdução no mercado nacional de cativos.[15] Dessa forma, fica clara a saída de escravos de Pelotas em direção ao Rio de Janeiro, destacando que ela ganhou força em meados da década de 1870. Provavelmente esses cativos eram enviados através das linhas regulares de vapor estabelecidas no litoral brasileiro, saindo do porto de Rio Grande para o Rio de Janeiro e de lá sendo negociados para outras regiões.

Ressaltamos novamente o perfil diferenciado desses escravos enviados para fora da localidade através das procurações, mais jovens (60% deles com 15 a 29 anos) que os comercializados localmente. Além disso, destacamos também que apesar de observarmos esses pouco menos de 300 indivíduos serem enviados para o Sudeste a partir desse município, não podemos ligá-los diretamente à decadência de determinada produção, como aponta a pesquisa de Jonas Vargas.

Porto Alegre

Em Porto Alegre, capital e importante centro comercial da Província, a população escrava, segundo a Matrícula de 1872-73, era de 8893 indivíduos (20% da população total), sendo que os homens compunham 52% dessa. E além desse grande número de escravos encontramos também o maior número de transferências desses trabalhadores em Porto Alegre. Foram localizadas notas de compra e venda de 1739 cativos, concentradas no início dos anos 1860, e em fins dos anos 1870 e início dos 1880.

Nas transações em Porto Alegre observamos a participação de vendedores e compradores de escravos residentes em diversas localidades da Província. Em Porto Alegre, mais do que em qualquer outra localidade estudada, encontramos uma variedade de cidades ligadas à capital pelo comércio de cativos. Observamos escravos serem vendidos de vilas como Encruzilha (22 escravos), Rio Pardo (22), Cachoeira (13), São Jerônimo (11), Triunfo (10), Cruz Alta (7), São Gabriel (9), São Leopoldo (8), São Borja (5), Rio Grande (2), Pelotas (1), Alegrete (1) e Uruguaiana (1).

---

15 Dizemos isso porque a expressão "nesta Província" também foi bastante utilizada, indicando a prática de diferenciação da esfera em que o cativo seria negociado.

Além disso, observamos também sete referências a escravos importados pelo comércio interprovincial. Reafirmando a importância do Rio de Janeiro no comércio de escravos, 5 dos cativos que chegaram de fora da Província eram daí provenientes.

Já as saídas de escravos de Porto Alegre apontadas por essa documentação, pouco numerosas como é de sua natureza, apontaram apenas para o comércio intraprovincial, especialmente para as transferências mais próximas a Porto Alegre. Destacam-se apenas algumas vendas para Jaguarão, Pelotas e Rio Grande (um escravo para cada).

O perfil dos escravos negociados na capital gaúcha, pelo menos quanto à distribuição entre os sexos, não fugiu muito daquele encontrado na matrícula de 1872-73, seguindo um padrão já conhecido. Entre os cativos comprados e vendidos em Porto Alegre, os homens representaram 50,9% dos negociados, mostrando uma participação das escravas entre os comercializados um pouco superior à sua participação na população total, mas que não chega a ser uma escolha por determinado sexo muito diferente do que era encontrado naquela população.

Em Porto Alegre, a maior parte dos negociados estava na faixa dos 15 a 29 anos, que somaram 45% dos transferidos. Em seguida, cativos mais experientes de 35 a 44 anos ocuparam a preferência dos negócios, respondendo por 23,8% das transações. Escravos jovens, de até 14 anos, somaram 19,9%. Observamos assim uma preferência por escravos adultos, mais do que por jovens.

A maior parte desses cativos (85,9%) foi negociada individualmente. Em contraste com Pelotas, seria interessante pensar até que ponto esse era um comércio muitas vezes de pequenos proprietários (em pelo menos uma das partes), de recursos limitados, mas que viam nessas aquisições a possibilidade de ampliar um negócio ou serviço, multiplicar ganhos com essa força de trabalho ou solucionar uma necessidade específica de mão de obra. E, por outro lado, vender poderia significar ter acesso a um capital para sanar dívidas, sustentar um negócio ou mesmo ampliá-lo. De toda forma, além dessas transferências, encontramos a negociação de poucos grupos de dois, três escravos e duas negociações envolvendo dez cativos ao mesmo tempo, mostrando a presença de senhores de mais posses e/ou proprietários em piores condições.

A média dos preços pagos pelos escravos em Porto Alegre acompanhou o padrão observado e a preferência pela compra dos cativos. Escravos entre 15 e 29 anos eram mais valiosos, tendo um preço médio, para todo o período estudado, de 930 mil réis. Preço médio pouco superior àquele pago aos cativos entre 30 e 44 anos, que foi de 922 mil réis, mas bastante distante daquele conseguido por jovens de até 14 anos, que foi de 692 mil réis. E em praticamente todas as faixas etárias (exceção para os cativos até 14 anos) as maiores médias de preços observadas foram encontradas na década de 1860, marcando o ápice da valorização dos escravos.

A saída de cativos ou a introdução de escravos de Porto Alegre no mercado nacional de cativos, como apontado anteriormente, deve ser vista através da concessão de procurações para a negociação desses trabalhadores. E para a capital gaúcha, levantamos uma amostragem de 111 procurações em que foram autorizadas as vendas de 130 escravos, tudo isso em um espaço de tempo de apenas um ano, entre outubro de 1874 e novembro de 1875.

Nossa curta amostragem nos impediu de observar flutuações da concessão das procurações ao longo do tempo, apenas demonstrando uma tendência à ampliação dessas ao longo do ano pesquisado. Mas ela nos aponta, novamente, diferenças entre esse grupo de cativos e aqueles vendidos em Porto Alegre. Entre os escravos vendidos para fora, 60% deles eram do sexo masculino, participação superior à representação desses na população cativa (52%) e ainda maior que sua presença nas transações locais (50,9%). Entretanto, as idades observadas tanto dos escravos negociados localmente quanto daqueles arrolados nas procurações foram muito semelhantes. Observamos apenas uma participação um pouco mais destacada de jovens de até 14 anos, que na concessão de procurações aparece empatada em segundo lugar com a dos cativos entre 30 e 44 anos (com 22,4% das concessões).

Destacamos que 79,2% dos cativos tinham como local indicado para sua comercialização o Rio de Janeiro, apontando a forte inserção dos escravos da região de Porto Alegre no mercado nacional de escravos. Somente 20% das procurações indicavam a negociação dos cativos na própria Província do Rio Grande do Sul, sendo citadas Porto Alegre em 15,4% dos documentos e Rio Grande em 2,3% deles.

Através dessas procurações, observamos como a região de Porto Alegre (sua área urbana e rural próxima) perdeu um expressivo número de cativos para o mercado interno no espaço de um ano. Ao mesmo tempo, o mercado de cativos de Porto Alegre também se mostrou muito ativo durante todo o período estudado, sendo constantes as aquisições e vendas de trabalhadores escravizados.

Rio Grande

A cidade de Rio Grande, mais antiga povoação e principal porto da Província, tinha papel fundamental para escoar a produção do Rio Grande do Sul e movimentar pessoas, incluindo aí a entrada e saída de escravos da Província, além de desenvolver produção charqueadora. Na Matrícula de 1872-73 foram inscritos 5417 escravos neste município (ou 24% da população total), sendo 54% deles do sexo masculino. E no período analisado, foram encontradas notas de compra e venda de 487 cativos, com transferências mais intensas nos anos 1860.

Em Rio Grande, observamos em relação às outras cidades analisadas uma presença mais marcante de vendedores de escravos de outras regiões brasileiras. A entrada de cativos pelo tráfico interprovincial foi observada para aproximadamente 5% dos negociados. A Bahia e Pernambuco foram as residências indicadas para senhores de três escravos cada uma, com a Paraíba sendo apontada como o lar do senhor de dois escravos e Santa Catarina de um cativo. Quase todos os escravos que entraram na Província chegaram entre 1862 e 1865, época em que a economia provincial estava em ascensão e de entrada de escravos também em outras localidades estudadas (ainda que não através do comércio interprovincial). Dos demais escravos, cerca de 75% deles foram negociados localmente e 20% na própria Província. Dos cativos negociados na própria Província, chama a atenção a importância de Porto Alegre como um entreposto para este comércio, sendo a cidade de origem de sete escravos negociados em Rio Grande. Esta presença se igualava mesmo às trocas com Pelotas, residência dos senhores de quatro escravos vendidos em Rio Grande e destino de três cativos vendidos por senhores desta cidade.

Quando analisamos o perfil dos escravos negociados em Rio Grande observamos uma opção por escravos do sexo masculino, que somaram 57,4% dos cativos negociados, percentual cerca de 3,4% maior do que sua participação na população local (segundo a Matrícula de 1872-73). A faixa etária dos cativos negociados indica uma preferência por jovens adultos, entre 15 e 29 anos, que corresponderam a 33% dos negociados. Logo em seguida, os adultos mais experientes, entre 30 e 44 anos, formaram o segundo grupo mais negociado.

Quanto à participação de procuradores, observamos uma presença mais expressiva de intermediários do que a observada em outras praças. Cerca de metade das vendas tiveram participações de procuradores de uma ou das duas partes, inclusive com 8,5% desses representando firmas em liquidação, o que nos indica a compra oportuna de cativos em momentos de dificuldade financeira.

Os maiores preços observados foram novamente os pagos na década de 1860. Chama a atenção que a maior média de preço observada foi entre as cativas de 15 a 29 anos na década de 1860, 1:247 mil reis, sendo a maior média a dos escravos de sexo masculino entre 15 a 29 anos, de 1:228 mil reis no mesmo período. As médias caem para 1:125 mil e 1:004 mil réis no início da década seguinte, para os mesmos grupos e mantendo a queda após isso. A concentração dos registros nos anos iniciais da década de 1870 nos impediu de observar como o alto valor pago pelas jovens escravas na década de 1860 foi afetado pela Lei do Ventre Livre.

Para a cidade de Rio Grande foram levantadas 143 procurações que autorizavam a venda de 195 escravos. Correspondendo ao que foi observado nas notas de compra e venda, as escrituras lançadas em Rio Grande (usadas nas vendas na cidade, na entrada de cativos) foram mais intensas na década de 1860. E nelas podemos observar a entrada de cativos de diversas regiões brasileiras. Duas questões nos chamaram a atenção neste aspecto. A primeira foi a presença de 25% de escravos vindos de outras Províncias brasileiras nesse grupo negociados através de procurações, com o Rio de Janeiro aparecendo como o principal fornecedor de cativos para a região, com 13,7% de todos os escravos negociados. Além disso, Pernambuco, Santa Catarina e Bahia também apareceram como fornecedores importantes.

A segunda questão que nos chamou a atenção foi a forte presença de senhores residentes em Porto Alegre como fornecedores de cativos para Rio Grande. A capital gaúcha foi a cidade mais citada como residência de senhores de escravos negociados naquela praça, com 24% do total vendido. Pelotas e Jaguarão, localidades próximas, também foram citadas (em 3,9% e 3,1% das procurações, respectivamente).

A população cativa que entrou em Rio Grande através dessas procurações tinha um perfil diferente daquela comercializada localmente. Em sua maioria, essas procurações deram poderes para a negociação de mulheres (51,6% dos negociados) e especialmente de escravos mais experientes, com 40% deles tendo entre 30 e 44 anos.

Observamos uma série de diferenças quanto às procurações passadas por senhores de Rio Grande que autorizavam a comercialização de cativos em outras praças. A começar pela própria distribuição dessas, que se concentraram na década de 1870, em especial no pós-1875. Uma única procuração para a venda de vinte e seis escravos citou a Província do Rio Grande do Sul como local para a venda dos cativos, que representavam 39,4% de todo o grupo negociado. Mas, apesar de sua importância pelo volume comercializado, este caso não foi representativo das procurações. Nessas, o Rio de Janeiro continua sendo a cidade mais citada, com 18,2% dos escravos tendo a cidade como local onde deveriam ser negociados. Somente uma outra Província, a de São Paulo: foi citada, com 7,5% dos cativos a serem negociados em terras paulistas, em Campinas, Santos ou São Paulo.

O perfil dos escravos cujas vendas foram autorizadas através desses documentos apontou novamente para a preferência por jovens trabalhadores masculinos quando os escravos foram postos à venda para o mercado interprovincial. Os homens representaram 72,7% dos escravos objetos dessas procurações. Jovens entre 15 e 29 anos somaram 43,3% desses escravos, sendo seguidos pelos 30,8% daqueles maiores de 30 e menores de 44 anos.

Considerações sobre o comércio de escravos no Rio Grande do Sul

Nossa análise do comércio de escravos na Província do Rio Grande do Sul mostrou uma diversidade de cenários nas cinco localidades estudadas, com características ímpares em cada região, ao mesmo tempo em que certos padrões foram repetidos. Diversas características e elementos desse mercado na Província, levantados pela pesquisa, ainda não foram devidamente debatidos nem muitos explorados no presente texto, mas achamos importantes lançá-los à discussão, enquanto encaminhamos outros problemas.

Em primeiro lugar, cabe destacar o universo dessas transferências frente à população cativa dos municípios selecionados. Em uma população total de 28760 escravos nas cinco localidades, segundo a Matrícula de 1872-73, 3164 foram negociados em algum momento (ou mais de um) na segunda metade do século XIX. Apontamos isso para destacar que acreditamos que a venda não deve ser vista como uma ocasião marginal na vida dos cativos, mas que podemos entendê-la como um fenômeno relativamente corriqueiro em suas vidas, como um problema recorrente, que quando não os atingiu diretamente, afetou, provavelmente, seus familiares, amigos ou mesmo conhecidos.

Quanto à questão de fundo, da importância do comércio de cativos para a decadência da escravidão na Província, o presente artigo traz alguns elementos para a discussão que reforçam a ideia de que devemos relativizar a importância ou o volume dessas transferências para a Província. Nesta pesquisa, através das fontes exploradas, que deveriam registrar as vendas e autorizações dessas (as notas e procurações para negociar cativos), chegamos a um número comprovado de saídas de escravos da Província de 425 indivíduos, e isso no período caracterizado como máximo dessa saída, de maior intensidade do comércio interprovincial, e em cinco localidades com grande número de cativos. É claro que os números de saídas foram muitos superiores a esse, tanto pelo que já foi encontrado[16] quanto pelas lacunas na documentação,

---

16 Um exemplo da grande presença de escravos saídos do Rio Grande do Sul e encontrados no Sudeste pode ser visto em: SLENES, R. *Brazilian Internal Slave Trade*, op. cit., p. 332; e SCHEFFER, Rafael da Cunha. *Escravos do Sul vendidos em Campinas*. Texto apresentado no *IV Encontro Escravidão e Liberdade no Brasil Meridional*. Disponível em: <http://www.escravidaoeliberdade.com.br>.

pesquisa (especialmente as muitas procurações dispersas em livros de notas e de registros gerais) e mesmo de registros. Mas fica claro como a explicação do comércio de escravos como um fator fundamental para a decadência do número de cativos na Província deve ser repensada, até pela dificuldade de mensurá-lo. De maneira alguma o número dessas transferências ou seu impacto sobre os escravos vendidos ou deixados para trás, sobre as atividades e sociedades em que viviam, deve ser minimizado ou deixado de lado, mas sua importância precisa ser melhor estudada.

Além disso, é preciso estar atentos às diversidades regionais. Até a década de 1860, alguns dos municípios gaúchos ainda ganharam escravos através do comércio, principalmente o intraprovincial, mas também de outras Províncias brasileiras. A década de 1860 aparece como um momento de aquecimento nesse mercado, com a ocorrência de muitas compras e vendas na Província. Somente na década de 1870, e principalmente na segunda metade dela, é que podemos observar um movimento mais robusto de venda (ou perda) de escravos para outras Províncias brasileiras, especialmente para as lavouras cafeeiras do Sudeste. Mas mesmo assim sua intensidade parece ser diferenciada, dependendo da região. E não atinge todos os senhores de um mesmo município da mesma forma.

A indicação de que o comércio de escravos drenou braços da Província é insuficiente por diversos motivos, principalmente devido à falta de mais estudos que quantifiquem essas saídas e apontem para seu real impacto no número de cativos na Província, visto que essa afirmação é muitas vezes baseada em impressões de contemporâneos ou em número de "perdas" (que podem incluir falecimentos e alforrias). Além disso, para qualificar o impacto dessas saídas sobre a escravidão no Rio Grande do Sul, também é necessário perceber de que localidades e de quais ocupações saíram esses escravos, visto que o comércio de cativos atingiu diferentes áreas, tipos de produção e tamanhos de propriedades com intensidades variáveis, como indicam as pesquisas de Robert Klein, Robert Slenes, e a de Jonas Vargas e Thiago Araújo para o próprio Rio Grande do Sul.[17]

Em todas as localidades selecionadas, a década de 1860 mostrou-se um período de grande atividade de compra e venda de cativos, especialmente em sua primeira

---

17 KLEIN, Herbert S. "The internal slave trade in nineteeth-century Brazil: a study of slave importations into Rio de Janeiro in 1852". *The Hispanic American Historical Review*, vol. 51, n. 4, nov. 1971; SLENES, Robert. "Grandeza ou decadência? O mercado de escravos e a economia cafeeira da Província do Rio de Janeiro, 1850-1888". In: COSTA, Iraci (org.). *Brasil: história econômica e demográfica*. São Paulo: IPE, USP, 1986; ARAÚJO, *op. cit.*; VARGAS, *op. cit.*

metade. Além disso, um sinal evidente do aquecimento do mercado de cativos no Rio Grande do Sul na década de 1860 foi o elevado preço então obtido (quando pensamos em termos regionais). Como tendência geral, esse preço sofreu forte depreciação ainda na década de 1860, tendo se recuperado ao longo dela ou mesmo nos anos 1870 em algumas localidades, mas sem alcançar o mesmo nível médio de antes. Essas variações sofreram influências locais, mas podemos apontar algumas influências mais gerais.

Os bons retornos e expansão da produção charqueadora, a necessidade de fornecimento de gado pelos pecuaristas, a produção de alimentos e o crescimento dos centros urbanos na década de 1860, entre outros, certamente impulsionaram a procura por mão de obra, fazendo elevar o preço dos escravos nesse período.[18] Além disso, outras atividades, como a criação de mulas, a produção de alimentos e mesmo o crescimento de um mercado de trabalho urbano também influenciaram as diferentes localidades de maneira variada. A partir de meados da década de 1860, entretanto, a Guerra do Paraguai trouxe insegurança para os proprietários e em seu início desestabilizou a produção local, a concorrência com o charque platino se intensificou e a década de 1870 foi marcada pela Lei do Ventre Livre, com uma contestação mais séria da ordem escravista e o debate sobre o seu futuro. Todas essas pressões trouxeram dificuldades econômicas ou políticas e sociais para a posse de escravos, levando a uma diminuição de seu valor.

Devem ser destacados também os diferentes mecanismos de seleção dos cativos que eram transferidos no comércio interprovincial, intraprovincial e local, observados através da análise das notas e das procurações. Com as transferências para fora da Província visaram muito mais uma população masculina jovem, enquanto o comércio dentro da Província e aquele feito nas próprias localidades esteve mais próximo do perfil observado para a população escrava encontrada em cada localidade.

Outro ponto a ser destacado, especialmente quando pensamos além do comércio local de cativos, é a importância de entrepostos comerciais como Porto Alegre, para a Província, e o Rio de Janeiro. Em todas as localidades pesquisadas encontramos cativos que foram comprados de ou suas vendas foram autorizadas para um desses entrepostos. Em especial as cidades mais próximas do litoral, Rio Grande, Pelotas

---

18 Analisando o mercado nacional de escravos, Robert Slenes aponta para a existência de diferentes mercados no país, que respondiam mais diretamente a valorização de algumas mercadorias como o café (Sudeste) e o açúcar e o algodão (Nordeste), indicando essa possibilidade para o Rio Grande do Sul (charque). SLENES, *Brazilian Internal Slave Trade*. op. cit.

e Porto Alegre, apresentaram fortes ligações com comerciantes radicados na Corte. Ao mesmo tempo, Alegrete e Cruz Alta, no interior da Província, construíram suas relações de forma diferenciada, seja por uma forte ligação com Pelotas, mas também com a capital da Província, seja por conexões diretas com a Província de São Paulo: o que fortalece a ideia da transferência por terra de cativos, juntamente com o transporte de tropas.

Bibliografia

ARAÚJO, Thiago Leitão. *Escravidão, fronteira e liberdade: políticas de domínio, trabalho e luta em um contexto produtivo agropecuário (vila da Cruz Alta, Província do Rio Grande de São Pedro, 1834-1884)*. Dissertação de mestrado. PPGH/UFRGS, Porto Alegre, 2008.

CHALHOUB, Sidney. *Visões da liberdade: uma história das últimas décadas da escravidão na corte*. São Paulo: Companhia das Letras, 1990.

FARINATTI, Luís Augusto E. *Confins Meridionais: famílias de elite e sociedade agrária na Fronteira Sul do Brasil (1825-1865)*. Tese de Doutorado, PPGH-UFRJ. Rio de Janeiro, 2007.

GRAHAM, Richard. "Nos tumbeiros mais uma vez? O comércio interprovincial de escravos no Brasil". *Afro-Ásia*, 27 (2002).

MOTTA, José Flavio. *Escravos daqui, dali e de mais além: o tráfico interno de cativos na expansão cafeeira paulista (Areias, Guaratinguetá, Constituição/Piracicaba e Casa Branca, 1961-1887)*. Tese de Livre docência, PPG Economia/USP. São Paulo, 2010.

NOGUERÓL, Luiz Paulo Ferreira. *Sabará e Porto Alegre na formação do mercado nacional no século XIX*. 2003. Tese de Doutorado, PPG Economia/Unicamp. Campinas, 2003.

SLENES, Robert W. *The demography and economics of Brazilian slavery: 1850-1888*. Tese de Doutorado, Stanford University, 1976.

_____. "The Brazilian internal slave trade, 1850-1888: Regional economies, slave experience and the politics of a peculiar market". In: JOHNSON, Walter (ed.). *The Chattel Principle: internal slave trade in the Americas*. New Haven: Yale University Press, 2004.

Das charqueadas para os cafezais? O tráfico interprovincial de escravos envolvendo as charqueadas de Pelotas (RS) entre as décadas de 1850 e 1880[1]

JONAS MOREIRA VARGAS[2]

AO LONGO DE QUASE TODO O SÉCULO XIX, o charque foi o produto-rei da economia rio-grandense e permaneceu no topo das suas exportações. Anualmente, centenas de tropas de animais eram enviadas de diversas localidades da Província até Pelotas, o grande núcleo charqueador da região. Durante os oitocentos, funcionaram no município (mas não ao mesmo tempo) cerca de 43 destes estabelecimentos. Fundamental na alimentação dos escravos das *plantations* do sudeste e nordeste do país, o charque ainda foi responsável por aprofundar a integração dos mercados do sul com o restante do Brasil. Na época das safras, inúmeras embarcações entravam no porto da cidade vizinha de Rio Grande abarrotadas de sal e mercadorias diversas e retornavam com muitas toneladas de charque e couros. Como resultado deste circuito mercantil, Pelotas foi cenário da formação de uma das elites mais ricas da região. Os charqueadores constituíram sua fortuna com base no trabalho de sua numerosa escravaria e qualquer ameaça a estas relações de produção poderia prejudicar demasiadamente os seus negócios.[3]

Pelotas apresentou uma das maiores concentrações de população negra do sul do Império. Em 1814, cerca de 50,7% dos seus habitantes eram escravos e somente

---

1 Agradeço a Robert Slenes, Beatriz Mamigonian e Thiago Araújo pelos comentários e sugestões a esta pesquisa no V Encontro Escravidão e Liberdade no Brasil Meridional, realizado na UFRGS, entre os dias 11 e 13 de maio de 2011.

2 Doutorando em História Social (UFRJ); jonasmvargas@yahoo.com.br.

3 Estes 43 estabelecimentos de charqueada tratavam-se de um número diminuto se comparado às centenas de estâncias de criação de gado e casas de comércio espalhadas pela Província. Apesar do pouco número, a riqueza dos charqueadores era superior a destes últimos, assim como seus plantéis de escravos, bem maiores que o dos mesmos.

30% de sua população era branca. Em 1833, este índice havia permanecido quase o mesmo.[4] De acordo com Gabriel Berute, entre 1809/10 e 1824, o desembarque de escravos vindos do Rio de Janeiro apresentou uma grande aceleração.[5] Tal tendência manteve-se forte na passagem da década de 1820 para a seguinte, o que, conforme Berute, denota certa correlação com os ritmos do tráfico atlântico estudados por Manolo Florentino.[6] Como o Rio Grande do Sul não participava diretamente do tráfico atlântico, desde a década de 1780 os charqueadores da região tornaram-se dependentes dos cativos vindos do Rio de Janeiro. Neste sentido, a montagem do complexo charqueador e seus anos iniciais (1780-1830) só foi possível mediante esta vinculação com o capital mercantil carioca.[7]

---

4   GUTIERREZ, Ester J. B. *Negros, charqueadas & olarias: um estudo sobre o espaço pelotense*. Dissertação de mestrado. PPGH/PUC-RS, Porto Alegre, 1993, p. 182.

5   BERUTE, Gabriel Santos. O tráfico negreiro no Rio Grande do Sul e as conjunturas do tráfico atlântico, c. 1790 – c. 1830. *Anais do V Encontro Escravidão e Liberdade no Brasil Meridional*. Porto Alegre: UFRGS, 2011. Disponível em: <http://www.escravidaoeliberdade.com.br>. Conforme Helen Osório, entre 1808 e 1820, o Rio Grande do Sul importou 14.098 escravos, sendo mais de 85% vindos do Rio de Janeiro. OSÓRIO, Helen. *Estancieiros, lavradores e comerciantes na constituição da Estremadura Portuguesa na América: Rio Grande de São Pedro, 1737-1822*. Tese de Doutorado, PPGH/UFF. Niterói, 1999, p. 197. Este número deve ter sido maior, talvez chegando perto dos 20.000, pois a autora não obteve dados para os anos de 1816, 1817 e 1818.

6   BERUTE, *op. cit.*, p. 1-2; FLORENTINO, Manolo. *Em costas negras: uma história do tráfico atlântico de escravos entre a África e o Rio de Janeiro (séculos XVIII e XIX)*. São Paulo: Companhia das Letras, 1997.

7   OSÓRIO, *op. cit.*; FRAGOSO, João L. R. *Homens de Grossa Aventura: acumulação e hierarquia na praça mercantil do Rio de Janeiro (1790-1830)*. Rio de Janeiro: Civilização Brasileira, 1998.

MAPA 1 – Localização de Pelotas (núcleo charqueador) – 1875

Fonte: Produzido a partir de FELIZARDO, Julia Netto (Org.). *Evolução administrativa do Estado do Rio Grande do Sul*. Porto Alegre: FEE, 1981

Neste sentido, o surgimento de novas fábricas de charquear alimentava o tráfico de escravos, pois as mesmas demandavam muita mão de obra. É provável que às vésperas da Guerra dos Farrapos as charqueadas de Pelotas concentrassem entre 2.000 e 2.500 cativos. De acordo com Gabriel Berute, o ápice do desembarque de escravos no Rio Grande se dava no verão, seguido da primavera, ou seja, exatamente na época em que se iniciava a matança de gado nas charqueadas, o que demonstra um dos motivadores destes fluxos.[8] Entretanto, a extinção do tráfico atlântico, em 1850, provocou uma grande diminuição na oferta de africanos cativos. Em 1871, a Lei do Ventre Livre trouxe uma nova ameaça e, por este motivo, foi duramente combatida pelos charqueadores. Como se sabe, nos anos posteriores, a escravidão foi perdendo sua legitimidade, mas só veio a definhar completamente nos fins da década de 1880.

Buscando remediar o fim do tráfico atlântico, desde a década de 1850, comerciantes e fazendeiros de todo o Brasil estimularam um crescente comércio interno de escravos, seja de algumas Províncias para outras, seja no interior das próprias Províncias. O conjunto destas transações ficou conhecido como tráfico *interprovincial* e *intra-provincial* de escravos. Diversos autores analisaram estes fluxos mercantis, revelando que as Províncias cafeicultoras do sudeste drenaram um enorme contingente de cativos das Províncias do nordeste.[9] Comparando dados populacionais de 1819 e 1872, João Fragoso verificou a transferência definitiva do eixo econômico brasileiro do nordeste açucareiro para o sudeste cafeeiro. Em 1819, o nordeste tinha 51,2% dos escravos do país, enquanto, em 1872, o sudeste passou a deter 59% dos mesmos.[10] O tráfico terrestre, pelos sertões nordestinos, também foi intenso. Centenas de escravos foram levados através das vias interioranas da

---

8   BERUTE, Gabriel S. *Dos escravos que partem para os portos do sul: características do tráfico negreiro do Rio Grande de São Pedro do Sul, c. 1790- c. 1825*. Dissertação de mestrado. PPGH/UFRGS, Porto Alegre, 2006, p. 50.

9   Ver, por exemplo, CONRAD, Robert. *Os últimos anos da escravatura no Brasil – 1850-1888*. Rio de Janeiro: Civilização Brasileira, 1978; SLENES, Robert W. *The demography and economics of Brazilian slavery: 1850-1888*. Tese de doutorado em História. Stanford University, Stanford, 1976; MARTINS FILHO, Amilcar; MARTINS, Roberto B. "Slavery in a Nonexport Economy: nineteenth-Century Minas Gerais revisited". *The Hispanic American Historical Review*, vol. 63, n. 3, p. 537-568; MELLO, Evaldo Cabral de. *O norte agrário e o Império (1871-1889)*. Rio de Janeiro: Topbooks, 1999; MOTTA, José Flávio; MARCONDES, Renato. "O comércio de escravos no Vale do Paraíba Paulista: Guaratinguetá e Silveiras na década de 1870". *Estudos Econômicos*, vol. 30, abr./jun. 2000, p. 267-299; GRAHAM, Richard. "Nos tumbeiros mais uma vez? O comércio interprovincial de escravos no Brasil". *Afro-Ásia*, n. 27, 2002, p. 121-160; SLENES, Robert. "The Brazilian internal slave trade (1850-1888). Regional economies, slave experience and the politics of a peculiar market". In: JOHNSON, W. *The Chattel Principle. Internal slave trades in the Americas*. Londres: Yale University Press, 2004, p. 325-370.

10 FRAGOSO, João L. R. "O Império escravista e a República dos plantadores: Economia brasileira no século XIX, mais do que uma *plantation* escravista-exportadora". In: LINHARES, Maria Yedda (org.). *História Geral do Brasil*. Rio de Janeiro: Elsevier, 1990, p. 144.

Bahia até serem vendidos em Minas e São Paulo. Por conta disto, a Província baiana foi uma das que mais perdeu escravos no período.[11]

Até pouco tempo, a maioria dos estudos sobre esta temática analisaram as Províncias agroexportadoras. Em contrapartida, as regiões com uma economia mais voltada para o abastecimento do mercado interno eram quase que exclusivamente vistas como perdedoras de escravos no interior destes circuitos. Recentemente, novas pesquisas vêm dedicando-se a investigar mais profundamente estas regiões, onde plantéis bem menores compunham o patrimônio das elites locais.[12] No caso do Rio Grande do Sul, a visão que destaca somente a perda de escravos ganhou força com o estudo de Robert Conrad. De acordo com o autor, a Província foi de longe a que mais perdeu cativos na década de 1870.[13]

A obra de Conrad acabou tornando-se referência fundamental sobre o tema e induziu os historiadores a interpretarem outros dados estatísticos à luz de suas contribuições. Amparando-se no censo geral de 1872, muitos encontraram estatísticas bastante contundentes para sustentar a suposta perda de escravos no Rio Grande do Sul, ainda na década de 1860. Em 1872, a população cativa recenseada na Província foi de 67.791 escravos. Já os indicadores de 1863 apresentavam 77.419 cativos, ou seja, num intervalo de 9 anos, o Rio Grande do Sul teria subtraído quase 10 mil escravos – mais de mil por ano.[14] O mesmo vale para a população cativa de Pelotas. Se em 1858 o município possuía 4.788 escravos, no censo de 1872 apresentava uma população cativa de 3.575, ou seja, 1.213 a menos.

Seguindo estas estatísticas, pesquisadores que se dedicaram ao estudo das charqueadas de Pelotas, de longe as unidades produtivas com os maiores plantéis de

---

11 SILVA, Ricardo Tadeu Caíres. *A participação da Bahia no tráfico interprovincial de escravos (1851-1881)*. Anais do III Encontro Escravidão e Liberdade no Brasil Meridional, 2007. Disponível em: <http://www.escravidaoeliberdade.com.br>.

12 Ver, por exemplo, FLAUSINO, Camila Carolina. *Negócios da Escravidão: tráfico interno de escravos em Mariana, 1850-1886*. Dissertação de mestrado. PPGH/UFJF, Juiz de Fora, 2006; SCHEFFER, Rafael da Cunha. *Tráfico inter-provincial e comerciantes de escravos em Desterro, 1849-1888*. Dissertação de mestrado. PPGH/UFSC, Florianópolis, 2006; ARAÚJO, Thiago Leitão de. *Escravidão, fronteira e liberdade: políticas de domínio, trabalho e luta em um contexto produtivo agropecuário (vila de Cruz Alta, Província do Rio Grande do Sul, 1834-1884)*. Dissertação de mestrado. PPGH/UFRGS, Porto Alegre, 2008.

13 CONRAD, op. cit., p. 351.

14 Ver Censo geral de 1872 (disponível em: http//www.ibge.gov.br). Relatório do Presidente da Província do Rio Grande do Sul Espiridião Eloy de Barros Pimentel, 1864, p. 46.

escravos da Província, acabaram concluindo que a sua economia teria sido duramente afetada por esta perda de cativos. Berenice Corsetti, por exemplo, considerou que "a partir de 1850, a questão da mão de obra para as charqueadas gaúchas deve ser examinada dentro de um contexto que passou a configurar a conhecida 'crise de braços'". Desde então, o Rio Grande do Sul teria começado a perder cativos para o sudeste, o que "se constituiu em elemento expressivo no processo de desarticulação" da economia charqueadora pelotense.[15] Duas décadas depois, Leonardo Monastério defendeu que a "realocação" da mão de obra do Rio Grande do Sul para o sudeste cafeeiro foi uma das principais causas da decadência das charqueadas em Pelotas.[16]

No entanto, o número de escravos contidos no censo geral de 1872 estava longe de corresponder à realidade. Num artigo clássico, Robert Slenes apontou que a população cativa sul-rio-grandense foi bastante subestimada.[17] Analisando dados extraídos dos registros de matrículas dos cativos, anexos aos Relatórios da Diretoria Geral de Estatística do Império, Slenes verificou que, em 1873, o Rio Grande do Sul possuía 83.370 escravos e não os 67.791 arrolados no censo. Portanto, até este ano, o número de cativos na Província teria aumentado e não diminuído, como se acreditava.[18] O mesmo vale para Pelotas. Analisando os relatórios da DGE – os mesmos estudados por Slenes – verifiquei que, em 1873, Pelotas possuía 8.141 escravos e não 3.575, como o censo de 1872 apontava.[19]

---

15   CORSETTI, Berenice. *Estudo da charqueada escravista gaúcha no século XIX*. Dissertação de mestrado.PPGH/UFF, Niterói, 1983, p. 142-144. Esta tese da "crise de braços" na economia rio-grandense (da década de 1860) recebeu uma importante crítica de Thiago Araújo (2008). Estudando Cruz Alta, região de criação de gado e produção ervateira, o autor verificou que o número de cativos deste e de outros municípios aumentou durante este período.

16   MONASTÉRIO, Leonardo. "A decadência das charqueadas gaúchas no século XIX: uma nova explicação". *Anais do VIII Encontro Nacional de Economia Política*. Florianópolis: SEP, 2003.

17   SLENES, Robert. "O que Rui Barbosa não queimou: Novas Fontes para o Estudo da Escravidão no Século XIX". *Estudos Econômicos*, vol. 13, n. 1, jan./abr. 1983, p. 117-149.

18   Obviamente que uma afirmação sobre o aumento ou a diminuição de escravos entre 1863 e 1873 depende da real população cativa para o primeiro marco temporal. Mas mesmo que as estatísticas de 1863 possam estar subestimadas, os dados da matrícula de 1873 ajudam a refutar qualquer ideia acerca da suposta crise de braços. Neste sentido, ver ARAÚJO, Thiago Leitão de. "Novos dados sobre a escravidão na Província de São Pedro". *V Encontro de Escravidão e Liberdade no Brasil Meridional*. Porto Alegre, UFRGS, 2011. Disponível em: <http://www.escravidaoeliberdade.com.br>, e artigo desta coletânea.

19   *Relatório da Diretoria Geral de Estatística apresentado ao Ministério do Império pelo Conselheiro Manoel Francisco Correa*. Rio de Janeiro: Tipografia Franco-Americana, 1874, p. 187. Este relatório e os citados doravante estão disponíveis no site: http://memoria.nemesis.org.br. (Consultados em 10/06/2011). O

Portanto, a grande queda das estatísticas referentes à população cativa rio-grandense foi posterior a 1873. Na Província inteira, entre 1874 e 1884, esta população diminuiu em 15.302 escravos.[20] É neste período que se intensificou a saída de cativos para o sudeste cafeeiro. Segundo Robert Slenes, a segunda metade da década de 1870 marcou o auge das transferências de cativos para os cafezais do sudeste. Entre 1877 e 1879, de 17% a 25% dos escravos comercializados em Campinas provinham do Rio Grande do Sul. Para o autor, "o declínio da produção escravista de charque" na década de 1870 teria estimulado o fluxo de cativos para a região.[21] De fato, em 1876, Pelotas contava com 7.556 escravos e, em 1884, possuía 5.918.[22] Portanto, a diminuição teria se iniciado em 1874, mas se intensificado entre 1877 e 1884. Contudo, tal afirmação de que houve uma relação direta entre a crise das charqueadas e a saída de cativos precisa ser verificada empiricamente. Para tanto, é necessário analisar qual foi a proporção de cativos alforriados e falecidos entre 1874 e 1884 e se as charqueadas de Pelotas perderam tantos escravos para o tráfico interprovincial. As próximas páginas buscam investigar esta questão, contribuindo, desta forma, com uma história social do tráfico interno.

A concentração de escravos e de riqueza em Pelotas

Em Pelotas, como em diversas regiões do Império, havia não somente uma alta concentração de escravos, como também de riqueza. Dos 201 inventários post-mortem que pesquisei, entre 1850 e 1885, 81 (40%) não possuíam cativos arrolados entre seus bens, o que reforça ainda mais a mencionada concentração dos mesmos no interior da população.[23] Os 120 restantes somavam 1.304 escravos inventariados. No

---

acesso aos mesmos contou com a gentil indicação de Beatriz Mamigonian e Marcelo Santos Matheus. Thiago Araújo foi um importante interlocutor acerca destes dados. Uma análise das estatísticas referentes ao Rio Grande do Sul pode ser verificada em Araújo, *op. cit.*, 2011.

20 Conrad, *op. cit.*, p. 217.

21 Slenes, Robert. "Grandeza ou decadência? O mercado de escravos e a economia cafeeira da Província do Rio de Janeiro, 1850-1888". In: Costa, Iraci (org.) *Brasil: história econômica e demográfica*. São Paulo: IPE, USP, 1986, p. 133.

22 *Relatório da Diretoria Geral de Estatística apresentado ao Ministério do Império pelo Conselheiro Manoel Francisco Corrêa*. Rio de Janeiro: Tipografia Nacional, 1878, p. 142; Loner, Beatriz. *1887: A Revolta que oficialmente não houve ou de como abolicionistas se tornaram zeladores da ordem escravocrata*. História em Revista, Pelotas, vol. 3, 1997, p. 30.

23 Para tanto, analisei os inventários entre 1850 e 1890, em intervalos de cinco em cinco anos.

entanto, de acordo com a Tabela 1, 13 deles, ou 10,7%, detinham 54,5% do total da escravaria. Já os proprietários de 5 ou menos escravos, que compunham 60% dos inventariados, possuíam apenas 14,6% dos cativos. Entre os 13 maiores proprietários de escravos estavam 7 charqueadores. Eles eram os únicos a possuírem mais de 100 escravos e perfaziam a metade dos que detinham entre 51 e 100 cativos.

TABELA 1 – Concentração dos plantéis de escravos entre os inventariados (1850-1885)

Tamanho do plantel	Número de inventários	% de inventários	Número de escravos	% de escravos
Mais de 100	2	1,6	218	16,7
De 51 a 100	4	3,3	271	20,8
De 26 a 50	7	5,8	223	17,0
De 16 a 25	17	14,3	263	20,2
De 6 a 10	18	15,0	138	10,7
De 3 a 5	41	34,2	150	11,5
De 1 a 2	31	25,8	41	3,1
Total	120	100%	1.304	100%

Fonte: Inventários post-mortem (APERS)

Dos 13 maiores proprietários de escravos citados, 8 estavam entre os 10 mais ricos inventariados, entre 1850 e 1890. A grande parte destas fortunas encontrava-se nas mãos de uma minoria de indivíduos. Estes 10 mais ricos, ou 3,9% dos inventariados, somavam 611.287 libras esterlinas, ou 53,8% do total avaliado.[24] Entre os mais ricos do topo da hierarquia econômica estavam 5 charqueadores, 3 estancieiros e 2 comerciantes. A base desta pirâmide socioeconômica revela que 73,8% dos inventariados detinham apenas 9,9% dos bens avaliados. Levando-se em conta que os inventários sobrerepresentam as camadas mais ricas da sociedade, conclui-se que a concentração de riqueza devia ser ainda maior.

Esta concentração tendeu a acentuar-se com o aumento do preço dos escravos na década de 1860 e a posterior diminuição do número dos mesmos nos fins da década de 1870. De acordo com o Gráfico 1, a média dos preços dos escravos masculinos em idade produtiva quase triplicou entre 1850 e 1865. No primeiro período, eles somavam 570$ e quinze anos depois chegavam à 1:617$. A queda dos preços se iniciou anos depois, chegando a 857$ em 1880 e 400$ em 1885, quando a onda abolicionista já havia libertado

---

24 Para conversão em libras esterlinas utilizei MATTOSO, Kátia de Queiroz. *Ser escravo no Brasil*. São Paulo: Brasiliense, 1982, Anexos.

boa parte dos escravos em Pelotas. Nos primeiros 10 anos do gráfico, homens e mulheres cativos equivaliam-se em preços, mas a partir da década de 1860, acentuou-se um distanciamento em favor dos homens. A grande queda do valor destes e a quase aproximação com as mulheres nos últimos dois períodos indicam que a escravidão estava com seus dias contados, o que significava uma ameaça para os charqueadores menos preparados.

GRÁFICO 1 – Preço dos escravos entre 15 e 40 anos (1850-1885)

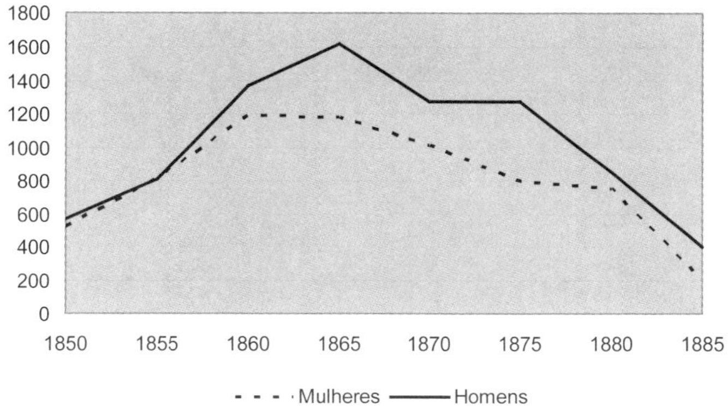

Fonte: Inventários post-mortem de Pelotas (APERS)

Esta alta dos preços dos cativos na década de 1860, como outros autores já trataram, teve como uma das causas a diminuição da oferta desta mercadoria e da corrida de comerciantes para adquirir cativos e revendê-los aos grandes centros agroexportadores do sudeste.[25] Como demonstrarei adiante, este aumento do valor dos escravos dificultou o acesso dos pequenos proprietários ao tráfico interno como compradores, reservando-lhes o papel de vendedores nestas transações. Isto se refletiu no número de inventários com escravos ao longo do período. O Gráfico 2 demonstra que a porcentagem deles começou a sofrer uma grande baixa a partir da década de 1870, ou seja, após o aumento do valor dos cativos e justamente no período em que Pelotas perdeu mais escravos, a segunda metade da década mencionada. Soma-se a isto o fato da Lei do Ventre Livre

---

25 Como, por exemplo, BERGAD, Laird W. *Escravidão e História Econômica: demografia de Minas Gerais, 1720-1888*. Bauru: Edusc, 2004; SLENES, *op. cit.*, 1986.

(1871) ter vedado qualquer possibilidade de reprodução natural da escravaria, o que acelerou este processo.[26]

GRÁFICO 2 – Porcentagem de Inventários com escravos em Pelotas (1850-1885)

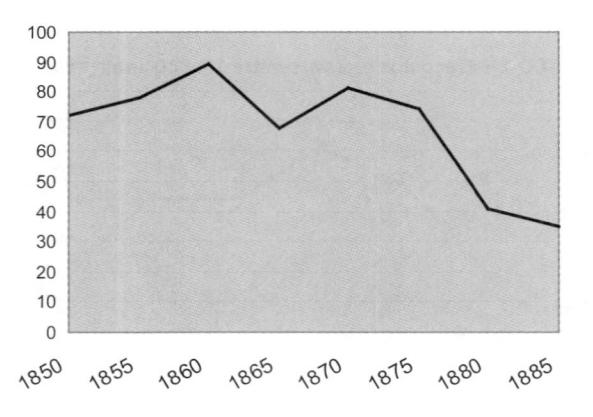

Fonte: Inventários post-mortem de Pelotas (APERS)

Esta concentração de cativos não se resume a um privilégio dos charqueadores sobre o restante da população. No interior do grupo dos próprios charqueadores, a concentração de renda e de mão de obra acentuou-se bastante nestas décadas finais da monarquia. De acordo com a Tabela 2, onde elenco somente inventários de charqueadores, é possível verificar que as maiores fortunas localizadas entre os mesmos situam-se exatamente no período da mencionada "crise" das charqueadas (a partir da década de 1870, quando as exportações começam a diminuir). As riquezas acima de 100 mil libras só começam a aparecer nos inventários deste período. No entanto, este enriquecimento foi acompanhado de um agravamento da desigualdade da distribuição das fortunas, denotando uma maior concentração das mesmas nas mãos de alguns charqueadores em índices superiores aos das décadas anteriores.

---

26 Em 1878, calculando o número de filhos de escravas nascidos após a Lei do Ventre Livre, o Diretor Geral de Estatística reconheceu que, se não fosse a mesma, o Brasil teria aumentado a sua população escrava em 90 mil cativos, até 1876. Caso a Lei não tivesse libertado o ventre, o Rio Grande do Sul teria aumentado 11.326 escravos neste mesmo intervalo de tempo (Relatório da DGE, *op. cit.*, 1878, p. 121).

TABELA 2 – Concentração de riqueza entre os charqueadores de Pelotas a partir dos inventários post-mortem, em libras esterlinas (%)

	Até 5.000		5.000 a 10.000		10.000 a 20.000	
	Inventários	Riqueza	Inventários	Riqueza	Inventários	Riqueza
1815-1845	16,6	4,1	33,3	18,9	33,3	30,7
1846-1855	14,2	2,4	21,4	5,9	14,2	9,9
1856-1870	-	-	26,6	7,5	20,0	11,5
1871-1885	26,6	1,9	6,6	1,4	20,0	5,9
1886-1900	25,0	1,3	12,5	1,5	12,5	3,2

	20.000 a 50.000		50.000 a 100.000		Mais de 100.000		Totais	
	Inventários	Riqueza	Inventários	Riqueza	Inventários	Riqueza	Inv.	Riq.
1815-1845	16,6	46,2	-	-	-	-	06	82.208
1846-1855	28,5	28,2	21,4	53,4	-	-	14	341.410
1856-1870	40,0	39,5	13,3	41,0	-	-	15	432.839
1871-1885	20,0	15,8	13,3	18,2	13,3	56,6	15	652.451
1886-1900	12,5	6,1	12,5	13,4	25,0	74,5	08	490.229
Totais							58	2.004.137

Fonte: Inventários post-mortem dos charqueadores de Pelotas (APERS)

Ainda de acordo com a Tabela 2, entre 1871 e 1885, 13,3% dos inventários concentravam 56,6% da riqueza. No período posterior, 25% dos inventariados detinham 74,5% dos bens. Entre 1871 e 1885, o limbo desta pirâmide econômica compunha 33,2% dos charqueadores que detinham somente 3,3% da riqueza e no último período 37,5% deles somavam somente 2,8% dos montantes. Portanto, fica evidente que tais patrimônios foram acumulados em detrimento da ruína econômica de outras famílias charqueadoras. É bem verdade que antes de 1870 já havia uma desigualdade na distribuição das riquezas, mas os índices de concentração dos últimos dois períodos e a diferença entre os que ocupavam o topo da hierarquia econômica e os que estavam na base tornaram-se muito maiores. Tanto entre 1846 e 1855, quanto entre 1856 e 1870, a fortuna do charqueador mais rico era 16 vezes maior que a do charqueador mais pobre. No entanto, entre 1871 e 1885, o montante do mais rico era 64 vezes maior que o do mais pobre, e no último período esta diferença atingiu 87 vezes!

A concentração de renda, que se acentuou na década de 1870, veio acompanhada de uma concentração de cativos e de um aumento da distância entre os maiores plantéis e os menores plantéis inventariados. Dividindo os inventários entre 1846 e 1885 em períodos de 10 anos, é possível verificar que no primeiro (1846-1855) 14% dos inventários possuíam 30% dos escravos, mas no terceiro (1865-1875), 16% dos inventários detinham 49% dos escravos. No decênio seguinte, 2 charqueadores (28% dos inventariados) possuíam 60% dos escravos. Mas se um diminuto topo conseguiu manter plantéis superiores a 150 cativos em todas as décadas, na parte de baixo desta pirâmide percebe-se que o número de charqueadores com plantéis menores que 25 escravos aumentou ao longo do tempo. De 1846 a 1870, somente 2 inventariados apresentaram este índice. Mas entre 1871 e 1885, 6 proprietários possuíam um plantel nesta faixa – considerada pequena para os padrões das charqueadas. Portanto, a desigualdade entre o maior escravista e o menor escravista aumentou muito durante as décadas. Enquanto na primeira faixa o proprietário de cativos possuía 3,1 vezes o plantel do último, na última faixa o plantel do maior era 19,8 vezes maior que o do último.

Portanto, o topo da elite charqueadora resistiu muito mais aos problemas relativos à mão de obra, o que não ocorreu com outros charqueadores menos afortunados. Esta concentração de renda ajudou a condicionar quem vendeu e quem comprou escravos após a extinção do tráfico atlântico. Isto não significa dizer que estes charqueadores da base da pirâmide perderam seus cativos para o sudeste cafeicultor. Depois de 1850, ocorreram muitas transações de cativos entre charqueadores e é isto que demonstrarei a seguir.

Um negócio entre poucas famílias...

Conforme mencionei anteriormente, até 1874 a população cativa da Província apresentou índices crescentes. Portanto, foi após esta data que as estatísticas apontam uma queda do número de escravos e um aumento da saída de escravos rio-grandenses para o sudeste. A partir de agora analisarei as escrituras públicas de compra e venda de escravos e as procurações de venda de cativos realizadas no município de Pelotas. O primeiro corpo documental engloba o período de 1850 a 1884, e reúne os negócios efetuados diretamente entre ambas as partes envolvidas.[27] O segundo grupo de fontes debruça-se sobre as vendas realizadas por procuração, reunidas exclusivamente nos Livros de Procurações, e elencam o período entre 1874 e 1880. São nestes documentos que o tráfico interprovincial se torna mais nítido.[28] Observando esta fonte é possível perceber que boa parte

---

27 Livros de Transmissões e notas, Registros Diversos e Registros Ordinários do 1º, 2º e 3º Tabelionatos de Pelotas, Fundo 48, APERS.

28 Sobre este tipo de transações ver também SLENES, *op. cit.*, 1976, p. 155-158; SCHEFFER, *op. cit.*, 2011, p. 2.

dos procuradores encarregados de vender os escravos era de fora de Pelotas.[29] Antes de começar a análise é necessário dizer que não descarto o fato de que negociações não registradas em cartório deviam ocorrer. Até a década de 1860, as escrituras de compra e venda de escravos não eram obrigatórias e isto deve ser levado em conta. Entretanto, foi na década de 1870 que a população cativa de Pelotas começou a diminuir. Mesmo com a impossibilidade de trabalhar com os sub-registros e as lacunas documentais, creio que as escrituras públicas e as procurações aqui analisadas fornecem uma base aproximada do volume de escravos que Pelotas perdeu para o tráfico interprovincial. Ao final deste texto trarei dados que reforçam esta afirmação.[30]

As escrituras públicas de compra e venda de escravos em Pelotas, entre 1850 e 1884, reúnem 50 transações envolvendo 334 cativos (Tabela 3). A maior negociação envolveu 56 escravos numa única escritura, quando além dos negros cativos, o charqueador Cipriano Rodrigues Barcellos e o seu genro e sócio Domingos Pinto Mascarenhas também venderam o seu estabelecimento com todos os pertences, potreiros e o iate *Benjamim* para Cândido Antônio Barcellos.[31] Mas 29 escrituras, ou 58% das mesmas, envolviam somente um escravo, perfazendo a maioria das escrituras. No entanto, reunidas elas englobavam somente 8,6% dos cativos negociados.

Analisando estes mesmos documentos para outros municípios do Rio Grande do Sul, Rafael Scheffer trouxe números importantes sobre o comércio interno na Província e que possibilitam algumas comparações. Se entre 1850 e 1884, Pelotas teve 334 cativos negociados, Porto Alegre, entre 1854 e 1884, teve 1739 escravos transacionados. Para o mesmo período, Rio Grande teve 487, Cruz Alta 549 e Alegrete

---

29 Livros de Procurações do 1º, 2º e 3º Tabelionatos de Pelotas e 3º e 4º Distrito de Pelotas, Fundo 48, APERS. Também existe um número diminuto de procurações deste tipo nos livros de Registros Ordinários, na década de 1860, mas não os incluí na presente análise por privilegiar o período de maior saída de cativos. Além do mais, os livros específicos de procurações iniciam-se exatamente no ano de 1874 e se estendem até o período republicano. No entanto, não localizei nenhuma venda por procuração a partir de 1881, daí o marco temporal final de 1880. Tal fenômeno explica-se pelo fato de que entre 1879 e 1880, as Assembleias Legislativas de São Paulo e Minas Gerais votaram impostos de 1:000$ a 2:000$ por cada escravo entrado nas suas Províncias (BAKOS, *op. cit.*, p. 67). Tal medida diminuía muito os lucros obtidos no tráfico, inibindo-o.

30 Ao contrário do Rio de Janeiro e de São Paulo: por exemplo, no Rio Grande do Sul não vigorou uma taxa fixa para a cobrança das meias-sisas – imposto de transmissão de escravos. O valor cobrado era de 6% sobre as transações. A ausência de uma taxa fixa nos impossibilita calcular o número de escravos negociados por município a partir do total arrecadado nas coletorias, como fez Slenes para o Rio de Janeiro (SLENES, *op. cit.*, 1986, p. 121-124).

31 Transmissões e Notas, Pelotas, 1º Tabelionato, Fundo 48, Livro 9 – APERS, p. 105.

139 cativos comercializados.[32] A partir destes dados percebe-se que os índices da capital são muito altos se comparados aos outros municípios. Analisando os dados dos Relatórios da DGE percebe-se que Porto Alegre está entre os municípios que mais perderam cativos na década de 1870, enquanto Pelotas posiciona-se entre os que menos perderam.[33] Portanto, se os escravistas de Porto Alegre estiveram mais vulneráveis ao comércio interno, os de Pelotas conseguiram resistir mais a tais transações, seja para fora do município, seja para fora da Província.

TABELA 3 – Escravos negociados por escritura em Pelotas (1850-1884)

Escravos por escritura	Escrituras		Escravos	
1	29	58,0%	29	8,6%
2	9	18,0%	18	5,3%
3	1	2,0%	3	0,9%
4	1	2,0%	4	1,2%
De 10 a 20	4	8,0%	61	18,2%
De 21 a 30	2	4,0%	54	16,2%
De 31 a 40	2	4,0%	67	20,3%
De 41 a 50	1	2,0%	42	12,5%
De 51 a 60	1	2,0%	56	16,8%
Total	50	100%	334	100%

Fonte: Livros de Transmissões e notas, Registros Diversos e Registros Ordinários do 1º, 2º e 3º Tabelionatos de Pelotas, Fundo 48, APERS.

Apesar da riqueza dos dados analisados por Scheffer, não é possível saber, a partir de sua pesquisa nos registros de notas, quem eram os senhores dos cativos negociados. Na presente pesquisa, uma conclusão mais aprofundada sobre o impacto da saída de escravos em Pelotas baseada nestes documentos deveria elencar o perfil dos vendedores e a procedência dos compradores. No entanto, este corpo documental não traz muitas informações a este respeito. Mas como venho pesquisando há anos a população e as elites de Pelotas e possuo uma base de dados com centenas de nomes de habitantes (composta por diferentes fontes pesquisadas), consegui determinar ao menos os que são estabelecidos no município.

---

32 SCHEFFER, Rafael da Cunha. Comércio de escravos no Rio Grande do Sul (1850-1888): transferências intra e interprovinciais, perfis de cativos negociados e comerciantes em cinco municípios gaúchos. V *Encontro de Escravidão e Liberdade no Brasil Meridional*. Porto Alegre, UFRGS, 2011, p. 2. Disponível em: <http://www.escravidaoeliberdade.com.br>.

33 Relatório de 1878, *op. cit.*, p. 142.

Das 50 escrituras relacionadas, pelo menos 25 (50%) possuíam compradores que residiam no próprio município. Entretanto, estas 25 pessoas compraram 303 escravos, ou seja, 90,7% do total. Portanto, a grande maioria dos escravos negociados nas escrituras permaneceu no município e não foi enviada para o sudeste do Brasil. Dos outros 9,3% de cativos que foram vendidos para proprietários que creio serem de fora do município, nenhum pertencia a um charqueador. Portanto, de acordo com este corpo documental, nenhum dos escravos vendidos para fora de Pelotas (e da Província) fazia parte do plantel de alguma charqueada. Dos 31 escravos vendidos para fora de Pelotas, 17 eram homens e 14 mulheres. Além do mais, 20 deles foram negociados após 1874.

Contudo, isto não significa que os charqueadores não vendessem seus escravos. Das 50 escrituras, 19 apresentaram estes proprietários envolvidos como compradores e 11 como vendedores, sendo que destas vendas, 10 foram para charqueadores. O total de escravos negociados entre dois charqueadores ou entre um charqueador e um familiar próximo são de 279 cativos, ou seja, 83,5% dos escravos negociados pertenciam aos charqueadores e, portanto, foram transferidos de um proprietário para outro. Tal índice revela uma enorme concentração nestas transações, mas também que alguns destes empresários vinham sentindo as dificuldades financeiras do período, tendo que repassar parte do seu patrimônio para outros concorrentes.

Portanto, estas transações revelam que a grande maioria destes escravos continuou a permanecer no município. Cruzando estes dados com os verificados anteriormente sobre a concentração de renda e de cativos, é possível perceber que os charqueadores compradores eram exatamente os mais ricos do grupo inventariado ou os seus próprios filhos. Juntos, José Antônio Moreira, João Simões Lopes, Antônio José da Silva Maia, Dr. Antônio José Gonçalves Chaves, Aníbal Antunes Maciel, Antônio José de Oliveira Castro, Possidônio Mâncio Cunha e Cândido Antônio Barcellos compraram 58,6% de todos os escravos negociados no período ou 70,3% dos escravos negociados somente entre charqueadores. Portanto, os charqueadores mais pobres tiveram sua escravaria drenada pelos charqueadores mais ricos. Estas transações foram intensas nas três primeiras décadas e tenderam a cair na última, pois 105 cativos foram vendidos nos anos 1850, 90 nos anos 1860, 96 na década de 1870 e 43 na de 1880.

Como mencionei anteriormente, para obter uma visão mais privilegiada do tráfico interprovincial é necessário analisar as procurações de venda de escravos assinadas em Pelotas para outras localidades. A partir da leitura das mesmas, localizei

382 escravos sendo negociados por procuração entre 1874 e 1880.[34] Trata-se de um número muito grande de cativos negociados num curto espaço de tempo e que supera de longe as transações realizadas nas escrituras públicas analisadas anteriormente. Pouco mais de 90% das procurações analisadas negociam somente um escravo. As demais envolvem mães com filhos menores ou no máximo dois escravos. Além do mais, os anos iniciais apresentaram um fluxo de vendas maior que os finais, demonstrando que no fim da década de 1870 a inserção de Pelotas no tráfico interno vinha se enfraquecendo.[35]

A partir das procurações que pesquisei em Pelotas foi possível localizar 169 indivíduos ou firmas diferentes envolvidas neste comércio. Destes, 104 (61,5%) negociaram somente 1 escravo e não voltaram a aparecer nos registros. Portanto, assim como no tráfico atlântico, analisado por Berute, o comércio interno também apresentou uma forte presença de negociantes eventuais.[36] Mas no topo deste grupo, 5 comerciantes concentraram 47% dos escravos transacionados. Só a firma Bastos, Souza & Cia negóciou 96 dos 382 cativos ou 25,1% do total. Em seguida, aparecem Angelino Soveral com 29 escravos negociados, João José Ribeiro Guimarães com 21 cativos, Leivas, Saraiva & Cia com 20 e Duarte Souza & Cia com 16.

Rafael Scheffer também analisou as procurações de venda de escravos para alguns municípios da Província. A partir de sua pesquisa é possível tecer duas considerações. A primeira é que as regiões litorâneas como Rio Grande, Porto Alegre e Pelotas apresentaram um vínculo mercantil maior com o Rio de Janeiro, ao contrário dos municípios localizados mais para a fronteira noroeste como Alegrete e Cruz Alta. A segunda consideração diz respeito aos comerciantes dos cativos. Assim como em Pelotas, na maioria dos outros municípios um pequeno grupo concentrou uma fatia significativa dos negócios. Em Cruz Alta, por exemplo, um comerciante foi responsável por 1/3 dos escravos vendidos por procuração. Em Porto Alegre, Faustino de Oliveira Guimarães concentrou 20,1% dos mesmos.[37] Sobre estes principais comerciantes foi possível perceber que eles se especializaram em suas rotas mercantis,

---

34 Na realidade localizei 403 cativos sendo negociados. Entretanto, 21 deles tratavam-se dos mesmos escravos sendo vendidos outra vez pelo mesmo senhor, o que indica que a primeira transação havia fracassado.

35 Como se pode verificar: em 1874 (42 cativos vendidos), em 1875 (115), em 1876 (116), em 1877 (41), em 1878 (33), em 1879 (31) em 1880 (4).

36 BERUTE, *op. cit.*, 2011.

37 SCHEFFER, *op. cit.*, 2011.

pois os principais agentes mencionados por Scheffer para Cruz Alta, Alegrete, Porto Alegre e Rio Grande não eram os mesmos que atuaram em Pelotas, por exemplo.

Retornando para a minha análise acerca das procurações de Pelotas, verifica-se que nem todos os negócios envolviam a saída de escravos de Pelotas para o exterior da Província. Dos 382 escravos negociados por procuração, 83 (21,7%) não pertenciam a senhores de Pelotas. Tratavam-se, na verdade, de proprietários de municípios vizinhos que foram até Pelotas para venderem seus escravos ou enviaram procuradores para tal fim.[38] Esta simples informação revela que Pelotas, como núcleo urbano e comercial de destaque na Província, também era um polo que reunia muitos compradores de cativos. Portanto, ao invés de somente adentrarem o interior da Província procurando escravos para comprar, creio que os traficantes também permaneciam em Pelotas e Rio Grande à espera dos mesmos.[39]

Portanto, como 83 dos 382 escravos pertenciam a senhores de outros municípios, somente 299 eram de proprietários de Pelotas. Mas ainda é necessário fazer outra ressalva. Destes 299 escravos, 47 foram vendidos por procuração para municípios da própria Província, ou seja, não entraram no circuito do tráfico interprovincial. Destes 47 escravos, 18 eram de distritos rurais de Pelotas e foram vendidos na própria cidade.[40] Trata-se de uma outra modalidade de comércio que poderia ser chamada de *intramunicipal* e que transferia mão de obra de pequenos senhores de áreas rurais para outros mais bem capitalizados. Infelizmente não é possível saber quais proprietários em Pelotas foram os compradores destes escravos, pois o documento traz apenas o nome do procurador, autorizando-o a vendê-lo pelo maior preço possível. Mas como vimos que um grupo de charqueadores drenou boa parte dos cativos comercializa-

---

38 Os mais destacados eram Canguçu (22), Piratini (17), Caçapava (7) e Jaguarão (5).

39 Destes 83 escravos que pertenciam a senhores de fora de Pelotas, somente 14 tiveram procurações assinadas para serem vendidos exclusivamente em Pelotas. Portanto, a maioria era destinada para outros mercados, sobretudo no sudeste do Império. Destes 83 cativos, 66 tiveram procurações passadas para serem vendidos no sudeste. Estas podiam aparecer como procurações passadas para o Rio de Janeiro (15 casos) ou "qualquer parte do Império" (51 casos). Cruzando o nome dos agentes envolvidos neste comércio, creio que os escravos encaminhados para "todo o Império" também eram enviados para o Rio e daí para os cafezais do sudeste. Tal definição devia ser necessária para não causar empecilho nos casos dos escravos serem vendidos em São Paulo com a mesma procuração.

40 Destes 47 escravos, 6 foram vendidos para Rio Grande, 5 para Porto Alegre, 3 para Alegrete, 2 para Santa Vitória do Palmar, 1 para Santa Maria, 1 para Bagé, 1 para Canguçu e o restante tiveram procurações para serem vendidos em qualquer parte da Província. Algumas destas transações são realizadas entre parentes.

dos pelas escrituras públicas, é possível que alguns deles possam ter comprado estes escravos também.

Portanto, dos 382 escravos negociados, 252 (66%) pertenciam a proprietários pelotenses e foram remetidos por procuração para o sudeste do Brasil.[41] Como estou interessado no tráfico interprovincial e na participação do plantel dos charqueadores no mesmo, analisarei somente este grupo de cativos. É somente nele que encontrei charqueadores vendendo escravos. Destes 252 cativos, 92 eram mulheres e 160 eram homens. Portanto, as mulheres também compuseram de forma significativa o grupo de escravos remetidos para o sudeste, pois totalizaram 36,5% dos cativos vendidos. As idades destes escravos vão desde crianças de poucos anos negociadas juntamente com suas mães até adultos de 52 anos. Separando somente os escravos entre 15 e 40 anos temos 69 mulheres (75% das negociadas) e 120 homens (75% dos negociados).

Quanto à naturalidade dos escravos, verifica-se que somente 10 não apresentaram tais informações. Do restante, 218 (90%) haviam nascido no Rio Grande do Sul, mas também existiam crioulos provenientes de outras Províncias, como Bahia (6), Pernambuco (4), Mato Grosso (1), São Paulo (1), Maranhão (1), Minas Gerais (1), Paraná (1) e Santa Catarina (1). Do grupo total de escravos negociados, somente 7 eram africanos, ou seja, 2,7%. Trata-se de um índice bastante pequeno para uma localidade onde a presença de africanos nos inventários após 1850 alcançou uma média de 31,8%.[42] As fontes não revelam se havia uma preferência dos comerciantes por escravos crioulos e se os mesmos seriam mais fáceis de serem vendidos aos cafeicultores, mas outras pesquisas podem contribuir com este ponto.[43]

O fato é que a análise da naturalidade dos cativos revela que alguns deles, como o carneador João Baiano, migraram forçosamente para outra região pela segunda vez, vivenciando uma realidade socioeconômica e cultural distinta. É possível que João tivesse trabalhado cortando cana ou plantando fumo na Bahia ou até mesmo em um

---

41   Destas 252 procurações, 249 foram assinadas para o Rio ou Império, 2 para São Paulo ou Rio e 1 exclusivamente para Minas Gerais. Como já mencionei, as procurações enviadas para o Império também envolviam comerciantes estabelecidos no Rio.

42   Pessi, Bruno S. Estrutura da posse e demografia escrava em Pelotas entre 1850 e 1884. V *Encontro Escravidão e Liberdade no Brasil Meridional*. Porto Alegre, UFRGS, 2011, p. 14. Disponível em: <http://www.escravidaoeliberdade.com.br>.

43   Estudando o tráfico interno em Mariana, Camila Flausino localizou 10,9% de africanos sendo negociados na década de 1860 e 9,3% na década de 1870 (Flausino, *op. cit.*, p. 80). Mas estas transações não envolviam regiões não cafeicultoras para regiões cafeicultoras, como a totalidade das transações de Pelotas, por exemplo.

engenho de açúcar de algum proprietário empobrecido. Chegando em Pelotas, foi empregado na charqueada de Junius Brutus de Almeida, onde teve que aprender o ofício de carneador e adaptar-se ao rigoroso inverno da região. Em 1875, o destino lhe reservara outra viagem sem volta. Desta vez, João Baiano foi vendido para comerciantes cariocas para provavelmente servir como mão de obra em alguma fazenda de café, em São Paulo.

Quanto às profissões dos mesmos 252 escravos, 81 não apresentaram informações ou não possuíam ofícios.[44] Entre os homens, havia 37 campeiros, de longe o grupo mais representativo. Também merecem destaque os cozinheiros (11), os copeiros (10), os roceiros (8), os serventes (6), os marinheiros (5), os serviçais domésticos (5) e os carpinteiros (4). Entre as mulheres, as cozinheiras eram as mais vendidas, somando 20 cativas. As mesmas eram seguidas pelas serviçais domésticas (16), as costureiras (8), as lavadeiras (8), as mucamas (3) e as engomadeiras (2). É possível verificar que, apesar do número significativo de campeiros, uma boa parte dos escravos exercia atividades mais vinculadas aos serviços domésticos.

A partir das profissões elencadas acima já é possível extrair conclusões sobre a pouca participação das charqueadas no tráfico interprovincial. Para matizar melhor estas informações, separei todos os senhores dos 252 escravos vendidos em dois grupos: os charqueadores e os não charqueadores. Do total de escravos, somente 29 (ou 11,5%) pertenciam ao grupo dos charqueadores, que reunia 19 proprietários. O empresário que mais vendeu cativos para o sudeste foi Junius Brutus de Almeida, que remeteu 6 escravos. José Antônio Moreira Júnior vendeu 3, e mesmo assim foram cativos herdados do seu avô. Outros 3 charqueadores venderam 2 escravos cada. O restante perdeu somente um escravo para os cafezais do sudeste.

Arrolando o sexo e a profissão dos escravos vendidos, a participação do plantel das charqueadas no tráfico torna-se ainda mais irrisória. Dos 29 escravos negociados, 4 eram mulheres, sendo uma doméstica, uma cozinheira e outras duas sem ocupação declarada. Portanto, não estavam vinculadas diretamente ao rude serviço das charqueadas. Sobram, portanto, 25 homens. Para 7 deles não foi declarada a ocupação. Do restante, havia 4 campeiros, 4 marinheiros, 3 copeiros, 3 carneadores, 2 cozinheiros, 1 cangueiro, 1 calafate e 1 carpinteiro. Não é possível saber se os escravos campeiros estavam exercendo seus ofícios nas charqueadas ou nas estâncias dos seus

---

44 Dos que não tiveram a ocupação declarada no documento, 37 eram maiores de 14 anos, 22 tinham 14 anos ou menos e 6 não tiveram a idade revelada. Dos que foram classificados como "sem ofício", 13 possuíam 14 anos ou menos e 3 eram maiores de 14 anos.

senhores localizadas em outros municípios. Apesar da importância de todos os escravos arrolados, é necessário dizer que havia somente 3 carneadores, ofício diretamente vinculado ao trabalho no interior das charqueadas, entre os cativos vendidos para o sudeste. A venda de cozinheiros, copeiros e domésticas talvez revele que alguns charqueadores preferiam abrir mão de uma vida senhorial rodeada por serviçais, a ter que diminuir a mão de obra especializada em suas fábricas. Tal fenômeno contraria em parte o que argumentou Fernando Henrique Cardoso ao defender que foi a persistência de um *ethos* senhorial e não uma mentalidade mais capitalista um dos responsáveis pela crise das charqueadas.[45]

Portanto, dos 252 escravos que Pelotas perdeu para o tráfico inter-provincial entre 1874 e 1880, somente 29 pertenciam a charqueadores e destes só 3 eram carneadores. Pode-se somar a estes os campeiros e marinheiros, economicamente importantes, mas que prestavam serviços principalmente fora dos galpões de charquear. Estes 11 cativos perfazem 4,3% dos escravos que Pelotas perdeu para o tráfico inter-provincial e representam 0,07% dos 15.448 cativos que a Província inteira perdeu por óbitos, alforrias e tráfico interno, entre 1874 e 1884.

Portanto, se as charqueadas participaram do tráfico inter-provincial de escravos, certamente não foram como vendedoras, mas sim como compradoras de cativos. Investigando os dados referentes à naturalidade dos escravos nos inventários de charqueadores abertos após 1872, é possível verificar uma significativa parcela de cativos "nordestinos" nos plantéis das charqueadas.[46] Dentre os 142 escravos do plantel do Barão de Butuí, 18 (12,6%) eram naturais do nordeste. Tratava-se de 16 cativos baianos, 1 sergipano e 1 cearense. Do plantel de 120 escravos do coronel Aníbal Antunes Maciel, 7 (6%) eram nordestinos, sendo 4 baianos e 3 pernambucanos. Mas não eram somente os charqueadores ricos que participavam ativamente deste tráfico. No plantel de um charqueador como Domingos Soares Barbosa, que apresentou uma fortuna mediana de 9 mil libras, este índice foi de 19,5%. Dos seus 83 escravos, 9 eram cearenses, 3 baianos, 3 pernambucanos e 1 paraibano. Portanto, quase 1/5 do seu plantel havia sido

---

45 CARDOSO, Fernando Henrique. *Capitalismo e escravidão no Brasil meridional: o negro na sociedade escravocrata do Rio Grande do Sul*. 2ª ed. Rio de Janeiro: Paz e Terra, 1977, p. 170-185.

46 Como é sabido, deste ano em diante, as cópias das matrículas dos escravos deviam ser obrigatoriamente anexadas aos inventários. Estes documentos trazem informações importantes acerca das profissões, naturalidade, filiação dos cativos, entre outros.

comprado de senhores nordestinos.⁴⁷ Esta entrada de cativos de outras Províncias para o Rio Grande do Sul também foi verificada por Rafael Scheffer. Ao analisar as escrituras de notas em Rio Grande, o autor verificou que 25% dos escravos negociados vinham de outras Províncias, sendo o Rio de Janeiro o principal fornecedor de cativos, com 13,7%, seguido por Pernambuco, Santa Catarina e a Bahia.⁴⁸

Não é difícil concluir que ao invés de perder escravos para os cafezais, como se defendeu, os charqueadores foram responsáveis, mesmo que em menor medida, por drenar os cativos do nordeste, o que de certa forma inverte as explicações clássicas sobre a relação da mão de obra escrava, a crise nas charqueadas e sua inserção no tráfico interno. Na década de 1870, Pelotas ainda era uma grande compradora de cativos. Em 1876, por exemplo, 217 escravos haviam entrado no município,⁴⁹ ou seja, muito mais do que os 116 vendidos por procuração para os cafezais do sudeste naquele mesmo ano. Analisando também a segunda metade da década de 1870, Rafael Scheffer verificou que 29,6% das procurações para venda de escravos passadas em Alegrete, município rio-grandense da fronteira oeste, autorizavam a negociação dos mesmos em Pelotas.⁵⁰ Tal fluxo que tinha como destino Pelotas deve ter se repetido em outros municípios do interior do Rio Grande do Sul, pois Pelotas foi a localidade da Província que apresentou o maior êxito em retardar a perda de cativos durante o auge do tráfico inter-provincial. Comparando os dados da população escrava no Rio Grande do Sul entre 1859 e 1884, percebe-se que Pelotas foi um dos dois municípios que não tiveram sua população cativa diminuída neste intervalo de tempo.⁵¹ Além do mais, em 1884, Pelotas constituía-se no município com o maior número de escravos na Província, lugar que havia sido ocupado por Porto Alegre na década precedente.⁵²

Portanto, além de estender seus braços para o exterior da Província, comprando cativos do nordeste, um pequeno grupo de charqueadores parecia estar drenando parte da escravaria dos municípios vizinhos e da própria população pelotense. Este

---

47 Inventário do Barão e da Baronesa de Butuí. N. 647, m. 41, 1º cartório de órfãos e provedoria, Pelotas, 1867/1877 (APERS); Inventário de Aníbal Antunes Maciel, N. 815, m. 48, 1º cartório de órfãos e provedoria, Pelotas, 1875 (APERS); Inventário de Domingos Soares Barbosa. N. 943, m. 54, 1º cartório de órfãos e provedoria, Pelotas, 1881 (APERS).

48 Scheffer, *op. cit.*, 2011, p. 16.

49 Relatório da DGE, *op. cit.*, 1878, p. 142.

50 Scheffer, *op. cit.*, 2011, p. 6.

51 Bakos, *op. cit.*, p. 22-23. O outro município foi Santa Maria.

52 Relatório da DGE, *op. cit.*, 1878, p. 142.

fenômeno não é uma peculiaridade sul-rio-grandense. Em outras Províncias, grandes proprietários de terra conseguiram ter mais sucesso em manter os seus plantéis, em detrimento dos médios e pequenos proprietários.[53] Mas como já mencionei, em Pelotas nem todos conseguiram participar deste mercado como compradores, pois as crises que afetaram o setor desde a década de 1850 derrubaram muitas famílias charqueadoras. Um exemplo disto foi que na década de 1850 para a de 1880, somente 55% destas famílias permaneceram neste ramo de negócios.[54]

Não é possível saber a quantidade de escravos vendidos e comprados em Pelotas, cujas transações não foram registradas em cartório. Mas creio que as compras devem ter compensado as vendas, pois, conforme os dados que apresentarei agora, os números de escravos vendidos por Pelotas que analisei até aqui são próximos do que de fato o município teria perdido no período. Somando as vendas por procurações com as vendas por escrituras, é possível verificar que Pelotas perdeu 272 escravos entre 1874 e 1884. Estes números podem ser testados comparando a população cativa de Pelotas entre 1873 e 1884. Se em 1873 Pelotas teve 8.141 escravos matriculados e em 1884 contava com 5.918, significa que sofreu uma diminuição de 2.223 cativos no período. Esta diminuição foi resultado dos óbitos, das alforrias e das vendas para fora da Província. Entre 1874 e 1884, conforme Beatriz Loner, foram arrolados 1.175 óbitos de escravos em Pelotas.[55] Com relação às manumissões, Jorge Euzébio Assumpção localizou 893 escravos sendo libertados em Pelotas, entre 1874 e 1883.[56] Portanto, somando-se os óbitos, as alforrias e os escravos negociados, tem-se 2.340 cativos. É um número que supera os 2.223 cativos mencionados acima, mas apresenta uma margem de erro totalmente aceitável, uma vez que os censos e estatísticas da época não primavam por uma exatidão. A diferença também pode ter sido consequência da entrada de cativos em Pelotas que não foram registrados em cartório.

Portanto, estas cifras revelam que as alforrias e os óbitos foram os grandes responsáveis pela diminuição do número de cativos no município, perfazendo 38% e 50%

---

53 Richard Graham e Erivaldo Neves, por exemplo, demonstraram esta tendência para a Bahia (GRAHAM, *op. cit.*; NEVES, Erivaldo Fagundes. "Sampauleiros traficantes: comércio de escravos do alto sertão da Bahia para o Oeste cafeeiro paulista". *Afro-Ásia*, n. 24, 2000).

54 VARGAS, Jonas Moreira. Os charqueadores de Pelotas, suas estratégias familiares e a transmissão de patrimônio (1830-1890). A*nais do XXVI Encontro Nacional de História*. São Paulo: USP, 2011.

55 LONER, *op. cit.*, p. 30.

56 ASSUMPÇÃO, Jorge Euzébio. *Pelotas: escravidão e charqueadas (1780-1888)*. Dissertação de mestrado. PPGH/PUC-RS, Porto Alegre, 1995, p. 290.

das perdas no período.⁵⁷ O mesmo se verifica no que diz respeito às charqueadas, pois numa pesquisa em andamento venho percebendo que o número de escravos alforriados por charqueadores na segunda metade do XIX foi muito maior que o de escravos vendidos pelos mesmos. Mas isto será analisado em uma outra ocasião.

Considerações finais

A partir da análise realizada, creio não ser possível considerar que uma das causas da crise das charqueadas foi a "realocação" de seus cativos para os cafezais do sudeste, como argumentou Leonardo Monastério.⁵⁸ A perda de mão de obra das charqueadas deu-se para outros charqueadores e não para fazendeiros de café. Tal visão subestima o potencial das elites que não estavam ligadas à produção agro exportadora, caso dos charqueadores. Estes, além de resistirem às investidas dos negociantes ávidos por levarem os escravos de outras Províncias para o sudeste, ainda participaram do tráfico inter provincial como compradores, auxiliando na significativa perda de cativos que afetou o nordeste brasileiro. Além do mais, os dados envolvendo os escravos alforriados e os falecidos (que somaram quase 90%) foram os grandes responsáveis pela diminuição da escravaria em Pelotas, entre 1874 e 1884, e não o tráfico interno.

A perda de escravos em Pelotas não foi num ritmo que provocasse uma crise abrupta nas charqueadas, até porque, como demonstrei, o papel das mesmas no tráfico inter-provincial foi pouco significativo. Entretanto, isto não significa que os charqueadores não enfrentaram problemas com relação à mão de obra. A Lei Eusébio de Queiroz e o posterior aumento dos preços dos cativos trouxeram maiores dificuldades à reposição dos escravos velhos, doentes e falecidos, e este certamente foi um dos muitos fatores que afetaram economicamente as charqueadas. As crises que afetaram estes estabelecimentos entre as décadas de 1850 e 1880 apresentaram diferentes motivos e intensidades. Elas foram consequência de alguns fatores que atingiram os produtores na década de 1850 e 1860, como a queda dos preços do charque, da perda do mercado consumidor do sudeste para os *saladeros* platinos e do encarecimento da mão de obra cativa. E de outros que se seguiram na década de 1870 e 1880, como a diminuição das exportações do produto. Soma-se a isto o fato de que, na década de 1870, mais de 80% da produção

---

57 É muito provável que tal afirmação também sirva para todo o Rio Grande do Sul, diminuindo o impacto do tráfico interno na escravaria provincial – defendido por Robert Conrad.

58 MONASTERIO, Leonardo. A decadência das charqueadas gaúchas no século XIX: uma nova explicação. *VIII Encontro Nacional de Economia Política*, Florianópolis: SEP, 2003.

charqueadora estava sendo vendida para os portos de Salvador e Recife. Neste sentido, qualquer estímulo negativo ao ponto de retrair este mercado acabava prejudicando a economia charqueadora. Epidemias de febre amarela e cólera morbus, o aumento dos valores dos fretes, a diminuição da mão de obra cativa no nordeste, as baixas do preço do açúcar na década de 1870, entre outros, representaram uma nítida ameaça aos empresários pelotenses, exigindo-lhes estratégias complexas e contínuas que somente algumas famílias possuíam condições de sustentar.[59]

Portanto, não houve uma crise nas charqueadas capaz de provocar um grande deslocamento de cativos rio-grandenses para o sudeste, como sugeriram Berenice Corsetti e Robert Slenes.[60] O aumento do fluxo de escravos rio-grandenses para o sudeste na década de 1870 realmente existiu, mas isto não significa que sua saída tenha sido consequência da crise nas charqueadas. Regiões inteiras não apresentavam conexões com o comércio de gado para Pelotas e muitas delas foram grandes perdedoras de cativos no período.[61] O Rio Grande do Sul, nesta época, era muito mais que um gigante campo destinado a engordar e abater bovinos. A economia provincial entre as décadas de 1850 e 1880 apresentou uma significativa produção de alimentos agrícolas que, além de abastecer o mercado interno na Província e fora dela, não dependia das pulsações da economia charqueadora.[62] Portanto, não é possível relacionar diretamente as subs-

---

59 Esta pesquisa ainda está em andamento. Resultados parciais foram apresentados na Jornada Acadêmica do Programa de Pós-graduação em História Social da UFRJ, 2010.

60 Uma boa crítica a esta ideia de "crise geral na economia pecuário-charqueadora sulina" na década de 1860 e da suposta "crise de braços" no Rio Grande do Sul defendidos por Corsetti foi realizada por ARAÚJO, op. cit., 2008.

61 Como, por exemplo, os municípios de Porto Alegre e São Leopoldo, que estão entre os que mais perderam escravos para o tráfico (Relatório da DGE, op. cit., 1878, p. 142). Passo Fundo, Cachoeira do Sul e Triunfo, por exemplo, também sofreram uma enorme perda entre 1859 e 1884 (BAKOS, op. cit., p. 22-23).

62 Sobre a produção agrícola na Província ver ZARTH, Paulo Afonso. História Agrária do Planalto Gaúcho. Ijuí: Editora Unijuí, 1997; ROCHE, Jean. A colonização alemã e o Rio Grande do Sul. Porto Alegre: Globo, 1969; FARINATTI, Luis Augusto. Sobre as Cinzas da Mata Virgem: os lavradores nacionais na Província do Rio Grande do Sul (Santa Maria: 1845-1880). Dissertação de mestrado. PPGH/PUC-RS, Porto Alegre, 1999. Sobre como as exportações rio-grandenses de farinha, feijão e milho haviam se intensificado nas décadas de 1850 e 1860, chegando inclusive, em alguns anos, a superar Minas Gerais no abastecimento da Corte, ver GRAÇA FILHO, Afonso de A. Os convênios da carestia: crises, organização e investimentos do comércio de subsistência da Corte (1850-1880). Dissertação de mestrado. PPGH/UFRJ, Rio de Janeiro, 1992, p. 33-34. Para uma análise da importância da produção agrícola rio-grandense na época ver SOARES, Sebastião Ferreira. Notas estatísticas sobre

tanciais saídas de escravos da Província com a crise das charqueadas pelotenses sem verificar quais eram as regiões e os senhores que estavam perdendo cativos e quais os escravos do seu plantel estavam sendo vendidos.[63]

Portanto, os charqueadores formaram uma elite regional que resistiu o quanto pôde ao fim da escravidão. Entre os mesmos, houve um grupo de famílias com significativa riqueza, que superou as crises mencionadas, repassando seus prejuízos para outros charqueadores e estancieiros. Este diminuto grupo de cerca de dez famílias concentrou riqueza, escravos, títulos de nobreza, altos cargos políticos e investiu na educação superior de seus filhos, destacando-se mais que as outras. Além de estarem fortemente aparentadas entre si, muitas delas estabeleceram laços familiares com grandes comerciantes marítimos e elites políticas e econômicas de outras Províncias, como Rio de Janeiro e São Paulo. O seu estudo ajuda a reavaliar o papel das elites provinciais no interior do sistema político imperial e dos circuitos mercantis responsáveis pelo abastecimento das *plantations*, superando a visão de que as mesmas foram "coadjuvantes" no processo de construção do Estado Imperial e que sua importância econômica foi pouco significativa diante dos interesses agroexportadores da nação.

Bibliografia

ARAÚJO, Thiago Leitão de. *Escravidão, fronteira e liberdade: políticas de domínio, trabalho e luta em um contexto produtivo agropecuário (vila de Cruz Alta, Província do Rio Grande do Sul, 1834-1884)*. Dissertação de mestrado. PPGH/UFRGS, Porto Alegre, 2008.

ASSUMPÇÃO, Jorge Euzébio. *Pelotas: escravidão e charqueadas (1780-1888)*. Dissertação de mestrado. PPGH/PUC-RS, Porto Alegre, 1995.

BAKOS, Margareth. *RS: Escravidão & Abolição*. Porto Alegre. Mercado Aberto, 1982.

---

a produção agrícola e carestia dos gêneros alimentícios no Império do Brasil. Rio de Janeiro: IPEA/INPES, 1977.

63 Camila Flausino chegou a conclusões interessantes ao estudar o tráfico interno em Mariana. Contrariando uma historiografia tradicional que insistia na perda de cativos das regiões auríferas após a crise mineradora, a autora demonstrou que as transações de escravos foram, sobretudo, intramunicipais. Cerca de 61% dos cativos vendidos entre 1850 e 1886 permaneceram em Mariana. A tese de que os municípios cafeicultores drenaram os escravos das regiões auríferas também foi relativizada, pois somente 6,9% dos negociados tiveram como destino os cafezais (FLAUSINO, *op. cit.*, p. 111-116).

BERGAD, Laird W. *Escravidão e História Econômica: demografia de Minas Gerais, 720-1888*. Bauru: Edusc, 2004.

BERUTE, Gabriel S. *Dos escravos que partem para os portos do sul: características do tráfico negreiro do Rio Grande de São Pedro do Sul, c. 1790- c. 1825*. Dissertação de mestrado. PPGH/UFRGS, Porto Alegre, 2006.

_____. "O tráfico negreiro no Rio Grande do Sul e as conjunturas do tráfico atlântico, c. 1790 – c. 1830". *V Encontro Escravidão e Liberdade no Brasil Meridional*. Porto Alegre, UFRGS, 2011. Disponível em: <http://www.escravidaoeliberdade.com.br>.

CARDOSO, Fernando Henrique. *Capitalismo e escravidão no Brasil meridional: o negro na sociedade escravocrata do Rio Grande do Sul*. 2ª ed. Rio de Janeiro: Paz e Terra, 1977.

CONRAD, Robert. *Os últimos anos da escravatura no Brasil – 1850-1888*. Rio de Janeiro: Civilização Brasileira, 1978.

CORSETTI, Berenice. *Estudo da charqueada escravista gaúcha no século XIX*. Dissertação de mestrado. PPGH/UFF, Niterói, 1983.

FARINATTI, Luis Augusto. *Sobre as Cinzas da Mata Virgem: os lavradores nacionais na Província do Rio Grande do Sul (Santa Maria: 1845-1880)*. Dissertação de mestrado. PPGH/PUC-RS, Porto Alegre, 1999.

FLAUSINO, Camila Carolina. *Negócios da Escravidão: tráfico interno de escravos em Mariana, 1850-1886*. Dissertação de mestrado. PPGH/UFJF, Juiz de Fora, 2006.

FLORENTINO, Manolo. *Em costas negras: uma história do tráfico atlântico de escravos entre a África e o Rio de Janeiro (séculos XVIII e XIX)*. São Paulo: Companhia das Letras, 1997.

FRAGOSO, João. "O Império escravista e a República dos plantadores: Economia brasileira no século XIX, mais do que uma *plantation* escravista-exportadora". In: LINHARES, Maria Yedda (org.). *História Geral do Brasil*. Rio de Janeiro: Elsevier, 1990.

FRAGOSO, João L. R. *Homens de Grossa Aventura: acumulação e hierarquia na praça mercantil do Rio de Janeiro (1790-1830)*. Rio de Janeiro: Civilização Brasileira, 1998.

GRAÇA FILHO, Afonso de Alencastro. *Os convênios da carestia: crises, organização e investimentos do comércio de subsistência da Corte (1850-1880)*. Dissertação de mestrado. PPGH/UFRJ, Rio de Janeiro, 1992.

GRAHAM, Richard. Nos tumbeiros mais uma vez? O comércio interprovincial de escravos no Brasil. *Afro-Ásia*, n. 27, 2002, p. 121-160.

GUTIERREZ, Ester J. B. *Negros, charqueadas & olarias: um estudo sobre o espaço pelotense*. Dissertação de mestrado. PPGH/PUC-RS, Porto Alegre, 1993.

MARTINS FILHO, Amilcar; MARTINS, Roberto B. "Slavery in a Nonexport Economy: nineteenth-Century Minas Gerais revisited". *The Hispanic American Historical Review*, vol. 63, n. 3, ago. 1983, p. 537-568.

MELLO, Evaldo Cabral de. *O norte agrário e o Império (1871-1889)*. Rio de Janeiro: Topbooks, 1999.

MONASTERIO, Leonardo. "A decadência das charqueadas gaúchas no século XIX: uma nova explicação". *Anais do VIII Encontro Nacional de Economia Política*. Florianópolis: SEP, 2003.

MONASTÉRIO, Leonardo M. FHC errou? A economia da escravidão no Brasil meridional. *História e Economia – Revista Interdisciplinar da Brazilian Business School*. São Paulo, vol. 1, n. 1, 2005, p. 13-28.

MOTTA, José Flávio; MARCONDES, Renato. O comércio de escravos no Vale do Paraíba Paulista: Guaratinguetá e Silveiras na década de 1870. *Estudos Econômicos*, vol. 30, abr./jun. 2000, p. 267-299.

NEVES, Erivaldo Fagundes. Sampauleiros traficantes: comércio de escravos do alto sertão da Bahia para o Oeste cafeeiro paulista. *Afro-Ásia*, n. 24, 2000.

OSÓRIO, Helen. *Estancieiros, lavradores e comerciantes na constituição da Estremadura Portuguesa na América: Rio Grande de São Pedro, 1737-1822*. Tese de doutorado. PPGH/UFF, Niterói, 1999.

PESSI, Bruno S. Estrutura da posse e demografia escrava em Pelotas entre 1850 e 1884. *V Encontro Escravidão e Liberdade no Brasil Meridional*. Porto Alegre, UFRGS, 2011. Disponível em: <http://www.escravidaoeliberdade.com.br>.

ROCHE, Jean. *A colonização alemã e o Rio Grande do Sul*. Porto Alegre: Globo, 1969.

SCHEFFER, Rafael da Cunha. *Tráfico interprovincial e comerciantes de escravos em Desterro, 1849-1888.* Dissertação de mestrado. PPGH/UFSC, Florianópolis, 2006.

_____. "Comércio de escravos no Rio Grande do Sul (1850-1888): transferências intra e interprovinciais, perfis de cativos negociados e comerciantes em cinco municípios gaúchos". *V Encontro de Escravidão e Liberdade no Brasil Meridional.* Porto Alegre, UFRGS, 2011. Disponível em: <http://www.escravidaoeliberdade.com.br>.

SILVA, Ricardo Tadeu Caíres. "A participação da Bahia no tráfico interprovincial de escravos (1851-1881)". *III Encontro Escravidão e Liberdade no Brasil Meridional,* 2007. Disponível em: <http://www.escravidaoeliberdade.com.br>.

SLENES, Robert W. *The demography and economics of Brazilian slavery: 1850-1888.* Tese de Doutorado, Stanford, Stanford University, 1976.

_____. "O que Rui Barbosa não queimou: novas fontes para o estudo da escravidão no século XIX". *Estudos Econômicos,* vol. 13, n. 1, jan./abr. 1983, p. 117-149.

_____. "Grandeza ou decadência? O mercado de escravos e a economia cafeeira da Província do Rio de Janeiro, 1850-1888". In: COSTA, Iraci (org.) *Brasil: história econômica e demográfica.* São Paulo: IPE, USP, 1986.

_____. "The Brazilian internal slave trade (1850-1888). Regional economies, slave experience and the politics of a peculiar market". In: JOHNSON, W. *The Chattel Principle. Internal slave trades in the Americas.* Londres: Yale University Press, 2004, p. 325-370.

SOARES, Sebastião Ferreira. *Notas estatísticas sobre a produção agrícola e carestia dos gêneros alimentícios no Império do Brasil.* Rio de Janeiro: IPEA/INPES, 1977.

VARGAS, Jonas Moreira. "Os charqueadores de Pelotas, suas estratégias familiares e a transmissão de patrimônio (1830-1890)". *Anais do XXVI Encontro Nacional de História.* São Paulo: USP, 2011, no prelo.

ZARTH, Paulo Afonso. *História Agrária do Planalto Gaúcho.* Ijuí: Editora da Unijuí, 1997.

PARTE IV

Experiências de trabalho durante a escravidão – cativos, libertos e livres

Distância na carne: mundo agrário, escravidão e fronteira nos Campos de Curitiba (séculos XVIII e XIX)

CARLOS A. M. LIMA[1]

AO INVESTIGAR AS CONDIÇÕES PREVALECENTES no Paraná dos séculos XVIII e XIX, especialmente no planalto, o historiador se depara com dados aparentemente contraditórios. Alguns deles sugerem um viés "nivelador", ou seja, de facilitação dos processos segundo os quais pessoas livres se estabeleciam por conta própria. Esse dado era sobretudo representado pela abundância de terras livres. O outro tipo de informação, que precisa ser conciliado com o anterior, está ligado à persistência de dois elementos de forte desigualdade. O primeiro era, claro, a escravidão, tendo sido o segundo a enorme desigualdade social entre as pessoas livres. Para integrar esses dois tipos de coisa uso registros paroquiais, inventários *post mortem*, testamentos e recenseamentos.

O povoamento do Paraná era ralo nessa época, e isso se conjugava com uma tendência muito forte para o crescimento da população, especialmente da população livre, antes mesmo da imigração europeia mais maciça, que só ganhou importância nos últimos anos do século XIX.[2] Estimava-se na época que a população *livre* da área teria crescido entre 1854 e 1868 à estupenda taxa geométrica de 4% ao ano.[3]

---

1 Professor do Departamento de História da Universidade Federal do Paraná. O autor agradece comentários e sugestões a versões anteriores deste trabalho feitas por José Flávio Motta e Regina Célia Lima Xavier, que evidentemente não são responsáveis pelos erros e omissões aqui contidos.

2 NADALIN, Sérgio Odilon. *Paraná: ocupação do território, população e migrações*. Curitiba: SEED, 2001, p. 65-79.

3 SILVA, Joaquim Norberto de Souza e. *Investigações sobre os recenseamentos da população geral do Império e de cada Província de per si tentados desde os tempos coloniais até hoje*. São Paulo: IPE-USP, 1986 (ed. fac-similada do original de 1870), p. 117. Note-se que um Presidente da Província do Paraná dos anos 1850, Francisco Liberato de Matos, não se sentiu tão espantado (consigo mesmo) quanto deveria quando achou razoável estimar que a população provincial teria aumentado em um terço entre 1854 e 1858. Tratar-se-ia da absurda taxa geométrica de 7,5% ao ano (*Idem, ibidem*, p. 115-116).

Não creio que esta taxa possa se tornar compreensível a partir do manejo de noções como a de "periferia da periferia",[4] pois a ideia de periferia faz esperar falta de dinamismo, e aquelas taxas de crescimento não são consistentes com a ideia de que havia estagnação. Por outro lado, é crucial enfatizar que se tratava de uma economia não exportadora[5] (as necessidades brasileiras de abastecimento interno cresciam durante o século XIX ainda mais do que haviam aumentado no século anterior), tendo havido uma fronteira agrária em intenso movimento.[6]

A população escrava do que viria a ser o Paraná cresceu bastante entre o final do século XVIII e o início do seguinte, mas apenas para atingir um teto de cerca de 10.000 cativos. Nesse patamar ela permaneceu estacionária até a década de 1870, momento em que começou a decrescer, como resultado do tráfico interprovincial.[7] Assim, as características da população escrava contrastavam vivamente com a dinâmica da livre, sendo de se notar que isso acontecia no Brasil inteiro a partir de 1830.

As pequenas escravarias eram o fundamento da reprodução de também modestas elites e, mesmo em áreas muito decadentes, como São José dos Pinhais na década

---

4   Pode-se detectar alguma influência de dois trabalhos clássicos, embora bem diferentes entre si: CARDOSO, Fernando Henrique. *Capitalismo e escravidão no Brasil Meridional*. 2ª ed. Rio de Janeiro: Paz e Terra, 1977 e GORENDER, Jacob. *O escravismo colonial*. São Paulo: Ática, 1980.

5   As melhores referências quanto a isso são os trabalhos de Horacio Gutiérrez e de Francisco Vidal Luna. Ver GUTIÉRREZ, H. "Crioulos e africanos no Paraná, 1798-1830". *Revista Brasileira de História*, vol. 8, n. 16, 198; GUTIÉRREZ, "Demografia escrava numa economia não exportadora: Paraná, 1800-1830"; *Estudos econômicos*, 17(2), 1987 e LUNA, Francisco Vidal, "Casamentos de escravos em São Paulo: 1776, 1804, 1829". In: NADALIN, Sergio Odilon; MARCÍLIO, Maria Luiza; BALHANA, Altiva Pillati (orgs.). *História e população*. São Paulo: Fundação Sistema Estadual de Análise de Dados, 1990.

6   Estudos recentes sobre a escravidão articularam-na à noção de fronteira de modos diversos, desde a noção de "solo livre" até o impacto das fronteiras políticas sobre as relações escravistas, passando pelas fronteiras étnicas. Ver, por exemplo, GRINBERG, Keila, "A fronteira da escravidão: a noção de 'solo livre' na margem sul do Império Brasileiro"; BORUCKI, CHAGAS e STALLA, "Senhores e escravos nas fronteiras do território rio-platense (1835-1862)" e SAMPAIO, Patrícia Maria Melo, "Escravidão e liberdade na Amazônia: notas de pesquisa sobre o mundo do trabalho indígena e africano", todos em *III Encontro Escravidão e Liberdade no Brasil Meridional*. Florianópolis, 2007. Disponível em: <http://www.escravidaoeliberdade.com.br>.

7   Sobre isso, LIMA, Carlos A. M. "Sobre as posses de cativos e o mercado de escravos em Castro (1824-1835): perspectivas a partir da análise de listas nominativas". *V Congresso Brasileiro de História Econômica e 6ª Conferência Internacional de História de Empresas – Anais*. Belo Horizonte, ABPHE, 2003. Estudo recente sobre tráfico interno de escravos de SILVA, Ricardo T. C. "A participação da Bahia no tráfico interprovincial de escravos (1851-1881)". *III Encontro Escravidão e Liberdade, op. cit.*

de 1880, elas eram importantes no interior das maiores fortunas.[8] Se assumirmos que, por volta de meados do século XIX, cerca de metade do território paranaense estava ocupado pela sociedade imperial, a densidade demográfica resultante não ultrapassaria de modo algum um habitante por quilômetro quadrado, isso nas áreas ocupadas (haveria pouco mais de cem mil habitantes). No conjunto da Província, a densidade era bem inferior à metade da vigente no Brasil da época.[9]

Mais para o final do século XIX, há indícios de que estavam em ação mecanismos intensificadores da dependência de agricultores familiares frente aos negociantes locais. A análise das práticas de endividamento mostra que, no topo da pirâmide social local, durante a segunda metade do século XIX, as dívidas passivas estavam decrescendo, provavelmente como resultado de não se estar mais adquirindo cativos de fora da Província. No entanto, as dívidas ativas dessas mesmas elites locais tendiam a manter-se elevadas. Esses grupos abastados eram tradicionalmente credores locais e devedores para fora da região. Endividavam-se porque tomavam recursos (entre eles, escravos) fora do Paraná e atuavam como credores, para dentro da região, porque forneciam aqueles recursos a crédito localmente. No final do período escravista, suas dívidas para fora estavam decrescendo, mas suas posições como credores dentro da Província se mantinham. Isso é consistente com a ideia de que, mesmo não fornecendo mais os escravos que os tornavam devedores frente a negociantes de outras praças, continuavam emprestando recursos a agricultores que assim se tornavam seus dependentes.[10]

De outra parte, a ampla oferta de terras atraía migrantes internos, ricos e pobres. Os primeiros, basicamente durante o século XVIII, como se nota indiretamente através da dinâmica da população escrava de Curitiba, essencialmmente composta, nesse século, por homens (isso será visto a seguir). Os segundos, isto é, migrantes depauperados, tanto no século XVIII quanto no seguinte (isso também será visto em seguida, através das informações sobre a presença de descendentes livres de escravos no planalto).

As chegadas de migrantes eram, então, maciças, embora não tenham sido suficientes para adensar o povoamento. Isso se devia ao ambiente de terra livre, o que indica a

---

8   LIMA, Carlos A. M. "Os patrimônios e o declínio da escravidão no Paraná (São José dos Pinhais, 1852-1886)". *VI Congresso Brasileiro de História Econômica e 7ª Conferência Internacional de História de Empresas – Anais*. Conservatória, ABPHE, 2005. Sobre São José dos Pinhais, vide MACHADO, Cacilda da Silva. *A trama das vontades: negros, pardos e brancos na produção da hierarquia social (São José dos Pinhais – PR, passagem do XVIII para o XIX)*. Tese de Doutorado. PPGH/UFRJ, Rio de Janeiro, 2006.

9   Ver *Estatísticas Históricas do Brasil*. 2ª ed. Rio de Janeiro: FIBGE, 1990, p. 32.

10 LIMA, "Os patrimônios e o declínio", *op. cit.*

necessidade de rever o papel da agricultura de alimentos no Paraná. Afinal, chegavam pessoas em números proporcionalmente consideráveis, e todo esse movimento tinha uma dimensão cotidiana, independente de políticas oficiais e de "ciclos" exportadores. Se estava encaminhando, de modo difuso, caso a caso, a resolução, pela pobreza rural, de suas próprias questões, e não, concentradamente, cuidando do caixa estatal, da provisão de força de trabalho para as elites locais, ou de projetos de sociedade.

Apesar disso, algumas questões amplas, de peso razoável no processo de colonização e de constituição do Estado imperial do século XIX, ou então da formação e reiteração de elites locais, foram profundamente afetadas pelos movimentos mencionados. Entre elas podem ser citadas a definição de contingente recrutável militarmente[11] e a criação de condições para que elites mercantis pilhassem produtores agrários por intermédio de mecanismos comerciais e de crédito, o mecanismo básico, decisivo, de dominação no intervalo colonial tardio e no século XIX mais avançado.[12] Um exemplo: em Campo Largo, entre 1872 e 1886, as dívidas passivas equivaliam a 38,5% (isto é, quase dois quintos) da fortuna do decil mais pobre dos inventariados.[13] Se essa era a situação entre os que tinham bens suficientes para justificar a abertura de inventários, é de se pensar, com algum horror, no que se passava entre os que se situavam abaixo deles na escala social.

A atração exercida sobre migrantes pela terra livre do Paraná dirige nossa atenção para difusão da agricultura de alimentos. Um crítico da imigração europeia de meados do século XIX, Jesuíno de Oliveira e Sá, escrevia no jornal O dezenove de dezembro de 3 de junho de 1854 que "commercio e a creação de animaes são as industrias dominantes: a agricultura é mais uma imposição da necessidade de que uma fonte de riquezas; portanto esta mina inexaurível é apenas explorada pela parte mais pobre da população".[14] Por outro lado, é frequente lembrarem-se as reiteradas afirmações de Presidentes de Província de que havia

---

11 LIMA, Carlos A. M. "Sertanejos e pessoas republicanas: livres de cor em Castro e Guaratuba (1801-1835)". *Estudos Afro-Asiáticos*, vol. 24, n. 2, 2002, p. 317-344.

12 Ver FRAGOSO, João. *Homens de grossa aventura*. Rio de Janeiro: Arquivo Nacional, 1993; FRAGOSO, João & FLORENTINO, Manolo. *O arcaísmo como projeto*. Rio de Janeiro: Diadorim, 1993.

13 Inventários *post mortem*, 1872-1886, Vara Cível de Campo Largo. Na conta, fortunas foram definidas sem a inclusão nelas dos valores expressos em dívidas passivas. No mínimo no caso em tela, isso representaria transformar devedores sem saída em milionários, a pretexto de que eles tinham crédito. O problema era exatamente esse.

14 Apud NISHIKAWA, Reinaldo B. *Terras e imigrantes na colônia Assunguy, Paraná, 1854-1874*. de Mestrado. PPGH/USP, São Paulo, 2007, p. 76.

carestias e falta de alimentos porque ninguém queria produzi-los no Paraná. Mas esse tipo de declaração deve ser relativizado. Se havia carestias, isso significa que os preços eram bons para eventuais produtores, sendo de se duvidar que essas condições de mercado não fossem aproveitadas (ou então se duvida da capacidade de elites agrárias cuidarem de suas próprias vidas). Carestias de alimentos no Brasil aconteciam por vezes, e tinham beneficiários notórios.[15] O discurso sobre sua falta era, inconfundivelmente, discurso imigrantista (os próprios imigrantes não tinham nada a ver com isso; esse discurso tinha muito mais charme no âmbito do projeto civilizador das elites imperiais).

Dispersão

Inicio com a chegada de migrantes pobres, que pode ser observada indiretamente através da constatação da presença de uma massa bem razoável de descendentes livres de escravos na população paranaense. O contingente escravo local era não só pequeno como recente, de modo que as populações escravas locais do passado não tiveram como produzir um número de negros e pardos livres bem maior que o de escravos. Assim, pode-se ler a presença de negros livres como o resultado de um processo silencioso de migração interna. Por outro lado, a presença de negros e pardos livres é uma excelente *proxy* para a presença de pobres livres, por serem eles os não escravos que com maior segurança podemos incluir entre os depauperados, faltando outras informações.

Na tabela 1 (final do texto) seguem as informações a respeito da participação de descendentes de forros na população de Castro e de Curitiba, bem como da parcela que compunham entre as pessoas designadas nos censos como cabeças de domicílio. Informa-se também na tabela a proporção de migrantes internos entre os descendentes de libertos cabeças de domicílio, quando o dado estivesse disponível nas fontes.

A parcela dos migrantes era substancial, assim como era importante a participação dos descendentes de forros na população livre e na chefia de domicílios. Este último dado indica que aqueles migrantes ali chegavam atraídos pela disponibilidade de terra, o que é corroborado pelos valores observados em Palmeira, uma das parcelas de Curitiba mais distantes do núcleo original da vila.

---

15   Ver, por exemplo, Schwartz, Stuart B. *Slaves, peasants, and rebels*. Urbana/ Chicago: University of Illinois Press, 1992, p. 88.; Silva, Francisco Carlos Teixeira da. *Morfologia da escassez*. Tese de Doutorado. PPGH/UFF, Niterói, 1990; Barickman, Bert J. *Um contraponto baiano*. Rio de Janeiro: Civilização Brasileira, 2003, p. 156-160.

Não basta constatar a presença dos migrantes pobres entre os chefes de fogos para sustentar que eles, exemplificados pelos negros e pardos livres, buscavam vida "sobre si", e não como agregados ou dependentes. É preciso observar de que modo e em que circunstâncias eles tinham que recorrer àquela condição dependente. A historiografia vem sugerindo, desde Laslett,[16] que observar a distribuição dos dependentes por idades é de grande valia para capturar o significado da posição de "agregado" ou de "*servant*" na Inglaterra moderna (tabela 2). Vê-se com clareza que, em todas as circunstâncias abordadas na tabela, a condição de agregado era transitória nos trajetos dos depauperados. Isso é mais visível em Castro que em Curitiba, e devia-se a que o avanço do processo de ocupação de baldios era mais intenso na Castro de 1835 que na Curitiba de 1797, sendo esta última área mais antiga. Um quinto ou menos dos descendentes de forros eram agregados na infância e em sua fase púbere. Com o avanço das idades, quando atingiam a maturidade, a proporção de agregados diminuía ainda mais, passando a oscilar ao redor de um décimo. Note-se que a participação dos agregados está, inclusive, superestimada: incluí entre eles todos os que, livres, não fossem cônjuges ou filhos dos cabeças de domicílio, de modo que, nas linhas "agregados" da tabela, estão incluídos os netos dos chefes de fogo, assim como seus genros, noras, irmãos, sobrinhos, irmãos, pais e mães. A hipótese resiste até mesmo a esse procedimento que vai contra ela. É verdade que a proporção de agregados entre os descendentes livres de escravos era maior que entre os brancos. Mas ainda assim o caráter transitório da situação de dependente fica evidente.

Isso combina bastante bem com o que se sabe sobre as ocupações de descendentes de libertos. Os censos atribuíam ocupações aos chefes de domicílio, apenas, e não a todas as pessoas de cada fogo que também trabalhavam. Quanto a estas últimas, aparecem apenas pistas (informações sobre filhos "ausentes", indicando participação no comércio de tropas, por exemplo), e assim mesmo muito ocasionalmente. Por outro lado, tendia-se, como se sabe, a combinar ocupações, e isso não era claramente lançado nos documentos. No entanto, havia indicações indiretas, as quais foram tomadas em consideração (gente declarando ocupação fora do mundo agrário, mas em cujos dados aparecia o quanto de milho ou feijão haviam

---

16 LASLETT, Peter & WALL, R. (org.). *Household and family in past time*. Cambridge: Cambridge U. P., 1972, p. 57-58, 82. Ver também FERREIRA, Roberto Guedes. "Censos e classificação de cor em Porto Feliz (SP – século XIX)" e ALADRÉN, Gabriel. "Crioulos e africanos libertos em Porto Alegre: padrões de alforria e atividades econômicas (1800-1835)", ambos em *III Encontro Escravidão e Liberdade, op. cit.*

vendido no ano, por exemplo). Havia ainda os casos, sempre confusos, dos que eram descritos como pessoas que plantavam "para seu gasto", mas em cujo registro foi lançada também a quantidade de milho ou feijão vendido ou a de cabeças de gado marcadas. Se observarmos essas informações no tocante a Castro,[17] perceberemos que, como apontado pela bibliografia,[18] os descendentes de forros não estavam excluídos das atividades agrárias exercidas em diversos níveis. 45% de seus fogos estavam descritos como pautados por alguma relação com a agricultura exercida autonomamente. Por outro lado, não apareciam exercendo o comércio de maior fôlego. Só 15% tinham alguma ligação com a criação de gado, normalmente de ínfimas dimensões, enquanto menos que 3% conseguiam ter atividade comercial e 4% tinham o artesanato como ocupação de referência.

Um sinal de extrema pobreza aderia a eles. A maioria dos fogos onde só se "planta[va] para o gasto" era chefiada por descendentes de forros, embora os fogos nessa situação fossem poucos em Castro. Mas esse contexto de agricultura incipiente atingia apenas 10% dos domicílios dos negros e pardos livres.

Por outro lado, um sinal de falta de autonomia se associava aos descendentes de libertos. A participação de seus fogos era quase sempre alta quando se tratava daqueles descritos como vivendo de jornais ou de salário. No total, isso abarcava cerca de 41% de seus domicílios. Mas a imagem que se tem disso precisa de ressalvas. Quase metade do pessoal do "salário" ou dos "jornais" combinava-os com algum tipo de atividade autônoma (plantavam para o sustento, venderam produção agrária, marcaram algum gado). Sobre 22% dos fogos não se tinha informação. No total, as percentagens por ocupação ultrapassam em muito os cem por cento, e tal se deve ao fato de as listas deixarem entrever mais de uma atividade em 28% deles, de modo que muitos domicílios entraram em várias categorias ocupacionais simultaneamente. Resumindo, pobreza, mas com autonomia: a fronteira era expansiva, permitindo que a desigualdade extrema pudesse combinar-se com possibilidades de acesso a "viver sobre si".

Uma coisa que ajuda a entender isso é levar em conta os preços da terra em partes do Paraná muito voltadas para a agricultura de abastecimento. Assim é que a

---

17 LIMA, Carlos A. M. "Vida social e hierarquia em duas vilas do Paraná no primeiro terço do século XIX". In: SANTOS, Cláudia A. dos; BARROS, José D'Assunção; FALCI, Miridan Britto (orgs.). *Espacialidades: espaço e cultura na história*. Rio de Janeiro: LESC, 2004, p. 81-2.

18 KLEIN, Herbert & PAIVA, Clotilde A. "Freedmen in a Slave Economy: Minas Gerais in 1831". *Journal of Social History*, vol. 29, n. 4, 1996.

imagem de uma população em acelerado processo de crescimento deve ser confrontada com os dados organizados no gráfico 1 (final do texto). Nele estão expressos os preços do alqueire de capoeiras (terra destinada ao cultivo de alimentos e coberta por mato em processo de recomposição) em Campo Largo, entre 1872 e 1885. É a única medida que até agora foi possível obter, pois não era comum, nos inventários, fornecerem-se as dimensões de terrenos avaliados. A imagem resultante é de estabilidade, ou mesmo de um leve decréscimo. Só a abundância de terras pode explicar a combinação de preços estáveis com população aumentando velozmente (como foi visto) e com um aumento generalizado dos preços dos produtos agrícolas, o que de fato ocorreu no período.[19]

Concentração

Nesse ambiente de forte expansão da população e de fronteira aberta, os indicadores de concentração dos recursos mantiveram um patamar resistente a alterações. Normalmente eram bem altos quanto à propriedade de itens decisivos, como escravos e terra, conforme se vê na tabela 3 (no fim do texto). O índice de Gini, aqui utilizado para comparações, denuncia concentrações tanto maiores quanto mais ele se aproxima de um. A questão é importante, pois insisto aqui na combinação de abertura para assentamentos autônomos com a preservação de distribuições caracteristicamente concentradas de fatores e oportunidades outras que não a terra.

A concentração da posse de escravos segundo as listas nominativas (contando todos os fogos, mesmo os sem escravos) era muito alta. Na tabela 3, veem-se valores bem altos, ou, o que é ainda mais significativo, constantemente altos, independentemente de variações de localidade e período. São referidas na tabela tanto áreas novas quanto outras de mais antigo povoamento, tanto de elites mais abastadas segundo parâmetros locais quanto outras, proverbialmente depauperadas. Nada disso importava muito: a desigualdade *entre os proprietários* grassava soberana. Até a pequena Lages era tão desigual quanto municípios bem maiores, como Curitiba ou Castro.

É verdade que a concentração da posse de escravos, quando observada levando-se em conta somente os domicílios escravistas, mostra graus de concentração bem menos elevados. Esse ponto leva a pensar em uma hipótese por vezes aventada para

---

19 LOBO, Eulália. "Evolução dos preços e do padrão de vida no Rio de Janeiro, 1820-1930". *Revista Brasileira de Economia*, vol. 25, n. 4, out.-dez./ 1971.

ler esses dados e pensar a sociedade escravista no Sul. Às vezes parece a investigadores que o indicador que dava maiores valores – concentração da posse levando em conta todos os fogos – reteria alguma artificialidade em virtude do grande número de domicílios sem escravos (muita gente não teria escravos por não necessitar deles). Isso significaria que haveria uma espécie de setor escravista destacado do mundo dos outros homens e mulheres livres. Dessa maneira, difundiu-se a impressão de que o mundo dos não escravos na época constituía um ambiente igualitário, no qual escravos eram pouco frequentes pelo fato de que não seriam necessários. Mas isso é falso.

A esmagadora presença de domicílios sem escravos no Paraná não indicava igualdade entre as pessoas livres. Mostrava, antes, extrema desigualdade, e não só entre livres e escravos, mas também entre os que nasceram fora do cativeiro. Outros dados da tabela 3 ajudam a perceber isso.

A concentração da posse de escravos foi avaliada (com base em listas de habitantes e tomando em consideração todos os domicílios, com ou sem escravos) para Lages, Curitiba, Castro e a parte de Curitiba que depois viria a formar Palmeira. Em todos os casos, os valores alcançados eram altos, oscilando ao redor de 0,8. Se a chave de leitura for a expressa no parágrafo anterior (o indicador alto seria enganoso, porque as pessoas não precisariam de escravos), a atenção se deslocará para o índice calculado levando em conta apenas os fogos escravistas (com valores ao redor de 0,5). Mas é isso que se considera enganoso aqui. Caso se retorne à tabela e se observe o índice de Gini da concentração dos *rendimentos declarados* para Castro e para Palmeira, ver-se-á que o grau de concentração social desses rendimentos é bastante semelhante àquele observado para a posse de escravos. Ocorre que não dá para dizer que alguém não precisava de rendimentos agrícolas em uma sociedade agrária. A imagem que resulta da observação destes é de altíssima concentração. No caso de Palmeira, praticamente idêntica à vigente na posse de escravos. Havia grande desigualdade entre as pessoas livres. A medição da concentração da posse de escravos não esconde igualdade. Antes, ela mostra, da mesma maneira que a distribuição dos rendimentos declarados, que as clivagens entre os livres eram muito exacerbadas.

Observo que as características da fonte levaram a usar os dados com cautela. As listas não forneciam os rendimentos de muitos fogos, o que foi particularmente grave no caso de Castro, onde havia informação apenas para menos de um terço dos domicílios. Quanto a esta vila, só calculei a distribuição dos rendimentos para os bairros rurais nos quais constavam rendimentos para pelo menos metade dos fogos (seis, ao todo, dentre 23). Assim mesmo, foi preciso trabalhar com duas hipóteses: uma, a de que a ausência de declaração significava rendimento zero; a outra, a de que se tratava de informação omitida por diversas razões, especialmente por indisciplina do juiz de paz. Tendo em mente a segunda hipótese, atribuí aos domicílios sem declaração o menor valor encontrado em toda a vila. As coisas não mudaram muito. O problema era menos grave em Palmeira, mas repeti a cautela, e permaneceu-se na casa dos 0,7, com grandes disparidades entre as condições das pessoas.[20]

Foi calculado também o índice de Gini da concentração da posse de escravos e administrados durante o século XVIII. Ele é bem mais baixo que o obtido observando a posse de escravos através das listas nominativas. Mas tal se deve a que ele está baseado em observações feitas usando os registros de óbitos, o que só permitiu considerar as pessoas que efetivamente enterraram escravos ou índios.

Os indicadores baseados em inventários permitem cruzar informações sobre a concentração de escravos com a de patrimônio inventariado e com a dos valores empatados em terra. A concentração dos montantes empatados em terra segue de perto a dos montes-mores, o que significa que obter terra efetivamente não era um problema. A propriedade de terrenos caminhava paralelamente à retenção da riqueza inventariada. Tratava-se de uma situação desigual, mas os bens rústicos não podem ser considerados monopolizados pelos mais afortunados.[21] O indicador relativo à terra mostra-a mesmo um pouco menos concentrada que a riqueza inventariada, mas não é possível obter segurança quanto a isso, pois a diferença é muito pequena.

Isso era de se esperar em sociedades tão nitidamente agrárias quanto aquelas de que se trata aqui. O ponto é fundamental: fortíssima concentração de quase todos os ativos, menos da terra. Resultava disso a possibilidade de estabelecimento autônomo para migrantes internos pobres, mas isso ocorria em meio a grande hierarquização.

---

20 Quanto a Castro, a confiabilidade dos dados é certamente pequena. Entre os 86 domicílios sem rendimentos declarados nos bairros rurais analisados, cerca de um quarto possuía escravos, e entre eles estava o que mantinha a maior escravaria de todo o Paraná, a fazenda do Capão Alto, que os carmelitas detinham em Castro. Isso é grave, e os dados relativos a Castro só são mantidos aqui pelo fato de que não discrepam dos de Palmeira, bem mais certeiros, embora se deva sempre desconfiar de rendimentos *declarados*.

21 Sobre isso, ver também GUTIÉRREZ, Horácio. "A pequena propriedade no Paraná antes da imigração". *IV Congresso Brasileiro de História Econômica e V Conferência Internacional de História de Empresas – Anais*. São Paulo, 2001.

Nos inventários *post mortem* de São José dos Pinhais e de Campo Largo era muito raro aparecerem as dimensões dos terrenos avaliados. No entanto, havia os valores atribuídos a eles, o que pode inclusive ajudar a eliminar algumas distorções (os terrenos podiam ter qualidades diferentes, não obstante dimensões semelhantes). Teria havido graus diversos de concentração da propriedade de tais terrenos, em acordo a suas formas de utilização? Calculou-se o índice de Gini, assim, para os recursos empatados em terrenos voltados para a agricultura de abastecimento, a pecuária e a coleta de erva-mate (ou engenhos de soque, neste caso), segundo os termos usados para classificar sobretudo a vegetação presente nos bens no momento de cada avaliação.[22] Dois problemas adicionais se manifestaram: quase nunca se descrevia um terreno nos inventários remetendo-o a uma única possibilidade de utilização (um mesmo terreno, assim, entrava em mais de uma categoria); além disso, não foi possível hierarquizar as diferentes qualidades e expectativas associadas a cada forma de classificação (capoeiras e terras de planta, ambas as expressões usadas para terra destinada de alguma forma à agricultura de alimentos, significavam a mesma expectativa?).

Munidos de todas as precauções enunciadas, podemos usar as classificações de terrenos para avaliar o grau de concentração social da propriedade da terra destinada a cada tipo de atividade. Nota-se na tabela 3 terem sido a pecuária e a coleta/processamento da erva-mate as atividades a requerer os meios cuja propriedade era a mais concentrada socialmente. Será sempre de se ressaltar a difusão social muito mais marcada da propriedade da terra apropriada aos cultivos de alimentos (sobretudo a clássica associação entre milho e feijão).[23]

---

22 Classifiquei pela utilização os terrenos avaliados observando as denominações usadas para descrevê-los. Considerei destinadas à agricultura as unidades cujas descrições contivessem as expressões seguintes: capoeiras, mato, caívas, mato virgem, terras de planta, paióis, monjolos, terrenos de caíva, capoeira de planta, capoeiras lavradias, terrenos de capoeira, matos lavradios, terrenos de planta, partes de mato, partes de terrenos ou terras lavradias. Os dedicados à criação de gado foram considerados como tais quando em suas descrições aparecessem os termos que se seguem: campo, mangueira, potreiro, terreno de pastagem, faxinais, currais, campinas, matos de pastagem, caívas de pastagem ou invernadas. A existência de ervais em terrenos foi detectada através do uso das classificações que se seguem: erval, "com alguma erva-mate", "com pouca erva-mate", terrenos de erval, gramados de erval, capoeiras de erval, caívas de erval, ou matos de erval. A expressão "esterqueira" foi considerada indicadora de combinação de pecuária e agricultura.

23 É incontornável levar em consideração que se está tratando de inventários. Qualquer série desse tipo de processo é marcada por um viés social. Mas não se deve esquecer que muita coisa estava mudando no século XIX quanto a isso. Pesquisadores habituados a lidar com inventários sabem que a quantidade de processos sobreviventes aumenta sempre quando se passa da primeira para a segunda metade do século XIX, sem muita correspondência com o provável aumento da população. Sugere-se uma

Uma questão importante sobre o século XVIII é saber, quanto a esse intervalo em que, teoricamente, o governo da capitania tentava reprimir o fenômeno da administração particular,[24] escravos africanos estavam substituindo cativos indígenas. Já sabemos que sim, desde os trabalhos de Stuart Schwartz sobre a área de Curitiba.[25] Podem-se obter até mesmo algumas indicações diferentes, apontando para a substituição em períodos até mais recuados. Schwartz usa os registros de batismo, e estes são marcados pelas composições diversas das populações escrava e administrada; o contingente administrado era marcadamente feminino, ao passo que o escravo era, nessa época, fortemente masculino; assim se explica que as mães administradas continuassem a aparecer no registro de batismo em números maiores que as mães escravas, mesmo após escravos terem ultrapassado em número os administrados na população.

---

explicação para isso: fora das áreas mais dinâmicas e mais voltadas para o mercado externo, a Lei de Terras de 1850 teve efeitos contraditórios. Como a grande propriedade não pressionava excessivamente a pequena, dada a abundância do fator, o registro paroquial de terras deu a muitas famílias de posseiros um título. Antes, sem esse título, essas famílias conseguiam escapar das garras de juizados de órfãos e da fiscalidade colonial e imperial. Com ele, eram conduzidas à realização de inventários (diga-se de passagem que isso torna preciosas para historiadores as séries da segunda metade do século). Mas isso deve ter durado pouco. A tônica da vida social na época era o acirramento da estratificação social das pessoas livres, de modo que a pobreza rural que apareceu subitamente nas coleções de inventários devia estar tendo sua parcela sem propriedades (com ou sem título) aumentando muito, literalmente "escorregando para fora da mesa" do juiz de órfãos. A história da grande propriedade nas áreas não exportadoras, por outro lado, vem sendo contada a partir das dificuldades no relacionamento político entre elites locais e Império. Especialmente, chama-se a atenção para o fato de o governo imperial ter aprofundado a obra do Estado luso de impedir os esquemas de reprodução de elites que passassem por se evitarem as partilhas igualitárias. Ver CHASTEEN, John Charles. "Background to civil war: the process of land tenure in Brazil`s southern borderland, 1801-1893". *Hispanic America Historical Review*, vol. 17, n. 4, 1991. Essas hipóteses, no mínimo, tornam legíveis os números de inventários abertos. Em Campo Largo, entre 1872 e 1874, cerca de 4 ao ano. Entre 1875 e 1879, quase 5. De 1880 a 1882, 13, para, no período 1883-1885, ficar estacionado no mesmo patamar. Em São José, na década de 1850, tratou-se de um inventário por ano, em média. Na de 1860, 2 ao ano. Na de 1870, quase 17, patamar elevado só um pouco para 20 ao ano, significando que o Número de inventários aberto estacionou, do mesmo modo que em Campo Largo. Nem o crescimento inicial nem a freada subsequente podem ser explicados pela dinâmica da população.

24 Ver PETRONE, Pasquale. *Aldeamentos paulistas*. São Paulo: Pioneira/Edusp, 1995, p. 187 e, mais amplamente, MONTEIRO, John. *Negros da terra*. São Paulo: Companhia das Letras, 1994. Vide também MARCHIORO, Márcio. "O banquete da onça mansa: fluxos internos e externos da população indígena aldeada (São Paulo, 1798-1803)". *III Encontro Escravidão e Liberdade, op. cit.*

25 Vide SCHWARTZ, *Slaves, peasants, and rebels, op. cit.*, p. 145.

Devemos atentar também para as relações entre os possuidores de escravos e de administrados. A hipótese corrente é a de que, do ponto de vista da área em seu conjunto, os administrados precederam os escravos, talvez como forma de acumulação. É preciso verificar se os donos de uns e de outros eram as mesmas pessoas, bem como obter informações sobre o momento da substituição. Para respondê-lo, foi construído o gráfico 2 (final do texto), baseado nos registros de óbitos de escravos e administrados, que invariavelmente informavam o possuidor. Deve-se considerar que o gráfico conta possuidores, e não índios ou escravos. Os dados estão, ademais, organizados segundo o início da carreira de enterrador de cativos dessas pessoas, e não de acordo com a época em que começaram a possuir os dependentes. Eles são classificados ali segundo tenham possuído só escravos, só índios, ou ambos.

A primeira coisa que se nota observando o gráfico é que os possuidores de ambos sempre constituíram minoria. A segunda é o fato de que os possuidores apenas de escravos sempre foram a situação mais frequente. Percebe-se também a perda de importância, a partir de meados do século (mas somente a partir de então), dos donos apenas de administrados, o que já sabíamos desde os trabalhos de Stuart Schwartz. Além disso, se observarmos as curvas relativas a donos só de índios e a possuidores de ambos, veremos que os que se apropriavam de ambos não estão no meio do processo, como forma transitiva. Eles estão no início do processo, sendo depois ultrapassados em número pelos donos apenas de administrados (os proprietários apenas de escravos foram sempre preponderantes, como visto). Fica difícil, portanto, dizer que a apropriação de índios foi acumulação prévia para a aquisição de escravos. Esta sugestão fica reforçada pela observação de que, aí pelo meio do século, houve especialização. Os possuidores de apenas administrados *não* estavam no começo do processo de implantação dessas formas de cativeiro em Curitiba.

O gráfico mostra a distribuição percentual (porque os períodos não são homogêneos), mas vale a pena atentar para números absolutos por um momento. Até o final da década de 1750, a cada decênio iniciavam suas carreiras de enterradores de cativos pouco mais de vinte possuidores de administrados (só de índios ou de administrados em combinação com escravos). Nos anos 1760, foram nove os preadores novos, tendo passado a quatro entre 1770 e 1777. Como os sepultamentos de administrados continuaram após o Diretório pombalino, embora em números decrescentes, fica a sugestão de que este último teve mais sucesso em proibir a escravização de índios que em impedir a manutenção dos já preados. Por fim, a curva da presença de enterradores só de administrados sugere que em meados do século XVIII houve alguma fartura da preação, o que deixa uma suspeita importante: é preciso verificar até que ponto os conflitos armados no Extremo-Sul, incluindo a chamada Guerra Guaranítica, não estiveram na base de muitos processos de incorporação de índios à administração particular. Afinal, o crescimento do número de possuidores apenas de administrados acompanhou o ritmo do estabelecimento dos contatos meridionais ligados ao estabelecimento do negócio de tropas de muares.

Quanto a essa questão da procedência dos administrados, é interessante observar os números de sepultamentos em Curitiba, com particular atenção aos anos 1750. Houve então um forte ápice na curva do movimento anual de óbitos de administrados. É sempre difícil interpretar um comportamento destes a partir de uma curva de sepultamentos. Um ápice pode significar que o grupo focalizado estava muito presente na população. Mas também pode indicar o exato inverso disso. O ápice poderia, por exemplo, indicar apenas o mais evidente, ou seja, um acréscimo de mortos.

A questão peculiar no tocante a índios, no entanto, é que as duas coisas aparecem ao mesmo tempo nesse tipo de documento: chegadas súbitas de índios significam, além, evidentemente, do aumento de seu número, o crescimento, aliás substancial, de suas mortes, graças ao choque microbiano. Assim, há muito boas chances de que o ápice na curva de sepultamentos de administradas na década de 1750 tenha significado muitas chegadas de gente nova.

O movimento anual de óbitos de administrados ajuda a pensar. Enterravam-se em média cinco administrados ao ano em Curitiba entre 1747 e 1753. Mas em 1754 foram 13; em 1755, 3 e em 1756, 14. Retornou-se, então, a uma média de quatro ao ano entre 1757 e 1763. Os números são muito pequenos, o que por si já é sugestivo. Mas ainda assim é claramente perceptível o ressalto em 1754 e 1756. Caso nos recordemos de que a Guerra Guaranítica ocorre no Sul exatamente entre 1753 e 1756, creio que se tem aí uma pista sobre procedências, embora ainda não pareça plenamente esclarecida, dada a bibliografia, a participação de paulistas nos contingentes envolvidos na Guerra.[26]

---

26 Cf. BELLOTTO, Heloísa Liberalli. *Autoridade e conflito no Brasil Colonial: o governo do Morgado de Mateus em São Paulo*. São Paulo: Conselho Estadual de Artes e Ciências Humanas, 1978, p. 40, 103. Brasil Pinheiro Machado, talvez embaraçado com a mesma questão que aflige quem, hoje em dia, olha a questão das procedências dos administrados em Curitiba, aventou, em caráter tentativo, que os carijós administrados em Curitiba vieram com povoadores paulistas. Por outro lado, interpretou a categoria "gentio de guerra", por ele encontrada nas fontes, como indicando "botocudos e coroados". Cf. MACHADO, Brasil Pinheiro. "Terceiro caderno: A formação da estrutura agrária tradicional dos Campos Gerais". In: *Três cadernos de História, ideias e reflexões*. Curitiba: Arte e Letra, 2002, p. 77.

Há evidências em sentido inverso, por outro lado. Tendo em vista uma curva do movimento de óbitos de administrados, comparado com o de escravos, vê-se não ter havido auge súbito dos óbitos de administrados que não fosse também uma ascensão no número de óbitos de escravos, o que faz lembrar o esquema montado há já muitos anos por Dauril Alden e Joseph Miller sobre a correlação entre desembarques de africanos e surtos epidêmicos na América Portuguesa.[27] Desse modo, o pico dos óbitos de administrados da década de 1750 não significaria exatamente aumento rápido de seus números, corroborando a imagem de que muitos proviriam do Extremo-Sul e seus conflitos. Antes, significaria tão somente epidemias particularmente violentas.

Pasquale Petrone indicou, a partir de documentação qualitativa, o início, na década de 1720, de um movimento de expansão das capturas na direção Oeste, a partir de São Paulo. Isso, como é sabido, levou à preação de Paiaguás, Guaicurus, Caiapós e Parecis. Mas a esse tipo de movimentação seguiu-se outro, que fez a preação chegar até o Rio Grande do Sul e a Colônia do Sacramento.[28] A questão não pode ser fechada, mas é importante que essas pistas fiquem disponíveis. O mais decisivo é reforçar a constatação de que os proprietários só de escravos predominaram entre os donos de dependentes desde o início do século. A forte voracidade em se apropriar de trabalho, dada a abundante oferta de áreas novas, é mais capaz de explicar a dinâmica dos processos que a situação periférica ou a comparativa pobreza local, embora essa pobreza seja inegável, sempre em termos comparativos.

Avalio que a historiografia vem formulando uma tipologia de populações escravas centrada basicamente em três tipos. O primeiro é o de regiões exportadoras com contingentes bem grandes de mancípios e com alta desproporção em favor dos homens entre os adultos, em virtude da presença nelas de muitos africanos. O segundo,

---

27 ALDEN, Dauril & MILLER, Joseph C. "Out of África: the slave trade and the transmission of smallpox to Brazil, ca. 1560 – ca. 1830". *Journal of Interdisciplinary History*, vol. 18, n. 1, 1987.

28 PETRONE, Pasquale. *Aldeamentos paulistas, op. cit.*, p. 79. De um modo ou de outro, Bougainville dá algumas indicações a respeito dos tipos de interação dos "paulistas" do outro lado da fronteira com o atual Uruguai em 1767. Diz ele: "Algunos malechores escapados a la justicia se han retirado al norte de las Maldonadas; desertores se han unido a ellos; insensiblemente, el número ha crecido; han tomado mujeres entre los indios y comenzado una raza que no vive más que del pillaje. Van a robar bestias en las posesiones españolas, para conducirlas a las fronteras del Brasil, donde las cambian con los paulistas por armas y vestidos. Desgraciados los viajeros que caen en sus manos! Se asegura que son actualmente más de seiscientos. Han abandonado su primera residencia y se han retirado mucho más lejos, hacia el Noroeste". Ver BOUGAINVILLE, L. A. *Viaje alrededor del mundo por la fragata del Rey La "Boudeuse" y la fusta la "Estrella" en 1767, 1768 y 1769*. 4ª ed. Madri: Espasa-Calpe, 1966, p. 34.

o de regiões com relativa igualdade nos números de homens e mulheres entre os adultos e com atividades voltadas para o abastecimento interno que só permitiriam reprodução endógena das escravarias. Por fim, o terceiro tipo seria o das áreas com contingentes escravos pequenos, com pequena participação na população total, mas ao mesmo tempo com muito mais homens que mulheres na população adulta, mesmo que essas populações fossem eminentemente crioulas. Estas últimas, que enfatizo aqui por parecer-me ter sido o caso do Paraná em diversos momentos, seriam, deve-se supor, o resultado de processos migratórios de escravistas acompanhados de seus cativos, ou de uma parte de suas escravarias, quando se tratasse de processos de expansão com absenteísmo (cada proprietário teria várias propriedades) mas sem a formação de áreas exportadoras.

Tratar-se-ia, portanto, de áreas de fronteira não exportadora, apesar de escravistas, no topo da sociedade. No caso do Paraná, o equilíbrio nos números de ambos os sexos só foi válido para alguns períodos, seguindo-se a situações mais ou menos longas derivadas da terceira categoria de populações escravas.[29] Nesse sentido, organizei o gráfico 3, baseado em registros de óbito de escravos coletados para Curitiba para o século XVIII e para as primeiras décadas do século XIX. Ali, fica bem clara a passagem da situação de fronteira não exportadora para aquela de escravidão com reprodução endógena e voltada para a produção para o mercado interno.

Na rapidamente crescente população escrava da Curitiba do século XVIII, os homens predominavam largamente, embora tudo indique que a parcela africana desse contingente cativo fosse bem pequena (os registros de óbitos quase nunca referem procedências africanas). Foi somente nos primeiros anos do século XIX que os

---

29 Sobre equilíbrio entre os sexos, ver GUTIÉRREZ, "Demografia escrava", *op. cit.* Vide também LUNA, Francisco Vidal & COSTA, Iraci del Nero da. "Posse de escravos em São Paulo no início do século XIX". *Estudos econômicos*, vol. 13, n. 1, 1983; BURMESTER, Ana Maria de Oliveira. "Estado e população: o século XVIII em questão". *Revista Portuguesa de História*, n. 33, 1999; PENA, Eduardo Spiller. *O jogo da face*. Curitiba: Aos Quatro Ventos, 1999; MELO, Kátia Andréia Vieira de Melo. *Comportamentos e práticas familiares nos domicílios escravistas de Castro (1824-1835) segundo as listas nominativas de habitantes*. Dissertação de mestrado. PPGH/UFPR, Curitiba, 2004; LIMA, Adriano Bernardo Moraes. *Trajetórias de crioulos: um estudo das relações comunitárias de escravos e forros no termo da vila de Curitiba (c. 1760 – c. 1830)*. Dissertação de mestrado. PPGH/UFPR, Curitiba, 2001. Quanto à importação de africanos para o Sul, ver BERUTE, Gabriel Santos. "Dos escravos que partem para os portos do Sul: características demográficas dos cativos traficados para o Rio Grande de São Pedro, c. 1790 – c. 1825" e OSÓRIO, Helen. "Para além das charqueadas: estudo do padrão de posse de escravos no Rio Grande do Sul, segunda metade do século XVIII", ambos incluídos em *III Encontro Escravidão e Liberdade, op. cit.* Disponível em: <http://www.escravidaoeliberdade.com.br>.

números de homens e mulheres entre os escravos sepultados se tornaram parecidos, refletindo situação que deve ter se configurado nos últimos anos do século anterior (a redução no número de sepultamentos deveu-se ao desmembramento da freguesia de Curitiba para a formação da de Nossa Senhora da Conceição do Tamanduá).

Esse tipo de coisa se passava um pouco por toda parte no Paraná, no início do assentamento em áreas destinadas a produzir para o mercado interno.[30] A conexão entre produção escravista para o mercado interno e equilíbrio entre os números de homens e mulheres na população escrava adulta não era universal. Escravistas migravam com seus escravos (explicando-se assim as maiorias masculinas crioulas). Deve ser enfatizado, apesar de óbvio, o fato de que a atuação de fatores demográficos não pode explicar tão excessiva maioria masculina. É preciso pensar em migrações de proprietários, carregando seus escravos homens consigo, à medida que se dirigiam para áreas novas e frequentemente de vida difícil.

Após 1800, como foi dito, os números de homens e mulheres tornaram-se semelhantes. Isso é perceptível através tanto dos censos quanto dos óbitos, e essa simultaneidade dá alguma segurança à avaliação da questão a partir dos sepultamentos.

Após a primeira proibição do tráfico de escravos (vigente já em 1830), o número de escravos importados aumentou, embora com oscilações muito fortes. A tendência à relativa igualdade nos números de ambos os sexos na população escrava adulta não foi totalmente abandonada, mas houve um acréscimo, discreto mas estável, na parcela masculina do contingente, na direção de uma leve maioria. Tal maioria só viria a ser revertida com o estabelecimento do tráfico interprovincial da segunda metade do século.

Como estamos vendo, a fronteira expansiva atraía tanto depauperados em busca de terra quanto gente graúda, conduzindo a indicadores de, simultaneamente, forte presença de pobres autônomos e forte concentração de recursos. As condições das áreas novas produziam concentração de diversos recursos decisivos, especialmente os ligados à provisão de trabalho, mas não a monopolização da terra.

A disponibilidade de terra conviveu com e contextualizou tanto o equilíbrio entre os sexos como os momentos de maioria masculina. Conviveu com o equilíbrio porque, em área não exportadora e com demanda acesa por força de trabalho, a escravidão sem exportação se implantava com facilidade, mediante a migração de senhores com seus escravos crioulos, dado o dinamismo derivado do avanço sobre baldios. A disponibilidade de terras ligou-se a eventuais maiorias masculinas porque

---

30 Ver NETTO, Fernando Franco. *População, escravidão e família no século XIX*. Guarapuava: Unicentro, 2007, p. 149 e seguintes.

os espaços vazios, expulsos ou preados os indígenas, permitiam grandes ganhos, facultando, no período do tráfico ilegal, o recurso do tipo "fim de festa" aos africanos.[31]

Além da questão do dinamismo para o mercado interno, em sua relação com a estrutura etário-sexual da população cativa, a oferta alargada de terras afetava a vida dos escravos de outras maneiras. Aquela oferta é de grande auxílio na hora de compreender-se o recurso à pecuária como atividade central. Afinal, era quase que a mais extensiva de todas as ocupações.

É claro que a adoção da pecuária era limitada pela disponibilidade de recursos para a aquisição de animais, mas podemos ter certeza de que proprietários de escravos não tinham problemas com isso. Na década de 1850, enquanto o preço de um escravo homem adulto (15 a 39 anos) oscilava ao redor de 500$000, o das vacas girava em torno de cinquenta vezes menos que isso (entre 7$000 e 10$000).[32] Além do mais, a criação de gado era socialmente difusa. Até cabeças de domicílio descendentes de libertos a praticavam em pequena escala.

A pecuária era a atividade mais ligada ao uso de escravos, e não o mate, embora esta fosse a atividade mais chamativa de todas as que levavam ao porto de Paranaguá. Podemos nos aproximar da questão através de dados da segunda metade do século XIX, mais especificamente os inventários *post mortem* processados na vila de São José dos Pinhais. Dentre os 91 inventariados que haviam possuído escravos e que morreram entre 1852 e 1886, 91% tinham terrenos e/ou implementos ligados à criação de gado, ao passo que 95% os tinham conectados à agricultura do milho. A porcentagem dos que também possuíam recursos ligados à coleta ou ao processamento da erva-mate também era grande, mas mostrava-se substancialmente menor, mal ultrapassando os 60%.[33] Além do mais, a proporção dos possuidores de ervais era maior entre os possuidores de menos escravos. 62% dos escravistas com 1 a 4 cativos tinham ervais, enquanto somente 55% dos donos de mais de quatro cativos também tinham terrenos com congonha. De fato, a associação decisiva era aquela entre a escravidão, de um

---

31 "Fim de festa" porque, apesar de a importação de africanos ter continuado após 1830, a farra do tráfico de escravos do início do século XIX, especialmente dos anos 1820, dava sinais de ter passado. O tráfico teve durante sua ilegalidade sinais de crise que ele nunca tinha tido no Brasil (flutuações extremas no volume de africanos desembarcados e preços oscilantes demais pagos pelos africanos). Ver, por exemplo, LIMA, Carlos A. M. "O tráfico ilegal para a fronteira agrária: Domingos Inácio de Araújo (Palmeira, 1830-1851)". *IV Encontro Escravidão e Liberdade no Brasil Meridional*. Curitiba, 2009. Disponível em: <http://www.escravidaoeliberdade.com.br>.

32 Ver Inventários *post mortem*, 1852-1859, 2ª Vara Cível de São José dos Pinhais.

33 *Idem*.

lado, e a combinação entre criação de gado e agricultura do milho, de outro, não obstante a pecuária achar-se já em decadência do ponto de vista de sua capacidade de acessar o mercado interno.[34]

Considerações finais, com hipóteses adicionais e um caso

A população crescia intensamente, mas não pressionava de modo decisivo as possibilidades de acesso à terra. De maneira análoga, percebem-se muitos sinais de que homens livres pobres tinham acesso à terra e a ocupações autônomas, mas aqueles sinais aparecem contíguos a indicadores de forte concentração dos outros fatores produtivos, especialmente aqueles ligados à provisão de força de trabalho dependente e ao exercício de atividades comerciais de maior fôlego. O dinamismo derivado do avanço sobre baldios explica que ambas as coisas pudessem ocorrer ao mesmo tempo. Mesmo havendo forte concentração de quase todos os fatores, o avanço da fronteira sobre uma enormidade de terra sem dono desafogava as coisas, eliminando a possibilidade de que a pobreza rural ficasse excluída da pequena produção no campo. De outra parte, não se deve deixar de lembrar que exatamente a vizinhança de espaços abertos, expulsos e/ou preados os índios, deve ter tido um papel na própria gestação do impulso para a concentração dos recursos ligados à obtenção de trabalho, como reza o modelo, sempre difícil de esquecer, que equaciona disponibilidade de terra com a elaboração e a imposição de formas muito pouco contratuais de obtenção de trabalho.

O dinamismo referido é de grande valia para que se compreendam características essenciais, inclusive as cambiantes, da população escrava. Quando, em ocasiões peculiares, tornaram-se necessárias maiorias masculinas na idade mais produtiva, isso não foi impedido, nem mesmo pelos fenômenos que às vezes parecem endossar o uso de expressões como "periferia da periferia", embora tenha sido limitado pelo ritmo reduzido de acumulação. Esse dinamismo também tornou possível que a implantação da escravidão africana fosse bem precoce.

---

34 Isso se pudermos obter pistas sobre o andamento da pecuária a partir do movimento de muares por Itapetininga. Ver a esse respeito SPUPRYNIAK, Carlos Eduardo. *Comércio de animais de carga no Brasil Imperial: uma análise quantitativa das tropas negociadas nas Províncias do Paraná e São Paulo*. Dissertação de mestrado. PPG Economia/ Unesp, Araraquara, 2006, p. 38. Para um exemplo recente de análise sobre a relação entre pecuária e escravidão, TEIXEIRA, Luana. "Trabalho escravo na produção pecuária: São Francisco de Paula de Cima da Serra (Rio Grande de São Pedro, 1850-1871)". *III Encontro Escravidão e Liberdade, op. cit.* Disponível em: <http://www.escravidaoeliberdade.com.br>.

A população livre brasileira crescia a um ritmo considerável durante o século XIX (por volta de 2% ao ano), em meio a amplos espaços vazios, expulsos os índios. Assim, a experiência paranaense pode ajudar a compreender muitos fenômenos que se passavam nesse ambiente mais amplo. Impossível ou indesejável excluir a massa da população do acesso autônomo à terra, os mecanismos básicos de dominação passavam a ser ligados à mercancia e ao uso de posições políticas para reiterar elites. Esse tipo de coisa deve ser lembrado para retomar uma discussão importante sobre o século XIX brasileiro: é chavão recordar o ataque movido pelo Império Brasileiro às autoridades e aos juizados municipais. Isso entra na discussão a respeito da centralização imperial e da formação do Estado no Brasil. A perspectiva é correta, mas merece os adendos feitos a ela por Richard Graham, quanto às elites locais, e por Thomas Flory, no tocante aos juízes imperiais.[35] Começando pelos juízes de órfãos, sabe-se que a centralização imperial, sobretudo através da legislação sobre municipalidades (a lei de 1º de outubro de 1828), retirou muitas funções das câmaras, como instrumento para o englobamento das elites locais no projeto centralista (juízes de órfãos, abstraídos casos de mercês reais diretas, haviam sido de nomeação municipal no período colonial). No entanto, como Graham e Flory mostraram, mesmo que nomeados de fora (da Província) e reportando-se a autoridades externas aos municípios, exatamente isso levava a que os juízes tivessem que estabelecer alianças informais com membros da elite local. Além de torná-lo necessário, facilitava-o, fornecendo-lhes moeda de troca que os tornava ainda mais atraentes como aliados de potentados locais. Juízes centralizadores tinham tido esse destino desde o período colonial, como mostra Schwartz: nomeados de fora para centralizar a administração, acabavam enraizando-se. Seu lugar de instrumento de centralização tornava isso possível, por fazê-los prestigiados. Fazia-os atraentes para elites locais, que podiam evitar a exageração de projetos centralistas.[36] É possível até mesmo dizer que sua vinculação com o centralismo tornava necessário algum grau de enraizamento, dado que, em situação de policentrismo político, paradigma jurisdicionalista e "autoridades negociadas", era impossível – se é que alguém tentava – separar Estado e sociedade, com o primeiro monopolizando a capacidade de governar.[37]

---

35 GRAHAM, Richard. *Clientelismo e política no Brasil do século XIX*. Rio de Janeiro: Editora UFRJ, 1997, p. 73-77, 95; FLORY, Thomas. *El juez de paz y el jurado en el Brasil Imperial, 1808-1871*. México DF: Fondo de Cultura Econômica, 1986, p. 290-298.

36 SCHWARTZ, S. B. *Burocracia e sociedade no Brasil Colonial*. São Paulo: Perspectiva, 1979.

37 HESPANHA, António Manuel. *As Vésperas do Leviatã*. Coimbra: Almedina, 1994.

Além disso, a função de juiz de órfãos ganhou uma soma enorme de poderes ao longo de todo o século XIX, embora com muita discrição. Obtiveram autoridade sobre índios, desde que a lei de 27 de outubro de 1831 revogou a legislação sobre guerra justa contra os índios em São Paulo;[38] ganharam diversas formas de ascendência formal sobre escravos e africanos livres.[39] Na segunda metade do século XIX, tiveram suas funções acrescidas pelo processo já referido de aumento da tendência a que os espólios de pobres passassem a ser inventariados, colocando bens sob o controle de funcionários ainda patrimoniais. Assim é que, em 1881, apareceu registro sobre a retomada, ou a continuação ampliada, de uma antiga prática colonial, qual seja a do juízo de órfãos como prestamista:[40] o inventariante do falecido James Custódio Natel informava ao juízo de órfãos em Campo Largo "que o falecido inventariado possue no Cofre dos Orphãos [de Curitiba] dois contos trezentos e sessenta mil oitocentos e sessenta reis de capital e juros conforme se vê da certidão que offerece".[41] Outro caso: também na Campo Largo da década de 1880, apareceu um jornalzinho local, chamado O Guahyra, uma de cujas funções principais era servir de edital para o juízo de órfãos (repare-se que não era para a municipalidade em seu conjunto; era para o juízo de órfãos mesmo), e lá apareceu uma notícia extremamente significativa: "Acha-se organisado pelo Dr. Juiz de Orphãos o cadastro dos Orphãos deste Termo. Figurão nelle – 736 orphãos, sendo 389 do sexo masculino e 347 do sexo feminino". Teriam tutores 96 deles. Mestres de ofícios, 4. 46 estavam contratados por três anos para serviços na lavoura e na criação, ao passo que 11 órfãs estavam entregues para receber "educação conveniente" e 187 órfãos com idades entre 8 e 15 anos estavam frequentando escolas públicas e particulares.[42] Isso compunha uma importante massa de pessoas e riquezas – deve-se recordar que, em 1854, havia menos de quatrocentos escravos na então freguesia de

---

38 MALHEIROS, Agostinho M. Perdigão. A escravidão no Brasil. São Paulo: Cultura, 1944, vol. I, p. 315-317.

39 Ver BASTOS, Aureliano Cândido Tavares. Cartas do solitário. 4ª ed. São Paulo: Companhia Editora Nacional, 1975 (1ª ed., 1862), p. 68-80. Sobre africanos livres, ver MAMIGONIAN, Beatriz Gallotti. "Do que 'o preto mina' é capaz: etnia e resistência entre africanos livres". Afro-Ásia, vol. 24, 2000, p. 71-95.

40 FRAGOSO, João. "A nobreza da República: notas sobre a formação da primeira elite senhorial do Rio de Janeiro (séculos XVI e XVII)". Topoi, vol. 1, 2006, ed. especial; e MONTEIRO, Negros da terra, op. cit.

41 Inventário post mortem de James Custódio Natel, 1881, Vara Cível de Campo Largo, fl. 20.

42 O Guahyra, n. 13, 17 de abril de 1887.

Campo Largo[43] –, misturando herdeiros com bens controlados pelo juízo e órfãos pobres conduzidos ao trabalho. Era um belo fim de Império centralizador do ponto de vista das elites locais. Além disso, a historiografia já inventariou as funções novas e importantes que o juízo que avalio ganhou com a legislação escravista e emancipacionista do final do século XIX.[44] Embora sujeito a focos de autoridade de fora do município, o juiz analisado ganhou enorme ascendência em coisas aparentemente miúdas e, assim, grande controle sobre negócios e pessoas.

Um caso pode explicitá-lo. Maria de Deus, falecida em 1881, teve seu testamento aberto, para cumprimento de suas vontades, em 1882. Embora tivesse cerca de 50 anos de idade,[45] não tinha filhos, e resolveu legar seus bens a seus escravos. Esses bens não constituíam uma grande fortuna, pelo menos o que sobrou deles após a alforria de seus três cativos e tendo em vista o intervalo transcorrido desde sua morte até a abertura de seu inventário e leitura de seu testamento. Tratava-se de 1:823$000, em valores correntes. Quanto a bens de raiz, as avaliações começaram com uma casa de madeira, com telhas, no quarteirão do Bugre, tendo também monjolo, outras benfeitorias e, anexo à casa, um gramado com erval para oitenta cargueiras (este bem viria a ser motivo de discórdia mais à frente; o gramado e a casa, juntos, valiam um conto de réis). Tinha também capoeiras com alguma erva-mate mantidas em comum com duas outras pessoas e com herdeiros de João Ribeiro (vê-se a imensa fragmentação, já referida, impondo arranjos provavelmente muito tensos para a gestão de unidades agrárias). Com os mesmos herdeiros, possuía um terreno de capoeiras no quarteirão de Campo Largo, além de ter herdado uma parte de uma casa na rua do Comércio. Maria tivera igualmente 54$000 em bens móveis, constituídos por uma canastra e

---

43 *Relatório do Presidente da Província do Paraná o conselheiro Zacarias de Góes e Vasconcellos na abertura da Assembleia Legislativa Provincial em 15 de julho de 1854*. Curitiba: Tip. Paranaense, 1854.

44 PAPALI, Maria A. C. R. *Escravos, libertos e órfãos*. São Paulo: Annablume/ Fapesp, 2001. Ver também LIMA, Henrique E. "Arranjos de liberdade e de trabalho entre a escravidão e o pós-emancipação: fundos-cartoriais na Ilha de Santa Catarina". *III Encontro Escravidão e Liberdade, op. cit*. Disponível em: <http://www.escravidaoeliberdade.com.br>.

45 O escrivão anotou que ela devia ter 40 anos, mas um cruzamento das informações do processo de inventário (onde está reproduzido o testamento) com os registros de batismo de Campo Largo (onde ela vivia) mostra que eles batizaram duas filhas chamadas Maria, uma em 1832 e a outra no ano seguinte, não aparecendo mais nos registros de batismo. Ver Assentos de batismo, Paróquia de Nossa Senhora da Piedade do Campo Largo, livro 1, fls. 6, 15v.

algumas joias de muito pouco valor. Quanto a semoventes, três boizinhos, quatro vacas (uma com cria), duas novilhas, dois machos velhos e uma mula "idosa".[46]

Maria, nascida na própria Campo Largo, nomeou como seus testamenteiros, nessa ordem, seu irmão Antônio, seu sobrinho Francisco e seu irmão José. Libertou seus três escravos, Eduvirgem (38 anos), Brígida (14 anos) e Vicente (12 anos), além de ter livrado os filhos da primeira, Candido e Maria, que eram ingênuos, da necessidade de servirem até os 21 anos de idade. Além disso, instituiu seus escravos e os filhos destes que já tivessem nascido como seus herdeiros universais (5-5v).

O irmão de Maria, seu testamenteiro, conseguiu arranjar uma dívida dela para com ele de 284$510, além de ter deduzido 100$000 para pagar cinquenta missas pedidas por ela, de modo que a parte de cada um de seus escravos e ingênuos foi de 287$698. Antônio conseguiu reservar para si, em função das dívidas e missas, todos os bens móveis, todos os animais e a partezinha da casa na rua do Comércio que Maria tivera. Ainda ficou credor de Brígida em 11$510 (18-18v).

A Eduvirgem tocaram o terreno de capoeiras e uma parte da casa anexa ao gramado de erval no Bugre. Candido e Maria, seus filhos, obtiveram partes do terreno de erval e da casa. Brígida recebeu as capoeiras detidas em comum com diversas pessoas e uma parte da casa anexa ao gramado, com uma de cujas partes também foi aquinhoado Vicente, que recebeu igualmente parte do erval (18v-21v). Assim, todos os herdeiros eram donos de ao menos uma parte da casa no Bugre, ou então do terreno de erval anexo a ela. O juiz nomeou o testamenteiro Antônio, irmão da falecida, tutor de todos os menores. Este declinou em favor do segundo testamenteiro nomeado por Maria de Deus, Francisco, o qual, após dois anos na função, declinou igualmente, solicitando que o encargo fosse atribuído, novamente, a Antônio, "que foi quem os criou" (note-se que todos os escravos passaram a ser referidos como filhos de Eduvirgem, de modo que a escravaria inteira passou a ser entendida como uma única família escrava).

Francisco disse que gastou quase 170$000 durante os dois anos no sustento dos órfãos. Por isso, "tirou em hervas dos mattos d'estes para ser applicado em vistuario e comedoria trinta cargueiras d'hervas (dos quaes dez são de congonhão) liquido, os quaes vendeu por cento e setenta mil reis" (33). Em 1886, Antônio pediu para ser liberado da tarefa, indicando um tal de Manoel João Evangelista, designado como um cunhado dos órfãos que viveria com eles na casa com erval anexo – talvez Manoel fosse marido

---

46 Inventário *post mortem* de Maria de Deus, 1882, Vara Cível de Campo Largo, caixa 1882. Doravante, números entre parênteses referem-se às folhas deste processo.

de Brígida (e assim o devedor dos onze mil e tantos réis em que Brígida ficara obrigada frente a Antônio). O arranjo de convivência ficou mais complexo (44).

Em 1887, o discurso de quase todo mundo começou a mudar de tom. Passava a ser hora de uma quase pilhagem dos recursos dos ex-escravos, sem necessariamente retirar deles a propriedade da terra. Primeiramente, ninguém reclamou do terreno de capoeiras, de modo que um tipo de assentamento assim tão vinculado à tônica do campesinato negro não parecia despertar cobiça ou repulsa. Além do mais, as capoeiras eram detidas em comum com gente análoga a Maria de Deus, ou com membros de sua parentela.

As coisas, no entanto, ficavam diferentes quando se tratava de poder e de comercialização de erva-mate. O juiz de órfãos afirmava estar o sítio no Bugre (o erval e a casa a ele anexa) "completamente estragado e em deploravel estado" (49). O curador geral dos órfãos, por sua vez, recomendou a "venda urgente dos bens daquelles treis orphãos" (49v), ressaltando a "obra de destruição realisada pela mãi", isto é, Eduvirgem. O juiz de órfãos, por outro lado, negou a indicação, pois o terreno dera frutos, e decidiu-se pelo arrendamento do sítio por três anos (51).

Em suma, libertos possuindo terra não constituíam um problema. Afinal, a situação tinha longevas tradições em seu apoio, fora o fato de que ainda não ficava pressionada a possibilidade de abastados formarem grandes propriedades. Mas a sanha dessas elites locais era grande no tocante a controlarem os outros fatores, especialmente os ligados ao estabelecimento das condições para o acesso ao mercado. Exatamente essa era a situação no Paraná ao longo dos séculos XVIII e XIX: a de gente que conseguia ter acesso autônomo à terra, mas a troco de forte pressão para se ver excluída do acesso a outros fatores, para endividar-se e para obedecer.

TABELA 1 – Descendentes de libertos na população e na chefia de fogos em
Curitiba (1797 e 1835) e Castro (1804, 1816 e 1835)

Ano	A) N. de descendentes de forros	% de A) na população livre local	B) Domicílios chefiados por descendentes de libertos	% de B) no n. total de domicílios	% de migrantes internos em B)
Curitiba, 1797 (exceto a Lapa e S. José dos Pinhais)					
1797	1088	21,3	181	18,2	-
Palmeira, 1835					
1835	355	34,6	68	34,0	42,6
Castro, 1804-1835					
1804	1050	27,4	142	21,6	64,1
1816	870	24,4	131	19,8	23,7
1835	1513	26,3	309	27,5	23,8

Fontes: Carlos A. M. Lima, "Sertanejos e pessoas republicanas: livres de cor em Castro e Guaratuba (1801-1835)", *Estudos Afro-Asiáticos*, Rio de Janeiro, ano 24, n. 2, 2002, p. 329 e *Listas de habitantes de Curitiba, 1797 e 1835*, AESP (cópias microfilmadas do DEAP).

TABELA 2 – Descendentes homens de libertos – posição na estrutura dos domicílios de acordo com as faixas etárias (Curitiba e Castro, 1797-1835)

	Curitiba 1797, exceto a Lapa e S. José dos Pinhais									
	% em cada faixa etária									
	0 a 9 anos		10 a 19 anos		20 a 29 anos		30 a 49 anos		>=50 anos	
	L&D	B	L&D	B	L&D	B	L&D	B	L&D	B
Chefes c/ escravos	-	-	-	-	-	7	1	19	2	25
Chefes s/ escravos	-	-	2	2	34	40	75	65	88	70
Filhos com pais ou mães	75	89	74	89	41	46	9	11	-	1
Agregados	25	11	24	9	25	7	15	5	10	4
Totais (nº abs.)	100 (183)	100 (598)	100 (125)	100 (416)	100 (77)	100 (348)	100 (75)	100 (364)	100 (51)	100 (181)
	Castro, 1835									
	% em cada faixa etária									
	0 a 9 anos		10 a 19 anos		20 a 29 anos		30 a 49 anos		>=50 anos	
	L&D	B	L&D	B	L&D	B	L&D	B	L&D	B
Chefes c/ escravos	-	-	-	*	1	7	2	28	12	43
Chefes s/ escravos	-	-	4	2	44	50	83	62		52
Filhos com pais ou mães	78	92	63	89	29	34	3	5	-	-
Agregados	22	8	33	8	26	9	12	5	12	5
Totais (nº abs.)	100 (268)	100 (735)	100 (140)	100 (428)	100 (106)	100 (286)	100 (153)	100 (334)	100 (78)	100 (200)

L&D – Libertos e descendentes de libertos; B – Brancos. * Menor que 0,5%.
Fontes: Listas de habitantes de Curitiba e Castro, 1797-1835, AESP (foram consultadas cópias microfilmadas pertencentes ao DEHIS/ UFPR e ao DEAP).

TABELA 3 – Indicadores de concentração de recursos nos campos de Curitiba (séculos XVIII e XIX)

Local, datação e recurso	Índice de Gini
Posse de índios administrados e de escravos – só os escravistas	
Curitiba, 1731-1777: Posse de índios administrados (1)	0,357
Curitiba, 1731-1777: Posse de escravos (1)	0,350
Lages, 1789: Posse de escravos (só os fogos escravistas) (2)	0,478
Lages, 1794: Posse de escravos (só os fogos escravistas) (2)	0,548
Curitiba, 1797: Posse de escravos (só os fogos escravistas) (3)	0,517
Castro, 1835: Posse de escravos (só os fogos escravistas)* (4)	0,536
Palmeira, 1835: Posse de escravos (só os fogos escravistas) (7)	0,470
Campo Largo, 1872-1886: Escravos inventariados (só os inventários de escravistas) (5)	0,367
S. José dos Pinhais, 1852-1886: Escravos inventariados (só os inventários de escravistas) (6)	0,418
Posse de índios administrados e de escravos – todas as pessoas ou fogos	
Lages, 1789: Posse de escravos (todos os fogos) (2)	0,797
Lages, 1794: Posse de escravos (todos os fogos) (2)	0,819
Curitiba, 1797: Posse de escravos (todos os domicílios) (3)	0,872
Castro, 1835: Posse de escravos (todos os fogos)* (4)	0,782
Palmeira, 1836: Posse de escravos (todos os fogos) (7)	0,793
Campo Largo, 1872-1886: Escravos inventariados (todos os inventários) (5)	0,740
S. José dos Pinhais, 1852-1886:Escravos inventariados (todos os inventários)(6)	0,821
Rendimentos declarados em listas nominativas	
Castro, 1835: Rendimentos declarados (só os fogos com declaração)* (4)	0,609
Castro, 1835: Rendimentos declarados (todos os fogos)* (4)	0,733
Castro, 1835: Rendimentos declarados (todos os fogos, aplicando-se aos fogos sem rendimento declarado o menor rendimento verificado – 10000)* (4)	0,716
Palmeira, 1836: Rendimentos declarados (só os fogos com declaração) (7)	0,727
Palmeira, 1836: Rendimentos declarados (todos os fogos) (7)	0,789
Palmeira, 1836: Rendimentos declarados (aplicando-se aos fogos sem rendimentos declarados o menor rendimento – 1$700) (7)	0,785
Riqueza inventariada	
Campo Largo, 1872-1886: Riqueza inventariada (mil-réis constantes)** (5)	0,485
S. José dos Pinhais, 1852-1886: Riqueza inventariada (mil-réis constantes)**(6)	0,605
Concentração dos recursos investidos em bens de raiz agrários	
Campo Largo, 1872-1886: Empates em bens de raiz (mil-réis constantes)** (5)	0,489
S. José dos Pinhais, 1852-1886:Empates – bens de raiz (mil-réis constantes)**(6)	0,596

Concentração dos recursos investidos em vários tipos de terreno	
Campo Largo, 1872-1886: Recursos empatados em terrenos total ou parcialmente voltados para a agricultura de alimentos** (5)	0,496
Campo Largo, 1872-1886: Recursos empatados em terrenos total ou parcialmente voltados para a criação de gado** (5)	0,608
Campo Largo, 1872-1886: Recursos empatados em ervais e/ou engenhos de soque de erva-mate** (5)	0,633
S. José dos Pinhais, 1852-1886: Recursos empatados em terrenos total ou parcialmente voltados para a agricultura de alimentos** (6)	0,629
S. José dos Pinhais, 1852-1886: Recursos empatados em terrenos total ou parcialmente voltados para a criação de gado** (6)	0,728
S. José dos Pinhais, 1852-1886: Recursos empatados em ervais e/ou engenhos de soque de erva-mate** (6)	0,720

* Em relação aos rendimentos de Castro, a proporção de fogos com algum rendimento declarado era muito pequena na lista nominativa. Assim, foi preciso usar apenas os dados relativos aos bairros rurais em que ao menos metade dos domicílios declararam algum rendimento. De 23 bairros, só se usaram dados de seis. Isso abarcava 247 domicílios, no interior de um total de 1189. O mesmo foi praticado quanto à posse de escravos. Só foram considerados os bairros em cujos dados os rendimentos eram mais completos.

** Nestes casos, os valores considerados provinham de anos diferentes. Como a moeda oscilava, foi preciso deflacionar as avaliações, convertendo-as para o mil-réis de 1872. Para isso, foi usado o índice ponderado de preços de Eulália Lobo, procedimento que considerei preferível à conversão para libras esterlinas por se estar diante de atividades muito voltadas para o mercado interno. Foi usada a ponderação de 1856 (apesar das críticas a seu uso – ver, por exemplo, Carlos Manuel Peláez e Wilson Suzigan, *História monetária do Brasil*. Rio de Janeiro: IPEA/INPES, 1976, p. 140 –, pareceu-me que a ponderação de 1919 criaria algumas distorções em virtude das provavelmente grandes mudanças de hábitos alimentares). Cf. Eulália Lobo. "Evolução dos preços e do padrão de vida no Rio de Janeiro, 1820-1930", *Revista Brasileira de Economia*, vol. 25, n. 4, out.-dez./ 1971.

Fontes:

1. Assentos de Óbitos, 1731-1777, Paróquia de Nossa Senhora da Luz dos Pinhais de Curitiba.
2. Baseado nas listas transcritas em Tito L. Ferreira, "O governo do Morgado de Mateus e os censos das ordenanças da capitania de São Paulo" Anais do Museu Paulista, t. XIV, 1950.
3. Listas de habitantes de Curitiba, 1797, Arquivo do Estado de São Paulo (AESP, cópias pertencentes ao Departamento Estadual do Arquivo Público, DEAP).
4. Listas de habitantes de Castro, 1835, AESP (cópias pertencentes ao DEHIS/ UFPR).
5. Inventários post mortem, 1872-1886, Vara Cível de Campo Largo.
6. Inventários post mortem, 1852-1886, 2ª Vara Cível de São José dos Pinhais.
7. Listas de habitantes de Curitiba, 1835, AESP (cópias pertencentes ao DEAP).

GRÁFICO 1 – Preços médios anuais (valores nominais) do alqueire de capoeiras em Campo Largo

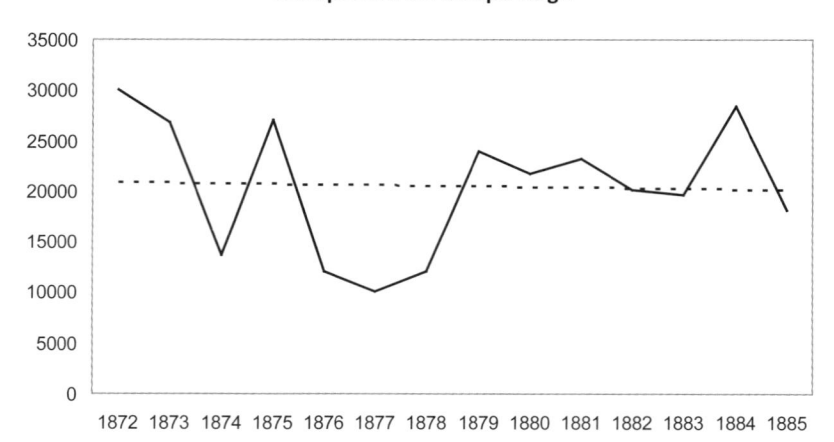

Fontes: Inventários *post mortem*, 1872-1885, Vara Cível de Campo Largo.

GRÁFICO 2 – Possuidores de administrados e/ou escravos – participação percentual dos tipos de posse no conjunto, conforme o período de início das carreiras dos possuidores (Curitiba, 1731-1777)

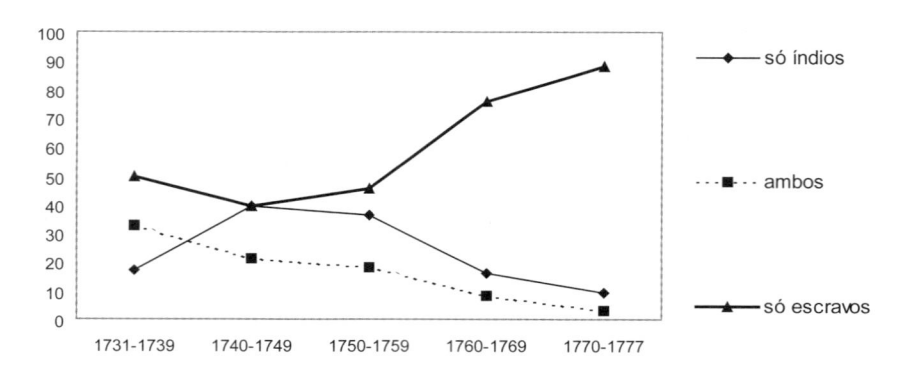

Fontes: Dados recolhidos no âmbito das seguintes pesquisas: Ana Maria da Silva Moura e Carlos A. M. Lima, *Devoção e incorporação*. Curitiba, Peregrina, 2002 e Aroldo Tavares, *Do Puru-zu-tim ao rito fúnebre barroco: a incorporação de administrados à sociedade colonial* (*Curitiba, 1731-1777*). Monografia de Conclusão de Curso de História, UFPR, 2003.

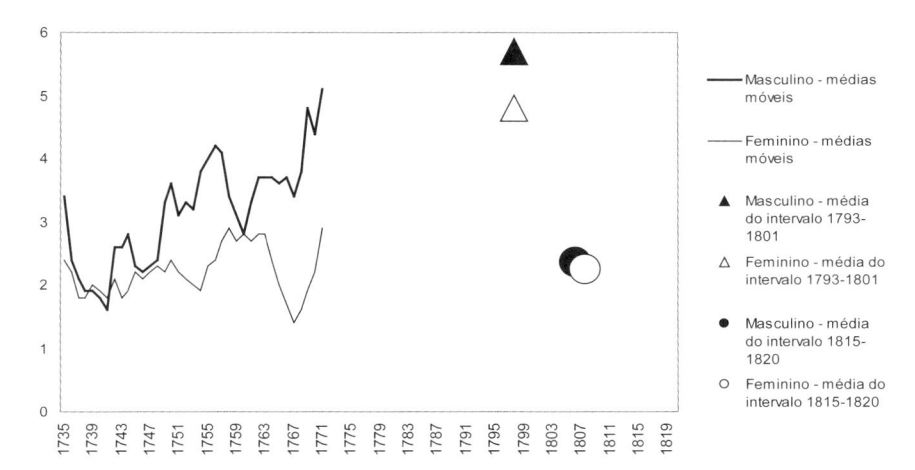

GRÁFICO 3 – Óbitos de escravos em Curitiba, segundo o sexo (1731-1820)

Fontes: Vide gráfico 2.

Bibliografia

ALADRÉN, Gabriel. "Crioulos e africanos libertos em Porto Alegre: padrões de alforria e atividades econômicas (1800-1835)". *III Encontro Escravidão e Liberdade no Brasil Meridional*. Florianópolis, 2007. Disponível em: <http://www.escravidaoeliberdade.com.br>.

ALDEN, Dauril e MILLER, Joseph C. "Out of Africa: the slave trade and the transmission of smallpox to Brazil, *ca.* 1560 – *ca.* 1830". *Journal of Interdisciplinary History*, vol. 18, n. 1, 1987.

BARICKMAN, Bert J. *Um contraponto baiano*. Rio de Janeiro: Civilização Brasileira, 2003.

BASTOS, Aureliano Cândido Tavares. *Cartas do solitário*. 4ª ed. São Paulo: Companhia Editora Nacional, 1975 (1ª ed., 1862).

BELLOTTO, Heloísa Liberalli. *Autoridade e conflito no Brasil Colonial: o governo do Morgado de Mateus em São Paulo*. São Paulo: Conselho Estadual de Artes e Ciências Humanas, 1978.

BERUTE, Gabriel Santos. "Dos escravos que partem para os portos do Sul: características demográficas dos cativos traficados para o Rio Grande de São Pedro, c. 1790 – c. 1825". *III Encontro Escravidão e Liberdade no Brasil Meridional*. Florianópolis, 2007. Disponível em: <http://www.escravidaoeliberdade.com.br>.

BORUCKI, Chagas e STALLA. "Senhores e escravos nas fronteiras do território rio-platense (1835-1862)". *III Encontro Escravidão e Liberdade no Brasil Meridional.* Florianópolis, 2007. Disponível em: <http://www.escravidaoeliberdade.com.br>.

BOUGAINVILLE, L. A. *Viaje alrededor del mundo por la fragata del Rey La "Boudeuse" y la fusta la "Estrella" en 1767, 1768 y 1769.* 4ª ed. Madri: Espasa-Calpe, 1966.

BURMESTER, Ana Maria de Oliveira. "Estado e população: o século XVIII em questão". *Revista Portuguesa de História,* n. 33, 1999.

CARDOSO, Fernando Henrique. *Capitalismo e escravidão no Brasil Meridional.* 2ª ed. Rio de Janeiro: Paz e Terra, 1977.

CHASTEEN, John Charles. "Background to civil war: the process of land tenure in Brazil's southern borderland, 1801-1893". *Hispanic American Historical Review,* vol. 17, n. 4, 1991.

Estatísticas Históricas do Brasil. 2ª ed. Rio de Janeiro: FIBGE, 1990.

FERREIRA, Roberto Guedes. "Censos e classificação de cor em Porto Feliz (SP – século XIX)". *III Encontro Escravidão e Liberdade no Brasil Meridional.* Florianópolis, 2007. Disponível em: <http://www.escravidaoeliberdade.com.br>.

FERREIRA, Tito L. "O governo do Morgado de Mateus e os censos das ordenanças da capitania de São Paulo". *Anais do Museu Paulista,* t. XIV, 1950.

FLORY, Thomas. *El juez de paz y el jurado en el Brasil Imperial, 1808-1871.* México DF: Fondo de Cultura Económica, 1986.

FRAGOSO, João. *Homens de grossa aventura.* Rio de Janeiro: Arquivo Nacional, 1993.

_____. "A nobreza da República: notas sobre a formação da primeira elite senhorial do Rio de Janeiro (séculos XVI e XVII)". *Topoi,* vol. 1, 2006, edição especial.

FRAGOSO, João & FLORENTINO, Manolo. *O arcaísmo como projeto.* Rio de Janeiro: Diadorim, 1993.

FRANCO NETTO, Fernando. *População, escravidão e família no século XIX.* Guarapuava: Unicentro, 2007.

GORENDER, Jacob. *O escravismo colonial.* São Paulo: Ática, 1980.

GRAHAM, Richard. *Clientelismo e política no Brasil do século XIX.* Rio de Janeiro: Editora da UFRJ, 1997.

GRINBERG, Keila. "A fronteira da escravidão: a noção de 'solo livre' na margem sul do Império Brasileiro". *III Encontro Escravidão e Liberdade no Brasil Meridional*. Florianópolis, 2007. Disponível em: <http://www.escravidaoeliberdade.com.br>.

GUTIÉRREZ, Horacio. "Demografia escrava numa economia não exportadora: Paraná, 1800-1830". *Estudos Econômicos*, 17(2), 1987.

_____. "Crioulos e africanos no Paraná, 1798-1830". *Revista Brasileira de História*, vol. 8, n. 16, 1988.

_____. "A pequena propriedade no Paraná antes da imigração". *IV Congresso Brasileiro de História Econômica e V Conferência Internacional de História de Empresas – Anais*. São Paulo, 2001.

HESPANHA, António Manuel. *As Vésperas do Leviatã*. Coimbra: Almedina, 1994.

KLEIN, Herbert & PAIVA, Clotilde A. "Freedmen in a Slave Economy: Minas Gerais in 1831". *Journal of Social History*, vol. 29, n. 4, 1996.

LASLETT, Peter & WALL, R. (org.). *Household and family in past time*. Cambridge: Cambridge U. P., 1972

LIMA, Adriano Bernardo Moraes. *Trajetórias de crioulos: um estudo das relações comunitárias de escravos e forros no termo da vila de Curitiba (c. 1760 – c. 1830)*. Dissertação de mestrado. PPGH/UFPR, Curitiba, 2001.

LIMA, Carlos A. M. "Sertanejos e pessoas republicanas: livres de cor em Castro e Guaratuba (1801-1835)". *Estudos Afro-Asiáticos*, vol. 24, n. 2, 2002.

_____. "Sobre as posses de cativos e o mercado de escravos em Castro (1824-1835): perspectivas a partir da análise de listas nominativas". *V Congresso Brasileiro de História Econômica e 6ª Conferência Internacional de História de Empresas – Anais*. Belo Horizonte, ABPHE, 2003.

_____. "Vida social e hierarquia em duas vilas do Paraná no primeiro terço do século XIX". In: SANTOS, Cláudia A. dos; BARROS, José D'Assunção; FALCI, Miridan Britto (orgs.). *Espacialidades: espaço e cultura na história*. Rio de Janeiro: LESC, 2004.

_____. "Os patrimônios e o declínio da escravidão no Paraná (São José dos Pinhais, 1852-1886)". *VI Congresso Brasileiro de História Econômica e 7ª Conferência Internacional de História de Empresas – Anais*. Conservatória, ABPHE, 2005.

_____. "O tráfico ilegal para a fronteira agrária: Domingos Inácio de Araújo (Palmeira, 1830-1851)". *4º Encontro Escravidão & Liberdade no Brasil Meridional.* Curitiba, 2009. Disponível em: <http://www.escravidaoeliberdade.com.br>.

LIMA, Henrique E. "Arranjos de liberdade e de trabalho entre a escravidão e o pós-emancipação: fundos cartoriais na Ilha de Santa Catarina". *III Encontro Escravidão e Liberdade no Brasil Meridional.* Florianópolis, 2007. Disponível em: <http://www.escravidaoeliberdade.com.br>.

LOBO, Eulália. "Evolução dos preços e do padrão de vida no Rio de Janeiro, 1820-1930". *Revista Brasileira de Economia,* vol. 25, n. 4, out.-dez./ 1971

LUNA, Francisco Vidal. "Casamentos de escravos em São Paulo: 1776, 1804, 1829". In: NADALIN, Sergio Odilon; MARCÍLIO, Maria Luiza; BALHANA, Altiva Pillati (orgs.). *História e população.* São Paulo: Fundação Sistema Estadual de Análise de Dados, 1990.

LUNA, Francisco Vidal e COSTA, Iraci del Nero da. "Posse de escravos em São Paulo no início do século XIX". *Estudos Econômicos,* vol. 13, n. 1, 1983.

MACHADO, Brasil Pinheiro. "Terceiro caderno: A formação da estrutura agrária tradicional dos Campos Gerais". *Três cadernos de História, ideias e reflexões.* Curitiba: Arte e Letra, 2002.

MACHADO, Cacilda da Silva *A trama das vontades: negros, pardos e brancos na produção da hierarquia social (São José dos Pinhais – PR, passagem do XVIII para o XIX).* Tese de Doutorado. PPGH/UFRJ, Rio de Janeiro, 2006.

MALHEIROS, Agostinho M. Perdigão, *A escravidão no Brasil.* São Paulo: Cultura, 1944.

MAMIGONIAN, Beatriz Gallotti. "Do que 'o preto mina' é capaz: etnia e resistência entre africanos livres". *Afro-Ásia,* vol. 24, 2000.

MARCHIORO, Márcio. "O banquete da onça mansa: fluxos internos e externos da população indígena aldeada (São Paulo, 1798-1803)". *III Encontro Escravidão e Liberdade no Brasil Meridional.* Florianópolis, 2007. Disponível em: <http://www.escravidaoeliberdade.com.br>.

MELO, Kátia Andréia Vieira de. *Comportamentos e práticas familiares nos domicílios escravistas de Castro (1824-1835) segundo as listas nominativas de habitantes.* Dissertação de mestrado. PPGH/UFPR, Curitiba, 2004.

Monteiro, John. *Negros da terra*. São Paulo: Companhia das Letras, 1994.

Moura, Ana Maria da Silva & Lima, Carlos A. M. *Devoção e incorporação*. Curitiba: Peregrina, 2002.

Nadalin, Sérgio Odilon. *Paraná: ocupação do território, população e migrações*. Curitiba: SEED, 2001.

Nishikawa, Reinaldo B. *Terras e imigrantes na colônia Assunguy, Paraná, 1854-1874*. de Mestrado. PPGH/USP, São Paulo, 2007.

Osório, Helen. "Para além das charqueadas: estudo do padrão de posse de escravos no Rio Grande do Sul, segunda metade do século XVIII". *III Encontro Escravidão e Liberdade no Brasil Meridional*. Florianópolis, 2007. Disponível em: <http://www.escravidaoeliberdade.com.br>.

Papali, Maria A. C. R. *Escravos, libertos e órfãos*. São Paulo: Annablume/ Fapesp, 2001.

Paraná. *Relatório do Presidente da Província do Paraná o conselheiro Zacarias de Góes e Vasconcellos na abertura da Assembleia Legislativa Provincial em 15 de julho de 1854*. Curityba, Tip. Paranaense, 1854.

Peláez, Carlos Manuel & Suzigan, Wilson. *História monetária do Brasil*. Rio de Janeiro: IPEA/INPES, 1976.

Pena, Eduardo Spiller. *O jogo da face*. Curitiba: Aos Quatro Ventos, 1999.

Petrone, Pasquale. *Aldeamentos paulistas*. São Paulo: Pioneira/Edusp, 1995.

Sampaio, Patrícia Maria Melo. "Escravidão e liberdade na Amazônia: notas de pesquisa sobre o mundo do trabalho indígena e africano". *III Encontro Escravidão e Liberdade no Brasil Meridional*. Florianópolis, 2007. Disponível em: <http://www.escravidaoeliberdade.com.br>.

Schwartz, Stuart B. *Burocracia e sociedade no Brasil Colonial*. São Paulo: Perspectiva, 1979.

Schwartz, Stuart B. *Slaves, peasants, and rebels*. Urbana/ Chicago: University of Illinois Press, 1992.

Silva, Francisco Carlos Teixeira da. *Morfologia da escassez*. Tese de Doutorado. PPGH/UFF, Niterói, 1990.

SILVA, Joaquim Norberto de Souza e. *Investigações sobre os recenseamentos da população geral do Império e de cada Província de per si tentados desde os tempos coloniais até hoje*. São Paulo: IPE-USP, 1986 (ed. fac-similada do original de 1870).

SILVA, Ricardo T. C. "A participação da Bahia no tráfico interprovincial de escravos (1851-1881)". *III Encontro Escravidão e Liberdade no Brasil Meridional*. Florianópolis, 2007. Disponível em: <http://www.escravidaoeliberdade.com.br>.

SUPRYNIAK, Carlos Eduardo. *Comércio de animais de carga no Brasil Imperial: uma análise quantitativa das tropas negociadas nas Províncias do Paraná e São Paulo*. de Mestrado. PPG Economia/Unesp, Araraquara, 2006.

TAVARES, Aroldo. *Do Puru-zu-tim ao rito fúnebre barroco: a incorporação de administrados à sociedade colonial (Curitiba, 1731-1777)*. Monografia de Conclusão de Curso de História. UFPR, Curitiba, 2003.

TEIXEIRA, Luana. "Trabalho escravo na produção pecuária: São Francisco de Paula de Cima da Serra (Rio Grande de São Pedro, 1850-1871)". *III Encontro Escravidão e Liberdade no Brasil Meridional*. Florianópolis, 2007. Disponível em: <http://www.escravidaoeliberdade.com.br>.

Livres e obrigados: experiências de trabalho no centro-sul do Brasil

JOSELI MARIA NUNES MENDONÇA[1]

ALGUNS TRABALHADORES QUE LABUTARAM nas plantações de café do centro-sul do Brasil oitocentista estabeleceram com seus patrões relações de trabalho firmadas por contratos oficialmente constituídos e regulados por instrumentos legais. Talvez tenham sido estas as primeiras situações em que relações de trabalho foram reguladas pelo poder público brasileiro. Essa regulação se fez por meio de três leis. A primeira delas foi instituída em 1830, a segunda em 1837 e uma terceira em 1879; todas elas objetivando especificamente contratos de locação de serviços; a de 1830 regulando especificamente os firmados com trabalhadores estrangeiros.

Os trabalhadores, nestes casos, eram sobretudo imigrantes que haviam deixado seus países para tentar a vida e a sorte nas lavouras brasileiras; seus empregadores eram, em maioria, proprietários de terras em busca de trabalhadores para seus cafezais.

Os conflitos nas relações entre tais sujeitos não foram poucos. Em algumas circunstâncias eles ensejaram processos judiciais por descumprimento de contratos de trabalho. Este texto utiliza como fontes processos desta natureza – especificamente os que foram instaurados nas comarcas de Campinas e Piracicaba; a intenção é a de interpretar as expectativas de empregadores e trabalhadores estrangeiros em relação à conformação do mercado de trabalho no centro sul do Brasil da segunda metade do século XIX. Meu intento é investigar a relação que tais sujeitos estabeleceram entre si e com a esfera pública, mais precisamente com a Justiça.

---

1   Doutora em História, professora no Departamento de História e no Programa de Pós-Graduação em História da Universidade Federal do Paraná. (jmendon@uol.com.br). A pesquisa aqui apresentada integra o projeto temático Trabalhadores no Brasil: identidades, direitos e política (séculos XVII a XX), desenvolvido no âmbito do Cecult, com financiamento da Fundação de Amparo à Pesquisa do Estado de São Paulo (Fapesp).

Sob contrato

Os contratos de trabalho cujo descumprimento ensejou os processos judiciais aqui analisados eram documentos formalmente constituídos, e deviam ser feitos conforme as exigências da lei. Precisavam ser escritos, assinados (mesmo que a rogo) pelas partes contratantes, serem validados por testemunhas.[2]

Uma primeira consideração a ser feita diz respeito à abrangência que esta forma de contratação tinha na configuração das relações de trabalho do XIX. Naquele contexto, certamente, os compromissos relativos ao emprego eram com frequência baseados nas interações pessoais e as combinações se firmavam muito mais pela palavra dita do que pela escrita.[3] Mesmo as relações de trabalho escravo podiam comportar ajustes, acertos, compromissos baseados sobretudo em combinações pessoais e pautados em valores considerados moralmente aceitáveis, sem que houvesse qualquer registro que fosse mediado por autoridades públicas ou que fosse reconhecido oficialmente.[4] Ainda que os papéis assinados não fossem de todo preteridos,[5] nas situações de contratação de trabalho, sobretudo para indivíduos pobres, a assinatura de um contrato poderia parecer menos favorável que um ajuste informal. Uma das leis que regulavam os contratos de locação de serviços, a que foi aprovada em 1830, determinava que o trabalhador que se havia comprometido por meio do contrato a

---

2   Brasil. Coleção das Leis do Império do Brasil. Atos do Poder Legislativo (CLIB-APL). Artigo 1º do Decreto n. 108 de 11 de outubro de 1837 – Dando providências sobre os Contratos de locação de serviços dos Colonos. Parte I. Rio de Janeiro: Tipografia Nacional, 1861 p. 76. Disponível em: http://www2.camara.gov.br/internet/legislacao/publicacoes/doimperio/colecao3.html (1/7/2011)"

3   Cfe.: Moura, Denise A. Soares. *Saindo das sobras: homens livres no declínio do escravismo*. Campinas: Área de Publicações CMU/Unicamp, 1998, especialmente cap. "Arranjos de trabalho no declínio do escravismo", p. 99-149.

4   Cf. Xavier, Regina Célia Lima. *A Conquista da Liberdade*. Campinas: CMU/Editora da Unicamp, 1996.

5   Refiro-me sobretudo ao caso de escravos que recebiam alforria. Estes sabiam muito bem da importância do documento com que poderiam provar sua condição de libertos, ainda mais porque não era seguro ignorar os riscos de reescravização, sempre presentes. Sobre ocorrências de reescravização no século XIX, Grinberg, Keila. "Re-escravização, direitos e justiças no Brasil do século XIX". In: Lara, Silvia Hunold; Mendonça, Joseli M. Nunes (orgs.). *Direitos e Justiças: ensaios de história social*. Campinas: Editora da Unicamp, 2006, p. 101-127 e Chalhoub, Sidney. Illegal enslavement and the precariousness of freedom in nineteenth-century Brazil. In: Garrigus, John D.; Morris, Christopher (orgs.). *Assumed Identities: The Meanings of Race in the Atlantic World*. 1ª ed. College Station: Texas A&M University Press, 2010, vol. 1, p. 88-115. Agradeço a Henrique Espada que, no nosso V Encontro Escravidão e Liberdade no Brasil Meridional, me fez lembrar que, em muitas circunstâncias, os "fios de bigode" não serviam para substituir os papéis assinados.

prestar serviços não poderia deixar de fazê-lo enquanto fosse devedor de quantias decorrentes de adiantamentos feitos pelo empregador (artigos 1º e 3º); se o fizesse, a Justiça poderia constrangê-lo a "cumprir o seu dever, castigando-o correcionalmente com prisão".[6] Assim, assinar um contrato poderia significar o reconhecimento de uma dívida; não pagá-la poderia resultar em prisão. Este aspecto foi identificado por um deputado que, em 1855, registrou sua indignação com a "gente miúda" que se recusava a assinar contratos: "quando se fala a um roceiro para tratar de uma tropa ou para apresentar um roçado, para ocupar-se da lavoura", considerava o parlamentar da tribuna da Assembleia Provincial de São Paulo: "o roceiro recusa-se dizendo: 'Nada! Fulano foi para a cadeia; esses contratos são meios de perseguição'".[7]

Também para os contratadores de mão de obra, como indica Moura, os ajustes informais, que iam se alterando segundo as necessidades cotidianas, podiam ser mais vantajosos do que aqueles rigidamente estabelecidos em contratos formalizados. Talvez para os que contratassem trabalhadores nem fosse a pena de prisão, prevista na lei de 1830, o principal motivo para rejeição da oficialização dos contratos.[8] Compromissos rigidamente estabelecidos com os trabalhadores podiam inviabilizar a "boa vontade" desses, diminuindo as possibilidades de sucesso de um empreendimento.[9]

Assim, dada a proeminência do trabalho escravo, dada a tendência aos acertos pessoais, a contratação formal de trabalhadores não era a maneira predominante pela qual as relações de trabalho se estabeleciam no contexto que aqui se analisa. A importância dos acertos baseados na palavra dita que se sobrepunha à escrita se evidencia nas alterações efetuadas na própria legislação reguladora dos contratos. A lei posterior à de 1830, que passou a vigorar a partir de 1837, previa, no seu artigo 1º, que os contratos firmados com trabalhadores estrangeiros só "se podiam provar por escrito".[10] A explicitação da necessidade da escritura do contrato para que tal tivesse

---

6 Lei de 13 de setembro de 1830. Brasil. CLIB – APL de 1830. Rio de Janeiro: Tipografia Nacional, 1876, p. 32-3. Disponível em: http://www2.camara.gov.br/atividade-legislativa/legislacao (Acesso em 24/02/2011).

7 Deputado Francisco Antônio de Mello em 1855, *apud* MOURA, *op. cit.*, p. 80.

8 A lei previa que o locatário [empregador] estaria sujeito à prisão caso não cumprisse suas obrigações relativas ao pagamento dos jornais, soldada ou outras condições estipuladas do contrato. Artigo 2º, par. 3º da Lei de 13 de setembro de 1830, *op. cit.*

9 MOURA, *op, cit.*, p. 74.

10 Decreto n. 108 de 11 de outubro de 1837, *op. cit.*

reconhecimento legal derivava também da "classe" específica de trabalhadores da qual esta lei se incumbia: os estrangeiros, então chamados "colonos".

De fato, havia uma série de especificidades na contratação de trabalhadores estrangeiros e elas foram observadas na lei que, a partir de 1837, passou a regular os contratos de trabalho com eles firmados. Em primeiro lugar, a lei previa algumas garantias ao trabalhador. Além da obrigatoriedade da escritura do contrato, só se reconhecia como válida a contratação de menores de 21 anos quando tivesse sido autorizada por seus pais, tutores ou por curadores. Definia também que algumas situações fossem consideradas "justas causas" para que o imigrante rescindisse o contrato. Entre estas, o descumprimento de cláusulas contratuais pelo patrão, ferimentos ou injúria por este produzido na honra da mulher, filhos ou pessoa da família do trabalhador, a exigência de serviços não compreendidos no contrato (art. 10º, par. 1º, 2 e 3º).[11]

Tais ajustes, por certo, visavam reduzir as incertezas dos possíveis migrantes e, desta forma, incentivá-los a escolherem o Brasil como destino. Embora os engajamentos e os deslocamentos continuassem a ocorrer em condições bastante precárias,[12] devia mesmo parecer mais seguro a um indivíduo que deixasse sua pátria para viver e trabalhar num país estranho fazê-lo sob um contrato, com condições minimamente estipuladas.

De outro lado, a lei estabelecia também condições de seguridade aos contratadores de mão de obra, até porque estes, em geral, cobriam com recursos próprios as despesas de viagem e primeiras necessidades de sustento dos trabalhadores estrangeiros que contratavam. Tendo em vista já a atuação das companhias de colonização, mencionadas no próprio texto da lei, visava-se também assegurar que não se perderiam os investimentos que envolviam uma extensa rede, que abarcava autoridades no país de origem, agenciadores brasileiros e estrangeiros, companhias de navegação, receptores no Brasil; até o contratador final, aquele que exigiria do imigrante o esforço do trabalho. Neste sentido, a lei objetivava garantir aos empregadores que o contrato fosse cumprido. O trabalhador que desrespeitasse o contrato, ou que fosse – por "justa causa" – despedido dele pelo patrão, seria preso imediatamente após a acusação e, se

---

11 Decreto n. 108 de 11 de outubro de 1837, op. cit

12 Para o caso dos migrantes portugueses, a precariedade das condições de engajamento e de traslado de Portugal ao Brasil é indicada, entre outros, por SERRÃO, Joel. "A emigração portuguesa para o Brasil na segunda metade do século XIX". In: *Temas Oitocentistas*. [S.l.]: Livros Horizonte, vol. 1, 1980, p. 171-179 e PEREIRA, Miriam Halpern. *A política portuguesa de emigração (1850-1930)*. Bauru: Edusc; Portugal: Instituto Camões, 2002, p. 33-43.

condenado, cumpriria a pena de prisão com trabalho até que ressarcisse ao empregador as dívidas que houvesse para com ele. (artigos 9º e 10º).

Assim, mesmo que no contexto das relações de trabalho do século XIX fossem comuns os ajustes informais – embora socialmente validados pelo costume e pela moral – os contratos formais passaram a ser mais praticados no universo das relações trabalhistas, sobretudo a partir de meados do século e nas regiões receptoras de fluxo imigratório. Os processos judiciais analisados a seguir decorrem das situações de descumprimento deste tipo de contrato. Eles envolvem sobretudo empregadores e trabalhadores estrangeiros.

Patrões *versus* trabalhadores

Os arquivos consultados nesta pesquisa não apresentam em seus acervos uma grande quantidade de ações judiciais suscitadas por infração de contrato de trabalho e este é outro aspecto que merece algumas considerações. Para as localidades de Campinas e Piracicaba localizei 12 processos da segunda metade do XIX que envolviam imigrantes em disputa com os patrões: 9 deles corridos no primeiro município, 3 no segundo.[13] Além dessas demandas cujos registros foram preservados, pode ter havido outras tantas, cujos documentos perderam-se. A existência de alguns pedidos de *Habeas Corpus* para livrar trabalhadores presos por infração de contrato sem o correspondente processo judicial sugere isto. Esta condição, entretanto, também pode decorrer da não instauração de um processo judicial em seguida à prisão; como o trabalhador que infringisse o contrato poderia ser preso sem qualquer prova e por simples ordem do juiz de paz, pode muito bem ter ocorrido a prisão e, depois dela, a soltura, sem que nenhum processo fosse judicialmente encaminhado. O caso de um jovem colono francês – ao qual voltaremos adiante – reforça esta possibilidade: ele havia sido preso em 16 de maio de 1872, porque havia abandonado a fazenda na qual trabalhava sem pagar uma dívida que fora contraída pelo seu já falecido pai, por adiantamento de remuneração de trabalho. Depois de seis dias na prisão, foi

---

13 Pode-se agregar a este conjunto, processos que foram consultados por Denise Moura; nestes, entretanto, estavam envolvidos sobretudo trabalhadores nacionais com contrato de empreitada para realização de serviços de diversos ofícios, destacando-se os da construção civil. MOURA, *op. cit.*, especialmente p. 99 e segs.

"convencido" a assinar ele próprio um contrato de trabalho, assumindo a dívida do pai e, assim, sendo posto para fora da cadeia.[14]

Mas, mesmo sendo possível que o número reduzido de processos judiciais envolvendo infração de contrato de trabalho entre empregadores e imigrantes decorra da perda da documentação ou da descontinuidade das ações de coação, é também certo que a Justiça não deve ter sido considerada por tais sujeitos uma boa maneira para resolução de conflitos decorrentes de descumprimento dos contratos de trabalho. Do lado dos trabalhadores, é provável que tenha havido mesmo uma rejeição ao encaminhamento judicial das disputas. Thomas Davatz, colono suíço que viveu e trabalhou em uma das propriedades de Nicolau Vergueiro, relatando em 1857 as desventuras vividas por colonos contratados em fazendas do centro-sul do Brasil, dizia que, mesmo tendo "chegado à conclusão de que eram vilmente explorados", os trabalhadores não se encorajavam a recorrer às autoridades judiciárias. Isso porque, explicava ele, "sempre que um colono, mesmo com carradas de razão, decide recorrer aos juízes de paz locais, não só não retira disso a menor vantagem como acaba ainda mais prejudicado do que antes".[15] Ilustrativo de tal situação seria o caso ocorrido em uma "certa colônia" onde, exercendo um direito que o contrato lhes dava, os colonos recorreram ao juiz local alegando que seu café era mal pago pelo patrão. Este pretendia lhe pagar somente 400 réis, quando nas colônias vizinhas o preço era de 490. O juiz, dizia Davatz, foi capaz de fixar um preço ainda menor do que aquele que o patrão estava disposto a pagar, determinando que os colonos fossem remunerados em 371 réis por alqueire entregue. O juiz local, como dizia o colono suíço, era muitas vezes "o próprio fazendeiro contra quem se fazia uma queixa".[16]

Com efeito, os juízes de paz – eleitos nos municípios – eram as autoridades centrais nas demandas judiciais suscitadas pela infração dos contratos de trabalho. A eles a lei conferira competência para realizar todas as ações derivadas de contratos de serviços, inclusive a de proceder à prisão do trabalhador que "se despedir ou se ausentar antes de completar o tempo do contrato" (artigo 14 e 9º da lei de 1837). Mesmo com a reforma do código de processo criminal em 1841 – que retirou várias

---

14 Cfe. Relatório da Comissão encarregada de examinar as colônias Martírios e São Lourençao na Província de São Paulo. Rio de Janeiro: Tipografia Nacional, 1874, *apud* LAMOUNIER, Maria Lúcia. *Da escravidão ao trabalho livre – a lei de locação de serviços de 1879*. Campinas: Papirus, 1988, p. 69.

15 DAVATZ, Thomas. *Memórias de um colono no Brasil*. Belo Horizonte: Itatiaia; São Paulo: Edusp, 1980, p. 200.

16 *Idem*, p. 141.

das atribuições dos magistrados leigos –, manteve-se a competência desses juízes para julgar as causas decorrentes de infração de contratos de trabalho.[17]

E, de fato, Davatz tinha razão. Muitas vezes, os juízes de paz eram, eles próprios, fazendeiros que mantinham em suas propriedades trabalhadores contratados. Podiam também ser aliados pessoais e/ou políticos de patrões contra os quais os colonos demandavam. Como indicou Flory, os juízes de paz estavam inseridos nos grupos de influência política e econômica dos distritos e, por isso, podiam emitir decisões comprometidas com os interesses de tais grupos.[18] Este aspecto, ressaltado pelo colono suíço e pelo historiador, é também evidenciado nas próprias demandas judiciais de infração de contrato investigadas; uma delas é especialmente ilustrativa neste sentido. Trata-se de uma disputa ocorrida em 1872 entre Luiz Antônio de Souza Barros e um jovem trabalhador francês de nome José Teófilo Dubay. Teófilo é o colono que há algumas páginas encontramos assinando um contrato na cadeia, assumindo a dívida que o pai deixara ao morrer. Ele de fato havia trabalhado por um tempo na fazenda São Lourenço, propriedade de Souza Barros, com quem seu pai, Francisco, fizera um contrato. Tempos depois de assinado o contrato, o pai de Teófilo faleceu e ele resolveu deixar a fazenda na qual havia até então trabalhado. Alegando que havia uma dívida da qual o moço era solidário devido ao contrato assinado pelo pai, Souza Barros, por meio do administrador da São Lourenço, moveu um processo contra Teófilo, para forçá-lo a cumprir as responsabilidades contratuais. O processo judicial foi bastante conturbado, pois o colono alegava que o contrato apresentado no processo não havia sido assinado por seu pai, mas por outro colono, de nome parecido (Francisco Débio). Chegou-se a verificar que havia rasura no documento e que uma data havia sido alterada. Tudo isso suscitou outra ação, agora do colono contra o dono da propriedade na qual trabalhara.[19] Mas o que importa aqui é a

---

17   Regulamento n. 143 de 15 de março de 1842 Regula a execução da parte civil da Lei n. 261 de 3 de dezembro de 1841. CLIB Atos do Poder Executivo, tomo 5º, parte 2ª, 1842, p. 200. Disponível em: http://www.camara.gov.br/Internet/InfDoc/conteudo/colecoes/Legislacao/legimp-28/Legimp-28_41.pdf (25/02/2011).

18   FLORY, Thomas. *El juez de paz y el jurado en el Brasil imperial, 1808,1871. Control social y estabilidad política en el nuevo Estado*. México: Fondo de Cultura Económica, 1986, especialmente cap. V, p. 110 e segs. Sobre a atuação dos juízes de paz nas causas envolvendo os contratos de trabalho, cfe.: MENDONÇA, Joseli Maria Nunes. "Os juízes de paz e o mercado de trabalho – Brasil, século XIX". In: RIBEIRO, Gladys et al (orgs.) *Diálogos entre Direito e História: cidadania e justiça*. Rio de Janeiro: Editora da UFF, 2009, p. 237-255.

19   Sumário Crime. Luiz Antônio de Souza Barros e outros – réu. CCMW, caixa 76/D 2º ofício, 1873.

curiosa situação que evidencia os percalços que os trabalhadores podiam enfrentar ao demandar judicialmente com seus patrões: o juiz de paz a conduzir o processo relativo á alegada infração do contrato – chamado Elias da Silveira Leite – era pai do administrador da Fazenda São Lourenço, Joaquim da Silveira Leite, ele próprio acusado de ter rasurado o contrato pelo qual Teófilo pretensamente deveria responder.[20] Os desmandos produzidos na fazenda São Lourenço, e em outra, do mesmo proprietário, denominada ironicamente de "Martírios", chegaram a ensejar a formação de uma comissão, que depois de examinar as colônias fez observações também sobre a forma como o juiz de paz conduziu o processo judicial contra o jovem colono francês. Segundo o relatório da comisão, o "Dr. Elias" – ou "Elias Velho", como muitos o chamavam – não só tinha burlado a lei de 1837 como também desrespeitara a Constituição pela maneira que encaminhara o processo.[21] Além de ocupar-se no cargo de juiz de paz, o Dr. Elias era também um fazendeiro na região, proprietário da fazenda Santo Antônio. E, a crer nos registros de Thomas Davatz, ele não devia ser um patrão muito estimado pelos colonos: na sua fazenda, comentou o suíço, estava a "mais desacreditada entre as colônias" e ele próprio era "dos piores empresários".[22] Como confiar na "justiça" de uma causa dirigida por um magistrado com tais credenciais esta devia ser a pergunta que se faziam os colonos que se sentiam lesados em seus direitos.

Certamente estas condições desencorajavam os trabalhadores a buscarem o judiciário para resolver seus problemas. Além disso, a própria configuração do mercado de trabalho – com uma grande procura por mão de obra e uma oferta restrita dela – fazia com que os trabalhadores tendessem simplesmente a abandonar os locais de trabalho quando as condições não fossem satisfatórias. Mesmo quando a dívida era impedimento para isso, possivelmente – como sugere Davatz – buscava-se outra solução que não a Justiça.

Talvez pela somatória dessas razões, todos os registros existentes refiram-se a demandas encaminhadas judicialmente por iniciativa dos patrões e não dos trabalhadores. E ainda estes, como já indiquei, não ocorriam em profusão. Mesmo com

---

20 Sumário Crime. A Justiça (autor); Luiz Antônio de Souza Barros e outros (réus). CCMW AH; caixa 76/D; 2º Ofício, 1873.

21 Relatório da Comissão encarregada de examinar as colônias Martírios e São Lourençao na Província de São Paulo. Rio de Janeiro: Tipografia Nacional, 1874, *apud* LAMOUNIER, Maria Lúcia, *op. cit*, p. 69.

22 DAVATZ, *op. cit.*, p. 147; cf. também HOLANDA, Sérgio Buarque de. "Prefácio do tradutor". In: DAVATZ, *op. cit.*, p. 39.

chances maiores de serem favorecidos nos tribunais, os contratadores de mão de obra possivelmente tendessem a buscar outros recursos, na própria esfera privada, para compelir seus trabalhadores a cumprirem os contratos de trabalho. Ainda mais porque o instrumento de coerção apresentado pela legislação era a prisão – que podia funcionar como ameaça, mas inibia a capacidade produtiva dos trabalhadores, ainda que se previsse a prisão com trabalho para pagamento da dívida.[23]

Ainda que tenham ocorrido em reduzido número, entretanto, os processos judiciais relativos a infrações de contratos possibilitam investigar as demandas dos empregadores, as condições de vida e trabalho dos imigrantes e o próprio funcionamento da Justiça nos casos envolvendo disputas entre ambos. Por isso só, vale a pena visitá-los.

O que queriam os patrões?

Em fevereiro de 1862, Antônio Moura, que era residente na cidade de Campinas, dirigiu-se ao juiz de paz dizendo:

> tendo Manoel Ferreira português, sua mulher Clementina Rosa e seus filhos Manoel e Guiomar ambos ainda menores, feito com [ele] o engajamento e contrato por escrito [...], sucede que não tendo concluído o pagamento do que deviam se evadiram da sua companhia e do trabalho [...] sem consentimento ou ordem [dele] e não convindo isto, visto que os [evadidos] não tem garantia alguma nem bens que possam segurá-los, vem requerer a V S se digne [...] mandado a fim de serem eles conduzidos debaixo de vara [ou seja, sob a autoridade do juiz] à presença de VS em dia e hora que V.S.[24]

Em geral, era exatamente isto que queriam os patrões quando entravam com uma ação judicial por descumprimento de contrato: eles reclamavam que os trabalhadores haviam "fugido" e que haviam deixado atrás de si uma dívida; solicitavam então que eles fossem presos por ação da autoridade, como mandava a lei. Com efeito, a lei de 1837, como já indiquei, previa que o empregado que, sem justa causa, se "despedisse" ou se ausentasse antes de completar o tempo do contrato ou sem

---

23 A pena de prisão para coagir ao trabalho, como indica Lamounier, foi foco de muita discussão e controvérsia, pois, mesmo sendo considerada necessária para obrigar os trabalhadores a cumprirem seus contratos, era apontada como fator que podia inviabilizar o pagamento da dívida. LAMOUNIER, *op. cit.*

24 Infração de contrato. Antônio de Moura Almeida (autor). Manoel Ferreira e sua esposa (réus). CMU-TJC, 1º Ofício, cx. 160, processo 3417, 1862.

"indenizar" o empregador do que lhe devia, seria preso "onde quer que fosse achado", e não seria solto enquanto não pagasse em dobro tudo quanto devesse ao patrão (artigo 9º da Lei de 1837).

Foi o que ocorreu com o "súdito germânico" August Oswald, em novembro de 1874.[25] Como informara seu empregador, ele havia se retirado da fazenda em que trabalhava em Limeira, rumara para Campinas e se encontrava no sítio Olaria, onde fora preso em cumprimento de uma carta precatória do juiz de Rio Claro.

Foi também uma carta precatória o documento suficiente para levar para a cadeia a austríaca Margarida Bassi e seus dois filhos menores Celestino, Iperanza e Carolina.[26] A mulher, oriunda do Império Austro-Húngaro, fora presa com os filhos na cidade de Campinas em 1879, a pedido do Barão de Indaiatuba e por ordem do juiz de paz de Amparo. Ela era viúva, tinha 50 anos à época da prisão, dissera não falar nem compreender bem o português e havia trabalhado na colônia Salto Grande, pertencente ao Barão de Indaiatuba, por quase dois anos. Por ter se retirado da fazenda é que fora detida em Campinas e, juntamente com os filhos, "devidamente" encaminhada à cadeia.

As "mães de família" – as mulheres sem marido – e seus filhos não foram poupados por aqueles que os contratavam e que ficavam descontentes com a condução do contrato. A pedido de seus patrões, elas podiam amargar na cadeia por longos períodos, às vezes junto com os filhos, às vezes deles separados por alguma intervenção dos juízes de órfãos ou dos curadores de menores. Teresa Soares, uma imigrante portuguesa que viera para o Brasil com dois filhos e sem a companhia do marido, por quem dizia ter sido abandonada em Portugal, ficou presa na cadeia de Campinas por quase dois anos, afastada dos filhos, que foram alocados em "casas de famílias" enquanto a mãe era mantida presa.[27] Ela havia descumprido um contrato que mantinha com Bernardino de Campos, um comerciante e advogado de Campinas, e só

---

25 *Habeas Corpus* – Augusto Oswald. AESP-ACI (Autos Crimes do Interior) – Juízo de Direito de Campinas. Filme 032, doc. 007, 1877.

26 *Habeas Corpus* – Bassi Margarida. AESP-ACI (Autos Crimes do Interior) – Juízo de Direito de Campinas. Filme 032, doc. 012, 1879.

27 Infração de contrato. Bernardino José de Campos (autor). A colona Theresa (ré). Cx. 625, processo 12811, 1858. Fiz uma análise desta ação judicial em MENDONÇA, Joseli Maria Nunes. "Trabalhadoras e imigrantes: mulheres estrangeiras no Brasil do XIX". *Anais – Fazendo Gênero 9: Diásporas, diversidades, deslocamentos*. Florianópolis, ago. 2010. Disponível em: <http://www.fazendogenero.ufsc.br/9/resources/anais/1277750940_ARQUIVO_MendoncaImigranteseTrabalhadoras.pdf>. Acesso em: 2/3/2011.

conseguiu livrar-se da cadeia depois de ter negociado com ele o ressarcimento da dívida que o contrato instituía.

O nó da questão era sempre este: a dívida. Se paga, os compromissos eram considerados quites. Se não, o trabalhador estava preso ao contrato.

A dívida do trabalhador estrangeiro iniciava já no seu país de origem. Ele se reconhecia devedor já quando assinava o contrato de engajamento. Foi o que ocorreu com a família de Englebert Lahaye, de Altenburg que, em agosto de 1856, na cidade de Antuérpia, firmou um contrato com a Steimann e Companhia. Com este contrato, no qual já se definia que seria transferido para a Vergueiro e Companhia, a Steimann encarregava-se do transporte da família e cobrava deles os seguintes valores:

Artigo. 2º – Steimann e Cia contratam para a colônia dos srs. Vergueiro e Cia em Santos, Província de São Paulo: encarregam-se do transporte dos colonos.

Nomes e apelidos	Idade	Profissão	Preço até o destino (francos)
La haye Englebert	35	Agricultor	280
id Cecilia [ileg]	32	id	280
id Henri	12	id	280
id Antoine	10	id	280
id Barbe	9	id	280
id Françoes	6	id	140
id Michel	4	id	140
id Lambert	1 ½	id	-
Total			**1680 francos**[28]

Ainda em Antuérpia, Englebert pagou à Steinman 400 francos e a dívida, assim, passou a ser de 1280 francos, que deveriam ser convertidos à moeda brasileira assim que a família chegasse ao Brasil. No destino, a Companhia Vergueiro "compraria" o contrato da Steinman e se tornaria credora dos Lahaye, que lhes deviam pagar com trabalho, nos termos que também eram definidos no contrato. Além da quantia relativa ao traslado até o Brasil, a dívida comportaria ainda os adiantamentos necessários para o deslocamento de Santos até a propriedade em que trabalhariam e todos os outros relativos à subsistência até a obtenção dos primeiros rendimentos. Não é

---

28 Contrato de locação, anexado ao processo: Infração de Contrato. Luciano Texeira Nogueira (autor); lahay Englebert e sua mulher Cecilia Lahay (réus). CMU, TJC, 2º Of., cx. 424, doc. 7542, 1867.

difícil imaginar a dificuldade para saldar o compromisso financeiro assumido por uma família extensa, com grande número de crianças pequenas, cujo transporte foi desproporcionalmente onerado e que pouco ou nada acrescentariam à capacidade produtiva do grupo. Com efeito, depois de quase 10 anos, os Lahaye ainda deviam a Luciano Teixeira Nogueira – a quem o contrato foi transferido pela Vergueiro já quando desembarcaram em Santos. Segundo as contas apresentadas pelo proprietário da Fazenda Laranjal, os alemães lhe deviam R697$319 e, em razão desta dívida, Luciano Teixeira lhes movera um processo judicial.

Ao contrário de todos os outros colonos envolvidos em disputas judiciais relativas a contratos de trabalho, os Lahaye não haviam "fugido" da fazenda Laranjal. A acusação que pesava sobre eles era a de que haviam se "descuidado" do trato do café para se dedicarem ao cultivo das suas "hortas". É bem provável que isto tenha ocorrido, pois esta era uma reclamação constante dos contratadores de imigrantes e, segundo Hall e Stolcke, um fator que acarretou sucessivas transformações no regime de contratação.[29] Mas, de qualquer maneira, a reclamação do fazendeiro contra os colonos era a mesma que a dos demais que demandaram judicialmente contra seus empregados: estes não pagavam com o trabalho a dívida monetária que tinham.

A dívida, assim, não era só uma decorrência das necessidades de deslocamento e instalação de trabalhadores para as lavouras, mas tendia a funcionar também como um instrumento para coagir os imigrantes ao trabalho. Pagar despesas dos migrantes ou comprar contratos de quem as havia pagado, significava – ao menos idealmente – ter alguma segurança de que este trabalhador se manteria atrelado ao contrato assinado, por algum tempo ao menos. Este aspecto foi observado pelos parlamentares que discutiram e aprovaram a primeira lei que regulava os contratos de trabalho. Em 1830, quando estava em debate na Câmara dos Deputados o projeto do qual resultou a lei de locação de serviços naquele ano aprovada, houve quem considerasse – como Bernardo Pereira de Vasconcelos – que, além do ressarcimento das quantias recebidas como adiantamento, os trabalhadores deveriam ser obrigados a pagar multa em caso de interrupção do contrato.[30] O deputado, na realidade, defendia uma ideia que já

---

29 HALL, Michael e STOLCKE, Verena. "A Introdução do Trabalho Livre nas Fazendas de Café de São Paulo". *Revista Brasileira de História*, n. 6, set. 1983, p. 81 à 120.

30 Sessão de 25 de agosto de 1830. Anais do Parlamento Brasileiro — Câmara dos Deputados (APB-CD). Rio de Janeiro: Tipografia Nacional, 1887, p. 425. Disponível em: http://imagem.camara.gov.br/dc_20b.asp?selCodColecaoCsv=A&Datain=25/4/1837 (acesso: 25/02/2011).

estava contemplada no projeto de lei que se discutia e que, segundo outro deputado, Venâncio Henriques de Rezende, nem seria tão suficiente para assegurar os "direitos" do empregador. "Um senhor de engenho contratou um mestre de açúcar por um tanto", dizia ele. O "homem", não obstante, "resolve ir-se embora e contenta-se com pagar [ao empregador] a metade do contrato", na forma da multa. Será, ironizava o deputado, que "assim estão salvos os senhores de engenho?".[31]

Rezende, que havia sido eleito pela Província de Pernambuco, evocava uma experiência que possivelmente lhe era bastante próxima para, com o exemplo citado, indicar a insegurança dos senhores de engenho na extração de serviços dos trabalhadores. Stuart Schwartz, estudando a escravidão numa região produtora de açúcar, demonstrou que a vigilância e o castigo eram insuficientes para extrair trabalho dos escravos, especialmente nas tarefas que exigiam maior cuidado, como eram as desempenhadas no fabrico do açúcar.[32] Se era assim com os trabalhadores escravos, devia pensar o deputado, como seria com trabalhadores que fossem livres demais? Estes, na avaliação do parlamentar, deixariam "os ajustes no meio e [iriam] achar outros engenhos onde lhe fazem maiores interesses". Para tentar corrigir o que considerava ser um defeito do projeto, o deputado propôs uma emenda para que "nenhuma das partes contratantes p[udesse] separar-se do ajuste sem mútuo consentimento".[33] Estranho conceito de contrato...

Assim, para os parlamentares, a garantia de ressarcimento da dívida contraída pelo trabalhador até parecia ser uma questão secundária; tratava-se, antes, de estabelecer mecanismos legais que assegurassem a permanência do trabalhador nas tarefas para cuja realização tinha sido contratado. Não se pode dizer que esta não fosse também uma expectativa dos patrões que demandavam contra seus colonos nos tribunais de justiça. Por mais que extrair trabalho mandando o trabalhador para a prisão pudesse parecer paradoxal, às vezes este procedimento era o único recurso disponível. Embora o ressarcimento da dívida do trabalhador fosse um objetivo nada desprezível, os contratantes de mão de obra queriam, antes de tudo, que seus trabalhadores trabalhassem nas tarefas que a eles haviam sido destinadas.

---

31 Sessão de 12 de agosto de 1830, APB-CD, p. 373.

32 SCHWARTZ, Stuart B. *Escravos, Roceiros e Rebeldes*. Bauru: Edusc, 2001, especialmente capítulo: "Trabalho e cultura: a vida nos engenhos e vida dos escravos", p. 89-121.

33 Sessão de 12 de agosto de 1830, APB-CD, p. 373.

O que queriam os trabalhadores

Como já registrei anteriormente, os trabalhadores não pareciam reconhecer a Justiça como uma possibilidade interessante para melhorar sua condição. Quando a relação de trabalho se mostrava insatisfatória eles simplesmente procuravam outro lugar para trabalhar ou outra pessoa a quem servir. Já me referi ao imigrante August Oswald que, tendo deixado o trabalho com o fazendeiro com quem tinha um contrato, foi preso no sitio Olaria, onde, bem provavelmente, ele passara a trabalhar. Também Ângelo dos Santos, por ter deixado o serviço ao qual se obrigava por contrato, foi preso na propriedade do "Doutor" Rafael Lopes Branco, a quem prestava "serviço agrícola".[34] Assim, esses colonos, ao "fugirem", estavam procurando exercer o direito de escolher a que patrão servir; o papel do contrato era o de limitar – ou mesmo impedir – que o trabalhador praticasse esse direito. Isso é tão mais certo se levarmos em conta o fato de que todos os colonos processados foram facilmente localizados pelo oficial de justiça que os conduziu prontamente à prisão. Em geral os trabalhadores "fugitivos" estavam em propriedades agrícolas e seu paradeiro era conhecido mesmo pelos patrões que os acionavam judicialmente.

Acolher um colono preso a um contrato podia render uma dor de cabeça considerável a quem o fizesse. José Rodrigues de Cerqueira César foi processado por Jacinto José Barbosa que, em maio de 1860, alegava que

> tendo contatado os serviços do colono José Nunes Arouca pelo tempo e com as condições exaradas no título que oferece, acontece que este colono se retirou da casa do sr. José de Barros Dias a quem o supte havia transferido o contrato como também se vê do mesmo documento, e foi para a fazenda de José Rodrigues de Cerqueira Cesar (sic) que o recolheu, sabendo que tinha com o supte um contrato de locação de serviços, como mostra o documento etc...[35]

A situação é um pouco confusa, porque Jacinto José transferiu para José de Barros o contrato de Arouca, mas este se recusou a assinar um documento com o novo patrão. Isso o colocava numa circunstância *sui generis* – prestava serviço a um patrão com quem não tinha uma obrigação formalmente estabelecida; seu contrato era com outro

---

34 *Habeas Corpus* – Angelo dos Santos Carvalho, 1877. AESP-ACI (Autos Crimes do Interior) – Juízo de Direito de Campinas. Filme 032, doc. 005.

35 Infração de Contrato. Jacinto José Barbosa (apelante); José Rodrigues de Cerqueira Leite (apelado). CMU-TJC. 1º Ofício, cx. 192, doc. 3319, 1860.

patrão, a quem não servia mais. Talvez insatisfeito com a incerteza da sua condição, talvez se aproveitando dela para corrigir uma situação insatisfatória, Arouca deixou a propriedade de José de Barros e foi trabalhar para Cerqueira César, que até então não tinha entrado na história. Possivelmente, vendo-se privado do trabalho do colono – segundo uma testemunha, por oito meses – e não tendo recebido nenhuma quantia correspondente à dívida que dizia que Arouca tinha para com ele (523$610), Jacinto entrou com processo, não contra o trabalhador, mas contra César, acusando-o de aliciamento de colono.

Esta era uma questão delicada, porque implicava a disputa de proprietários por trabalhadores. A necessidade de "proteger" aqueles que contratavam mão de obra estava prevista desde o debate parlamentar do qual resultou a aprovação da lei de 1830. Naquela ocasião, um deputado comentou sobre a vulnerabilidade dos empregadores que ficavam sujeitos à investida de seus vizinhos: desejando levar-lhe o trabalhador, era só "oferecer-lhe mais interesse..."[36]

A lei de 1830 não chegou a incluir nenhuma medida para restringir tais ocorrências, mas a lei de 1837 o fez, prevendo que:

> toda a pessoa que admitir, ou consentir em sua casa, fazendas ou estabelecimentos, algum estrangeiro, obrigado a outrem por contrato de locação de serviços, pagará ao locatário o dobro do que o locador lhe dever, e não será admitido a alegar qualquer defesa em Juízo, sem depositar a quantia a que fica obrigado, competindo-lhe o direito de havê-lo do locador.[37]

Visando ainda a segurança dos contratadores, que investiram em seus trabalhadores e dos quais esperavam o respectivo retorno em produção, a lei previa uma espécie de "salvo conduto" aos trabalhadores estrangeiros que não tivessem contratos pendentes, ou seja, que fossem livres de fato:

> Art. O locatário [empregador], findo o tempo do contrato, ou antes rescindindo-se este por justa causa, é obrigado a dar ao locador [trabalhador] um atestado de que está quite do seu serviço. [...] A falta deste título será razão suficiente para presumir-se que o locador se ausentou indevidamente.[38]

---

36 José Paulino Almeida e Albuquerque em Sessão de 25 de agosto de 1830. APB-CD, p. 425.
37 Decreto n. 108 de 11 de outubro de 1830, CLIB, *op. cit.*, p. 79.
38 *Idem*, p. 78-79.

Ao acionar judicialmente Cerqueira César, Jacinto amparava-se nesses dispositivos da lei de 11 de outubro de 1837, pedindo que o "aliciador" lhe pagasse a quantia legalmente definida, "isto é, o dobro do que ao suplicante deve o mesmo colono".

Devido aos riscos que poderiam decorrer da infração dos contratos, alguns procuravam se assegurar de que o colono que contratavam estava de fato livre. Foi o que fez Lourenço Buck que, em 1873, pretendendo "obrigar por um contrato" o jovem Teófilo Dubay – o nosso já velho conhecido imigrante francês às voltas com a dívida do pai falecido –, foi junto com ele à fazenda São Lourenço, onde o colono havia anteriormente trabalhado, para saber se ele tinha ali alguma pendência.[39] Embora a pendência existente não tenha sido suficiente para demover os dois de suas intenções e isto tenha rendido a longa disputa da qual já dei alguma notícia, o cuidado evidencia os percalços que podiam permear um ato de contratação na especificidade com que funcionava o mercado de trabalho então.

Para evitar o constrangimento judicial – a prisão, sobretudo – os trabalhadores presos a contratos tentavam obter de seu patrão uma licença para, como diziam, "procurar patrão". O próprio Cerqueira César, aquele empregador que fora acusado de aliciamento, defendia-se dizendo que o trabalhador que admitira em sua propriedade lhe havia dito que obtivera permissão para "procurar patrão".

Por vezes não parecia ser muito fácil conseguir tal autorização e, nestes casos, os colonos, a crer no que informavam seus patrões, passavam a causar problemas. Teresa Soares, por exemplo, conseguiu convencer seu patrão a liberá-la para prestar serviço a outrem se estapeando a si própria e ameaçando acusá-lo de tê-la agredido – o que, segundo a lei de 1837, poderia ser uma "justa causa" para rescisão do contrato com perdão da dívida.[40] Englebert Lahaye e sua mulher Cecilia, de acordo com seu patrão, tornaram-se negligentes no trato com o café e passaram a "ofendê-lo com palavras obscenas e injúrias", fazendo isso "para que [ele] os expulse da colônia pelo que julgam ser libertados da responsabilidade do contrato.[41]

Assim, eram as expectativas de se favorecerem obtendo melhores condições de contratação – e isto não era uma possibilidade remota em um mercado no qual a

---

39   Sumário Crime. A Justiça (autor); Luiz Antônio de Souza Barros e outros (réus). CCMW-AH, 2º ofício, cx. 76/D.

40   Infração de contrato. Bernardino José de Campos (autor); a colona Teresa (ré). CMU-TJC, 1º ofício, cx. 625, processo 12811, 1858.

41   Infração de Contrato. Luciano Texeira Nogueira (autor); Lahay Englebert e sua mulher Cecilia Lahay. CMU, TJC, 2º oficio., cx. 424, doc. 7542, 1867.

demanda por mão de obra era grande – que colocavam os colonos sujeitos às investidas judiciais de seus empregadores. Os "fugitivos" a que os patrões se referiam eram trabalhadores buscando exercer a liberdade de contrato, não reconhecendo a dívida que tinham ou tentando escolher a quem a pagariam com seu próprio trabalho.

Palavras finais

Os processos judiciais ensejados por descumprimento de contratos de trabalho, da forma como foram aqui interpretados, evidenciam expectativas conflitantes de empregadores e trabalhadores estrangeiros quanto à conformação do mercado de trabalho no centro sul do Brasil da segunda metade do século XIX. As disputas se davam principalmente em torno da amplitude da autonomia dos trabalhadores. Para os que os contratavam, eles não deviam ter uma liberdade tal que pudesse ameaçar a continuidade das tarefas produtivas.

É certo que os processos podem também evidenciar que nem sempre as relações foram tensas entre patrões e imigrantes. Há neles registros de imigrantes que galgaram cargos administrativos importantes nas colônias, há colonos que depuseram nos processos contra outros colonos e a favor de seus patrões. Estas, entretanto, são questões para outras páginas.

Bibliografia

CHALHOUB, Sidney. "Illegal enslavement and the precariousness of freedom in nineteenth-century Brazil". In: GARRIGUS, John D.; MORRIS, Christopher (orgs.). *Assumed Identities: The Meanings of Race in the Atlantic World*. 1ª ed. College Station: Texas A&M University Press, 2010, vol. 1, p. 88-115.

FLORY, Thomas. *El juez de paz y el jurado em el Brasil imperial, 1808,1871. Control social y estabilidad política en el nuevo Estado*. México: Fondo de Cultura Económica, 1986.

GRINBERG, Keila. "Re-escravização, direitos e justiças no Brasil do século XIX". In: LARA, Silvia Hunold; MENDONÇA, Joseli M. Nunes (orgs.). *Direitos e Justiças: ensaios de história social*. Campinas: Editora da Unicamp, 2006, p. 101-127.

HALL, Michael e STOLCKE, Verena. "A Introdução do Trabalho Livre nas Fazendas de Café de São Paulo". *Revista Brasileira de História*, n. 6, set. 1983, p. 8-120.

LAMOUNIER. Maria Lúcia. *Da escravidão ao trabalho livre: a lei de locação de serviços de 1879*. Campinas: Papirus, 1988.

MENDONÇA, Joseli Maria Nunes. "Os juízes de paz e o mercado de trabalho – Brasil, século XIX". In: RIBEIRO, Gladys *et al* (orgs.). *Diálogos entre Direito e História: cidadania e justiça*. Rio de Janeiro: Editora da UFF, 2009, p. 237-255.

_____. "Trabalhadoras e imigrantes: mulheres estrangeiras no Brasil do XIX". *Anais – Fazendo Gênero 9 –* Diásporas, diversidades, deslocamentos. Florianópolis, ago. 2010. Disponível em: <http://www.fazendogenero.ufsc.br/9/resources/anais/1277750940_ARQUIVO_MendoncaImigranteseTrabalhadoras.pdf> (acesso em: 2/3/2011).

MOURA, Denise A. Soares. *Saindo das sobras:* homens livres no declínio do escravismo. Campinas: Área de Publicações CMU/Unicamp, 1998.

PEREIRA, Miriam Halpern. *A política portuguesa de emigração (1850-1930)*. Bauru: Edusc; Portugal: Instituto Camões, 2002.

SCHWARTZ, STUART B. *Escravos, Roceiros e Rebeldes*. Bauru: Edusc, 2001

SERRÃO, Joel. "A emigração portuguesa para o Brasil na segunda metade do século XIX". In: *Temas Oitocentistas*. [S.l.]: Livros Horizonte, vol. 1, 1980.

XAVIER, Regina Célia Lima. *A Conquista da Liberdade*. Campinas: CMU/Editora da Unicamp, 1996.

"Em benefício do povo": o comércio de gêneros em Desterro no século XIX[1]

FABIANE POPINIGIS[2]

Liberdade no Mercado

EM 1851, JOANNA PRATES PAGAVA IMPOSTO REFERENTE à sua "casa de quitanda" (provavelmente uma das barraquinhas) na praça do mercado em Desterro, em frente à Igreja da Matriz, entre várias outras mulheres e homens forros. Ali chegavam as canoas com peixe, farinha, milho e outros produtos vindos do interior da Ilha e também do continente para serem vendidos. Os pombeiros se apressavam em comprar a mercadoria em grande quantidade para revendê-la, exceto quando eram impedidos pela fiscalização.

Na praça, os produtos ficavam estendidos "aos pés dos pretos e pretas quitandeiras",[3] ou em barraquinhas montadas ali mesmo, como a de Joanna[4]. A partir de 1851, quando foi inaugurado o primeiro prédio do Mercado Público de Desterro, Prates seria a única mulher a alugar uma de suas 12 casinhas, por apenas dois semestres, entre 1855 e 1856. Depois disso, até a demolição do prédio, em 1898, nenhuma

---

1 Este texto é parte dos resultados do pós-doutorado desenvolvido na UFSC, que contou com financiamento do CNPq. Agradeço a Regina Xavier, Cristiana Schettini e a Álvaro Pereira do Nascimento e Henrique Espada Lima pela leitura atenta e valiosas sugestões.

2 Professora adjunta do Departamento de História da UFRRJ – Universidade Federal Rural do Rio de Janeiro. Email: fpopinigis@gmail.com. Agradeço a Regina Xavier, Cristiana Schettini e Alvaro Nascimento pelos comentários e sugestões a este texto.

3 Arquivo Público do Estado (APE), Relatório do Presidente da Província Antero José Ferreira de Brito à Assembleia Legislativa Provincial, 03/1847, p. 9-12.

4 Arquivo do Fórum Municipal de Florianópolis (AHMF), Conhecimentos n. 340, 347 e 319 do *Livro Caixa: Receita e despesa da Câmara Municipal* (1851-1852).

outra mulher ocupou aquelas barraquinhas.⁵ Aos escravos era proibido o aluguel das casinhas, e nomes de africanos ali não havia. No Mercado, escravos e libertos passaram a ocupar os lugares de quitanda nos vãos entre as colunas e africanos e africanas continuaram a pombiar.

Por centralizar as redes de distribuição de alimentos em Desterro, a Praça do Mercado é um bom lugar para observar as relações de diversos tipos que entrelaçam mulheres e homens livres, escravos e libertos, tanto a pequenos comerciantes e trabalhadores pobres livres como a proprietários e políticos da cidade. Seguir seus passos em seus afazeres diários no comércio ambulante e em torno do Mercado é também uma maneira de procurar compreender as estratégias utilizadas por africanos e descendentes na obtenção da alforria ou outras formas de autonomia.

Vários estudos para outras regiões mostraram que o comércio de gêneros podia abrir brechas que possibilitavam aos escravos algum tipo de independência ou mobilidade, fosse através da produção de gêneros alimentícios num pedaço de terra concedido pelo proprietário e sua troca ou venda no mercado mais próximo, fosse a diversidade de produtos vendidos pelos ambulantes ou quitandeiras nos centros mais urbanizados.⁶

Essas pesquisas mostram que, até meados da segunda metade do século XIX, o comércio a retalho era em sua maior parte reservado aos imigrantes europeus – principalmente portugueses – e aos brasileiros a eles ligados,⁷ enquanto a rua era dos negros e negras de ganho, escravos e libertos.⁸ Na Desterro da primeira metade do sé-

---

5   Termos de arrematação das casinhas do Mercado, 1855-1880, fls. 05 e 06.

6   Conferir CARDOSO, Ciro Flamarion. *Agricultura, Escravidão e Capitalismo*. Rio de Janeiro: Vozes, 1979 e FRAGA, Walter. *Encruzilhadas da Liberdade – Histórias de Escravos e Libertos na Bahia (1870-1910)*. Campinas: Editora da Unicamp, 2006. GOMES, Flávio dos Santos, *A Hidra e os Pântanos: Mocambos, Quilombos e Comunidades de Fugitivos no Brasil (Séculos XVII-XIX)*. São Paulo: Unesp/Polis, 2005.

7   Para o caso do Rio de Janeiro ver: POPINIGIS, Fabiane. *Proletários de casaca. Empregados no comércio carioca (1850-1911)*. Campinas: Editora da Unicamp, 2007; para o caso de Pernambuco ver DORNELLAS, Bruno. "Vassoura, balcão escritório e rua: a caixeiragem como carreira". *Almanack Brasiliense*/USP, n. 6, 2007. "Mapa relativo aos tipos de ocupação da Ilha de Santa Catarina segundo a nacionalidade, a condição, o sexto e o estado civil." In: *Recenseamento de 1872*. Apud CARDOSO, Fernando Henrique. *Negros em Florianópolis – relações sociais e econômicas*. Florianópolis: Insular, 2000, p. 108.

8   Para o Rio de Janeiro ver KARASCH, Mary. *A vida dos escravos no Rio de Janeiro*, São Paulo: Companhia das Letras, 2000 e SOARES, Luiz Carlos. *O "povo de Cam" na capital do Brasil: a escravidão urbana no Rio de Janeiro do Século XIX*. Rio de Janeiro: Faperj/Sete Letras, 2007. Para São Paulo conferir DIAS, Maria Odila Leite. *Quotidiano e poder em São Paulo no século XIX*. 2ª ed. rev. São Paulo: Brasiliense, 1995.

culo muitos africanos e africanas circulavam com seus tabuleiros e balaios, vendiam todo tipo de gênero alimentício, talvez esperando que o excedente sobre o jornal que deviam pagar aos seus senhores ou credores lhes rendesse, um dia, o suficiente para comprar a liberdade.[9]

A Desterro de 1855 era uma pequena cidade portuária, com aproximadamente 5.611 habitantes, dos quais aproximadamente 1.436 eram escravos.[10] Quitandeiras, quitandeiros, pombeiras e pombeiros como Zeferida Calabá, Josefa Caçange e Esperança Cabinda,[11] com nomes que faziam referência à sua origem africana, circulavam pelas ruas com seus balaios e tabuleiros, fazendo da Praça do Mercado o seu ponto preferido. O comércio era, para alguns, meio de acúmulo de pecúlio para a compra da alforria ou pagamento de um adiantador do capital, além da própria manutenção do ex-escravo. Tornava-se assim um elemento importante na luta contra uma situação de incerteza em relação à sua sobrevivência, no caso da falta de um contrato de trabalho ligado à alforria.[12]

Esses africanos, homens e mulheres, carregaram para o Brasil elementos culturais de seu continente de origem, que, transformadas e ressignificadas a partir da experiências na nova terra, estão presentes na organização do cotidiano e nas suas estratégias de sobrevivência.[13]

---

9   Desenvolvi melhor este argumento em " 'Aos pés dos pretos e pretas quitandeiras': experiências de trabalho e estratégias de vida em torno do primeiro mercado público de Desterro (1840-1890)". *Revista Afro-Ásia* (no prelo).

10 Para o caso de Desterro conferir "Mapa relativo aos tipos de ocupação da Ilha de Santa Catarina segundo a nacionalidade, a condição, o sexto e o estado civil". In: *Recenseamento de 1872*. Apud CARDOSO, Fernando Henrique. *Negros em Florianópolis – relações sociais e econômicas*. Florianópolis: Insular, 2000, p. 108. "Mappa aproximado da População da Província de Santa Catharina". Relatório do Presidente da Província, 1855.

11 AHMF, Livro Caixa n. 139 – Receita e despesa da Câmara Municipal 1854-1855.

12 LIMA, Henrique Espada. "Sob o domínio da precariedade: Escravidão e os significados da liberdade de trabalho no século XIX". *Topoi*, Rio de Janeiro, vol. 6, n. 11, 2005.

13 No caso específico do ofício de quitanda, vários autores sustentam a proeminência das mulheres nesse tipo de comércio para o caso da África Ocidental: FARIA, Sheila de Castro. "Damas mercadoras: as pretas minas no Rio de Janeiro (século XVIII-1850)". In: SOARES, Mariza de Carvalho (org.). *Rotas atlânticas da diáspora africana: da Baía do Benin ao Rio de Janeiro*. Rio de Janeiro: EdUFF, 2007, p. 101-134; SOARES, Carlos Eugênio Líbano & GOMES, Flávio dos Santos. "Negras minas no Rio de Janeiro: gênero, nação e trabalho urbano no século XIX". In: SOARES, Mariza de Carvalho (org.). *Rotas atlânticas da diáspora africana: da Baía do Benin ao Rio de Janeiro*. Rio de Janeiro: EdUFF, 2007.

Além disso, o trabalho com o comércio e a rede de relações engendrada a partir dele torna difícil argumentar, como fez certa historiografia, que essas pessoas estavam despreparadas para a competição no mercado de trabalho, que eram ingênuas e não sabiam o valor do dinheiro ou ainda, que viviam pela cabeça de seus senhores(as) e ex-senhores(as). Vide o coronel Feliciano de Brito que, indignado, acusava a quitandeira Maria Mina de haver comprado um escravo com o intuito de libertá-lo mas, ao invés disso, lucrar com o jornal do uso do escravo para trabalho no porto e ainda se recusar a pagar o resto da dívida referente à compra.[14] Ou ainda o caso de Justina Cândida da Costa e Anna B. Poyção que, depois de alforria condicional em 1831[15] (e por isso usufruída apenas a partir de 1864), herdam da ex-senhora uma morada de casas[16] e continuam a ganhar a vida vendendo quitandas.[17]

O trabalho dessas escravas e escravos, libertas e libertos, era também importante fonte de renda para proprietárias que tiravam dali o seu sustento, empregando-as ao ganho.[18] Mas não só. Boa parte da renda da Câmara Muncipal vinha da cobrança de impostos e multas e, depois da construção do Mercado, do alguel de suas casinhas e vãos. Isso porque a construção do prédio do Mercado Público em 1851 ficara a cargo da Presidência da Província, mas, após o pagamento das dívidas, a renda por ele proporcionada pertencia à Câmara Municipal. Essa arrecadação, acompanhada dos esforços tanto para organizar as cobranças de impostos do pequeno comércio como para aprimorar a fiscalização dos atravessadores, pombeiros e quitandeiros, seria de suma importância para o incremento da

---

14 Arquivo do Fórum Municipal de Florianópolis, Inventário de Feliciano Alves de Brito. 1ª Vara de Família: Cx. 2 de 1883, n. 199.

15 "Lançamento de Escrito de Liberdade da escrava Anna", Livro 4 de notas do 2º ofício do cartório de Desterro, 1831, fls. 118v e 199 e "Lançamento de Escrito de Liberdade da escrava Justina". Livro 4 de notas do 2º oficio do cartório de Desterro, 1832, fls. 154, 154v e 155.

16 SBRAVATI, Daniela. "Mulheres de (In)certa condição". *Revista Mundos do Trabalho*, vol. 1, n. 2, 2009.

17 Livro auxiliar da receita e despesa da Câmara Municipal, 1883-1884, fls. 29 e 33.

18 PEDRO, Joana. *Mulheres honestas e mulheres faladas – uma questão de classe*. Florianópolis: Editora UFSC, 1994.

parca renda da municipalidade nos anos seguintes.[19] Ou seja, apenas o Mercado Público era responsável por 31% da receita total da cidade.[20]

Todo este movimento está provavelmente relacionado à preocupação com a centralização da administração pelo poder central, estabilizando um pouco as querelas entre a Província e a municipalidade, visto que ocorre também em outras capitais: no Rio de Janeiro em 1841[21], em Salvador em 1850[22] e num centro produtor importante como Campinas, uma década depois[23]. O que nos interessa é compreender a dinâmica das disputas entre esses atores pela definição dos espaços da cidade em meio às significativas modificações ocorridas em meados do século XIX: por um lado o interesse dos poderes públicos em incrementar as rendas municipais regulamentando e centralizando as atividades dos trabalhadores e, por outro, a maneira como certos grupos de trabalhadores lidaram com isso, procurando ocupar espaços e estabelecer relações dando sentido às suas vidas dentro das situações possíveis.

Finalmente, um dos objetivos mais amplos desta pesquisa é contribuir com as reflexões que vem problematizando e unificando a história do trabalho, já que vários tipos de arranjos não se encaixavam nas definições tradicionais da separação entre o trabalho dito livre e o escravo. Seus significados são permeados de elementos de ambiguidade que os aproxima, mas também os distingue. Em suma, os diversos sentidos que a liberdade ganhava nas experiências desses grupos sociais podem fornecer

---

19   Em 1845 o total da receita da Câmara Municipal de Desterro fora de 3:318#800. Cf. Relatório do Presidente da Província de S. C, Antero José Ferreira de Brito, em 1º de Março de 1845. Entre julho de 1863 e junho de 1864 essa soma subiria a 9:151#467. Desse total, 2:848#400 eram compostos pelo Rendimento da Praça do Mercado. Cf. AHMF, Livro 153: Balanço da receita e despesa da Câmara Municipal da Cidade do Desterro do ano findo de 1º de julho de 1863 a junho de 1864, fls. 118. Ou seja, apenas o Mercado Público era responsável por 31% da receita total da cidade.

20   AHMF, Livro 153: Balanço da receita e despesa da Câmara Municipal da Cidade do Desterro do ano findo de 1º de julho de 1863 a junho de 1864, fls. 118.

21   FARIAS, Juliana Barreto. "Mercado em greve: protestos e organização dos trabalhadores da Praça das Marinhas, Rio de Janeiro/século XIX". *Anais do XIX Encontro Regional de História: Poder, Violência e Exclusão*. ANPUH/SP-USP. São Paulo: 08 a 12 de setembro de 2008, nota 07.

22   Cf. GRAHAM, Richard, *Feeding the City – from street market to liberal reform in Salvador, Brazil, 1780-1860*. Austin: University of Texas Press, 2010, p. 35. Em 1785 fora criado o Celeiro Público, e ali se vendiam grãos, como arroz, feijão, milho e, especialmente, a farinha de mandioca. Antes disso, as embarcações ancoravam na praia para vender a farinha, como em Desterro. GRAHAM, *op. cit.*, p. 92-93.

23   MARTINS, Valter. "Pelas ruas, de porta em porta. Verdureiros, quitandeiras e o comércio ambulante de alimentos em Campinas na passagem do Império à República". *Revista de História Regional* 14(2), p. 53-81, inverno 2009.

elementos importantes para a compreensão deste momento de redefinição das relações de trabalho no Brasil, contribuindo para uma compreensão mais completa e matizada deste processo.

Disputas politicas

Questões relativas ao açambarcamento dos produtos visando a elevação dos preços e da salubridade dos gêneros alimentícios – sobretudo da carne verde – foram, em diferentes épocas e em diversos pontos do Império, elemento de discórdia, de contendas políticas e de disputas de poder. Segundo o previsto na Constituição de 1824,[24] a lei de outubro de 1828 regulava o funcionamento das Câmaras Municipais e atribuía-lhes funções administrativas. As Câmaras ficavam subordinadas aos Presidentes de Província, que, a partir de 1834, se reportariam às Assembleias Legislativas Provinciais.[25]

No decorrer do século XX as atribuições de regulamentação e fiscalização passaram a ser função das Câmaras Municipais e seus fiscais. Entretanto, a ideia do direito dos pobres ao acesso aos alimentos básicos, a obrigação do produtor de vender na praça do mercado em pequenas porções dando a oportunidade a todos de comprarem a "preço justo", a preocupação com a qualidade do produto (que a carne não estivesse podre ou pesteada, ou que a farinha da qual se houvesse extraído a goma não fosse vendida) continuariam presentes nas posturas e a ser objeto de fiscalização.[26] Na Desterro do início do século XIX, os almotacés observavam o corte da carne e que fosse vendida ao preço estipulado, inclusive em pequenas porções de uma libra, contra a resistência dos carniceiros, que preferiam vender a carne em grandes lotes.[27]

---

24 Disponível em: <http://www.planalto.gov.br/ccivil_03/Constituicao/Constitui%C3%A7ao24.htm>. Acesso em 07/07/2011.

25 Em 1828 foi editada a Lei das Câmaras Municipais, que garantiu um razoável nível de autonomia local, expresso inicialmetne no fato de que, no âmbito das câmaras é que seriam eleitos pelo voto os juízes locais. Entretanto, essa lei aboliu ao mesmo tempo boa parte das jurisdições herdadas do período colonial. Apesar das amplas modificações posteriormente introduzidas pelo Ato Adicional e pelo Ato de Interpretação, a Lei de 1828 nunca foi revogada pelo Estado imperial, permanecendo como a principal referência da organização político-administrativa no âmbito local". GOUVÊA, Maria de Fátima Silva. *O Império das Províncias – Rio de Janeiro 1822-1889*. Rio de Janeiro: Civilização Brasileira, 2008.

26 PEREIRA, Magnus Roberto de Mello. "Almuthasib – considerações sobre o direito de almotaçaria nas cidades de Portugal e suas colônias". *RBH*, São Paulo, vol. 21, n. 42, p. 365-395, 2001.

27 CABRAL, Oswaldo R., *Nossa Senhora do Desterro – Notícia II*, Florianópolis: edição do autor, 1972, p. 19.

A responsabilidade da Câmara em relação à circulação e venda de alimentos era elaborar posturas e definir os locais em que os alimentos circulavam – zelando também pela sua higiene–, garantir a salubridade dos alimentos e assegurar exatidão dos pesos e das medidas. Cabia a ela o trabalho de fiscalizar todo o processo de comercialização, como bem aponta o artigo 9°:

> commodidade das feiras, e mercados, abastança, e salubridade de todos os mantimentos, e outros objectos expostos á venda publica, tendo balança de ver o peso, e padrões de todos os pesos, e medidas para se regularem as aferições; e sobre quanto possa favorecer a agricultura, commercio, e industria dos seus districtos, abstendo-se absolutamente de taxar os preços dos gêneros, ou de lhes pôr outras restricções á ampla, liberdade, que compete a seus donos.[28]

No caso de Desterro faziam parte da alimentação básica dos trabalhadores pobres a farinha de mandioca e o peixe. Na Ilha produzia-se também o milho, o arroz, o feijão e uma diversidade de legumes e frutas.[29] A farinha de mandioca, principal produto de exportação da Província, era constantemente motivo de disputa entre as autoridades, os comerciantes e os populares. Às vezes era exportada levando mais em conta as necessidades das Províncias do norte do que as dos habitantes locais. A farinha de mandioca também podia ser requisitada para as tropas no Rio Grande do Sul e, finalmente, quando o Vice-Rei ordenava a compra da farinha por preço estipulado para vendê-la ao povo por preços acessíveis, os comerciantes, insatisfeitos, ameaçavam guardá-la em seu armazém.[30]

Controlar a qualidade dos gêneros e sua apresentação no mercado, evitar monopólio, açambarcamento e preços "imorais" – (mais à questão sanitária e de construção) – era função do almotacé – fiscal dos pesos e medidas.[31] Para Magnus Pereira, o direito de almotaçaria, que estava relacionado ao aparecimento e organização das cidades em toda a América Portuguesa, pertence a um período "para o qual não existe nome, algo que estaria entre o não estado e o Estado, entre o não mercado e

---

28 Lei de 1 de outubro de 1828. Disponível em: <http://www6.senado.gov.br/legislacao/ListaPublicacoes.action?id=81878&tipoDocumento=LEI&tipoTexto=PUB>. Acesso em 7 de março de 2011.

29 HÜBENER, Laura Machado. *O comércio da cidade de Desterro no século XIX*. Florianópolis: Editora da UFSC, 1981, p. 107.

30 CABRAL, *op. cit.*, p. 13-17.

31 PEREIRA, M., *op. cit.*

o mercado, entre a não cidade e a cidade".[32] Entretanto, suas práticas e as tradições ligadas a ele adentraram o século XX.[33]

Esse direito apoiava-se em antigas prerrogativas tradicionais, em torno das quais os protestos das pessoas geralmente se organizavam, reivindicando algo como uma "justiça de mercado": "A fome era sintoma de um desequilíbrio moral, uma ruptura do pacto da almotaçaria. O grito contra a fome, quase sempre real, pois ela era endêmica, dava partida a lutas contra a apropriação de alimentos escassos pelos poderosos, mas também contra o excesso de impostos, usurpação da terra, do poder local ou da própria Coroa".[34] A falta de alimento endêmica não era entendida pela população como um mero problema de escassez de gêneros e, portanto, seus ciclos não podiam ser entendidos apenas como contingências econômicas.[35]

Isso fica claro para o ocorrido em 1844, por exemplo, quando, devido à pressão da população, a Presidência da Província de Santa Catarina decidiu, e a Câmara de Desterro fez cumprir, determinação segundo a qual os produtores e condutores das embarcações que aportassem na praia, durante três dias, vendessem a farinha diretamente aos consumidores.[36] Procurava-se assim sanar a falta do produto, seu açambarcamento e o consequente aumento do preço. A farinha de mandioca era frequente motivo de disputa entre a população, os comerciantes e as autoridades, e não apenas em Desterro.

Uma situação similar foi analisada por João José Reis em Salvador, onde o desentendimento entre os vereadores e o presidente da Província em relação ao abastecimento de farinha de mandioca e a insatisfação dos populares com a carestia desembocou em motim. Em 12 de janeiro de 1857 a Câmara havia aprovado uma postura que restringia a venda de farinha apenas em determinados locais da cidade, principalmente no Celeiro Público, onde o produto podia ser desembarcado e diretamente vendido ao consumidor, sem passar por intermediários ou ter seu custo aumentado

---

32 *Idem*, p. 378.

33 *Idem*, p. 380.

34 *Idem*, p. 365-395, p. 387.

35 Pereira observa uma trajetória comum em relação às "três principais agendas do viver urbano" nas cidades de origem portuguesa: "num primeiro momento, as práticas administrativas se expressavam na ação mediadora dos almotacés, provocada por conflitos vicinais que, depois, foram substituídas por normas de direito escrito (as posturas municipais)", p. 381

36 AHMF, Ofício a Presidência em 25 de março de 1844. Registro de Correspondência, Ofícios da Câmara Municipal. 1843-1845. Livro n. 94, fls. 59.

pela utilização de transportes terrestres.[37] O presidente da Província da Bahia, futuro visconde de Sinimbu, contrariou a Câmara e acabou atendendo as reclamações de comerciantes em 25 de abril do mesmo ano, suspendendo a execução da postura até que a Assembleia Provincial se reunisse para discutir a questão. A pendência acabou se arrastando até 1858, quando os vereadores da Câmara, irritados com a demora, resolveram reeditar a postura, acirrando a queda de braço com o Presidente. A pendenga entre os poderes públicos continou e envolveu a população, que aproveitava a brecha para fazer valer suas demandas: em 1º de Março de 1848 os populares se reuniram em frente a Câmara Municipal de Salvador para gritar e protestar contra a carestia, chegando a invadi-la e sendo em seguida retirados sob protesto de que seus direitos de cidadãos estavam sendo ofendidos.[38]

O cerne da disputa está, como mostra Reis, no contraste entre

> uma visão mais intervencionista do mercado e mais paternalista nas relações entre governo e povo, a noção de que as autoridades deviam proteger os cidadãos contra os especuladores e estabelecer o preço 'justo' dos alimentos; do outro lado, o liberalismo de mercado, a doutrina do laissez--faire, a noção de que no final a lei da oferta e demanda por si só regularia os preços e beneficiaria os consumidores.[39]

Estas pareciam ser as questões que fundamentavam o conflito que se anunciava quando, em 1844, os mercadores de carne enviaram uma representação ao presidente da Província de Santa Catarina reclamando das medidas – segundo eles vexatórias –, aplicadas pela polícia, que obrigavam os vendedores de carne verde que "trouxessem nas suas canoas as balanças e pesos".[40]

Como resposta, o então Chefe de Polícia e futuro senador pela Província de Santa Catarina, José da Silva Mafra, oficiou também ao Presidente da Província para defender a intervenção policial no cumprimento de uma determinação segundo a qual os vendedores de carne deveriam vir ao mercado, munidos de balanças em suas canoas, para pesar os pedaços de carne a serem vendidos. O prédio do Mercado

---

37 REIS, João José; "'Carne sem osso e farinha sem caroço': O Motim de 1858 contra a carestia na Bahia.". *Revista de História*, FFLCH/USP, n. 135, dez. 1996, p. 133-136.

38 REIS, *op. cit*, p. 139-143.

39 REIS, *op. cit*, p. 137.

40 AHMF, Correspondência Geral da Câmara Municipal de Desterro (1844), n. 97. fls. 19.

Público ainda não existia, e Mafra estava provavelmente se referindo à praça em frente a Igreja da Matriz, onde eram vendidos gêneros alimentícios.[41] Ou seja, o intuito era tanto "obstar as consequências que tem resultado nas partilhas de carne a olho", (ou seja, evitar partilhas desiguais na hora de talhar a carne segundo o pedido do comprador), quanto permitir a compra da carne em pequenas porções, a partir de uma libra.

Para Mafra, as medidas não eram vexatórias; eram tanto necessárias quanto respaldadas, tanto pela lei de 1828 como também pelas posturas municipais, como esclarece na carta:

> a fiscalização que a lei de 1º de out. de 1828 §9 incumbe as Câmaras sobre a fidelidade dos pesos, é mui dificultoso pôr-se em prática, a não ser a vista das balanças, e uma ou duas balanças que a Câmara mandasse por a disposição do povo para verificar-se os pesos daria decerto vencimento a concorrência do povo no Mercado, e por isso acho, que com a providência dada resulta mais benefício ao público, porque as autoridades policiais nada mais fizeram do que por em execução a citada postura 80, para que tragão balanças e pesos assim como se pratica nos mais mercados, visto que o consumo da carne é na cidade e não na matadoura.[42]

O autor do ofício estava, portanto, atento ao fato de que a Lei de 1828 delegava à Câmara Municipal a obrigação de zelar para que o produto chegasse do produtor ao consumidor com a menor interferência possível dos atravessadores, no menor preço e em boas condições sanitárias. O art. 8º. III – "As Posturas Policiais" – da Lei de 1828, delegava à municipalidade a tarefa de proteger os criadores e assegurar que pudessem vender o gado sem estarem sujeitos à pressão dos atravessadores e marchantes, enquanto o art. 9º. definia que só nos matadouros públicos ou particulares com licença das Câmaras poderia ser o gado morto e esquartejado. Permitir-se-ia, entretanto, aos donos do gado "conduzil-os depois de esquartejados, e vendel-os pelos preços, que quizerem, e aonde bem lhes convier, com tanto que o façam em lugares patentes, em que a Câmara possa fiscalizar a limpeza, e salubridade dos

---

41 *Idem, ibidem.*

42 *Idem, ibidem.*

talhos, e da carne, assim como a fidelidade dos pesos".⁴³ Para isso a Câmara contava com fiscais, um em cada freguesia.

É interessante notar a relação que, segundo a Lei, as Câmaras deveriam estabelecer quanto aos produtores e seus produtos, enfatizando as condições de "liberdade" em que deveria ser efetuada a venda – tanto em relação aos açambarcadores quanto em relação à própria taxação das autoridades municipais –, procurando também estimular, dessa forma, a produção agrícola e "industrial" na Província. É em torno dessas disposições mais gerais que gira a pendenga entre os vendedores de carne e o Chefe de Polícia em 1844, através da aplicação municipal do espírito da lei, das posturas e sua interpretação.

Na missiva, Mafra ligava a iniciativa representada pelo ofício ao cumprimento de sua função, procurando desvincular-se do personalismo de sua intervenção:

> Portanto excelentíssimo Sr. Comovido como estão das razões que foram dadas pelo subdelegado julgo que se deve mandar continuar nesta Província, toda ela a beneficio do povo e das pessoas mezeráveis, e nem se diga que esta Representação fora emanada deles, como pela simples assignatura se pode ver havendo apenas aqui um testa de ferro que nisto figura, para assim embaraçar as medidas policiais dadas por esta Authoridade.⁴⁴

O autor punha-se, assim, ao lado do "povo e das pessoas mezeráveis", como seu representante e protetor, dando a entender que imputar o protesto àquelas pessoas desqualificaria o seu argumento caso não estivesse mediado por ele: "nem que se diga que esta Representação fora emanada deles... para assim embaraçar as medidas policiais dadas por esta Authoridade".⁴⁵ Para isso baseava-se na lei de 1828.

A lei de 1828 destinava ao município uma certa autonomia. As Câmaras nomeavam seu secretário, procurador, porteiro e ajudantes, fiscais e suplentes e decidiam sobre determinados assuntos locais. Também era função das Câmaras elaborar posturas e zelar pelo seu cumprimento utilizando fiscais. No entanto, o Presidente da Província – podia modificar, rejeitar ou aprovar os projetos de postura apresentados pela Câmara. As obras públicas também passavam pelo crivo do Presidente

---

43 Lei de 1 de outubro de 1828. Disponível em: <http://www6.senado.gov.br/legislacao/ListaPublicacoes.action?id=81878&tipoDocumento=LEI&tipoTexto=PUB>. Acesso em: 07/03/2011.

44 AHMF, Correspondência Geral da Câmara Municipal de Desterro (1844), n. 97, fls. 65.

45 *Idem, ibidem.*

de Província, por vezes mesmo ficando a seu cargo.⁴⁶ Em suma, o Presidente da Província – que era, por sua vez, subordinado a Assembleia Provincial –, tinha grande poder de interferência nos assuntos municipais, alguns se interessando mais ou menos por determinados municípios. Essa relação era constante fonte de conflitos.

Entre 1840 e 1849, ocupou o cargo de Presidente da Província de Santa Catarina o Marechal Antero Ferreira de Brito, que, antes disso, havia feito carreira militar e exercido postos de comando no executivo da Corte. No caso em questão, o Presidente discordou de Mafra e pôs-se ao lado dos comerciantes de carne. Para Antero de Brito, apenas as "casas de venda fixa" estavam sujeitas à aplicação das posturas referentes às medidas adotadas. Segundo ele, era um "ônus de mais" serem os marchantes de carne obrigados a trazer a balança, depois de já haverem pago imposto nos matadouros, onde se pesava e cortava a carne. Além do que, acrescenta Antero de Brito, em caso de balanças, pesos e medidas, estes deveriam ser fornecidos e controlados pela Câmara. A sugestão do Presidente à Câmara Municipal foi, finalmente, a de que os vendedores trouxessem ao mercado um maior número de pedaços menores de carne, para evitar o corte a olho. Procurava assim, segundo afirmava, evitar que fossem vexados os vendedores ou prejudicados os compradores.⁴⁷

A questão não era nova: a luta contra o açambarcamento e os esforços em taxar os principais produtos alimentícios para a população vinha desde muito tempo, sendo o produto mais exposto às ações de açambarcamento e exploração justamente a carne verde. Desde a segunda metade do século XVIII as condições da concessão do açougue da Vila para o fornecimento de carne tinham como condição o imposto pago à Câmara por cabeça de gado abatido e o preço de venda para a população pela libra de peso.⁴⁸

Se a questão do combate às práticas de açambarcamento e as dificuldades de fiscalização não era nova e nem específica de Desterro, o mesmo ocorria em relação às disputas que esses temas sucitavam entre grupos da população e os poderes municipal e provincial. Uma questão como a ocorrida em 1844 em Desterro poderia ter desembocado em problema sério para os poderes públicos, como aquela ocorrida em Salvador pouco mais de uma década depois.

---

46 Lei de 1 de outubro de 1828. Disponível em: <http://www6.senado.gov.br/legislacao/ListaPublicacoes.action?id=81878&tipoDocumento=LEI&tipoTexto=PUB>. Acesso em: 07/03/2011.

47 AHMF, Correspondência Geral da Câmara Municipal de Desterro (1844). n. 97, fls. 65.

48 CABRAL, op. cit., p. 18.

Por isso, assim como no caso da farinha, os poderes públicos procuravam impor medidas para o controle do preço e da qualidade da carne que chegava aos habitantes. As posturas, editais e circulares em geral visavam evitar não só a especulação sobre o preço daquele produto, a entrada clandestina de gado na Província e a venda sem autorização burlando o pagamento de impostos, como também a venda da carne podre, estragada ou pesteada.[49]

Muito disso chegou até nós através dos ofícios trocados entre a Câmara Municipal e a presidência da Província, que frequentemente se desentendiam sobre o assunto, esta última chamando a atenção da primeira por priorizar as vantagens monetárias que o contratante oferecia à própria Câmara, ao invés dos benefícios oferecidos ao público. Afinal, era dos pagamentos advindos dos contratos e dos impostos que a Câmara tirava grande parte de suas rendas, fosse dos contratos do direito de abate das reses e sobre a venda da carne, ou das licenças e multas contra a infração de posturas. Isso por vezes, significou que algumas propostas eram mais interessantes para os cofres da Câmara do que para o bolso dos pobres, momentos esses em que o Presidente da Província podia interferir, e o fazia.

Os principais elementos visados pela fiscalização eram os "atravessadores", dentre os quais os pombeiros ocupavam lugar de destaque.

O Primeiro Mercado Público de Desterro: fiscalização e controle

Como vimos, havia um esforço crescente das Câmaras para regulamentar e fiscalizar a circulação de gêneros. No caso de Desterro, a partir da década de 1830 previa-se multa de 4 mil réis para quem tentasse vender "gêneros comestíveis e líquidos". Seriam punidos os que saíssem a vender os produtos antes das nove horas da manhã e os atravessadores que fizessem compras antes do mesmo horário para depois revender a mercadoria encarecida. Esses eram multados em 2.000 réis.[50] Tais recomendações

---

49 As circulares que seguiam para os fiscais da freguesia passam a ser remetidas também para o guarda do Mercado depois de sua criação, chamando a atenção para a inspeção do estado da carne. Em 18 de novembro de 1862, depois de reclamar dos carniceiros e do mau estado da carne explica: "As reses só deveriam ser mortas depois das 4 da tarde, e conduzidas imediatamente ao mercado ou ate as nove horas da manhã do dia seguinte", reiterando que a carne e seu corte tinham que ser inspecionados. Livro 153. Registro de Correspondência da Câmara Municipal a diversas autoridades; Relatório da Câmara Municipal; Registro da Receita e despesa, (1858-1869); 198 folhas, cx. 26, p. 83. Em 1864 volta a pedir escrúpulo ao Guarda do Mercado no exame da carne. *Idem*, p. 99.

50 *Idem*, p. 34.

eram frequentemente reiteradas aos fiscais da Câmara, incluindo o "exame acerca das frutas verdes que se vendem nos tabuleiros, pelas ruas, praças e canoas, como pêssegos, e outras", e proibindo a exposição e venda das frutas não sasumadas e gêneros corruptos.[51]

Como mais um passo para controlar o fornecimento de carne, em 1840 a Presidência da Província começaria um plano para a construção de um matadouro.[52] Não por acaso, no mesmo período ensaiavam-se as primeiras tentativas de levar a cabo um projeto para o Mercado Público, que fazia parte de um plano mais geral de regular a venda de gêneros alimentícios e os impostos que isso rendia. É nesse contexto que se iniciam as primeiras tentativas de viabilizar a construção de um local que abrigasse vendedores, produtores e comparadores na Praça do Mercado, facilitando assim o controle das condições em que a venda e a circulação dos produtos ocorriam, bem como de seus agentes.

Em 1838, dois engenheiros apresentaram uma proposta de projeto para a construção de um Mercado Público entre a Rua do Livramento e a do Ouvidor (atuais Trajano e Deodoro respectivamente), mas o projeto não foi levado adiante.[53] Até o ano seguinte ninguém se apresentara após a abertura dos editais para a construção da dita Praça do Mercado.

O Presidente de Província, Antero de Brito, argumentava, na década de 1840, sobre a urgência da construção de um Mercado Público para abrigar a comercialização de gêneros. Desgostava-lhe a situação em que se encontrava a Praça, que lhe era especialmente cara, por ali se localizarem os prédios oficiais. Era também na praia em frente a ela que aportavam diariamente pequenas embarcações vindas do interior da Ilha e do continente para que os produtores, entre eles escravos e libertos, pusessem à venda os gêneros alimentícios que produziam. Vendiam diretamente dos próprios barquinhos aos chamados "pombeiros", que passavam a revender os gêneros pelas ruas. O peixe ficava exposto, tanto nos barcos como em panos estendidos no chão. Ao Presidente desagradava a visão dos produtos que ficavam expostos na praça "aos pés

---

51 "Circular"; Ofícios da Presidência da Província, 1854, n. 136 (172 B.C). fls. 264vs.

52 "Ofício da Câmara Municipal a Presidência da Província" em 30 de maio de 1840. Registro da Correspondência da Câmara Municipal, 1840/1843. NA n. 85.

53 APE. "Ofício de Patrício Antônio de Sepúlveda Everard, Major dos Engenheiro a João Carlos Pardal, Presidente da Província" – 21/02/1938. Livro dos Engenheiros vol. 1 (1830-1845), p. 68-69.

dos pretos e pretas quitandeiras", em suas palavras.⁵⁴ Assim, urgia a construção de um Mercado Público que facilitasse o controle sanitário e fiscal da circulação e venda de alimentos, contribuindo para a parca renda da municipalidade.

Ao findar o ano de 1850 estava pronto o prédio, no alinhamento da Rua do Príncipe (atual Conselheiro Mafra), na parte de baixo da Praça da Matriz, junto ao mar. O Primeiro Mercado Público de Desterro foi oficialmente inaugurado em janeiro de 1851, quando o Presidente da Província, João José Coutinho, passou as chaves ao presidente da Câmara Municipal, Clemente Antônio Gonçalves.⁵⁵

O Mercado tinha 12 "casinhas", com portas e janelas e divisão de paredes de estuque (divisórias) entre elas, mais quatro bancas de carne e de peixe e um poço no pátio central. ⁵⁶ Neste pátio os lavradores depositavam suas mercadorias – com exceção da carne verde e do peixe, ou lenha e carvão – para vendê-las ao público em pequenas medidas até as nove horas da manhã.⁵⁷ Depois deste horário os pombeiros poderiam arrematá-las. Por isso a determinação sobre o horário mínimo para o repouso dos gêneros, às 9:00 da manhã, visava permitir que todos pudessem ter acesso aos produtos sem o acréscimo dos intermediários.

Era permitido aos lavradores que permanecessem no pátio para vender o que restara da mercadoria até as 14:00, quando o Guarda da Praça, encarregado de manter a ordem, os fazia serem retirados.

O referido guarda era, durante muitos anos, Eugênio Berrier.⁵⁸ Em 1860 a presença de Berrier já não parecia ser suficiente para manter a ordem no lugar, a levar-se em conta uma requisição da Câmara Municipal, de que se destacasse um guarda da Força Policial para o mercado da capital. O Presidente da Província concordou, "a fim de coadjuvar na manutenção da boa ordem que ali se torna preciso", acrescen-

---

54 *Fala que o Presidente da província de Santa Catharina, o marechal de campo Antero José Ferreira de Brito dirigiu á Assembleia Legislativa da mesma província no ato da abertura de sua sessão ordinária em 1º de março de 1847*. Cidade do Desterro: Typ. Provincial, 1847, p. 9-12. Disponível em <http://brazil.crl.edu/bsd/bsd/934/>. Acesso em 27/01/2011.

55 "Falla que o Presidente da Província João Jose Coutinho dirigio à Assembleia Legislativa da mesma Província, por ocasião da Abertura de sua sessão ordinária" em 1º de março de 1851.

56 Fala do Presidente da Província, 1851, *op. cit.* fls. 16,17 e 18.

57 APE, Art. 24º do Regulamento do Mercado Velho; Ofícios da Câmara Municipal a Presidência da Província 1850, fls. 120-126.

58 AHMF, Livro Caixa de Receita e Despesa da Câmara Municipal, 1857, fls. 05. Dez anos depois depoisBerrier continuava a ser guarda no Mercado. Cf. Livro Caixa de Receita e Despesa da Câmara Municipal, 1867-1868.

tando, porém, que o dito guarda não ficaria subordinado ao Fiscal da Câmara, mas às "autoridades policiais respectivas".[59]

Percebe-se, portanto, que Primeiro Mercado Público da cidade foi criado em função das necessidades de acomodar e organizar o comércio e as sociabilidades pré-existentes no local e, como veremos, apresenta-se como um bom lugar de observação para compreender o funcionamento das relações de trabalho que envolviam mulheres e homens livres, escravos e libertos, porque que centralizava as redes de distribuição de alimentos em Desterro.

Trabalhadores do comércio ambulante

Na Ilha eram designados pombeiros aqueles homens e mulheres que compravam mercadorias diretamente dos produtores, e depois passavam a revendê-las pelas ruas da cidade ou de porta em porta àqueles que não fossem adquiri-las no Mercado. Na definição da Câmara Municipal de julho de 1850, pombeiro era:

> Toda a pessoa que compra (ainda mesmo por comissão) sejam quais forem os gêneros alimentares e comestíveis nacionais ou estrangeiros por lugares públicos como sejam ruas, praças, estradas, marinhas, a bordo de navios ancorados em portos de mar ou rios sem que por esse comércio pague algum outro imposto.[60]

O artigo 5º esclarece que também era pombeiro "aquele que vender carne de vaca sem que a rés tenha sido morta no matadouro público, e outras carnes em tabuleiros pelos lugares acima designados",[61] evidenciando que pedaços de carne também eram vendidos em tabuleiro.

Inicialmente, eram designados pombeiros aqueles intermediários que integravam as caravanas como mercadores, "fossem brancos, mulatos ou negros livres ou escravos

---

59 AHMF, Ofícios do Presidente de Província (1860- 1874). Souza, Andre Luis Barbosa de; Souza, Isabel Cristina de; Braga, Sandra. *Edição semi diplomática de documentos manuscritos catarinenses do sec. XIX: livro de ofícios do pres. de Província 1860-1874*. Arquivo Histórico Municipal de Florianópolis, 2008, p. 105.

60 Registro da Correspondência da Câmara Municipal desta Cidade à Presidência da Província. 1848 a 1853. AH n. 109 (144 B.C). fls. 115

61 *Idem*.

– escravos a quem os donos confiavam tarefas de comércio".[62] O termo "pombeiro" atravessou o Atlântico e segundo Alberto da Costa e Silva, tem origem na palavra *pumbo*, designando mercados para além da costa africana, nas proximidades do Lago Malebo, nos limites do Reino do Kongo.[63] Eram indivíduos de grande importância nas transações do comércio atlântico de escravos, que transitavam bem pelos caminhos que adentravam além da costa africana até as feiras de escravos e faziam a ligação entre os grandes traficantes de escravos e os sobas centro-africanos. Tinham que negociar com os chefes africanos. Para Juliana Barreto Farias, que explorou as origens da função de pombeiro na África e sua transformação no Brasil em diferentes momentos a partir da análise de relatos de viajantes e pesquisadores, "desde pelo menos o século XVI a expressão nomeava agenciadores negros, mestiços e brancos que percorriam o interior da África, comprando escravos e mercadorias de chefes locais".[64] No Rio de Janeiro, os pombeiros parecem também ter desempenhado o papel de sedutores de escravos, graças a sua mobilidade, redes de sociabilidade e conhecimento das ruelas e caminhos.[65]

Ao contrário do que ocorria na Corte, na Desterro dos idos de 1854 havia uma grande quantidade de mulheres exercendo o ofício de pombeira, como Maria Roza, Maria Severina e Rita Maria Justina, a preta Margarida e Anna. Dentre elas, muitas exibiam nomes que evidenciavam a origem africana, como Zeferida Calabá, Josefa Caçange e Esperança Cabinda.[66] Naquele ano elas pagavam, para exercer a função de pombeiro, o imposto de 3.200 réis mensais, ou seja, mais do que o dobro daquele cobrado sobre a venda de quitanda pelas ruas, que era de 1.200 réis.[67]

---

62 SILVA, Alberto da Costa e. *A Manilha e Libambo: a África e a escravidão (1500-1700)*. Rio de Janeiro: Nova Fronteira, 2002, p. 376.

63 SILVA, Alberto da Costa e, *op. cit.*, p. 376 e 389.

64 FARIAS, Juliana Barreto. "Pombeiros e o pequeno comércio no Rio de Janeiro do século XIX". In: SOARES, Mariza C. & BEZERRA, Nielson Rosa. *Casa, trabalho e negócios: a escravidão africana no Recôncavo da Guanabara*. Niterói: EdUFF (no prelo), p. 4.

65 "Certamente, com o conhecimento que tinham dos 'sertões cariocas', os *pombeiros* podiam estar à frente dessas redes, ajudando escravos a trocarem de senhor, ou mesmo agindo como intermediários para outros proprietários urbanos que não tinham renda para ingressar no cobiçado mercado de 'africanos novos'. E nada mais corriqueiro que escondessem os homens e mulheres 'seduzidos' nos locais em que frequentemente se encontravam com outros escravos, libertos, africanos e crioulos". FARIAS, *op. cit.*, p. 7-8.

66 AHMF, Livro Caixa n. 139 – Receita e despesa da Câmara Municipal 1854-1855.

67 *Idem*.

Mas pombiar tampouco era atividade exclusivamente feminina em Desterro, e o inventário de Francisco Quadros pode apontar para a possibilidade de acumular alguns bens no ramo do comércio de rua.[68] Quadros, além de roupas, caixas, mesas e três tabuleiros, possuía uma "morada de casas velhas fazendo frente a rua da [Tronqueira] e fundos Norte com casas em terrenos da viúva Dona Catharina Alemã e pelo sul o largo da Fonte Grande" avaliada em cem mil réis em 1854,[69] apesar de descrita pelo Procurador Fiscal como "de casas velhas e arruinadas".[70]

O mesmo documento mostra que o pombeiro Quadros tinha boas relações com detentores do poder político e econômico na cidade, como, por exemplo, o médico Henrique Schutel, de quem o preto liberto (que é por vezes referido como africano no processo) alugava um quarto da casa e ali "morou ou teve uma quitanda". Ao morrer, Quadros ficara devedor de 16 meses de aluguel a Schutel, que afirmou ter recebido uma parte do valor em "miudezas e legumes" e reivindicava então o pagamento do restante da dívida a partir do espólio.[71] Como se compreende da história contada pelo outro credor, um tal de Laruentino Eloy de Medeiros, o liberto ficara "gravemente doente", e por isso fora deixando de saldar suas dívidas. Medeiros alugara um terreno a Quadros, durante alguns anos e o pombeiro "levantou ali um telheiro para quitanda, cercou e fez plantação".[72] Uma hipótese é a de que, além da usual compra de gêneros para revenda o africano tenha iniciado um investimento na sua produção, inclusive estabelecendo uma pequena loja de quitanda no imóvel de Schutel.

Outra boa negociadora era a quitandeira Maria Mina: comprou sua liberdade em 1859, com a ajuda do ex-presidente da Câmara Municipal, Clemente Gonçalves,[73] trabalhou como quitandeira no Mercado Público em 1867,[74] pagava imposto de quitanda pelas ruas[75] e, em 1883, estabeleceu um contrato com o Coronel Feliciano Alves de Brito, negociante de fazendas, para libertar um escravo que afirmava ser seu sobrinho. O

---

68   Inventário de Francisco Quadros, 1854, fls. 5 vs. Museu do Judiciário Catarinense, Documentação proveniente do Juizado de Órfãos e Ausentes da Cidade do Desterro.

69   *Idem*.

70   *Idem*. fl. 27.

71   *Idem*. fl 23.

72   *Idem*. fl 21 vs.

73   Escritura de liberdade que Luis de Santa Anna Carpes passa à sua escrava Maria Mina. 2º ofício do Desterro, Livro 22, 1859.

74   AHMF, Livro caixa n. 183 – Receita e despesa da Câmara Municipal, 1867-1868.

75   AHMF, Livro auxiliar da receita e despesa da Câmara Municipal, 1883-1884, fls. 33 e 35.

pardo Manoel teria ficado livre no momento em que firmaram o acordo, e Maria Mina responsabilizou-se por pagar 900$000 pela liberdade do homem (apenas 100$000 a mais do que a sua própria, muitos anos antes). Findo um ano, e não tendo Maria acabado de pagar a devida quantia, o Coronel desconfiou que Manoel estivesse sendo utilizado no serviço marítimo para pagar uma boa quantia em jornais à própria Maria.[76]

Segundo Selma Pantoja, o termo quitanda tem suas raízes no termo mbundu "ki-tanda", e em Luanda servia para designar as "feiras onde se vende de tudo" no século XVII.[77] As mulheres, principalmente as africanas e descendentes, dominavam o comércio de rua e o "negócio de quitandas" nos centros urbanos até meados do século XIX, como tem mostrado muitos pesquisadores. Para Barreto, Soares e Gomes, isso acontecia porque "seu prestígio era facilitador do relacionamento com o mercado consumidor, formado por vários setores sociais escravos e livres. Os homens não tinham esse apelo. As quitandeiras eram especialmente populares".[78] E como descrevem sua inconfundível figura no Rio de Janeiro: "Com os turbantes grandes, os panos-da-costa por cima do ombro, o indefectível cesto de palha, a saia rodada, a camisa de renda, elas cruzavam a cidade em todas as direções, e foram eternizadas nos traços de viajantes estrangeiros como Thomas Ender, Jean Baptiste Debret e Johann Moritz Rugendas".[79] Os autores, como tantos outros, ressaltam também a proeminência das negras minas nesse comércio. Muito enfim, já foi escrito sobre as negras quitandeiras e, no caso da Bahia e do Rio de Janeiro e Minas Gerais a historiografia parece apontar para uma predominância mina no comércio de rua.[80]

Em Desterro também, embora houvesse homens exercendo o ofício de quitanda, a predominância era de mulheres. No Mercado, os lugares ocupados pelos

---

76 Arquivo do Fórum Municipal de Florianópolis, Inventário de Feliciano Alves de Brito, 1ª Vara de Família: cx. 2 de 1883, n. 199.

77 PANTOJA, Selma; *Conexões e identidades de gênero no caso Brasil e Angola, Sécs. XVIII-XIX*. Disponível em: <http://www.casadasafricas.org.br/>, acessado em 07/03/2011, p. 8.

78 ARAÚJO, Carlos Moreira de; FARIAS, Juliana Barreto; SOARES, Carlos Eugênio Líbano; GOMES, Flávio dos Santos. *Cidades Negras – africanos, crioulos e espaços urbanos no Brasil escravista do sécuo XIX*. São Paulo: Alameda, 2006, p. 93.

79 *Idem*, p. 93 e 94.

80 Cf. FARIA, Sheila. Mulheres forras: riqueza e estigma social". *Tempo*, n. 9, jul. 2000, p. 62-92; GRAHAM, Richard, *Feeding the City – from street market to liberal reform in Salvador, Brazil, 1780-1860*. University of Texas Press, 2000. LIBBY, Douglas e PAIVA, Clotilde A. "Manumission Practices in a Late Eighteenth-Century Brazilian Slave Parish: São José d'El Rey in 1795". *Slavery and Abolition*, 2000, 21:1, p. 96-127.

quitandeiros e quitandeiras eram os vãos entre as colunas, localizados entre o pátio central e a varanda. Cada um desses vãos era dividido em dois espaços, e cada um desses "espaços de quitanda" poderia ser ocupado por duas pessoas.[81] Pagava-se 1$200 réis pelo aluguel e os idealizadores certamente contavam com a presença das escravas quitandeiras ali, considerando o baixo preço e a possibilidade de dividir o aluguel com alguém (600 réis para cada).[82] O regulamento era bastante claro neste sentido: enquanto "as casas só poderão ser alugadas a pessoas livres", os lugares de quitanda "poderão ser alugados a pessoas livres, e a escravos, com licença por escripto de seus senhores", o que demonstra a frequência e o costume destes arranjos de trabalho.[83]

As quitandeiras e os pombeiros que trabalhavam fora do Mercado eram parte importante para os rendimentos da municipalidade. Nesse mesmo período (entre julho de 1863 e junho de 1864) a Câmara arrecadou 160.000 réis referentes a impostos de pombeiro, por 6.400 cada, significando que havia 25 pessoas exercendo essa função *em dia com as taxas*. Embora o imposto de mascate fosse mais caro, o total pago pelos pombeiros era superior ao total pago pelos mascates (72#000), ao das lojas de quitandas (55#000.000) e sobre lojas e até mesmo pelo total referente ao imposto pago pelas pequenas tabernas (89#600).[84] Isso podia significar tanto um maior número de pessoas exercendo essa função quanto uma fiscalização mais efetiva sobre o pagamento do imposto pelos pombeiros, devido a um maior esforço de controle sobre eles.

Entretanto, fora do Mercado era mais difícil controlá-los, (daí minha ênfase ao apontar para o número dos que estavam *em dia com as taxas*). Uma circular que o secretário da Câmara enviara ao mesmo Eugênio Berrier em maio de 1862, que chamava a atenção do Guarda do Mercado para a "perfeita observância de suas posturas, e do regulamento deste mercado", é evidência de que a fronteira e os limites entre

---

81   Regulamento do Mercado Velho, *op. cit.*, art. 26.

82   *Idem.*

83   O Regulamento do Mercado, publicado em 1855, reitera e torna específicas para a Praça as determinações presentes no Código de Posturas. O que esses documentos revelam, em geral, é a preocupação dos poderes públicos com a cobrança de impostos em relação aos serviços do pequeno comércio em geral, e mais especificamente ao comércio ambulante que será analisado aqui, com a circulação das pessoas envolvidas em tais trabalhos e com a qualidade dos gêneros alimentícios e sua distribuição. Por outro lado, as posturas e os editais, seu teor e suas reedições com novas cláusulas também mostram que as determinações eram constantemente burladas.

84   Balanço da receita e despesa da Câmara Municipal da Cidade do Desterro do ano findo de 1º de julho de 1863 a junho de 1864, fls. 118. Livro 153, Registro de correspondência da Câmara Municipal a diversas autoridades; elatório da Câmara Municipal; Registro da Receita e despesa. 1858-1869.

o Mercado, a praça e a rua eram tênues. O Guarda, nesse caso, levava um puxão de orelhas, não só por ter afrouxado a fiscalização sobre a venda a miúdo antes das horas marcadas, mas ainda por ter consentido e tolerado "padeiros e vendedores de pão e alguns outros gêneros atravancando ou embaraçando o trânsito público sobre os portões da entrada e saída da praça".[85]

Mais de dez anos depois, parecia ainda mais difícil manter a ordem, a julgar pela quantidade de projetos de postura, editais e circulares expedidos. Em 1871, seis artigos de postura propostos pela Câmara e aprovados pela Presidência da Província trataram de reiterar a obrigatoriedade de obtenção da licença, junto à Câmara Municipal e o pagamento de imposto para exercer o ofício de pombeiro e mascate. A multa era alta: 30 mil réis para o infrator, dobrada em caso de reincidência.[86] Em 1873, uma circular enviada pelo secretário da Câmara Municipal aos Fiscais da Freguesia apontava para o desespero das autoridades municipais frente à burla e falta de controle sobre os contribuintes, afirmando que houvera "um grande decrescimento do número de contribuintes desta Câmara".[87]

Neste mesmo ano, uma nota publicada no jornal *O Conciliador* em 10 de Julho denunciava o "abuso" de Eugênio Berrier, por "dar chicotadas em crioulos que estão vendendo pão no Mercado, quando seus senhores ou patrões pagam a competente licença para aquele fim. O administrador parecia não estar mais disposto a sofrer reprimendas por ter relaxado na disciplina. A utilização, em plena década de 1870, pelo guarda do Mercado de um dos símbolos mais aviltantes da escravidão, em público, dá uma ideia da dificuldade de manter a ordem e o controle sobre aquele vendedores crioulos (enfatizando aqui a diminuição dos escravos africanos nessa atividade). Se em 1861 Berrier havia sido repreendido pela sua displicência ao deixar que aqueles escravos vendedores de pão circulassem livremente dentro do Mercado, mais de dez anos depois o mesmo guarda foi repreendido através do jornal não pela violência para

---

85　AHMF, Livro n. 153 de Registro de correspondência da Câmara Municipal a diversas autoridades; Relatório da Câmara Municipal; Registro da Receita e Despesa,1858-1869, 198 folhas, caixa 25, p. 70-71.

86　AHMF, "Ato de 15 de janeiro de 1874 aprovando provisoriamente seis artigos de posturas propostas pela Câmara Municipal da capital" em Ofícios do Presidente de Província (1860- 1874). In: Souza, Andre Luis Barbosa de; Souza, Isabel Cristina de; Braga, Sandra. *Edição semidiplomática de documentos manuscritos catarinenses do século XIX: livro de ofícios do Pres. de Província 1860-1874*. Arquivo Histórico Municipal de Florianópolis, 2008, p. 174.

87　No. 52 Circular para os Fiscaes das Freguesias. Registro Geral de Correspondências Diversas; Livro de registro n. 189, Ano de 1869.

com o escravo, mas pelo uso indevido do corretivo, já que a licença para venda do pão estava sendo corretamente paga pelos proprietários dos ditos escravos.

Em 1875 a luta se intensificara, e nova circular era enviada aos fiscais, tratando, desta vez, especificamente dos pombeiros, que continuavam a exercitar a profissão sem pagar o respectivo imposto.[88] Muita coisa mudara nesse ínterim, e a profusão de editais e circulares para os fiscais sugerem uma perda de controle, em meados da segunda metade do século XIX, da administração municipal sobre as pessoas e os produtos em circulação em Desterro, naquele formato que havia sido tentado a partir da década de 1830.

Conclusão

Tudo indica que a atividade de pombeiro se transformou na segunda metade do século XIX: se na década de 1850 essa função era exercida por muitas mulheres, e várias delas africanas, trinta anos depois estão ausentes da folha de pagamento de impostos: o imposto de pombeiro seria pago por 37 homens. Por alguma razão as mulheres foram sendo excluídas desse espaço, provavelmente ocupando outros.

Em 1884 o imposto de pombeiro passou a ser bem mais caro do que o de quitanda, exigindo um capital maior: eram 30 mil réis anuais, pagos em duas vezes, proporcionando aos cofres municipais a arrecadação de mais de um conto de réis (1:110#000).[89] Excluía-se assim da atividade – ou jogava para a ilegalidade – aqueles que não pudessem ou se recusassem a pagar o devido imposto.

No caso dos tabuleiros de quitanda, a cobrança sobre as vendas pelas ruas passou a ser de 3.000 anuais em 1886, enquanto as quitandeiras do Mercado pagavam 12.000 réis anuais em prestações mensais.[90] As quitandas continuaram sendo atividade preferencialmente feminina, e algumas mulheres faziam disso uma empresa, como Emília Soares, que em 1884 pagava imposto de quitanda para 9 pessoas exercerem aquela função.[91]

Sabemos também que as quitandeiras continuaram a fazer seu comércio fora do Mercado, na Praia, inclusive enviando reivindicações para a Câmara Municipal,

---

88   AMHF, Circular No. 109 – "Aos fiscaes do município" – Livro 189, 1869.

89   AMHF, Livro auxiliar da receita e despesa da Câmara Municipal, 1883-1884, fls. 35 e 39.

90   Lei n. 1.106 de 26 de agosto de 1886, Orça a receita e fixa a despesa municipal da Província para o exercício de 1886-1887. Cf. *Coleção de Leis*, 1886.

91   AHMF, Livro auxiliar da receita e despesa da Câmara Municipal, 1883-1884, fls. 33.

como a de 20 de abril de 1895, quando reclamaram por serem taxadas em 6.000 mensais (ou 7.200 anuais) enquanto "outras em melhores condições e perfeitamente abrigadas do tempo apenas são sujeitas a taxa de menos da metade".[92]

Sistematizando a pesquisa sobre as redes de alimentação e o comércio ambulante em Desterro em meados do século XIX, analisou-se, neste artigo, as iniciativas de regulamentação desse comércio e de controle de seus protagonistas, que muito antes do período da Independência estendiam na praia e na praça do mercado suas esteiras e suas redes de sociabilidade. Paralelamente à tentativa de organização administrativa das Câmaras Municipais e de negociação com as instâncias provinciais, há uma preocupação em organizar e regulamentar os espaços centrais de circulação de pessoas e alimentos, evidenciada nas primeiras posturas decretadas no decorrer das décadas de 1830, no Código de Posturas de 1845 e frequentemente reiteradas em novas posturas, editais e circulares.

Momento importante no processo de centralizar a distribuição para facilitar o controle sanitário e a cobrança de impostos materializar-se-ia com a construção do prédio Mercado e do Matadouro. Além da função saneadora desses locais, o Regulamento do Mercado Público e as circulares a respeito dos vendedores e vendedoras ambulantes dentro e fora dos portões do Mercado reiteram a crescente preocupação das autoridades municipais e provinciais com a centralização e organização das atividades de comércio de alimentos e sua regulamentação.

Essa nova reconfiguração, como vimos, esbarrava em disputas entre representantes da administração municipal e provincial e a população livre e escrava, em torno do que era justo e injusto, devido e indevido, numa dinâmica que ia definindo seus caminhos. Também é possível constatar o aumento, nas décadas de 1860 e 1870, da preocupação em manter informados os poderes públicos sobre quem são essas pessoas, e se escravas ou livres. Este movimento, como vimos, é acompanhado por uma aparente falta de controle sobre os trabalhadores urbanos e o pagamento de impostos à municipalidade.

Houve um crescente interesse pelo Mercado Público como demonstra o aumento desenfreado nos preços dos aluguéis das casinhas na década de 1860, que foi controlado pela intervenção dos poderes públicos, que terminam por fixar o preço máximo. Mas mulheres, que têm bastante visibilidade em torno da década

---

92 Ata da sessão da Câmara Municipal de Desterro, 20 de abril de 1895.

de 1850, parecem ter perdido espaço em algumas atividades nas décadas que se seguem, sobretudo dentro do Mercado e na atividade de pombiar.

Se, por muito tempo, a historiografia tendeu a caracterizar a utilização da mão de obra escrava como predominantemente do tipo doméstico na Ilha, para desconsiderar a importância do trabalho escravo na região, devemos levar em conta que esse pequenos proprietários e proprietárias de escravos dependiam muito deles e os alocavam em todo tipo de trabalho. Assim, pode ser que, com o aumento dos preços de escravos muitos desses homens e mulheres tenham sido deslocados para outros tipos de trabalho, diminuindo sua presença nas atividades mercantis no centro da cidade.

Finalmente, a punição de escravos alheios em praça pública em plena década de 1870, executada pelo guarda do Mercado, constitui, entre outras coisas, sério obstáculo a considerar-se branda a escravidão na Ilha, além de nos lembrar que cada uma das conquistas obtidas por mulheres e homens como Maria Mina, Josefa Cassange e Francisco Pombeiro eram disputadas palmo a palmo, inclusive através da luta, que se fazia diariamente, pelo espaço central de comércio e sociabilidade na cidade.

Bibliografia

ARAÚJO, Carlos Moreira de; FARIAS, Juliana Barreto; SOARES, Carlos Eugênio Líbano; GOMES, Flávio dos Santos. *Cidades Negras – africanos, crioulos e espaços urbanos no Brasil escravista do século XIX*. São Paulo: Alameda, 2006.

GOUVÊA, Maria de Fátima Silva. *O Império das Províncias – Rio de Janeiro 1822-1889*. Rio de Janeiro: Civilização Brasileira, 2008.

PANTOJA, Selma. *Conexões e identidades de gênero no caso Brasil e Angola, Sécs. XVIII-XIX*. Disponível em: <http://www.casadasafricas.org.br/>. Acesso em 07/03/2011, p. 8.

FARIA, Sheila. "Mulheres forras: riqueza e estigma social". *Tempo*, n. 9, jul. 2000, p. 62-92.

FARIAS, Juliana Barreto. "Pombeiros e o pequeno comércio no Rio de Janeiro do século XIX". In: SOARES, Mariza C. & BEZERRA, Nielson Rosa. *Casa, trabalho e negócios: a escravidão africana no Recôncavo da Guanabara*. Niterói: EdUFF (no prelo).

GRAHAM, Richard, *Feeding the City – from street market to liberal reform in Salvador, Brazil, 1780-1860*. University of Texas Press, 2000.

LIBBY, Douglas e PAIVA, Clotilde A. "Manumission Practices in a Late Eighteenth-Century Brazilian Slave Parish: São José d'El Rey in 1795". *Slavery and Abolition*, 2000, 21:1, p. 96-127.

HÜBENER, Laura Machado. *O comércio da cidade de Desterro no século XIX*. Florianópolis: Editora da UFSC, 1981.

LIMA, Henrique Espada. "Sob o domínio da precariedade: Escravidão e os significados da liberdade de trabalho no século XIX". *Topoi*, Rio de Janeiro, vol. 6, n. 11, 2005.

MALAVOLTA, Cláudia Mortari. *Os africanos de uma vila portuária do sul do Brasil: criando vínculos parentais e reinventando identidades. Desterro, 1788/1850*. Tese de Doutorado apresentada ao Departamento de História da PUC-RS, Porto Alegre, 2007.

MAMIGONIAN, Beatriz. Africanos em Santa Catarina: escravidão e identidade étnica (1750-1850). In: FRAGOSO, João Luis Ribeiro; FLORENTINO, Manolo G.; SAMPAIO, Antônio Carlos Jucá; CAMPOS, Adriana (orgs.). *Nas rotas do Império: eixos mercantis, tráfico e relações sociais no mundo português*. Vitória; Lisboa; Brasília: Editora UFES; Instituto de Investigações Científicas Tropicais; CNPq, 2006, p. 609-644.

PEREIRA, Magnus Roberto de Mello. "Almuthasib – considerações sobre o direito de almotaçaria nas cidades de Portugal e suas colônias". *RBH*, São Paulo, vol. 21, n. 42, 2001, p. 365-395.

REIS, João José. " 'Carne sem osso e farinha sem caroço': O Motim de 1858 contra a carestia na Bahia". *Revista de História*, FFLCH/USP, n. 135, dez. 1996, p. 133-162.

SILVA, Alberto da Costa e. *A Manilha e Libambo: a África e a escravidão (1500-1700)*. Rio de Janeiro: Nova Fronteira, 2002.

A família de Maria do Espírito Santo e Luis de Miranda Ribeiro: "agências e artes" de libertos e seus descendentes no Desterro do século XIX

HENRIQUE ESPADA LIMA[1]

OS ESTUDOS HISTÓRICOS SOBRE OS LIBERTOS e descendentes de escravos antes e depois da Abolição se tornaram nos últimos anos um campo fundamental de investigação, somando-se à importante historiografia sobre a escravidão e a dinâmica da escravização no Brasil. A questão central destes estudos, indagando o significado prático e simbólico da "liberdade" para os descendentes de escravos, desdobra-se na investigação sobre o seu acesso à propriedade e suas possibilidades de mobilidade social, seus arranjos familiares e de trabalho, bem como os desafios e ambiguidades de seu pertencimento ao corpo político como cidadãos em uma sociedade onde a marca da escravidão funcionava como um obstáculo muitas vezes intransponível.[2]

---

1 Professor do Departamento de História da UFSC. A produção deste texto contou com o auxílio do CNPq através de uma Bolsa de Produtividade em Pesquisa, e do International Research Center (IGK) *Work and Human Lifecycle in Global History* da Humboldt-Universität em Berlim, onde fui pesquisador visitante no ano acadêmico 2011-2012. Agradeço a Cristiana S. Pereira e Fabiane Popinigis pelas sugestões e eventuais correções.

2 As referências são muitas, mas em uma lista mesmo que sintética e incompleta não poderiam faltar: MATTOS, Hebe Maria. *Das cores do silêncio. Os significados da liberdade no Sudeste escravista. Brasil, século XIX.* 2ª ed. Rio de Janeiro: Nova Fronteira, 1998. XAVIER, Regina Célia Lima. *A conquista da liberdade. Libertos em Campinas na segunda metade do século XIX.* Campinas: CMU, 1996; MATTOS, Hebe Maria e RIOS, Ana Lugão. *Memórias do Cativeiro: Família, trabalho e cidadania no pós-abolição.* Rio de Janeiro: Civilização Brasileira, 2005; FRAGA FILHO, Walter. *Encruzilhadas da liberdade. Histórias de escravos e libertos na Bahia (1870-1910).* Campinas: Editora da Unicamp, 2006. Com um recorte temporal distinto destes estudos, mas uma referência importante: GUEDES, Roberto. *Egressos do cativeiro. Trabalho, família, aliança e mobilidade social.* Rio de Janeiro: Mauad X/Faperj, 2008. Para uma discussão comparada, ver COOPER, F.; HOLT T.; SCOTT, R. *Além da escravidão. Investigações sobre raça, trabalho e cidadania em sociedades pós-emancipação* (Introdução de Hebe Mattos). Rio de Janeiro: Civilização Brasileira, 2005.

Entre estes estudos, as microanálises e as reconstituições das trajetórias individuais, familiares e de grupo em diferentes contextos regionais ocupam um espaço central, permitindo redesenhar, a partir de um novo patamar de investigação empírica, a complexidade de uma realidade social múltipla que não se deixa facilmente capturar em modelos interpretativos pré-estabelecidos. Nesse sentido, podemos concordar com João Fragoso sobre a necessidade de pensar a escravidão (assim como a própria "liberdade") como um processo geracional, produzido por agentes sociais de fato[3] – isto é, complexos, multidimensionais e localizados no tempo e no espaço.

É no interior desse esforço de investigar a complexidade e a ambiguidade do mundo em que viviam os libertos e livres descendentes de escravos que o texto apresentado aqui se encontra. Nas páginas que seguem, procurei reconstruir parcialmente – através do entrelaçamento de fontes cartoriais e judiciárias – a história de uma família de libertos e sua rede mais próxima de relações na cidade do Desterro, na Ilha de Santa Catarina, durante o século XIX. Através desse fio condutor, procurei refletir sobre a influência da dinâmica vital individual e geracional sobre as possibilidades e limites enfrentados por esses sujeitos sociais, assim como indagar sobre as expectativas e apreensões que desenhavam seu horizonte enquanto procuravam dar um conteúdo real à sua "liberdade".

Uma alforria

Em 13 de dezembro de 1826, Dona Guiomar da Silva Carvalho chamou em sua casa na cidade do Desterro o cidadão José Joaquim Bernardes de Moraes. A seu pedido, Moraes escreveu um "Escrito de liberdade" – a manifestação privada de uma proprietária de escravos que resolveu alforriar uma jovem que possuía.[4] Na frente de duas outras testemunhas – ambas do sexo masculino, como era devido ser – Dona

---

3   Cf. FRAGOSO, João. "Prefácio" a GUEDES, R. *Egressos do cativeiro*, op. cit., p. 14-15.

4   Entre os significados correlatos da palavra "Dona" em português, de acordo com Raphael Bluteau em seu *Vocabulario Portuguez e Latino*, volume 3 (1728), verbete "Dona" (p. 287-288), desponta a expressão como título de mulher nobre. Com alguma ressalva, registra Bluteau que a expressão era também considerada como um derivado do latim *Domina* (em seguida *Domna*), significando Senhora. No *Diccionario da Lingua Brasileira* de Luiz Maria da Silva Pinto (Ouro Preto: Typographia da Silva, 1832), no verbete igual diz-se ser "em sentido próprio he a mulher, que conheceo varao. Título nobre. Mulher idosa. Etc". Em qualquer caso (e isso vale para a definição também encontrada no *Diccionario da Lingua Portugueza* de Antônio de Moraes Silva, de 1789), o uso é ligado à distinção e à condição seja de proprietária, seja de pessoa do sexo feminino com dignidade reconhecível.

Guiomar[5] identificava em primeiro lugar a si mesma, como viúva do Sargento-Mor Antônio Claudio da Silva.[6] Em seguida, afirmava ser "legítima senhora e pacífica possuidora" de uma escrava de nome Maria do Espírito Santo. De acordo com sua senhora, Maria havia sido comprada junto com sua mãe, uma escrava africana "negra da Costa", de nome Joana. Maria tinha então dezoito anos, era descrita como "mulata" e era liberta em termos que não eram incomuns de serem encontrados em outras cartas de alforria como aquela: "combatida do grande amor que lhe tenho inspirado da criação", dizia Guiomar, "assim como também dos bons serviços que sempre me tem prestado obedecendo-me com muito boa vontade e respeito, e veneração a tudo quanto lhe ordenava, não me dando nunca o menor desgosto, e querendo remunerar-lhe tão bons serviços e dar-lhe uma prova a mais evidente do grande amor que tenho".

Assim libertava sua escrava, escolhendo cuidadosamente as palavras para fazer daquele documento privado uma manifestação inequívoca tanto dos seus sentimentos quanto daqueles que julgava inspirar. Manifestava do mesmo modo o exercício livre e autônomo da sua "vontade senhorial", reafirmando a sua condição de alguém intelectual e juridicamente capaz de exercer sua liberdade sobre os seus bens e posses.[7]

A identificação da mãe de Maria do Espírito Santo é ambígua. Tanto podia ser referência direta a seu porto de origem de embarque na costa ocidental da África – a costa da Mina[8] – quanto uma alusão mais genérica ao fato de ser oriunda diretamente

---

5   Há quanto tempo era viúva, não se sabe. Sabemos, entretanto, que seu marido estava vivo em 29 de junho de 1816, quando batizou no Desterro um menino de nome João, "preto de Nação Congo", com idade de 14 anos. Arquivo Histórico Eclesiástico. *Catedral, Livro 2, Batisados de Escravos*, 1798-1818, fl. 197. Também reaparece em 4 de dezembro de 1819, batizando na casa do Sargento-Mor, onde nascera em 27 de novembro a menina Margarida, filha de outra escrava africana, Theresa de nação "conga". Arquivo Histórico Eclesiástico. *Catedral, Livro 3, Batisados de Escravos*, 1818=1840, fl. 17v.

6   Cf., entre outros trabalhos CHALHOUB, Sidney. *Machado de Assis: Historiador*. São Paulo: Companhia das Letras, 2003.

7   De acordo com Beatriz G. Mamigonian, compilando a bibliografia sobre o tema, "os africanos da Costa Ocidental eram identificados como 'minas' no Rio de Janeiro. Esse termo veio da expressão 'Costa da Mina' que designava a costa a leste do Castelo de Elmina [no atual Gana], onde os negociantes portugueses conduziam o tráfico de escravos. Os 'minas' do Rio de Janeiro oitocentista haviam sido embarcados no Golfo do Benin e incluíam iorubás, aussás, tapas e outros grupos." (MAMIGONIAN, Beatriz G. "Do que 'o preto Mina' é capaz: etnia e resistência entre africanos livres". *Afro-Asia*, n. 24, 2000, p. 82).

8   Cf. MAMIGONIAN, Beatriz G. "Africanos em Santa Catarina: Escravidão e identidade étnica (1750-1850)", In FRAGOSO, João; FLORENTINO, MANOLO; SAMPAIO, Antônio Carlos Jucá e CAMPOS, Adriana (orgs.). *Nas rotas do Império: eixos mercantis, tráfico e relações sociais no mundo português*. Vitória;

do tráfico atlântico, e não "crioula" (isto é, nascida no Brasil), como seria sua filha. Se fosse de fato uma "preta mina", participava de um grupo minoritário entre os africanos que viviam na Ilha de Santa Catarina, cuja procedência mais comum era centro-africana.[9] Por outro lado, talvez fosse – como muitas mulheres de origem "mina" – particularmente dotada para aquelas atividades de ganho em que muitas senhoras empregavam suas escravas: o comércio de rua.[10] Não sabemos se conseguiu sua alforria, nem se sobreviveu para ver a alforria de sua filha. De todo modo, podemos supor que o reconhecimento de Maria podia dever-se também aos esforços de sua mãe cujos traços, entretanto, se perderam.

Joana era "preta" – com o duplo significado da sua origem africana e da sua condição escrava –, enquanto sua filha vinha identificada como "mulata", isto é, filha da africana com um homem presumivelmente branco, não mencionado naquele documento. Em uma busca criteriosa na documentação eclesiástica que registra os batismos na igreja matriz de Nossa Senhora do Desterro não se encontra o batismo de Maria, cujo nascimento deve ter se situado em torno de 1808.[11] Essa ausência pode significar que foi batizada em outro lugar que não onde então vivia, talvez em outra cidade ou fora da Província. De todo modo, sabemos que, comprada com sua mãe, não era cria da casa, mesmo que tenha se tornado rapidamente escrava de companhia de sua senhora, como sugere o modo como é descrita sua relação de intimidade no papel da alforria.

Lisboa; Brasília: Editora UFES; Instituto de Investigações Científicas Tropicais; CNPq, 2006, p. 609-644.

9   Sobre isso e sobre as possibilidades diferenciais das mulheres africanas na obtenção da liberdade e do seu relativo sucesso como forras, ver o sugestivo artigo de FARIA, Sheila de Castro. "Mulheres forras – Riqueza e estigma social". *Tempo*, vol 5, n. 9, p. 65-92 (2000). Ver também o artigo de Fabiane POPINIGIS neste livro.

10 Agradeço a Claudia Mortari Malavota por ter franqueado a mim (assim como a outros pesquisadores) sua cuidadosa tabulação da documentação eclesiástica, sobretudo os batismos de escravos, para a matriz de Nossa Senhora do Desterro nos séculos XVIII e primeira metade do XIX. Suas tabelas foram consultadas para a busca nominativa pontual de alguns libertos, seus senhores e padrinhos, bem como para identificar os registros que uso pontualmente neste texto.

11 De acordo com o Livro 4, título 63, das Ordenações Filipinas: "Se alguém forrar seu escravo, livrando-o de toda a servidão, e depois que for forro cometer contra quem o forrou alguma ingratidão pessoal, em sua presença ou em ausência, quer seja verbal, quer de feito e real, poderá esse patrono revogar a liberdade que deu a esse liberto e reduzi-lo à servidão em que antes estava." (*Ordenações Filipinas*, Livro 4, edição de Candido Mendes de Almeida, Rio de Janeiro, 1870, p. 865-866; a grafia e a pontuação foram atualizadas).

Com este documento, Dona Guiomar escolhia "forrar e libertar de hoje em diante e para todo o sempre da sua vida a mencionada minha escrava mulata Maria do Espírito Santo a qual fica forra e liberta sem condição alguma da escravidão em que se acha, como se de ventre de sua mãe livre nascesse para gozar da sua liberdade aonde muito lhe parecer". Mais uma vez, a escolha de palavras é significativa: ao estabelecer que Maria deveria ser considerada como se houvesse nascido livre e não impondo a ela condição alguma, Guiomar tinha no horizonte a regra que legislava doações desse tipo, que poderiam ser revogadas no caso de ingratidão,[12] afastando-se assim de outras alforrias feitas naqueles mesmos anos, que relembravam aos libertos o seu compromisso com o reconhecimento moral aos seus patronos.[13]

Uma vez concluída a alforria como documento privado, sua validade podia ser juridicamente perfeita, mas lhe faltava a útil fé pública que apenas o registro em cartório poderia dar. Diferente de Guiomar, muitos senhores dirigiam-se diretamente a um cartório para a produção de seus papéis de liberdade e outras doações do gênero pelo próprio tabelião. Como alternativa, muitos libertos apresentavam em seguida seus papéis de liberdade ao cartório, responsabilizando-se por sua conta dos custos do registro.

A alforria de Maria do Espírito Santo foi apresentada ao tabelião Joaquim Francisco de Assis e Passos, do 2° Ofício do Desterro, em vinte de junho de 1829. Luis de Miranda Ribeiro era o apresentante e, como de praxe, assinava com o tabelião sob a nota devidamente registrada no Cartório. A demora de perto de dois anos e meio para o registro sugere que não havia urgência em dar ao documento a firmeza da atestação pública que seria útil diante da possibilidade da contestação da alforria ou a mudança do lugar de moradia (o registro no cartório significava uma segurança adicional sobretudo para aqueles libertos que se afastavam do território social onde eram reconhecidos como tais, movendo-se para lugares onde a comprovação da liberdade poderia se tornar um problema). Poderia significar também que, a despeito

---

12 Ao longo do século XIX, as condições para a revogação de alforrias foram discutidas amplamente pelos juristas, como demonstra as extensas notas de Cândido Mendes de Almeida ao título 63 do Livro 4 (p. 863-867).

13 Uma braça equivalia a 2,2 metros lineares. É uma medida em desuso no Brasil contemporâneo, ainda que seja reconhecida em determinadas localidades. A referência à braça e a outras medidas agrárias não decimais brasileiras pode ser encontrada no sítio do Ministério do Desenvolvimento Agrário brasileiro na Internet: http://sistemas.mda.gov.br/arquivos/TABELA_MEDIDA_AGRARIA_NAO_DECIMAL.pdf. Acesso em 19 ago. 2011.

das cláusulas da alforria, a ligação de Maria do Espírito Santo e sua antiga proprietária, mesmo transformada, permanecia.

Uma doação

O próximo fio que se dá a tecer nessa história aparece em 20 de junho de 1832, quando Guiomar chama em sua casa o tabelião para ditar-lhe a doação de "oito braças da chão" a Maria do Espírito Santo e seu marido, Luiz de Miranda Ribeiro. Reencontramos, assim, três dos nossos personagens já conhecidos, agora em novas posições. Miranda Ribeiro, que havia apresentado a alforria de Maria no cartório, reaparece como seu marido: como veremos, era liberto como ela ou talvez filho de libertos. Cada um deles escreve seu próprio nome com segurança ao fim da nota. Não há menção, em lugar algum, ao vínculo prévio com a escravidão. Trata-se uma doação entre vivos e livres, vinculada a uma série de condições sobre as quais vale lançar um olhar mais atento.

Dona Guiomar doava então à sua ex-escrava uma pequena casa de morada na rua da Cadeia, modesta mas coberta com telhas, em um terreno ao pé da ponte do Vinagre, que ligava aquela ao outro lado do pequeno braço de rio denominado da Bulha ou da Fonte Grande. O terreno com oito braças de frente (perto de 17,6 metros)[14] margeava o rio pelo Leste e pelos fundos, limitando-se também com a propriedade da própria Guiomar, que doava portanto a Maria uma casa contígua a sua. A doação era feita para que o jovem casal "gozasse e desfrutasse" de sua nova propriedade com a condição de que esta não poderia, sob nenhuma hipótese e enquanto a doadora vivesse, ser vendida, hipotecada, ou tomada por dívidas contraídas por ela ou pelo marido ou seus herdeiros ainda por existir.

Dona Guiomar era em 1832, como sabemos, uma mulher viúva. Seu marido havia morrido em algum momento da década anterior, deixando-a sem filhos. Quando ela mesma morre, em setembro de 1851, sabemos por seu testamento que sendo natural da cidade, onde também haviam vivido seus pais e um irmão já falecidos, não tinha herdeiros forçados.[15] Em 1830 havia comprado dos herdeiros do seu irmão uma

---

14   *Museu do Judiciário Catarinense*. Acervo Documental não organizado. *Juízo Municipal da Cidade do Desterro. Inventário de Guiomar da Silva de Carvalho*, 1852 (o testamento encontra-se entre as fls. 4 e 7).

15   "Escritura de venda fixa que fazem Dona Bernarda Margarida dos Santos Pereira e seus filhos por seu bastante procurador o Tenente de Marinha Luis José Marques, de uma morada de casas a Dona Guiomar da Silva de Carvalho". *Livro 4 de Notas do 2º Ofício do Desterro* (1829-1833), tabelião Joaquim Francisco de Assis e Passos, fls. 64v-66.

casa que havia pertencido a ele (talvez a casa da família), na Rua Augusta (talvez a propriedade contígua àquela que havia doado a Maria do Espírito Santo e seu marido). Pelo registro da compra sabemos que estes mesmos herdeiros (a viúva e provavelmente os filhos) moravam no Rio de Janeiro, pois fizeram toda a transação através de um procurador.[16] Os vínculos familiares "naturais" de Guiomar na cidade haviam, portanto, se reduzido muito ao longo dos anos.

É neste contexto que a doação da senhora não mais jovem a sua escrava liberta na flor da idade deve, em primeiro lugar, ser lida. Mais do que uma estratégia de manutenção de vínculos de dependência senhorial (que não estavam, obviamente, ausentes),[17] estava também aí contido um elemento de cálculo diretamente ligado à expectativa de sobrevivência na velhice. Essa hipótese confirma-se com a análise do fio seguinte que se entrelaça à trama fina de relações que tentamos reconstuir: o inventário de Guiomar.

Uma morte

Dona Guimar da Silva de Carvalho morreu no dia 2 de setembro de 1851. Após sua morte, Luis de Miranda Ribeiro compareceu perante o Juiz Municipal, o Dr. Sergio Lopes Falcão, responsável na qualidade de Juiz dos Órfãos e Ausentes do termo do Desterro, para dar início aos procedimentos legais que davam o balanço e a avaliação dos bens deixados pela morta, o pagamento de suas dívidas, de suas disposições testamentárias e o acerto dos direitos devidos aos sucessores: o inventário *post mortem*.[18]

Miranda Ribeiro justificava sua apresentação para prestar juramento como inventariante por estar, em suas próprias palavras, "em posse dos bens da mesma falecida por coabitar na mesma casa", assim como por ser ele marido da herdeira

---

16 Sobre a relação entre as alforrias e a produção de dependentes na sua relação com as estratégias senhoriais de administração das relações sociais e de domínio, ver CUNHA, Manuela Carneiro da. "Sobre os silêncios da lei. Lei costumeira e positiva nas alforrias de escravos no Brasil do século XIX". In: *Antropologia do Brasil: mito, história, etnicidade*. São Paulo: Brasiliense/Edusp, 1986; e CHALHOUB, Sidney. *Visões da Liberdade: uma história das últimas décadas da escravidão na corte*. São Paulo: Companhia das Letras, 1990.

17 Sobre a riqueza da documentação inventarial e testamentária para a reconstrução da vida social no Brasil, ver as observações de Júnia Ferreira Furtado em "A morte como testemunho da vida". In: PINSKY, Carla B. & DE LUCCA, Tania Regina. *O historiador e suas fontes*. São Paulo: Contexto, 2009, p. 93-118.

18 Cf. *Inventário de Guiomar da Silva de Carvalho*, 1852, *op. cit.*, fls. 3. Todas as informações que seguem são tiradas diretamente do inventário citado, caso não seja apontada outra fonte.

e primeira testamenteira, Maria do Espírito Santo.[19] Feito o termo de louvação do inventariante, juntam-se os documentos necessários para dar início ao inventário, começando com o testamento.

De fato, em cinco de novembro de 1850, "temendo a morte por certa", Guiomar havia ditado ao tabelião do 2º Ofício do Desterro, João Antônio Lopes Gondim, o seu testamento. Nele, declara-se católica, viúva sem filhos do "Major" Antônio Claudio da Silva, filha legítima de Antônio da Silva Carvalho e Dona Luiza Rosa do Nascimento, todos falecidos. Não teve filhos, nem tinha herdeiros diretos. Nomeava como primeira testamenteira Maria do Espírito Santo, seguida de seu marido e de Pedro Antônio da Paixão, que deveriam ser encarregados, nessa ordem, de dar conta das suas disposições em um prazo de quarenta meses depois de sua morte. Garantia à sua testamenteira – ou a quem se encarregasse da tarefa – uma remuneração de cinquenta mil réis.

Suas primeiras disposições, como de praxe, diziam respeito à sua própria morte cuja sombra já aparecia no horizonte, como lhe fazia certamente lembrar seu braço direito recentemente "esquecido" – isto é, paralisado por um derrame –, sinal certo da sua decrepitude física e que lhe impedia de escrever e assinar seu próprio testamento. Deixava assim à "vontade" de Maria do Espírito Santo os detalhes sobre o enterro, mas especificando que fosse seu corpo encomendado primeiro na Matriz do Desterro e em seguida na igreja de São Francisco da Ordem Terceira, de quem se declarava irmã, onde se diriam tantas "missas de corpo presente que forem possíveis".

Na economia devocional envolvida na encomenda da sua alma, Guiomar solicitava ainda que fossem rezadas cinquenta missas em seu nome após a morte, mais o mesmo número pelas almas "do seu marido, pais e irmãos", além de outras vinte e cinco "pelas almas de meus escravos falecidos". Legava ainda libras de cera para os santos de sua devoção e a instituições religiosas na cidade: oito para o Santíssimo Sacramento e o mesmo para a Nossa Senhora do Desterro, a Nossa Senhora das Dores e a Ordem Terceira. Deixava em dinheiro doze mil e oitocentos réis para o Hospital da Caridade, administrado pela Irmandade do Senhor Jesus dos Passos.

---

19 Não posso ser mais preciso do que isso, por falta de uma reconstrução mais precisa da numeração das casas e as respectivas confrontações nas ruas da cidade do Desterro naquele momento. É possível que a propriedade onde morava Maria do Espírito Santo e sua família na rua da Cadeia confrontasse com os fundos da casa da Rua Augusta. Não há, entretanto, indicação sobre isso. De todo modo, não seria muito distante. A rua da Lapa, por sua vez, cruzava tanto a Rua da Cadeia quanto a Rua Augusta e é também possível que a casinha em questão fosse igualmente próxima.

Para além do mundo espiritual e buscando talvez reconhecer, mesmo que modestamente, suas dívidas afetivas com os vivos, deixava cinquenta mil réis à sua afilhada, Dona Guiomar Ignacia Ferreira, e cinco mil réis ao seu primo Guilherme. Mais importante para nós, entretanto, é o papel de seus escravos passados e presentes em seu testamento: deixava, como vimos, Maria do Espírito Santo não apenas como primeira testamenteira, mas como sua herdeira universal, destinada a receber como herança tudo o que restasse de seus bens após o pagamento de suas disposições, dívidas e as custas do inventário. Legava cinco mil réis à "crioula Luiza" que havia sido escrava de seu irmão Antônio da Silva Gomes, recomendando aos seus primeiros testamenteiros que a conservassem em sua companhia e lhe dessem ainda "alguma esmola, em atenção ao seu bom procedimento". Em seguida, deixava liberta a única escrava que ainda possuía, uma africana de nome "Joanna de Nação Benguela, cuja liberdade gozará como lhe convier"; legando-a ainda, "por esmola", quatro mil réis. Por fim, ratificava a doação que fizera a Maria do Espírito Santo e seu marido dezoito anos antes.

Do testamento e do arrolamento dos seus bens, aprendemos que Dona Guiomar deixava por sua morte um legado modesto. Já não possuía móveis pois, de acordo com ela, havia "vendido os que possuía para remir [suas] precisões". Dos bens imóveis que podem ter lhe pertencido, restavam duas pequenas casas velhas: uma na Rua da Lapa, que foi avaliada em 150$000 (cento e cinquenta mil réis) e a morada que havia comprado do seu irmão, em três braças de terrenos na Rua Augusta, avaliada em 700$000 (setecentos mil réis). Todas as suas propriedades ficavam próximas, em um raio de não mais de duzentos metros do lugar onde morava Guiomar, com a família de Maria do Espírito Santo, na Rua da Cadeia, número 47.[20]

Os últimos anos de Guiomar não foram de abundância. Sua fonte fixa de rendimentos era modestíssima: os nove mil e oitocentos e cinquenta réis mensais que recebia de meio-soldo do seu falecido marido militar.[21] Dos seus escravos mortos não podia esperar "jornal", mas talvez conseguisse algum sustento de Joana Benguela,

---

20 Não posso ser mais preciso do que isso, por falta de uma reconstrução mais precisa da numeração das casas e as respectivas confrontações nas ruas da cidade do Desterro naquele momento. É possível que a propriedade onde morava Maria do Espírito Santo e sua família na rua da Cadeia confrontasse com os fundos da casa da Rua Augusta. Não há, entretanto, indicação sobre isso. De todo modo, não seria muito distante. A rua da Lapa, por sua vez, cruzava tanto a Rua da Cadeia quanto a Rua Augusta e é também possível que a casinha em questão fosse igualmente próxima.

21 Como indica a declaração de Miranda Ribeiro ao inventário, de estar a Fazenda Pública lhe devendo o meio-soldo atrasado de agosto de 1851, Cf. *Inventário de Guiomar da Silva de Carvalho*, 1852, *op. cit*, fl. 10.

cujos serviços premiou com a alforria ao morrer. Em um dos recibos das cobranças ao seu inventário, o boticário Amaro José Pereira fazia as contas dos medicamentos que havia enviado a Dona Guiomar "e sua família", dando-nos uma indicação valiosa de como poderia ser considerado, também de fora, os vínculos que a velha senhora mantinha com Maria do Espírito Santo e os seus. Podemos indicar com alguma segurança que Guiomar vivia agregada à família da mulher que tinha libertado havia vinte e dois anos, com quem mantinha agora também fortes vínculos de codependência. O que sabemos com certeza é que Luis de Miranda Ribeiro já vinha há algum tempo administrando o orçamento dessa unidade doméstica extensa, pagando as contas do médico, da botica, da loja de fazendas, como atestam os recibos de ressarcimento que estão anexados ao inventário que fez.[22]

É possível que Dona Guiomar contasse, entretanto, com outros recursos ligados ao reconhecimento que ainda poderia ter como viúva respeitável de um oficial do Exército, e que poderiam ser mobilizados em momentos de dificuldade. Foi o que talvez tenha feito poucos meses antes de morrer, quando vendeu um pequeno triângulo de terrenos nos fundos da casinha velha que tinha na rua da Lapa ao seu vizinho confrontante, Thomas dos Santos.[23] Não sabemos se o terreno era tão valioso para o vizinho a ponto de justificar o valor relativamente alto que pagou por ele: 225$000, uma vez e meia o valor com que alguns meses mais tarde seria avaliado o restante da propriedade em seu inventário. É possível – mas esta hipótese talvez seja impossível de comprovar – que a supervalorização da transação estivesse ligada a uma forma de apoio financeiro à velha senhora em dificuldades, disfarçada como uma transação imobiliária corriqueira, evitando a vergonha que poderia estar associada à simples "esmola". Sendo isso ou uma transação ligada a algum outro arranjo não documentado cujo sentido ignoramos, o importante é que Guiomar, sem alienar completamente uma das poucas propriedades que ainda tinha, conseguiu um aporte financeiro importante em um momento em que os gastos com a sua saúde debilitada

---

22 Os recibos anexos das contas adiantadas dor Miranda Ribeiro ao inventário, assim como as por pagar, encontram-se entre as folhas 11 e 16v. No recibo de Amaro Pereira consta: "Importância dos medicamentos que de minha botica foram para a finada D. Guiomar da Silva de Carvalho e sua família, e me está devendo – quarenta e dois mil e trezentos réis", Cf. *Inventário de Guiomar da Silva de Carvalho*, 1852, op. cit., fl. 16v.

23 "Escritura de venda fixa que faz Dona Guiomar da Silva de Carvalho de hum triangulo de terras a Thomas dos Santos", 05/06/1851, 2º *Ofício de Notas do Desterro, Livro 12 (1849-1851)*, tabelião João Antônio Lopes Gondim, fls. 89-89v.

cresciam mais do que o orçamento apertado com que ela e aqueles que por ela haviam se responsabilizado viviam.

Heranças, negócios e arranjos

Guiomar havia sido enterrada modestamente, em caixão alugado, carregado por um carro ao cemitério da cidade, onde seu corpo foi depositado tendo em suas mãos um cordão de São Francisco, de sua devoção.[24]

Depois de feitas as contas, pagas as dívidas e impostos devidos, quitados os custos do inventário e concluídos os procedimentos necessários, o que sobrou como herança para Maria do Espírito Santo foram duzentos e quarenta e dois mil e um réis, parcialmente pagos com a pequena casa velha na Rua da Lapa e, provavelmente, com parte da liquidação da casa na Rua Augusta. Mais algum dinheiro, entretanto, voltou ao patrimônio da família com os cinquenta mil réis de remuneração ao testamenteiro e o pagamento dos custos do enterro e de outras despesas que haviam sido adiantadas por Luis de Miranda Ribeiro.

Pelo que sabemos dos documentos que olharemos com mais cuidado a seguir, viviam na casa da Rua da Cadeia por ocasião da morte de Dona Guiomar da Silva de Carvalho ao menos dez pessoas, de distintas idades e condições. Além da velha senhora e o casal de quem recebia cuidados, seus cinco filhos com idades entre talvez três e certamente não mais do que dezoito anos, a crioula Luiza e Joana Benguela.

A morte de Guiomar certamente significou uma transformação importante na organização da unidade familiar, sobretudo do ponto de vista do equilíbrio entre o consumo e o trabalho.[25] Com exceção de Luiz José de Miranda, o filho mais velho que havia nascido em torno de 1833, e talvez Rita Maria de Miranda e Silva, nascida quatro anos depois, é provável que as outras crianças ainda não estivessem em idade de agregar o seu trabalho ao orçamento familiar. Quanto ao trabalho de Luiza e Joana, sabemos apenas que as pequenas esmolas de Guiomar não comprariam mais do que alguns

---

24 Como indica a descrição de sua mortalha, contida no recibo apresentado pelo inventariante, onde constava a compra de um cordão de S. Francisco pela quantia de 240 réis Cf. *Inventário de Guiomar da Silva de Carvalho*, 1852, op. cit, fl. 11.

25 Aqui, naturalmente, a referência indireta poderia ser a obra de Alexander vol. Chaianov, que *não* trata, aliás, da economia doméstica urbana (CHAYANOV, A. Vol. *The Theory of Peasant Economy*. Illinois: American Economic Association, 1966). Para nós interessa, entretanto, a pergunta sugestiva que está no coração do seu trabalho, sobre a ligação entre a capacidade de subsistência e manutenção do nível de vida e o ciclo de vida de indivíduos e famílias.

panos e um par de sapatos. É possível que tenham permanecido agregadas a Maria do Espírito Santo e sua família, contribuindo para a manutenção da casa.

A ligação com Guiomar, que havia sido um impulso importante no início da vida do casal, havia se tornado ao longo do tempo um fardo certamente pesado, ao menos do ponto de vista econômico. Ainda assim, aparentemente, a construção de vínculos de codependência como forma de acesso à propriedade havia se incorporado ao repertório de estratégias na busca de mobilidade social dessa família de descendentes de escravos muito cedo. A prova disso é outra transação que encontramos no cartório do 2º Ofício do Desterro, entre Luis de Miranda Ribeiro e Dona Máxima Eugenia de Bitancourt, de quem ele comprava em vinte e dois de março de 1833 cem braças de terras por setecentos e cinquenta de fundo nas margens do Rio Cubatão, na terra firme do continente fronteiriço à Ilha de Santa Catarina.

A propriedade de cerca de 3 hectares e meio era parte de uma gleba bem mais extensa, pertencente a Máxima de Bitancourt, que continuava a possuir boa parte dos terrenos confrontantes. Era vendida pelo preço de 200$000 réis. Apesar de feita e quitada em moeda corrente, a aquisição vinha atrelada, no entanto, a uma cláusula de usufruto: "a condição d'ela vendedora desfrutar as ditas terras enquanto viva for".[26]

Na falta de uma pesquisa sobre a documentação cartorial ou inventarial e sem termos registro direto ou indireto do valor da terra naquela região no período em questão, é difícil avaliar o deságio com que esse pedaço de terra no vale fértil do Rio Cubatão foi adquirido. Que a terra era produtiva e o preço distava do valor de mercado é mais que presumível, dadas as condições com que era vendida. Podemos apenas especular os motivos que levaram Miranda Ribeiro a empenhar seus recursos em uma transação do gênero: no auge da sua capacidade produtiva (não sabemos a sua idade, mas se fosse a mesma que sua esposa contaria com perto de vinte e cinco anos de idade), ele se considerava capaz de esterilizar recursos que poderia, em outras circunstâncias – e como outros libertos em condições análogas fizeram[27] –, usar para comprar ao menos metade de um bom escravo com quem pudesse dividir o

---

26 "Escritura de venda fixa que faz D. Máxima Eugenia de Bitancourt de [cem] braças de terras a Luiz de Miranda Ribeiro", 22/03/1833, *Livro 4 de Notas do 2º Ofício do Desterro* (1829-1833), tabelião Joaquim Francisco de Assis e Passos, fls. 187v-188.

27 Ver, por exemplo, a história do africano Antônio Dutra no Rio de Janeiro da primeira metade do século XIX no livro de FRANK, Zephyr L., *Dutra's World. Wealth and Family in Nineteenth-Century Rio de Janeiro*, University of New Mexico Press, 2004).

trabalho e que poderia custar, naqueles anos cerca de 350$000 réis.[28]Talvez pensasse na possibilidade futura de tornar-se ele mesmo um lavrador ou em vender a terra em melhores condições depois da morte de Dona Máxima. Não se sabe. O que sabemos, entretanto, é que os vínculos com a proprietária do Cubatão não se resumiram a um negócio imobiliário.

Sobre Dona Máxima Eugenia de Bitancourt conhecemos ainda muito pouco. Seu inventário não foi encontrado.[29] Nos registros bastante incompletos que sobreviveram para os anos 30 e 40 do século XIX, não encontramos nenhuma referência a outras negociações do tipo envolvendo o seu nome. Sabemos, pela citação feita em uma outra transação, que em 1830 morava na rua do Livramento, na cidade do Desterro.[30] Ignoramos quando morreu mas, quando isso ocorreu, deixou para a filha mais velha de Maria do Espírito Santo, Rita Amália de Miranda e Silva, ao menos cento e trinta mil réis como herança.[31]

Os vínculos econômicos e não econômicos, de dependência e de codependência, que ligavam essa família de libertos e seus descendentes e essas mulheres mais velhas, viúvas ou solteiras, pareciam capazes de construir arranjos de longo prazo que eram mutuamente vantajosos para as partes envolvidas. Esses arranjos, cujo conteúdo afetivo não temos nenhum motivo para desprezar (mas cuja natureza é mais difícil investigar), podem também ser lidos de um modo mais instrumental dentro de um panorama mais amplo de estratégias tanto econômicas quanto sociais. Econômicas, pois poderiam produzir, para os libertos e seus descendentes, um "atalho" no acesso à propriedade ou a pecúlio que obviamente só seriam possíveis de outro modo

---

28 Em um inventário *post-mortem* na cidade do Desterro em 1835, um escravo menor de idade era avaliado por 200$000 réis, enquanto um escravo adulto do sexo masculino era avaliado entre 300 e 400$000 réis. Cf. "Inventário de Ana Francisca de Jesus, 1835 (Inventariante: Tenente Coronel José Luis do Livramento". *Arquivo Nacional do Rio de Janeiro*. Juizo de Orfaos e Ausentes (ZN), n. 79, caixa 1378, Gal. A, fl. 16.

29 Mas pode vir a se-lo. A documentação judicial do termo do Desterro no século XIX está sendo no momento em que escrevo estas linhas identificada e reorganizada no âmbito do *Museu do Judiciário Catarinense*. Agradeço à direção do Museu e aos seus funcionários pelo acesso à documentação aqui citada.

30 Na "Escritura de venda fixa que o Alferes João José Ribeiro de Faria e sua mulher Dona Emerenciana Ribeiro da Silva por seu bastante procurador Major Anacleto José Pereira da Silva de uma parte de sua morada de casas a Vicente Joaquim da Luz" (*Livro 4 de Notas do 2º Ofício do Desterro* (1829-1833), tabelião Joaquim Francisco de Assis e Passos, fls. 58-59), ela é citada como proprietária de uma casa confrontante na Rua do Livramento.

31 *Museu do Judiciário Catarinense*. Acervo Documental não organizado. *Juizo Municipal da Cidade do Desterro*. "Inventário de Maria do Espírito Santo (inventariante Luis de Miranda Ribeiro), 1877", fl. 14.

exclusivamente através do trabalho duro. Para as viúvas e solteiras, mulheres enfrentando a velhice solitária (mesmo que nem sempre destituídas de recursos), a possibilidade de ter acesso a cuidados em um momento em que o envelhecimento as colocava em um papel de crescente fragilidade, era um recurso essencial. Eram cuidados que não eram facilmente garantidos pelo aluguel "impessoal" dos serviços de desconhecidos, nem eram facilmente monetarizáveis.[32]

Para aqueles que viviam à sombra mais ou menos distante das relações escravistas, vínculos dessa natureza poderiam funcionar dentro de uma lógica capaz de escapar ao teatro de subordinação e reverência servil. Assim, mesmo que as relações entre a antiga senhora de Maria do Espírito Santo e a sua família fossem marcadas pela deferência, esta podia ser vivida *de fato* não como uma prova da obediência *devida* (e, portanto, como prova de *continuidade* das relações de dependência vertical), mas como resultado de uma relação horizontal cujo caráter "contratual" – definido pela expectativa da troca material de cuidados pela recompensa monetária – não pode ser subestimado.

Além disso, para Miranda Ribeiro e sua família, esses vínculos também permitiriam o acesso a relações sociais que poderiam significar alguma consideração pública e privada para além das relações de subordinação e dependência que os vínculos exclusivos com antigos senhores poderiam garantir. Em uma sociedade onde a noção de "direitos" (políticos ou sociais) era dificilmente distinguível da noção de "privilégios" (sobretudo para os descendentes de escravos, que precisavam lidar cotidianamente com as ambiguidades dessas noções), e onde o prestígio social poderia permitir o acesso diferenciado a bens materiais e simbólicos, essas estratégias revestem-se de um sentido ainda mais claro e revelam muito sobre o tecido social em que viviam.

Partindo dessas últimas considerações, podemos tentar conectar esses arranjos "familiares" com outras áreas em que Luis de Miranda Ribeiro investia os seus esforços. Para isso, precisamos reencontrá-lo em meio aos documentos da Irmandade do Rosário dos Pretos, onde podemos traçar parte da sua longa e um tanto conturbada atuação ao longo de mais de duas décadas.

---

32 Sobre mulheres sós na sociedade escravista brasileira ver, entre outros: DIAS, Maria Odila da Silva. *Quotidiano e poder em São Paulo no século XIX*. São Paulo: Brasiliense, 1995; LEWKOWICZ, I. & GUTIERREZ, H. "Mulheres sós em Minas Gerais: viuvez e sobrevivência nos séculos XVIII e XIX". In: SILVA, Gilvan Ventura da; NADER, Maria Beatriz; FRANCO, Sebastião Pimentel (orgs.). *História, mulher e poder*. Vitória: Edufes, 2006, p. 292-306. Sobre este tema no Desterro, ver: SBRAVATI, Daniela. *Senhoras de incerta condição: proprietárias de escravos em Desterro na segunda metade do século XIX*. Dissertação de mestrado. PPGH/UFSC, Florianópolis, 2008.

Na Irmandade de Nossa Senhora do Rosário

Não é de modo algum surpreendente encontrar Luis de Miranda Ribeiro, um filho de libertos (senão liberto ele mesmo), a participar ativamente na Irmandade de Nossa Senhora do Rosário dos Homens Pretos da cidade do Desterro. A Irmandade, cuja fundação remontava ao menos a meados do século XVIII,[33] foi um lugar fundamental de sociabilidade de escravos e libertos na Desterro colonial e imperial, seguindo o modelo antigo e consagrado dessas associações devocionais em outros lugares.

Sobre a importância das Irmandades católicas na sociabilidade dos escravos e seus descendentes nos domínios ibéricos (coloniais e metropolitanos) e no Brasil em particular, não é preciso insistir. Há já uma importante bibliografia que lidou com o tema, seja enfatizando seu papel de controle e intermediação nas relações de poder e dominação sob a escravidão, seja discutindo as questões ligadas à devoção e a religiosidade dos africanos e seus descendentes (e suas relações com as suas práticas originais na África), seja ainda apontando para as dimensões associativas e de ajuda mútua nelas contidas.[34]

Assim, para um homem como Luis de Miranda Ribeiro, a aproximação com a Irmandade do Rosário podia ser um passo natural de integração a um círculo de sociabilidade que funcionava em um plano mais ou menos "horizontal" com homens e mulheres da sua "cor" (livres e escravos), assim como em um plano decisivamente "vertical" com homens e mulheres brancos e senhores e senhoras de escravos.[35]

---

33 Não se sabe ainda quando, pois os primeiros registros da Irmandade foram perdidos com a invasão espanhola à Ilha de Santa Catarina em 1777, como os próprios registros posteriores apontaram mais de uma vez. Sobre a Irmandade ver o trabalho de MALAVOTA, Claudia Mortari. *Os homens pretos do Desterro. Um estudo sobre a Irmandade de Nossa Senhora do Rosário (1841-1860)*. Dissertação de mestrado. PPGH/PUC-RS, Porto Alegre, 2000. O trabalho anterior de Osvaldo Rodrigues (*A Irmandade do Rosário, 1750-1950*. Florianópolis: Mesa Administrativa da Irmandade, 1950), também deve ser mencionado.

34 REGINALDO, Lucilene. "'África em Portugal': devoções, irmandades e escravidão no Reino de Portugal, século XVIII", *História*, vol. 28 (1), Franca (SP), 2009, p. 289-319. XAVIER, Regina Célia L. *Religiosidade e escravidão no século XIX: Mestre Tito*. Porto Alegre: Editora da UFRGS, 2008; MACCORD, Marcelo. *O Rosário de D. Antônio: irmandades negras, alianças e conflitos na história social do Recife, 1848-1872*. Recife: Fapesp/Editora Universitária da UFPE, 2005; SOARES, Mariza de Carvalho. *Devotos da cor. Identidade étnica, relgiosidade e escravidão. Rio de Janeiro: século XVIII*. 1ª ed. Rio de Janeiro: Civilização Brasileira, 2000; são algumas referências importantes, mas não exclusivas, para explorar o estado da arte dessa questão.

35 É importante aqui enfatizar a importância e o entrelaçamento desses planos para entender parte da sua trajetória na Irmandade. A "horizontalidade" mencionada acima – que articulava em um mesmo plano os homens "de cor" que na distância produzida pelo tempo nos parecem mais iguais que diferentes – precisa

Ao integrar-se aos Irmãos do Rosário, portanto, Miranda Ribeiro articulava-se em um tipo de associação análogo ao das Irmandades onde os grandes proprietários e a elite política do Desterro construíam suas próprias redes de sociabilidade e ajuda mútua, como a Irmandade do Senhor dos Passos ou Ordem Terceira de São Francisco (a mais antiga e que reunia desde o século XVIII os "homens bons" do lugar e da que fazia parte, como vimos, Dona Guiomar). Além da sua explícita vocação de congregar a devoção comum e preocupar-se com a morte dos seus irmãos, elas eram espaço de prestígio e mesmo de representação política e lugares de articulação de redes sociais que potencializavam o acesso a recursos econômicos, sociais e políticos. Espaços quase sempre vetados, de resto, aos descendentes de africanos.[36]

Não sabemos quando se associou à Irmandade, mas sabemos que já tinha alguma representação entre os seus membros em dezembro de 1832, quando foi eleito por um ano como escrivão e participante da Mesa. No ano seguinte não foi reconduzido ao cargo, mas em 1835 volta ao papel de escrivão, onde permanece até 1838. Por ter assinado vários documentos desde a alforria de Maria do Espírito Santo, sabemos que Luis de Miranda Ribeiro, assim como sua mulher, sabia ler e escrever com desenvoltura. Também era dono de outras qualidades, pois, de acordo com o Compromisso da Irmandade válido desde 1807, para preencher o cargo de Escrivão era preciso ser "Irmão de bom senso, e com agilidade para reger com asseio e limpeza toda a escrituração dos livros e papéis relativos à mesma Irmandade".[37]

---

ser de saída problematizada de modo a contemplar os vários elementos que poderiam certamente introduzir hierarquias e desigualdades em múltiplos planos: no acesso a recursos materiais, em relação à condição livre, liberta ou escrava, a "cor" ou outros elementos imateriais. Por outro lado, a mesma "verticalidade" que separava brancos e pretos e senhores e escravos deve ser capaz de admitir que por muito tempo – e certamente no período em que Miranda Ribeiro foi Irmão do Rosário – homens "pretos" e de cor, livres ou libertos pertencentes à Irmandade, foram também proprietários de escravos.

36 Sobre a importância dessas restrições aos de origem africana na Ordem Terceira desde o século XVIII, ver o episódio relatado por CABRAL, Osvaldo Rodrigues. *Nossa Senhora do Desterro*, Memória II. Florianópolis: edição do autor (gráfica da UFSC), 1971, p. 91-92. Presume-se que algumas dessas restrições tenham paulatinamente desaparecido durante o século XIX, mas não conhecemos estudos que tratem do tema neste contexto ou em outro.

37 Cf. Cópia do Compromisso da Irmandade de Nossa Senhora do Rosário dos Homens Pretos, *Arquivo da Irmandade de Nossa Senhora do Rosário*, Pasta Irmandade do Rosário (1750-1865). Sigo aqui a transcrição dessa documentação avulsa feita por Claudia Mortari e Fabiana Comerlatto, "Transcrição de diversos manuscritos referentes à Irmandade de N. S. Do Rosario e N. S. do Parto", Florianópolis, 2000 (inédito).

No ano de 1837, ainda como membro da mesa, Ribeiro envolveu-se em uma crise no seio daquela associação e que envolveu os devotos da Irmandade de Nossa Senhora do Parto e a Mesa da Irmandade do Rosário. A reconstituição um tanto confusa dos fatos é parcialmente possível pelos documentos esparsos que se encontram ainda entre os papéis avulsos da Irmandade.[38] Deles se apreende que os devotos de Nossa Senhora do Parto haviam assinado uma "convenção" em 1833, para terem sua imagem da Santa dividindo um altar lateral da Igreja de Nossa Senhora do Rosário, após terem obtido as licenças necessárias para a construção da sua própria capela.

A expectativa frustrada de terem a possibilidade de "pedir esmolas pelas portas" para a construção de sua capela de modo independente àquelas pedidas pela própria Irmandade do Rosário parece ter sido o estopim da crise. Sendo uma atividade altamente visada pelas autoridades policiais (sobretudo ao envolver homens de cor), dependia inteiramente de autorizações que apenas a Irmandade do Rosário parecia possuir naquele momento. Talvez por se sentirem alijados do controle dos recursos que gostariam de ver empregados na construção da sua capela, solicitam a transferência da imagem de Nossa Senhora do Parto para a Matriz do Desterro, rompendo seus vínculos com o Rosário. Sem sucesso em obter a aquiescência da Mesa desta Irmandade, removem assim mesmo a imagem da Santa para a Matriz e conseguem a autorização do Juiz Municipal para a coleta das esmolas.

Ainda no mesmo ano de 1837, o conflito é levado às autoridades eclesiásticas do Rio de Janeiro, que decidem a favor da Irmandade do Rosário, desautorizam as pretensões dos devotos do Carmo e ordenam que se reponha a imagem no seu devido lugar e se respeitem os termos assinados.[39] De volta ao Desterro, no entanto, as ordens superiores parecem não ter sido acatadas. O conflito coincide com a ascensão ao cargo de Juiz por Luis de Miranda Ribeiro, em 1839. Neste cargo de liderança, ele e seu grupo parecem ter resolvido atender às demandas autonomistas dos devotos da imagem do Carmo e conceder a sua remoção.

---

38 Entre os documentos transcritos por Claudia Mortari e Fabiana Comerlatto (*op. cit.*), há a Certidão dos "Autos de Contestação entre partes como Autores a Irmandade de Nossa Senhora do Rosário da Cidade de Santa Catharina Via os Devotos de Nossa Senhora do Parto da mesma cidade…", onde se encontra a sentença proferida pelo Monsenhor Vigário Capitular (*Arquivo da Irmandade de Nossa Senhora do Rosário*, Pasta Irmandade de Nossa Senhora do Parto).

39 Ver, naturalmente, MORTARI, Claudia. *Os homens pretos do Desterro…*, *op. cit.*, e MAMIGONIAN, Beatriz. "Africanos em Santa Catarina"…, *op. cit.*

É neste contexto que descobrimos mais algumas coisas importantes sobre Miranda Ribeiro. Em primeiro lugar, como Juiz da Irmandade dos "homens pretos" ele mesmo era considerado por seus Irmãos como um "pardo". Quando ele e seu grupo resolvem sensibilizar-se com as demandas dos devotos do Carmo, os termos utilizados pela forte reação de parte da Irmandade enfatizam as fraturas que existiam em seu seio, pois enfatizavam sua condição de "pardo" para colocar em dúvida sua lealdade aos interesses da Irmandade. Os devotos do Carmo eram, de acordo com os termos do litígio, "crioulos", "mulatos" e "pardos" que tentavam avançar suas próprias pretensões sobre os costumes estabelecidos de longa data pelos irmãos "pretos" (isto é, africanos) que se consideravam, e até ali provavelmente eram considerados, os líderes da Irmandade. Ao colocarem em dúvida a isenção do julgamento de Luis de Miranda, os pretos do Rosário valiam-se do antigo compromisso da Irmandade, ainda válido, que em seu artigo reservava aos homens *pretos* "de mais consideração e capacidade" a exclusividade sobre o cargo. A exceção aberta ao "pardo" Miranda Ribeiro (não sabemos se a primeira) teria provado o perigo que uma concessão do gênero poderia produzir para a unidade da Irmandade.

Em dezembro de 1840, quando a nova Mesa da Irmandade deveria ser eleita para o ano seguinte, Benedito Francisco Pereira foi o escolhido para o cargo de Juiz. A escolha de Pereira – um "preto" que ocupava aquela posição pela primeira vez – talvez tenha sido reflexo da reação dos Irmãos do Rosário às pretensões de Miranda Ribeiro e os outros "pardos". A resistência à entrega dos cargos por parte de Ribeiro, bem como ao cumprimento das disposições referentes ao retorno da imagem da Senhora do Parto à Igreja do Rosário, tornou a disputa interna à Irmandade particularmente agressiva, com recursos de parte a parte às autoridades. Graças a isso, provavelmente, os documentos sobre os dissensos entre os descendentes de africanos no Desterro chegaram até nós.

A chave para compreender o significado geral desse conflito já foi estudada com competência por outras pessoas, que mostraram como a crise do Rosário deveria estar ligada ao esgotamento da capacidade de liderança dos africanos em uma sociedade onde a sua presença era cada vez mais minoritária frente a uma maioria crescente de crioulos e mestiços.[40] Tudo isso era certamente ligado tanto à dinâmica da escravidão no Desterro, quanto – em um plano mais amplo – ao panorama político

---

40 Como discute pontualmente MAMIGONIAN em "Africanos em Santa Catarina…", *op. cit.*

cambiante que viam se desenhar os descendentes de africanos.⁴¹ Não por acaso, um dos resultados do conflito na Irmandade do Rosário do Desterro foi a reforma do seu Compromisso – isto é, das regras internas e consensuais que governavam o seu funcionamento –, contemplando as demandas de representação que provavelmente inspiravam boa parte do conflito que ali havia se estabelecido.

A partir de 1842, sua mesa foi ampliada com a criação de novos cargos e o seu nome passou a ser Irmandade de Nossa Senhora do Rosário e São Benedito dos Homens Pretos.⁴² Com o novo Compromisso, a eleição dos Juízes passava a dar-se entre os irmãos que possuíssem "zelo, caráter e alguma representação civil".⁴³ Como solução mediadora, o novo Compromisso da Irmandade mantinha e mesmo reforçava a referência aos "pretos" como categoria que unificava os seus membros mas, ao mesmo tempo, impedia o acesso ao seu papel de liderança maior àqueles sem nenhuma "representação civil", isto é, os escravos.⁴⁴

A imagem de Nossa Senhora do Parto só sairia do Rosário em 1861, quando a nova igreja da Irmandade finalmente foi inaugurada. Outras organizações de "pardos" – como a Irmandade de Nossa Senhora da Conceição – ainda viriam a surgir. Sua história, no entanto, escapa ao escopo deste texto.

Provavelmente, as feridas abertas pelos conflitos na Irmande levaram algum tempo para cicatrizar. Se, por um lado, os "pardos" devotos de Nossa Senhora do Parto submeteram-se às regras do Rosário, conseguiram ter também assegurado o seu direito de acesso ao seu cargo de liderança maior. Luis de Miranda Ribeiro, entretanto, viu seu papel de proeminência na Irmandade diminuir consideravelmente.

Após deixar o cargo de Juiz em 1841, aparentemente a contragosto, não foi ele que liderou a reforma do compromisso, mas o "preto" Benedito Pereira e Antônio José Gomes (que, pelas suas lealdades no momento de conflito no interior da Irmandade,

---

41 Claudia Mortari compara detalhadamente os compromissos de 1807 e 1842 em sua dissertação de Mestrado já citada, sobretudo a partir da página 70.

42 Cf. MORTARI, *Os homens pretos do Desterro...*, *op. cit.*, p. 72.

43 Apenas para demonstrar a importância dessa mudança, convém lembrar que nos 26 anos anteriores à reforma do Compromisso da Irmandade, em 10 delas o cargo de Juiz foi ocupado por escravos (Cf. MORTARI, *op. cit.*, p. 68), sendo que Luis de Miranda Ribeiro havia sido eleito depois de uma sequência de 4 eleições de escravos como Juízes da Irmandade.

44 Miranda Ribeiro voltou a participar da mesa da Irmandade do Rosário em 1853 e em 1855. Seus vínculos com outros irmãos da Irmandade do Rosário, pretos, pardos e brancos, provavelmente permaneceram. Indicação disso é a escolha de Pedro Antônio da Paixão, que havia sido tesoureiro da Irmandade quando Miranda Ribeiro foi Juiz, como terceiro testamenteiro de Dona Guiomar de Carvalho.

também havia de ser "preto"). Miranda Ribeiro permanecerá afastado da mesa da Irmandade por mais de dez anos. Nunca mais voltou a ocupar um cargo de liderança naquela associação, ainda que provavelmente tenha permanecido ligado a ela por toda a vida.[45]

A vida de Luis de Miranda Ribeiro

O significado da participação de Miranda Ribeiro nos conflitos da Irmandade do Rosário nos fins dos anos 1830 desdobra-se em duas dimensões irredutíveis, ainda que complementares. Por um lado, aponta para um quadro amplo de questões e processos, tanto locais quanto em uma escala que abarca essa sociedade escravista em transformação onde o Desterro e os personagens que aparecem neste texto participam como pouco mais que meros coadjuvantes. Por outro lado, as venturas e desventuras de Ribeiro na Irmandade do Rosário devem poder ser lidas também à luz da singularidade das suas pretensões e expectativas, refletidas nas suas escolhas e na trajetória que elas construíram.

Daquilo que é possível saber da vida de Luis de Miranda Ribeiro, reconstruída de modo muito incompleto no tecido documental que estamos tentando alinhavar neste texto, intui-se um indivíduo que se empenhou decisivamente na busca por distinção social. Talvez essa busca tenha começado muito cedo, e esteja ligada às suas próprias origens. Sendo "pardo" e nascido com toda a probabilidade na primeira década do século XIX, podemos imaginar que o seu sobrenome o vinculasse de modo mais ou menos direto à casa de outro "Miranda Ribeiro" muito mais importante: o português João Alberto de Miranda Ribeiro, Tenente Coronel do Regimento de Moura e governador da Capitania de Santa Catarina entre 1793 até sua morte, em 18 de janeiro de 1800.[46]

Se fosse esse mesmo o caso, talvez um de seus pais (mais provavelmente sua mãe) tivesse sido escravo do governador e – por ter se libertado por sua morte, ou mesmo antes – teria adotado o sobrenome de seu antigo senhor. Isso tornaria mais compreensível o fato de Luis de Miranda Ribeiro ter sido chamado de "pardo" por seus Irmãos do Rosário e pelas autoridades eclesiásticas, mas nunca "forro". Se fosse

---

45 PIAZZA, Walter. *Dicionário Político Catarinense*. Florianópolis: Assembleia Legislativa do Estado de Santa Catarina, 1985. As informações biográficas sobre Miranda Ribeiro e sua família são escassas. Sabe-se que era casado com Dona Maria do Carmo Teresa Bernardes da Silveira, com quem teve um filho.

46 Sobre isso ver o texto fundamental de Keila GRINBERG, *O fiador dos brasileiros. Cidadania, escravidão e direito vivil no tempo de Antônio Pereira Rebouças*. Rio de Janeiro: Civilização Brasileira, 2002.

nascido livre e agregado à família remanescente de seu antigo Senhor (quem sabe a uma viúva, como Dona Guiomar), isso talvez pudesse explicar como conseguiu aprender a manejar com tanta competência a leitura e a escrita, fato raro não apenas para descendentes de escravos da época, mas também para muitos proprietários do Desterro. Pode ter aprendido ali também sobre os recursos materiais e imateriais que um descendente de escravos como ele poderia obter através da manutenção de vínculos de dependência com senhores brancos, e quais as atitudes que favoreciam a obtenção destes favores.

Podemos imaginar a impressão que deve ter lhe causado a jovem Maria do Espírito Santo, descendente de africana como ele e pertencente à casa de um militar de destaque. Não deve ter deixado de chamar sua atenção as qualidades da menina que, ainda escrava, conhecia bem as maneiras de obter as graças da sua senhora, com quem havia de ter também aprendido a ler e escrever. Dona Guiomar não há de ter feito grande objeção à corte de Miranda Ribeiro à sua escrava ainda menina. O capítulo seguinte desta história, sabemos.

Jovem, Miranda Ribeiro pode ter testemunhado as movimentações em torno da Independência e as mudanças de humores políticos que reorganizaram as divisões sociais no país recentemente separado de Portugal. O novo enquadramento político onde as velhas hierarquias da sociedade colonial pretendiam ver-se substituídas pela dicotomia entre "cidadãos" e "não cidadãos" emoldurada por uma sociedade escravista, pode ter modelado – como para outros mestiços como ele – suas concepções de pertencimento ao novo corpo político.[47] Mais tarde, pode ter observado com alguma apreensão as objeções que a nova elite política local fazia às expectativas que afloravam entre os negros, como no episódio acontecido em 1831, em que um grupo de cidadãos do Desterro dirigiu-se às autoridades solicitando que estrangeiros e escravos fossem impedidos de usar o "laço nacional" em seus chapéus.[48]

Nesse contexto, pode ter também pensado na conveniência de agregar-se a outros que tinham em comum com ele a origem africana. A busca pelo reconhecimento

---

[47] De acordo com Osvaldo Cabral, nesse ano "a Sociedade Patriótica do Desterro, que reunia os homens importantes não só da cidade como da própria Província, aprovou uma representação do sr. Carlos Maria Duarte Silva, pedindo providências ao Juiz de Paz" para que agisse nesse sentido. CABRAL, *Nossa Senhora do Desterro*, Memória II, *op. cit.*, p. 92.

[48] Cf. "Escritura de venda que faz João Francisco dos Santos, de uma morada de casas, a Luis de Miranda Ribeiro", 18.12.1852, *Livro 14 de Notas do 2º Ofício do Desterro* (1852-1853), tabelião João Antônio Lopes Gondim, fls. 13-13v.

e preeminência entre seus pares em uma instituição que detinha o reconhecimento dos "homens bons" da vila tornada cidade e capital da Província seria, portanto, coerente com essas expectativas de acesso a um lugar social respeitável e alguma representatividade política (ainda que, obviamente, ambígua). O seu sucesso ou fracasso relativo não cancelam, naturalmente, o significado geral da sua estratégia.

A busca de Luis de Miranda Ribeiro pelo acesso à propriedade e a independência econômica combina-se às suas pretensões de reconhecimento social. Naquela busca, como vimos, ele também foi capaz de arriscar-se em vários planos e construir interesses compartilhados, forjando alianças com indivíduos com os quais aparentemente tinha bem pouco em comum. Ao fazer isso, demonstrou uma notável capacidade de compreensão do mundo social de pessoas que pertenciam a outra classe e condição, como eram Dona Guiomar Silveira e Dona Máxima de Bitancourt, mas cujas circunstâncias individuais as colocavam em uma posição de ambígua "igualdade".

A morte de Maria do Espírito Santo

A breve reconstituição imaginária (mas verossímil) da vida não documentada de Miranda Ribeiro contida nos parágrafos acima deve ser completada pelas informações que os arquivos guardam sobre ele e os seus nas décadas que se seguiram à morte de Dona Guiomar, em 1851.

Após o desaparecimento da velha senhora, restava a Maria do Espírito Santo e Luis de Miranda Ribeiro a preocupação em manter sua família e pensar no seu futuro. Apesar de ainda estarem em um ponto da vida onde a doença ou a velhice não colocavam obstáculos aos seus planos e atividades, a presença das crianças ainda em casa havia certamente de sublinhar a necessidade de planejar o futuro. Assim, já em 1852, a pequena herança deixada por Dona Guiomar foi reinvestida na aquisição de outro imóvel, uma casa térrea no Beco do Quartel com fundos ao rio, que comprava de João Francisco dos Santos por quatrocentos mil réis. A área em que se encontrava a nova propriedade não distava muito das casas que já possuía por herança e doação. Era também uma área que vinha sendo crescentemente ocupada por libertos e descendentes de escravos, como seu novo vizinho, José de Barcelos.[49] É provável que o novo imóvel tenha se tornado uma pequena fonte de renda adicional.

---

49 Mas pode tê-los feito e registrado. A documentação cartorial do 2º Ofício do Desterro está incompleta. Dos livros do 1º Ofício, que também poderiam guardar esses registros, sobreviveu pouquíssima coisa.

Não encontramos mais registros de seus negócios nas duas décadas seguintes.⁵⁰ Nem sabemos de suas outras fontes de renda, nem em que atividades ganhavam suas vidas Maria do Espírito Santo e seu marido. Aliás, sabemos menos ainda sobre a opinião que Maria pode ter tido sobre as escolhas de Miranda Ribeiro. Podemos imaginar que uma boa parte delas tenham sido também suas escolhas. Provavelmente também era filiada à Irmandade do Rosário que havia ocupado tanto empenho do seu marido, mas – diferente de outras libertas como ela – nunca foi eleita para nenhum cargo. Seu protagonismo também não é registrado nos documentos cartoriais, uma vez que não havia lei que exigisse sua concordância escrita nos negócios de seu marido, cuja assinatura encontra-se sozinha em vários documentos. Mesmo o papel de primeira testadora que lhe foi conferido por sua antiga senhora foi assumido por ele sem aparente contestação.

Não há dúvida, entretanto, que o seu papel nessa história não teve nada de coadjuvante. Sem ela e a relação especial – e extraordinariamente fiel – que teve com sua antiga "senhora", a história que estamos tentando reconstruir aqui nem teria existido. Sem a sua parceria e os seus trabalhos não documentados é provável que Miranda Ribeiro não pudesse ter sustentado seus próprios movimentos arriscados.

A despeito do silêncio dos documentos sobre a sua vida, Maria do Espírito Santo nos forneceu um registro precioso da trajetória de sua família com sua morte, em vinte e três de setembro de 1873. Nesta data, com a idade de sessenta e cinco anos, Maria deixava seu marido viúvo, os quatro filhos que haviam sobrevivido do seu casamento, e uma neta. Morria sem deixar testamento.⁵¹

Luis de Miranda Ribeiro encarregou-se mais uma vez dos papéis do inventário, mais de quatro anos depois do falecimento de sua mulher, em 15 de dezembro de 1877. Nesta data, dirigiu-se à casa do Juiz de Órfãos, Affonso de Albuquerque Mello, onde fez o juramento de inventariante. Com ele identificava os herdeiros de sua esposa: Luiz José de Miranda, o filho mais velho de 44 anos, agora casado e morador na Rua do Brigadeiro Bittencourt, não muito distante dali; Rita Amália de Miranda e Silva, com a idade de 40 anos, que havia se tornado viúva perto de uma década antes,

---

50 Ver o "Inventário de Maria do Espírito Santo (inventariante Luis de Miranda Ribeiro), 1877", *op. cit.*
51 Cf. "O Mercantil", Desterro, 18/10/1866, *apud* CABRAL, Oswaldo Rodrigues. *Nossa Senhora do Desterro, Memória 2*. Florianópolis: Edição do Autor (Gráfica da UFSC), 1972, p. 226. A Batalha de Curupayty aconteceu na manhã de 22 de setembro de 1866 e foi uma das maiores derrotas das forças conjuntas da Tríplice Aliança contra o Paraguai. Morreram cerca de 4000 homens das forças brasileiras e argentinas. Ver: SCHEINA, Robert L. *Latin America's Wars: The Age of the Caudillo, 1791–1899*. Dulles, Virginia: Brassey's, 2003.

quando perdeu seu marido, o Alferes Manoel Antônio da Silva, morto na famosa Batalha de Curupayty durante a Guerra do Paraguai,[52] e que agora morava na casa de seu pai; e Francisca de Miranda Luz, também viúva, com idade de 32 anos e morando na mesma rua; Manoel Luis de Miranda, 29 anos e morador no Beco do Quartel do 17, casado; enfim, Maria Prudência de Miranda Silveira, neta de Miranda Ribeiro e cuja mãe, de mesmo nome, já havia falecido.[53]

Reencontramos Miranda Ribeiro, agora viúvo, certamente com mais de setenta anos e velho chefe de uma casa onde as mulheres provavelmente carregavam o fardo mais pesado. Os acasos e fatalidades fizeram morar juntos sob o mesmo teto suas duas filhas e sua única neta órfã. Agora é ele a preocupar-se com o seu futuro próximo, o envelhecimento, sua própria morte e, depois dela, a sorte das suas filhas viúvas e sem filhos.

A preocupação com sua própria sucessão pode ter sido o motivo para ter resolvido enfim, com tanto atraso, dar seguimento ao inventário dos bens de seu cônjuge. O que motivava as apreensões certamente não eram seus dois filhos homens, casados e com suas próprias casas. Mas é possível que Ribeiro se lembrasse então da sorte de outras viúvas sem filhos que conhecera no passado, talvez com mais recursos do que suas filhas para arranjar suas velhices solitárias. Talvez fizesse as contas, tentando imaginar se as propriedades que acumulou durante a vida seriam suficientes para garantir um bom começo para a sua neta ou um pecúlio, ou ao menos um teto, para suas filhas. O arrolamento dos seus bens ajuda-nos a entender o contexto das suas apreensões.

É verdade que a casa onde morava na rua da Cadeia já não era mais o teto acanhado por terminar que ele e sua mulher haviam recebido em doação quase cinquenta anos antes. Nos autos do inventário, Miranda Ribeiro vem identificado como "proprietário da Chácara da Ponte do Vinagre d'esta cidade", o que sugeria moradia um pouco mais confortável. A rua da "Cadeia" havia, aliás, mudado seu nome para rua da "Constituição", seu novo endereço.[54] Esta "chácara" foi avaliada como três propriedades separadas, estendendo-se entre a rua da Pedreira e a rua da Constituição. O conjunto dessas propriedades e a casa precisando de reparos foi avaliado em um conto quinhentos e cinquenta mil réis (1:550$000). Além disso, tam-

---

52 *Idem, Ibidem*. O "Auto do Inventário e Juramento do Inventariante" e o "Título dos herdeiros" contendo todas as informações transcritas neste parágrafo encontram-se nas fls. 2v-4.

53 Para uma discussão sobre as transformações da paisagem urbana de Desterro (e depois Florianópolis), ver VEIGA, Eliane Veras. *Florianópolis. Memória urbana*. 3ª ed., Florianópolis: Fundação Franklin Cascaes, 2010.

54 f. "Inventário de Maria do Espírito Santo (inventariante Luis de Miranda Ribeiro), 1877", *op. cit.*, fls. 30.

bém se inventariava outra pequena casa na Rua das Olarias, um pouco mais distante dali, cujo valor somava ao arrolado 350$000 réis.

A partilha dos bens do casal mostra que Luis de Miranda Ribeiro ainda possuía o ímpeto necessário para acertar as contas da família e pensar no seu futuro. Ao invés de liquidar os bens que lhes restavam e pagar as respectivas "legítimas" dos herdeiros, Ribeiro conseguiu fazer com que as suas propriedades se mantivessem entre os seus filhos, nem que para isso tivesse que pagar em dinheiro a diferença que lhes sobrava de seu quinhão. Todos os filhos e a neta assinaram com seus nomes a partilha, que se dividiu como segue.

O filho mais velho, Luiz, foi o único a não ficar com parte da propriedade, já que viu descontado da sua legítima os cento e setenta e quatro mil réis de uma dívida que havia contraído e que seus pais haviam quitado alguns anos antes. Sua única herança ficou sendo os 24$184 réis que seu pai lhe precisou repor para completar a porção que lhe cabia. Sua filha Rita viu restituído pelo pai o legado que havia recebido de sua protetora, Dona Máxima Bittencourt, anos antes. O dinheiro "consumido nas despesas do casal" e que nunca havia chegado a sua mão, convertia-se agora, junto com a sua legítima materna, em uma herança paga com a casa na Rua das Olarias.

Francisca, Manoel e a pequena Maria ficaram com frações da propriedade familiar que compunha a chácara na Rua da Constituição e que continuava em grande parte na mão de seu pai. A cada um o viúvo, pai e avô teve que inteirar ainda algum dinheiro.

Luis de Miranda Ribeiro ficou ainda com a guarda e tutela de sua neta menor, a quem o Juiz recomendava cuidar "de sua pessoa e bens, presentes e futuros, dando-lhe educação conforme seu sexo e idade, como deve fazer um bom avô".[55] Na sua nomeação como tutor, em maio de 1878, ele é identificado como morador da Rua da Tronqueira com sua neta. A profissão de Maria vinha citada no documento como a "costura". Pela primeira vez em todos os papéis encontrados que citam seu nome, é também apontada a profissão de Miranda Ribeiro: era "artista" e vivia de suas "agências".

Conclusão: artes e agências

Os registros de muitas agências de Luis de Miranda Ribeiro não foram encontrados. Não há, por exemplo, indicação alguma da venda das terras no Rio Cubatão

---

55 Cf. "Escritura de venda fixa que faz Luis de Miranda Ribeiro a Antônio João Cardoso", *Livro 47 de Notas do 2º Ofício do Destero* (1879-1880), 29.09.1879, Escrivão Leonardo Jorge de Campos, fls. 21v-22v.

que haviam sido compradas de Dona Máxima Bitancourt em 1833. Não sabemos em que momento vendeu a casa que havia ficado de herança para sua mulher na Rua da Lapa, nem quando se desfez da outra propriedade que havia comprado em 1852 no Beco do Quartel. Esta última talvez tivesse vendido ou doado ao seu filho Manoel, que morava no mesmo beco com sua mulher em 1877. Não há também menção da morada na Rua da Tronqueira, que pode ter sido adquirida depois do falecimento da mulher, ou ainda ter sido alugada pelo velho Miranda Ribeiro para viver com sua neta. Dessas e outras transações, se houve, não se encontrou registro.

Também não se descobriu quais trabalhos Miranda Ribeiro fazia como "artista" – uma expressão que, na época em que vivia, poderia ser utilizada para descrever um artífice, um carpinteiro, canteiro ou mestre de obras ou outro trabalhador que ganhasse seu sustento com algum tipo de trabalho manual mais ou menos especializado. Seu talento para a escrita, bom senso e zelo com registros – demonstrado no tempo em que havia sido Escrivão do Rosário – poderiam, por outro lado, ter sido aproveitados em outras ocupações. Mas é possível que este homem "pardo" tenha descoberto que algumas delas não estavam ao alcance de um homem da sua cor, ao menos do Desterro, ao menos na época em que viveu. De todo modo, a leitura e a escrita foram por certo uma ferramenta útil em mais de uma ocasião, no mínimo para compreender e conduzir corretamente as transações registradas em cartório e as tarefas de inventariante que cumpriu mais de uma vez.

Em 1877, de todo modo, Miranda Ribeiro já havia superado a idade em que podia contar com seu trabalho manual como forma de sustento. Mesmo com seus sucessos e aquisição de propriedades, nunca ultrapassou de fato a linha que separava os trabalhadores pobres daqueles outros remediados que viviam de suas rendas. Encarando a velhice, havia mudado de posição e dependia agora daquela mesma solidariedade intergeracional que havia prestado quando vivia a plenitude das suas forças. As contingências da vida o haviam colocado na posição de enfrentar a velhice ainda tendo sob seus cuidados uma criança e preocupado com a sorte de suas filhas viúvas. Seu pouco patrimônio ainda era o recurso que lhe restava para acudir suas próprias precisões.

A casa da rua da Olaria, que havia ficado de herança para Rita Amália de Miranda e Silva, foi vendida em setembro de 1879 por 400$000 réis.[56] Que tenha sido registrado em seu nome o negócio sugere que a administração dos bens familia-

---

56 Cf. CHALHOUB, S. *Visões da liberdade, op. cit.*

res continuava sendo feita pelo velho Miranda Ribeiro. De todo modo, sua filha deve ter continuado a morar com seu velho pai.

Este foi o último registro encontrado sobre a família de Miranda Ribeiro. Em uma busca atenta sobre a documentação notarial compilada para a década seguinte não se achou registro de nenhum dos seus componentes. O inventário de Miranda Ribeiro ainda não foi descoberto. Talvez não tenha mesmo sido feito. Não sabemos, assim como não sabemos o que foi feito da vida, artes e agências de seus filhos e neta nas décadas seguintes.

Viviam todos então o fim de uma década chave para as transformações sociais que marcaram o fim da escravidão e do Império. As formas de dominação e dependência articuladas a partir do horizonte dos escravistas – em cujas brechas muitos escravos e seus descendentes encontraram formas de organizar suas vidas e formular estratégias não apenas de conquista da liberdade, mas também para escapar de alguns de seus atributos negativos – foram desafiadas por um novo quadro legal que, a partir de 1871, passou a intervir nas relações entre senhores e escravos de modo crescente.[57] Os novos parâmetros a partir dos quais deveriam se rearticular as relações de trabalho também passaram a se sentir com mais força: a ascensão de uma ideologia do "trabalho livre", ao mesmo tempo que desafiava a escravidão como instituição, também passava a colocar sob suspeita os trabalhadores cuja origem "racial" conectava-os à escravidão, colocando muitas vezes em xeque (associando-os à vadiagem) muitos dos arranjos de trabalho e de vida que definiam seu cotidiano.

Talvez essas transformações tenham tocado diretamente a família de Miranda Ribeiro, não apenas porque suas "agências" poderiam não se adequar perfeitamente às expectativas que se construíam para o lugar dos descendentes de escravos no mundo do trabalho, mas porque também acabavam por desorganizar o horizonte de alianças que haviam sido tão importantes para a sua própria mobilidade social.

No Desterro, onde a velha elite comercial e militar luso-brasileira havia passado a dividir o seu papel de liderança com outros agentes sociais e econômicos de origem diversa – novos personagens importantes, com sobrenomes como Hackardt, Hoepke ou Wendhausen –, homens e mulheres com distintos hábitos sociais, *mores* e mesmo crenças religiosas passavam também a dar novas formas às relações com a escravidão e com os escravizados e seus descendentes, tanto filhos da terra como estrangeiros como eles. Para homens como Miranda Ribeiro, versado nas velhas regras e brechas

---

57   Cf. VEIGA, *Florianópolis. Memória ubana, op. cit.*

do velho jogo senhorial, talvez fosse difícil se adaptar a esse novo mundo. Sabemos pouco sobre o quanto seus filhos estavam mais bem aparelhados do que ele.

Também o "mercado" de trabalho e de serviços intermitentes, onde as habilidades do "artista" poderiam encontrar lugar, estava em plena remodelação, igualmente marcada pela presença de uma massa senão numerosa, ao menos crescentemente importante de trabalhadores pobres imigrantes de diversas origens.

Mesmo as transformações urbanas pelas quais passaria a cidade nas décadas seguintes hão de ter colocado desafios importantes para os filhos e netos de Maria do Espírito Santo e Luis de Miranda Ribeiro, assim como fez para outros descendentes de escravos. As áreas em que tinham suas casas – ao longo da rua da Tronqueira, nas ruas em torno do rio da Fonte Grande, o beco do Quartel (mais tarde rebatizado de Beco Sujo) e a ponte do Vinagre iriam mais tarde se tornar os focos principais dos ímpetos sanitários e urbanistas das elites republicanas.[58]

Quase um século separa a história de Joana, que saiu da costa da África em direção ao Brasil como presa do infame comércio, e a de sua bisneta Maria, que sabia costurar, ler e escrever e que deve ter ficado ao lado do avô, até a morte deste. Nesse arco de tempo, tanto o país quanto a cidade em que estas vidas se desenrolaram viram transformações notáveis. O mundo colonial, estamental e escravista que havia recebido a escrava africana havia sido substituído por uma nação imperial construída sob os pilares da escravidão, em um século que viu esta instituição tornar-se publicamente abominável e incompatível com a "modernidade" social e econômica que se tornou a linguagem política dominante desde então. O fim do tráfico atlântico, a abolição paulatina da escravidão, a ascensão das justificativas racistas e "racializantes" das desigualdades sociais e os múltiplos empecilhos que se colocaram ao acesso dos descendentes de escravos aos direitos políticos que deveriam ser apanágio dos "cidadãos" formam o horizonte ora perto, ora distante, no qual essas vidas se moveram. Suas trajetórias não deixaram as marcas profundas que outras vidas de libertos e seus descendentes deixaram naquele século, figuras como Antônio Pereira Rebouças, Luís Gama ou mesmo Mestre Tito,[59] mas talvez a "leitura lenta" dos registros mínimos que deixaram essas vidas ordinárias, de artífices e costureiras, o olhar atento sobre os

---

58   Sobre a invenção da instituição escravista como abominação política entre os séculos XVIII e XIX, ver o texto de Joseph Miller neste livro.

59   As referências aqui são GRINBERG, Keila. *O fiador dos brasileiros*, op. cit.; AZEVEDO, Elciene. *Orfeu de Carapinha. A trajetória de Luiz Gama na Imperial Cidade de São Paulo*. Campinas: Editora da Unicamp, 1999; XAVIER, Regina Célia Lima. *Religiosidade e escravidão no século XIX: Mestre Tito*, op. cit.

altos e baixos que marcaram suas existências e das pessoas com quem se relacionaram, possam nos ajudar a encontrar dimensões importantes e ainda pouco exploradas da sociedade em que viveram.

Bibliografia

ALMEIDA, Candido Mendes de (ED.). *Ordenações Filipinas, Livro 4*, (*Reprodução fac-simile da edição feita por Candido Mendes de Almeida no Rio de Janeiro em 1870*). Lisboa: Calouste Gulbenkian, 1985.

AZEVEDO, Elciene. *Orfeu de Carapinha. A trajetória de Luiz Gama na Imperial Cidade de São Paulo*. Campinas: Editora da Unicamp, 1999.

BLUTEAU, Raphael. *Vocabulario Portuguez e Latino*. Coimbra: Collegio das Artes da Companhia de Jesu, volume 3, 1728.

CABRAL, Oswaldo Rodrigues. *A Irmandade do Rosário, 1750-1950*. Florianópolis: Mesa Administrativa da Irmandade, 1950

CABRAL, Oswaldo Rodrigues. *Nossa Senhora do Desterro*, Memória II. Florianópolis: edição do autor (gráfica da UFSC), 1971.

CHALHOUB, Sidney. *Visões da Liberdade*: uma história das últimas décadas da escravidão na corte. São Paulo: Companhia das Letras, 1990.

CHALHOUB, Sidney. *Machado de Assis: Historiador*. São Paulo: Companhia das Letras, 2003.

CHAYANOV, A. V. *The Theory of Peasant Economy*. Illinois: American Economic Association, 1966.

COMERLATTO, Fabiana & MORTARI, Claudia. "Transcrição de diversos manuscritos referentes à Irmandade de N. S. Do Rosario e N. S. do Parto", Florianópolis, 2000 (inédito).

COOPER, F., HOLT, T., SCOTT, R. *Além da escravidão. Investigações sobre raça, trabalho e cidadania em sociedades pós-emancipação*. (Introdução de Hebe Mattos). Rio de Janeiro: Civilização Brasileira, 2005

CUNHA, Manuela Carneiro da. "Sobre os silêncios da lei. Lei costumeira e positiva nas alforrias de escravos no Brasil do século XIX". In: *Antropologia do Brasil: mito, história, etnicidade*. São Paulo: Brasiliense/Edusp, 1986.

DIAS, Maria Odila da Silva. *Quotidiano e poder em São Paulo no século XIX*. São Paulo: Brasiliense, 1995.

FARIA, Sheila de Castro. "Mulheres forras – Riqueza e estigma social". *Tempo*, vol. 5, n. 9, p. 65-92 (2000).

FRAGA FILHO, Walter. *Encruzilhadas da liberdade. Histórias de escravos e libertos na Bahia (1870-1910)*, Campinas: Editora da Unicamp, 2006.

FRANK, Zephyr L. *Dutra`s World. Wealth and Family in Nineteenth-Century Rio de Janeiro*. University of New Mexico Press, 2004

FURTADO, Júnia Ferreira. "A morte como testemunho da vida". In: PINSKY, Carla B. & DE LUCCA, Tania Regina. *O historiador e suas fontes*. São Paulo: Contexto, 2009, p. 93-118.

GRINBERG, Keila. *O fiador dos brasileiros. Cidadania, escravidão e direito vivil no tempo de Antônio Pereira Rebouças*. Rio de Janeiro: Civilização Brasileira, 2002

GUEDES, Roberto. *Egressos do cativeiro. Trabalho, família, aliança e mobilidade social*. Rio de Janeiro: Mauad X/Faperj, 2008.

LEWKOWICZ, I. & GUTIERREZ, H. "Mulheres sós em Minas Gerais: viuvez e sobrevivência nos séculos XVIII e XIX" In: SILVA; Gilvan Ventura da; NADER, Maria Beatriz e FRANCO, Sebastião Pimentel (org.). *História, mulher e poder*. Vitória: Edufes, 2006, p. 292-306.

MAC CORD, Marcelo. *O Rosário de D. Antônio: irmandades negras, alianças e conflitos na história social do Recife, 1848-1872*. Recife: Fapesp/Editora Universitária da UFPE, 2005.

MALAVOTA, Claudia Mortari. *Os homens pretos do Desterro. Um estudo sobre a Irmandade de Nossa Senhora do Rosário (1841-1860)*. Dissertação de mestrado. PPGH/PUC-RS, Porto Alegre, 2000.

MAMIGONIAN, Beatriz G. Do que o preto Mina é capaz: etnia e resistência entre africanos livres, *Afro-Asia*, n. 24, 2000,

_____. "Africanos em Santa Catarina: Escravidão e identidade étnica (1750-1850)". In: FRAGOSO, João; FLORENTINO, Manolo; SAMPAIO, Antônio Carlos Jucá; CAMPOS, Adriana (org.). *Nas rotas do Império: eixos mercantis, tráfico e*

relações sociais no mundo português. Vitória; Lisboa; Brasília: Editora UFES; Instituto de Investigações Científicas Tropicais; CNPq, 2006, p. 609-644.

MATTOS, Hebe Maria, *Das cores do silêncio. Os significados da liberdade no Sudeste escravista. Brasil, século XIX*. 2ª edição, Rio de Janeiro: Nova Fronteira, 1998.

MATTOS, Hebe Maria e RIOS, Ana Lugão. *Memórias do Cativeiro: Família, trabalho e cidadania no pós-abolição*. Rio de Janeiro: Civilização Brasileira, 2005.

Ministério do Desenvolvimento Agrário brasileiro na Internet. "Tabela de medias agrárias não decimais", versão eletrônica: http://sistemas.mda.gov.br/arquivos/TABELA_MEDIDA_AGRARIA_NAO_DECIMAL.pdf. Acesso em: 19/08/2011.

PIAZZA, Walter. *Dicionário Político Catarinense*. Florianópolis: Assembleia Legislativa do Estado de Santa Catarina, 1985.

PINTO, Luiz Maria da Silva. *Diccionario da Lingua Brasileira*. Ouro Preto: Typographia da Silva, 1832.

REGINALDO, Lucilene. " 'África em Portugal': devoções, irmandades e escravidão no Reino de Portugal, século XVIII", *História*, vol. 28 (1), Franca (SP), 2009, p. 289-319.

SBRAVATI, Daniela. *Senhoras de incerta condição: proprietárias de escravos em Desterro na segunda metade do século XIX*. Dissertação de mestrado. PPGH/UFSC, Florianópolis, 2008.

SCHEINA, Robert L. *Latin America's Wars: The Age of the Caudillo, 1791–1899*. Dulles, Virginia: Brassey's, 2003.

SILVA, Antônio de Moraes, *Diccionario da Lingua Portugueza*. 2 volumes. Lisboa: Officina de Simão Thaddeo Ferreira, 1789.

SOARES, Mariza de Carvalho. *Devotos da cor. Identidade étnica, religiosidade e escravidão. Rio de Janeiro, século XVIII*. 1ª ed. Rio de Janeiro: Civilização Brasileira, 2000.

VEIGA, Eliane Veras. *Florianópolis. Memória urbana*. 3ª ed. Florianópolis: Fundação Franklin Cascaes, 2010.

Xavier, Regina Célia L. *Religiosidade e escravidão no século XIX: Mestre Tito*. Porto Alegre: Editora da UFRGS, 2008.

_____. *A conquista da liberdade. Libertos em Campinas na segunda metade do século XIX*. Campinas: CMU, 1996.

PARTE V
Experiências sociais no pós-emancipação

Trajetórias de "setores médios" no pós-emancipação: Justo, Serafim e Juvenal

BEATRIZ ANA LONER[1]

ESTUDOS SOBRE COMUNIDADES NEGRAS não são propriamente uma exceção no Brasil, pois desde meados dos anos 30 e 40 este grupo em específico foi pesquisado principalmente em termos sociológicos, tanto pela vertente freyreana, buscando diminuir o impacto da discriminação racial, quanto pela escola paulista de sociologia, que buscava contrastar as condições dos negros em várias localidades do sul com as regiões mais centrais do país, analisando-as sob o prisma das relações de dominação social associadas ao desenvolvimento do capitalismo e suas necessidades de diferenciação interna das categorias de trabalhadores. Ainda na sociologia, a partir de meados dos anos sessenta se desenvolveram muitos estudos voltados à questão do preconceito e discriminação racial, frequentemente às voltas com a questão de classes no país[2] bem como da valorização – o que também coincidiu com o desenvolvimento dos estudos antropológicos no Brasil – da cultura africana e sua evolução nos vários países marcados pela diáspora.

Na história, os estudos acadêmicos sobre os afrodescendentes por longo tempo se confundiram com os estudos sobre a escravidão, suas características e peculiaridades em cada região. Ainda havia um único período em que "os negros e libertos" eram coletivamente nomeados e chamados à cena, dentro do que se denominou chamar de processo de disciplinamento da mão de obra, ou seja, as políticas voltadas para o enquadramento dos trabalhadores no Brasil dentro das necessidades do capitalismo, nas décadas de 1880 e 1890. Após esse período, os afrodescendentes entraram numa invisibilidade completa, envoltos dentro do conjunto dos trabalhadores ditos

---

1   Professora da UFSM, Dra. em Sociologia. E-mail: bialoner@yahoo.com.br
2   GUIMARÃES, Antônio Sérgio. *Classes, raças e democracia*. São Paulo: Ed. 34, 2002.

"nacionais", ambos submergidos pela avalanche do trabalhador imigrante europeu no centro-sul. Quanto a outras regiões, eles eram coletiva e indistintamente misturados aos caboclos, caiçaras, nordestinos e todas as demais designações pejorativas/qualitativas de que se fez uso no Brasil para tratar das populações pobres rurais. Nos grandes centros, eles apareciam como favelados, pobres, excluídos, setores populares, enfim, também de variadas formas, ressignificados em contextos que sugeriam uma situação indistinta quanto à cor em relação aos demais, com os quais compartilhavam os mesmos qualificativos.

Entretanto, nos últimos anos, a situação tendeu a modificar-se em duas vertentes. Em relação aos estudos acadêmicos, passou-se a questionar a divisão rígida entre trabalho escravo e trabalho livre. Dentro da historiografia da escravidão, se desenvolveu a discussão sobre os limites da liberdade e da escravidão, que tendem a ser vistos num *continuum*,[3] enquanto, a partir da vigorosa interpelação de Silvia Lara (1998), os pesquisadores do trabalho livre começaram a procurar, na escravidão, as raízes e conformações das práticas do trabalho livre no país, especialmente em relação à Primeira República.

Concomitantemente, simpósios e encontros específicos sobre os temas do pós-abolição e a continuidade das experiências dos trabalhadores escravizados nos tempos do trabalho assalariado começaram a fazer sentir sua influência. Como exemplo, pode-se citar que, apenas neste ano de 2011, um encontro e alguns simpósios temáticos da ANPUH[4] trataram especificamente do tema, enquanto se disseminam os estudos que elegem a transição, em termos de relações de trabalho e da sociedade escrava para a livre, como contexto fundamental para narrar as peripécias de seus atores.

O interesse dos pesquisadores do trabalho livre sobre os trabalhadores afrodescendentes terminou aprofundando os estudos sobre os trabalhadores urbanos nacionais,

---

3   Veja-se, por exemplo, CHALHOUB, Sidney. *Visões da liberdade*. São Paulo: Companhia das Letras, 1990 e MATTOS. Hebe. *Das cores do silêncio. Os significados da liberdade no sudeste escravista. Brasil, século XIX*. Rio de Janeiro: Nova Fronteira, 1998.

4   Quanto a encontros, há cerca de oito anos iniciaram-se os Encontros sobre Escravidão e Liberdade no Brasil Meridional, de que este livro é um dos resultadoss e o XXVI Simpósio Nacional de História contou com três simpósios temáticos, dois explicitamente sobre a escravidão e o pós-abolição, da perspectiva dos afrodescendentes (*Pós-abolição, racialização e memória*, coordenado por Hebe Mattos e Karl Monsma e *Da abolição a emancipação: raça, gênero e identidade*, coordenado por Maria Helena Machado), além da ocorrência de dois outros simpósios, do GT Mundos do trabalho, os quais procuraram integrar as experiências dos trabalhadores escravizados ou libertos com aqueles dos livres, em suas sessões.

de que os primeiros fazem parte, surgindo pesquisas variadas, tanto sobre a pequena e incipiente parcela urbana de trabalhadores nacionais que começava a se desenvolver nas cidades, nas décadas finais da escravidão, quanto sobre categorias inteiras de trabalhadores em que a presença de descendentes de africanos era mais forte.

Assim, hoje se pode contar com histórias de trabalhadores, vinculados a uma associação, ou, mais raramente, a uma categoria, como Cruz e Castellucci exemplificaram, em relação, respectivamente, a trapicheiros do Rio de Janeiro e operários negros na Bahia,[5] Marcelo Mattos[6] trouxe-nos vivências de escravos e operários cariocas no período de transição do trabalho escravo ao livre, enquanto Marcelo Mac Cord[7] estudou uma associação de artesãos negros para o distante Recife de meados do oitocentos, bem como retraçou a trajetória de uma família de artesãos vinculados a esta.

Na região sul, tanto trabalhadores especialistas em escravidão[8], quanto aqueles mais vinculados ao trabalho livre,[9] como Loner (2001) e Bak (2003) participaram e ainda participam deste esforço de pesquisas sobre o tema, em maioria percorrendo os anos finais de um regime de trabalho e o início do outro. Contudo, também aparecem autores que tentam recuperar a trajetória dos afrodescendentes em meio urbano para décadas posteriores, frequentemente vinculadas a agregação ao redor de uma frente, associação ou entidades recreativas negras. Boa parte destes estudos, principalmente aqueles relativos à participação política, fazem eco aos recentes desdobramentos nacionais referentes à discussão do movimento negro atual. A participação de autores eles próprios afrodescendentes e, em variados graus,

---

5 CRUZ, Maria Cecília Velasco. "Tradições negras na formação de um sindicato: sociedade de resistência dos trabalhadores em trapiche e café, Rio de Janeiro, 1905-1930". *Afro-Asia*, n. 24, UFBA, 2000, p. 243-290; CASTELUCCI, Aldrin. "Classe e cor na formação do Centro Operário da Bahia (1890-1930)". *Afro-asia*, UFBA, vol. 41, p. 85-131, 2000.

6 MATTOS, Marcelo B. *Escravizados e livres. Experiências comuns na formação da classe trabalhadora carioca*. Rio de Janeiro: Bom Texto, 2008.

7 MAC CORD, Marcelo. *Andaimes, casacas, tijolos e livros: uma associação de artífices no Recife – 1836-1880*. Tese Doutorado, PPGH/ Unicamp, Campinas, 2009.

8 Veja-se, por exemplo, os trabalhos de LIMA, Henrique Espada. "Trabalho e lei para os libertos na Ilha de Santa Catarina no século XIX: arranjos e contratos entre autonomia e domesticidade". *Cadernos AEL*, vol. 14, p. 133-175, 2009 e MOREIRA, Paulo S. *Os cativos e os homens de bem. Experiências negras no espaço urbano*. Porto Alegre: EST Edições, 2003.

9 LONER, Beatriz. Antônio: De Oliveira a Baobad. DOMINGUES, P. e GOMES, F.(Orgs.) *Experiências da emancipação*. São Paulo: Selo Negro, 2011, p. 109-136.

vinculados ao movimento negro atual, é presente e pode se tornar uma constante de agora em diante[10].

No Rio Grande do Sul, os esforços dos pesquisadores acadêmicos são particularmente interessantes por situarem-se em espaço no qual a historiografia tradicional insistia em declarar livre da presença negra, mas em que levantamento recente aponta para a existência de muitos trabalhos por um bom número de pesquisadores.[11]

Neste capítulo, vai se tentar acompanhar as trajetórias de três afrodescendentes e suas famílias, desde o período imperial até pelo menos o final da Primeira República, a partir das suas biografias, garimpadas nas mais diversas fontes, como jornais, inventários, cartas de alforrias, livros de batizados e, em um caso apenas, entrevistas com descendentes. Apenas com este conjunto de documentos foi possível viabilizar, mesmo que em largos traços, suas trajetórias, embora elas ainda estejam com várias lacunas e imprecisões, muitas das quais impossíveis de sanar no atual estado das fontes disponíveis.

Essa pesquisa partiu da tentativa de compreender, detalhadamente, a vida do grupo negro urbano da cidade de Pelotas, no final do período imperial e nas primeiras décadas da República. Trabalhando-se inicialmente com operários afrodescendentes, logo ficou evidente que, fora dos seus momentos de congregação sindical ou classista, pouco se saberia sobre eles pelos métodos clássicos e partiu-se na busca de suas associações recreativas e culturais. Posteriormente, agregou-se a busca pelas suas origens, muitas das quais foram encontradas nos livros de escravos do bispado da cidade.

Na busca pelas formas de sua inserção familiar na sociedade local durante a República, o fato de pesquisar-se a classe operária cobrou sua conta, pois, incrivelmente, há mais documentação referente a escravos – os quais tinham que ser registrados, vendidos, comprados, inventariados e passados como herança – do que dos trabalhadores livres e assalariados, que, antes da década de 1930, pouco deixaram de indícios de sua vida produtiva nas fábricas e empresas, ou mesmo, familiar, exceto quando doentes, asilados ou mortos. Ou então, em outro viés, quando presos, fichados e deportados, em

---

10 Como exemplo, pode-se citar os trabalhos de: Santos, José Antônio. *Raiou a Alvorada: intelectuais negros e imprensa*. Pelotas (1907-1957). Pelotas: UFPel, 2003; Gomes, Arilson. *A formação de oásis: dos movimentos frentenegrinos ao primeiro Congresso Nacional do Negro em Porto Alegre*. Dissertação de mestrado. PPGH/ PUC-RS, Porto Alegre, 2008; e Oliveira, Fernanda da Silva. *Os negros, a constituição de espaços para os seus e o entrelaçamento desses espaços: associações e identidades negras em Pelotas (1820-1943)*. Dissertação de mestrado. PPGH/PUC-RS, Porto Alegre, 2011.

11 Xavier, Regina (org.). *História da escravidão e da liberdade no Brasil meridional- guia bibliográfico*. Porto Alegre: Editora da UFRGS, 2007.

raros e fugazes momentos de luta ou indisciplina em relação à ordem vigente. Seus jornais e entidades sindicais pouco declinavam seus nomes, exatamente pelo medo da polícia e seus aparatos repressivos. E suas famílias, com poucos recursos, mal conseguiam se inserir na sociedade republicana, às vezes sequer tendo o nome de suas associações recreativas registradas, muito menos de seus sócios. Para muitos que lutavam até para alcançar o nível mínimo de subsistência individual ou familiar, todos os esforços eram dedicados à sobrevivência, nada restando para lazer, educação ou outras atividades que costumam deixar vestígios em nossa sociedade letrada.

Desse modo, na busca de formas de inserção social de afrodescendentes no pós-abolição, se optou por deslocar um pouco nossa ótica para aqueles mais acima na escala social, ou seja artesãos especializados com lojas próprias, tipógrafos, professores, escrivães. Ali, na chamada pequena burguesia, em que muitas famílias ainda viviam no limite entre uma vida confortável e uma vida atribulada, lutando para não escorregar ao enfrentar algum contratempo mais forte, como a morte ou a doença do chefe de família, pode-se encontrar algumas famílias negras suficientemente abonadas e com tempo para dedicar-se a entidades e clubes, passando e repassando seus bens e assim possibilitando dados suficientes para recontar suas histórias.

O objetivo de retraçar estas trajetórias é tentar entender as estratégias que eles e suas famílias se utilizaram para elevar-se (ou pelo menos manter-se na mesma posição social), e também em que medida o preconceito e a discriminação afetaram e condicionaram suas possibilidades de troca de *status* social. Nesse sentido, vai se trabalhar com três famílias que têm em comum o fato de fazerem parte da mesma comunidade urbana, a pelotense, no período final da escravidão, procurando acompanhá-las, pelo menos em termos da qualificação pessoal de seus membros, o mais longe possível. Essas três famílias configuraram, com várias outras, um pequeno núcleo do que poderia vir a ser uma classe média negra no futuro, naquela região. Vamos tratar, então, de três sujeitos: Justo José do Pacífico, pardo nascido escravo, sapateiro, líder de sua categoria; Serafim Antônio Alves, pardo nascido livre e rábula abolicionista, líder maçônico; e Juvenal Augusto da Silva, pardo nascido livre, intelectual e escrivão, além de também maçom.

Serafim Antônio Alves

Serafim Antônio Alves comparece em nossa pesquisa já adulto, qualificando-se como eleitor em 1880, quando contava com 34 anos e era viúvo, com um filho. Sua profissão naquele momento era a de solicitador do foro, sabia ler, filho de Antônio

José Alves e Maria Francisca Alves, morador na rua 3 de fevereiro, e com a renda conhecida de 400$, o que o tornava eleitor e elegível. Anteriormente, deveria ter trabalhado em jornais, com os quais manteve ótimas relações em toda sua vida, pois em dezembro de 1877 ele representava o *Diário de Pelotas* em homenagem fúnebre ao escritor português Alexandre Herculano.[12] Também participou do *Onze de Junho*, um dos mais engajados jornais abolicionistas da década de 1880 na cidade, cuja participação lhe valeu, inclusive, ameaças de morte por parte do delegado.[13]

Nascido em Rio Grande, por volta de 1846, veio para Pelotas ainda criança e nesta cidade viveu toda sua vida. De nascimento livre, sabemos que era afrodescendente pela rede de associações que frequentava, pertencente a esta etnia, embora também tivesse alguma participação em associações com maioria branca, mas de propósito cultural ou benemerente, como a biblioteca pública, por exemplo, ou o Clube Naval, – restrito à pessoas de maiores posses e que talvez tivesse sua origem na maçonaria –, em que foi orador de 1896 até pelo menos 1900. De associações recreativas, apenas no clube Carnavalesco Tire-Bouchon de moços vinculados ao comércio, em 1882.

Aliás, os principais motivos que o levaram a manter e cultivar ótimas relações com a sociedade pelotense e elementos brancos da cidade foram sua participação na política e na maçonaria, sendo venerável da Loja Salomão chegando ao grau 30 (pelo menos), além de ter participado de várias outras sociedades, conforme seu necrológio:

> Era membro proeminente da Ordem maçônica, tendo sido venerável de diversas lojas, fundador de outras, além do grau elevado que o distinguia, possuía ainda o de filiando livre. Era do partido Republicano e tinha mais de 60 anos. Seu sepultamento foi concorrido (*Opinião Pública*, 15/03/1909).

Engajados na campanha abolicionista foi um dos principais elementos da campanha na cidade, presente desde o início e ocupando, diversas vezes, o cargo de secretário do Clube Abolicionista, além de presidente interino. Também participou da campanha da emancipação, embora a criticasse por seus notórios limites quanto

---

12   Conforme *Correio Mercantil*, Pelotas, 11/12/1877.

13   *Onze de Junho* de 18/01/1885. Nele, Serafim incrimina o delegado de polícia, dizendo que este foi à sua casa e o ameaçou de morte, devido a denúncias do jornal sobre o espancamento de um pardo liberto pela polícia. Também o editor do jornal estava recebendo ameaças à sua vida naquele momento, pelo que o jornal suspendeu sua circulação por algum tempo.

à libertação e tratamento dos cativos.[14] Nos anos seguintes, Serafim, como advogado, irá encaminhar várias propostas de libertação total dos contratados,[15] tendo por base o descumprimento dos contratos, especialmente daqueles artigos que zelavam pela integridade física do mesmo, que, devido a ter um estatuto jurídico diferente, não mais poderia ser maltratado, submetido ao tronco ou a tratamentos degradantes.

Como membro importante do abolicionismo esteve diretamente envolvido no episódio de uma pretensa revolta escrava na charqueada de Junius Brutus de Almeida em 1887, que resultou numa explosão de ódio dos escravocratas da cidade contra os abolicionistas, inclusive com agressões e constrangimentos físicos ao cônego Canabarro, Serafim Alves e J. Antônio Ramos.[16] Posteriormente, é ele também quem responde aos escravocratas, pelas páginas do jornal *Echo do Sul*, de Rio Grande, negando que os abolicionistas estivessem insuflando rebeliões de escravos nas charqueadas pelotenses.[17]

Por estes anos, Serafim já havia se estabelecido como advogado sem diploma, um rábula, como se dizia na época. Como membro do partido Liberal, a partir de 1881, integrou o grupo dissidente deste partido, do político Fernando Osório[18]. Durante o período republicano, foi filiado ao partido republicano rio-grandense e "por vezes

---

14 A campanha de Emancipação foi levada adiante pelo Clube Emancipacionista e visava transformar os escravos em contratados, sujeitos a regimes de trabalho forçado ainda por alguns anos. Nesse sentido, alguns elementos do Clube Abolicionista a viram com suspeição, embora terminassem trabalhando em conjunto durante essa campanha, que foi restrita a alguns meses do ano de 1884.

15 Serafim impetrava ações de liberdade junto à justiça como o fez na denúncia do caso do contratado Benedito que "trazia grossa argola no pescoço" e havia sido surrado na charqueada de Paulino Leite (*O Rio Grandense* 6/1/1888). Além disso, era ele que, em nome dos abolicionistas, costumava responder as provocações dos escravagistas da cidade pelos jornais (*Echo do Sul*, de Rio Grande, nov./dez. 1887; *Rio Grandense*, Pelotas, 15 a 20 de janeiro de 1888). Ainda constituía-se num dos principais oradores desta campanha.

16 A versão do episódio saído no jornal *Echo do Sul*, 4/12/1887, de Rio Grande, diz que o Cônego quase foi embarcado à força num trem para Rio Grande e que os outros dois, ambos afrodescendentes, escaparam por pouco de apanharem. Ramos era dono do Armazém Copacabana e do Hotel Abolicionista, local em que eram feitas as reuniões da campanha. Mas, em artigo no jornal *O Rio Grandense*, de 6/12/1887 Serafim Alves negava a veracidade da notícia.

17 A respeito, ver LONER, Beatriz. "Abolicionismo e imprensa em Pelotas". In: ALVES, Francisco (org.). *Imprensa, História, Literatura e Informação*. Rio Grande: Furg, 2007, p. 57-64.

18 Essa dissidência, ocorrida em 1881, provocou muitos prejuízos à campanha, pois incidiu diretamente sobre alguns dos principais atores abolicionistas, tentando-se colocar Osório como candidato do abolicionismo. Entre outras perdas, provocou o fim do jornal *A Voz do Escravo* (LONER, *op. cit.*, p. 62).

exerceu cargos de nomeação e de confiança, como juizado federal, promotoria", segundo seu já citado necrológio.

Foi casado em primeiras núpcias com Bernardina da Silveira Alves, tendo o filho, Francisco da Silveira Alves, operário tipógrafo que trabalhou no jornal *Opinião Pública de Pelotas*. Viúvo, casou de novo com Guilhermina Becker Alves, não tendo filhos. Pouco mais se sabe sobre sua família, pois Francisco teve participação muito discreta dentro das associações negras da cidade de Pelotas e não se destacou em seu ofício, não sendo redator, apenas tipógrafo.[19] Quanto à segunda esposa de Serafim, seu sobrenome alemão provavelmente denunciava a origem humilde de filha de imigrantes. Embora este casamento pudesse indicar uma tentativa de embranquecimento físico, entende-se que no conjunto esse não foi o caminho seguido por ele, que sempre se manteve muito próximo da sua comunidade de origem, participando, amparando e prestigiando as entidades negras, com as quais contribuía financeiramente e aceitava participar de suas diretorias. Também não foi detectada nenhuma tentativa de selecionar as associações, pois tanto participava da recreativa Satélites do Progresso, considerada "aristocrática" dentro da etnia, quanto da carnavalesca Flores do Paraíso, clube dominado pela família de Manoel Conceição da Silva Santos, seu companheiro das lutas abolicionistas e políticas do liberalismo. Se transitava em rodas mais elevadas, também aceitava participar da mutualista Feliz Esperança, muito mais popular e aberta a sócios com menor renda, da qual foi sócio benemérito. Outras associações negras de que participou foram a também mutualista Fraternidade Artística e o Clube José do Patrocínio, do qual falaremos adiante.

Entretanto, não foi encontrado, até o momento, nenhum sinal de sua participação no Asilo São Benedito, o que indica, provavelmente, a peculiaridade de não querer trabalhar junto à Igreja Católica, pois esta foi a principal instituição benemerente da comunidade do período.

Outra faceta que auxiliava no prestígio e a consideração com que era tratado entre os seus era a prestação gratuita de serviços jurídicos às sociedades da comunidade afrodescendente urbana. Pelo visto, continuou se importando com os pobres e assim, quase foi preso ao defender "um humilde irmão de sua Loja" em 1902.[20]

---

19 No seu necrológio, enquanto Guilhermina era tratada como "dona", o nome de Bernardina constava sem esse tratamento respeitoso, o que provavelmente indique que sua primeira mulher seria afrodescendente.

20 *Diário Popular*, 18/07/1902. Talvez o fato de ser pardo auxiliasse a que fosse mais visado por seus inimigos, como transpareceu no episódio da revolta de 1887, em que ele e outro afrodescendente

Morreu depois de longa enfermidade em 1909 e foi saudado tanto pela imprensa quanto pela comunidade negra e pelo jornal o A *Alvorada* como um importante lutador, tendo um enterro muito concorrido.[21]Mas já em vida havia recebido homenagens como um campeão do abolicionismo na cidade, ao final da festa da abolição em 1888, no qual recebeu presentes como os demais abolicionistas, e também pela única edição do jornal A *Cruzada*, de 13 de maio de 1905, editado justamente por Juvenal Augusto da Silva.

Justo José do Pacífico

O segundo dos nossos biografados é Justo José do Pacífico, nascido escravo, descrito como pardo em sua certidão de batismo, a qual, feita em 18/01/1852, apenas comenta que seu nascimento deveria ter ocorrido há cerca de seis meses. Ele era filho natural da crioula Delphina, escrava de Amaro José de Ávila Silveira. Se sua madrinha foi um ser etéreo, Nossa Senhora, seu padrinho era alguém de muito perto, Pacífico de Andrade, escravo de Albânia Soares, muito provavelmente seu próprio pai.[22]

Sua avó, Benedita, pertencia ao mesmo senhor, mas já havia se alforriado antes de seu nascimento, e comprou a liberdade da filha Delphina por 1:550$, em 1866[23]. Quando livre, esta toma o nome de Delphina Benedita do Pacífico, corroborando os laços familiares entre sua mãe, de um lado e seu companheiro, pai de seu filho, de outro. Por sua vez, Pacífico conseguiu libertar-se em Rio Grande, em 1853, através de disposição testamentária, pela qual também ganhou um terreno, no qual deveria construir uma casa para moradia, na qual deveria morar e sustentar até o final da vida

---

parecem ser os únicos que estariam mais próximos de serem agredidos fisicamente. Por outro lado, sendo venerável de loja maçônica e pessoa de relativas posses, é no mínimo estranho que fosse ameaçado de prisão como um qualquer, como o foi, segundo o jornal. Isso implica em desrespeito e não corresponde ao tratamento devido a uma pessoa de suas posses e influência, por parte das autoridades pelotenses, ainda mais levando-se em conta a idade que teria na época.

21 *Jornal Opinião Pública* de 15/3/1909. O jornal A *Alvorada*, do dia 21 de março de 1909, (reproduzido em 12/3/1955), adiciona que era "geralmente estimado pelas sociedades locais, as quais prestava inestimáveis serviços gratuitamente... A S.B. Feliz Esperança, da qual o extinto era sócio benemérito, hasteou seu pavilhão em funeral e nomeou comissão".

22 *Bispado de Pelotas*. Livro de Batismo de Pessoas escravas de novembro de 1847 até abril de 1852, folha 274.

23 APERS. *Cartas de Liberdade dos Tabelionatos dos municípios do interior*, Porto Alegre: Corag, vol. 1, p. 541.

Ana, outra ex-escrava, sendo proibido de vender o terreno.[24] Dessa forma, seria difícil a Pacífico, mesmo livre, morar perto da família pelotense.

Restaram, então, como cativos, apenas Justo e seu irmão, Pio. Este último consegue sua liberdade, de forma incondicional, em maio de 1881, das mãos de Balbina Maria Chaves Silveira,[25] filha do proprietário original, Amaro Silveira, que havia sido juiz substituto do município, e que, nessa condição, havia feito várias cartas de liberdade, sempre para outros, nunca para seus próprios escravos. Mas sua filha Balbina, dentro da conjuntura da abolição, vai libertar os escravos Pio, José e Rita, dos quais não se sabe se pertenciam ou não à família de Justo. José era um escravo bem velho quando liberto, portanto poderia ser o avô do mesmo. A suspeita disso vem do fato do segundo nome de Justo ser José e já se viu que esta família dava importância em assinalar os laços familiares pela incorporação dos nomes dos ascendentes quando da libertação.[26]

Ao contrário de seu irmão, Justo teve que construir uma estratégia bem mais elaborada para sua libertação, a qual vai se dar apenas em fins de 1882. Teria cerca de 30 anos naquele momento e, pelo que se conseguiu descobrir de sua vida, era uma pessoa bem articulada e organizada, seguramente laboriosa e capaz, pois poucos anos depois será dono de uma loja ou oficina de calçados, provavelmente tendo alguns empregados. Portanto, mesmo no período de crise do escravismo, ele seria um bem valioso para sua senhora e deveria pagar por isso.

Para tanto, armou uma ampla estratégia para ser libertado. Inicialmente, participou da criação da Associação Lotérica Feliz Esperança, e foi seu primeiro presidente, ainda enquanto escravo.

> Associação Lotérica Beneficente Feliz Esperança: De ordem do ilmo. sr. diretor presidente dessa associação, Justo José do Pacífico, convoco a todos os srs. sócios da mesma, a reunir-se em assembleia extraordinária, domingo 9, as 18 horas, na rua 24 de outubro, para tratar-se de assuntos urgentes. Sec. Joaquim Francisco dos Passos (*Correio Mercantil*, 8/1/1881).

---

24 APERS. *Livro de Testamentos*. Porto Alegre: Corag, p. 140, processo n. 1853

25 APERS. *op. cit*, vol. 1, p. 515. Não foi possível conferir os demais nascimentos escravos a partir de 1852, devido ao desaparecimento do livro de registros do Bispado.

26 Este hábito não se restringiu a eles, nem somente a região, visto que estudo sobre famílias descendentes de escravos no Rio de Janeiro encontraram a mesma situação. Ver Rios, Ana Lugão e Mattos, Hebe. *Memórias do cativeiro*. Família, trabalho e cidadania no pós abolição. Rio de Janeiro: Civilização Brasileira, 2005.

Ele ainda foi reeleito para 1882 e, provavelmente, 1883. O fato de as leis do Império proibirem a associação de escravos remete a questão de que esta associação deveria ser ilegal, ou seja, não deveria ter solicitado permissão para sua existência, beneficiando-se da boa vontade e tolerância que começou a existir naqueles anos com questões envolvendo a agência escrava. De fato, nunca foi encontrado o primeiro estatuto dessa associação, apesar de uma busca[27] minunciosa. O único estatuto encontrado data de 1897 e não remete a nenhum outro anterior. Nele, Justo tem papel de destaque, como membro da comissão elaboradora do mesmo.

Embora fosse uma associação de "humildes operários" negros, não deixava de ter evidência na campanha abolicionista, na qual estava em contato com o Clube Abolicionista e suas principais lideranças. Sua condição de presidente deveria levá-lo a se destacar entre os demais que também lutavam pela liberdade. Ao lado disso, a condição de hábil orador que demonstrou em outras ocasiões (por exemplo, no Centro Cooperador dos Fabricantes de Calçados) reafirma esta notoriedade e, provavelmente, deve tê-lo destacado, ampliando suas chances de conseguir a alforria.

Mas, para ter certeza de alcançar seu objetivo, ele recorreu a outro instrumento a seu alcance, o Fundo de Emancipação do Município, pelo qual foi efetivamente alforriado em 22/12/1882. Potencializando suas chances, casou-se com Maria Joana, escrava de José Dias de Castro, que também foi liberta por este fundo no mesmo dia (*A Nação*, 23/12/1882). Esta foi uma estratégia vitoriosa para seu objetivo, uma vez que as regras do Fundo de Emancipação priorizavam a liberdade de famílias, especialmente quando os esposos provinham de senhores diferentes, como era seu caso. O casamento de Justo e Joana foi patrocinado pelo Clube Abolicionista, como o de vários outros cativos, segundo o próprio relatório desse clube publicado no jornal *Onze de Junho* de 14/5/1884.

Vê-se, portanto, que ele buscou cercar-se dos mecanismos a seu alcance para a busca da liberdade, embora houvesse outros disponíveis, como a participação em irmandades, por exemplo. Mas sua trajetória não demonstrou nenhum envolvimento com a Igreja católica, e nos momentos em que representou o grupo negro, também o fez através da Feliz Esperança e não por influência da Igreja, como na atuação no Centro Ethióphico. Talvez no futuro se possa aprofundar algumas dicotomias entre o grupo urbano negro, mas por enquanto, apenas ressalta-se que ele privilegiou uma

---

27 Os estatutos de todas as associações deveriam ser encaminhados ao governo, sendo depois publicados em folhas oficiais. Além disso, deveria haver registro em cartório de registros especiais da cidade. Das outras associações negras, os primeiros estatutos foram encontrados, desta não.

sociedade de escravos, de mutualismo entre sócios para a busca da libertação, não a Igreja ou influências clientelistas.

Liberto, tratou de aprender a ler, matriculando-se na escola noturna da Biblioteca Pública Pelotense em 1883. Estudou com tal afinco que recebeu menção honrosa em 1884, o que foi uma grande vitória para uma pessoa de sua origem, cor e idade, mesmo naquela aparentemente democrática instituição.[28]

Ele esteve presente, com ativa participação, no Centro Ethióphico entidade de representação dos grupos negros urbanos criada em 1884 para participar da campanha da emancipação e depois, da abolição. O nome de Justo apareceu como um dos oradores da festa da emancipação em 1884 e, nos anos seguintes, chegou a tomar parte na coordenação, como um dos cinco representantes dos "ethióphicos", como eles próprios se chamavam. Isso demonstra que era uma liderança reconhecida pelo grupo. Além disso, continuou a participar da Sociedade Feliz Esperança por toda sua vida, com grande devotamento. O computo de suas participações demonstra que, das diretorias de que se obteve a nominata, ele esteve presente assiduamente até 1897, em cargos importantes, como presidente, orador e secretário. Depois dessa data há um hiato e ele retorna nos anos de 1905 a 1907 ainda nos cargos de orador ou secretário. Nascido em 1851 e tendo sido escravo durante boa parte de sua vida, é provável que já estivesse velho e cansado demais para poder participar regularmente de diretorias no novo século.

Também se fez presente em outras diretorias, como da sociedade mutualista de artesãos negros Fraternidade Artística, da qual pode participar apenas depois de liberto, aparecendo em 1886 como segundo secretário, em 1887 na comissão de Sindicância e em 1888, como presidente. A última vez que seu nome foi cotado para a diretoria dessa entidade foi em 1898.

Nessa mesma época, contudo, integrava uma entidade classista com um viés socialista, a União Operária Internacional, no cargo de relator de sua comissão de contas em 1899. Esta última entidade, embora fosse uma central sindical, possuía uma maioria de militantes negros e a análise comparativa das nominatas de sua diretoria, daquela da Feliz Esperança e da Fraternidade Artística, nos anos finais do século, revela uma grande quantidade de membros em comum, o que pode significar

---

28   Segundo Eliane Peres, os professores deste curso sempre tendiam a privilegiar os meninos brancos em suas ponderações sobre a aprendizagem, mesmo que os dados demonstrassem que alguns dos adultos e/ou negros, tivessem melhor desempenho. PERES, Eliane. *Templos de luz: os cursos noturnos masculinos de instrução primária da BPP 1875-1915*. Pelotas: Seiva publicações, 2002

a adesão dos trabalhadores negros a um projeto político então em andamento e que passava pelo fortalecimento de entidades de classe e étnicas. O próprio Justo esteve em 1897 na diretoria da Feliz Esperança, concorreu para a Fraternidade em 1898 e estava na diretoria dessa União Operária em 1899.

Alguns indícios sustentam essa ideia: em 1897, notícia de um correspondente de Pelotas ao jornal socialista *Echo Operário* de Rio Grande afirma " A 1º de novembro ocorrerá a posse da nova diretoria da Sociedade Beneficente Recreio dos Operários. Brevemente se efetuarão conferências socialistas."[29] O Recreio dos Artistas foi a primeira associação recreativa negra da cidade e sofreu um processo de divisão interna muito forte em 1891, da qual resultou a manutenção da Recreio e a criação de outra associação, a Satélites do Progresso. No contexto da briga, observa-se o deslocamento de lideranças mais facilmente encontradas nas associações acima enumeradas, que formam parte da chapa vencedora na Recreio que provocou a cisão. A participação destas lideranças sindicais na entidade recreativa foi pontual, limitada a esta chapa e vigorando apenas até a cisão. Grupos políticos podem ter a prática de participar e fortalecer várias associações, em algumas das quais atuam como lideranças principais e, em outras como secundárias, apenas dando quorum ou sustentando diretorias alinhadas com seu pensamento. Em nosso entender, foi o que aconteceu com o Recreio e os militantes que para lá acorreram no momento da crise. Embora não se saiba o motivo da cisão, a nova entidade criada, a Satélites do Progresso, reunia as famílias de afrodescendentes com melhores condições de vida, talvez mulatos e tinha uma curiosa proximidade com a maçonaria, já que sua primeira sede era antes um templo maçônico, e também porque Serafim Alves e Firmo Braga, líderes maçônicos, participaram da mesma.

Voltando ao caso de Justo, pode-se afirmar que ele fazia apostas duplas, no associativismo étnico e na organização classista, defendendo tanto interesses empresariais como de trabalhadores. Isso porque uma década antes, como mestre sapateiro, ele havia integrado o grupo responsável pela criação do Centro Cooperador dos Fabricantes de Calçados de Pelotas, ocupando o distinto cargo de orador da entidade em sua primeira (e única) diretoria permanente em setembro de 1888.

Esta associação foi criada para lutar contra a tarifa especial proposta pelo Império, como uma forma de compensar, para os comerciantes porto-alegrenses, o desvio dos lucros de vendas, provocado pelo contrabando de produtos ingleses pela fronteira. Proposta em 1887, a chamada "tarifa especial" para produtos importados foi vista como

---

29 *Echo Operário*, Rio Grande, 18/10/1897. O jornal era socialista e seu editor possuía muitas amizades entre os socialistas pelotenses.

obstáculo para o desenvolvimento industrial e deu início ao associativismo entre os empresários e artesãos nas principais cidades, como Porto Alegre, Pelotas e Rio Grande.

A colocação de Justo neste posto, substituindo João Thomas Mignoni, um italiano socialista e extremamente bem articulado, revela, pelo lado dos empresários, talvez uma tentativa de buscar o apoio do elemento "nacional" para a luta comum.[30] Mas não se deve esquecer que também demonstra confiança em sua atuação como orador, pois no passado era a este cargo que tocava ser o porta voz da entidade em momentos solenes ou de representação junto às demais. Este fato revela que deveria ter pelo menos uma oficina de sapateiro e alguns empregados, ou então ser mestre sapateiro de uma das primeiras manufaturas de calçados existentes. Embora só tenha restado duas nominatas de diretorias, sua análise revela que, em maioria, eram empresários, mesmo que um deles possuísse uma grande fábrica e outro uma pequena sapataria. A propósito, existiam cerca de 45 fábricas ou oficinas de calçados naquele momento na cidade, o que significa que este setor estava em franca expansão, pois, em relação de 1882, só havia um estabelecimento de "calçados para grosso mercador" e pertencente a estrangeiro.[31] Provavelmente o desenvolvimento da indústria de calçados na região levou Justo a aproveitar essa chance para abrir seu próprio negócio e assim poder tornar-se membro importante desta diretoria.

A entidade não subsistiu por muito tempo, dando origem ao nascimento do Congresso Operário e, logo após, da Liga Operária. Justo não estará na diretoria de nenhuma delas, embora possa ter sido sócio em seus primeiros anos.

Contudo, os seus negócios parecem ter empacado ou regredido depois de 1890. Compreender isso demanda entender a situação especial da cidade após a abolição, com a qual perdeu muito dinheiro, pela diminuição da compra do charque e o fechamento concomitante de charqueadas. Outra causa econômica foi a diminuição do mercado, pela concorrência com o produto inglês provocado pela implantação dessa tarifa, que vigorará até 1891/1892. Nesse contexto, apenas as grandes fábricas de calçados conseguiram manter-se na região, o que estava longe de ser o caso de Justo. Sinal disso é que, em 1898, ele, e outro mestre sapateiro italiano, que também tinha sido empresário anos antes, Giovanne Mignoni, estavam participando da diretoria da União Operária Internacional,

---

30 No Brasil, é sempre difícil falar-se em elemento "nacional", mas pode-se pensar, pelo menos, em empresários representantes de gerações já nascidas no Brasil e não vindas da Europa. Observando-se a organização provisória do Centro, percebe-se que a ideia de sua criação partiu de portugueses, ampliando-se, nessa diretoria, para pessoas de outras nacionalidades.

31 Fontes: Jornais *O Sul do Brasil*, de 13/08/1888 e *Correio Mercantil*, de 18/01/1882.

que possuía um caráter socialista, como já explicado e dificilmente aceitaria empresários em suas diretorias.[32] Apesar desta possível vinculação socialista, Justo continuava acreditando no valor do voto, pois qualificado como eleitor em 1890, novamente se qualificou em 1900. Nisso, diferiu de outras lideranças negras sindicais, que após a desilusão com os republicanos no poder, nunca mais buscaram participar do processo eleitoral. Justo, entretanto, seguiu a maioria, aproveitando a oportunidade de votar e, principalmente, de ser cortejado eleitoralmente pelos partidos, mesmo sabendo os vícios daquele sistema.

O grave problema representado pelas disputas políticas entre chimangos e maragatos e os anos de guerra civil no Estado, conhecidos pelo nome de "revolução de 1893", também cobraram seu preço, especialmente da comunidade negra, que teve seus homens válidos incorporados, conscientemente ou a força, nas tropas em disputa. Durante este período, toda a organização operária refluiu, bem como as redes étnicas se encolheram, mantidas vivas apenas pelas mulheres. Não temos como saber se Justo, com idade em torno de 42 anos, velho para a tropa, formou como "voluntário", mas, de todo modo, esse problema político teve sérios desdobramentos na economia do estado como um todo, e da região sul em particular, levando a atrasos e desemprego, consequentemente, em menor consumo e menor produção.

Sobre sua família, de seu casamento com Maria Joana, só foi possível apurar o nascimento de duas filhas: Ofélia Theodoro e Vicentina Felisbina do Pacífico, que frequentaram as associações recreativas da comunidade negra, quando jovens, possivelmente casando-se depois e assumindo o sobrenome dos maridos, com o que se tornaram invisíveis frente às fontes de pesquisas, utilizadas até o momento. Ainda estamos em busca do ano de sua morte, que não deve ter passado de 1909, pois desapareceu de todos os registros daí por diante.

Juvenal Augusto da Silva

Do próximo personagem, temos muito mais dados. Por mais complexo, até lhe cai bem a denominação acima, pois, como uma personagem teatral, muitas coisas nele lembram a composição de um tipo, uma persona, mais do que um sujeito. Nascido em 22 de novembro de 1874, filho de João Baptista da Rosa, é mais provável que tenha nascido livre e de família com certa renda,[33] pois só teve profissões não manuais e que implicavam

---

32 Seu estatuto só permitia a associação de trabalhadores assalariados, *Echo Operário*, 18/01/1898.

33 Não se achou seu assento de nascimento. Quanto a ter sobrenome diferente do pai, isso era relativamente comum na época, em que muitos quase "inventavam' seu sobrenome.

numa boa educação, sendo escrevente e escritor, além de ter sido editor e redator de jornais quando jovem,[34] todas ocupações e passatempos muito difíceis para quem tivesse pouca renda naquela sociedade.

Ele se qualificou como eleitor em 1900, com 26 anos, constando que era escrevente e casado. Provavelmente, para um jovem decidido e articulado como era, já deveria ser eleitor anteriormente, talvez tendo até participado das lutas políticas da década anterior, especialmente da Revolução Federalista de 1893. Em 1908, era chamado de tenente (seria da Guarda Nacional), o que indicaria uma relação próxima com o Partido Republicano Rio Grandense, pois este cargo era de nomeação política.[35]

Sua profissão foi, durante a maior parte do tempo, a de escrivão. Em 1920, era auxiliar de escrivão de casamentos e segundo a família, chegou a possuir um cartório, embora não se tenha confirmado este fato. Em alguns momentos, sabe-se que também atuou como advogado prático, como por exemplo, em 1901, quando solicita um *habeas corpus* para uma liderança, presa por contravenção.[36] De todo modo, acumulou dinheiro suficiente para ter uma vida folgada[37] para si e os seus.

Outra faceta de sua personalidade era que entrou para a maçonaria com menos de trinta anos e lá progrediu e perseverou, participando inicialmente da loja Antunes Ribas, uma das mais importantes da cidade e depois da Loja Fraternidade, na qual entrou em 5/4/1903. Tal como Serafim Alves, antes dele, chegou ao grau 30 e mesmo além.

Sua foto e sua família indicam que seria mulato claro e sua primeira esposa era afrodescendente, embora sua segunda companheira fosse branca. Contudo, nunca se afastou das sociedades de cor de sua cidade, e quando jovem, parece ter tentado

---

34 Por exemplo, aparece em 1890/1891, como editor do jornal A *Democracia*.

35 A *Alvorada*, 22/11/1908: "O tenente Juvenal Augusto da Silva é o prestimoso presidente do Clube José do Patrocínio e redator do A *Vanguarda*.

36 Tratava-se de Pedro Joaquim Domingues, líder e presidente por vários anos da Feliz Esperança e que foi preso acusado de banqueiro de jogo do bicho, incurso nos artigos 253 e 254 do Código Penal, em 3/12/1901. Entretanto, foi solto no dia seguinte, antes da vigência do *habeas corpus*. Talvez o delegado quisesse apenas garantir o seu natal. APERS, *Habeas corpus* em favor de Pedro Joaquim Domingues, Pelotas, n. 1611, maço 50, estante 36.

37 Quando da morte de sua esposa em 1903, foi feita declaração de pobreza dela, sob alegação de que não haveria bens a partilhar. Quando de seu falecimento em 1926, não deixou nenhum imóvel, mas uma pequena fortuna em dinheiro, dividido em cerca de cinco bancos em Pelotas, seis em Rio Grande e outros 17 em vários estados e até países estrangeiros empregado em cadernetas de poupança e variados investimentos. Isso aponta para um determinado perfil, que, no entanto, exige maiores pesquisas para sua confirmação. APERS, Pelotas, 2º cartório, maço 21, n. 456, estante 28, e Juvenal Augusto da Silva, Processo de Devolução de herança n. 197, ano 1927, Pelotas.

alguns empreendimentos divergentes do restante do grupo, especialmente em relação ao Clube José do Patrocínio, do qual foi presidente e do seu jornal, A *Vanguarda*.

O Clube José do Patrocínio foi criado por ele e alguns membros da comunidade negra, entre eles velhos abolicionistas, com o objetivo de comemorar e solenizar as festas que tinham interesse para a etnia. Deste clube, que durou alguns anos, fizeram parte afrodescendentes com melhor situação de vida decorrente de seus negócios ou profissões. Na ocasião de sua fundação, 13 de maio de 1905, lançaram um único exemplar do jornal chamado A *Cruzada*, comemorativo à abolição. Três anos depois, esse clube editou novo periódico chamado A *Vanguarda*, do qual não restou nenhum exemplar, tornando difícil avaliar sua orientação. Juvenal era o editor deste jornal, o qual concorria diretamente, dentro do grupo negro, com o jornal A *Alvorada*, lançado em maio de 1907, o qual era criticado pelo primeiro.

Embora não se saiba o conteúdo das críticas feitas pelo A *Vanguarda*, pode-se imaginar que, A *Alvorada* sendo um jornal negro e operário, que contava com vários apoiadores e redatores vinculados ao movimento sindical ou operário da cidade, o tom das críticas (e a própria retirada de Juvenal do A *Alvorada*[38]) deveria envolver posicionamentos de ordem política ou em relação aos valores e objetivos a serem perseguidos pela comunidade negra. Contudo, sem nenhum exemplar de qualquer dos dois jornais naquela década é difícil aprofundar a questão.

De todo modo, estes conflitos ilustram um ponto fundamental sobre a comunidade negra em Pelotas: o fato de ela estar muito longe de ser homogênea. Não era igualitária, em termos das profissões e do nível de vida de seus elementos, o que é óbvio numa sociedade capitalista, mesmo em se tratando de uma minoria discriminada. Não era homogênea em termos de religião ou crenças, havendo aqueles mais vinculados à Igreja Católica e suas associações e aqueles que, ou não tinham religião (não se pode esquecer a influência do positivismo em toda a sociedade gaúcha), ou buscavam suas crenças nas religiões africanas (embora, neste caso, pudesse haver trocas interessantes entre a Igreja Católica e estes últimos). E, por fim, era diferenciada também politicamente, embora nesse particular, cada elemento da comunidade buscasse seu próprio partido ou facção, não se colocando a ideia de construção de uma facção política negra, pelo menos durante todo o período da Velha República.

Na verdade, os mecanismos de discriminação e preconceito vigorantes na sociedade terminavam por formar sentimentos de união, pela semelhança na cor e na

---

38 Juvenal foi redator do A *Alvorada* em seus inícios, segundo o próprio jornal (26/5/1907).

discriminação sofrida, enquanto os seus interesses e compromissos familiares, políticos e sociais os separavam em setores distintos. Como todo grupo dominado e que ainda se ressentia de uma identidade afirmativa naquele período inicial do pós-abolição, eles tendiam a ver e criticar boa parte das situações que envolviam negros com base num sentimento de culpa interno, como se o grupo étnico é que tivesse a culpa, por, aos olhos de muitos, "não estar preparado para a liberdade".

Especialmente para aqueles de melhor posição econômica e social, muitos dos hábitos simples e até grosseiros dos afrodescendentes mais pobres, ou vindos do campo, eram produto da sua desqualificação social, de sua pouca educação. Para melhorar esta situação, o único caminho seria aquele da educação dos jovens negros e do esforço, visto, em grande parte, como dependente da vontade individual de cada um, em tentar melhorar seu destino. Mesmo que algumas de suas entidades mutualistas se esforçasse em possibilitar espaços de aprendizagem, através de aulas ou conferências, a inconstância e precariedade dos esforços realizados e a falta de apoio estatal ou institucional, levou ao fracasso das tentativas, mesmo para os grupos urbanos, ainda em melhor situação do que aqueles do campo.

Em consequência, educaram-se, então, apenas aqueles que podiam, cujas famílias tinham posses e o indivíduo suficiente força de vontade para aguentar o aberto preconceito contra os negros por parte dos brancos, ainda mais visível quando estes tentavam penetrar em espaços fora da comunidade.

Como intelectual e escrivão, maçom e cidadão de seu tempo, Juvenal seguramente tinha consciência da discriminação que pesava sobre os afrodescendentes, mesmo porque a sofria em alguns momentos. Por outro lado, isso não significa que sempre aceitasse tranquilamente questões que, para os demais, eram bem simples. Um exemplo identifica bem esta situação: em 1909, desencadeou-se, em todo o país, a campanha pela diplomação e posse do deputado negro Monteiro Lopes, eleito deputado federal pelo Rio de Janeiro, mas que, tendo sérias razões para crer que sua eleição incorria em desgosto do Palácio do Catete, e que seria impedido de tomar posse na Câmara, resolveu organizar um movimento preventivo para respaldar sua nomeação.

A campanha pela sua posse teve repercussão nacional e chegou a eletrizar a comunidade negra urbana de Pelotas, a qual chamou uma primeira reunião, a qual acorreram mais de duzentas pessoas que logo a seguir organizaram o Centro Ethiópico Monteiro Lopes, engajando-se todos na campanha que incluiu mobilizações, pressões junto a políticos e envio de telegramas posicionando-se e protestando contra o que era chamado de "esbulho eleitoral". Depois de tomar posse, Monteiro Lopes veio a Pelotas agradecer pelo apoio e se tornou amigo de muitos "da raça" na cidade. Entretanto, não de Juvenal, que não quis apoiar ou participar da campanha, por considerar-se ofendido, já que, anteriormente, havia entrado em contato com esse deputado solicitando-lhe que fosse correspondente de seu jornal e, como ele alegara falta de tempo para aceitar, Juvenal não participou da campanha e declarou publicamente que a ele pouco importava se Monteiro Lopes perdesse ou não o mandato.

O que Juvenal não viu é que esta foi a primeira manifestação coletiva contra o racismo na cidade e que empolgou a todos, até aqueles que normalmente não se mobilizavam por questões muito mais próximas e cotidianas, como a proibição de sentar na praça central Cel. Pedro Osório, o fato de pessoas de tez mais escura não poderem entrar em alguns cafés da cidade, ou até de não serem aceitas em barbearias. Nem seus companheiros de redação ficaram ao seu lado neste momento, contando-se vários deles em postos principais do movimento pró-Monteiro Lopes.

Mas com o tempo, Juvenal terminou aproximando-se dos velhos clubes negros e participando de suas diretorias, inclusive do *A Alvorada*. Com relação às associações da comunidade negra, ele parece ter seguido o mesmo modelo das lideranças brancas, sendo sócio de todas que buscaram sua participação. Dessa forma, pode ser encontrado em sociedades recreativas diversas, como o Recreio dos Operários, a Satélites do Progresso, e ainda será presidente de 1906 a 1908 da Flores do Paraíso, da qual era considerado sócio benemérito desde 1902. Até de um Clube de futebol, o Aliança dos Operários, em 1911, foi presidente. Entre as sociedades mutualistas mais tradicionais do grupo, participou da diretoria da Fraternidade Artística e também esteve presente em cargos como secretário e presidente da Harmonia dos Artistas, por várias vezes, além de ter sido secretário da Sociedade Beneficente Amparo Mútuo em 1913 e 1914.

Curioso, nesse seu percurso associativo, é o extremo zelo demonstrado com a Sociedade Beneficente Feliz Esperança, da qual foi presidente em 1899, 1911, 1912, 1913, 1914, 1915, 1916 e 1917, quando a entidade deixou de existir. Ainda participou dela em outros cargos menores. Já vimos que Justo também teve grande participação nessa entidade, mas no seu caso, isso é explicado pelo fato de ter sido seu primeiro presidente[39]. Mas, para Juvenal da Silva, esta aproximação se deu exatamente no período da decadência da entidade, quando ela apenas estava servindo como sede para várias outras associações, já sem o poder criador e organizador do grupo negro no

---

39 Entretanto, analisando as diretorias que tem a participação de um ou outro, vê-se que poucas coincidiram, ressalvando-se que falta a nominata da diretoria de alguns anos da primeira década do século XX.

século XIX. Por outro lado, é uma participação que não faz parte do perfil até agora descoberto para Juvenal, o que leva a necessidade de aprofundar as pesquisas.

Mais fácil é entender sua participação na irmandade de São Benedito, de que foi juiz protetor, em 1908. Embora ele não fosse muito próximo à Igreja, esta irmandade era a responsável pela manutenção do Asilo São Benedito, ao qual ele era muito ligado, tendo sido um dos seus fundadores, além de membro da comissão de redação dos estatutos deste Asilo. Participou, como vice-presidente da primeira diretoria de cor do Asilo São Benedito em 1901 e de outras atividades da instituição até que o Asilo deixa a administração do grupo negro e passa a ser gerido por irmãs católicas e outros setores da Igreja, a partir de 1914. Juvenal tendeu a ver na educação a prioridade para sua comunidade, e este asilo, como outros espaços, era um meio para desencadear e participar de campanhas educativas ou de ensino.[40]

Entretanto, sua trajetória como liderança negra convivia ainda, com outra contradição, pois se era sócio de entidades negras, prestando-lhe serviços gratuitos, também privilegiava suas relações com a Liga Operária, que, por volta do final do século XIX e início do XX, era acusada publicamente de discriminar operários negros e pobres e não se preocupar com a situação da classe operária.[41] Apesar de ter uma profissão não manual, Juvenal participou da direção dela como orador em 1907 e nas diretorias de 1908 e 1909 atuou como vice-presidente e foi orador nas diretorias de 1910 e 1911, tendo-lhe sido ofertado um diploma de sócio protetor da mesma, provavelmente por contribuir para a construção de sua sede. Já em 4 de abril de 1902 no *Diário Popular*, aparecia a notícia de uma conferência da Liga, a segunda de uma série que seria pronunciada pelo "nosso amigo" sr. Juvenal Augusto da Silva, que tomaria por tema: "Breves considerações relativas à ordem social". Após o evento, foi noticiado que "a conferência teve extraordinário n. de famílias convidadas e de associados"[42] que a assistiram, bem como "a Banda da Liga, que executou belas peças antes e depois do ato". Ou seja, Juvenal

---

40 Os cronistas do jornal *A Alvorada* das décadas posteriores a 1930, incluíam o nome do "Dr. Juvenal" como um dos lutadores pela educação dos negros em Pelotas.

41 As acusações contra a Liga constam de atas da União Operária de Rio Grande: ata 30 e 34, da diretoria, de 11/08/1905 e 10/10/1905. A tentativa de conciliação dessa entidade em Pelotas não dá certo e nasce outra central sindical, a União Operária de Pelotas, composta por operários negros e/ou pobres. Já em 1898 ela havia sido acusada de não se preocupar com os operários pobres pela União Operária Internacional (*Echo Operário*, 18/01/1898).

42 *Diário Popular*, 08/04/1902.

tinha relações muito próximas com as diretorias da Liga naqueles anos, talvez porque outros maçons também participavam da mesma.

Lembra-se aos leitores que, pouco antes do final do século XIX, a Liga já havia sido acusada de não se preocupar com os problemas dos trabalhadores pela União Operária Internacional, da qual Justo participara. Esta última entidade durou apenas dois anos e, como a situação continuou a mesma, outra foi fundada em 1905, a União Operária. Pois foi exatamente nestes anos que rodeiam a criação da nova União Operária que temos a participação direta de Juvenal na Liga Operária, inclusive tendo-lhe sido concedido, em 1907, o diploma de sócio protetor, sinal que prestou relevantes serviços ou fez doações importantes. É mais provável o segundo caso, já que a Liga comprou uma sede, em rua central da cidade nesta década.

Enfim, Juvenal teve bom trânsito tanto entre a comunidade negra, quanto entre os grupos brancos. Parece ter exercido a função de advogado, embora não se saiba se teve escritório de advocacia ou não. A família considera que era formado em advocacia, mas os dados conseguidos pelos necrológios dos dois principais jornais da cidade o colocam como possuindo apenas o "diploma de Doutor em Filosofia pela Academia Filadélfia, curso feito por correspondência".[43]

Ele morreu cedo, com apenas 52 anos, vitimado por um "mal súbito", em 31/10/1926, e seu enterro foi concorrido.

> Morreu ontem, subitamente, era ajudante do escrivão do cartório de registro civil da primeira zona.
>
> O extinto, que era viúvo, contava com 52 anos e deixa uma filha maior, casada com o sr. Antônio de Oliveira Falcão.
>
> O malogrado cidadão tinha o diploma de doutor em filosofia pela academia de Philadelphia, curso feito por intermédio de correspondência.
>
> Deixou bens de fortuna e também testamento. Era muito bem relacionado, tendo conquistado grande número de amigos por seu caráter bom e caridoso.
>
> Seu ataúde foi levado por seis asilados do Asilo de Mendigos.[44]

Seu necrológio omite outra contradição de Juvenal, e os problemas daí decorrentes incidiram diretamente sobre sua família. Juvenal havia feito um primeiro

---

43   O *Libertador*, do dia 01/11/1926 e *Diário Popular*, de 5/11/1926.

44   O *Libertador*, dia 01/11/1926.

casamento com Clemência Guimarães, que pertencia à comunidade negra e, desse casamento, apenas a filha Florinda chegou à maioridade, casando-se dentro da comunidade negra com Antônio Falcão. Após a morte da esposa, segundo a família, ele jurou não mais se casar. Mesmo assim, posteriormente uniu-se a outra moça, Virgilina da Paz, com quem teve mais três filhos. Entretanto, o fato de não ter se casado com Virgilina impediu que esta e seus filhos tivessem parte na herança. Não foi encontrado seu testamento, apenas o inventário que, na verdade, é ação de devolução de herança, sendo afirmado que havia apenas uma herdeira, a filha de Clemência, Florinda. Ela e seu esposo ficam com toda a fortuna do pai e possivelmente, enquanto eram vivos, devem ter amparado Virgilina e seus filhos. Contudo, este casal também morreu cedo e com isso, a segunda família de Juvenal ficou ao desamparo, pois a tutela dos filhos de Florinda e, consequentemente, a curadoria dos seus bens, passaram para o irmão de Juvenal.

Dos três filhos de Florinda e Antônio, apenas duas mulheres chegaram à idade adulta e constituíram família, uma delas com um branco e a outra com um mulato. Nenhuma estudou além do nível primário, mas seus filhos e netos que quiseram estudar completaram o nível universitário, a maioria tendo profissões de classe média. As duas netas e seus maridos não puderam usufruir do dinheiro deixado pelo avô, pois eles já haviam sido dissipados quando chegaram à idade adulta. Uma delas, Clemência, inclusive trabalhou como costureira, profissão que se sabe penosa, para auxiliar a sustentar os filhos, pois era casada com um motorista.

Situação pior foi suportada pela segunda família, com Virgilina e os filhos, especialmente o mais velho, desdobrando-se para sobreviver. Na entrevista com familiares, foi narrado que Virgilina[45] teve que exercer várias funções, inclusive de lavadeira, para manter os filhos. A história de seu filho mais velho, também chamado Juvenal, indica que estudou apenas até a sexta série e teve que trabalhar como operário, inicialmente. Depois, provavelmente com o apoio da maçonaria, que deve ter velado pelos filhos de uma de suas lideranças, entrou na Caixa Econômica Federal e fez carreira, chegando a exercer o terceiro cargo em importância desta instituição bancária na região de Pelotas. Também casou com pessoa da comunidade negra e teve oito filhos, conseguindo que estes, em maioria, tivessem o segundo grau completo ou até o nível superior, ocupando profissões de classe média. Dos outros filhos com Virgilina, a menina morreu ainda criança, e o outro foi José, que não quis estudar, mas trabalhou na Caixa, como

---

45 Virgilina da Paz morreu em 28/02/1964, aos 75 anos, segundo informações de sua neta, entrevistada em junho de 2011.

contínuo e ocupando cargos menores. Não se conseguiu ainda traçar a descendência de José, bem como se tiveram oportunidades educacionais.

Independente de terem se casado dentro ou fora da comunidade negra, permanece a questão de que aqueles que progrediram nos estudos encontram-se hoje em melhores condições do que os irmãos que não investiram na educação, bem como seus descendentes. Ambos os lados dessa família são de pardos claros ou brancos, com pouquíssimas exceções, como um dos netos de Virgilina, que casou com uma pessoa de cor mais escura. Mesmo assim, uma das filhas deste casal, ao apostar nos estudos, chegou até o doutorado, sendo a única da família a ter este desempenho até o momento.

Vê-se, portanto, que pelo menos neste caso, a cor não foi predominante em termos do condicionamento familiar. Nota-se, entretanto, que o tempo, ou talvez os interesses dos seus consortes, já que alguns casaram com brancos, levou a que os descendentes de Juvenal, em conjunto, se afastassem dos clubes negros tradicionais da comunidade.

Ainda é muito cedo para concluir qualquer coisa em relação aos seus descendentes, pois apenas uma das famílias foi identificada. Por outro lado, em relação aos próprios atores, é importante destacar que viveram sua vida na fronteira entre negros e brancos, o que é mais evidente ainda em termos de Juvenal e Serafim. Mesmo assim, fizeram sua trajetória dentro da comunidade negra, sendo todos os três representativos e representados por ela. Em nenhum momento negaram suas origens, embora seja sintomático que os dois com maior estudo tenham constituído família com mulheres brancas ao final da vida. Mesmo isso, entretanto, parece mais um acidente de percurso do que uma inflexão em suas vidas, pois não trouxe modificações em relação a suas trajetórias. Talvez possa ser enquadrado, no relativo à mocidade das segundas esposas e a sua cor, no que hoje em dia é chamado, nos EUA, de esposa troféu.[46]

A adesão à maçonaria, entretanto, parece ter sido um fator que auxiliou em muito em sua atuação profissional e política, dando maiores possibilidades a Serafim e Juvenal de entrar e conviver em ambientes diferenciados da comunidade negra, seguramente contribuindo em seu sucesso profissional. No caso, foram auxiliados também pela tez mais clara, mais fácil de ser aceita socialmente. Seu nascimento diferenciado, sua educação e os laços que conseguiram criar entre a sociedade pelotense como um todo os auxiliaram a levar a vida como parte integrante dos setores

---

46 Esposa troféu é a chamada tendência para homens de meia idade buscarem companheiras bem mais jovens do que eles e mais vistosas do que suas primeiras esposas, dentro dos padrões de beleza da sociedade.

médios, deixando suas famílias protegidas e também fazendo com que pudessem empregar parte dos seus esforços a favor da comunidade negra urbana mais pobre.

A trajetória de Justo, também ele pardo, pelo menos em sua certidão, não teve o mesmo sustentáculo, em parte devido aos apoios que não teve, pois não foi maçom, um poderoso instrumento de apoio para pessoas de classe média naquela época. Assim, se suas estratégias foram eficientes para libertá-lo, foram insuficientes para garantir-lhe sucesso posteriormente. Sem dúvida, sua profissão de mestre sapateiro e suas convicções sindicais e/ou políticas devem tê-lo prejudicado nos negócios. Na realidade, depois de solto do cativeiro, ele procurou apenas e simplesmente viver sua vida, sem conseguir o apoio de uma instituição, ou organização que pudesse apoiá-lo e a sua família. Talvez seja isso que tenha faltado, no seu caso, pois um padrinho, uma instituição religiosa ou mesmo laica, poderiam ter feito diferença em seus projetos de tornar-se um empresário, visto que, na sociedade brasileira da época os laços clientelistas e de apoio político eram muito mais importantes do que a competência ou habilidade individual. Além disso, Justo pertenceu ao setor dos artesãos, trabalhadores que muito foram prejudicados na Primeira República, terminando por desaparecer como setor de classe.

Os três personagens provaram ser pessoas capazes, que souberam enfrentar e superar boa parte das desvantagens que sua cor ou posição social de origem lhes impunha. Contudo, pode-se deduzir que, em parte, tiveram trajetórias condicionadas por sua cor, pois os potenciais de crescimento de Serafim e Juvenal facilmente poderiam tê-los guindados a cargos mais importantes do que aqueles que efetivamente tiveram a oportunidade de exercer, pois ficou claro que fizeram uso de todos os mecanismos à sua disposição para inserirem-se socialmente. A situação de membros da maçonaria, sem dúvida os auxiliou em seus esforços, mas muitas das dificuldades e dos obstáculos que enfrentaram, devido à cor, nos escaparam, e provavelmente nunca poderão ser completamente aquilatados. Sabemos que pelo menos Serafim foi tratado discriminadamente nos episódios da luta abolicionista e mesmo depois devido à cor. Quanto a Juvenal, ainda é necessário maior pesquisa, inclusive para poder entender os motivos das suas contradições e peculiaridades levantadas aqui. E, com relação a Justo, será bem mais difícil avançar-se, devido, especialmente, à classe que pertencia: ao cair no proletariado, nem Justo nem os demais operários interessavam muito, seja aos primeiros cronistas e historiadores, seja ao Estado, portanto; suas marcas escritas na história e, consequentemente, as possibilidades de individuação, são muito pequenas.

Bibliografia

BAK, Joan. Respectability and reformist in Porto Alegre, 1908-1913. *História: Debates e Tendências*, vol. 4, n. 1, julho 2003, p. 65-72,

CHALHOUB, Sidney. *Visões da liberdade*. São Paulo: Companhia das Letras, 1990.

CRUZ, Maria Cecília Velasco. "Tradições negras na formação de um sindicato: sociedade de resistência dos trabalhadores em trapiche e café, Rio de Janeiro, 1905-1930". *Afro-Asia*, n. 24, UFBA, 2000, p. 243-290.

CASTELUCCI, Aldrin. "Classe e cor na formação do Centro Operário da Bahia (1890-1930)". *Afro-asia*, UFBA, vol. 41, p. 85-131, 2000.

GOMES, Arilson dos Santos. *A formação de oásis: dos movimentos frentenegrinos ao primeiro Congresso Nacional do Negro em Porto Alegre*. Dissertação de mestrado. PPGH/PUC-RS, Porto Alegre, 2008.

LARA, Silvia Hunold. Escravidão, cidadania e História do Trabalho no Brasil. *Projeto História*, São Paulo, n. 16, p. 25-38, fev. 1998.

LIMA, Henrique Espada. Trabalho e lei para os libertos na Ilha de Santa Catarina no século XIX: arranjos e contratos entre autonomia e domesticidade. *Cadernos AEL*, vol. 14, 2009, p. 133-175.

LONER, Beatriz. Abolicionismo e imprensa em Pelotas. In: ALVES, Francisco (org.). *Imprensa, História, Literatura e Informação*. Rio Grande: Furg, 2007, p. 57-64.

_____. "Antônio: de Oliveira a Baobad". *Anais eletrônicos do II Encontro Escravidão e Liberdade no Brasil Meridional*, 2005, CD-ROM.

MAC CORD, Marcelo. *Andaimes, casacas, tijolos e livros: uma associação de artífices no Recife – 1836-1880*. Tese de Doutorado, PPGH/Unicamp, Campinas, 2009.

MATTOS. Hebe. *Das cores do silêncio: os significados da liberdade no sudeste escravista. Brasil, século XIX*. Rio de Janeiro, Nova Fronteira, 1998.

MATTOS, Marcelo B. *Escravizados e livres. Experiências comuns na formação da classe trabalhadora carioca*. Rio de Janeiro: Bom Texto, 2008.

MOREIRA, Paulo S. *Os cativos e os homens de bem. Experiências negras no espaço urbano*. Porto Alegre: EST Edições, 2003.

OLIVEIRA, Fernanda da Silva. *Os negros, a constituição de espaços para os seus e o entrelaçamento desses espaços: associações e identidades negras em Pelotas (1820-1943)*. Dissertação de mestrado. PPGH/PUC-RS, Porto Alegre, 2011.

PERES, Eliane. *Templos de luz: os cursos noturnos masculinos de instrução primária da BPP 1875-1915*. Pelotas: Seiva Publicações, 2002.

RIOS, Ana Lugão e MATTOS, Hebe. *Memórias do cativeiro. Família, trabalho e cidadania no pós abolição*. Rio de Janeiro: Civilização Brasileira, 2005.

SANTOS, José Antônio. *Raiou a Alvorada: intelectuais negros e imprensa. Pelotas (1907-1957)*. Pelotas: UFPel, 2003

XAVIER, Regina (org.). *História da escravidão e da liberdade no Brasil meridional- guia bibliográfico*. Porto Alegre: Editora da UFRGS, 2007.

Diásporas de afrodescendentes

LÚCIA HELENA OLIVEIRA SILVA[1]

O TÉRMINO DA ESCRAVIDÃO SE CONSTITUIU em um momento de mudanças para aqueles que a conquistaram e significou um dos primeiros passos para a efetivação de uma nova vida, sendo comemorado com grandiosidade no país. Entretanto, após as comemorações não houve nenhuma movimentação do Estado ou dos segmentos sociais para absorver os novos cidadãos. Ao contrário do que esperavam os libertos, a sociedade mostrava-se refratária em admitir os afrodescendentes em condições paritárias aos brancos e as experiências vivenciadas na liberdade mostraram que havia um longo caminho para efetivação da cidadania. Na Jamaica e em Cuba a emancipação veio acompanhada de processos disciplinalizadores que buscavam fazer do liberto um trabalhador dócil e obediente atendendo às necessidades do mercado agroexportador. Nos Estados Unidos, onde a abolição da escravidão aconteceu mais cedo – em 1865, após uma guerra civil (1861-1865) –, os emancipados inicialmente obtiveram importantes ganhos, como o direito ao sufrágio universal e acesso ao poder político, que significou acesso a alguns cargos locais, mas foram progressivamente perdendo os direitos conquistados no final do século XIX.[2]

Na realidade, a abolição por si não foi capaz de extinguir todo um conjunto de valores de ordem econômica, social, cultural e psicológica. Nos lugares onde a liberdade chegou mais cedo as experiências vivenciadas mostravam que afrodescendentes tinham um longo caminho para efetivação de sua cidadania. No Brasil, o processo que culminou na abolição da escravidão foi de quase meio século e a liberdade jurídica não coincidiu exatamente com a incorporação dos direitos dos livres e, após

---

[1] Professora do departamento de História da Faculdade de Ciências e Letras de Assis-Unesp.
[2] FONER, E. *Nada além da liberdade*. Rio de Janeiro: Paz e Terra, 1988.

1889,[3] com a República dos direitos dos cidadãos. Os ajustamentos ao novo estado de coisas foram lentos[4]. A busca de cidadania e melhorias implicava diretamente em oportunidade de trabalho e este foi um dos fatores motivadores para se permanecer, mudar para a vizinhança ou sair de vez do espaço socioespacial onde até ali estivera. Neste texto nos reportaremos em especial a alguns aspectos da vida no período pós--cativeiro de afrodescendentes que viveram em São Paulo.

A migração sempre foi característica da população brasileira e, em especial, dos escravizados. Primeiro eles eram deslocados do continente africano para o Brasil até as cidades costeiras. Uma vez vendidos eram novamente deslocados dos portos para as fazendas e cidades, atendendo as demandas internas, o que acarretava novas dinâmicas migratórias como, por exemplo, da região Nordeste para a região Sudeste. Wissenbach[5] apontou a permanência da tradição nômade na população brasileira, que segundo ela vinha do período colonial, atravessando o período imperial e mantendo-se presente nos anos do período pós-abolição. Excetuando as regiões litorâneas e alguns centros urbanos, este fenômeno repetia-se em quase todas as regiões do país.[6] A intensa mobilidade dos homens livres pobres dava-se sobretudo no campo, onde os deslocamentos podiam ter um caráter sazonal, obedecendo ao período das colheitas.

---

3   No Brasil há poucos estudos sobre a questão da migração negra no pós-abolição. Entretanto na historiografia norte-americana percebemos uma tradição no estudo acerca da migração de libertos. Lá o movimento de deslocamento da população negra iniciou-se após o fim do período chamado Reconstrução Radical. Este período foi particularmente doloroso para os libertos, sobretudo, aqueles do estados do sul dos Estados Unidos, pois os negros perderam os direitos adquiridos através da 14ª emenda da Constituição que havia lhes dado direitos de cidadania, e também as terras que cuidaram durante a Guerra Civil (1860-1865). Além disso, havia os ataques do terrorismo branco da Ku Klux Klan, organização criada a partir dos veteranos da Confederação que perseguia negros e aliados com linchamentos, surras e incêndios. Entre os vários trabalhos que abordam a migração dos negros do sul para o norte – conhecida como Great Migration – podemos citar: GRIFFIN, Farah J. *Who set you flowin The African-american, migration narrative*. Nova York/Oxford: Oxford University Press, 1995; GROSSMAN, James R. *Land of hope: Chicago, Black southerners, and the Great Migration*. Chicago: The University of Chicago Press, 1992; FONER, *op. cit.*

4   COSTA, Carlos E. C. *Campesinato Negro no Pós-Abolição: Migração, Estabilização e os Registros Civis de Nascimentos. Vale do Paraíba e Baixada Fluminense, RJ (1888-1940)*. Dissertação de mestrado. PPGH/UFRJ, Rio de Janeiro, 2008.

5   WISSENBACH, M. C. C. "Da escravidão à liberdade: dimensões de uma privacidade possível". In: SEVCENKO, Nicolau (org.). *História da vida privada no Brasil* 3. São Paulo: Companhia das Letras, 1998.

6   *Ibidem*, cap. 1.

Havia também deslocamentos que eram a fuga dos alistamentos forçados, condição que aconteceu sobremaneira no período imperial (para a participação nas forças do exército) na época da Guerra do Paraguai. Este tipo de alistamento era destinado a pessoas que eram entendidas pelas autoridades como sem ocupação, vadios, andarilhos, tropeiros e roceiros. Neste caso, migração era uma forma de escapar do engajamento praticamente obrigatório e da truculência dos recrutadores[7] que se aproveitavam dos momentos de lazer, como festas para realizar o engajamento forçado, como observou o viajante inglês Ewbank.[8]

Entendemos que a migração muitas vezes se somava à procura de trabalho articulado ao desejo de rever parentes e amigos separados pela escravidão, além de significar viver longe de antigos senhores e criar novas referências.

Afrodescendentes em movimento

No Brasil, os estudos sobre a migração afrodescendente no período pós-abolição têm ganhado fôlego a partir de valiosas contribuições na década de 1990. Ana L. Rios e Carlos Costa[9] buscaram compreender a migração entre remanescentes de quilombo em área do Vale do Paraíba carioca através das genealogias das famílias. Os pesquisadores observaram que na maioria das famílias afrodescendentes havia membros que haviam feito algum deslocamento. O estudo indicou que a maioria das migrações deu-se em nível regional entre cidades próximas dentro do estado carioca. Percebeu-se também que esta população tanto quanto pode evitou o trabalho com a

---

7   A população passou a desertar e fugir para o mato e, meio século depois, já no século XX, Mário de Andrade registrava no norte o costume de morar escondido para fugir do recrutamento, lembrança alusiva à guerra do Paraguai. *Ibidem*, p. 57-58. Também há referências nos trabalhos de Soares, Carlos Eugênio L. *A negregada instituição: os capoeiras no Rio de Janeiro*. Rio de Janeiro: Secretaria Municipal de Cultura, 1994; e Costa, Wilma Peres. *A Espada de Dâmocles – O Exército, a Guerra do Paraguai e a crise do Império*. São Paulo/Campinas: Hucitec/Editora da Unicamp, 1996.

8   Thomas Ewbank observou que enquanto os brancos pobres cobiçavam uma patente no exército, os negros livres fugiam com toda a força, para escapar do engajamento. Como os recrutadores procuravam os negros que tivessem usando sapatos, condição essencial dos libertos, muitas vezes eles passavam-se por escravos enganando os oficiais. Ver Benchimol, Jaime L. *Pereira Passos: um Haussmann tropical: a renovação urbana da cidade do Rio de Janeiro*. Rio de Janeiro: Secretaria Municipal de Cultura da Prefeitura do Rio de Janeiro, 1992, cap. 2.

9   Rios, Ana M. L. e Costa, Carlos. E. C. "Migração de negros no pós-abolição: duas fontes para um problema" Trabalho apresentado no *XVI Encontro Nacional de Estudos Populacionais*, realizado em Caxambu- MG de 29 de set. a 3 de out. de 2008

lavoura. Eles também apontaram problemas da natureza da pesquisa como recenseamentos com pouca confiabilidade e ausência do quesito cor, uma vez que o item foi retirado de boa parte das fontes demográficas no início de regime republicano. No caso específico deste estudo, as fontes orais dos descendentes e os registros civis de nascimentos foram essenciais para descobrir a procedência de libertos.

Carlos Costa[10] também desenvolveu tese sobre a migração de pretos e pardos na Baixada Fluminense, entre os anos de 1888 a 1940. Segundo ele, no início do século XX migrar para grandes centros se constituiu uma estratégia, indicando que os ex-escravos e seus descendentes acompanhavam atentamente as notícias de "novas oportunidades de trabalho no Estado do Rio de Janeiro". O crescimento da lavoura de café em larga escala dificultava a vida daqueles que produziam em pequenas propriedades e de forma independente, levando muitos a tentar a sorte em outros lugares.

Estudando um segmento da população afrodescendente paulista[11] descobrimos que parte deste grupo começou a se deslocar para o Rio de Janeiro. As motivações para a mudança estavam nos espaços socioculturais criados pela comunidade negra em bairros como Santana, Lapa, entre outros e espaços de trabalho nas docas que as tornavam atraentes para os libertos. A presença negra no pós-abolição segundo os dados[12] era maciça na cidade sendo o aumento da população carioca de 95,8% entre 1872 a 1890 e 56,30% até 1906.

Já em São Paulo a população cada vez mais se branqueava e um dos motivos principais era devido à presença do imigrante europeu. Mattos e Bastide[13] também consideraram na diminuição dos afrodescendentes em São Paulo, a possível emigração de escravos vindos pelo tráfico interprovincial.[14] Após 1870, os escravos em solo paulis-

---

10   Costa, Carlos E. C., *op. cit.*

11   Silva, Lúcia H. O. *Construindo uma Nova Vida: Migrantes paulistas afro-descendentes na cidade do Rio de Janeiro no pós-abolição (1888-1926)*. Tese de doutorado. PPGH/Unicamp, Campinas, 2001.

12   Damazio, S. F. *Retrato social do Rio de Janeiro na virada do século*. Rio de Janeiro: Editora da UERJ, 1996.

13   Matos, Odilon N. *Café e ferrovias: a evolução ferroviária de São Paulo e o desenvolvimento da cultura cafeeira*. 3ª ed. São Paulo: Arquivo do Estado, 1981 e Bastide, Roger. *Brancos e negros em São Paulo*. 2ª ed. São Paulo: Companhia Editora Nacional, 1959.

14   Após a lei de 1850 que proibia o tráfico africano, uma das alternativas encontradas pelos senhores foi o tráfico interprovincial para levar mão-de-obra escrava às fazendas cafeicultoras. Sobre a questão do tráfico ver: Rodrigues, Jaime. *O Infame Comércio: propostas e experiências no final do tráfico de africanos para o Brasil (1800-1850)*. Campinas: Cecult/Unicamp, 2000. Chalhoub, Sidney. *Visões da Liberdade: uma história das últimas décadas da escravidão na Corte*. São Paulo: Companhia das Letras, 1990; Karasch, Mary C. *A Vida dos Escravos no Rio de Janeiro*. São Paulo: Companhia das Letras,

ta eram, em sua maioria, originários do tráfico que foi alimentado por uma série de correntes migratórias vindas de inúmeros lugares do Brasil.[15]

As mudanças aconteceram rapidamente no final dos anos de 1880. Em 1885 havia matriculados 150.000 escravos em solo paulista. Dois anos depois existiam 107.329 cativos não sendo contabilizadas as fugas, cada vez mais frequentes em São Paulo.[16]

Após a abolição a composição da população do estado se alterou sobremaneira. Segundo Thomas Holloway,[17] entre 1887 a 1892 chegaram 341.000 imigrantes europeus em São Paulo, sendo 240.000 trabalhadores em potencial. Em vista do número anteriormente citado de escravos matriculados no estado, os imigrantes passaram a ser o maior contingente o que efetivamente mudou a composição étnica do estado.

Assim, em solo paulista os negros deixavam de compor numericamente a maioria entre os trabalhadores. Ainda que não se saiba ao certo quantos negros livres e libertos existiam na Província naquela época devido aos censos e às imprecisões dos registros de matrículas, acredita-se que, mesmo se somados aos escravos, não suplantavam o número de imigrantes. Trabalhando com uma periodicidade maior, Andrews concluiu que 2,1 milhões de europeus entraram no estado de São Paulo entre 1888 e 1928,[18] o que tornava a presença dos libertos e seus descendentes menos perceptível entre os paulistas. Há que considerar também que as formas de contabilizar os trabalhadores nacionais eram mais precárias, porque não se contava com alguns tipos de controle como aqueles presentes nas hospedarias, companhias agrícolas e portos, como acontecia com os imigrantes, que por serem subsidiados por agências privadas, estaduais e federais eram permanentemente computados. Os dados sobre a população nacional só podiam ser recuperados nos ocasionais censos de rigor questionável, que nem sempre captavam o dinamismo da população.

2000. CONRAD, Robert. *Os últimos anos da escravatura no Brasil: 1850-1888*. Rio de Janeiro: Civilização Brasileira, 1978 e do mesmo autor *Tumbeiros: o tráfico e escravos para o Brasil*. São Paulo, 1985.

15 "Os dados demográficos indicam que o elemento escravo na população de São Paulo continua a aumentar progressivamente até os fins do 3.º quartel do século XIX, sem determinar, no entanto, nenhuma modificação considerável na proporção de negros e mulatos em relação aos brancos passando a declinar daí em diante". BASTIDE, *op. cit.*, p. 137.

16 COSTA, Carlos E. C., *op. cit.*, p. 121.

17 HOLLOWAY, Thomas H. *Imigrantes para o café: café e sociedade em São Paulo 1886-1934*. Rio de Janeiro: Paz e Terra, 1984.

18 ANDREWS, George R. *Negros e brancos em São Paulo*. Bauru: Edusc, 1998, p. 93.

Assim, percebemos que o contexto do final do século XIX trouxe transformações que implicaram em alterações de condições de vida para muitos grupos de recém-libertos. No caso de São Paulo, mais pessoas no mercado de trabalho significava maior concorrência. As alternativas para tal situação seriam buscar espaços específicos de trabalho ou a mudança para lugares da zona rural onde houvesse pequeno afluxo de imigrantes. Migrar para as grandes cidades também se constituiu-se como uma das alternativas usadas pelos libertos e descendentes na busca por melhores condições de vida.

Nas cidades para as quais os fluxos migratórios se dirigiram o impacto populacional foi imediato. No Rio de Janeiro, Damazio observou um aumento da população carioca. Este afluxo causou o acirramento de velhos problemas na cidade, como falta de habitação e ausência de equipamentos básicos de higiene, proliferando doenças. Além da migração oriunda de diversos estados como aqueles da região Nordeste, havia a migração interna de afrodescendentes vindos do Vale do Paraíba, movimento apontado por Damazio e Costa.

Nos centros urbanos das cidades paulistas, as possibilidades de emprego para afrodescendentes eram escassas. Diferentemente dos dados que Cecília V. Cruz e Arantes[19] encontram para a região do Rio de Janeiro, onde a inserção de trabalhadores libertos e descendentes foi significativa, Teresinha Bernardo,[20] em pesquisa com afrodescendentes em São Paulo aponta que estes tiveram dificuldades de colocação no mercado de trabalho urbano, condição oposta à das mulheres do mesmo grupo empregadas em trabalhos domésticos.[21]

Obtida colocação, outras dificuldades tinham que ser vencidas. Na zona rural, espaço que empregava a maioria dos trabalhadores até a década de 1950, as condições eram duras e as queixas eram frequentes. No interior paulista, em especial do oeste paulista histórico, os fazendeiros preferiam os europeus. Os motivos eram baixo custo da mão de obra e os ganhos ocasionados pelo endividamento do trabalhador que precisava de gêneros de primeira necessidade que o fazendeiro vendia. Ideologicamente, as teorias racistas presentes desde o século XIX criaram uma justificativa para se

---

19 CRUZ, Maria Cecília V. "Tradições negras na formação de um sindicato: sociedade de resistência dos trabalhadores em trapiche e café. Rio de Janeiro, 1905-1930". *Afro-Ásia*, UFBA, n. 24, 2000 e ARANTES, Erika B. *O porto negro: cultura e trabalho no Rio de Janeiro dos primeiros anos do século XX*. Dissertação de mestrado. PPGH/Unicamp, Campinas, 2005.

20 BERNARDO, Teresinha. *Memória em branco e negro: olhares sobre São Paulo*. São Paulo: Educ/Editora Unesp, 1998.

21 ANDREWS, *op. cit.*

preferir trabalhadores brancos europeus e não o trabalhador liberto. É que neste contexto o trabalhador brasileiro de modo geral estava em desprestígio. Patto[22] afirma que no período de transição do século XIX para o XX as mudanças como abolição e advento da República não proporcionaram um ampliação de espaços democráticos, mas na subida ao poder dos grupos hegemônicos que minimizaram a participação popular política.

Para os afrodescendentes que permaneciam no campo, a vida era bastante difícil porque a remuneração era mínima e as condições eram praticamente análogas às que viveram antes, restando como trabalhos mais lucrativos os sazonais de colheita ou tarefas mais pesadas de abertura de mata para novas áreas agrícolas. Ex-escravos queixavam-se frequentemente do tratamento dado a eles, trabalhadores livres, tratamento análogo ao dos tempos de cativeiro. Além disso, havia diferenças entre a ideia de remuneração justa entre fazendeiros e trabalhadores negros. Não houve nada parecido com o processo de violência racista de uma Ku Klux Klan, mas é preciso lembrar que a opressão e a expulsão sempre pautaram as relações trabalhistas no campo como jornais da comunidade atestam. O periódico *Getulino*, por exemplo, noticiava em 16 de setembro de 1923 a situação de um colono negro perseguido pelo administrador da fazenda onde morava na cidade de Pirajú no interior do estado de São Paulo:

> Oprimido na fazenda Himalaya, neste município, pelo respectivo administrador José Campos Valadão, venho pedir o apoio do vosso jornal em defesa dos meus direitos: vai para quatro anos que eu e minha família, ao todo onze pessoas, entramos como colonos para a fazenda acima citada...por ser de condição humilde e de cor preta, o administrador Valadão, não sei porque, tomou-se de ódio contra mim, zangando-se a toa comigo e multando-me no dia 17 em 415$200, uma quantia que para reunir, levo um ano inteiro a trabalhar. Quis sair da fazenda, pedindo ao meu algoz que deixasse a multa, aliás, injusta, por 125$600, que eu tenho de saldo, por meus serviços. Recusando, Valadão, esse oferecimento, exigiu a totalidade da multa, vedando-me e a família, a saída da fazenda. Procurei o promotor público, como representante do Patronato Agrícola, para intervir e resolver o caso, tendo sua exma dito que me dirigisse ao dr. Delegado de polícia. Essa autoridade tentou harmonizar meus interesses com a fazenda, mas foi repelida, pois eu tendo cientificado o patrão, em São Paulo, do que havia

---

22 Patto, M. H. S. "Estado, ciência e política na Primeira República: a desqualificação dos pobres". *Estudos avançados* 13 (35), IEA- USP, 1999.

> acontecido o patrão que creio é rico conseguiu anular a ação da polícia, pois indo eu a delegacia insistir no pedido de providência o dr. Delegado, declarou nada poder fazer, por ser negócio de patrão e colono. Si eu fosse italiano ou espanhol, teria um cônsul para me proteger. Infelizmente sou preto e brasileiro. Peço sua proteção. [23]

A situação do colono flagrava as relações entre patrão e empregado no campo. O Patronato Agrícola era um órgão que havia sido criado para resolver este tipo de questão, e ali naquele relato parecia ser inócuo. A queixa mais comum entre os colonos eram as multas, um método coercitivo para disciplinar os colonos. Elas eram estabelecidas em dinheiro e eram imputadas àqueles que desobedeciam as regras internas da fazenda. Porém, para Jacintho, a perseguição feita pelo administrador era motivada pela sua condição humilde e a sua cor. Não se falava de outros motivos, mas era certo que esta pendência não deveria ser tão antiga, pois Jacintho dizia morar há quatro anos na fazenda.

No Brasil, a pobreza dos trabalhadores negros foi considerada uma herança da escravidão, e o racismo científico condenava "os pretos a um atraso inexorável" que justificava a ausência de oportunidades de trabalho e estudo.[24] Mas, ao contrário do que pensavam alguns teóricos, a pobreza provinha mais da falta de oportunidades do que competência. Andrews aponta esta condição no Brasil, em especial no caso de São Paulo, onde os poucos negros a conseguirem oportunidades em empresas como Light and Power foram muito bem sucedidos, tanto quanto aqueles homônimos do norte nos Estados Unidos.

Contudo, após 1920, São Paulo cresceu vertiginosamente e as atividades econômicas se diversificaram. A cultura do café proporcionou lucros e a expansão das atividades para áreas mais ao norte, nordeste e oeste de São Paulo, atraindo fluxos migratórios nacionais.

Até onde se pode averiguar, a preferência dos afrodescendentes foi pela vida nas cidades. Neste sentido, observamos que a cidade do Rio de Janeiro, que era a capital do país, era uma cidade que atraía muitos afrodescendentes. Segundo o Censo, em São Paulo, a densidade populacional por quilômetro quadrado na faixa de homens entre 15 e 49 anos em 1920 era de 30,21 enquanto, no Rio de Janeiro eram 193,94

---

23 *Getulino*, 16 de setembro de 1923.
24 FERNANDES, F. *Integração do Negro na sociedade de classes*. São Paulo: Companhia Editora Nacional, vol. I e II, 1978.

pessoas, ou seja, uma concentração muito maior de pessoas do que São Paulo, que tinha crescido rapidamente nos anos anteriores. Guardadas as devidas proporções entre os tamanhos de territórios, não era possível deixar de considerar que entre os dois estados o Rio tinha mais pessoas.[25] Contudo após 1920, São Paulo cresceu vertiginosamente as atividades econômicas se diversificaram e a cultura do café proporcionou lucros e a diversificação das atividades ale, de uma expansão para áreas mais ao norte, nordeste e oeste de São Paulo, atraindo fluxos migratórios nacionais.

Espaços de manifestação

A superação das dificuldades para a obtenção de trabalho e espaço na sociedade levou a um precoce engajamento de grupos negros para combater o racismo e as formas de discriminação. Diversos órgãos criados para dar apoio à luta são o registro importante da vida no pós-abolição, como sociedades dos homens de cor, jornais da comunidade negra, agremiações para lazer. Estes órgãos eram clubes, associações de leitura e alfabetização, sindicatos e jornais que buscavam mobilizar a comunidade em prol de suas lutas para obtenção de direitos e denúncia do racismo. Nas primeiras décadas, muitos periódicos feitos pela comunidade negra foram produzidos. Estudiosa da imprensa negra paulista, Mirian N. Ferrara afirma que esses periódicos foram de fundamental importância para os afrodescendentes por possibilitar que eles buscassem "sua afirmação étnica, sua integração social e, acima de tudo, a oportunidade de 'participar', ser reconhecido na sociedade".[26]

Elaborados por indivíduos da comunidade negra que se destacavam intelectualmente, os jornais desse tipo de imprensa eram um espaço no qual redatores e colaboradores expunham suas opiniões sobre os mais diversos assuntos referentes á temática negra. Os jornais compunham um meio pelo qual uma elite intelectual negra pronunciava-se sobre fatos que julgava de interesse dos seus pares, um elo de comunicação entre as figuras de maior representação e a comunidade. Nas páginas desses periódicos circulavam as ideias que os intelectuais negros tinham sobre sua comunidade e sobre a sociedade em geral. Muitas vezes, assuntos de âmbito

---

25 Recenseamento do Brazil realizado em 1 de setembro de 1920. Ministério da Agricultura, Industria e Commercio. Rio de Janeiro: Typ. da Estatística,1923, vol. 2, 1ª parte, p. LXXXVIII.

26 FERRARA, M. N. *A imprensa negra paulista (1915-1963)*. Dissertação de mestrado. PPGH/USP, São Paulo, 1986, p. 18.

internacional eram discutidos pelos escritores das folhas, o que mostra a vastidão das temáticas abordadas.

Nos anos 1920, encontramos dois periódicos produzidos pela comunidade negra que tratam da vida cotidiana desta população nas cidades onde viviam, que eram O *Getulino* e o *Aurora*. Escolhemos para um breve estudo O *Getulino*, feito em Campinas-SP, que circulou nos anos de 1923 a 1926 e buscava tratar dos assuntos cotidianos da comunidade. No *Getulino* as temáticas eram variadas e voltavam-se para a vida cotidiana dos negros em Campinas. A cidade acompanhava o boom econômico com uma extensa produção de café e com o surgimento de fábricas. Cleber S. Maciel, ao estudar as práticas de discriminação racial no período pós-emancipacionista, centrou-se na cidade de Campinas, no interior de São Paulo, e verificou uma imensa quantidade de ocorrências de intolerância racial nos anos que se seguiram à Abolição.[27]

Cidade do oeste paulista, ela tornou-se um entroncamento de ferrovias paulistas como as Companhias Mogiana, Paulista e Sorocabana. Estas linhas cortavam o estado e desembocavam em Santos, servindo, sobretudo, para transporte da produção de café. Campinas também possuía a fama de ser uma cidade cruel no que diz respeito ao tratamento dado a escravos,[28] o que se pode deduzir a partir do número de revoltas que ali se sucederam, embora os fazendeiros contestassem este fato.[29] Para

---

27 MACIEL, Cleber S. *Discriminações raciais: negros em Campinas (1888-1926)*. 2ª ed. Campinas: CMU-Unicamp, 1997.

28 Sobre o assunto ver SILVA, Lúcia Helena O. *As estratégias da sedução: mulheres escravas apre(e)ndendo a liberdade: 1850-1888*. Dissertação de mestrado. PPG Educação/Unicamp, Campinas, 1993; CONRAD, Robert. *Os últimos anos da escravatura no Brasil*. São Paulo: Nacional, 1975; FERNANDES, Florestan. *A integração do negro na sociedade de classes*, 1978; BARBOSA, Irene M. F. *Socialização e relações raciais: um estudo de famílias negras em Campinas*. Dissertação de mestrado, PPGH/USP, São Paulo, 1983.

29 "Nesses meses de verão do Rio das Pedras, nas horas de descanso do piano e dos livros, minha mãe ensinava as rapariguinhas da fazenda e cosia (…) cosia muito bem; cosia para si, para a mãe, para os sobrinhos e… para as escravas… crianças e noivas… tinha minha mãe uma formação completa, e achava graça em mandar vir as crioulinhas limpinhas, para vestir, ela mesma, com as camisolas novas de chita (…) os escravos do meu pai foram felizes enquanto tiveram sinhô e sinhá moça, que lhes cuidavam da roupa, da comida, que lhes impediam quanto possível, as bebedeiras, que ensinavam as rapariguinhas a trabalhar e os creoulinhos a rezar e *a ser gente de bem*" (grifo meu). MARTINS, Amélia de Resende (org.). *Um idealista realizador: Barão Geraldo de Rezende*. São Paulo: Instituto Histórico e Geográfico Brasileiro, Museu Histórico Nacional, 1932, p. 214, 258-9. Em que pese as descrições idílicas das relações entre senhores e escravos na fazenda do Barão, registrados pela filha do barão, sua fama de cruel produziu até mesmo uma lenda intitulada a lenda do boi falô. RIBEIRO, Rita. *Barão Geraldo: História e Evolução*. Campinas: edição do autor, 2000.

alguns habitantes negros da cidade, as dificuldades de vida neste local vinham do seu passado escravista de rigor com escravos e a manutenção de distanciamento dos grupos étnicos. Esta característica permeou as relações entre brancos e negros nos momentos que se seguiram à lei Áurea e apoiou-se na discriminação pela cor da pele.

No dia 23 de agosto de 1923, *O Getulino* estampava em seu editorial uma matéria sobre a preferência por imigrantes no mercado de trabalho:

> Vocifera a protetora do alto de sua sabedoria que o estrangeiro chega ao Brasil, vai para a fazenda, passa à cidade, seus patrícios lhe dão lugar de servente, põe-lhe a colher e o martelo nas mãos, dias depois ele é mestre, empreiteiro, está em primeiro plano, sendo o preferido. Enquanto isso, o negro, por misericórdia, continua amassador de barro ou carregador de caçambas.
>
> Perguntamos agora: quem é culpado disso tudo?
>
> Será o estrangeiro, será o brasileiro, será o negro?
>
> Não.
>
> O elemento estrangeiro que aporta {} é portador de alguma outra educação, traz na bagagem de sua atividade outras energias que nós os brasileiros brancos, pretos e pardos, não temos conhecimento.
>
> O brasileiro branco deixou-se vencer pelo elemento estrangeiro devido à sua indolência característica, devido à péssima educação do passado, onde ele apenas aprendeu a receber e gastar o fruto do trabalho escravo.
>
> Vem daí esse fenômeno extraordinário, do estrangeiro ser a maior potência da atividade nacional.
>
> O brasileiro negro, esse é naturalmente inimigo do trabalho, é indolente, é preguiçoso, mas não por sua culpa. O nosso negro é tragicamente vítima do passado e do viciado cativeiro de quatrocentos anos. Se ele não é empreiteiro, não é mestre e continua carregando a caçamba de barro, quase que acontece o mesmo ao branco.
>
> Nas cidades e nos campos, vemos o estrangeiro subalterno de ontem transformado em senhor, em patrão, em capitalista de hoje. Quantas fazendas de brancos não passaram a pertencer os colonos?
>
> Quantos colonos de ontem são milionários de hoje?
>
> Ora se isso tem acontecido ao branco, com muito mais razão tem que acontecer ao preto brasileiro.

> E perguntamos: que culpa tem o estrangeiro desse modo nosso defeito racial?
>
> Como nossa autopsia já está demorada, vamos guardar o cadáver, para no próximo domingo tirarmos mais um pedaço de sua podridão peçonhenta.
>
> E será um punhado e terra lançado ao sepulento [30]

A matéria denuncia a preferência e o incentivo recebido pelo imigrante para ocupar as vagas no mercado de trabalho em detrimento dos trabalhadores nacionais, em especial o negro. Aponta também a maior facilidade dele estabilizar-se e acumular riquezas em relação à estagnação social dos afrodescendentes (enquanto isso, o negro por misericórdia, continua amassador de barro). Diferenças apontadas por George Andrews e Petrônio Domingues.[31] O que mais desperta a atenção é o posicionamento de quem redige o texto, afirmando que nada pode ser feito por tratar-se de uma herança escravocrata, além da exaltação das virtudes do estrangeiro em comparação com o nacional. A crença em uma suposta superioridade branca e uma inferioridade dos negros está ligada ao tempo de escravidão, desse modo admitindo uma desigualdade devido a uma herança que está presente na mente daqueles que combatem o racismo.

O temor da concorrência se expressava ante a possibilidade de uma superioridade e preferência maior por imigrantes. Fala-se também da preferência racial dos empregadores e há nas entrelinhas certo entendimento de que os entraves à imigração eram necessários para salvaguardar os empregos dos trabalhadores negros. Ante as impossibilidades de uma luta pela igualdade devido à segregação, o problema do desemprego volta-se para os concorrentes.

No jornal de Campinas, a preferência pelo imigrante era o grande problema e a herança da ancestralidade vivida na escravidão uma marca indelével que levava os afrodescendentes a uma desvantagem frente ao branco brasileiro e maior frente ao imigrante europeu. Para Irene F. Barbosa, a imprensa negra teve um importante papel educativo junto à comunidade negra no sentido de mobilizar e tratar de estratégias de combate à discriminação racial.[32]

Entre temas discutidos no jornal da comunidade negra, o mais frequente era mesmo a discriminação racial praticada nos lugares de *footing* da cidade no início do

---

30 *Getulino*, Campinas, 26 de agosto de 1923, p. 1.

31 ANDREWS, *op. cit.*, e DOMINGUES, Petrônio. *Uma história não contada: negros, racismo e branqueamento em São Paulo no pós-abolição*. São Paulo: Editora Senac, 2005.

32 BARBOSA, *op. cit.*, p. 28-29.

século, a praça Carlos Gomes e a rua Barão de Jaguara. Cleber Maciel destacou o alto grau de violência empregado contra as pessoas negras que ficavam nas ruas em horários de lazer e descanso. Em cidades onde o uso do escravo havia sido intenso, como Campinas, as ações discriminatórias aconteciam habitualmente: "Não se pode mais sair com a família sem que hordas de negros invadam as ruas, especialmente a rua Barão de Jaguara. É preciso coibir as cáfilas antes que o mal cresça".[33]

A notícia, estampada em um jornal de Campinas recriminava o direito de cidadãos negros de percorrer as ruas junto com os brancos, ou seja, o lugar deles não era ali junto a famílias brancas, ficando ainda subentendida uma ameaça de repressão contra eles. Coibia-se o direito de ir e vir dos afrodescendentes e manifestava-se a não possibilidade de convívio no mesmo espaço com os brancos. A repreensão se fazia inclusive pelo uso de adjetivos ofensivos comparáveis aos utilizados para animais e criminosos.

Chama-nos também a atenção a posição abertamente racista do queixoso anônimo, uma vez que era uma nota de um leitor. Fosse sua queixa algo considerado injusto ela nem seria publicada, uma "prova" da aquiescência do jornal e das elites locais. A rua Barão de Jaguara era considerada um território dos grupos mais abastados. Em depoimento, Cypriano de Oliveira, um outro afrodescendente que viveu desde 1922 em Campinas, afirmou que aos domingos e fora do período de trabalho este espaço era praticamente vedado aos não brancos, embora a rua fosse pública.[34] Ele ainda acrescentou que "terríveis humilhações" eram infligidas aos negros quando passeavam pela Barão de Jaguara, a rua principal e onde se localizava a sede social do Clube de Cultura Artística que reunia a comunidade mais abastada nos dias de domingo.[35] Nela se concentravam os grupos de maior poder aquisitivo assim como a elite intelectual da cidade, sendo que aqui também se destacavam as manifestações de racismo.[36] Ocorrência de atos de violência de natureza racial, contudo, aconteciam mesmo entre as pessoas que não eram da elite socioeconômica

---

33   *Gazeta de Campinas*, 3 de março de 1900.

34   Depoimento de Cypriano de Oliveira a Lúcia Helena Oliveira Silva em novembro e dezembro de 1991.

35   Segundo Cypriano de Oliveira o negro que ousasse passar nas ruas poderia receber cusparadas ou ser xingado do alto da sede, um sobrado à esquina da rua Barão de Jaguara com Benjamim Constant.

36   O Clube de Cultura Artística surgiu dos saraus do CCLA (Centro de Ciências Letras e Artes) e reunia a elite intelectual da cidade, seu primeiro sarau data de 1915. Para maiores detalhes ver BARRETO, Paulo Sérgio. *O caracol e o caramujo: artistas e Cia. na cidade*. Dissertação de mestrado. PPGH/Unicamp, Campinas, 1994.

> Ontem na rua Ferreira Penteado, um menor, filho de Germano de tal, atirou uma pedra contra uma preta, ferindo-a na cabeça. A infeliz deu queixa a polícia sendo o menor severamente repreendido.[37]
>
> Agressão:
> O italiano Rafael Pagani, residente no bairro do Bonfim, de certo tempo a esta a parte, começou a suspeitar de feitiçarias de uma preta de 100 anos de idade, sua vizinha. A infeliz velha, ultimamente, causava-lhe terror. Ontem o supersticioso encontrou-se com a feiticeira, e, como esta o encarasse, descarregou-lhe várias e violentas pancadas com um pau de rolo de fumo, prostrando-a em estado grave. A polícia tomou conhecimento do fato, fazendo medicar a ofendida.[38]

As duas notícias acima relatavam manifestações de violência e intolerância por parte de "pessoas comuns", uma criança e um homem italiano. Em ambos, as vítimas eram mulheres e seus agressores, brancos do sexo masculino. Enquanto na primeira notícia, a agressão relativiza-se pela atenuante de um menor ter sido o agressor, na segunda a violência partia de um adulto que, a partir de uma suspeita agride uma mulher idosa. É interessante observar que, embora o jornal denunciasse a agressão covarde do italiano à anciã negra, uma provável ex-escrava, ele incorporava a suspeita do agressor, pois em um determinado momento a chama de feiticeira, sem aspas, isto é, sem relativizar a acusação feita. Além da gravidade do ato em si, revelando a intolerância racial aliada a uma interpretação religiosa, vemos agressões contra mulheres negras baseadas em suspeita de feitiçaria. A sequência de atentados a mulheres afrodescendentes era denunciada pelos militantes negros, e constituía-se em provas eloquentes das dificuldades vivenciadas por este segmento da população nesta cidade do interior e neste estado.[39]

Em Campinas, o dinheiro proporcionado pelos lucros do café permitiu que florescessem várias manifestações culturais na cidade, como a criação de clubes literários, salões de chá onde se congregavam políticos conservadores e aqueles ligados ao partido republicano, depois PRP (Partido Republicano Paulista). Figuras como Campos Sales, Francisco Glicério e os irmãos Lobo foram atuantes na campanha abolicionista

---

37 *Diário de Campinas*, 24 de fevereiro de 1891.
38 *Cidade de Campinas*, 5 de junho de 1903, citado também em MACIEL, *op. cit.*, p. 109.
39 SILVA, José Carlos G. *Os sub-urbanos e a outra face da cidade: negros em São Paulo, 1900-1930. Cotidiano, lazer e cidadania*. Dissertação de mestrado. PPGH/Unicamp, Campinas, 1990, p. 73-101.

e atuaram intensamente junto aos tribunais.[40] Contudo, é interessante perceber que a defesa da liberdade dos escravos não implicava necessariamente na incorporação do mesmo na sociedade em condição paritária aos brancos. A maioria acreditava ser necessário um processo de adaptação do liberto às novas condições. Segundo o depoente Cypriano de Oliveira, Orosimbo Maia, que foi advogado e prefeito da cidade no início da década de XX, não permitia que negros andassem na mesma calçada em que ele estivesse havendo muitas ocasiões em que ele os agredia com sua bengala.

Mesmo em espaços privativos, a comunidade negra de Campinas não deixava de sofrer a ingerência dos grupos da elite branca. Os excessos de intolerância, combinados com formas de controle e disciplinarização dos descendentes de escravos, ocorriam com frequência, como podemos ver nesta notícia:

> Aplaudimos com desassombro toda e qualquer ação da Polícia, mormente quando vem ela concorrer para o progresso de nossa terra. O mesmo apoio que dispensamos nas anteriores campanhas não podemos emprestar à que ultimamente iniciou a polícia contra as pretas desocupadas que foram guindadas pelos diversos agentes que percorreram vários cortiços no bairro do Frontão, prendendo as mulheres ali residentes que se ocupavam em nada fazer!
>
> Cremos que a intenção da autoridade não é melindrar quem quer que seja quando se trata de restabelecer a ordem (...) Mas segundo o noticiário dos jornais, parece que, unicamente por elas serem pretas, morar em cortiço e sem ocupação (o que não é verdade) é que lhes movem guerra. Conhecemos muitas brancas que também residem em cortiço e sem ocupação porque não se obriga a essas que procurem emprego?[41]

Vemos que a situação de discriminação era apoiada diretamente pelas autoridades policiais que prendiam pessoas que estavam em suas casas sem alegação de qualquer infração de lei, a não ser baseados na ideia de que mulheres negras eram desocupadas, alegação refutada pelo jornal da comunidade negra. Mas, ainda que as acusações fossem verídicas, a gravidade do fato estava no desrespeito à condição de liberdade que elas possuíam. Ser pobre, morar em cortiços e ser negro em Campinas parecia incidir em ser potencialmente culpado e não simples suspeito. Percebe-se

---

40 *Ibidem*, cap. 2.
41 *Getulino*, 11 de novembro de 1923, p. 2.

que ainda que a segregação fosse um fato o desmonte ideológico do racismo era exaltado como importante dado para a luta pela igualdade.

A valorização de bons comportamentos, de ser "um negro de bem", eram temáticas trabalhadas regularmente no jornal. Em artigo denominado "Sentimento de Pertença", os redatores exortavam aos seus leitores que apresentassem um bom comportamento e alertava que os departamentos pessoais estavam buscando aferir através de questionários as atitudes, moral e capacidade, observando a influência destes qualitativos na produção. Por isso, era importante demonstrarem apreço e gratidão pelo trabalho. Este tipo de sugestão vinha junto com artigos que também criticavam o código de convivência entre negros e brancos, que sempre fragilizava os negros que entravam nas mesmas greves, mas eram os primeiros a serem demitidos.[42]

Situações de discriminação racial não aconteciam apenas em Campinas; Beatriz Loner[43] aponta situações análogas para a cidade de Pelotas no Rio Grande do Sul, que certamente se repetiram em outros lugares do país. Mas se estas práticas geravam constrangimento, elas levavam também à politização dos afrodescendentes, o que se traduzia na emergência de vários canais de protesto e luta por condições dignas de sobrevivência. Em São Paulo, como decorrência deste processo, criou-se um grupo de liderança que formou a elite intelectual negra. Esta elite fomentou o engajamento dos negros paulistas já nas primeiras décadas do período pós-abolição, assumindo inclusive o papel de orientar a comunidade quanto aos códigos de procedimentos que entendiam como adequados para a convivência entre eles e os brancos.[44] Nesse sentido, foi fundamental o papel desenvolvido por periódicos negros como o jornal O Getulino na divulgação de normas de comportamento apropriadas aos seus leitores, como observamos no trecho do artigo abaixo:

---

42 Durante todo o período de existência do jornal *Getulino* (1923-26), e em outros periódicos da imprensa negra que surgiram de 1915 a 1963, foram verificadas ocorrências de racismo e discriminação. FERRARA, Miriam N. "A imprensa negra". *Revista Brasileira de História*, São Paulo, vol. 5, n. 10, mar.--ago. 1985, p. 197-207.

43 LONER, B. A. *Classe Operária: Mobilização e Organização em Pelotas: 1888-1937*. Tese de doutorado. PPGH/UFRGS, Porto Alegre, 1999.

44 Entendemos como elite negra paulista aqueles que eram líderes reconhecidos junto à comunidade e militavam na imprensa negra ou em associações da comunidade. São exemplos desta elite, Henrique Cunha, José Correia Leite, Evaristo de Moraes, Jaime Aguiar, Lino Guedes, entre outros.

> Norma de conduta
>
> O homem preto quase que geralmente não está (?) atento para as leis da sociedade, fazendo muito pouco caso de se portar nas ruas e mesmo nos lugares em que se encontram, sem se lembrar que nós, os homens de cor preta ou escura, somos observados em todos os nossos passos e em todos os nossos atos, resultando daí que pelo procedimento de muitos qualificam a toda a nossa raça (...)[45]

Observamos aqui como as exortações tratavam da responsabilidade de alguns indivíduos cujo comportamento repercutia sobre a opinião pública, isto é, dos brancos acerca dos negros. Estar atento às leis significava corresponder a um comportamento aceito posto que fossem observados pelo restante da sociedade. Esta posição de exemplo deveria espelhar-se na estética, nas formas de tratamento que elogiavam a discrição, e mesmo no reconhecimento de um lugar social. No segundo número do *Getulino*, um artigo repreendia o hábito de alguns *homens de cor* posicionarem-se à frente das procissões, a modos de "mamãe óie eu". Estar na frente do cortejo era, no entender do jornal, um exibicionismo que demonstrava falta de educação religiosa. O lugar não seria, contudo atrás de todos *comendo pó*, mas em uma "posição adequada".[46] Aquelas recomendações acabavam por revelar o ideário dos negros no pós-abolição, naquela sociedade, ou seja, o lugar social entendido como ideal era aquele que os aproximava do grupo, nem atrás isolados, nem à frente de todos. Os negros buscavam ser entendidos na singularidade de sua condição e respeitados como os brancos.

Considerações finais

A vida dos emancipados e seus descendentes reuniu uma gama de estratégias onde tiveram que reinventar-se como pessoas competentes e capazes em um sistema que os explorou enquanto escravos e depois desqualificou-os como trabalhadores livres para trabalho. Em São Paulo, especificamente, a condição de vida dos afrodescendentes foi dificultada pelo acirramento do mercado de trabalho devido ao aumento da população motivado pela presença dos imigrantes. Havia ainda por parte dos patrões uma preferência na escolha dos trabalhadores somada às teses racialistas que creditavam aos afrodescendentes as condições de péssimos trabalhadores.

---

[45] *Getulino*, 13 de julho de 1924, p. 2.
[46] *Getulino*, 5 de agosto de 1923, p. 1

Enquadrados pelo racismo e alocados como mão de obra reserva, aqueles que estavam em São Paulo se mobilizaram para sobreviver, denunciar e lutar para a defesa de seus interesses. Dentre as diversas formas de luta, a imprensa foi uma alternativa importante para visibilizar a comunidade e advogar em suas lutas. Desse modo, quando pensamos nas causas da situação e marginalidade e miséria dos afrodescendentes depois da abolição temos que ter em mente sua experiência e a luta do liberto dentro da conjuntura do desenvolvimento histórico mundial do capitalismo. Marginalizados pela ciência e sociedade, a comunidade negra não se calou e procurou pontuar estratégias para driblar as dificuldades. São questões como estas que as pesquisas têm recuperado e que poderão contribuir com os estudos voltados para a história recente afro-brasileira.

Bibliografia

ANDREWS, G. R. *Negros e brancos em São Paulo (1888-1988)*. Bauru-SP: Edusc, 1998.

ARANTES, Erika B. *O porto negro: cultura e trabalho no Rio de Janeiro dos primeiros anos do século XX*. Dissertação de mestrado. PPGH/Unicamp, Campinas, 2005.

BARBOSA, Irene M. F. *Socialização e relações raciais: um estudo de famílias negras em Campinas*. Dissertação de mestrado. PPGH/USP, São Paulo, 1983.

BARRETO, Paulo Sérgio. *O caracol e o caramujo: artistas e Cia. na cidade*. Dissertação de mestrado. PPGH/Unicamp, Campinas, 1994.

BASTIDE, Roger. *Brancos e negros em São Paulo*. 2ª ed. São Paulo: Companhia Editora Nacional, 1959.

BENCHIMOL, J. L. *Pereira Passos: um Haussmann tropical: a renovação urbana da cidade do Rio de Janeiro*. Rio de Janeiro: Secretaria Municipal de Cultura da Prefeitura do Rio de Janeiro, 1992.

BERNARDO, T. *Memória em branco e negro: olhares sobre São Paulo*. São Paulo: Educ/Fundação Editorial da Unesp, 1998.

CONRAD, R. *Os últimos anos da escravatura no Brasil*. São Paulo: Nacional, 1975.

COOPER, F. (org.). *Além da escravidão: investigações sobre raça, trabalho e cidadania em sociedades pós-emancipação*. Rio de Janeiro: Civilização Brasileira, 2005.

COSTA, Carlos E. C. *Campesinato Negro no Pós-Abolição: Migração, Estabilização e os Registros Civis de Nascimentos. Vale do Paraíba e Baixada Fluminense, RJ (1888-1940)*. Dissertação de mestrado. PPGH/UFRJ, Rio de Janeiro, 2008.

COSTA, Wilma Peres. A *Espada de Dâmocles – O Exército, a Guerra do Paraguai e a crise do Império*. São Paulo/Campinas: Hucitec/Editora da Unicamp, 1996.

CRUZ, Maria Cecília V. *Virando o jogo: estivadores e carregadores no Rio de Janeiro da Primeira República*. Tese de doutorado. PPGH/USP, São Paulo, 1998.

_____. "Tradições negras na formação de um sindicato: sociedade de resistência dos trabalhadores em trapiche e café. Rio de Janeiro, 1905-1930". *Afro-Ásia*, vol. 24, n. 24, p. 243-290, 2000.

DAMAZIO, S. F. *Retrato social do Rio de Janeiro na virada do século*. Rio de Janeiro: Editora da UERJ, 1996.

DOMINGUES, P. *Uma história não contada: negros, racismo e branqueamento em São Paulo no pós-abolição*. São Paulo: Editora Senac, 2005.

FERNANDES, F. *Integração do Negro na sociedade de classes*. São Paulo: Companhia Editora Nacional, vol. I e II, 1978.

FERRARA, M. N. *A imprensa negra paulista (1915-1963)*. Dissertação de mestrado. PPGH/USP, São Paulo, 1986.

FONER, E. *Nada além da liberdade*. Rio de Janeiro: Paz e Terra, 1988.

GROSSMAN, J. R. *Land of Hope: Chicago, Black Southerners, and the Great Migration*. Chicago: University of Chicago Press, 1989.

LIEBERSON, S. *Ethnic Patterns in American Cities*. Nova York: Free Press, 1978.

LONER, B. A. *Classe Operária: Mobilização e Organização em Pelotas: 1888-1937*. Tese de doutorado. PPGH/UFRGS, Porto Alegre, 1999.

MACHADO, M. H. P. T. *O plano e o pânico. Os movimentos sociais na década da abolição*. Rio de Janeiro: Editora UFRJ; São Paulo: Edusp, 1994.

MACIEL C. S. *Discriminações raciais: negros em Campinas (1888-1926)*. 2ªed. Campinas: CMU-Unicamp, 1997.

MARKS, C. *Farewell-We're Good and Gone: The Great Black Migration*. Bloomington: Indiana University Press, 1989.

MARTINS, Amélia de Resende (org.). *Um idealista realizador: Barão Geraldo de Rezende*. São Paulo: Instituto Histórico e Geográfico Brasileiro/ Museu Histórico Nacional, 1932.

MATOS, Odilon N. *Café e ferrovias: a evolução ferroviária de São Paulo e o desenvolvimento da cultura cafeeira*. 3ª ed. São Paulo: Arquivo do Estado, 1981.

PATTO, M. H. S. "Estado, ciência e política na Primeira República: a desqualificação dos pobres". *Estudos avançados* 13 (35), IEA-USP, 1999.

Recenseamento do Brazil realizado em 1 de setembro de 1920. Ministério da Agricultura, Industria e Commercio. Rio de Janeiro: Typ. da Estatística, 1923.

RIBEIRO, Rita. *Barão Geraldo: História e Evolução*. Campinas: edição do autor, 2000.

RIOS, A. M. L. e COSTA, C. E. C. "Migração de negros no pós-abolição: duas fontes para um problema". Trabalho apresentado no *XVI Encontro Nacional de Estudos Populacionais*, realizado em Caxambu-MG, de 29 de setembro a 3 de outubro de 2008.

SCHWARCZ, Lilia M. *O espetáculo das raças: cientistas, instituições e a questão racial no Brasil: 1870-1930*. São Paulo: Companhia das Letras, 1995.

SILVA, Lúcia H. O. *As estratégias da sedução: mulheres escravas apre(e)ndendo a liberdade: 1850-1888*. Dissertação de mestrado. PPG Educação/Unicamp, Campinas, 1993.

_____. *Construindo uma Nova Vida: Migrantes paulistas afro-descendentes na cidade do Rio de Janeiro no pós-abolição (1888-1926)*. Tese de doutorado. PPGH/Unicamp, Campinas, 2001.

SOARES, C. E. L. *A negregada instituição: os capoeiras no Rio de Janeiro*. Rio de Janeiro: Secretaria Municipal de Cultura, 1994.

TOLNAY S. E.; BECK, E. M. "Black Flight: Lethal Violence and the Great Migration, 1900-1930". *Social Science History*, vol. 14, n. 3, outono 1990.

WISSENBACH, M. C. C. "Da escravidão à liberdade: dimensões de uma privacidade possível". In: SEVCENKO, Nicolau (org.). *História da vida privada no Brasil 3*. São Paulo: Companhia das Letras, 1998.

Raça, escravidão e literatura nacional na *Revista do Partenon Literário* (Porto Alegre, 1869-79)

ALEXANDRE LAZZARI[1]

O VAQUEANO E SERÕES DE UM TROPEIRO são títulos de dois contos de escritores riograndenses do século XIX publicados na *Revista do Partenon Literário*, escritos respectivamente por Apolinário Porto Alegre e José Bernardino dos Santos, sob os pseudônimos "Iriema" e "Daimã".[2] Em comum, apresentam a característica de narrar aventuras ambientadas no passado riograndense e pretendem evidenciar as peculiaridades da formação de uma certa sociedade e de seus tipos humanos. Nessas histórias, os estancieiros descendentes dos conquistadores europeus do território são os protagonistas principais e contracenam com familiares e diversos tipos de subordinados, de peões e capatazes livres a escravos domésticos, todos classificados como mestiços, índios, crioulos ou africanos. Os valores e significados atribuídos a essas classificações, no entanto, diferenciam os pontos de vista dos autores e revelam aspectos de um debate a respeito tanto da formação histórica riograndense como das questões da escravidão e da mestiçagem nos destinos da Província e do país.

Meu interesse neste artigo é interpretar o papel desempenhado por esses personagens subalternos na trama e identificar os sentidos da classificação social e racial empregados pelos autores. Assim, procuro compreender como estes últimos, fazendo uso da literatura, procuram se posicionar e interferir no debate público, cada vez mais intenso a partir da década de 1870, a respeito da escravidão e dos critérios racial

---

1   Doutor em História Social pela Unicamp (2004). Professor Adjunto da Universidade Federal Rural do Rio de Janeiro – UFRRJ.

2   Ver IRIEMA (Apolinário Porto Alegre). *O vaqueano*. Revista do Partenon Literário. 2ª série, n. 1 a 6, jul.- dez. de 1872; DAYMÁ (José Bernardino dos Santos). *Serões de um tropeiro*. Revista do Partenon Literário, ago., set. e dez. 1874; fev. a maio 1875; ago. 1875; mar. 1876;

e de cor nas classificações sociais.³ Por outro lado, busco analisar o trabalho dos literatos que introduzem na Província os debates sobre diferentes raças formadoras da nação.⁴ Aqui se revela a influência de pontos de vista que saíram dos sisudos recintos dos institutos históricos para frequentar movimentadas páginas literárias que inventam e reinventam o papel de indígenas e de africanos na formação histórica do Rio Grande do Sul. Também levo em consideração a utilização desses personagens na construção de estereótipos de identidade regional e nacional, constituindo exemplos significativos dos esforços de uma geração de letrados da Província em construir uma versão local do nacionalismo literário que irradiava da corte, especialmente inspirados na obra de José de Alencar, entre outros.⁵

A *Revista do Partenon Literário* foi publicada mensalmente em Porto Alegre de 1869 a 1879, com breves interrupções durante esse período.⁶ A associação Partenon Literário, fundada em 1868, era liderada por jovens letrados da cidade, em sua maioria professores de instituições de ensino públicas e privadas, funcionários públicos e redatores de jornais da capital da Província. Apesa de representarem opiniões políticas heterogêneas, estavam unidos pela crença no poder civilizador das Letras. Nos exemplares da revista que publicavam encontramos tanto uma produção nomeada-

---

3   Para uma interpretação das polêmicas que marcaram essa época, ver VENTURA, Roberto. *Estilo tropical: história cultural e polêmicas literárias no Brasil, 1870-1914*. São Paulo: Companhia das Letras, 1991. Sobre o conceito de raça nas instituições voltadas à ciência, ver SCHWARCZ, Lilia Moritz. *O espetáculo das raças: cientistas, instituições e questão racial no Brasil, 1870-1930*. São Paulo: Companhia das Letras, 1993. Sobre contextos das classificações de cor, ver LIMA, Ivana S. *Cores, marcas e falas: sentidos da mestiçagem no Império do Brasil*. Rio de Janeiro: Arquivo Nacional, 2003.

4   Sobre a tese das três raças formadoras de Von Martius e seu impacto no IHGB, ver GUIMARÃES, Manoel Luís Salgado. "Nação e civilização nos trópicos; o Instituto Histórico e Geográfico Brasileiro e o projeto de uma história nacional". *Estudos Históricos*, n. 1, 1988. Sobre os modos como os historiadores sulinos incluíram os escravos na história da Província de São Pedro no século XIX, ver XAVIER, Regina Célia Lima. "Uma história que se conta: o papel dos africanos e seus descendentes na formação do Rio Grande do Sul". *História Unisinos*, vol. 10, n. 3, set.-dez. 2006, p. 243-258.

5   Para uma versão mais extensa deste estudo, ver o segundo capítulo de minha tese de doutorado: LAZZARI, Alexandre. *Entre a grande e a pequena pátria: literatos, identidade gaúcha e nacionalidade (1860-1910)*. Tese de Doutorado. PPGH/ Unicamp, Campinas, 2004.

6   A revista apresentou variações no título ao longo de sua existência. Foi *Revista Mensal da Sociedade Parthenon Litterario* de 1869 a 1872, *Revista da Sociedade Parthenon Litterario* em 1873, *Revista do Partenon Litterario* de 1874 a 1877 e *Revista Contemporanea do Parthenon Litterario – Consagrada às Letras, Ciências e Artes* em 1879. Para efeitos práticos, daqui por diante utilizarei sempre a versão mais curta e empregada por mais tempo: *Revista do Partenon Literário*, com atualização ortográfica. Os nomes dos autores também serão atualizados.

mente ficcional em poemas, romances, contos e novelas como crítica literária, biografias, elogios fúnebres, crônicas e atas de reuniões. Ao lado de romances e dramas seriados ao correr de diversas edições da revista, publicavam-se o retrato e a biografia de uma figura ilustre na história da Província ou da nação, além da produção poética dos sócios, transcrições de documentos relativos à revolução farroupilha e a "Crônica" ou "Ementário mensal" deixado ao livre gosto do autor do mês, assim como discursos e teses proferidos na tribuna das mais concorridas reuniões e saraus. A variedade de gêneros por si só já é um indício de que, sob a generalidade do adjetivo "literário", manifestava-se uma diversidade de inquietações não apenas quanto aos modelos mais adequados para a arte da palavra escrita, mas principalmente quanto ao passado e presente da Província e seu lugar na nacionalidade brasileira.

Ao longo dos dez anos de existência da Revista do Partenon Literário, pelo menos dois entre os muitos sócios do grupo se destacaram na tentativa de praticar uma literatura que se reivindicasse "nacional" e "riograndense" pelos temas e pela inspiração. Apolinário Porto Alegre e José Bernardino dos Santos se engajaram na defesa retórica deste projeto e na persistência em tentar retratar um certo caráter "natural" dos riograndenses. Cada um a seu modo, ambos buscaram dar à luz uma literatura que integrasse Província e nação, compartilhando a influência de escritores europeus e brasileiros e a perspectiva da "descoberta do povo" e do resgate da tradição popular onde se depositariam certos valores formativos do caráter nacional.[7] Os demais sócios seguiram a proposta em alguma medida, porém de forma mais irregular e com uma produção menos intensa, predominando, ao invés, a abordagem dos dilemas morais e sentimentais nos costumes urbanos, modalidade por sinal também praticada pelos autores acima. Mas, para os dedicados Iriema e Daimã, o desafio maior era inventarem uma literatura inspirada na história, costumes e crenças "autênticas" e "originais" do Rio Grande.

Serões de Daimã: mestiçagem e hierarquia

Serões de um tropeiro foi publicado na *Revista do Partenon Literário* entre 1874 e 1876.[8] Apesar de autointitulada como série de contos, trata-se de uma sequência de capítulos que apresenta ao leitor a narrativa linear de uma única história. Já o

---

7   "Descoberta" e "invenção" do povo e suas tradições são expressões que tem uma referência já clássica no uso que deles fizeram Burke, Peter. *A cultura popular na idade moderna*. São Paulo: Companhia das Letras, 1989; e Hobsbawm, Eric & Ranger, Terence. *A invenção das tradições*. Rio de Janeiro: Paz e Terra, 1984.

8   Daymã, *Serões de um tropeiro*, op. cit.

pseudônimo "Daimã" utilizado por José Bernardino dos Santos era referência ao personagem principal de uma outra narrativa sua, publicada em 1870 em outra revista literária, a *Murmúrios do Guaíba*, por ele mesmo dirigida. Nessa revista publicou um drama para teatro intitulado *Frei Christovão de Mendonça – Episódios históricos das missões do Uruguai*.[9] Frei Cristóvão, jesuíta do tempo das Missões, era considerado por José Bernardino um mártir fundador da sociedade sulina. Nele o escritor louvava o trabalho obstinado de supressão da religião indígena pela catequese das reduções, feito que teria permitido a consolidação de uma suposta cultura popular riograndense europeia e cristã.[10]

Mas no drama em questão o personagem principal e herói da história não é o abnegado jesuíta, mas sim um jovem chefe guarani cristianizado chamado Daimã. Como vilão figurava Alvarez, um conquistador espanhol que escravizou Daimã e que, em vingança por sua fuga, tentou matá-lo. Entre os dois antagonistas colocou-se o dito frei Christovão de Mendonça, responsável pela conversão do jovem cacique e guardião do segredo que revelará, ao final, a paternidade de Alvarez sobre este último. Assim o herói indígena, já submisso à fé e à disciplina das reduções dos padres, ao final da história encontra na descoberta da sua condição de mestiço a confirmação da assimilação definitiva à civilização branca. O perverso espanhol, por sua vez, aceita o filho bastardo e se arrepende de suas crueldades. Já os caciques e tribos que resistiram à evangelização foram duramente combatidos e exterminados pelo próprio Daymã, pois a recusa deles em aceitar o Deus cristão impossibilitava qualquer condescendência.

A peça de José Bernardino oferecia ao leitor um drama fictício inspirado em fontes históricas, com citações a obras de historiadores das missões jesuíticas e episódios supostamente verídicos da biografia do frei Cristóvão.[11] O objetivo era que a história de Daymã oferecesse uma lição exemplar sobre a formação histórica e racial do "povo" riograndense. Significativamente, o nome deste personagem passou a ser o pseudônimo com o qual José Bernardino daí em diante assinou suas contribuições

---

9   Santos, José Bernardino dos. "Frei Christovão de Mendonça – Episódios históricos das missões do Uruguai". *Murmurios do Guaíba*, n. 1 a 3 e 6, jan.-mar. e jun. 1870, p. 7-18, 49-58, 97-112 e 241-248.

10 Ver Santos, José Bernardino dos. "Frei Christovão de Mendonça – artigo histórico". *Revista do Partenon Literário*, n. 8, outubro de 1869, p. 243.

11 Os historiadores citados na peça são os padres Lozano e João Pedro Gay, autores de *História da República Jesuítica do Paraguai*. Ver Santos, José Bernardino dos. "Frei Christovão de Mendonça – artigo histórico", *op. cit.*

à *Revista do Partenon Literário*. Para ele a miscigenação do índio com o europeu, temperada pela evangelização, oferecia a única fórmula redentora capaz de integrar o selvagem à civilização branca. Mas o cruzamento entre as próprias raças que considera inferiores, negros e índios, porém, levava à degeneração da "nova raça" americana. Essa parece ser uma das principais lições que pretende ensinar ao leitor em sua próxima obra de ficção, a novela *Serões de um tropeiro*, a história da qual, finalmente, nos ocuparemos agora.

O protagonista principal da aventura, o tenente Nico, é um tropeiro que sobe a serra do norte da Província para chegar à estância do pai, onde realizará seu casamento. Apesar de jovem, ele já revela a personalidade dominadora com que o autor caracteriza os grandes proprietários riograndenses. Era filho de um rico estancieiro de S. Francisco de Paula de Cima da Serra, além de oficial da Guarda Nacional e investido de cargos policiais e de eleição, como o de juiz de paz. Encontrava-se perfeitamente enquadrado, portanto, na condição de detentor de poder político e cidadão exemplar do Império brasileiro. Simpático, enérgico, honesto, zeloso de sua autoridade sobre a região, gozava de respeito e popularidade e, como tropeiro, tinha grande experiência e habilidade. Destacava-se de seus subalternos também pela inteligência e determinação.

A peonada comandada pelo tropeiro Nico nas viagens, por seu lado, foi caracterizada pelas qualidades singulares de seus tipos raciais: o mulato José foi descrito como um "esperto mestiço" que gostava de cantar à viola e passar a noite no baile dos "lamão" (imigrantes alemães) do povoado da Taquara; Joaquim figura como um "indolente mameluco", capaz de enfrentar uma onça mas também de ter medo das mulas; já o Pai Manoel surge como um africano "boçal". Os peões, por sua vez, são apresentados como exemplos de rudeza e valentia, porém semibárbaros e de inteligência limitada.

Além da tropa do tenente Nico, um outro tipo de comitiva em movimento é descrito, agora deslocando-se entre as fazendas de Cima da Serra. Trata-se do grupo liderado pela comadre Marucas e sua sobrinha Nharinha, a noiva pretendida, que atendiam ao convite do pai de Nico para celebrar o noivado em sua fazenda com uma "feijoada paulistana". Elas lideravam uma pitoresca comitiva com afilhados, agregados, escravos e cães. A situação motiva o autor a fazer uma jocosa descrição dos costumes de uma estância tradicional, onde os patrões são descritos como patriarcais e idiossincráticos, porém honrados, enquanto os subordinados, peões e escravos ("bugres" e "crioulos"), figuram como "chucros", ingratos e pouco confiáveis.

Como exemplos perfeitos desse comportamento, são apresentados ao leitor o "bugrinho" Israel, filho de um chefe de quilombo que fora adotado pela família estancieira, e o negro africano pai Matheus, um "mandingueiro" de estima e confiança do patriarca. Da maldade e da ingratidão de ambos nascem planos para atacar as estâncias da região e matar os donos, contando com auxílio de escravos, índios, desertores e quilombolas que estariam a infestar a serrania. O tenente Nico pressente o perigo e adverte a noiva: "(...) a prima bem sabe, que quem tem junto a si esta corja de caborteiros de escravos e agregados não pode ter verdadeiro sossego, e deve viver prevenido. Negro e bugre, é o mesmo que dizer veneno e fogo".[12] O "bugre", descrito como mestiço de índios e africanos, é apresentado pelo narrador como uma aberração racial sem humanidade: "mescla hedionda do sangue cafre e tupi, mescla repugnante e perversa, que produz esses monstros que, deturpando a espécie, põem em dúvida a perfeição e superioridade que se arroga o homem sobre todos os outros indivíduos da grande família zoológica". Para o africano "puro" também não era reservada melhor qualificação: "raça bastarda da civilização", "raça maldita", fonte de infecção da sociedade.

> Ao vê-los ali (...), esses dois tipos maciços de hediondez e perversão, pelo cinzento azevichado e lixoso da pele e carapinha de um e o acobreado desmaiado ou asso da epiderme e o vermelho da guedelha do outro, crer-se-ia ter ante os olhos dois colossais espécimes da nauseabunda família aracnídea, se tais não eram pelo deletério da peçonha que lhes porejava d'alma, esses dois vis e abjetos entes.[13]

Como se não bastasse a sequência atordoante de adjetivos, o narrador arremata sua repulsa aos dois personagens recorrendo à autoridade da medicina científica. Conclui que o relevo das fisionomias de ambos se enquadrava na descrição do cientista Franz Gall para os cérebros dotados dos mais perversos instintos: a crueldade, a manha e o roubo. O alemão Franz Joseph Gall (1758 – 1828) é considerado o fundador da frenologia, ramo da ciência que no século XIX estudava a associação entre diferentes funções mentais e determinadas áreas do cérebro. Gall acreditava que as faculdades morais e intelectuais do ser humano eram inatas e dependiam da organização física cerebral. Ele desenvolveu a "cranioscopia", um método utilizado para

---

12 Ver DAYMÃ. *Serões de um tropeiro, op. cit.*, p. 49.
13 Ver *Idem, Ibidem*, n. 5, maio de 1875, p. 185.

diagnosticar as características da personalidade e das faculdades mentais baseado na análise da forma externa do crânio.[14]

A leitura de Serões de um tropeiro sugere que o medo e a repulsa aos bugres e aos negros por parte do narrador representavam o outro lado da moeda da sua simpatia pela assimilação dos indígenas à civilização branca (como sugere a história de Daymã). E pode ser interpretado também como um critério para diferenciar bons e maus mestiços. Não por acaso, o plano maligno de Israel e de Pai Matheus é descoberto justamente por um "fiel caboclo", Joaquim, que faz o papel de representante da melhor mestiçagem na visão do autor, aquela que unia as raças branca e indígena. O caboclo fiel, porém, não conseguiu evitar que os dois "vis e abjetos" maus mestiços envenenassem a comida da festa de casamento de Nico e Nhara, um banquete à base de típica "cozinha riograndense". A história não chega a terminar em tragédia: os convidados, envenenados, passam mal e, acreditando terem comido "rês pesteada", fogem em pânico e socorrem-se com o dono da venda da localidade que providencia um antídoto. Ao final, todos são salvos. O simpático vendeiro salvador era "Tio Florêncio", descrito como "pardo", "baiano", ex-barbeiro, ex-soldado e "maníaco pela política e pela botânica", profundo conhecedor da "medicina vegetal". A narrativa que parecia encaminhar-se para a tragédia termina em tom de comédia e o herói surge ironicamente na pele de outro bom mestiço, o "pardo" que regenera a raça africana devido à mescla com o sangue branco.

Apesar da peculiaridade do tema (a sociedade serrana riograndense), Serões de um tropeiro é uma obra que segue algumas tendências da época e revela a influência, na Província, de certo modo de tratar a escravidão e as classificações de cor entre os homens de letras brasileiros. É o caso de comédias como a peça "O demônio familiar" de José Alencar, de 1857, ou de tragédias como as dos contos do livro "As vítimas algozes" de Joaquim Manuel de Macedo, publicado em 1869. Eram histórias que procuravam retratar a relação entre senhores e escravos baseadas na ideia de perigo de corrupção moral, e mesmo ameaça física, que os últimos representavam para os primeiros. Esta forma de moralismo antiescravista não era manifestado em defesa dos

---

14 Embora as teorias de Gall terminassem rejeitadas nos meios científicos (posteriormente a moderna neurociência o reconheceria como um precursor), suas ideias tornaram-se muito populares na primeira metade do século XIX, especialmente na Inglaterra e Estados Unidos, onde serviram para apontar a "inferioridade" de outros povos. Ver SABBATINI, Renato M. E. "Frenologia: a história da localização cerebral". Cérebro & Mente: Revista Eletrônica de Divulgação Científica em Neurociência, mar./abr. 1997 (Centro de Informática Biomédica, Unicamp, Brasil) Disponível em: <http://www.cerebromente.org.br/n01/frenolog/frenologia_port.html>. Acesso em 6 mar. 2011.

escravos, mas das famílias brancas expostas ao convívio com seres invariavelmente tornados fúteis, lascivos, ingratos e ressentidos pela rotina viciosa da escravidão.[15]

Os dois personagens conspiradores da história contada por José Bernardino são claramente inspirados nos escravos-algozes de Macedo que tramam contra seus ingênuos e displicentes protetores. É evidente o paralelo entre "Pai Matheos, o mandingueiro" da obra do primeiro e "Pai Raiol, o feiticeiro", do segundo, sendo este um africano descrito com aspecto físico repugnante e com adjetivos tão desumanizadores que se aproximam da virulência empregada pelo autor riograndense. O "bugrito" Israel, por seu lado, se equipara na sua ingratidão e perversidade a "Simeão, o crioulo", também um escravo órfão adotado pelos senhores brancos e criado como se fosse da família.

Existem, porém, importantes diferenças entre as duas obras, a começar pelo objetivo declaradamente panfletário de Macedo em prol da emancipação gradual dos escravos, especialmente pela libertação dos ventres, cuja lei viria a ser finalmente aprovada dois anos após a publicação da obra. Com o fim de convencer a elite senhorial da necessidade de aceitar um fim controlado para a escravidão antes que o pior acontecesse, o autor explora os medos e os estereótipos que esta construía sobre o comportamento dos seus cativos. Se eles já eram ingratos, viciosos e vingativos enquanto desfrutavam dos supostos privilégios da escravidão doméstica, o que não fariam na situação de uma sublevação ou se subitamente fossem colocados na condição de uma liberdade para a qual não estavam preparados? Mas quando *Serões de um tropeiro* de José Bernardino é publicado, a lei do ventre livre já estava em vigor e o calor dos debates já passara. Por que, então, se ressuscitava a obra do literato da corte, agora ambientada na sociedade rural da Província?

Uma resposta possível seria interpretar a intenção do escritor riograndense não só como distinta mas até mesmo contrária à de Macedo. Senão, vejamos. A retórica extremamente didática a respeito dos males e dos perigos da escravidão empregada por este último é substituída agora por uma descrição em tons naturalistas da sociedade serrana e de seus tipos humanos. Os comportamentos são explicados por qualidades inatas, formatadas pela influência do ambiente. No caso dos escravos conspiradores, acrescentam-se características raciais originariamente degeneradas (africanos) ou corrompidas pela "mescla de sangues" (bugres). Além disso, aplicava a "singular teoria" de Franz Gall a seus personagens, de modo que não só interpretava os maus

---

15 Para uma análise de *O demônio familiar* e *As vítimas algozes* sob esta perspectiva, ver CANO, Jefferson. *O fardo dos homens de letras: o "orbe literário" e a construção do Império brasileiro*. Tese de Doutorado. PPGH/Unicamp, Campinas, 2001, p. 339-378.

instintos como defeitos naturais como os racializava, associando a deformidade cerebral que os originara com particularidades raciais herdadas.

Joaquim Manuel de Macedo, ainda que se apresentasse ao leitor como um homem de ciência, atribuía a perversidade de suas "vítimas-algozes" somente à depravação física e moral gerada na escravidão e na ausência de liberdade, negando declaradamente qualquer "condição natural" de seu comportamento:

> Fora absurdo pretender que a ingratidão às vezes até profundamente perversa dos crioulos amorosamente criados por seus senhores é neles inata ou condição natural da sua raça: a fonte do mal, que é mais negra do que a cor desses infelizes, é a escravidão, a consciência desse estado violenta e barbaramente imposto (…).[16]

José Bernardino seguia em direção contrária quando manifestava aberta e cruamente a convicção da inferioridade racial e degeneração moral de africanos e seus descendentes mestiços, recorrendo a paradigmas científicos ainda anteriores ao racismo evolucionista que estava em vias de se tornar amplamente aceito entre os homens de letras brasileiros.[17] Ainda que se possa considerar que ele também denunciava os perigos advindos da escravidão (com menor intensidade que Macedo), não se encontra uma condenação explícita dela em seu texto. Como se reconhecesse um sentido na escravidão, o riograndense explicava a hierarquia da sociedade rural pelas qualidades diferentes e inatas das "raças" de senhores e de subordinados. A imigração europeia, por outro lado, representava para ele a promessa de uma sociedade igualitária.

Em *Serões de um tropeiro* a colonização imigrante não era defendida como alternativa, mas como complementar à sociedade patriarcal das estâncias. Logo na abertura da narrativa, o autor descreve o povoado de imigrantes alemães da Taquara, de onde partia a tropa de Nico. A pequena cidade crescia e prosperava como um entreposto comercial dos tropeiros que subiam a serra. Ali, em ruas de movimento intenso, homens e mulheres alemães e brasileiros, de todas as posições sociais e idades, misturavam-se sem maiores distinções, compondo uma sociedade dita "de costumes sãos e simples". Para José Bernardino, na fusão da sociedade dos imigrantes do vale com aquela das estâncias do planalto estaria a promessa do progresso, da harmonia social e do fim da dependência do trabalho de raças perigosas e traiçoeiras por natureza.

---

16 MACEDO, Joaquim Manuel de. *As vítimas-algozes: quadros da escravidão*. São Paulo: Scipione, 1991.
17 Ver VENTURA, *op. cit.*

O povoado da Taquara também figurava como contraponto moral da civilização urbana da capital da Província, onde a prosperidade certa seria companheira de virtudes duvidosas.[18] Mas era em Porto Alegre que ficava a sociedade Partenon Literário, da qual Bernardino fazia parte e com a qual comungava a crença na missão civilizadora da literatura. Provavelmente o autor não compartilhava do entusiasmo de muitos colegas engajados em campanhas pela libertação de escravos, que promoviam concorridos espetáculos no Teatro São Pedro visando angariar fundos para compra de alforrias. Se considerarmos o contexto de seus leitores imediatos, a narrativa de *Serões de um tropeiro* talvez possa ser interpretada como uma visão pessimista quanto à integração dos ex-escravos de certas condições raciais a uma ideal sociedade honrada de famílias brancas e de bons mestiços subordinados.

A prioridade da campanha emancipadora parece ter sido um consenso entre os esclarecidos homens de letras porto-alegrenses, de modo que discussões subjacentes a respeito de raça, mestiçagem e hierarquia social ficavam em segundo plano ou reduzidas ao silêncio, emergindo em casos isolados como a narrativa do casamento do tenente Nico. Outros autores que escreviam para a Revista do Partenon apresentavam um tratamento diferente daquele de José Bernardino para a escravidão, seguindo outra tendência da abordagem literária do tema, a do escravo-vítima.[19] Era o caso do pelotense Alberto Coelho da Cunha que, sob o pseudônimo Victor Valpirio, denunciava o tratamento cruel aplicado aos cativos no trabalho incessante das charqueadas de Pelotas.[20] Deve-se mencionar também a denúncia das injustiças da escravatura na lenda do "crioulo do pastoreio" (muito conhecida nos dias de hoje devido à versão de Simões Lopes Neto, além dos trabalhos de diversos folcloristas), que teve uma versão publicada em livro por Apolinário Porto Alegre, ainda sob o pseudônimo Iriema, em 1875.[21] Este último autor, no entanto, preferia condenar a escravidão de outro modo, denunciando nela a antítese das virtudes republicanas.[22] É nele, porém, que

---

18 DAYMÃ. Serões de um tropeiro, *op. cit.*, n. 8, agosto de 1874.

19 Ver CANO, *op. cit.*, p. 358

20 Ver VALPIRIO, Victor. "Pai Felippe – Um episódio das charqueadas". *Revista do Partenon Literário*, n. 1 e 2, jan. e fev. de 1874.

21 "O crioulo do pastoreio" foi publicado por Iriema pela Imprensa Literária de Porto Alegre em 1875, conforme se anunciou na época, porém ainda não foi possível localizar um exemplar da obra para consulta nessa pesquisa.

22 Seu longo poema *Gabila*, por exemplo, conta a história de um escravo crioulo que, "brasileiro no gesto, nos lampejos", não aceita se submeter como os africanos de nascimento, por isso foge para lutar junto

encontraremos o principal interlocutor para os diálogos literários que Daimã queria estabelecer sobre a história e sociedade de sua Província.

Americanos de Iriema: mestiçagem e nação

Serões de um tropeiro foi oferecido em extensa dedicatória ao amigo e colega literário Iriema, para servir de prosseguimento da conversação diária que ambos costumavam travar, hábito momentaneamente interrompido por doença do autor. Este declarava que não pretendia mais do que contar ao amigo "algumas historietas de fácil digestão; narrativas, que preenchem o serão de um pouso, que se ouvem junto à lareira, e que entretanto consubstanciam índoles, usos, costumes e tradições de um povo".[23] O diálogo literário de Daimã com o prolífico Iriema, no entanto, não era um fato isolado. Segundo contam crônicas e memórias, foi dos encontros de uma turma de jovens letrados na residência de Apolinário Porto Alegre que nasceu a sociedade Partenon Literário. Lá, onde também funcionava sua escola particular, foi o ponto de encontro onde se formou um grupo que tinha no prestigiado mestre-escola um incentivador e guia dos estudos literários.[24]

Ao leitor dos romances que Apolinário assinou como Iriema, uma ideia se impõe: a força renovadora da natureza americana, seu influxo benéfico sobre os habitantes do continente e o destino grandioso que lhes estaria reservado. E a Província do Rio Grande do Sul surgia como a porção do continente onde todos os fatores regeneradores se faziam sentir no mais alto grau. Levando em consideração a adaptação das fórmulas românticas e a intenção político-pedagógica de sua literatura, as histórias contadas pelo professor porto-alegrense revelam uma desenvoltura maior que a de seus colegas partenonistas no uso e manipulação dos sentidos possíveis de identidade riograndense e nacional.

---

aos farrapos pela sua liberdade. Ver IRIEMA. *Gabila. Revista do Partenon Literário*, jul., ago., out. e nov. 1874; fev. 1875.

23 Ver DAIMÃ. *Op. cit*, n. 8, ago. 1874, p. 65.

24 Independente dos relatos memorialísticos, a relevância do papel desempenhado por Apolinário entre os partenonistas poderia ser provada pela assiduidade com que publicou na revista da associação, bem como pela intensidade com que participou de sua organização e debates internos, embora o grupo fosse heterogêneo e nem sempre unido em torno dos projetos de seu principal incentivador. Mais importante que tudo isso, no entanto, eram os sentidos da militância literária que ele procurava ensinar aos colegas por meio de sua produção publicada na Revista. Ver LAZZARI, *op. cit*.

No romance *O vaqueano*, publicado ao longo de 1872 em capítulos na *Revista do Partenon Litterario*, exalta-se a altivez e nobreza de caráter que a liberdade dos campos proporcionava democraticamente a todos. Os heróis de sua história apresentavam-se como os mais diversos possíveis em termos sociais e raciais, pois a experiência regeneradora que a terra americana proporcionava se fazia sentir tanto no proprietário rural branco quanto em seus agregados e escravos. Esse "tipo genérico" do riograndense tanto poderia ser encontrado no humilde "posteiro" quanto no "senhor da estância", tanto no errante "tropeiro" quanto no sedentário "guasqueiro ou trançador de lonca".[25]

Assim acontece nessa história em que o órfão José de Avençal torna-se um herói que encarna as mais altas virtudes. Tornara-se um simples vaqueano (uma espécie de guia com profundo conhecimento do território), mas era descendente de uma família de paulistas de São Vicente, pioneiros na posse do território e grandes proprietários na região serrana. Quando menino teve toda a família assassinada por traição e só sobreviveu porque os escravos da casa o salvaram. Foi educado pelo pai adotivo, o ex-nobre português Amaral, para que fosse um perfeito cavalheiro e treinado desde a infância pelo meio-irmão, o mulato Moisés, para ser forte e habilidoso nas artes campeiras. Observe-se que os personagens exibem certas qualidades e habilidades do riograndense típico segundo o modelo de Apolinário: o habilidoso mulato Moisés, os valentes índios guaicanãs e os leais e generosos escravos. Até mesmo Amaral, um nobre português desterrado, foi tão profundamente influenciado pelo novo mundo que abandonou os preconceitos contra os negros que tinha recebido de sua educação europeia.

José de Avençal tinha como único defeito, que foi a causa de sua tragédia pessoal, a obsessão pela vingança. Ele se desespera quando descobre que o assassino de seu pai era José Capinchos, o pai da sua amada noiva Rosita. Mesmo hesitante diante das consequências, permite que Moisés execute o perverso pai de Rosita em vingança contra seus crimes. Daí em diante, desesperado e desorientado, resolve abandonar todos os bens e propriedades e começa a vagar pelo mundo. Foi nessas andanças solitárias que adquiriu um conhecimento inigualável do território da Província e tornou-se um vaqueano famoso. Foi requisitado, portanto, para servir de guia dos rebeldes farrapos na célebre jornada rumo à conquista de Laguna, em Santa Catarina.

Nesta jornada reencontrou, depois de muitos anos, o mulato Moisés chefiando os índios guaicanãs. O seu antigo mestre não tinha até então tomado partido na

---

25 Ver IRIEMA, *O vaqueano*, op. cit.

guerra, mas decidiu aderir aos farrapos para defender o meio-irmão, pois soubera dos planos de vingança de André, filho do assassino Capinchos e irmão de Rosita. Depois de muitas peripécias, José de Avençal vence André Capinchos em um duelo, mas poupa-lhe a vida. Rosita, porém, suicida-se depois da recusa do amado em fugir com ela. O vaqueano também sacrifica sua vida como último baluarte na defesa do forte da Laguna contra as tropas imperiais. Os índios guaicanãs são dizimados na guerra e apenas o mulato Moisés sobrevive às batalhas.

Fica evidente ao longo da história que os personagens são movidos pela obsessão da vingança, que é reconhecida pelo narrador como uma falha do caráter riograndense, "falha que ninguém pode nem deve ocultar". José de Avençal não descansa até conseguir abater José Capinchos, e depois o filho deste é que persegue o vaqueano incansavelmente. O rigoroso código de honra é atribuído de forma genérica ao modo de vida dos "povos cavalheirescos", como seriam o árabe e o riograndense.[26] Apolinário retoma aqui uma caracterização já presente no romance "A divina pastora" do amigo e inspirador Caldre e Fião, um dos fundadores do Instituto Histórico e Geográfico da Província de São Pedro.[27] Mas o veterano médico e literato fazia menção a essa impetuosidade natural para absolver os riograndeses do erro político da rebelião, enquanto Apolinário louvava uma suposta afinidade inata dos homens sulinos com valores republicanos como a liberdade e a honra.

As qualidades dos riograndenses, segundo a prosa de Iriema, não eram herdadas da civilização europeia. Ao contrário, eram aprendidas no contato com a natureza e com o homem primitivo. Não havia razão, portanto, para condenar a miscigenação, especialmente com os nativos. A raça não era considerada um fator de distinção do caráter e se reconhecia que as diferenças de cor geravam preconceitos e injustiças. Moisés era meio-irmão de Avençal, filho do pai com uma escrava, e manifestava vergonha de sua condição de mestiço e ilegítimo. Vítima do preconceito, foi injustamente acusado pelo massacre da própria família. Ressentido, rejeitou a sociedade branca e passou a viver como caçador na região serrana. Tinha decidido não tomar partido na guerra dos farrapos porque sabia ser desprezado por sua cor e não desejava

---

26 Ver *Idem*. n. 4, p. 133.

27 "A divina pastora" era obra desconhecida dos críticos literários do século XX e dada como perdida até ser resgatada em 1992. Ver CALDRE e FIÃO, José Antônio do Valle. *A divina pastora*. Porto Alegre: RBS, 1992. Reprodução do original: *A divina pastora – novela riograndense*. Rio de Janeiro: Typographia Brasiliense de J. M. Ferreira, 1847. Sobre o Instituto Histórico da Província, ver LAZZARI, *op. cit.* e XAVIER, *op. cit.*

servir apenas como um instrumento dos brancos em suas disputas. O orgulhoso mulato alegava que o seu significado de liberdade não era o mesmo dos revolucionários:

> — Liberdade!? Quem é mais livre do que Moisés aqui na serra? Onde não há ódio de raças; onde o homem domina a terra, onde o amigo não mente ao amigo e a mulher não mente ao marido? Não quero mais liberdade do que tenho.[28]

A liberdade de Moisés seguramente era inspirada no indianismo romântico. Afinal, ele casou com uma índia e tinha se tornado o chefe da tribo quase extinta dos guaicanãs. Segundo o narrador, a união do mulato com a nação Guaicanã fazia dele um "marco miliário entre a civilização e a barbária".[29] Possuiria mesmo um tal zelo e "inteligência superior" que, uma vez colocados a serviço da tribo, melhoraram as condições de vida de todos e assim foi selado um pacto de amizade e lealdade. Mas, sob o comando de Moisés, os indígenas não chegam à terra prometida e cumprem um papel apenas coadjuvante na narrativa. São soldados valentes e fiéis, porém irremediavelmente condenados ao extermínio. Quando se juntam aos farroupilhas, unicamente por fidelidade a José de Avençal, são dizimados lutando na guerra do homem branco. A posteridade os veria apenas como uma "tradição" extinta que a história e a língua registravam.

A presença dos escravos na narrativa, por seu lado, servia à propaganda abolicionista, oferecendo ao leitor branco uma discussão das impropriedades do preconceito de cor e da escravidão. A atitude nobre e generosa dos escravos que salvaram o pequeno Avençal foi o fato que sensibilizou o português Amaral e lhe despertou a consciência da igualdade dos homens. Até então, para ele a raça negra era um "ente inferior", incompleto e defeituoso na aparência e na inteligência, mais comparável ao macaco do que ao homem. Mas este era um pré-julgamento que o aristocrata trouxera de Portugal e que se desfazia naturalmente com a vida na nova terra.[30]

A atuação dos escravos serve também como pretexto para apresentar como "peculiaridade brasileira" as lendas contadas pela mucama ao embalar o sono do pequeno José de Avençal, antes da tragédia se abater sobre sua família. Eram histórias de guerreiros que morriam sob o jugo da escravidão no Brasil, mas cujos espíritos

---

28   Ver Iriema, *op. cit.*, n. 2, 1872, p. 67.

29   Ver *Idem*, p. 68.

30   Ver *Idem*, n. 4, 1872, p. 130.

retornavam ao continente africano para lá ajudar os irmãos a combater os brancos. A escolha da lenda por Iriema é significativa, pois ela lembra que os escravos africanos, apesar da nobreza de caráter, eram estrangeiros em terras americanas. A nacionalização do africano dependeria da assimilação deste às civilizações indígena e branca, fusão subentendida na trajetória do mulato Moisés, casado com uma índia. Com a morte de José de Avençal e a extinção dos guaicanãs, Moisés torna-se o único sobrevivente da trama, o que também é significativo, não bastasse o nome bíblico a sugerir-lhe um destino messiânico.

Entendo que O *vaqueano*, mais do que divulgar uma mensagem abolicionista, pretende marcar posições do autor quanto a temas emergentes na vida pública do Império e que dominariam o debate a partir da década de 1870, como o republicanismo, a própria escravidão, a mestiçagem e a influência de tudo isso no caráter nacional. O literato porto-alegrense, no entanto, não defendeu a ruptura com a tradição indianista romântica e procurou afastar-se da atitude predominante da chamada "geração de 1870", que alegava a necessidade de guiar a literatura por um olhar mais orientado pela ciência. Muito ao contrário, sua referência maior continuou a ser a obra de José de Alencar. Ele permanecia um dedicado defensor do mestre cearense diante das mais pesadas críticas que este passou a receber dos novos homens de letras que chegavam ao Rio de Janeiro. As obras que lhe servem de inspiração continuavam a ser O *guarani* e *Iracema*, justamente os paradigmas indianistas condenados pela nova geração de literatos.

Esta opção já foi interpretada pela crítica literária como falta de imaginação dos escritores da Província, que teriam se tornado meros imitadores do modelo alencariano.[31] Colocando à parte questões de estilo, essa interpretação deve ser revista após a leitura atenta ao contexto de um conto como O *vaqueano* e ao grande interesse de Apolinário pela ciência do seu tempo. O modelo de narrativa fundadora para a nação sugerida nos romances acima, com heróis indígenas e mestiçagem entre brancos e índios, era atraente para literatos locais que procuravam inspiração em um imaginado passado épico de conquista do território riograndense. E deve-se notar como Apolinário se empenha em conciliar essa referência de temas e de estilos alencarianos com as questões emergentes: a escravidão e a injustiça do preconceito de cor, o mulato representado como um herói pleno de bravura e caráter e o republicanismo como novidade política, ainda que inspirado no passado idealizado

---

31 Para uma análise que defende esse ponto de vista, ver Chaves, Flavio Loureiro. *Simões Lopes Neto: Regionalismo e literatura*. Porto Alegre: Mercado Aberto, 1982.

dos combatentes farroupilhas. Longe de não estar atento às novas tendências que surgem, pelo contrário, ele procura fazer com que elas façam sentido de um ponto de vista centrado na Província de São Pedro. José de Alencar é exaltado por fornecer modelos de nacionalismo literário que utilizam a história da conquista colonial, as lendas indígenas, a natureza americana, o vocabulário brasileiro e a fusão das raças. As posições políticas de Alencar, conservadoras e escravocratas, ficam em segundo plano e não são consideradas relevantes quando considerada a importância do legado nacionalista de sua obra.

Gaúchos de Alencar: civilização e barbárie

Os principais méritos da obra alencariana, para Iriema, não estavam na fase recente, na qual o já consagrado escritor se voltava a temas regionais. O *gaúcho*, por exemplo, foi uma obra rejeitada na Província e O *vaqueano* pode ser considerado uma resposta do escritor riograndense àquilo que considerava equívocos do mestre cearense.[32] Apolinário revela diretamente sua insatisfação com o "estudo psicológico" dos personagens dessa obra de Alencar, o que leva-nos a perguntar sobre o que lhe teria desagradado na psicologia do herói do romance. O "gaúcho" em questão, Manuel Canho, possui uma personalidade conflituosa e singular: é um hábil cavaleiro e lutador, mostra-se extremamente esquivo à convivência social, vive para a vingança do assassinato de seu pai, não tem confiança alguma nos demais seres humanos e só tem verdadeiro afeto por seus cavalos.[33] Não perdoava sua mãe pelo segundo casamento, ainda por cima com o homem que involuntariamente criou a situação de conflito em que seu pai morreu. Cultivava um ressentimento que estendia a todas as mulheres por considerá-las inconstantes nos sentimentos e incapazes da fidelidade. O atormentado campeiro, apesar de tudo, rendeu-se aos encantos da bela Catita, na vila de Piratinim, enquanto servia aos rebeldes farrapos. Em sua ausência, desgraçadamente, a jovem deixa-se seduzir pelas manhas de um galanteador. A traição lhe soa como a definitiva confirmação de suas antigas convicções quanto ao comportamento feminino.

---

32 Ao final do último capítulo, o autor coloca a data de 1869, como se declarasse que ele foi escrito um ano antes de *O gaúcho*, de 1870. *O vaqueano*, no entanto, somente foi publicado na *Revista do Partenon Literário* em 1872, o que torna muito provável que ao menos em parte tenha sido escrito como contraponto ao romance de José de Alencar.

33 Cf. ALENCAR, José de. *O gaúcho*. São Paulo: Ática, 1978.

A narrativa, curiosamente, não atribui a personalidade conturbada do herói a uma má índole ou fraqueza de caráter. Pelo contrário, a considera o resultado de uma bondade natural que não consegue se manifestar no meio social rude e violento. Daí o ressentimento e o amor exclusivo pelos cavalos, únicos seres, a seus olhos, capazes de demonstrar gratidão e fidelidade plenas. Um personagem tão descrente na humanidade como Manuel Canho representando o tipo riograndense não poderia agradar ao patriótico Iriema. Até mesmo o engajamento do gaúcho de Alencar na revolução farroupilha se dava apenas por fidelidade ao padrinho Bento Gonçalves, sem manifestar qualquer idealismo ou compromisso com a causa em si mesma. Uma associação tão clara (e verossímil) entre o compromisso político e o vínculo pessoal estava em desacordo com o idealismo com que desejava educar as novas gerações.

Se compararmos "O gaúcho" aos contos e romances de Iriema, constataremos mesmo um sentido oposto na construção do personagem principal e seu papel na trama. A sociedade rural riograndense retratada por Apolinário é o espaço privilegiado da virtude e da regeneração, enquanto é um lugar onde predominam a traição e a violência no romance de Alencar. No ambiente da estância e dos costumes campeiros o herói encontra a possibilidade de exercitar atitudes nobres e recuperar valores perdidos. José de Avençal, assim como Manuel Canho, é obcecado pela vingança, porém não carrega a exagerada mágoa que este possui contra as mulheres e o convívio humano em geral. José de Avençal cresce no saudável ambiente da estância e, quando chega à idade adulta, todas as qualidades e virtudes superiores do "tipo genérico" riograndense estão resumidas em sua personalidade. Seu aprendizado é resultado de uma síntese de raças e costumes possível somente em terras americanas. O tutor português representa o espírito de civilização do branco, enquanto o mulato, que se tornara chefe de uma tribo indígena, ensina-lhe o vigor da vida dos selvagens e a generosidade dos africanos. Já Manuel Canho, por seu lado, após a morte do pai vive um aprendizado solitário e triste. Ele também representa a originalidade nacional, porém apenas pelo linguajar e costumes, nunca pelo caráter. Apesar do brio e da altivez, o "gaúcho" de Alencar foi concebido para estar mais próximo da barbárie do que da civilização.

O pampa, na narrativa de José de Alencar, é uma região exótica e semi bárbara, regida pela força bruta, onde as paixões e ódios exacerbados moldam as condutas. Na narrativa de Iriema, a violência como instinto primitivo é sempre uma atitude do mulato e dos índios, enquanto o homem branco civilizado sente-se obrigado a enfrentar as consequências morais dos seus atos. José de Avençal vacila no momento de consumar a vingança, sabe que vai assassinar o pai de sua amada, e é preciso que Moisés e os índios guaycanãs tomem a iniciativa da execução do malvado José Capinchos. O drama de consciência que resulta da vindita leva à interdição moral do amor, motivo da escolha do herói por se isolar da sociedade e finalmente procurar o suicídio. É de se notar também que Manuel Canho, por seu lado, segue com naturalidade o código de honra da vingança e executa tanto o assassino do pai como seus inimigos com determinação e frieza. Ele não tem dilemas morais interiores, apenas ressentimento contra a sociedade civilizada.

Outra diferença entre o escritor da corte e o da Província é a interpretação da história local. O republicanismo dos farrapos, segundo a narrativa de Iriema, é a causa sagrada da liberdade. José de Avençal, no princípio da história, é quase indiferente à causa dos conterrâneos, mas ao final faz da morte heroica em combate pela República Riograndense uma forma honrosa de suicídio. Já o romance de Alencar está longe de apresentar uma visão idealizada e monolítica dos farrapos. Bento Gonçalves surge como o chefe equilibrado e prudente que se torna refém da facção republicana, responsável pela radicalização do movimento e rompimento com o Império brasileiro. Como intenção oculta desses radicais, revela-se o plano de integrar o Rio Grande independente a uma confederação de Repúblicas platinas. Conspirações dos revoltosos com caudilhos uruguaios e com o ditador Rosas da Argentina são sugeridas. A ênfase na influência das nações vizinhas sobre a Província revela a perspectiva geopolítica com que a corte costumava olhar para a região. No pampa retratado em "O gaúcho", personagens de diferentes nacionalidades se encontram em uma trama em que chilenos, paraguaios, orientais e argentinos circulam com desenvoltura e naturalidade no território brasileiro. Não à toa, o galanteador que desonra a namorada de Manuel Canho é um chileno, um sinal da desconfiança para com os estrangeiros da região.

É na relação com as Repúblicas vizinhas, portanto, que José de Alencar estabelece uma identidade diferenciada para a Província sulina. Trata-a como uma região de transição, onde as diferentes nacionalidades convivem quase indistintas e a ordem civilizadora do Estado não se impôs totalmente aos caudilhos de toda espécie. Esse ponto de vista não é aceito na literatura desenvolvida entre os próprios riograndeses: a vanguarda na causa da liberdade e o espírito republicano distinguem a Província de São Pedro no Império, porém evita-se associar estes ideais à influência dos países vizinhos. Nos romances de Iriema, o castelhano é um "outro" ausente, não se fazendo referência explícita a qualquer influência sua na sociedade local. O tipo do campeiro riograndense encarna a plenitude da nacionalidade brasileira e sua antítese está representada no homem da cidade. Este pode ser tanto o comerciante porto-alegrense quanto o político da corte, presos aos interesses egoístas e distantes do desprendimento e generosidade do verdadeiro patriota.

Um diálogo riograndense e brasileiro

Entre os escritores da *Revista do Partenon Literário* foi certamente Apolinário quem mais se dedicou a explorar as possibilidades do romance para forjar o sentimento nacional nos leitores, fazendo da literatura um instrumento de pedagogia cívica republicana e doutrinação patriótica. O nacionalismo literário, para o professor riograndense, tinha uma função pedagógica de inspirar nas novas gerações o amor sem limites à nação, que deveria ser imaginada ao mesmo tempo como brasileira e riograndense.[34] A memória da "revolução de 1835" era construída, por esse ponto de vista, com o sentido de momento fundador da missão histórica da Província de São Pedro no destino do Brasil. Dali por diante, os filhos daquela Província não deviam mais se limitar ao dever de defender as fronteiras do Império no Prata. Uma vez conscientes do seu destino como vanguarda republicana, tinham a obrigação de transformar o regime político e abrir o futuro da nação e do continente para o verdadeiro progresso. Esta convicção animava Apolinário Porto Alegre a fazer da literatura um instrumento de obstinada campanha pela República, uma atividade que se somava a sua dedicação ao ensino escolar, ao jornalismo e à militância partidária.[35]

Ao se comparar as obras de Apolinário e Bernardino dos Santos verifica-se que a amizade, a troca de ideias e o interesse de ambos em nacionalizar o gosto literário dos conterrâneos se revelavam em temas e inspirações comuns. Não à toa, ambos se dedicaram à tarefa de adaptar os modelos românticos de literatura nacional ao projeto de uma suposta originalidade riograndense. A discussão sobre a formação histórica e o caráter do habitante do Rio Grande de São Pedro, que já tinha uma certa tradição entre os homens de letras da Província, também é revisitada pelos dois literatos, agora introduzindo o tema da influência das três raças formadoras. É possível concluir que os textos são resultado de um contínuo debate político e literário entre os dois autores porto-alegrenses e, principalmente, de um diálogo de ambos com temas veiculados

---

34 Sobre a importância da literatura para forjar a nação como "comunidade imaginada", ver ANDERSON, Benedict. *Comunidades imaginadas: reflexões sobre a origem e difusão do nacionalismo*. São Paulo: Companhia das Letras, 2008.

35 Sobre a militância republicana de Apolinário, ver LAZZARI, *op. cit.*

pela literatura da corte, como o abolicionismo, a mestiçagem e o nacionalismo literário, entre outros.

Ambos construíram para o indígena uma imagem conveniente, não apenas como inspiração poética mas principalmente como herói histórico de um passado formativo. Na condição, porém, de sua inevitável submissão e assimilação em um triunfante modo de vida rural organizado em torno das estâncias e seus senhores, sejam do pampa ou da serra. Esta seria uma explicação plausível para o impacto extremamente positivo da obra de José de Alencar entre os riograndenses, especialmente de *O guarani* e *Iracema*, com suas metáforas do nascimento da nação pelo encontro e cruzamento das raças de brancos e índios. Tanto que o ponto de vista de autores convictos da incompatibilidade da civilização com a herança indígena, como o historiador Varnhagen ou Joaquim Nabuco, parece ter tido pouco ou nenhum efeito entre os letrados provincianos, mais dispostos a aceitar a virtual integração, tanto étnica como religiosa, do indígena.[36]

Quanto à escravidão, José Bernardino dos Santos filiava-se à defesa da abolição em razão dos perigos físicos e morais trazidos para as famílias brancas, mas não via com bons olhos a integração de africanos e "bugres" ao convívio social. Defendia a manutenção das hierarquias sociais em termos raciais e tinha expectativas regeneradoras para as pequenas cidades de colonos europeus na Província do Rio Grande do Sul. Iriema não seguia o mesmo caminho, pois retratava heroísmo e virtudes em todos os tipos raciais. Para ele, a mestiçagem era uma via para a formação do verdadeiro caráter nacional, mas o efeito regenerador decisivo era proporcionado pela natureza, especialmente pela vida nos campos riograndenses.

O otimismo de Iriema em relação à síntese racial parece ser diretamente contestado por Daimã, que publica seu conto dois anos após *O vaqueano*. Ao distinguir bons e maus mestiços e apelar à ciência para sustentar seu ponto de vista, parece fazer uma advertência ao amigo contra a construção positiva a respeito do caráter de indígenas e africanos, além de defender que a integração de ambos à sociedade civilizada e cristã não seria possível sem o cruzamento com o sangue branco. Não seria o bugrinho Israel, mestiço de índios e negros, um vilão filho da rebeldia quilombola, uma resposta ao heroico mulato Moisés, líder dos guaycanãs e casado com uma índia, gerador de uma descendência que aponta para a síntese nacionalizada de todas as raças? A coincidência dos nomes bíblicos parece evidenciar essa intenção. O

---

36   Ver a respeito da opinião desses autores, Cano, *op. cit.* e Ventura, *op. cit.*

desaparecimento de indígenas e africanos racialmente distintos no futuro riograndense, no entanto, parece ser uma aspiração de ambos.[37]

Iriema, propondo uma literatura de fins político-pedagógicos, desejava convencer os riograndenses de que eles se distinguiam dos demais brasileiros pelo amor à liberdade e não meramente por aptidão guerreira ou por superioridade racial (embora admitirá isso anos mais tarde, ao defender a mestiçagem do branco com o índio).[38] Do caráter peculiar dos riograndenses dependeria a formação futura de uma plena identidade nacional brasileira e caberia ao Rio Grande um destino regenerador na história da pátria. Seu colega literário Daimã, por seu lado, depositava a esperança regeneradora (e branqueadora) na colonização europeia. Ecos dos pontos de vista manifestados por esses dois autores continuarão a ser encontrados na literatura e no discurso político dos riograndenses por muitas décadas.

Bibliografia

Alencar, José de. *O gaúcho*. São Paulo: Ática, 1978.

Anderson, Benedict. *Comunidades imaginadas: reflexões sobre a origem e difusão do nacionalismo*. São Paulo: Companhia das Letras, 2008.

Burke, Peter. A *cultura popular na idade moderna*. São Paulo: Companhia das Letras, 1989.

Cano, Jefferson. *O fardo dos homens de letras: o "orbe literário" e a construção do Império brasileiro*. Tese de Doutorado, PPGH/Unicamp. Campinas, 2001.

Caldre e Fião, José Antônio do Valle. A *divina pastora*. Porto Alegre: RBS, 1992. Reprodução do original: A *divina pastora – novela riograndense*. Rio de Janeiro: Typographia Brasiliense de J. M. Ferreira, 1847.

Chaves, Flavio Loureiro. *Simões Lopes Neto: Regionalismo e literatura*. Porto Alegre: Mercado Aberto, 1982.

Daymã (José Bernardino dos Santos). *Serões de um tropeiro. Revista do Partenon Literário*, ago. set. e dez. de 1874; fev. a maio de 1875; ago. de 1875; mar. de 1876.

---

37 Para o caso da tendência a minimizar ou suprimir a presença africana na história riograndense, ver Xavier, Regina Célia Lima. *op. cit.*

38 Sobre as ideias de superioridade racial do riograndense de Apolinário, ver Porto Alegre, Apolinário. *Viagem à Laguna*. Porto Alegre: Oficinas do Jornal do Comércio, 1896.

GUIMARÃES, Manoel Luís Salgado. "Nação e civilização nos trópicos; o Instituto Histórico e Geográfico Brasileiro e o projeto de uma história nacional". *Estudos Históricos*, n. 1, 1988.

HOBSBAWM, Eric e RANGER, Terence (org.). *A invenção das tradições*. Rio de Janeiro: Paz e Terra, 1984.

IRIEMA (Apolinário Porto Alegre). *Gabila. Revista do Partenon Literário*, jul., ago., out. e nov. 1874; fev. 1875.

_____. *O vaqueano. Revista do Partenon Literário*, 1872.

LAZZARI, Alexandre. *Entre a grande e a pequena pátria: literatos, identidade gaúcha e nacionalidade (1860-1910)*. Tese de Doutorado. PPGH/Unicamp, Campinas, 2004.

LIMA, Ivana S. *Cores, marcas e falas: sentidos da mestiçagem no Império do Brasil*. Rio de Janeiro: Arquivo Nacional, 2003.

MACEDO, Joaquim Manuel de. *As vítimas-algozes: quadros da escravidão*. São Paulo: Scipione, 1991.

PORTO ALEGRE, Apolinário. *Viagem à Laguna*. Porto Alegre: Oficinas do Jornal do Comércio, 1896.

SABBATINI, Renato M. E. "Frenologia: a história da localização cerebral". *Cérebro & Mente: Revista Eletrônica de Divulgação Científica em Neurociência*, mar./abr. 1997. Disponível em: <http://www.cerebromente.org.br/n01/frenolog/frenologia_port.html>. Acesso em 6 mar. 2011.

SANTOS, José Bernardino dos. "Frei Christovão de Mendonça – artigo histórico". *Revista do Partenon Literário*, n. 8, out. 1869, p. 243.

_____. "Frei Christovão de Mendonça – Episódios históricos das missões do Uruguai". *Murmurios do Guaíba*, n. 1 a 3 e 6, jan.-mar. e jun. 1870, p. 7-18, 49-58, 97-112 e 241-248.

SCHWARCZ, Lilia Moritz. *O espetáculo das raças: cientistas, instituições e questão racial no Brasil, 1870-1930*. São Paulo: Companhia das Letras, 1993.

VALPIRIO, Victor (Alberto Coelho da Cunha). "Pai Felippe – Um episódio das charqueadas". *Revista do Partenon Literário*, n. 1 e 2, jan. e fev. de 1874.

VENTURA, Roberto. *Estilo tropical: história cultural e polêmicas literárias no Brasil, 1870-1914*. São Paulo: Companhia das Letras, 1991.

XAVIER, Regina Célia Lima. "Uma história que se conta: o papel dos africanos e seus descendentes na formação do Rio Grande do Sul". *História Unisinos*, vol. 10, n. 3, set.-dez. 2006, p. 243-258.

Esta obra foi impressa em Santa Catarina na primavera de 2012 pela Nova Letra Gráfica & Editora. No texto foi utilizada a fonte Electra LH em corpo 10 e entrelinha de 15 pontos.